ANATOMIE ARTISTIQUE

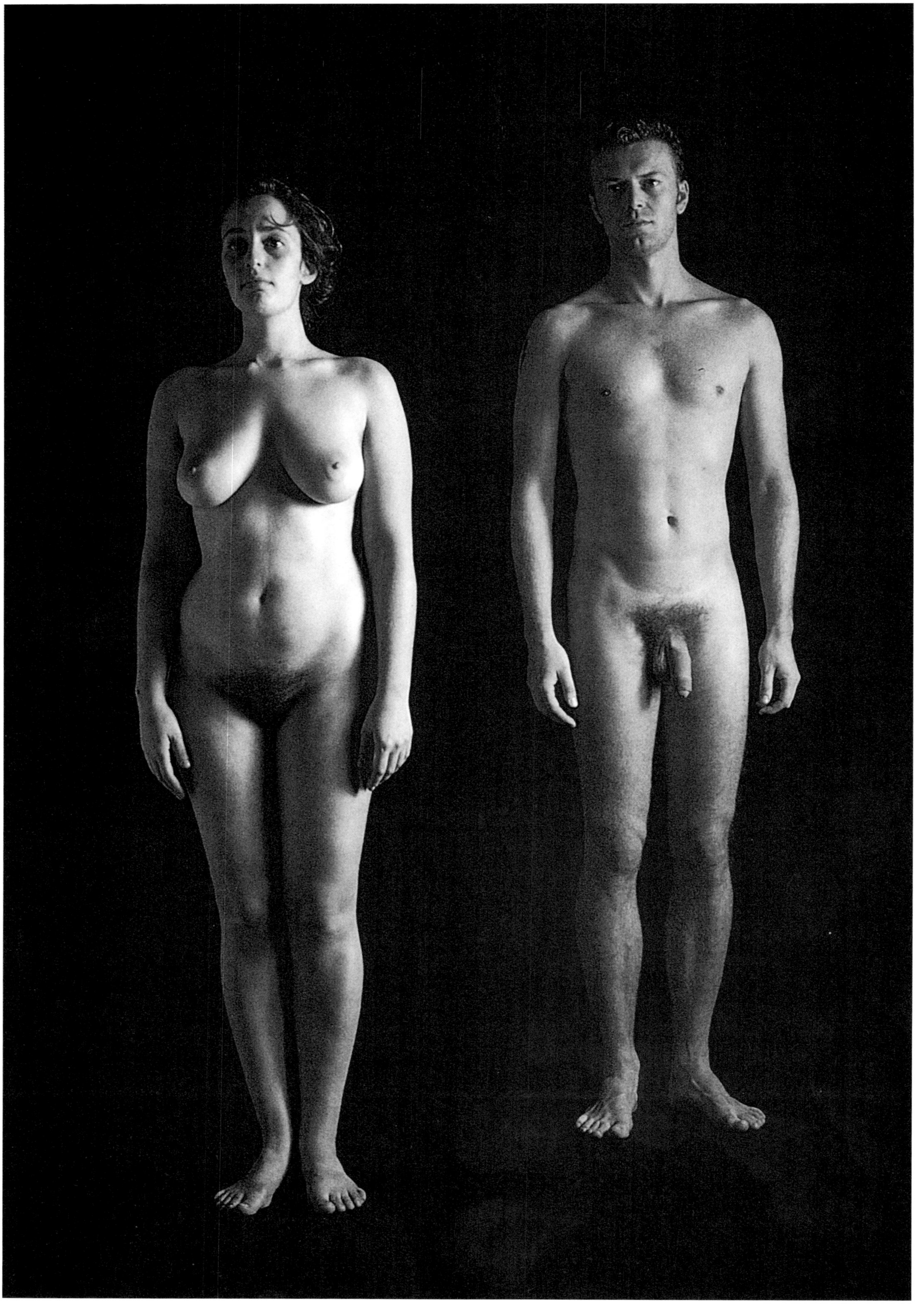

G. CIVARDI

ANATOMIE ARTISTIQUE

ANATOMIE ET MORPHOLOGIE EXTÉRIEURE
DU CORPS HUMAIN

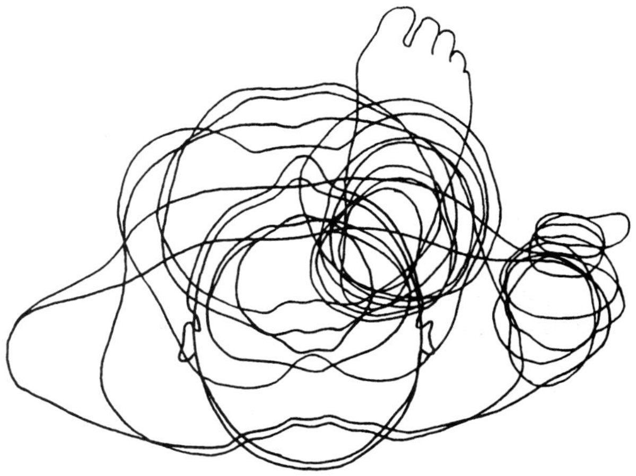

ÉDITIONS DE VECCHI / IL CASTELLO

Maquette de la couverture et de l'intérieur : G. Cortese, sur photographie de G. Cataldo

Sauf indications contraires, les dessins et les schémas sont de G. Civardi.
Pages 59, 62-66, 77, 79-81, 91-96, 126-128, 129 (en bas à droite), 141, 158-161, 163, 173, 189, 192, 193, 198, 205 (en bas à droite) : photos de G. Civardi.
Toutes les autres photographies, sauf indications contraires, sont de G. Cataldo.

À ma mère
et à la mémoire de mon père

... rerum naturae assentior : ab illa non deerrare et ad illius legem exemplumque formari sapientia est.

Lucius Annaeus Seneca

Il n'y a pas de chaos dans le corps humain, modèle de tout, départ et aboutissement de tout

Auguste Rodin

Traduction : Frédéric Delacourt, Raffaella Ruggeri, Nelly Turrini

Les portraits reproduits dans ce livre sont tirés de modèles consentants : toute ressemblance éventuelle à d'autres personnes est fortuite.

L'éditeur remercie le docteur Jean-Loup Dervaux, directeur de la collection «Santé» aux éditions De Vecchi, pour son aimable collaboration à la relecture de cet ouvrage.

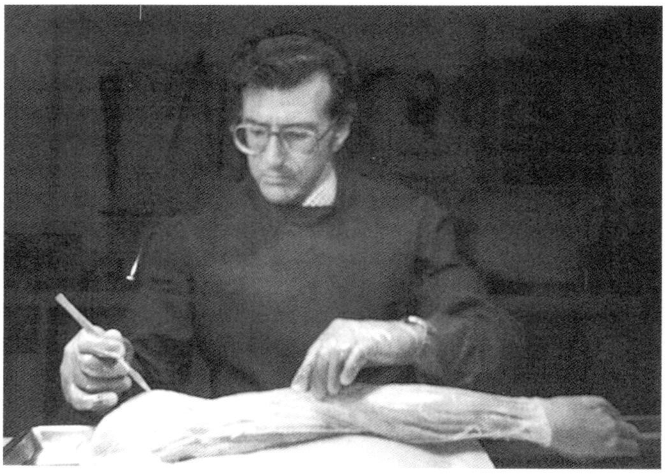

L'auteur en salle de dissection (1991)

G. Civardi est né à Milan en 1947.
Diplômé d'économie, il a fréquenté successivement la faculté de médecine et l'école du nu de l'Académie de Brera, en se consacrant au portrait et à la sculpture. Durant une dizaine d'années, il a dessiné des illustrations pour des journaux, des revues et des couvertures de livres ; il a organisé des expositions personnelles ; il a approfondi les études anatomiques durant de fréquents séjours en France et au Danemark.
Depuis de longues années il donne des cours d'anatomie et de dessin du corps, résumant son expérience didactique dans quelques livres déjà publiés – *Cours de dessin du corps humain*, *Le Nu masculin*, *Le Nu féminin* – et dans cet ouvrage.

SOMMAIRE

AVANT-PROPOS 7

INFORMATIONS GÉNÉRALES
SUR L'ÉTUDE DE L'ANATOMIE 9

Définition de l'anatomie 9
Quelques données historiques 9
La méthode morphologique 11
« Normalité » et « variation » 11
Topographie et terminologie anatomique 13
Évolution, race, type constitutionnel 16
Notes sur la structure macroscopique 19
Notes sur la structure microscopique 25
Généralités sur la forme du corps humain 26
Généralités sur les proportions du corps humain 29

ANATOMIE DU SYSTÈME
LOCOMOTEUR : GÉNÉRALITÉS 31

Le squelette : ostéologie 31
Généralités sur la structure osseuse 31
Les articulations : arthrologie 37
Généralités sur la structure articulaire 37
Les muscles : myologie 41
Généralités sur la structure musculaire 41
Points de référence osseux et musculaires sur le nu 49
Le système tégumentaire 52
Les veines superficielles 54
Le tissu adipeux sous-cutané 56

ANATOMIE SYSTÉMATIQUE ET DE
SURFACE DU SYSTÈME LOCOMOTEUR 57

Introduction 57
La tête 59
Relevé de morphologie externe 59
Ostéologie 61
Arthrologie 66
Myologie 67
L'œil 77
Le nez 79
Les lèvres 80
L'oreille 81
Le tronc 84
Relevé de morphologie externe 84
Le rachis 90
Ostéologie 90
Arthrologie 91
Le cou 93
Ostéologie 93
Arthrologie 95
Le thorax 94
Ostéologie 94
Arthrologie 95
L'abdomen 96
Ostéologie 96
Arthrologie 97
Myologie 98
Le cou 126
L'épaule 128
L'aisselle 129
Les seins 130
Le nombril 131
Les organes génitaux externes 132
La fesse 133

Le membre supérieur 135
Relevé de morphologie externe 135
Ostéologie 141
Arthrologie 142
Myologie 144
Le bras 158
Le coude 159
L'avant-bras 160
Le poignet 161
La main 162

Le membre inférieur 165
Relevé de morphologie externe 165
Ostéologie 171
Arthrologie 172
Myologie 174
La cuisse 188
Le genou 189
La jambe 191
La cheville 192
Le pied 193

RÉPERTOIRE ICONOGRAPHIQUE 194

APPENDICE 218

BIBLIOGRAPHIE 220

INDEX ANALYTIQUE 222

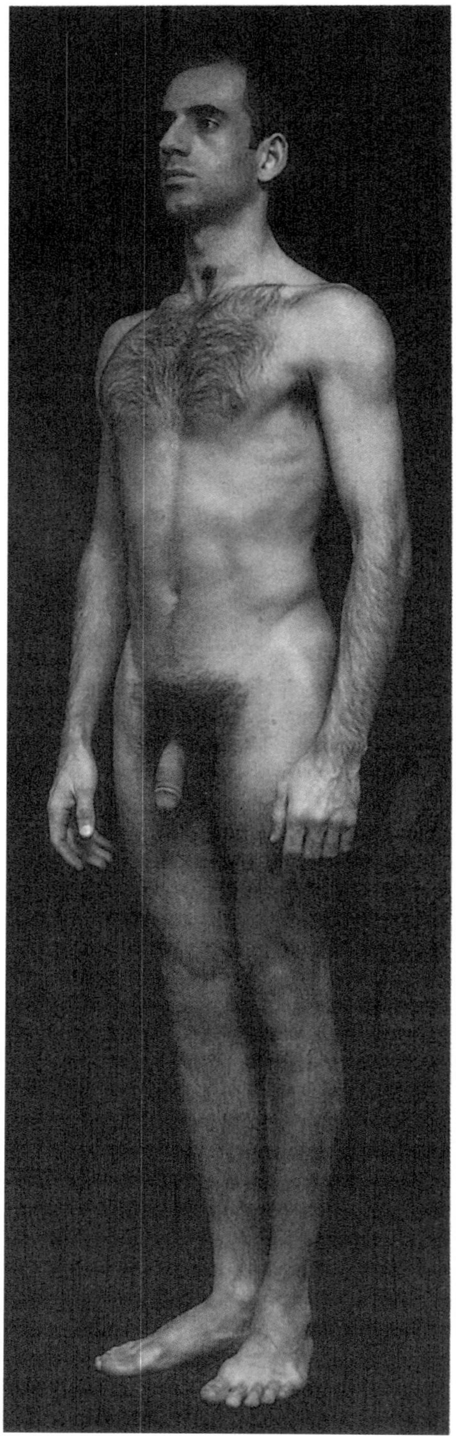
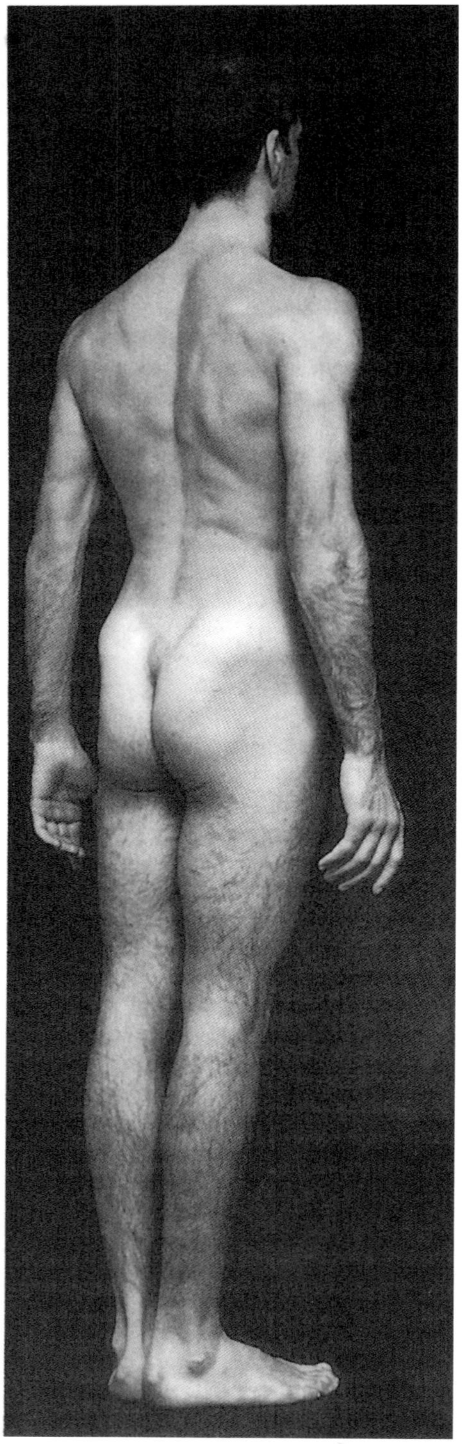

AVANT-PROPOS

Toute personne travaillant sur une figure humaine est inévitablement confrontée aux problèmes d'anatomie ; l'artiste au début peut se demander jusqu'à quel point il doit approfondir ses études. L'anatomie ressort du domaine de l'information concrète, c'est la connaissance de la structure d'un organisme vivant et il revient aux anatomistes de décrire les éléments et l'organisation du corps. On pourrait supposer que les notions anatomiques enrichissent la capacité visuelle de ceux qui se consacrent à l'art figuratif, qu'elles aident l'œil dans l'observation, qu'elles imposent une discipline souhaitable, mais rien de plus utile que cela, puisque pour œuvrer il suffit d'avoir une connaissance essentielle, des rudiments « techniques » et le reste entre dans le domaine de l'expérience visuelle.
Sur ce point il est nécessaire de faire quelques réflexions puisque, si l'on veut exécuter un dessin représentant de façon crédible un objet réel (le corps humain, dans notre cas), il faut avoir des notions sur sa structure, au moins dans les principes de constitution et d'organisation, car l'ignorance à cet égard peut facilement mener à introduire des détails excessifs ou mal interprétés au détriment d'une mûre compréhension essentielle de la forme. Le problème, en somme, concerne également les limites de la connaissance puisque l'artiste quand il voit une forme se doit de connaître ce qu'il est important et utile de représenter et ce qui peut être négligé parce que ne relevant pas de fins expressives ; par contre, trop de notions d'anatomie peut déboucher sur un travail de mémoire, sur un travail basé sur les notions au détriment de l'observation, sur une généralisation au détriment de l'individualisation.
En outre, l'artiste est intéressé par une anatomie différente de celle qui est nécessaire pour le médecin car il pense non pas en termes de détails, mais en termes de masses, de plans, de volumes, de lignes, de valeurs chromatiques et de tonalités, ainsi qu'en termes de mouvements.
Les rapports qui lient l'anatomie médicale (laquelle, de façon simpliste et incomplète, est traditionnellement identifiée avec le corps du cadavre) et l'anatomie artistique sont très complexes et il n'est pas possible d'en discuter ici : il suffit de penser qu'il y a une différence entre la précision scientifique (les phénomènes sont analysés objectivement, sans se laisser influencer par les émotions de l'observateur, et les résultats sont contrôlables, comparables) et la précision artistique (ce qu'on observe devrait être « communiqué » en conservant le souvenir, la trace des sensations éprouvées par l'auteur). L'exemple proposé par Rudolf Arnheim est intéressant : un artiste peut peindre un tableau représentant un tigre très féroce dans les moindres détails, mais s'il n'y a pas de « férocité » dans les couleurs et les traits, le tigre semblera empaillé. Donc, si les qualités perceptives du « caractère » du sujet ne sont pas reconnues et exprimées avec précision, il ne peut pas y avoir de « férocité » dans les couleurs et dans les traits. Dans le corps humain, de même, on peut faire des analogies expressives entre les caractéristiques des tissus et les traits qui les représentent : parties rigides (os, muscle contracté, tendon)/trait dur, sec, clair ; parties molles (muscle relâché, tissu adipeux)/trait nuancé, souple, délicat ; etc.
À une époque assez récente on se posait le problème de l'utilité, pour l'artiste, de l'étude par dissection du cadavre : maintenant le sujet, non résolu, semble avoir été mis de côté dans les écoles d'art (et en partie dans celles de médecine) pour des raisons « théoriques », par l'utilisation de techniques de substitution (images photographiques, modèles tridimensionnels, élaborations électroniques, etc.), mais surtout pour des difficultés de mise en pratique que l'on peut aisément deviner. J'estime qu'il est peu utile et pas nécessaire pour l'artiste d'effectuer des dissections complètes ou d'assister à des autopsies à cause de la modification morphologique importante chez le cadavre par rapport au corps de l'être vivant (durcissement des tissus, aplatissements, rétractions musculaires et adipeuses, etc.). L'artiste doit penser au sujet vivant et mobile et donc la meilleure façon pour intégrer l'anatomie est d'observer la forme visible du sujet vivant et ensuite, à travers l'étude théorique des notions anatomiques, comprendre et interpréter les structures qui déterminent les formes extérieures. La dissection, éventuellement, peut se révéler utile pour les artistes qui ont déjà bien compris la figure humaine parce que, dans ce cas-là, elle sert à approfondir la connaissance et à la graver dans la mémoire : l'observation seule du vrai n'est pas suffisante pour atteindre des niveaux élevés de compétence.
Puisque la tâche d'une école est de donner des instruments intellectuels et opérationnels d'expression et de former les élèves à en faire une utilisation plus appropriée et adaptée aux habitudes de chacun, je suis convaincu que l'expérience pratique de la dissection (outre l'habileté dans le dessin, bien entendu) est indispensable pour ceux qui veulent enseigner l'anatomie artistique de façon sérieuse, stimulante et non scolaire, en somme, de manière adaptée aux exigences culturelles modernes. Il s'agit d'un aspect des relations entre art et science : dans ces deux parcours de connaissance (opposés en apparence) il y a toujours eu l'ambiguïté de l'anatomie, résolue seulement par une poignée de personnes. Cette situation est bien représentée dans le cas de Paul Richer, chercheur connu dont l'œuvre a influencé remarquablement les études ultérieures de morphologie du corps humain. Il fut médecin, sculpteur et enseignant et de lui on a dit « qu'il fut considéré comme un grand artiste par les médecins et un grand médecin par les artistes ».
Le corps vivant, dans une conception moderne, peut être considéré comme le résultat d'une superposition de trois strates : la peau (sensorialité), les muscles (motricité), le squelette (stabilité) et pour cela l'anatomie appliquée à l'art devrait tenir compte des implications et des interrelations entre soma et psyché. De plus, cela devrait évoluer vers le concept plus vaste de « morphologie » qui est extrêmement intéressant et fécond de stimulations intellectuelles et esthétiques tant du point de vue biologique que du point de vue de la représentation. Les « morphologistes », en effet, essaient non seulement de comprendre la structure et la fonction des organismes (anatomie) mais aussi les raisons qui les ont amenés à prendre des formes déterminées, ainsi que les raisons de la variabilité structurelle de chaque individu d'une même espèce en utilisant toutes les techniques disponibles : la dissection, l'analyse microscopique, la radiographie, la comparaison anatomique, la cinématographie, l'élaboration et la simulation à l'ordinateur, etc.
L'anatomie (morphologie) artistique, pour être utile, doit être un « instrument » intellectuel que chaque artiste emploie selon ses exigences expressives et qui peut également être refusé, de façon consciente, si la connaissance vient empêcher le travail de création. L'acceptation ou le refus dépendent de l'itinéraire intérieur de l'artiste. Les raisons d'étudier l'anatomie peuvent être les suivantes : on peut bien représenter les formes humaines sans avoir étudié les os et les muscles, mais cette connaissance permet de le faire de la façon la meilleure, à la limite la plus libre ; on peut

aboutir à la synthèse seulement après l'analyse, en passant par une perception de l'ensemble : le libre arbitre (ou la licence) peut être accepté chez le savant mais cela est interprété comme une erreur ou un manque de connaissance s'il est utilisé de façon non appropriée. La sensibilité et l'intelligence de l'artiste ne devraient pas, de toute façon, provoquer l'appauvrissement et la stérilisation de l'étude de la figure et de l'anatomie en la considérant comme une discipline lourde et académique qui, certes, aide à résoudre quelques problèmes formels et apporte des références utiles, mais n'apporte pas de stimulations d'intérêt et d'élargissement culturel. Si elle est perçue de cette manière, l'anatomie artistique peut seulement former un bon « artisan » mais pas nécessairement un bon artiste.

Quand un auteur écrit les premières pages de son livre, il peut avoir plusieurs buts à l'esprit (essayer de transformer des défauts en qualités, justifier des occasions manquées, déclarer ses intentions) mais d'habitude, il résume et donne une forme aux motivations qui l'ont poussé à écrire. Il me semble important d'indiquer, de façon schématique, certains critères qui m'ont guidé dans l'élaboration de cet ouvrage.
Puisque « les choses ne sont pas toujours comme elles apparaissent », j'ai essayé de diriger le lecteur vers un parcours de « découverte » individuelle : d'abord observer le corps humain (les personnes qui nous entourent offrent des exemples nombreux et variés) pour ensuite chercher les raisons anatomiques qui justifient la forme normale et celle du sujet observé. L'artiste représentatif est essentiellement « visuel » mais j'ai insisté sur la description « verbale » de la morphologie de nombreuses parties corporelles (par exemple l'œil, la main, etc.) parce que cela, une fois intégré par le lecteur, implique une analyse détaillée et la nécessité de chercher et reconnaître sur le réel les caractéristiques relevées. Il serait utile que chacun vérifie sur soi-même, dans la mesure du possible, les caractéristiques morphologiques que l'on examinera au fur et à mesure.
La structure osseuse, également fondamentale, a toutefois été traitée avec une synthèse extrême puisque aujourd'hui dans chaque école on trouve un squelette articulé et complet. La nomenclature a une importance secondaire, en relation avec la compréhension de la forme tridimensionnelle des os et de leur orientation dans l'espace. C'est donc un moyen didactique ennuyeux et stérile que de se référer à des tableaux d'illustrations tirés d'atlas anatomiques quand il est possible et plus instructif d'avoir comme référence directe un squelette complet. Les dessins des parties osseuses ont été exécutés de façon schématique en traçant seulement le profil des projections classiques (les seules utiles comme la projection architectonique, considérée presque comme un plan topographique guidant à l'exploration d'un territoire).
La structure musculaire a été, par contre, traitée avec plus d'ampleur puisque, contrairement aux parties osseuses, les parties musculaires peuvent être étudiées seulement par voie indirecte, par le biais d'images. Cependant, dans ce cas également, j'estime qu'il n'est pas très utile pour l'artiste de reproduire des tableaux anatomiques puisque la forme du muscle chez le cadavre est assez différente de celle du vivant. Par conséquent, le fait de reproduire une image qui *a priori* ne répond pas à la réalité, peut être non seulement peu utile mais aussi nuisible car cela imprimerait dans la mémoire des impressions pseudo-réalistes. J'ai donc préféré indiquer des schémas très simples qui aident à mémoriser la situation topographique et les points d'attache de chaque muscle au squelette, en décrivant de manière approfondie l'impact de ceux-ci sur l'anatomie de surface. L'ordre traditionnel de succession des muscles est quelquefois modifié pour des raisons de mise en pages. Les parties anatomiques décrites et les schémas relatifs aux os et aux muscles se réfèrent à un sujet mâle, abstrait et adulte. Presque toujours, selon la tradition, c'est la partie droite du corps qui est reproduite, l'autre moitié étant symétrique.

Enfin, j'estime qu'il est intéressant d'ajouter quelques précisions sur les modèles qui ont posé pour les photographies (presque toutes en noir et blanc) illustrant le texte de ce livre. « Modèle », selon le sens commun, signifie exemple à imiter, avec lequel il faut se conformer, une sorte de prototype idéal et parfait à prendre comme référence. C'est justement ce que j'ai essayé d'éviter : les sujets n'ont pas été choisis sur la base d'un critère de perfection des formes, mais sur un critère de normalité et cela de façon délibérée, car je crois que l'artiste doit se confronter avec la réalité qui l'entoure pour l'étude anatomique. La recherche du beau idéal, concept presque toujours abstrait, canonique, fait l'objet d'autres disciplines et le concept même en est assez discutable, puisqu'il se base sur des considérations subjectives, culturelles et sociales. Traduit dans la réalité corporelle, bien que cela arrive parfois, il se révèle insignifiant. Par contre, le caractère et la forme expressive sont d'un plus grand intérêt.
Les modèles, hommes et femmes, qui posent dans la plupart des écoles d'art sont des sujets normaux, comme ceux que l'on rencontre dans la vie sociale. L'étude anatomique vise à clarifier les raisons pour lesquelles les structures corporelles internes déterminent une forme extérieure, ou de quelle façon elles la modifient grâce au mouvement, à la force de gravité ou à la pathologie. Je dirais que le passionné de morphologie « extérieure » doit surtout s'entraîner à reconnaître les caractéristiques individuelles propres et spécifiques de chaque sujet, et à en accepter la variabilité par rapport à la description « normale ». Les images proposées révèlent, dans ce but, quelques imperfections ou difformités à l'intérieur d'une conformation corporelle répondant tout à fait à la norme. Par exemple, chez le sujet féminin reproduit à la page 23 (23 ans, 1,68 m), on remarque une légère scoliose à convexité gauche et, chez le sujet masculin (26 ans, 1,83 m) reproduit dans la même page, un léger varus des membres inférieurs.

La préparation de cet ouvrage a demandé des recherches approfondies, menées surtout dans un but de vérification et motivées par un intérêt personnel pour ce sujet. Chaque auteur a toujours une grosse dette envers ceux qui l'ont précédé dans la matière, et il se forme une sorte de stratification des connaissances où chacun apporte (ou du moins espère apporter) sa contribution. Je désire remercier certaines personnes parmi celles qui m'ont aidé :
– le professeur Martin E. Matthiessen, directeur de l'Institut d'anatomie médicale de l'université de Copenhague, pour avoir mis à ma disposition la salle de dissection de son institut, me permettant de réaliser des investigations sur de nombreux cadavres. Un remerciement également au docteur Claus Larsen, médecin et illustrateur scientifique qui a rendu possible cette opportunité ;
– le professeur Enrico Lui, peintre et décorateur, concepteur et directeur de l'Observatoire figuratif de Milan, pour m'avoir offert la possibilité et le temps nécessaire, dans des conditions optimales, d'étudier les modèles, hommes et femmes, qui fréquentent ses cours et posent dans son atelier ;
– je salue, enfin, avec gratitude la collaboration de Guido Cataldo, photographe, qui a réalisé avec patience et compétence bon nombre des photographies de ce livre, ainsi que la disponibilité du docteur Antonio Diomaiuta pour m'avoir permis de reproduire certaines images tirées de l'atlas d'anatomie de Rohen-Yocochi publié par la maison d'édition EMSI de Rome, qu'il représente ;
– enfin, un remerciement pour les modèles dont je préserverai l'anonymat : chacun d'entre eux se reconnaîtra.

G. Civardi
Milan, juillet 1994

INFORMATIONS GÉNÉRALES SUR L'ÉTUDE DE L'ANATOMIE

DÉFINITION DE L'ANATOMIE

L'anatomie, au sens large, est l'étude de la forme et de la structure de l'organisme entier et de chaque organe de l'homme, des animaux et des plantes. Cette étude se fait par la dissection et par d'autres moyens de recherche. Il s'agit donc d'une science biologique dont la tâche fondamentale est l'investigation de la structure du corps et des relations réciproques des organes. L'anatomie, dans ce sens, se divise en plusieurs branches : l'anatomie vétérinaire, qui s'occupe de l'étude des animaux ; l'anatomie de l'homme (ou humaine) ; l'anatomie végétale. L'anatomie comparée, qui met en comparaison les différentes structures animales ayant la même origine embryologique (organes homologues) ou ayant des fonctions identiques (organes analogues), est considérée pour cette raison comme une science auxiliaire de l'anatomie humaine ; elle est très utile également pour l'artiste. (En général, la comparaison se limite à la forme d'un seul « type » animal, les vertébrés, alors que l'étude comparée des autres types est incluse dans l'anatomie zoologique.)

L'anatomie humaine fait l'objet de notre étude qui, depuis l'Antiquité, a été poursuivie uniquement à partir du cadavre par le biais de la dissection, en pratiquant des incisions sur la peau et en séparant les organes pour explorer les structures macroscopiques par les sens, surtout la vue et le toucher.

Le terme « anatomie » (du grec *ana* = « à travers », *tomé* = « section ») dérive de cette technique d'étude. Ensuite, on a introduit d'autres instruments d'observation comme le microscope optique (qui a permis le développement de l'étude de l'anatomie microscopique) et le microscope électronique (anatomie ultra-structurale), la radiologie, le scanner, l'échographie, etc. Ces techniques ont permis d'effectuer des études de plus en plus approfondies non seulement sur le cadavre mais aussi sur le sujet vivant. L'étude anatomique macroscopique, de dissection, a dès lors été épaulée par l'étude cytologique, histologique et embryologique pour mener une investigation sur les cellules, les tissus et leur développement jusqu'à la formation des organes.

Dans les disciplines médicales, selon la programmation des études, l'anatomie humaine se divise en plusieurs branches :

❑ L'anatomie humaine normale descriptive et systématique décrivant la position, les relations, la forme et la structure des organes et qui, en s'appuyant sur ces données, les classifie en systèmes. Elle se divise en ostéologie, myologie, arthrologie, angiologie, neurologie, splanchnologie. (Nous reviendrons plus tard sur la signification de l'adjectif « normale ».)

❑ L'anatomie topographique (ou régionale) qui découle de l'anatomie descriptive mais étudie le corps selon sa répartition en régions (du grec *topos* = « localité ») délimitées par des points de repère visibles ou reconnaissables au toucher. On l'appelle également anatomie chirurgicale car elle est utile à des fins opératoires : l'étude se fait en effet de manière stratigraphique en avançant de l'extérieur, de la peau, vers l'intérieur, par plans successifs pour décrire les organes que l'on rencontre dans chaque région et leurs relations.

❑ L'anatomie fonctionnelle visant à mettre en relation la structure des différents organes avec les fonctions qu'ils accomplissent un par un ou ensemble à l'intérieur d'un appareil, en recherchant une vision dynamique de l'étude anatomique. L'anatomie moderne prend en compte l'approche descriptive et l'approche fonctionnelle.

❑ L'anatomie pathologique qui étudie les altérations qui surviennent au niveau des organes à la suite de maladies, au niveau de la forme, du volume, de la structure, de la fonction et des relations, en agissant par comparaison continuelle avec les données de l'anatomie descriptive normale. L'étude classique se fait *post mortem*, par autopsie et examen microscopique des tissus.

❑ L'anatomie artistique (ou plastique, ou de surface) qui enquête sur les formes extérieures du corps humain en prenant en compte les connaissances dérivant de l'anatomie descriptive et de l'anatomie topographique mais en les intégrant à la référence constante de l'homme vivant, tant en attitude statique qu'en mouvement, et en assimilant les connaissances acquises en anthropologie physique (qui étudie les caractères morphologiques comparés des différents groupes raciaux humains et des différentes constitutions corporelles) et en cinésiologie (qui étudie les mécanismes du mouvement du corps) ainsi qu'en histoire des arts, des coutumes sociales, de l'esthétique contemporaine.

QUELQUES DONNÉES HISTORIQUES

Les origines de l'anatomie et des connaissances du corps chez les hommes préhistoriques sont très difficiles à retrouver ; on ne peut que les imaginer en prenant comme seules références les représentations et les peintures rupestres, les statuettes anthropomorphes en pierre et en argile, les restes des squelettes humains qui, entre autres, témoignent d'opérations chirurgicales rudimentaires, comme les amputations ou la trépanation du crâne. Mais les premières représentations d'hommes et d'animaux remontent à l'époque paléolithique (entre 40 000 et 10 000 années av. J.-C.). Ce qui s'est produit à des époques précédentes peut être, en grande partie, matière à spéculations : il est probable que l'homme de la préhistoire connaissait mieux l'anatomie des gros animaux qu'il tuait afin de se nourrir ou de se défendre que sa propre anatomie, dont il pouvait avoir quelques notions à partir de l'observation des formes extérieures, du soin des blessures et des pratiques d'ensevelissement.

Les fragments de gravure, les papyrus, les objets d'art et les outils retrouvés pendant les fouilles archéologiques témoignent que les populations vivant à l'aube de la civilisation possédaient des connaissances déjà avancées en anatomie, et dans quelques cas ces connaissances se sont révélées être exactes et précises. De cette façon ces populations nous ont transmis la nomenclature et la description graphique de beaucoup d'organes intérieurs, comme le cœur, les poumons, le foie, la rate, les intestins, l'utérus, les vaisseaux sanguins. En effet, les anciens médecins-prêtres babyloniens, juifs, égyptiens, indiens, étrusques, romains, etc., pouvaient avoir une vision directe de ces organes durant l'accomplissement des rituels de sacrifice ou propitiatoires pendant lesquels on immolait des victimes humaines ou animales, ou bien à l'occasion du traitement de blessures de guerre ou de chasse.

Chez certaines civilisations, comme la civilisation égyptienne, l'embaumement des cadavres a certainement apporté des connaissances remarquables sur l'anatomie et la conformation interne du corps humain, bien que les documents qui nous ont été transmis soient assez fragmentaires à ce sujet ; de même les chirurgiens en soignant des blessures ont dû tirer des conclusions sans toutefois arriver à une étude systématique.

Les premières racines de l'anatomie, en tant qu'étude rationnelle du corps humain et animal et donc avec des intentions « scienti-

fiques », se retrouvent seulement autour du VIe siècle av. J.-C. en Grèce et dans ses colonies italiques quand se formèrent les grandes écoles philosophiques dont firent partie des savants de médecine et de sciences naturelles : Alcméon, Parménide, Hippocrate, Aristote, Empédocle d'Agrigente, Diogène d'Apollonie. Ils étudièrent surtout l'anatomie et la physiologie du corps des animaux. On doute qu'ils aient effectué des dissections humaines mais cela ne les a pas empêchés d'effectuer des observations de type expérimental et théorique pour ensuite étendre ces connaissances à l'homme par des intuitions qui se sont révélées exactes par la suite.
Dans le monde hellénistique l'anatomie a atteint un grand développement dans l'école d'Alexandrie dont les représentants les plus célèbres ont été Érophile (340-300 av. J.- C.) et Érasistrate (320-250 av. J.-C.). Ils ont pratiqué la dissection humaine qui fut encouragée par l'autorité publique, en fournissant une bonne base de description de l'anatomie humaine qui avait été jusque-là plutôt spéculative et comparative.
L'héritage culturel d'Alexandrie passa au cours des siècles suivants à Rome où il devint aride, en partie à cause de l'abandon progressif de la dissection du corps humain. De cette période on a retenu quelques noms : celui de Celse (Ier siècle ap. J.-C.) et, surtout, celui de Galien (131-210), qui, en Occident, a eu une grande influence sur toute la médecine du Moyen Âge. En effet, après sa mort, commença une longue période de décadence générale du point de vue culturel, ce qui contribua à ralentir de manière importante l'évolution scientifique des peuples les plus civilisés : les Byzantins, les Arabes, les Chrétiens n'ont plus pratiqué, pour des raisons religieuses, la dissection des cadavres, qui devaient rester intacts et inviolés. Pendant plus d'un millénaire les écrits de Galien, avec ceux de l'Arabe Avicenne qui a vécu vers l'an 1000, n'ont pas été remis en question en matière anatomique et médicale, et ils ont été commentés et transmis aux étudiants des écoles de médecine.
Il faut arriver aux premières décennies du XIVe siècle pour voir renaître un intérêt pour les études anatomiques, comme le montrent les ouvrages de Mondino de Liuzzi, de Guy de Chauliac et d'autres savants de l'université de Bologne, de Padoue et de Montpellier. Dans ces centres d'études on reprit la technique de dissection des cadavres malgré les interdictions de l'Église et l'aversion générale à violer systématiquement le mystère du corps humain mort. De cette époque nous sont parvenus des traités d'anatomie avec des illustrations très schématiques et parfois pleines d'imagination. Toutefois, ils témoignent d'une recherche de documentation visuelle pour étayer la description littéraire. La véritable renaissance de l'étude de l'anatomie humaine eut lieu au cours du XVe siècle quand l'observation directe des structures corporelles du cadavre (pratique répandue dans de nombreux centres d'études médicaux et chez certains artistes) contribua à corriger et à remplacer la référence dogmatique aux textes classiques en favorisant la démonstration scientifique et la recherche expérimentale.
C'est avec l'ouvrage d'André Vésale (1514-1564) et avec les investigations anatomiques accomplies par les artistes au cours du XVe et jusqu'au XVIe siècle, dans le climat philosophique de l'humanisme et de la Renaissance, que l'on posa les jalons de l'anatomie moderne de l'homme, non seulement pour les médecins mais aussi pour les peintres et les sculpteurs ; par conséquent, les racines de l'anatomie artistique peuvent se situer autour du XVIe siècle.
L'art occidental ancien, en particulier avec la sculpture grecque et romaine, présente comme thème privilégié le corps humain et, au fil des époques, on remarque une augmentation ou une perte d'intérêt pour la représentation correcte et fidèle ou au contraire idéalisée, selon les courants culturels et esthétiques dominants. L'étude attentive de la musculature superficielle des athlètes a certainement dépassé les connaissances strictement anatomiques de l'époque et a induit les artistes et les philosophes à formuler des règles proportionnelles, idéales du point de vue esthétique, pour la représentation du corps humain. En d'autres termes, on a établi des « canons » à respecter dans le rendu, même fidèle et soigné, de la structure corporelle.
Après les études de Léonard de Vinci, malheureusement non divulguées auprès de ses contemporains, de Ghiberti, de Donatello, de Signorelli, de Leon Battista Alberti, de Dürer, et grâce à la collaboration de nombreux artistes avec des médecins qui donna lieu à la réalisation de gravures de grande valeur esthétique et documentaire, la publication de traités ou les expositions de tableaux représentant le squelette et la musculature du corps humain devinrent de plus en plus fréquentes.
Les gravures qui enrichissent le traité d'André Vésale *De corporis humani fabrica libri septem* (1543) et ses *Tabulae anatomicae* (1538) ont été pour la plupart exécutées par Giovanni Stefano da Calcar, un élève de Titien. Elles sont devenues immédiatement, et sont restées longtemps, une référence pour l'étude anatomique, entre autres, des artistes. Cela a duré jusqu'au XVIIe siècle, époque où ont fait leur apparition des traités spécifiques d'anatomie pour peintre, écrits par Berrettini da Cortona, de Genga, de Gesio.
Les tableaux qui enrichissent le traité anatomique de Bernard Siegfried Albinus (1697-1770) sont d'une beauté extraordinaire. Ils ont été gravés par Jan Vandelaar et ont été publiés entre 1747 et 1753. Ils ont servi d'exemples pour de nombreux traités sur le même sujet parus par la suite, vers la fin du XVIIIe et le début du XIXe siècle, écrits par de nombreux experts en anatomie appliquée aux arts : Gamelin, Sabattini, Lelli, Vicq d'Azyr, Salvage, Gerdy.
Avec les premiers tableaux anatomiques ont également fait leur apparition les sculptures myologiques représentant le corps humain écorché, à savoir privé de peau, de façon à mettre en évidence la musculature superficielle. Les premières ont été exécutées vers la fin du XVIe siècle par Ludovico Cardi, appelé Cigoli, et par Marco d'Agrate. Au cours du XVIIIe siècle, celles de Ercole Lelli, Bouchardon, Houdon, sont devenues très célèbres et pendant des générations les peintres et les sculpteurs des académies se sont entraînés sur leurs calques.
Pendant la deuxième moitié du XIXe siècle ont été publiés de nombreux traités d'anatomie artistique sur l'homme, dans lesquels les auteurs ont essayé d'adapter les acquis de l'anatomie médicale aux exigences de la représentation artistique.
Dans ces ouvrages on a surtout mis l'accent sur les proportions corporelles, sur le mouvement, sur la morphologie extérieure, sur l'étude myologique des expressions du visage et cela en harmonie avec les tendances culturelles inspirées du positivisme. Par conséquent, on a réuni un grand nombre de données et d'observations expérimentales systématiques sur l'anatomie descriptive et la physiologie non seulement du corps humain, mais aussi des animaux. Pour cela les experts se sont servi également des techniques photographiques (Muybridge, Marey) et plus tard de la cinématographie et surtout de la radiologie.
Nombre d'ouvrages écrits pendant ces décennies sont riches d'informations et se révèlent encore aujourd'hui assez utiles, surtout ceux de Duval, Marshall, Rimmer, Cuyer, Thompson, Stratz, Richer, Gamba, Valenti, pour ne citer que certains des artistes les plus connus et les plus originaux si l'on considère les recherches poursuivies et les contributions apportées. Dans le secteur spécifique des études de l'expression et de la musculature fine, nous devons des observations fondamentales à Bell, Duchenne, Mantegazza et en particulier à Darwin.
À la fin du XIXe siècle et au début du XXe siècle, les recherches anatomiques détaillées et descriptives atteignirent leur apogée, non seulement pour la partie s'adressant aux artistes, mais surtout pour la partie médicale, et cela a porté à privilégier l'aspect fonctionnel au détriment de l'aspect descriptif avec des données systématiques moins dispersives et plus utilisables dans la pratique. D'autre part les profondes mutations artistiques ont de plus en plus éloigné la recherche esthétique de la représentation objective de la réalité, ce qui entraîna une diminution d'intérêt vis-à-vis de l'anatomie en tant que patrimoine culturel de l'artiste et outil de représentation.
À l'heure actuelle, les traités d'anatomie artistique sont influencés par ce courant incertain qui se tourne parfois vers l'étude, réaliste, académique, du corps humain et de sa représentation

spontanée, immédiate, émotionnelle ou, encore, vers l'interprétation du « corps » dans un sens libératoire du point de vue psychologique et thérapeutique. Ces textes sont le plus souvent écrits par des artistes et non pas par des médecins, et se positionnent comme guide à l'observation de la figure humaine en réunissant des notions anatomiques, classiques et rigoureusement techniques, avec les principes modernes de perception visuelle, de psychologie de la forme, d'expressivité gestuelle.

LA MÉTHODE MORPHOLOGIQUE

Depuis quelques décennies l'anatomie tend à se détacher de plus en plus de la description pure de la structure et de l'aspect extérieur des organes, et tend à se rapprocher de la morphologie (du grec *morphé* = « forme »), c'est-à-dire la science des formes qui se sert toujours de la méthode descriptive et analytique, mais considère la description comme un moyen et non comme le but de l'anatomie.
Le but de la morphologie est d'interpréter les formes que le savant perçoit avec les sens et les outils à sa disposition et qu'il analyse ensuite, afin d'en comprendre la signification, la valeur fonctionnelle, pour atteindre à la « connaissance ». C'est pourquoi la phase analytique et descriptive n'est qu'une phase initiale de reconnaissance des modalités de construction des formes humaines, qui doit être suivie par la recherche des causes déterminantes et la démonstration de la signification évolutive et fonctionnelle.
Cette sorte d'enquête ne se limite plus à l'inspection du cadavre, mais elle est intégrée au contrôle et à l'examen *in vivo* des fonctions et des formes par le biais des techniques biochimiques, histologiques, génétiques, radiologiques avec lesquelles on peut non seulement garder à l'esprit l'évaluation interprétative de l'organe étudié, mais voir son évolution dans le temps en mettant l'accent sur les différences entre la forme cadavérique et la forme vivante.
À la base de la méthode morphologique il n'y a pas que des raisons d'ordre pratique mais aussi et surtout des raisons d'ordre doctrinal qui se rapportent à la « forme » platonique dans le rapport entre forme et matière. Le réel, puisqu'il « est », se présente comme une unité de forme et de matière mais la forme est toujours essentiellement déterminante.
Dans cette optique, la morphologie peut être considérée comme la science qui tend à saisir l'essence des formes vivantes. L'évolution de l'anatomie peut donc être perçue comme un cheminement d'un courant réductionniste, à caractère « décompositionnel » et classificateur (suivant lequel l'anatomie en tant que description de formes aboutit, après des siècles d'enquêtes, à la collecte des données et à la distribution de la matière dans un traité susceptible de ne recevoir que des aménagements mineurs), vers un courant holistique, à caractère synthétique, interprétatif et fonctionnel ; en suivant ce courant l'anatomie a commencé un parcours de renouvellement en élargissant le sujet d'enquête à l'embryologie, à la physiologie, à la biochimie en se servant de méthodes d'études affinées et modernes, même expérimentales, sur le corps vivant, grâce auxquelles on peut interpréter correctement les données acquises par la dissection du cadavre.
On peut aussi de cette façon présenter différentes possibilités de traiter l'anatomie, comme l'anatomie individualisée, c'est-à-dire celle qui est relative à l'âge, au sexe, au groupe racial, à la constitution physique. Cette enquête peut révéler des comparaisons intéressantes et très significatives dans la pratique. Ces sujets ont un grand intérêt pour l'artiste figuratif car il peut y trouver, s'il les traite avec intelligence, de nombreuses sources de renouvellement en ce qui concerne sa vision culturelle et son art.

« NORMALITÉ » ET « VARIATION »

Le courant fondamental pour les études anatomiques est celui qui est suivi par l'anatomie normale de l'homme. Comme nous l'avons dit, à cette discipline sont reliées d'autres branches de l'anatomie plus spécialisées. La signification intuitive que l'on peut attribuer au terme « normal » est due au fait que cette discipline prend en compte l'homme en bonne santé et suggère une opposition avec l'anatomie pathologique consacrée à l'étude de l'organisme en condition de maladie.
Mais le concept de normalité dans les sciences biologiques et médicales est certainement plus complexe et le mot « normal » dans le langage scientifique, tout comme dans le langage courant, prend différentes nuances de signification qui sont rarement superposables comme : typique, moyen, sain, régulier, adapté au but, perpendiculaire, conforme à un modèle, etc. En effet, la définition de « normal » dérive des statistiques et des méthodes mathématiques élaborées pour la récolte et la mise en relation des données. Les données, récoltées grâce à l'observation des éléments constituant un groupe statistique, sont composées d'une succession de termes pour former une série ou bien une distribution de fréquences (sériation) selon le caractère du phénomène étudié du point de vue quantitatif (mesurable et dénombrable) et qualitatif (définissable avec des attributs). La série ainsi formée est élaborée avec des méthodes différentes, en relation avec la recherche que l'on veut mener et avec le degré de perfection que l'on veut atteindre. La plus simple consiste en la moyenne mathématique obtenue en divisant la somme des termes par leur nombre ; la valeur moyenne ainsi obtenue n'a toutefois pas une grande signification pour la définition de « normalité ».
Celle-ci surgit d'un autre procédé statistique relatif à la distribution des fréquences. L'utilisation des diagrammes cartésiens est bien connue ; ils se basent sur des systèmes d'axes orthogonaux, c'est-à-dire sur deux lignes droites orientées (la ligne horizontale s'appelle abscisse et la verticale, ordonnée), qui se croisent en un point appelé origine. Les données récoltées par l'observation sont ordonnées sur ces lignes ; l'utilisation de ces diagrammes met en évidence le comportement d'un phénomène par rapport à un autre. On observe que chaque donnée statistique peut être représentée par un point sur le plan cartésien, obtenu par le croisement des coordonnées ; donc une série statistique peut être composée d'une série de points sur le plan cartésien. En unissant tous les points par une ligne qui peut être courbe, droite ou interrompue, on peut décrire le comportement du phénomène en relation avec les deux grandeurs observées. Si les données sont assez nombreuses et sont distribuées sur les axes du premier cadran, sur l'ordonnée la fréquence et sur l'abscisse l'intensité, on obtient une courbe de fréquence (appelée courbe binomiale ou courbe de Gauss) qui tend à prendre une forme de cloche parce que la fréquence d'intensité augmente d'abord très lentement et ensuite très rapidement jusqu'à atteindre le sommet (appelé moyenne) et à partir de ce point, diminue de façon symétrique. Il s'agit là de la distribution typiquement gaussienne : toutefois il convient de noter que dans les relevés anthropométriques et biométriques cette courbe idéale est difficilement traçable, parce qu'on rencontre des valeurs (par exemple la taille, le poids, les diamètres corporels, etc.) qui ne peuvent pas être diminuées ou augmentées au-delà du seuil biologique. Dans le cas le plus simple, celui de la courbe idéale, la ligne qui unit le point moyen d'une donnée d'abscisse (appelé mode) est indiquée comme médiane et tombe exactement à la moitié des données observées en divisant la série en deux parties égales. Donc le mode (ou la valeur normale) d'une série est la mesure du terme qui présente la fréquence maximale ; c'est une valeur moyenne propre à la distribution de fréquence, indiquant l'intensité du phénomène qui se vérifie le plus souvent. Observons cependant que la moyenne arithmétique ne correspond à la valeur normale et à la médiane que dans le cas de distributions de fréquence avec tendance typiquement gaussienne (symétrique).
La zone comprise entre la courbe de fréquence et l'abscisse correspond à la totalité des cas observés.
La valeur normale, à beaucoup d'égards, prend une signification plus grande par rapport à d'autres valeurs moyennes parce qu'il s'agit d'une quantité ou d'une intensité qui a eu une manifesta-

tion concrète, contrairement, par exemple, à la moyenne mathématique ou à d'autres moyennes qui sont des valeurs abstraites et peuvent ne correspondre à aucune des données empiriques qu'elles représentent. En outre la valeur normale est aussi la plus fréquente dans l'ensemble des données récoltées et peut donc prendre une efficacité plus forte dans la représentation des problèmes statistiques pour lesquels il importe de mettre en évidence la mesure des phénomènes ayant le plus de chance de se produire.

Il est nécessaire d'ajouter que les phénomènes qui font l'objet d'une enquête sont susceptibles de prendre différentes modalités qualitatives et quantitatives, sont variables ; à cette variabilité il est nécessaire de donner une mesure expressive, en quelques chiffres, pour cerner les caractéristiques de la série des données statistiques ou de la distribution.

Ce résultat peut aussi être obtenu en trouvant une valeur moyenne représentant globalement la série, mais cette valeur moyenne n'exprime qu'un caractère quantitatif et ne laisse pas percevoir quelles sont les grandeurs des valeurs réelles dont a été tirée la série ; de plus, elle ne laisse pas entrevoir la distribution des valeurs. Une mesure significative de la variabilité est représentée par l'écart-type (σ) par lequel on étudie l'extension du champ de variabilité de la courbe, la distribution des valeurs par rapport à la moyenne. Graphiquement l'écart-type (appelé également déviation standard) correspond à la distance entre la médiane et le point où la courbe en cloche change de direction, et de convexe devient concave. Entre la moyenne et ce point on retrouve toujours 34 % des cas et donc entre deux points symétriques d'inflexion sur la courbe on retrouve 68 % des cas examinés.

En doublant l'écart-type (2 σ), on rencontre sur la courbe deux points symétriques correspondant à 95 % des cas observés ; au-delà de ces limites, la courbe s'approche de l'abscisse sans la toucher ; et les cas correspondants se réduisent à un nombre dérisoire. Du point de vue statistique la « normalité » biologique correspond à 95 % des cas observés et elle est donc définie par la moyenne $\pm 2\sigma$; au-delà de ces limites la donnée est considérée anormale.

Nous avons insisté sur la signification statistique du mot « normalité ». Cela s'est avéré exact par stratification successive des données collectées : au fur et à mesure que la pratique de dissection du cadavre est devenue de plus en plus répandue et fréquente, les informations sont devenues plus nombreuses et comparables entre elles ; par ailleurs, on a constaté fréquemment dans les organes, outre de légers écarts par rapport à la normalité, des altérations de formes et de fonctions dues aux maladies, et de cette façon on a commencé à apporter des ajouts importants à l'anatomie pathologique.

Toutefois, en guise de conclusion, il convient de mieux préciser les limites entre normal et anormal dans l'application anatomique. On a recours à ces concepts pour décrire une certaine condition, ou bien un éloignement net de celle-ci. Cela peut être lié à une structure héréditaire bien déterminée, et sert à délimiter les caractères de races, d'espèces ou de types spécifiques ; donc dans la normalité (concernant l'homme), on doit prendre en compte toutes les caractéristiques d'espèce et de race. Il s'ensuit que l'homme, par exemple, doit avoir cinq doigts par main : il doit présenter des caractéristiques somatiques et des paramètres physiologiques ommuns à tous les êtres humains. Par ailleurs, certaines conditions fréquentes (par exemple les caries dentaires) ne sont pas considérées comme normales même si elles sont présentes chez la majorité des êtres humains, puisque ces caractéristiques ne correspondent pas au prototype humain, biologiquement fonctionnel.

Un concept lié à celui de « normalité » est celui de « variation » : il indique l'éloignement d'un caractère de la norme. Si l'on prend en considération les différents types de constitutions organiques on constate des diversités anatomiques individuelles concernant les organes, par exemple la forme, les dimensions, le poids, la topographie. Cela signifie qu'un organe déterminé ne présente pas chez tous les individus les mêmes caractères mais peut révéler, avec une fréquence assez importante, des déviations par rapport au type normal, tout en conservant une certaine fonctionnalité ; pour cette raison, on a dit que « paradoxalement en anatomie l'exception constitue la règle ».

Les variations (ou variétés) sur l'appareil locomoteur concernent aussi la présence, l'absence ou le nombre des organes : si la plupart des organes sont constants, certains organes, dits « inconstants », peuvent être présents ou absents ou plus ou moins développés, ou encore peuvent se diviser ou se fondre. Puisque ces variations peuvent intéresser l'artiste quand elles modifient l'anatomie de surface, par exemple des os ou des muscles, elles seront traitées partiellement dans cet ouvrage.

On parle d'anormalité ou d'anomalie quand les déviations concernent des dispositions normales et sont importantes au point d'altérer la fonctionnalité de l'organe.

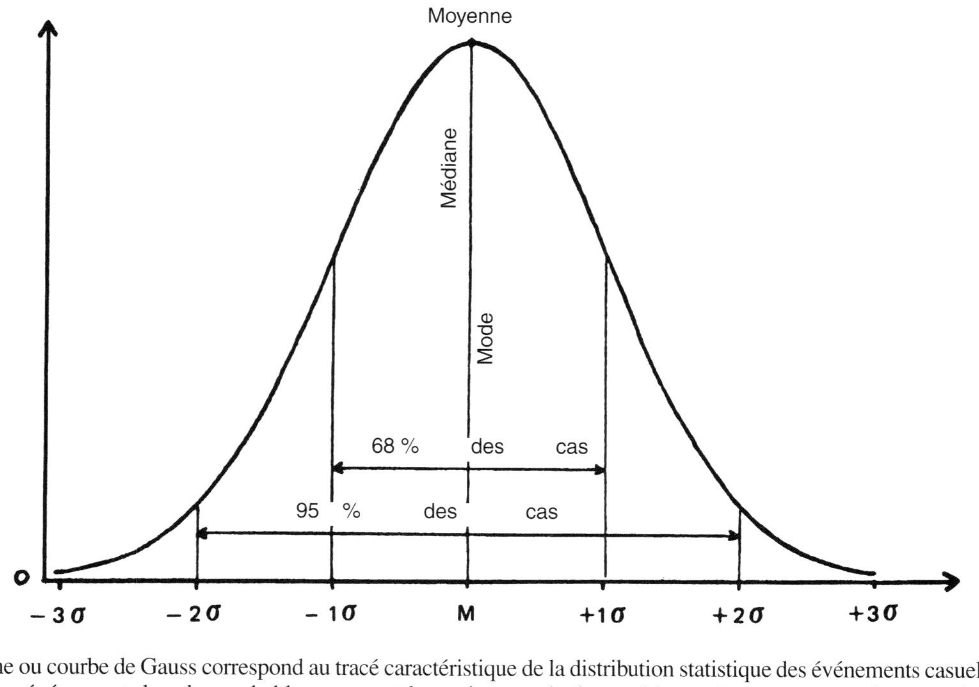

La distribution gaussienne ou courbe de Gauss correspond au tracé caractéristique de la distribution statistique des événements casuels. Sa forme typique, en cloche, indique que les événements les plus probables occupent la partie centrale du graphique, alors que ceux qui sont moins probables se trouvent dans des positions de plus en plus périphériques.

TOPOGRAPHIE ET TERMINOLOGIE ANATOMIQUE

❑ La position anatomique et les orientations

Le corps humain est observé debout, en station verticale, avec les membres supérieurs tendus le long du tronc, les paumes des mains tournées vers l'avant (afin que les os de l'avant-bras soient disposés parallèlement), les talons rapprochés et les pointes des pieds légèrement écartées. C'est la position dite « anatomique » : c'est à celle-ci que l'on se réfère lorsqu'on décrit l'emplacement, les relations réciproques et l'orientation dans l'espace des organes du corps humain. Nous nous bornerons ici à observer que le corps, dans sa position anatomique, s'inscrit virtuellement dans un parallélépipède dont on reconnaît, par groupes de deux, les faces (ou plans) de référence, que touchent les parties saillantes de la surface du corps. On peut donc identifier les orientations ventrale et dorsale, disposées respectivement à l'avant et à l'arrière le long d'un axe vertical, qui s'étendent d'un côté à l'autre du parallélépipède ; les orientations latérales droite et gauche, disposées verticalement sur les côtés et le long d'un axe sagittal, de l'arrière vers l'avant (le plan du milieu est appelé plan sagittal médian de symétrie : il coupe le corps en deux moitiés, également dénommées antimères, qui sont les images symétriques et spéculaires l'une de l'autre) ; les orientations rostrale et caudale, placées horizontalement, qui touchent l'arcade plantaire et le sommet de la tête.

❑ Les régions du corps et les limites topographiques : points et lignes de repère

Chez l'homme, comme chez tous les autres vertébrés, le corps est divisé en plusieurs parties : certaines d'entre elles sont axiales et impaires (la tête, le cou et le tronc) ; d'autres sont appendiculaires et paires et correspondent aux membres supérieurs ou thoraciques ainsi qu'aux membres inférieurs, dits pelviens ou abdominaux. Les parties du corps sont également classées en territoires pour ce qui est du tronc et en zones pour ce qui est des membres : au sein de la tête, on distingue ainsi le crâne et le visage ; au sein du tronc, le thorax et l'abdomen ; au sein du membre supérieur, l'épaule, le bras, l'avant-bras, la main ; au sein du membre inférieur, la hanche, la cuisse, la jambe et le pied. Les territoires et les zones sont divisés en régions, c'est-à-dire en aires superficielles délimitées par des lignes conventionnelles. Celles-ci, appelées lignes de repère, unissent des points (les points de repère) particulièrement visibles et reconnaissables, tant dans le corps de l'homme que dans celui de la femme.

La détermination des régions du corps sert à faciliter la description anatomique, mais s'avère aussi très pratique en médecine car elle permet, par exemple, d'indiquer avec beaucoup de précision l'endroit concerné par une maladie ou par une lésion ; sur le plan chirurgical, les notions d'anatomie topographique permettent d'intervenir de façon exacte sur des aires superficielles dont les limites sont bien définies : ces dernières n'ont parfois qu'une valeur artificielle, néanmoins elles correspondent à des organes plus ou moins profonds avec lesquels elles entretiennent des relations spatiales et fonctionnelles précises.

Bien évidemment, en ce qui concerne les arts plastiques cette subdivision corporelle n'impose pas à l'artiste une telle précision dans la réalisation d'un détail. Toutefois, surtout pour ce qui est des arts figuratifs, elle s'avère presque aussi utile que la science médicale car elle permet de reconnaître et de bien comprendre la morphologie extérieure du corps. De nombreuses descriptions des régions corporelles sont connues universellement (bien que souvent de façon plutôt imprécise et impropre), ce qui simplifie le langage anatomique. Il est toutefois nécessaire de préciser que, dans certains cas, la description d'une région en anatomie artistique peut être différente de celle que suit l'anatomie topographique. Pour un artiste, il sera suffisant d'observer attentivement les illustrations du présent ouvrage (afin de reconnaître les limites de chaque région) et de distinguer les lignes verticales de référence, tant sur le plan ventral que dorsal.

Ces notions s'avéreront utiles lorsque nous traiterons de l'aspect varié des formes extérieures du corps et des structures anatomiques superficielles qui les déterminent.

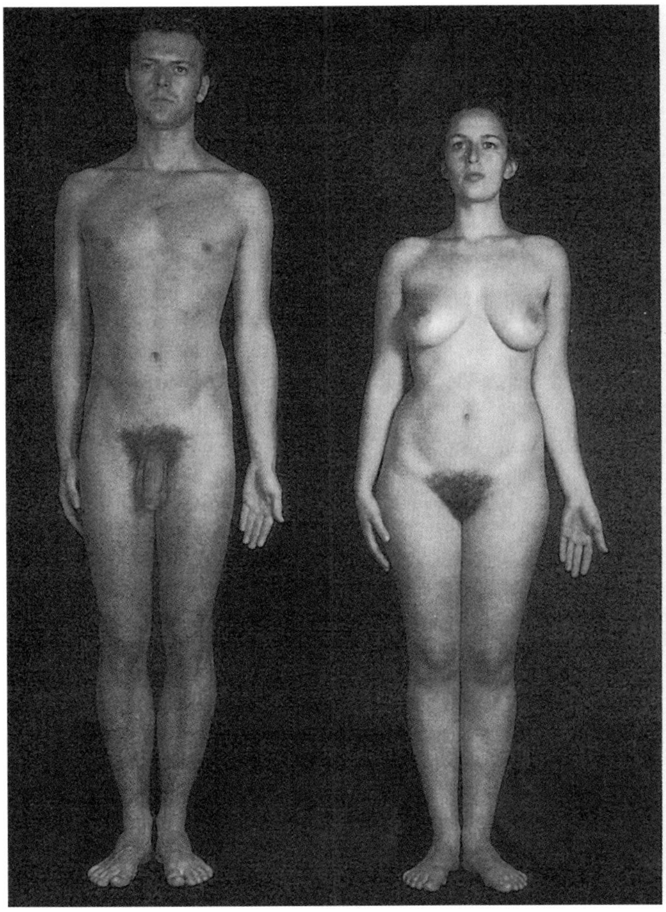

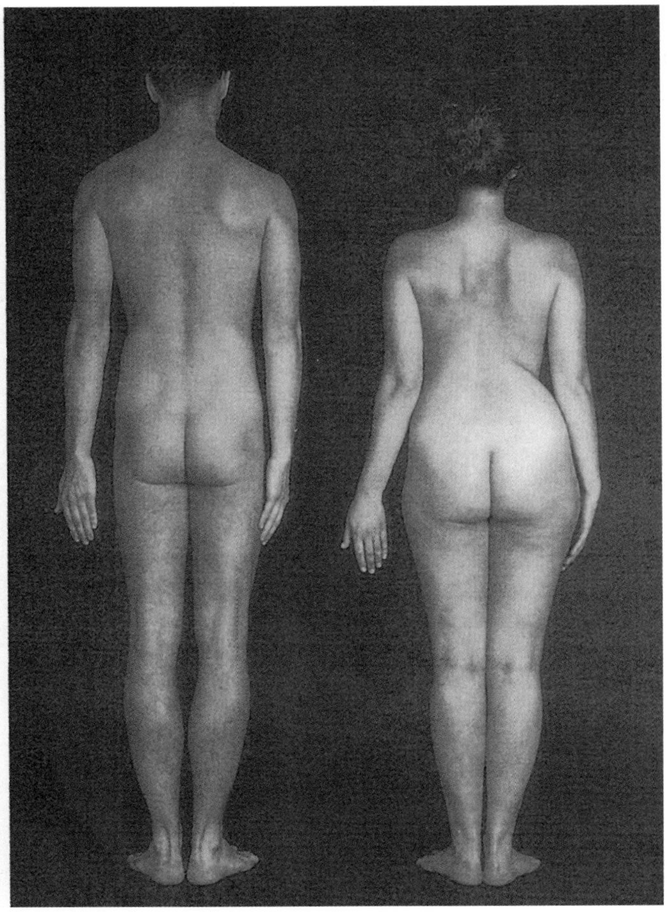

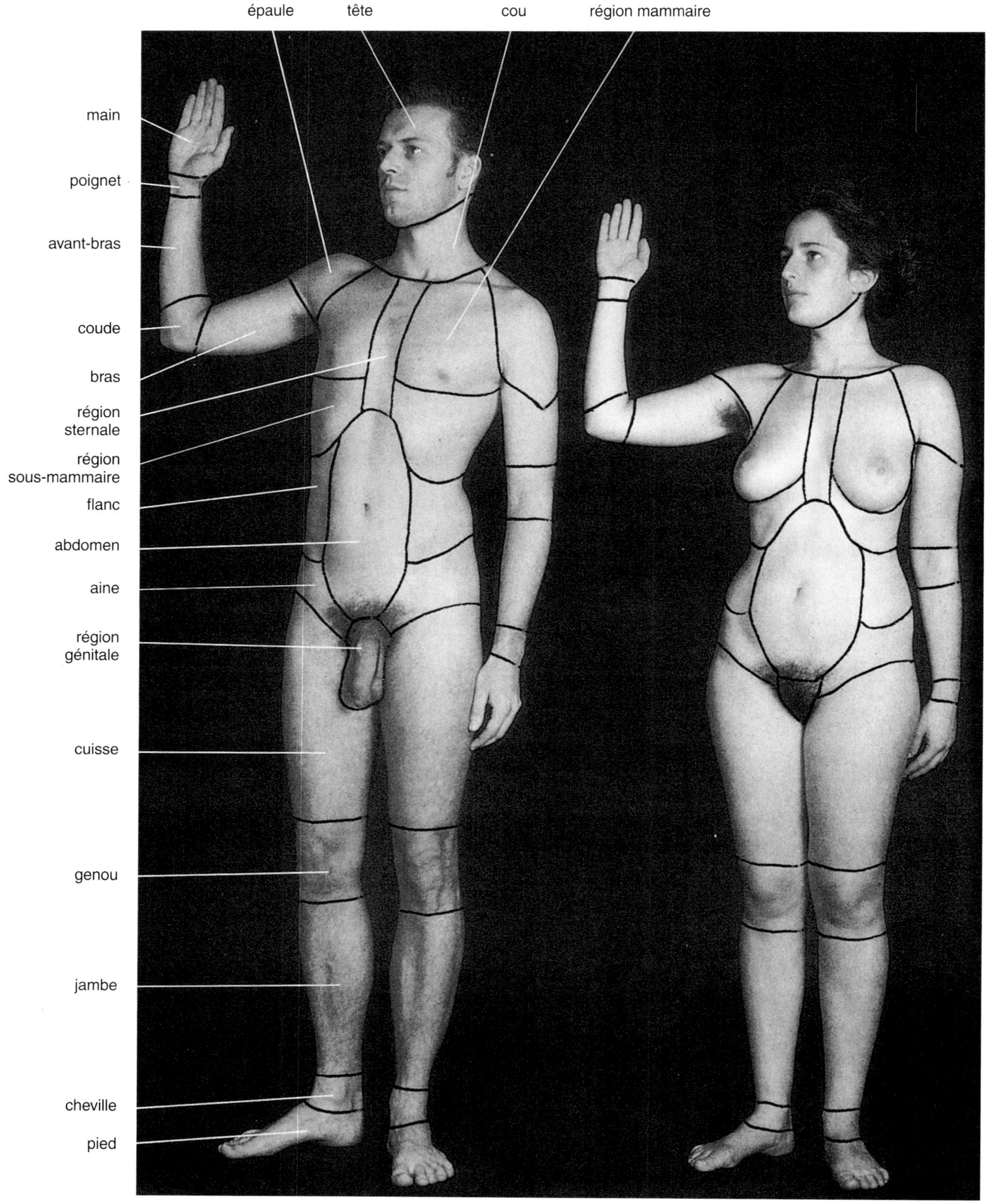

Limites des principales régions

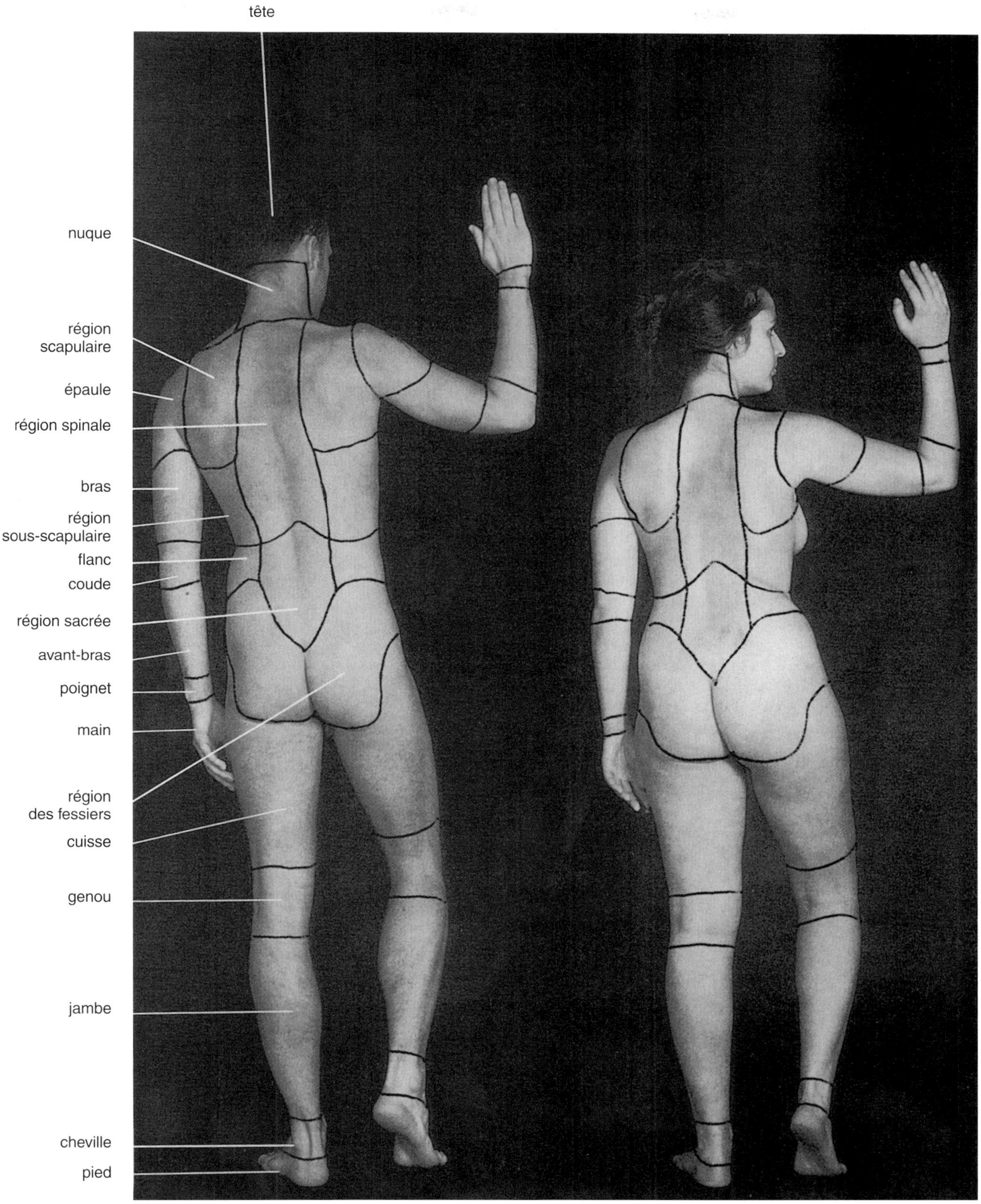

Limites des principales régions

ÉVOLUTION, RACE, TYPE CONSTITUTIONNEL

❑ L'évolution

On parle d'évolution lorsqu'une espèce, un animal ou un végétal passe progressivement d'une forme simple à une forme plus complexe. Selon les théories de l'évolution, les organismes vivants se sont développés à partir d'ancêtres communs qui, à leur tour, descendaient de cellules primordiales. Du point de vue zoologique, l'homme d'aujourd'hui appartient à une seule espèce, *Homo sapiens* : elle fait partie de l'ordre des primates, apparus il y a environ 70 millions d'années.

Les primates se trouvent à l'intérieur de la classe des mammifères*, dont ils sont les représentants les plus évolués, comme l'indiquent certaines de leurs caractéristiques, telles que : la différenciation entre les membres antérieurs, qui servent à grimper, et les membres inférieurs, qui servent à se déplacer et à s'appuyer ; la mobilité multidirectionnelle des membres ; les ongles aplatis ; les dents adaptées à l'alimentation omnivore ; la vie arboricole ; la boîte crânienne plus développée que le visage.

Les caractères permettant de distinguer zoologiquement l'homme des autres primates sont les suivants : la station debout et verticale, la démarche bipède, la conformation et les capacités fonctionnelles des mains et des pieds, le développement du cerveau et le volume de la boîte crânienne, les qualités psychiques et le langage. Il s'agit ici des caractéristiques les plus évidentes ; or, l'anatomie comparée en identifie d'autres, qu'elle considère comme des adaptations spécifiques à deux lignes évolutives différentes : du point de vue anatomique, tous les primates à l'exception de l'homme (le seul bipède) sont essentiellement des quadrupèdes adaptés à la vie arboricole. En effet, après la séparation (intervenue vraisemblablement il y a 5 à 6 millions d'années) entre les deux lignées évolutives que sont la lignée des primates et la lignée des hominidés, les membres de cette dernière acquirent lentement et en plusieurs étapes des caractéristiques importantes et complexes ; c'est grâce à elles que l'homme a pu se différencier considérablement de sa forme originelle et réaliser le développement culturel qui lui est propre.

Parmi les caractéristiques susmentionnées, la station verticale et la démarche bipède qui s'ensuivit jouèrent un rôle important sur le développement du cerveau, du langage ainsi que d'autres fonctions supérieures. L'acquisition de la station debout donna lieu à des modifications profondes concernant l'emplacement des organes viscéraux, mais avant tout du squelette, des muscles, des articulations, et des organes du système nerveux chargés de la coordination motrice et des postures. Selon les dernières interprétations formulées à ce sujet, les conditions climatiques et l'environnement sont à la base des facteurs ayant favorisé les pressions sélectives qui ont entraîné ces adaptations en matière d'anatomie et de locomotion. En effet, à la suite d'ajustements climatiques majeurs, la formation de vastes territoires herbeux, arbustifs ainsi que forestiers a créé les conditions nécessaires pour une forte sélection naturelle entre les différentes espèces en compétition, ce qui a permis la survie de celles qui étaient les mieux adaptées. La possibilité de se placer en station verticale et de se déplacer aisément en n'utilisant que deux membres, explique certainement le fait que l'orientation sélective ait favorisé, en l'espace de plusieurs millions d'années, la survie des individus se tenant habituellement droits (station orthograde).

Cette position est en effet très avantageuse : chez les primates appartenant à l'autre ligne évolutive, en raison de leur axe vertébral horizontal et parallèle au sol, le poids corporel repose sur les membres postérieurs – ou pelviens –, ainsi que sur les membres antérieurs – ou thoraciques –, de sorte que tous les membres participent à la posture ainsi qu'à la locomotion ; par ailleurs, les primates les plus proches de l'homme, les singes anthropomorphes, peuvent parfois utiliser la station verticale de façon temporaire : dans ce cas, leur poids corporel repose sur les membres pelviens, tandis que les membres thoraciques n'ont qu'un rôle de soutien secondaire. En revanche, chez l'homme ayant acquis une station verticale permanente, le poids corporel est distribué verticalement le long de la colonne vertébrale, du sacrum et des membres pelviens. Ici le bassin joue donc un rôle essentiel en ce qui concerne les fonctions statique et dynamique : le centre de gravité corporel se situe au niveau pelvien ; seuls les membres pelviens interviennent dans la locomotion, tandis que les membres thoraciques restent libres, permettant à la main d'assurer d'autres fonctions. Dans son évolution, la main de l'homme est devenue préhensile dès lors qu'il a été possible d'opposer le pouce aux autres doigts. Le pied n'a pas acquis cette caractéristique, toutefois sa structure osseuse s'est perfectionnée, devenant à la fois solide et souple pour mieux soutenir le poids du corps pendant son adaptation aux différents plans d'appui.

Il est intéressant d'observer les similitudes et les différences entre le squelette des singes anthropomorphes et celui de l'homme : cela permet de comprendre pourquoi en anatomie artistique on attache une grande importance à la conformation osseuse ainsi qu'à ses effets superficiels. Le crâne possède de nombreuses caractéristiques : celui des singes anthropomorphes est plus développé dans la partie du bloc facial, tandis que chez l'homme la boîte crânienne (neurocrâne) est plus volumineuse que le visage (crâne splanchnique) en raison de son développement cérébral différent. La forme générale des deux crânes est également très différente : chez les singes anthropomorphes la voûte crânienne est basse et aplatie au niveau des orbites, dont les arcades sont très saillantes ; l'homme, en revanche, se distingue par son front élevé au-dessus d'arcades orbitaires peu proéminentes.

Cette conformation explique la différence du profil des coupes réalisées selon un plan frontal : le crâne des singes anthropomorphes semble plus ou moins ogival ; ses lignes de fuite partent de ses côtés extrêmement larges et vont jusqu'à un point culminant faiblement courbé. Chez l'homme, en revanche, la coupe a une forme beaucoup plus ovale, en « fer de cheval » : le crâne est plus étroit dans la partie inférieure, devient de plus en plus large, atteint sa largeur maximale au niveau temporal puis suit une courbe régulière dans la calotte.

La forme de l'os occipital indique clairement la différence dans la posture habituelle des singes anthropomorphes et de l'homme. Les premiers ont une écaille occipitale aplatie, raccordée en angle avec les pariétaux, ainsi qu'un trou occipital qui, pour se relier aux vertèbres cervicales, doit s'orienter sur un plan incliné vers l'avant, du haut vers le bas. La démarche quadrupède oblige le singe à pencher la tête vers l'avant : c'est pourquoi son crâne s'insère dans une colonne vertébrale disposée horizontalement. Chez l'homme, en revanche, l'écaille occipitale est arrondie et convexe ; le trou occipital est incliné vers l'arrière, du haut vers le bas, de façon à permettre aisément l'insertion orthogonale du crâne dans la colonne vertébrale, typique de la station verticale.

D'autres différences concernant le crâne peuvent être observées dans la région temporale, dans la région zygomatique – le bloc frontal des singes anthropomorphes est aplati, orienté vers l'avant et dépourvu de fosse canine (le canal placé sous les orbites typique de l'homme) –, dans la mâchoire – massive, fuyante et dépourvue de protubérance mentonnière chez les singes –, dans la denture, etc. Chez l'homme, le squelette du tronc possède des caractéristiques liées à sa station verticale de bipède : sa colonne vertébrale se courbe légèrement au niveau cervical, dorsal et lombaire, selon une segmentation alternée (convexité vers l'avant et vers l'arrière). La colonne vertébrale des singes anthropomorphes a une courbure moins accentuée et uniquement au niveau dorsal et lom-

* Classification de l'homme dans l'échelle zoologique : le sujet de l'anatomie humaine est l'homme, qui appartient à l'ordre des primates : règne : animal ; type (phylum) : vertébrés ; classe : mammifères ; ordre : primates ; famille : hominidés ; genre : *Homo* ; espèce : *Homo sapiens*.

baire ; la courbure cervicale est quasiment absente en raison du mécanisme d'articulation des vertèbres et du crâne.
Chez les primates anthropomorphes, le bassin a la conformation typique des quadrupèdes : il est étroit et allongé ; chez l'homme, en revanche, il est court et large, son ouverture principale étant orientée vers le haut afin de contenir les organes viscéraux.
Les membres thoraciques des singes sont très longs car ils sont la conséquence d'un processus d'adaptation à la vie en forêt, dans laquelle les animaux se déplacent surtout par brachiation d'une branche à l'autre. Les membres supérieurs de l'homme, en revanche, ont subi une évolution adaptée surtout à la préhension : ils sont donc beaucoup plus courts, leur extrémité n'arrivant qu'à la moitié de la cuisse, tandis que les membres correspondants chez les primates se tenant debout dépassent le niveau des genoux. On remarque également des différences considérables dans la main : celle de l'homme a un pouce long et opposable aux autres doigts, ce qui lui permet d'être préhensile, caractéristique que ne peuvent avoir les autres primates.
Les membres pelviens des singes anthropomorphes sont assez courts et massifs, ils s'étendent difficilement et ne peuvent être que partiellement fléchis. Les membres inférieurs de l'homme sont allongés et peuvent s'étendre de façon que le fémur et le tibia soient placés sur le même axe : ils sont donc adaptés à la démarche bipède et peuvent faire face aux problèmes d'équilibre posés par celle-ci. La station verticale est aussi rendue possible par les caractères structurels du pied : chez les singes anthropomorphes, la forme du pied est allongée et l'arcade plantaire ne touche pas le sol sur toute sa surface ; le gros orteil peut, dans une certaine mesure, s'opposer aux autres doigts, sans pour autant devenir préhensile. Chez l'homme, le pied s'est adapté uniquement en fonction de l'appui au sol. Il adhère presque totalement à ce dernier – pas seulement avec son bord latéral, comme c'est le cas chez les primates anthropomorphes – et son ossature a adopté des solutions mécaniques efficaces en termes de solidité et de souplesse.
L'étude de l'évolution des formes vivantes qui, par des stades successifs répartis sur plusieurs millions d'années, a conduit à l'apparition de l'espèce humaine, nous permet de comprendre les origines anciennes de la conformation, de la position, de la structure et de la fonction des organes du corps humain. On estime que les premières formes de vie sont apparues il y a environ 3 milliards d'années ; les vertébrés fossiles les plus anciens sont des poissons qui datent d'environ 600 millions d'années ; ils furent le point de départ de la différenciation des amphibiens, puis des reptiles, et des mammifères (il y a environ 200 millions d'années), auxquels appartiennent les primates (apparus il y a environ 70 millions d'années). L'espèce humaine commença à se différencier il y a 3 millions d'années environ : elle évolua jusqu'au stade de l'homme moderne (*Homo sapiens sapiens*), qui est essentiellement identique à l'homme d'aujourd'hui et dont on a retrouvé des fossiles datant d'il y a environ 40 000 ans. Il est intéressant d'étudier l'origine ainsi que l'histoire évolutive de certains organes ou régions du corps humain. La bouche est le début du tube digestif, qui se développa il y a des millions d'années chez les premiers organismes aquatiques. La structure tout entière du corps humain est bâtie autour de ce tube : la partie chargée de chercher la nourriture devint avec le temps la partie antérieure du corps, tandis que les fonctions excrétoires s'organisèrent à l'extrême opposé.
La tête, la partie la plus importante du corps, s'est développée autour de l'extrémité initiale antérieure du canal digestif afin de mieux rechercher et sélectionner la nourriture.
Le nez de l'homme, grâce à sa position particulière, peut utiliser au mieux le sens de l'odorat afin de reconnaître et de vérifier la nourriture, même si la localisation de celle-ci est en fait devenue la tâche principale de l'appareil visuel.
Les yeux des ancêtres de l'homme, comme ceux des poissons et des reptiles actuels, étaient situés sur les côtés de la tête. Cela signifie qu'ils pouvaient voir deux images séparées de chaque objet, sans toutefois saisir la profondeur du champ d'exploration. Lorsque ces animaux évoluèrent et sortirent de l'eau, se transformant d'abord en amphibiens, puis en animaux capables de grimper sur des arbres, leurs yeux s'adaptèrent au nouvel environnement en se déplaçant vers l'avant : cela permit aux deux champs de vision de correspondre parfaitement. C'est ainsi que l'homme acquit la faculté d'observer le monde en trois dimensions.
Les oreilles sont aussi le résultat de l'évolution de l'appareil auditif : celui-ci permettait aux poissons primitifs de percevoir les variations de pression dans le milieu aquatique.
Le squelette humain, tel qu'il est aujourd'hui, est le résultat de la transformation fonctionnelle du squelette des anciennes formes vivantes. Ces dernières étaient formées par un exosquelette : elles étaient protégées de l'extérieur par une coquille squelettique (il existe encore quelques exemples de ces organismes, comme le homard) ; toutefois, cette configuration limitait leur mobilité ainsi que leur croissance. L'évolution se fit donc en faveur d'un squelette interne (endosquelette), qui devait soutenir et protéger les organes distribués autour du tube digestif et renfermés dans la cage thoracique ainsi que dans le bassin.
L'articulation de l'épaule est une partie de notre squelette bien développée, mobile et solide. Elle est le résultat de la transformation de la nageoire dorsale des poissons primitifs qui eut lieu lorsque ceux-ci sortirent des eaux et essayèrent de se mouvoir au sol en tant qu'amphibiens. Les membres supérieurs ont suivi la même évolution : ils étaient jadis les membres locomoteurs antérieurs des primates, qui à leur tour descendaient des membres des amphibiens, eux-mêmes étant le résultat de l'évolution des nageoires. La colonne vertébrale, structure de base du squelette, est un élément du processus évolutif qui conduisit à l'apparition de l'homme : elle permit aux animaux de se lever sur leurs pattes postérieures afin de cueillir la nourriture sur les arbres et d'explorer leur territoire. Le bassin est le point de jonction entre la colonne vertébrale et les membres pelviens : comme il a été dit précédemment, il a évolué en devenant plus court et plus large pour pouvoir contenir les viscères dans la station debout, ainsi que pour permettre à la femelle d'accoucher de petits dont le volume céphalique devenait de plus en plus important.
L'évolution des doigts de la main a permis le développement complet de l'homme : parmi d'autres facteurs, les mains préhensiles et la démarche bipède ont fait en sorte que la bouche ne soit plus le seul organe chargé de rechercher la nourriture. Les mains de l'homme sont en effet devenues un instrument multifonctionnel et demeurent un exemple unique dans le règne animal.
Comme nous l'avons dit précédemment, nous savons aujourd'hui que l'homme moderne a probablement commencé à se répandre dans le monde longtemps après son apparition, c'est-à-dire il y a environ 30 000 ans. Son lieu de naissance se situerait en Afrique ou en Asie de l'Ouest, régions où il entreprit un processus de différenciation et d'évolution, acquérant enfin une capacité d'adaptation à des conditions naturelles très variées, telles que le climat froid du Nord ou les températures équatoriales. Une telle évolution a été possible grâce à l'accumulation de petits changements fonctionnels et structurels (appelés mutations) : c'est sur eux qu'ont agi la sélection naturelle et l'adaptation au milieu par le biais de variations dans le patrimoine génétique, retransmises ensuite aux générations suivantes. L'espèce *Homo sapiens sapiens* étant apparue très récemment, on doit en déduire que sa structure génétique est loin d'avoir acquis sa forme définitive. Bien au contraire, les connaissances acquises à ce jour dans ce domaine nous poussent à croire que les facteurs environnementaux susceptibles d'entraîner des modifications, ainsi que la sélection génétique naturelle, continuent de modifier certains gènes et, par conséquent, modifient également l'espèce humaine. L'homme serait donc encore en train d'évoluer. Sur le plan physique, il n'y a pas encore eu de changements majeurs depuis l'âge préhistorique ; on remarque toutefois certains phénomènes tels que la réduction de la dentition – la troisième molaire (la « dent de sagesse ») a tendance à disparaître –, et du diamètre antéroposté-

rieur du crâne (brachycéphalisation), surtout chez les populations de race blanche, l'augmentation de la taille moyenne, etc. Ces constatations se fondent néanmoins sur des observations statistiques insuffisamment représentatives ; elles montrent plus que tout autre chose une adaptation évolutive non seulement au milieu naturel, mais aussi à des contraintes mineures liées à la locomotion, ainsi qu'un développement parallèle et compensatoire du cerveau et du crâne.

❑ La race

L'espèce consiste en un ensemble d'individus pouvant se reproduire entre eux et donner vie à une progéniture fertile. Par le terme « race » on entend un groupe d'individus, d'animaux ou de végétaux, qui, en raison d'un certain nombre de caractères héréditaires similaires, peuvent être distingués d'autres individus appartenant à la même espèce. Actuellement, on parle moins de « race » que de « types humains ».

Les caractères transmissibles héréditairement qui peuvent être considérés du point de vue anthropologique comme définissant une race sont d'ordre physiologique (liés au fonctionnement des organes), psychologique (liés au traitement des données par le cerveau ainsi qu'aux réactions émotionnelles) et surtout anatomique (liés à la structure des organes et à la conformation somatique). Ces derniers, les plus marqués et les plus reconnaissables, permettent de faire une distinction entre les différentes races humaines. Il faut néanmoins tenir compte du fait que la notion de race humaine est très floue et ne correspond en rien à l'appartenance culturelle, linguistique, religieuse ou nationale d'un individu : elle n'est mentionnée ici que dans le but d'inviter les artistes à toujours observer attentivement cette réalité complexe et multiforme qu'est le corps humain, et à saisir la diversité des hommes cachée derrière leur égalité structurelle. Comme nous le savons, il y a de nombreuses caractéristiques physiques et somatiques (ou phénotype) transmissibles selon les règles de l'hérédité génétique : certaines d'entre elles intéressent de près les artistes figuratifs qui étudient l'homme « vivant », telles que la couleur de la peau, des cheveux et de l'iris, la forme des cheveux, la taille, la forme de la tête, du nez, des lèvres et des yeux, l'emplacement des dépôts adipeux, la distribution pileuse, etc. Il en sera question lorsqu'on traitera de la morphologie extérieure du corps humain.

Les groupes raciaux (qui, nous le rappelons, n'ont rien à voir avec la nationalité, l'organisation sociale et la culture des différentes populations) sont regroupés en trois groupes principaux : ils se réfèrent chacun à des traits physiques caractéristiques qui ont tendance à se reproduire tels quels d'une génération à l'autre. Chaque groupe (les Caucasiens, les négroïdes et les mongoloïdes) se différencie à son tour en plusieurs autres groupes raciaux ayant des caractères intermédiaires moins marqués, parfois difficiles à classer en raison du fait que les individus de race différente peuvent largement se croiser les uns avec les autres.

❑ La constitution

Par « constitution » on entend l'ensemble des caractères somatiques et fonctionnels d'un individu dérivant du patrimoine génétique héréditaire (le génotype), ainsi que des modifications entraînées par le milieu naturel. Il apparaît clairement que, à l'intérieur d'une population et indépendamment des caractères strictement liés à leur race, tous les individus n'ont pas la même conformation. Cette différence se manifeste surtout sur le plan somatique : l'homme et la femme n'ont ni la même forme de corps ni la même taille en raison d'éléments spécifiques (organes génitaux externes, seins, distribution pileuse, etc.) ; par ailleurs, les membres de chaque sexe se différencient aussi les uns des autres tant par leur taille que par les dimensions de leur corps.

Sur la base de ces paramètres, ainsi que d'autres observations d'ordre physiologique et psychologique, on a essayé de mettre en place une classification des types constitutionnels humains. Toutefois, le fait même que les experts s'étant penchés sur la question soient en désaccord les uns avec les autres montre clairement à quel point il est difficile de déterminer les caractéristiques morphologiques des groupes humains, y compris par la simple considération de leur aspect extérieur.

Dans un souci de clarté, on définit par « type » l'unité systématique qui comprend, dans les classifications animales et végétales, tous les individus constitués selon le même schéma d'organisation. Parmi les nombreuses classifications des types morphologiques qui ont été proposées, on ne rappellera que celles pouvant s'avérer utiles pour les artistes, du moins dans une première phase d'apprentissage.

Schreider a élaboré la théorie la plus simple, fondée sur la bipolarité des structures somatiques qui, sans trop s'écarter de leur configuration normale, se distribuent entre deux extrêmes opposés : d'un côté on retrouve les individus chez lesquels les dimensions longitudinales sont plus développées ; ils sont appelés types à structure verticale, caractérisés par des membres inférieurs longs par rapport au tronc, ainsi que par un visage étroit et allongé ; de l'autre, les individus chez lesquels les dimensions horizontales sont dominantes, appelés types à structure horizontale : ils ont un tronc allongé par rapport aux membres inférieurs, un abdomen développé, un visage large surtout au niveau de la mandibule. Entre ces deux opposés, à distance égale de l'un comme de l'autre, se situe le type harmonieux aux caractères intermédiaires.

La classification de Viola peut s'avérer utile. Il fait une distinction entre trois catégories constitutionnelles fondées sur le rapport entre le tronc (associé à la vie végétative) et les membres (associés à la vie relationnelle). Au lieu de faire ressortir les valeurs linéaires de ces éléments, il met en évidence leurs valeurs volumétriques.

Les valeurs de référence sont celles des normotypes, dont les longitypes s'écartent par excès et les types brachymorphes par défaut.

Kretschmer a proposé une troisième classification qui tient compte non seulement des aspects somatiques, mais aussi des caractères psychiques. Il identifie le type asthénique, au corps maigre et allongé, parfois très longiligne (type longiligne), avec un thorax frêle, des épaules étroites, un visage creusé et allongé, une prédisposition aux maladies gastriques ; le type athlétique, qui a une musculature solide et bien développée, un squelette robuste et un bon équilibre psychosomatique ; le type pycnique : gros, voire obèse, il a une cage thoracique étroite, un abdomen proéminent, un visage large en forme de pentagone, une prédisposition à l'hypertension et aux changements d'humeur (cyclothymie).

Enfin, Sheldon a proposé une quatrième classification centrée autour des trois feuillets embryonnaires (l'endoderme, le mésoderme et l'ectoderme) à partir desquels se développent les tissus et les organes. Selon la prépondérance d'un de ces feuillets, on peut identifier trois types morphologiques. L'endomorphe est gros, a un profil somatique rond, un tronc plus développé que les membres, une région du bassin plus large que celle des épaules, une musculature faible, des os fins, des mains et des pieds assez petits. Le mésomorphe a un squelette robuste, une musculature puissante et bien développée qui donne au corps un profil anguleux, des extrémités longues et fortes, un thorax et des épaules plus larges que l'abdomen et le bassin. L'ectomorphe est maigre, longiligne et frêle, ses membres sont beaucoup plus longs que le tronc, son thorax et son abdomen sont aplatis, son crâne splanchnique petit par rapport au neurocrâne.

Il ne s'agit là que d'une synthèse de ces théories, mais elle nous permet de comprendre à quel point il est important pour les artistes de connaître l'origine et la conformation de la structure humaine, même si ce domaine est très vaste, réservé aux spécialistes, inexploré sous certains aspects, et s'écarte des compétences strictes de l'anatomie artistique classique. En effet, les connaissances scientifiques, associées à une observation attentive du modèle naturel, ne peuvent qu'aider l'artiste figuratif dans son travail de compréhension et de représentation de l'être humain dont il s'inspire lorsqu'il est confronté au difficile exercice qu'est l'étude anatomique en situation réelle.

NOTES SUR LA STRUCTURE MACROSCOPIQUE

L'organisme humain est une structure complexe qui peut être décomposée en plusieurs appareils ou systèmes qui sont des ensembles organisés de différents organes reliés ayant la même fonction.
Entre autres, on identifie le système digestif, respiratoire, cardio-vasculaire, endocrinien et nerveux : chacun remplit une fonction spécifique et constitue une partie intégrante de l'unité fonctionnelle fondamentale de cet être vivant qu'est l'organisme. Connaître ces systèmes est certes utile et conseillé pour enrichir sa culture générale, cependant, comme nous l'avons dit plus haut, l'étude de l'anatomie appliquée aux arts figuratifs s'intéresse principalement à l'appareil locomoteur en tant que point de jonction de trois autres systèmes (squelettique, articulaire, musculaire) : ces derniers sont strictement liés les uns aux autres car ils visent tous à protéger et à soutenir les organes internes, ainsi qu'à permettre au corps de bouger. Les présentes notes d'introduction ne traiteront donc que de l'appareil locomoteur. Toutefois, il ne faudra pas oublier que les formes extérieures du corps, bien qu'elles soient essentiellement déterminées par la conformation et le positionnement des os et des muscles (ainsi que par la membrane tégumentaire, très importante au point de vue des caractéristiques morphologiques individuelles), sont profondément influencées par tous les autres systèmes et entretiennent avec ceux-ci d'importantes relations de réciprocité.
À des fins purement descriptives, le corps humain est traditionnellement divisé en plusieurs parties : la tête, le cou, le tronc (comprenant à son tour le thorax et l'abdomen), les membres (structures paires et symétriques divisées en membres supérieurs et inférieurs). Afin de rendre plus simples et pratiques leur étude et leur description, chacune de ces parties du corps est à son tour décomposée en différentes régions superficielles (*cf.* p. 14).
Le système locomoteur a par ailleurs été l'objet de l'étude anatomique reprise et approfondie par de nombreux grands artistes des XVe et XVIe siècles. Ceux-ci ont en effet souvent collaboré avec d'éminents scientifiques, posant ainsi les bases de l'anatomie moderne.
Depuis la parution de l'œuvre de Vésale (1543), on a définitivement adopté la méthode de description en ordre successif, surtout pour ce qui est des systèmes squelettique et musculaire. On a en effet prouvé qu'elle était la méthode la plus rationnelle (car elle se base sur des principes topographiques et fonctionnels), ainsi que la plus simple pour acquérir une terminologie spécifique ainsi qu'une vision organique du corps humain. Le système locomoteur s'étudie donc en commençant par la partie axiale du corps, le tronc, en passant par le cou et la tête jusqu'à la partie appendiculaire, constituée par les membres supérieurs et inférieurs. Les structures ostéo-arthro-myologiques de ces derniers sont étudiées à partir des secteurs proximaux – les plus proches du tronc (où se trouvent les grandes articulations de l'épaule et de la hanche) –, jusqu'aux secteurs distaux, la main et le pied. Néanmoins, certaines orientations sont prises en compte selon un ordre différent, davantage lié à la notion de région : dans ce cas on part de la tête, en passant par le cou, le thorax, le membre supérieur, l'abdomen, jusqu'au membre inférieur. En anatomie artistique, cette méthode semble préférable lorsqu'on décrit la morphologie externe (ou anatomie de surface) du corps humain.

❑ Terminologie de la position

La description anatomique fait référence au corps humain normal, à l'âge adulte, en station verticale, avec les membres supérieurs adhérant au tronc, la face palmaire des mains tournée vers l'avant, les talons unis et les pointes des pieds légèrement écartées. Cette position standard est généralement appelée « position anatomique » : elle correspond par ailleurs à la posture qu'acquiert le plus souvent un cadavre lorsqu'il est allongé sur le dos, sur la table anatomique. Elle se différencie de la station debout dite

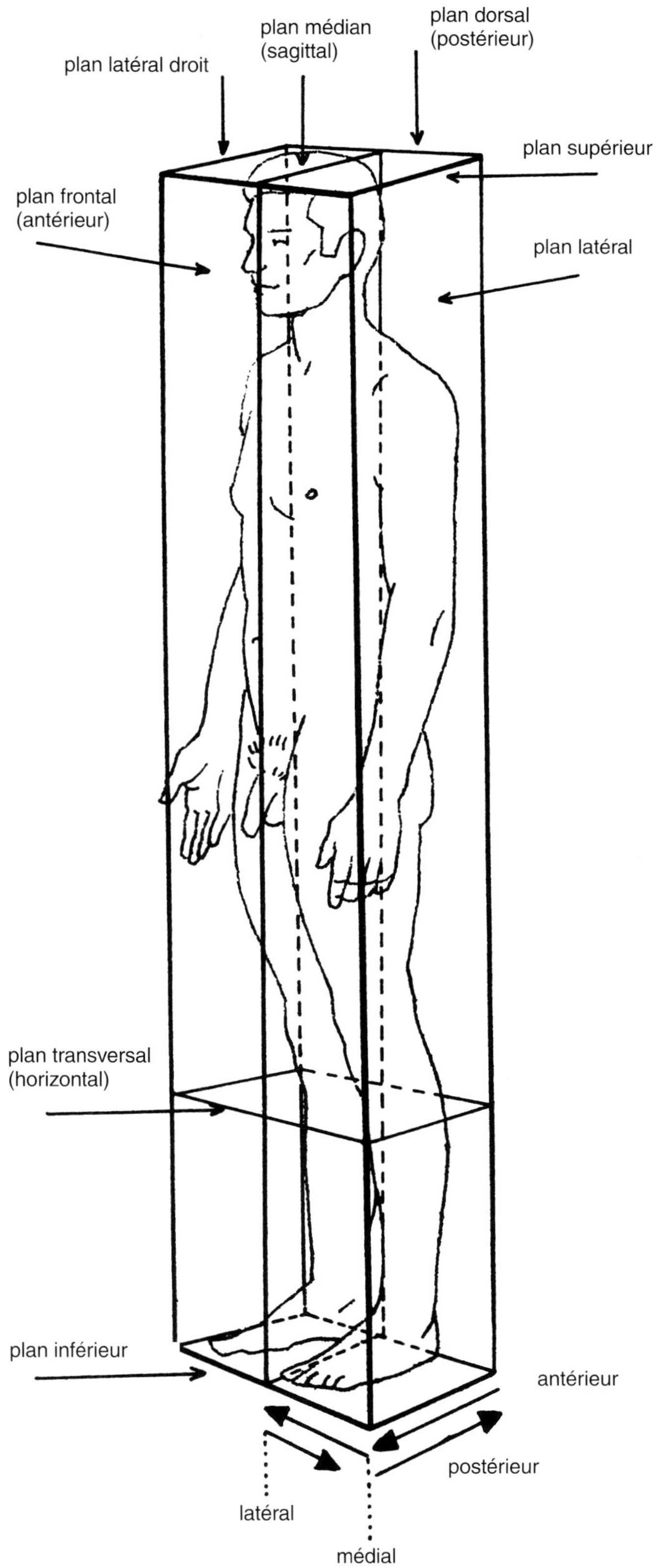

Plans de repère et orientations

« naturelle », dans laquelle les bras pendent le long du corps, les paumes des mains tournées vers l'intérieur. Toutes les structures anatomiques sont décrites, tant en ce qui concerne leurs formes que leurs relations réciproques, en faisant toujours référence au sujet en position anatomique. On imagine le corps comme étant inscrit dans un parallélépipède et, pour décrire le positionnement de ses différentes parties, on se réfère aux plans imaginaires de celui-ci :
– plan antérieur (aussi dit ventral ou frontal) ;
– plan postérieur (dorsal) ;
– plan droit (côté droit du corps examiné) ;
– plan gauche (côté gauche) ;
– plan supérieur (céphalique, rostral) ;
– plan inférieur (caudal).
On prend également en compte un autre plan, dit médian de symétrie, tracé dans un sens sagittal (de l'avant vers l'arrière) ainsi que de la face supérieure vers la face inférieure. Ce plan partage le corps en deux moitiés spéculaires et symétriques, l'antimère droit et l'antimère gauche, d'où les termes employés (*médial* : proche du plan médian de symétrie ; *latéral* : proche du plan latéral externe, gauche ou droit).
Pour ce qui est des organes cavitaires internes, on emploie les adjectifs « externe » (superficiel) et « interne » (cavitaire) pour se référer aux membranes pariétale et viscérale.
Les termes suivants se rapportent surtout aux membres :
– *proximal* et *distal* (ils indiquent une partie du corps ou d'un organe respectivement rapprochée ou éloignée de son origine ainsi que du centre du corps, le tronc) ;
– *radial* (latéral, externe) et *ulnaire* (médial, interne), pour le membre supérieur ;
– *fibulaire* (latéral) et *tibial* (médial), pour le membre inférieur ;
– *sagittal*, pour tout plan parallèle au plan médian de symétrie ;
– *transversa*l, pour tout plan horizontal ;
– *ventrale* pour la partie vers laquelle se plient certains organes (avant-bras, doigt, jambe) ;
– *dorsale*, pour la partie opposée à la partie *ventrale*.

❑ Terminologie du mouvement

Lorsque le corps reste statique ou se déplace, son centre de gravité (le point imaginaire qui représente le centre du poids ou la zone où celui-ci se concentre) varie de position en fonction du mouvement ou de la posture adoptée : dans la position anatomique, ce centre peut être situé au niveau du bassin, devant le sacrum.
La ligne de gravité traverse ledit centre verticalement, pouvant aussi se déplacer. En position d'équilibre, elle doit tomber à l'intérieur du plan d'appui (polygone de sustentation).
La réalisation d'actions dynamiques est rendue possible grâce aux articulations.
On emploie les termes suivants :
– *flexion :* mouvement effectué selon le plan sagittal en direction du plan antérieur ;
– *extension :* mouvement opposé, dirigé vers le plan postérieur. Le terme « flexion » indique donc un mouvement par lequel un membre est déplacé vers l'avant et fléchit en conséquence, tandis que « extension » se réfère au mouvement qui déploie le membre en l'allongeant et en le dirigeant vers l'arrière. Pour ce qui est du pied, l'extension est appelée « flexion plantaire », par opposition à la « flexion dorsale » ;
– *abduction :* se réfère au déplacement sur le plan frontal par lequel une partie s'éloigne du plan médian de symétrie ;
– *adduction :* indique le mouvement, toujours sur le plan frontal, qui rapproche une partie du plan médian (pour le tronc, on parle plutôt de « flexion latérale ») ;
– *rotation :* se réfère au mouvement d'une partie du corps autour de son axe ;
– *circumduction :* indique un mouvement circulaire, complexe, qui se déroule sur des plans différents et est le résultat de plusieurs ou de tous les mouvements décrits ci-dessus.

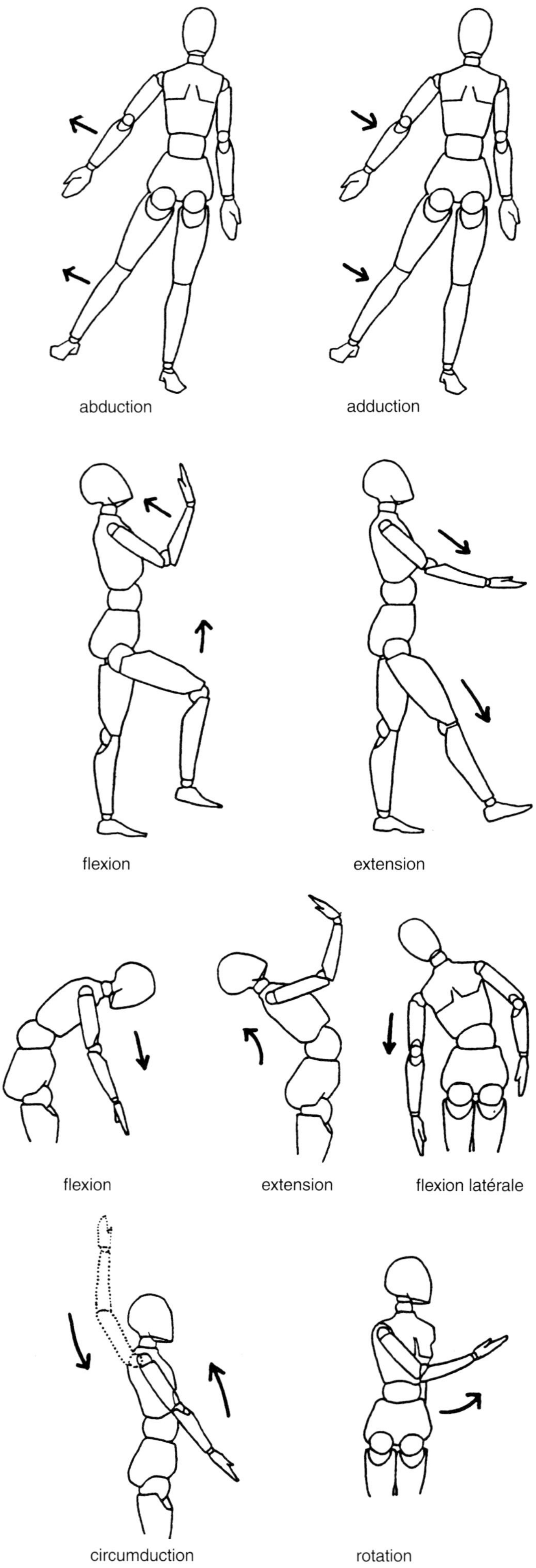

Direction des mouvements

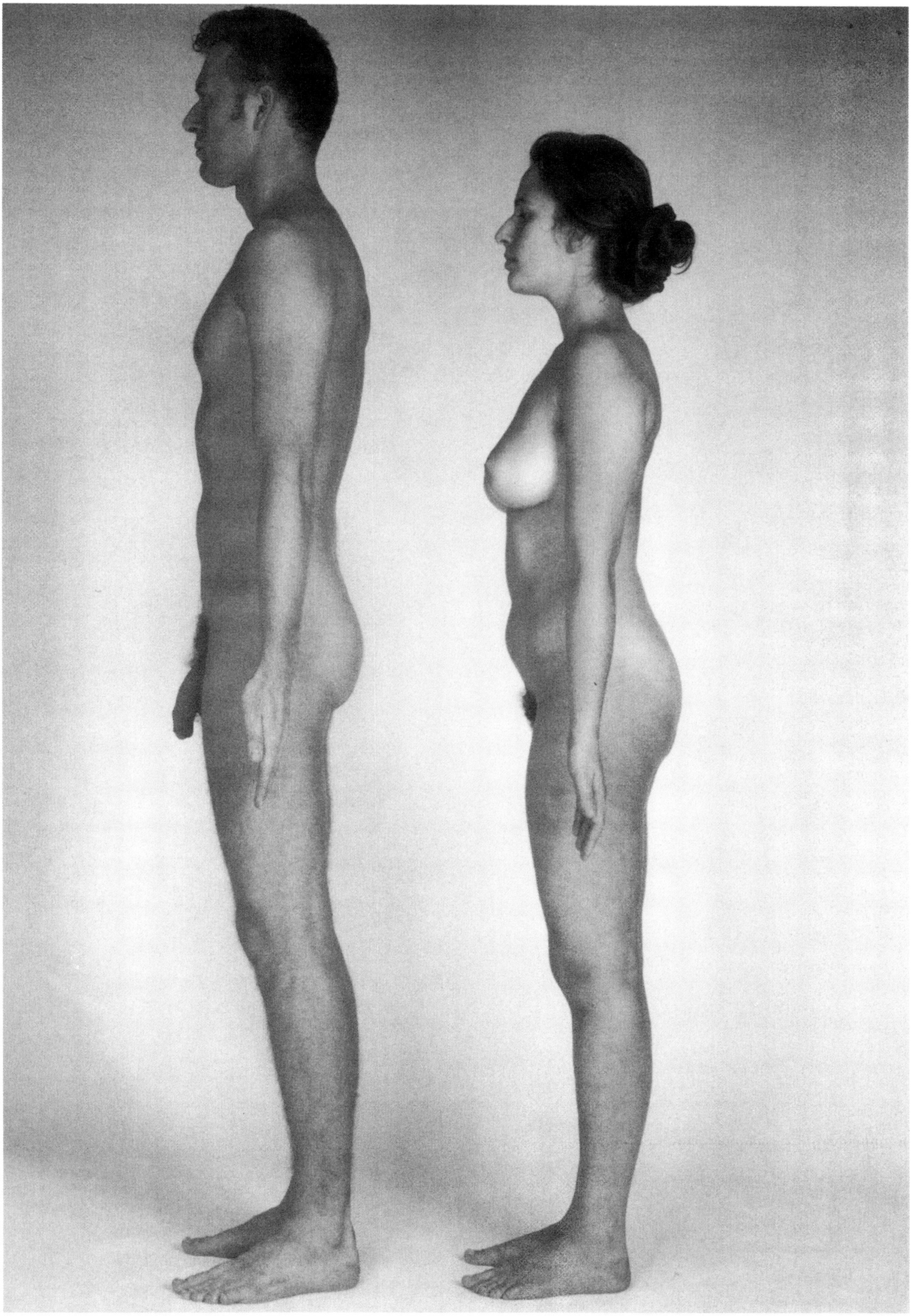

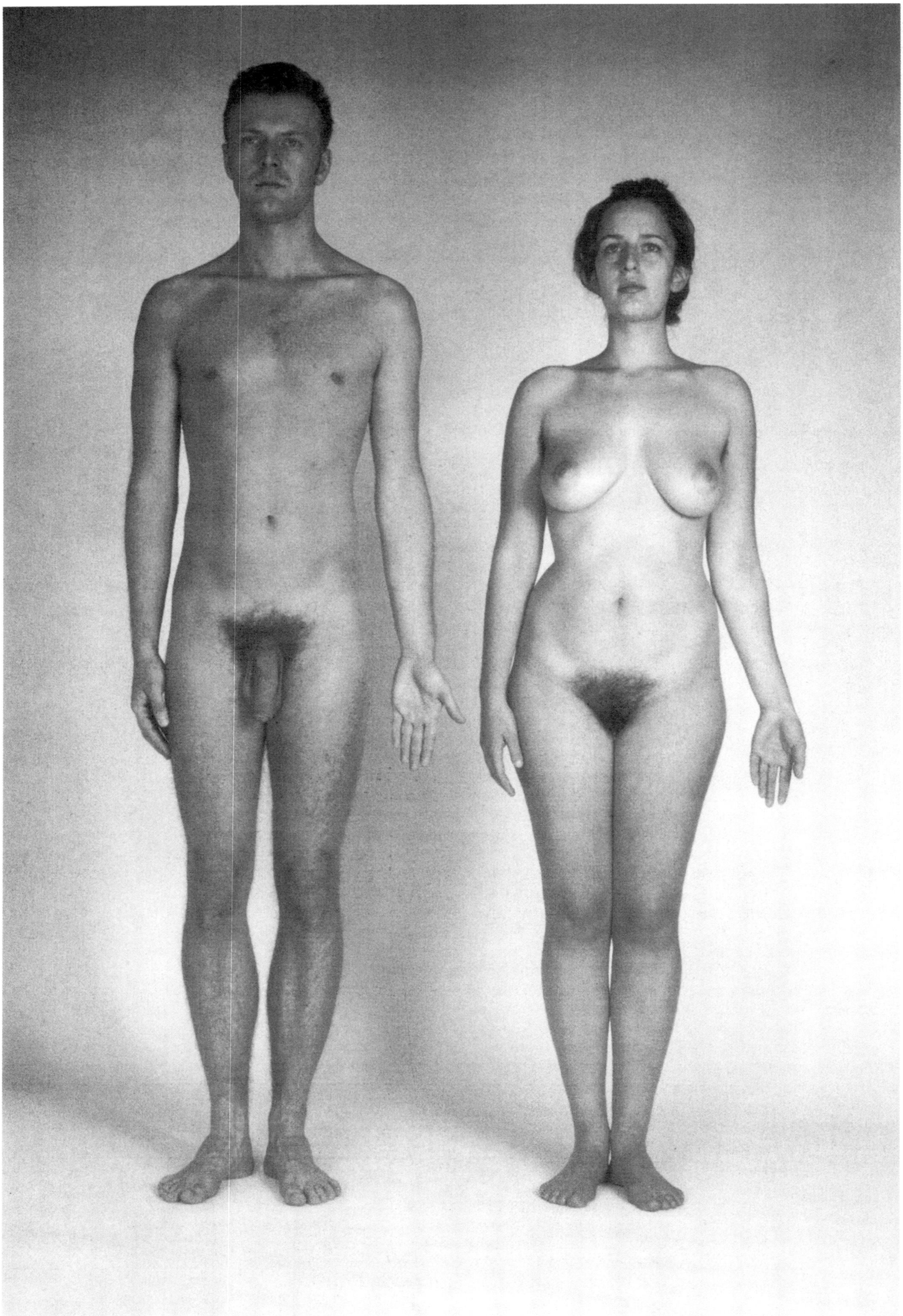

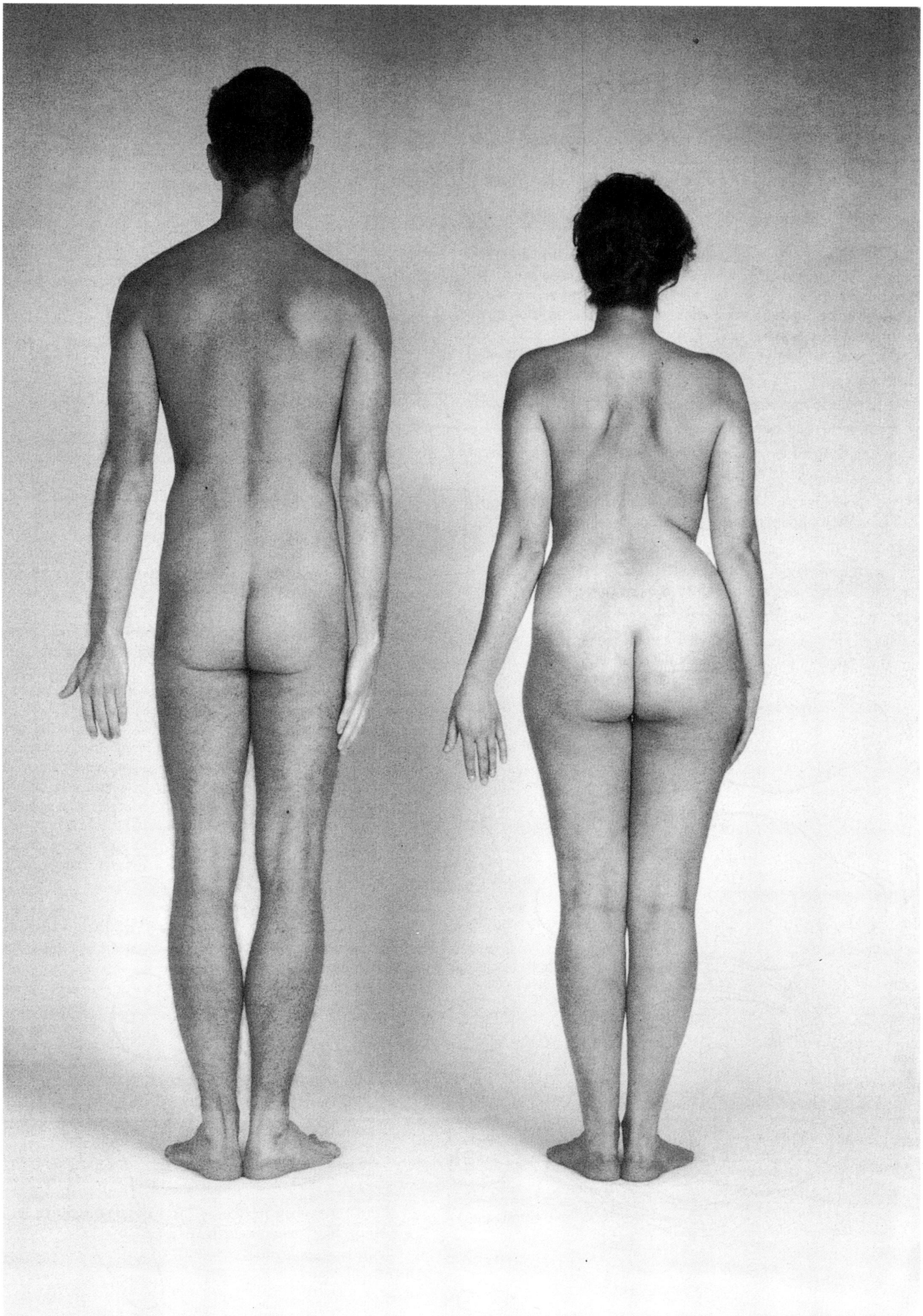

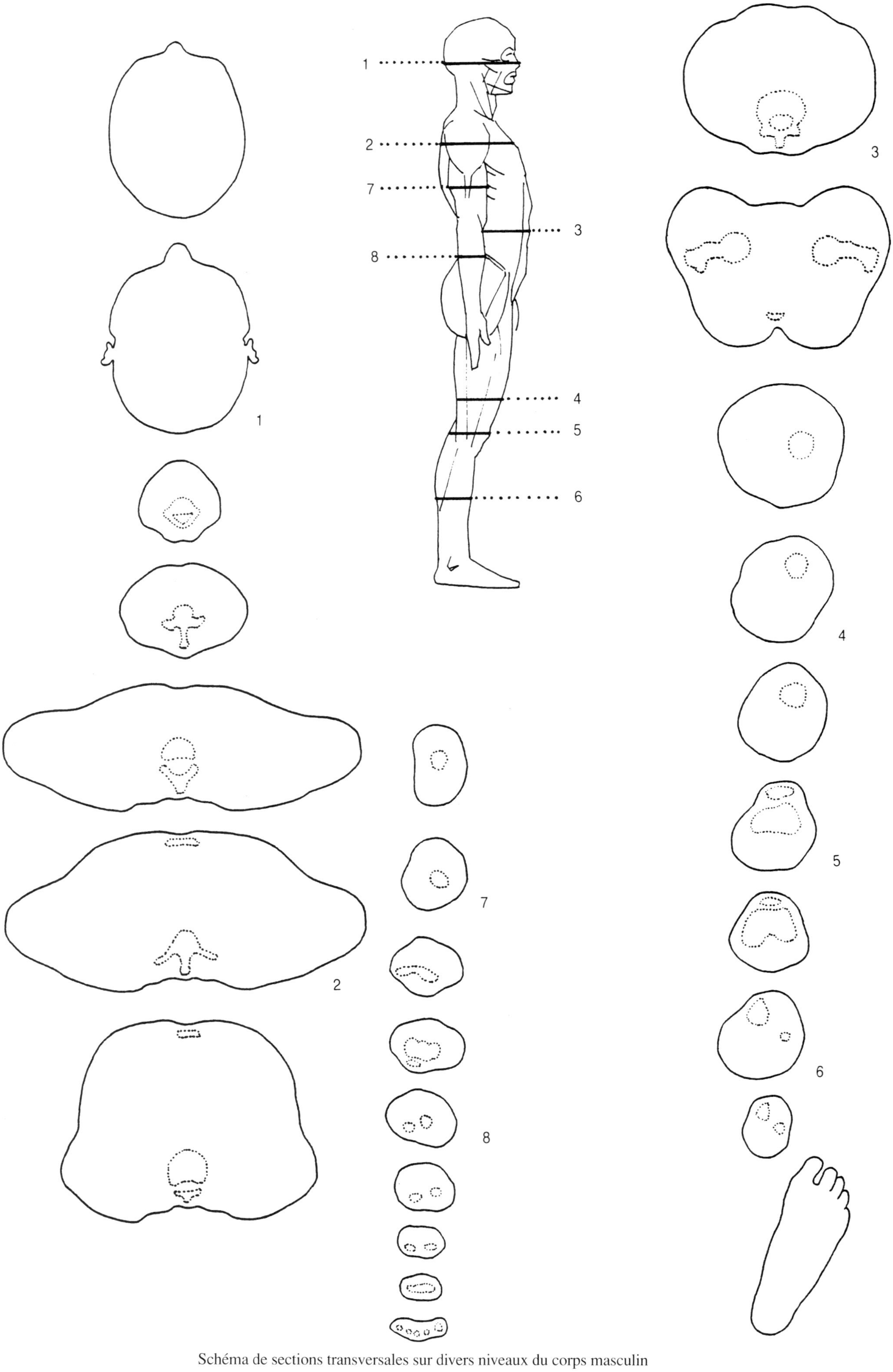

Schéma de sections transversales sur divers niveaux du corps masculin

NOTES SUR LA STRUCTURE MICROSCOPIQUE

L'anatomie est une discipline morphologie : elle étudie la forme et la structure des organismes animaux et végétaux, dont elle observe les différents organes et parties, constitués par des tissus et organisés en appareils ou systèmes. La technique anatomique se fonde sur deux méthodes d'observation : la dissection (l'incision du cadavre au niveau de certains points et l'ouverture des grandes cavités) et la préparation (la séparation et l'isolement des organes). Ces deux méthodes s'appliquent à des structures pouvant être observées à l'œil nu ou à l'aide d'une loupe, et elles appartiennent traditionnellement à l'anatomie dite macroscopique (*cf.* p. 19).
Il existe également des techniques d'examen qui font surtout appel au microscope (optique ou électronique) et qui permettent d'observer des structures de taille très petite. Celles-ci sont étudiées par l'anatomie « microscopique », à laquelle se réfèrent l'histologie (l'étude des tissus) et la cytologie (l'étude de la cellule). Bien évidemment, ce type d'examen n'a pas d'intérêt immédiat pour les artistes, à moins qu'ils ne souhaitent devenir experts en la matière ou observer les effets chromatiques et structurels de certaines images microscopiques ; il est cependant utile de faire une courte digression à ce sujet afin de mieux comprendre les éléments qui constituent un organisme (le corps humain, en l'espèce).
La cellule peut être définie comme l'unité vivante élémentaire : elle est un élément vivant, représente la partie la plus petite d'un organisme, est dotée d'une vie propre et, par conséquent, possède les fonctions de tous les êtres vivants, telles que la réactivité, le métabolisme, l'autorégulation, la possibilité de s'agrandir et de se reproduire.
Elle comprend le noyau, le cytoplasme avec ses organites et, à l'extérieur, la membrane cellulaire. Elle peut se reproduire et, par ses fonctions (contraction, sécrétion, absorption), déterminer une différenciation conduisant à la formation des tissus : ceux-ci peuvent donc être définis comme des ensembles de cellules ayant une structure et des fonctions identiques.
L'étude des tissus est le but spécifique de l'histologie, chargée de les classifier selon leurs caractères morphologiques, leurs activités fonctionnelles et leur origine embryologique. À ce sujet, il faut rappeler que la cellule œuf fécondée se divise progressivement et que très rapidement les cellules obtenues par cette segmentation se disposent sur trois couches superposées donnant vie à trois feuillets primitifs. C'est à partir de ces derniers que se développent (par différenciation) les tissus définitifs qui constitueront les organes du corps. Les différents types de tissus sont classifiés en tissus épithéliaux, conjonctif, musculaire et nerveux.

❑ **Tissus épithéliaux**

- épithéliums de recouvrement (ils recouvrent la surface extérieure du corps et des cavités internes qui communiquent avec l'extérieur) ;
- épithéliums glandulaires (formés par des cellules spécialisées dans la sécrétion) ;
- épithéliums sensoriels (spécialisés dans la réception des stimuli, reliés aux organes sensoriels) ;
- épithéliums différenciés (cristallin, émail des dents, poils, ongles, etc.).

❑ **Tissu conjonctif** Cette classification englobe une grande variété de tissus servant à soutenir, à nourrir (fonction trophique) ainsi qu'à lier d'autres tissus : tissu muqueux, cartilagineux, osseux, endothélial, sang, lymphe, tissu adipeux.

❑ **Tissu musculaire** Il a la faculté de se contracter, c'est-à-dire de modifier sa forme sous l'effet de stimuli nerveux spécifiques : tissu musculaire lisse (ou viscéral), tissu musculaire strié (ou squelettique), myocarde.

❑ **Tissu nerveux** Il est présent dans tous les autres tissus et est chargé de recueillir les stimuli provenant du milieu extérieur et de déterminer comment l'organisme doit y faire face.

Lorsqu'il sera question des caractères généraux des os et des muscles, on se référera brièvement aux structures microscopiques des deux derniers tissus décrits ci-dessus. Il existe d'excellents ouvrages (*cf.* Bibliographie) qui traitent ce domaine de façon approfondie et exhaustive. Pour conclure, nous voudrions résumer les différents niveaux d'organisation des organismes en général et de l'homme en particulier :

Cellule	(partie la plus petite d'un organisme, dotée d'une vie propre)
Tissus	(agrégats de cellules ayant une forme et une structure similaires, ainsi que la même fonction)
Organes	(parties plus ou moins isolées d'un organisme ayant une fonction bien définie et composées de tissus divers)
Systèmes	(ensembles regroupant toutes les parties d'un organisme formées par le même tissu, indépendamment de la fonction qui leur est attribuée)
Appareils	(ensembles d'organes, formés par des tissus divers, ayant une fonction identique ou un ensemble de fonctions coordonnées)
Corps	(organisme dans son ensemble)

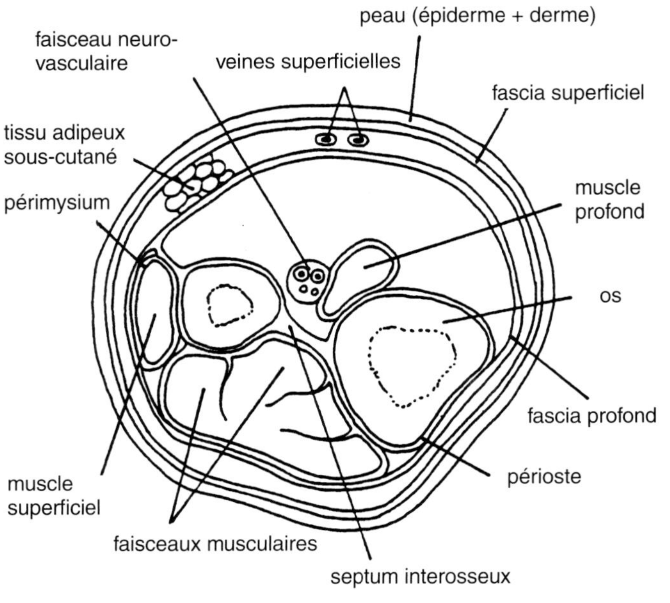

Schéma simplifié de la disposition des tissus par couches (section transversale hypothétique de la jambe)

GÉNÉRALITÉS SUR LA FORME DU CORPS HUMAIN

La morphologie extérieure du corps humain sera traitée dans les parties concernant l'étude de l'anatomie du « vivant » ; toutefois, il nous semble nécessaire de donner d'ores et déjà quelques informations à caractère général, souvent connues du plus grand nombre, qui nous permettront de mener une analyse systématique et plus concrète du système locomoteur.
Comme nous l'avons dit précédemment, lorsqu'on décrit l'anatomie ou qu'on étudie la morphologie extérieure de l'homme, celui-ci est placé dans sa position la plus naturelle et caractéristique : il est observé en station debout, avec les membres supérieurs tendus le long du tronc et tournés vers l'avant, et les membres inférieurs rapprochés. Le corps ainsi positionné montre une face antérieure (ou ventrale), une face postérieure (dorsale) et deux faces latérales.
Avant d'examiner chaque région, on procède à l'observation du corps dans son ensemble de loin, de façon à en avoir une vision globale. On pourra ainsi remarquer les caractéristiques générales de sa structure telles que la relation entre ses parties, les différences liées au sexe, la conformation des muscles et du squelette, la disposition du pannicule adipeux et la distribution pileuse. La face frontale montre une symétrie normale mais imparfaite du corps par rapport au plan sagittal médian, les alignements transversaux au niveau des épaules et du bassin, la relation entre le thorax et l'abdomen, ainsi que l'axe des membres inférieurs. La face latérale permet surtout d'identifier l'axe corporel : celui-ci suit une ligne perpendiculaire pouvant être projetée au-devant du conduit auditif externe et de la malléole externe, en passant par le centre des articulations de l'épaule, du coude, de la hanche et du genou. Cette face permet également d'identifier le profil antérieur du tronc, les courbures du cou et du dos, la texture musculaire et adipeuse de l'abdomen, du fessier et des cuisses.

❑ La tête et le cou

La tête comprend deux parties : une partie supérieure – la boîte crânienne –, ovoïde, dont l'axe principal est horizontal, assez aplatie sur les côtés et à l'avant, au niveau du front ; l'autre partie, inférieure et antérieure, est représentée par le bloc facial aussi dit visage. L'ensemble de la tête, surtout le visage, changent considérablement en fonction du sexe de l'individu : l'homme adulte est plus poilu (il a de la barbe et de la moustache), tandis que la femme a un crâne doté d'une structure plus délicate. D'un individu à l'autre il existe également de nombreuses et légères différences concernant la conformation générale ainsi que chaque détail du visage (les yeux, les oreilles, le nez et les lèvres). Nous nous servons habituellement de ces différences pour identifier les autres personnes. Un individu subit en outre des modifications profondes et graduelles liées au vieillissement, à son type d'alimentation et à son style de vie : par exemple, le visage – très haut chez les enfants en bas âge en raison de leur développement tardif – redevient bas chez les gens âgés à la suite de la réduction de la taille de la mandibule et de la perte des dents. La peau du visage, lisse chez les sujets jeunes et bien nourris, devient ridée chez les personnes âgées à cause de la diminution de la couche adipeuse sous-cutanée ainsi que de la perte d'élasticité.
Le cou ressemble dans son ensemble à un cylindre, mais la plupart du temps sa forme est celle d'une base de cône assez aplatie. Il atteint sa largeur maximale au niveau du thorax et semble donc plus ou moins élancé selon que les épaules, en fonction du développement musculaire de cette région, apparaissent baissées ou relevées. La partie postérieure du cou est dénommée nuque.

❑ Le tronc

On appelle « dos » la partie postérieure du tronc. Sa structure aplatie permet à l'homme de s'allonger facilement sur le dos, ce que ne peuvent faire les autres animaux. Toutefois, le dos n'adhère pas totalement au plan d'appui : au niveau de l'abdomen, dans la région lombaire, on remarque en effet une convexité orientée transversalement ainsi qu'une concavité orientée verticalement. Observé dans sa partie antérieure, le tronc comprend le thorax, l'abdomen et le bassin. Toutefois, les démarcations externe et interne entre le thorax et l'abdomen ne correspondent pas exactement : le thorax possédant en effet un squelette formé par douze paires d'os courbés (les côtes, reliées les unes aux autres à l'avant par le sternum), sa délimitation externe inférieure correspond à la limite inférieure du squelette thoracique (cage thoracique), tandis que sa limite interne est représentée par le muscle du diaphragme.
L'abdomen est dépourvu de côtes et n'est soutenu que par les os de la colonne vertébrale. Sa forme est le résultat de trois facteurs :
– la taille d'un anneau squelettique supérieur formé par les dernières côtes de la cage thoracique, ainsi que d'un anneau osseux inférieur (la ceinture pelvienne qui sert de jonction pour les membres inférieurs) ;
– le volume des organes contenus dans la cavité ;
– le tonus des muscles tendus entre les deux anneaux squelettiques, qui s'opposent avec plus ou moins de force à la pression exercée par les viscères sur les parois abdominales.
Chez l'être humain de sexe masculin l'abdomen a une forme cylindrique, chez la femme, à cause du bassin plus développé, il est beaucoup plus large dans la partie inférieure, chez l'enfant dans la partie supérieure. Chez les sujets adipeux sa partie antérieure est globulaire, proéminente et plus ou moins tombante. Le pelvis, ou bassin, est partiellement caché par la racine des membres inférieurs.
Très souvent les différences remarquées dans le tronc d'individus de sexe et d'âge différents dépendent d'une variation dans le développement de leur musculature, de la conformation de leur squelette ainsi que de leur tissu conjonctif adipeux sous-cutané. Sur la base de ces facteurs les reliefs osseux et musculaires peuvent apparaître peu saillants, voire difficilement visibles. Les deux sexes se différencient également par le relief de leur poitrine : chez la femme on remarque essentiellement le relief des seins, la largeur du bassin et la distribution des poils (qui ne couvrent que le pubis) ; chez l'homme, en revanche, ces derniers deviennent de moins en moins drus et montent le long de la ligne médiane jusqu'au thorax, où ils se distribuent latéralement sur les reliefs pectoraux.

❑ Les membres

Les membres supérieurs (thoraciques) et inférieurs (pelviens), bien qu'adaptés à des fonctions différentes (préhension, soutien, marche selon les cas), sont structurés de façon similaire et divisés en segments correspondants. Ces derniers comprennent dans l'ordre (en allant du tronc vers l'extrémité libre) : l'épaule et la hanche, le bras et la cuisse, l'avant-bras et la jambe, la main et le pied, les doigts de la main et les orteils.
Une première différence considérable peut être remarquée dans le fait que l'épaule est en quelque sorte posée sur le côté de l'extrémité supérieure du thorax et possède une grande mobilité ; en revanche, la hanche et le bassin forment un tout solidement fixé à la partie inférieure de la colonne vertébrale.
Par ailleurs, le nombre de mouvements que peut effectuer le bras par rapport à l'épaule est bien supérieur à celui que peut effectuer la cuisse par rapport à la hanche.
Entre le bras et l'avant-bras se trouve le coude qui correspond au genou, bien qu'il se fléchisse selon une direction opposée par rapport à celui-ci ; entre l'avant-bras et la main se trouve le poignet, qui correspond à la cheville, mais tandis que l'axe longitudinal de la main se situe dans le prolongement de celui de l'avant-bras, la jonction entre le pied et la jambe forme un angle droit, de façon que l'arcade plantaire (correspondant à la paume des mains) adhère au sol.

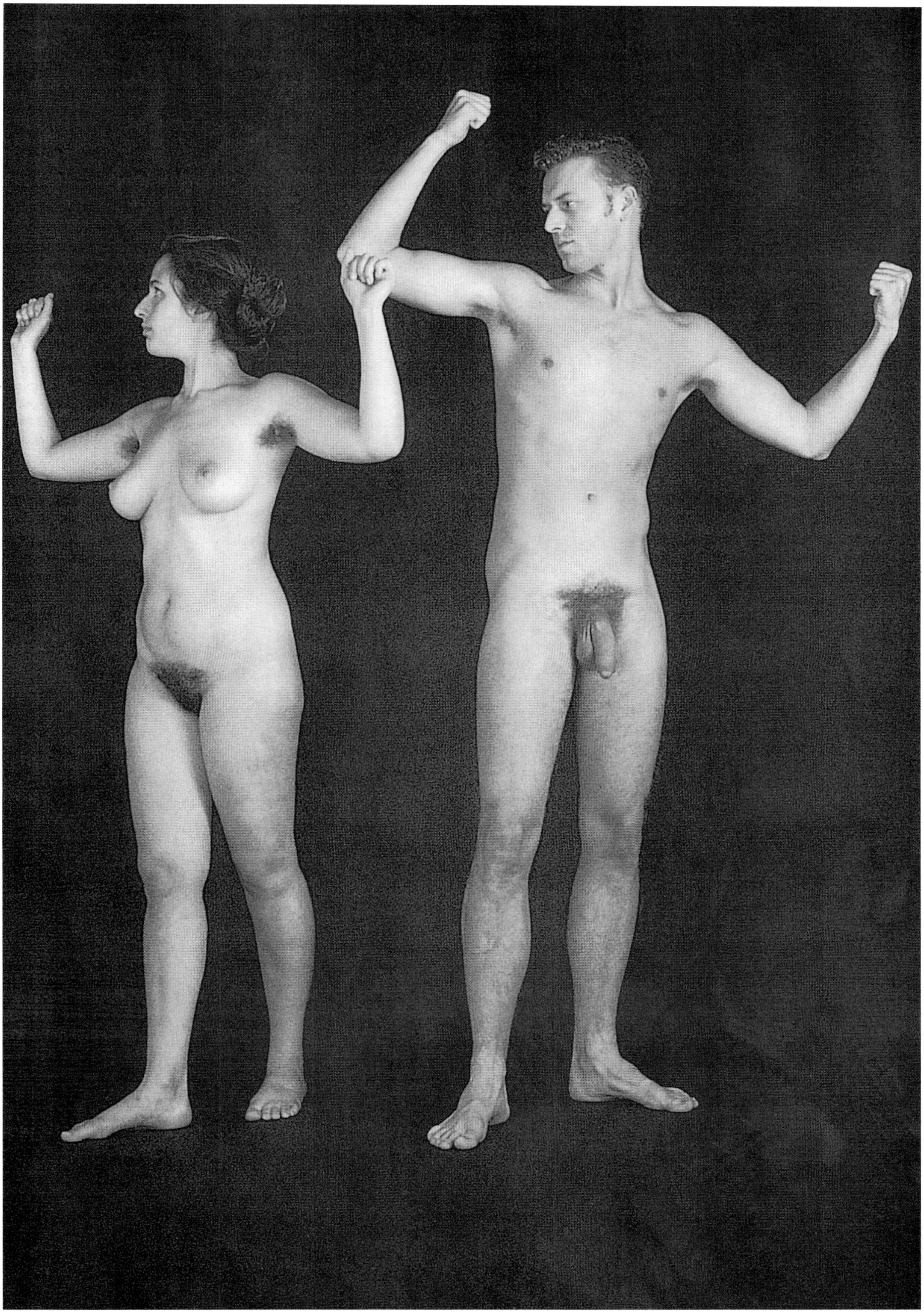

Les épaules sont des proéminences arrondies tournées vers l'extérieur. Elles peuvent être relevées ou tombantes selon que la partie supérieure du thorax est plus ou moins développée. Si on écarte le bras du tronc, la face inférieure de l'épaule, qui en position normale n'est qu'un creux, apparaît comme une cavité (aisselle) délimitée à l'avant et à l'arrière par les plis axillaires antérieur et postérieur et revêtue de poils chez l'adulte. Le bras a une forme vaguement cylindrique chez la femme et l'enfant ; chez l'homme en revanche le relief musculaire est plus apparent et le membre assez aplati dans un sens transversal. Le coude est large transversalement et correspond au point où l'axe de l'avant-bras devient le prolongement de celui du bras en formant un angle obtus ouvert latéralement. L'avant-bras ressemble à un cône aplati et devient de plus en plus fin en direction de la main. Le poignet s'élargit au niveau de la jonction de la main. Celle-ci comprend une face antérieure (la paume) et une face postérieure (le dos) ; le creux de la main est créé par deux reliefs musculaires qui se rejoignent au niveau du poignet et divergent en direction des doigts, au point où se trouve un troisième relief musculaire. Les reliefs latéral, médial et transversal s'appellent respectivement éminence thénar, hypothénar et digitopalmaire.

Les cinq doigts peuvent bouger dans presque toutes les directions ; ils comprennent des segments, dits phalanges, articulés de façon à pouvoir uniquement se fléchir et s'étendre les uns par rapports aux autres.

De l'extérieur vers l'intérieur on trouve le pouce, l'index, le majeur, l'annulaire et le petit doigt. Le pouce ne comprend que deux phalanges (tandis que les autres doigts en possèdent trois) et, écarté du bord de la main, il peut effectuer un mouvement d'opposition qui est à la base de la préhension. Dans la moitié inférieure de la dernière phalange de chaque doigt se situe l'ongle, une couche cornéenne dure.

Dans l'ensemble, les membres inférieurs sont plus longs et robustes que les membres supérieurs. Les hanches se confondent avec le bassin. Les cuisses ont la forme d'un tronc de cône avec la base vers le haut. Le genou ressemble à un cylindre irrégulier. La jambe, qui forme un angle très obtus avec la cuisse, a aussi une forme cylindrique ; elle est plus volumineuse dans sa partie supérieure, où elle s'élargit dans un sens transversal. Le relief large et vertical situé à l'arrière est le mollet. La cheville est assez fine, a la forme d'un coin à base postérieure et des reliefs latéraux marqués par la présence de la malléole. L'arcade plantaire du pied correspond à la paume de la main : elle possède un relief postérieur (le talon) et un relief antérieur transversal (l'éminence digitoplantaire), les deux adhérant au sol. Le côté de l'arcade plantaire correspondant au petit doigt touche également le sol ; en revanche, la partie de l'arcade centrale et médiale (du côté du gros orteil) reste soulevée plus ou moins selon que la cambrure du pied est normale ou non. Le dos du pied est convexe. Le pied possède aussi cinq doigts (orteils) ; bien qu'étant structurés comme ceux de la main, ils sont beaucoup plus courts et moins mobiles. À l'exception du gros orteil, ils sont tous assez fléchis et forment une concavité inférieure. On les compte à partir du médial vers le latéral, mais seuls le premier et le dernier ont un nom, respectivement petit et gros orteil. Le gros orteil est beaucoup plus volumineux que les autres doigts et ne peut pas effectuer le mouvement d'opposition.

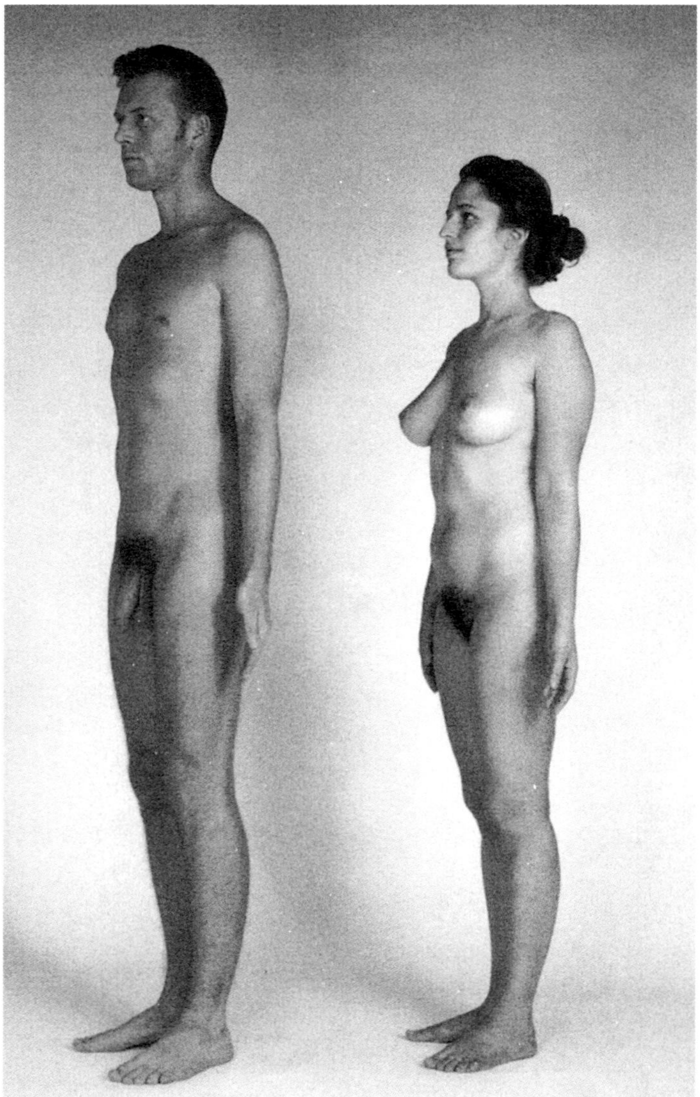

GÉNÉRALITÉS SUR LES PROPORTIONS DU CORPS HUMAIN

Les proportions du corps humain peuvent être rapportées à la longueur de la tête. D'autres méthodes ont été proposées, mais celle-ci reste la plus suivie. Avant qu'elle soit abordée par la médecine, l'étude des proportions idéales du corps se développa dans l'art figuratif à travers la formulation d'ensembles de règles (canons), fondés non seulement sur l'observation directe, mais, surtout, sur des conceptions idéales de la beauté ; celles-ci variaient en fonction des époques, des relations sociales et des zones géographiques. En règle générale, pour évaluer les proportions corporelles, l'artiste doit comparer la longueur et la largeur des éléments observés en utilisant une partie du corps (la tête, par exemple) en tant qu'unité de mesure ainsi que des points de repère dans la structure osseuse ou musculaire du modèle nu.
La hauteur de la tête correspond à la distance entre deux plans parallèles horizontaux, l'un touchant le sommet de la boîte crânienne, l'autre la base du menton.
Selon le canon naturel (qui est le résultat de l'analyse de nombreuses séries de données anthropométriques), la hauteur globale du corps est égale à sept fois et demie la hauteur de la tête. Toutefois, selon les exigences esthétiques du moment, on peut augmenter cette proportion jusqu'à huit ou neuf têtes. Les proportions canoniques sont les suivantes : tronc-cou, trois têtes ; distance maximale entre les deux points les plus saillants des épaules, deux têtes ; largeur maximale du fessier, une tête et demie ; longueur des membres supérieurs, trois têtes, longueur des membres inférieurs, trois têtes et demie. La moitié de la hauteur du corps se situe à peu près au niveau de la symphyse pubienne. Les relations proportionnelles du corps féminin sont légèrement différentes de celles du corps masculin en raison des spécificités de sa structure osseuse, musculaire et adipeuse.
Les proportions du corps varient également en fonction de l'âge d'un individu en raison des modifications du squelette, qui en croissant augmente de taille et modifie les relations entre les différentes parties. Dans l'utérus, le fœtus se développe surtout au niveau de la tête, ce qui s'explique par l'accroissement du cerveau. À la naissance la tête de l'enfant apparaît donc très développée et couvre environ un quart de la longueur totale du corps. Le cerveau arrêtant assez tôt de grandir, on remarque pendant la croissance une diminution des dimensions de la tête par rapport à celles du reste du corps.
La taille, qui à la naissance correspond en moyenne à 50 cm, augmente plus ou moins vite pendant la croissance et se stabilise à environ 20 ans chez la femme et 22 ans chez l'homme, atteignant en moyenne 1,68 m et 1,74 m.
À ce sujet, il faut rappeler que, même à l'intérieur du canon normal, il existe des variations considérables liées au climat, à l'alimentation, aux conditions de vie, à la race. À l'âge mûr, environ après la quarantaine, tant l'homme que la femme entament un processus involutif causé par la diminution de l'épaisseur des disques intervertébraux et des cartilages articulaires des membres inférieurs, ce qui provoque une réduction de la taille de quelques centimètres.

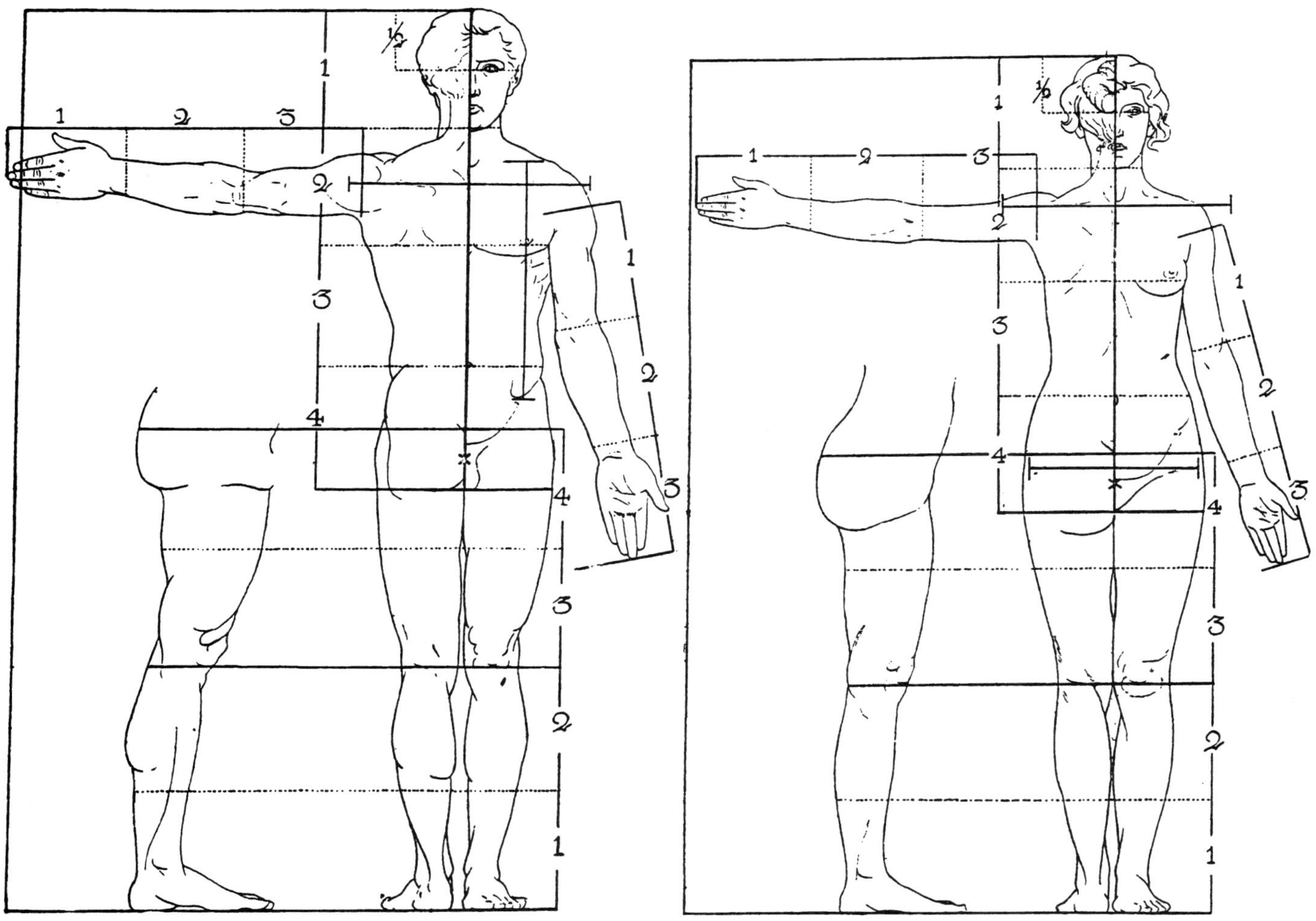

Par Paul Richer

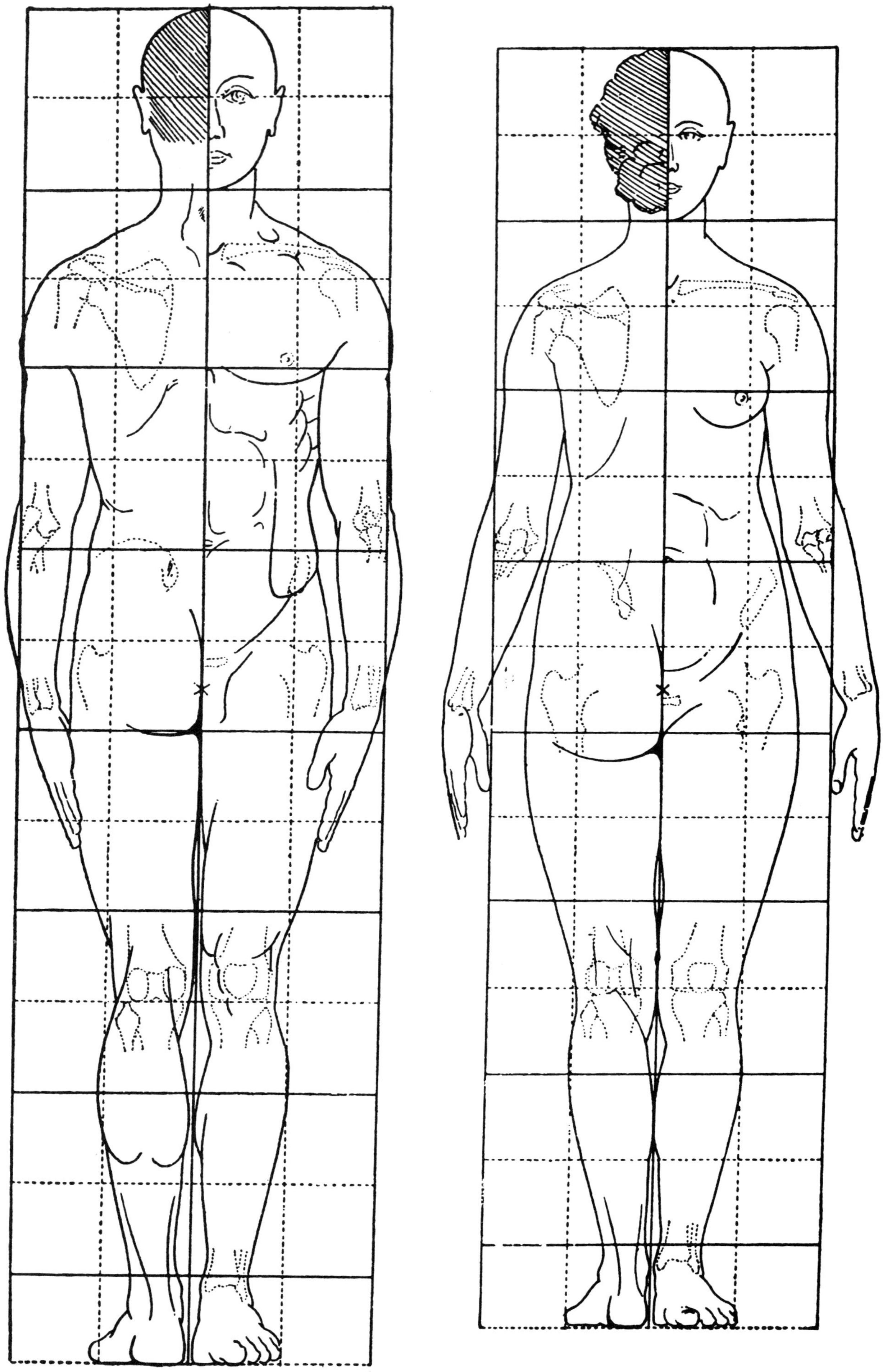

PROPORTIONS OF MALE AND FEMALE FIGURES IN HEADS AND HALF-HEADS

Par Arthur Thomson

ANATOMIE DU SYSTÈME LOCOMOTEUR : GÉNÉRALITÉS

LE SQUELETTE : OSTÉOLOGIE

GÉNÉRALITÉS SUR LA STRUCTURE OSSEUSE

Le système squelettique est formé par l'ensemble des os, éléments durs et solides servant au soutien et, dans de nombreux cas, à la protection des organes internes. Reliés les uns aux autres par les ligaments, les articulations et les muscles, ils sont des organes passifs du mouvement (stimulé par la contraction musculaire et transmis par les tendons) et contribuent au déplacement partiel ou total du tronc et des membres dans l'environnement. L'os assure aussi d'autres fonctions, qui ne seront pas abordées dans le présent ouvrage : il contient le dépôt minéral nécessaire au maintien du taux de calcium dans l'organisme, ainsi que la moelle osseuse produisant des globules rouges et des leucocytes et située, chez l'adulte, surtout dans certains os – os longs, sternum, crêtes iliaques – (fonction hématopoïétique).
Le squelette de l'homme adulte est formé par des os et des cartilages : le tissu cartilagineux est un tissu conjonctif de soutien qui se différencie du tissu osseux car il est plus mou, fragile et n'est pas minéralisé. On trouve des cartilages dans les extrémités dorsales, le dos du nez, le pavillon auriculaire, etc. Le cartilage articulaire recouvre les parties osseuses qui sont en contact avec les articulations mobiles. Tous les segments osseux composant le squelette sont en quelque sorte reliés les uns aux autres (à l'exception de l'os hyoïde) et communiquent tous plus ou moins directement avec la colonne vertébrale. Celle-ci, placée sur la ligne médiane, est la structure la plus importante pour le soutien de tout l'organisme : elle maintient la tête en place, forme une partie de la cage thoracique (où convergent les membres supérieurs) et transmet le poids du corps sur les membres inférieurs par le biais du bassin.
Sur la base de ces données, nous pouvons distinguer le squelette axile – qui comprend le crâne, la colonne vertébrale et la cage thoracique –, et le squelette appendiculaire, formé par les membres supérieurs et inférieurs. Les structures de jonction entre ces deux secteurs sont la ceinture scapulaire et le bassin. Les os peuvent par ailleurs être divisés en deux classes : les os impairs médians, uniques et dotés de symétrie bilatérale, et les os pairs, dissymétriques et présents par groupes de deux (os droit et os gauche, parfaitement symétriques). On a remarqué qu'il existe une relation proportionnelle entre la longueur de chaque os chez un individu et la taille de celui-ci ; on a donc élaboré des méthodes de mensuration permettant d'obtenir des informations très fiables sur le sexe, la taille, la conformation somatique, l'âge, la race et l'appartenance ethnique d'un homme. L'étude de la forme et de l'extension des points d'insertion des tendons sur les os permet de déterminer le développement et la puissance musculaire d'un individu.
Les notes ci-après résument quelques notions fondamentales concernant les os qui pourront s'avérer utiles pour les artistes.

❑ L'aspect extérieur
En règle générale, les modèles osseux étudiés sont constitués par des os macérés et séchés. L'immersion dans de l'eau ou dans d'autres solvants, en effet, élimine les traces des éléments organiques qui, *in vivo*, enveloppent ou adhèrent à l'os (le périoste, la moelle, les vaisseaux sanguins, les nerfs, etc.) ; plongé dans le liquide, l'os acquiert une couleur blanchâtre typique de la calcification. *In vivo* la couleur normale de l'os est ivoire chez les individus adultes et jaunâtre chez les personnes âgées. Après la macération le squelette se désarticule dans tous ses composants, à l'exception des os fortement unis les uns aux autres par le biais d'articulations très solides (les sutures, par exemple). Il est important de rappeler que les os ainsi traités gardent leur structure morphologique mais perdent la plupart de leurs caractéristiques mécaniques spécifiques, telles que la résistance et l'élasticité. En général, on les place de façon à reconstituer un squelette articulé, dans lequel chaque élément est fixé aux autres par des fils métalliques ou par d'autres types de raccords afin de simuler l'emplacement et l'orientation d'origine. Lorsqu'on étudie ou qu'on dessine un squelette articulé, il ne faut jamais oublier les raideurs ou l'excessive mobilité de certains segments osseux par rapport à d'autres (la fixité de l'omoplate et de la clavicule, bloquées aux côtes et au sternum par des fils métalliques, l'emplacement articulaire approximatif du sommet de l'humérus, la mobilité réduite du sommet du fémur dans la cavité acétabulaire – ou acetabulum –, la rigidité de la colonne vertébrale, la position de la rotule et ainsi de suite). Pour ne pas se laisser induire en erreur, il est indispensable de comparer le modèle vivant aux images radiographiques ainsi qu'au squelette articulé et d'intégrer ainsi les tables anatomiques traditionnelles au dessin. Ceci est d'autant plus nécessaire qu'aujourd'hui on utilise de plus en plus souvent un squelette articulé superficiel, certes assez fidèle, à la place du squelette naturel.

❑ Les caractères fonctionnels
De par leur forme et position, les os déterminent la structure générale du corps humain et, comme nous l'avons dit précédemment, ils servent à soutenir et à protéger d'autres organes. Toutefois, leur fonction essentielle est de rendre possible le mouvement. Ce dernier est conditionné par l'ampleur des articulations et réalisé par la traction exercée par la contraction des muscles. Ce sujet sera développé ci-après lorsqu'on traitera des implications du mouvement dans le dessin du corps humain, mais il est d'ores et déjà utile de rappeler que les os fonctionnent comme des leviers (par levier on entend tout corps rigide tournant autour d'un point d'appui). Les trois éléments qui permettent de réaliser cette rotation sont la puissance, le point d'appui et la résistance : en fonction de la position de ces trois facteurs on distingue les leviers du premier genre (le point d'appui se trouve entre la puissance et la résistance), les leviers du second genre (la résistance se trouve entre la puissance et le point d'appui), et les leviers du troisième genre (la puissance est entre le point d'appui et la résistance). Lorsqu'un os agit comme un levier ou comme un point de soutien (dans la station debout, par exemple), il faut observer son axe mécanique, qui correspond à la ligne droite unissant les centres des articulations placées à l'extrémité de l'os considéré ; ou bien, s'il s'agit d'un os placé dans un segment terminal, on observera la ligne droite reliant le centre de cette extrémité (la troisième phalange ou la phalangette, par exemple) à l'articulation proximale. Cette analyse concernant les os longs, l'axe mécanique ne peut pas correspondre à l'axe naturel (la diaphyse), ce qui est évident dans le fémur, par exemple.

❑ Le nombre
Le nombre des os dans le corps humain varie en fonction du critère de classification et d'identification embryologique appliqué

au cas par cas, ainsi que d'autres facteurs individuels ; certaines personnes, en effet, possèdent des os en surnombre : la fusion de noyaux primitifs lors de l'ossification n'ayant pas eu lieu chez elles, un os peut apparaître séparé en deux parties ; d'autres personnes ont des os accessoires, placés en position anormale, qui sont le résidu d'éléments disparus lors du développement évolutif de l'homme ; enfin, il existe des os sésamoïdes, très petits, qui peuvent se former après la naissance dans les tendons et les ligaments près de points sujets à des actions mécaniques. On arrive à identifier sans difficulté un peu plus de 200 os (entre 203 et 206 : cette variation dépend du nombre non fixé des os coccygiens). Ce nombre peut diminuer à cause du processus de synostose par lequel différents éléments osseux se soudent les uns aux autres. On a calculé que les os impliqués dans les mouvements involontaires s'élèvent à environ 177.

❑ La forme

Comme nous l'avons dit précédemment, malgré leur grande diversité morphologique, les os peuvent être regroupés dans deux grandes catégories : les os impairs médians, placés sur le plan de symétrie, et les os pairs (droit et gauche), parfaitement symétriques. Si l'on considère l'aspect extérieur ainsi que les caractéristiques structurelles des os telles que les relations quantitatives entre la structure compacte et la structure spongieuse, à l'intérieur de chacune de ces deux catégories on distingue :
– les os longs : leur paramètre principal est la longueur ; ils se caractérisent extérieurement par la partie centrale allongée (diaphyse) ainsi que par les deux extrémités renflées (épiphyse) ;
– les os courts : leurs trois dimensions sont à peu près égales les unes aux autres ;
– les os plats : leurs deux paramètres principaux sont la longueur et la largeur ;
– les os irréguliers ou mixtes : ils ont une forme complexe et dérivent de la fusion entre les os courts et les os plats.
Dans le crâne on distingue les os pneumatiques, qui renferment des cavités contenant de l'air.
Voici quelques exemples : les os longs correspondent aux extrémités libres (l'humérus, le cubitus, le radius, les métacarpiens, les phalanges, le fémur, le tibia, le péroné, etc.) ; les os courts comprennent les vertèbres, la rotule, les os du carpe et du tarse, etc. ; les os plats correspondent aux os de la boîte crânienne, au sternum, à l'omoplate, aux côtes ; les os irréguliers font référence au sacrum, au coccyx, au temporal, à l'occipital, etc.

❑ La terminologie

En anatomie descriptive, on fait référence à des nomenclatures unifiées fondées sur des analogies géométriques ou fonctionnelles liées à des définitions anciennes (cuboïde, cunéiforme, vomer, pariétal, etc.). Pour définir chaque partie des os et indiquer ses caractères morphologiques, on utilise en outre des termes spécifiques dont il est conseillé d'apprendre le sens :
– *diaphyse et épiphyse :* ils indiquent respectivement la partie centrale allongée et les extrémités renflées des os longs ;
– *apophyse :* protubérance large et courte qui sort de la surface osseuse ;
– *processus :* saillie de grande taille, bien délimitée et à base étroite ;
– *tubérosité :* proéminence arrondie à base large ;
– *tubercule :* petite saillie arrondie ;
– *épine :* saillie allongée et pointue ;
– *crête :* saillie allongée le long d'une ligne ;
– *fosse :* cavité à contour circulaire ;
– *gouttière :* cavité allongée ;
– *rainure ou sillon :* cavité peu profonde et fine ;
– *trou et fente :* ouverture plus ou moins large qui traverse l'os ;
– *canal :* ouverture très large ;
– *lame et squame :* expansion osseuse fine, aplatie et plus ou moins étendue ;
– *facette :* petite aire aplatie, généralement articulaire ;
– *condyle :* surface articulaire dotée d'une saillie hémisphérique ;
– *trochlée :* surface articulaire creuse ;
– *épicondyle* et *épitrochlée :* petite saillie placée au-dessus des condyles et des trochlées ;
– *tête :* extrémité proximale étendue dans certains os longs.

❑ La structure microscopique

Quelle que soit sa forme, chaque os comprend une partie externe, dite corticale, composée de tissu compact et stratifié en lamelles, et une partie interne, spongieuse, où le tissu osseux se raréfie en formant un maillage fin ; celui-ci, en suivant des lignes de force mécaniques données, se dispose de façon à rendre l'os léger, élastique, et très résistant aux sollicitations externes. Entre les mailles se trouve la moelle osseuse. L'os est un tissu conjonctif de soutien composé de cellules (ostéocytes) plongées dans une substance amorphe intercellulaire à la texture très dense car riche en minéraux ; l'os est continuellement sujet à des modifications, il se détruit et se reconstruit : ce travail est accompli par les cellules osseuses qui remplacent et reforment le tissu ancien par un processus de démolition et de reconstitution.
À l'exception des os articulaires, sur lesquels on trouve du cartilage articulaire, ainsi que des points d'insertion des tendons, les os ont une surface recouverte par le périoste : il s'agit d'une membrane fine conjonctive qui nourrit l'os qu'elle enveloppe et renforce les points d'insertion des tendons ; elle a également une fonction réparatrice grâce aux nombreux ostéoblastes qu'elle contient (des éléments produisant l'osséine lors de l'ossification, capables de régénérer le tissu osseux endommagé ou fracturé).
Les structures de moindre taille (dites de deuxième et troisième ordre, telles que les ostéocytes, les lacunes osseuses, le système des canaux de Havers et celui des ostéones, etc.) rentrent dans le champ d'étude de l'histologie et n'ont que peu d'importance au vu de la représentation artistique : ils ne seront donc pas traités ici, mais les lecteurs souhaitant approfondir ce sujet pourront se référer à une excellente bibliographie disponible en la matière.
En revanche, nous décrirons les modifications qui interviennent sur les caractères et la texture des os lors du passage de l'âge adulte à l'âge avancé. Ce processus est appelé ostéoporose : il ralentit le renouvellement des os, ceux-ci devenant fragiles et décalcifiés. Nous étudierons également l'influence physiologique et morphologique considérable que peuvent avoir la posture, l'activité motrice et athlétique sur les os : celles-ci, en effet, outre le fait d'entraîner une modification dans le développement et dans la puissance musculaires, peuvent provoquer un renforcement et une extension de certains points d'insertion des tendons sur l'os (effet de modelage fonctionnel).
En conclusion, l'ostéologie peut être définie comme la branche de l'anatomie qui étudie les caractères morphologiques et le comportement des os dans le corps humain. Comme nous l'avons dit précédemment, en règle générale on étudie la forme des os lorsque ces derniers ont subi un processus de macération, nécessaire pour éliminer toutes les parties molles limitrophes : en effet, le fait que les éléments osseux soient en grande partie enveloppés par des muscles ou par d'autres organes pourrait pousser les personnes ne s'intéressant à l'anatomie qu'à des fins artistiques à sous-estimer l'importance de la structure osseuse. La connaissance des caractéristiques des os principaux et, surtout, de leur emplacement et de leurs relations spatiales réciproques est essentiel pour comprendre tous les aspects, statiques et dynamiques, du corps humain, pour les déformer, les accentuer ou les synthétiser dans la représentation artistique, tout en respectant le caractère naturel et biologique de la structure corporelle humaine, qui doit apparaître plausible et non arbitraire.
Comme nous le verrons plus loin, l'appariement entre les articulations possède également des caractéristiques qui intéressent de près les artistes : en observant attentivement *in vivo* les mouvements des différents segments du corps, ainsi que les mécanismes

des articulations, l'artiste pourra représenter avec exactitude les muscles et les insertions des tendons, rendant son dessin naturel et expressif. Afin d'aborder l'étude anatomique sous un angle constructif et de ne pas tomber dans une observation stérile, le dessinateur doit comprendre la signification structurelle de ce qu'il regarde : en ce qui concerne l'ostéologie, il doit être en mesure de déterminer exactement la position de chaque os dans le corps humain vivant, et de reconnaître les parties osseuses visibles sous la peau ou repérables par palpation.

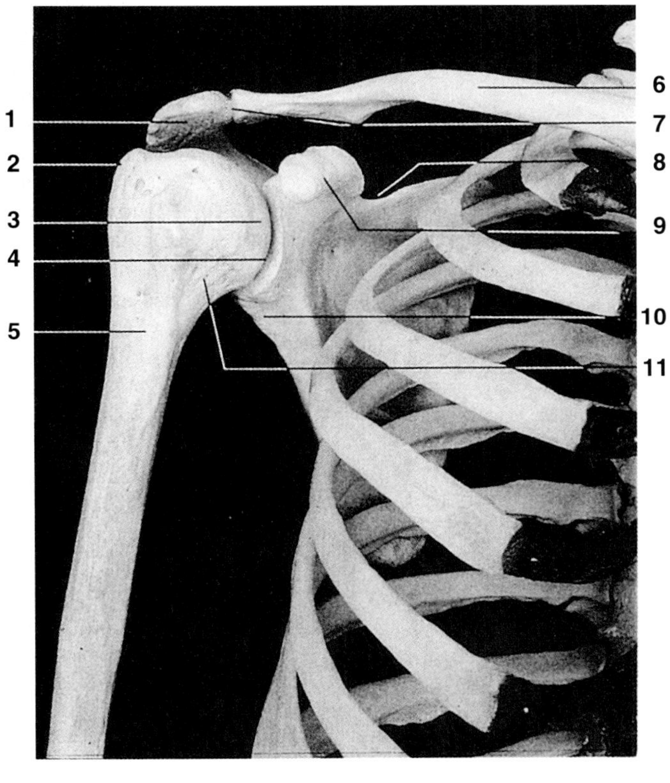

Os de l'articulation de l'épaule (vue de face).
Par Rohen-Yokochi
1 Acromion
2 Tubercule majeur (grande tubérosité) de l'humérus
3 Tête de l'humérus
4 Cavité glénoïde
5 Col chirurgical de l'humérus
6 Clavicule
7 Articulation acromio-claviculaire
8 Échancrure de l'omoplate
9 Apophyse coracoïde
10 Tubercule infraglénoïde
11 Col anatomique de l'humérus

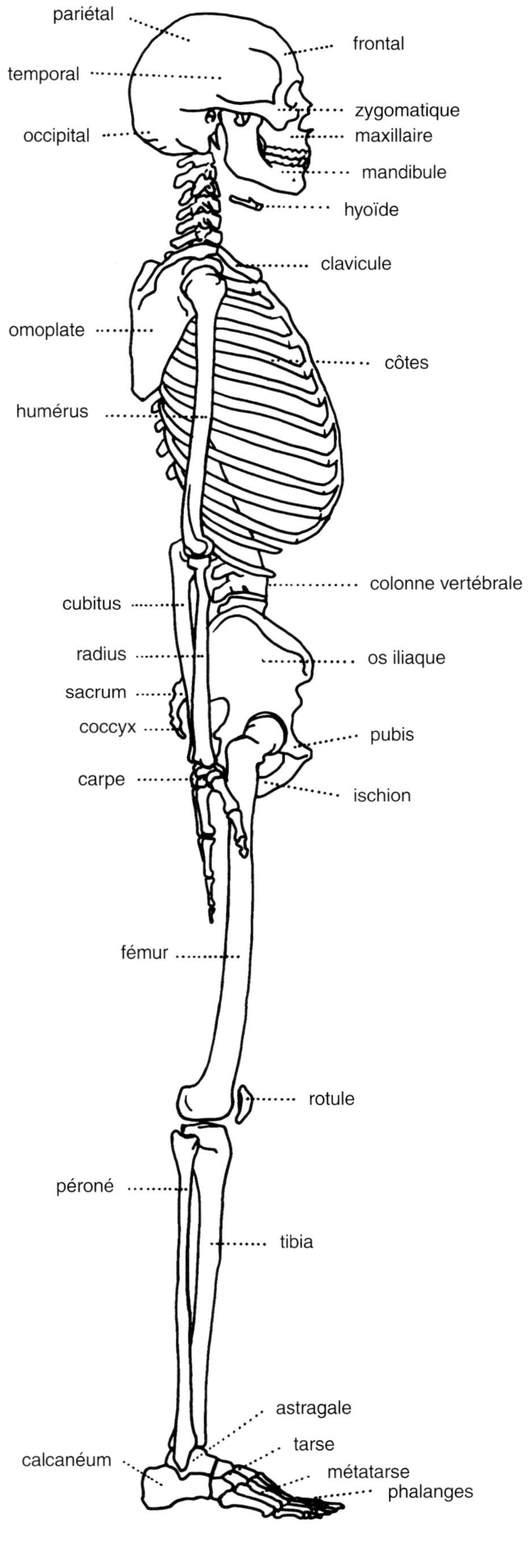

Dessin schématique du squelette : projection latérale

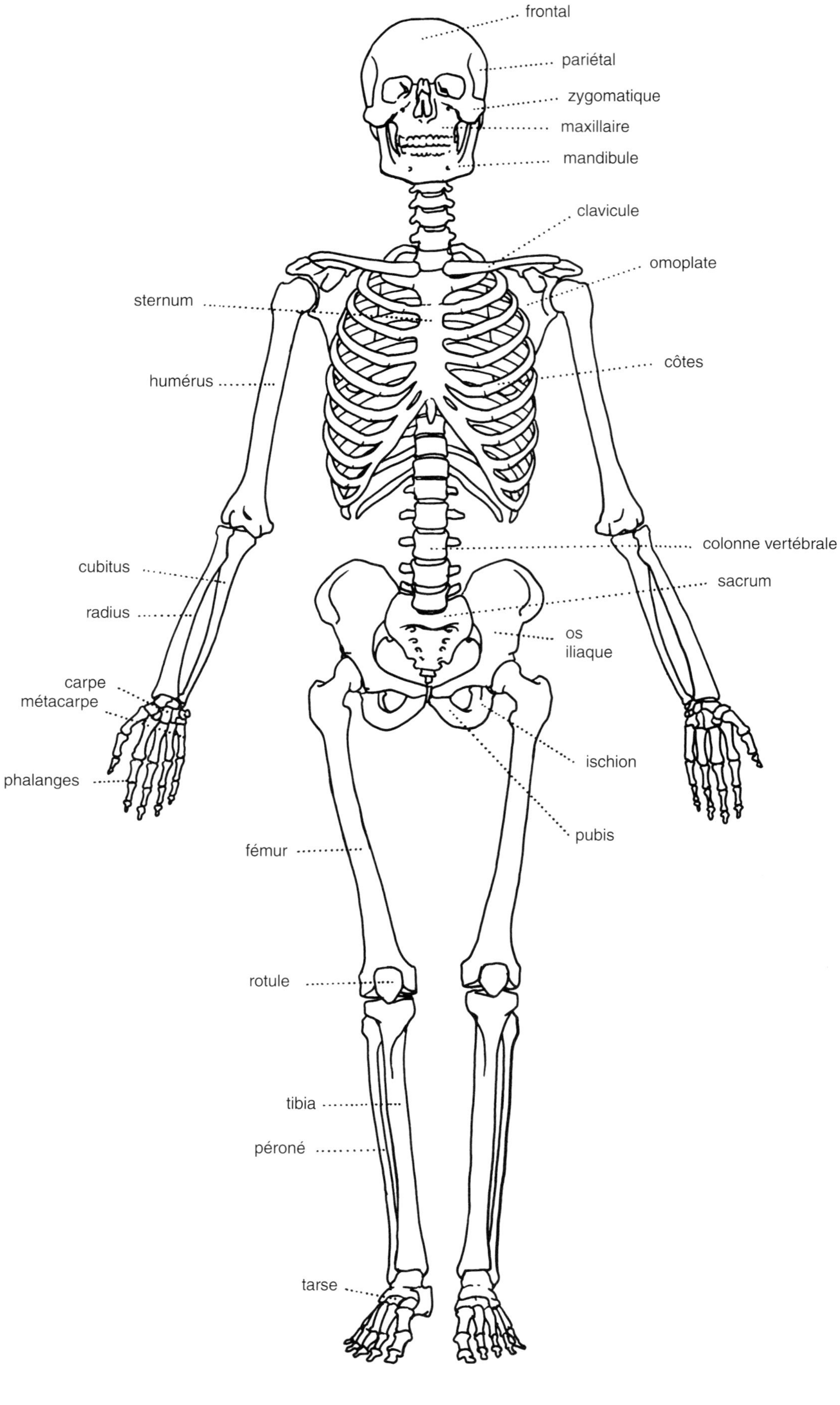

Dessin schématique du squelette (masculin) : projection frontale

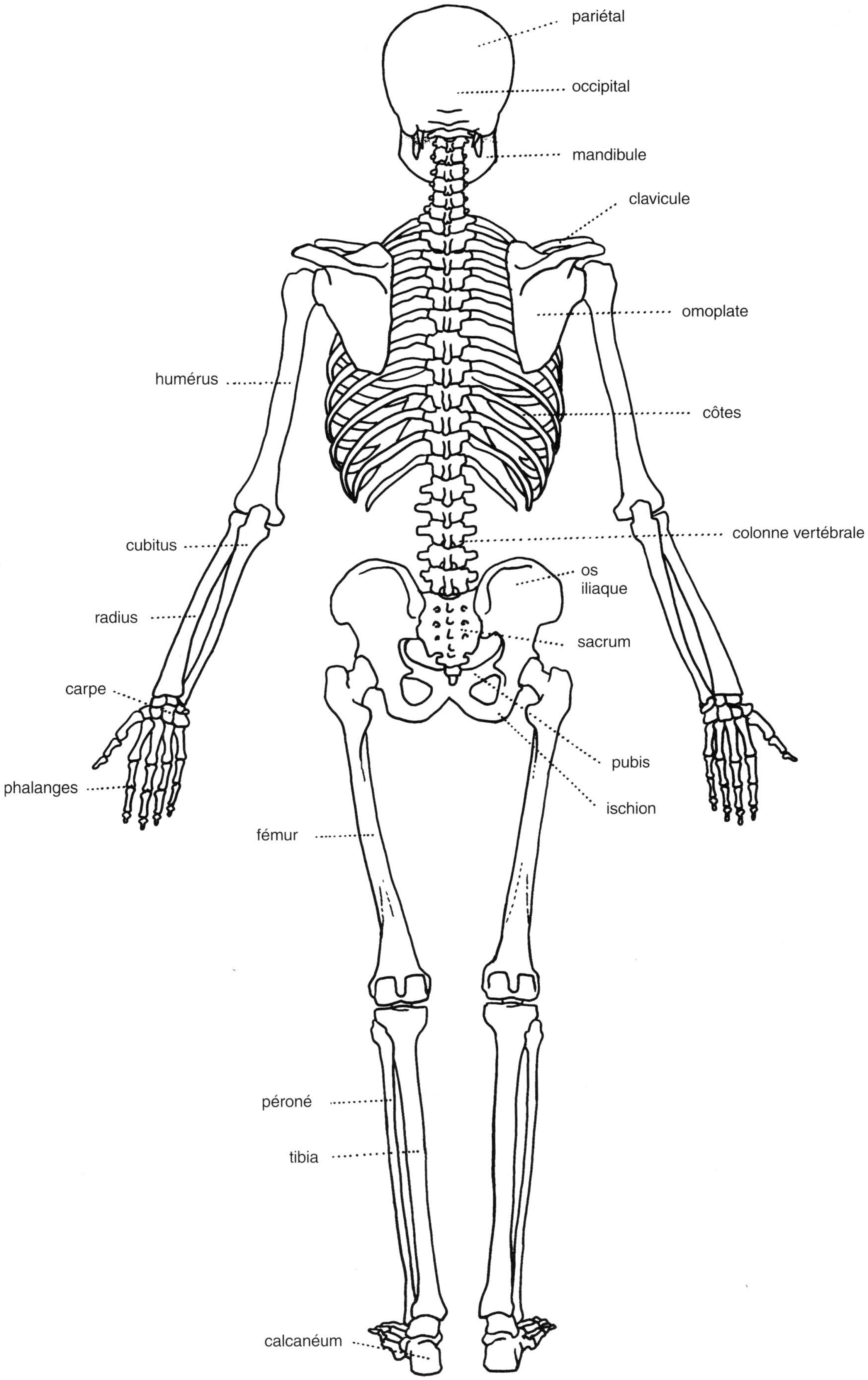

Dessin schématique du squelette : projection dorsale

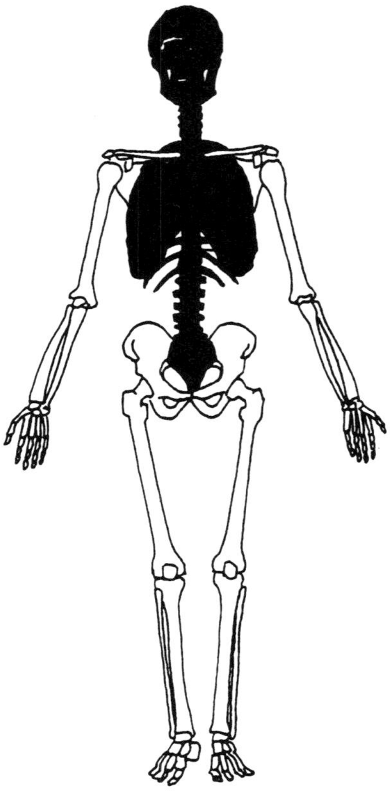

squelette axile (en noir) et squelette appendiculaire

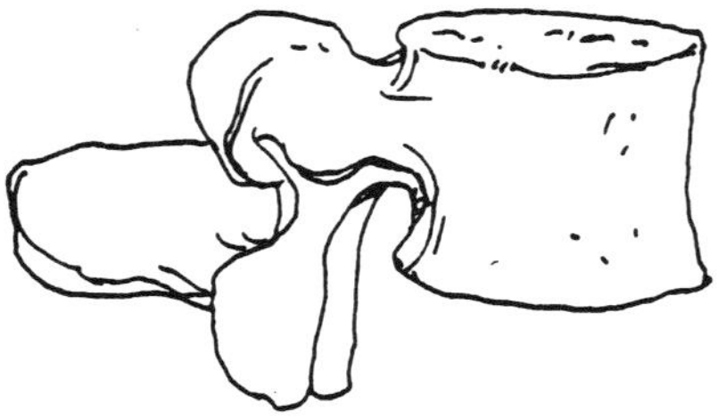

os courts (vertèbre)

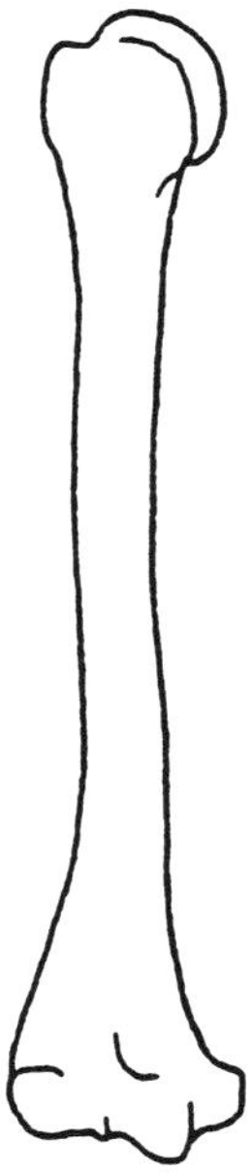

os longs (humérus)

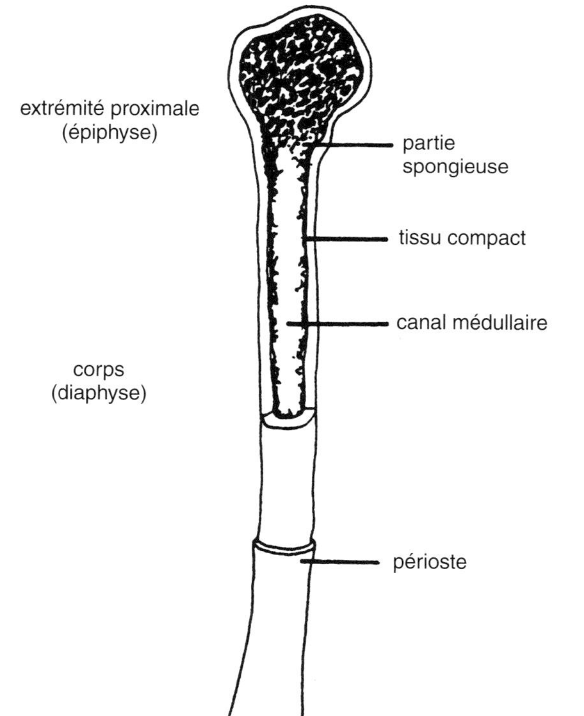

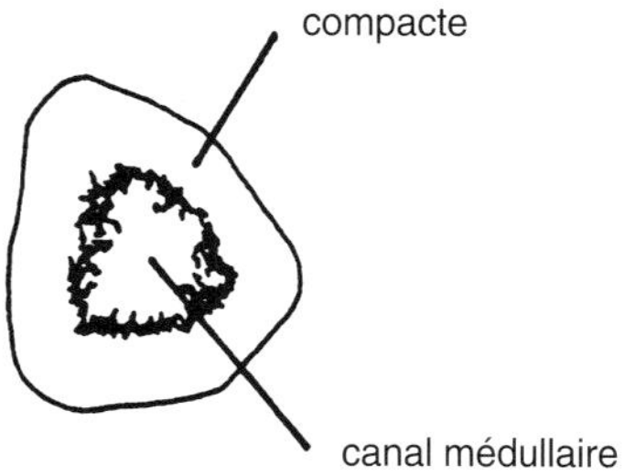

section transversale

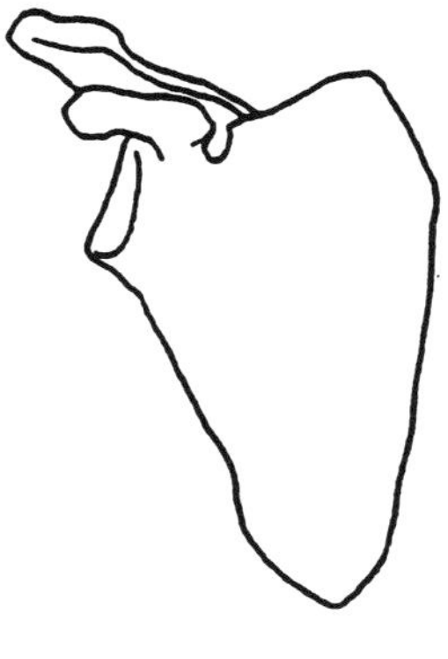

os plats (omoplate)

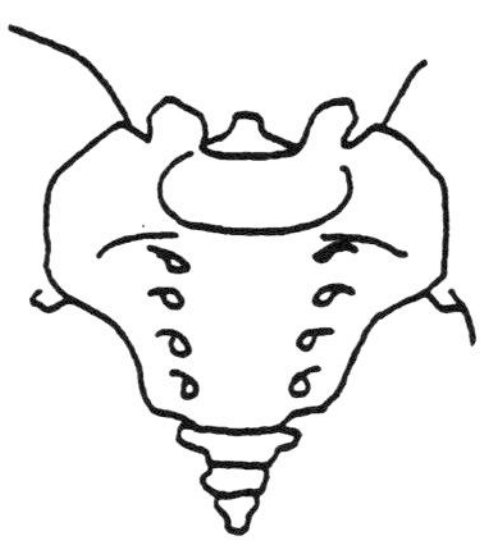

os mixtes (sacrum-coccyx)

LES ARTICULATIONS : ARTHROLOGIE

GÉNÉRALITÉS SUR LA STRUCTURE ARTICULAIRE

Les articulations sont des dispositifs anatomiques créant des jonctions entre des os à travers les extrémités articulaires de ces derniers. Elles permettent aux os de bouger les uns par rapport aux autres et assurent en même temps l'union entre tous les éléments qui composent le squelette. Il existe une grande variété de formes et donc d'extrémités osseuses, auxquelles correspond une variété tout aussi grande de jonctions. Les articulations sont classées selon des schémas assez complexes sur la base de la forme des surfaces articulaires, des mouvements qu'elles rendent possibles et du type de tissu interposé.
Une classification largement adoptée regroupe les articulations en deux grandes catégories, caractérisées essentiellement par la présence ou l'absence d'une cavité articulaire entre les extrémités osseuses. On distingue alors les synarthroses (articulations fixes) et les diarthroses (articulations mobiles).

❑ Les synarthroses

Leur structure est simple : elles ne possèdent pas de cavité articulaire et sont formées par deux surfaces articulaires entre lesquelles se trouve du tissu conjonctif (cartilagineux ou fibreux) qui les sépare et les unit en même temps. Elles sont donc très limitées dans leurs mouvements mais très solides. Faute de cavité articulaire, elles ne possèdent ni capsule articulaire, ni membrane, ni liquides synoviaux.
Voici quelques exemples typiques de synarthroses :
– les *synchondroses* (ou synarthroses cartilagineuses), dans lesquelles le tissu d'interface est de nature cartilagineuse, ce qui permet des mouvements de flexion et de tension limités (c'est le cas, par exemple, des articulations entre les corps vertébraux) ;
– les *sutures* (ou synarthroses fibreuses), dans lesquelles les bords osseux, fins, sont unis par un tissu fibreux qui continue dans le périoste ; il s'agit d'articulations fixes ne pouvant effectuer aucun mouvement (par exemple, les sutures entre les os crâniens) ;
– les *syndesmoses* (ou synarthroses ligamenteuses). Les os adjacents l'un à l'autre ou partiellement distanciés sont unis par des ligaments (en forme de cordon, de ruban et de lame) qui permettent des mouvements très limités.

❑ Les diarthroses

Il s'agit d'articulations robustes permettant certains mouvements, y compris des mouvements étendus complexes. Leur caractéristique principale est la présence d'une cavité articulaire entre les extrémités osseuses, ce qui permet aux deux surfaces articulaires (très lisses et revêtues de cartilage) de glisser l'une sur l'autre. Ce glissement est facilité par la présence, dans la cavité articulaire, de la synovie, un liquide sécrété par la membrane synoviale qui adhère à la face interne de la capsule, ce qui réduit au maximum la friction entre les extrémités articulaires.
Les segments osseux sont maintenus l'un en contact avec l'autre par un manchon fibreux de jonction, la capsule articulaire, renforcé par des ligaments articulaires (des rubans fibreux de taille variable). Ces dispositifs empêchent les extrémités articulaires de se détacher et orientent les mouvements en limitant ou en arrêtant le déplacement des articulations. Les ligaments articulaires sont formés par du tissu fibreux, robuste, flexible et très résistant à la traction, bien que doté d'une certaine élasticité ; ils sont en forme de rubans fins, de faisceaux ou de petites lames, et ont une couleur blanchâtre qui rappelle celle des os. Ils se fixent fortement aux os articulaires près des bords de la capsule et, dans certains cas, ils s'étendent aussi sur des parties osseuses éloignées de l'articulation en formant d'amples membranes. Dans certaines articulations complexes (comme celles de la hanche et du genou) on trouve des ligaments intra-articulaires, situés à l'intérieur de la capsule, qui permettent de renforcer l'action mécanique.
On peut classer les différentes diarthroses sur la base de la forme des extrémités articulaires, dont dépendent l'ampleur et les caractéristiques du mouvement :
– les *arthrodies*, dans lesquelles les surfaces articulaires sont planes ou légèrement courbées ; elles rentrent en contact les unes avec les autres par le biais de leur revêtement cartilagineux respectif et sont maintenues en place par un manchon capsulaire inséré sur le contour des cartilages. Elles ne permettent que des glissements et des rotations car les surfaces planes ne peuvent pas s'incliner l'une sur l'autre pour provoquer des mouvements angulaires (c'est le cas, par exemple, des articulations entre les os du carpe) ;
– les *condylarthroses*, dans lesquelles les extrémités articulaires en contact les unes avec les autres ont des surfaces ovoïdes ou ellipsoïdes, dont l'une est concave (cavité condyloïde), et l'autre convexe (condyle). Elles permettent des mouvements angulaires sur deux plans, mais empêchent la rotation (articulation temporo-mandibulaire, radio-carpienne, huméro-radiale, etc.) ;
– les *énarthroses*, dans lesquelles l'une des deux extrémités a une forme hémisphérique et convexe, tandis que l'autre a une forme concave, ce qui leur permet de s'insérer l'une dans l'autre. Ce type d'articulation est triaxial car il permet tous les mouvements rotatifs et angulaires (flexion, extension, abduction, adduction, circumduction, etc.). Leur déplacement est bloqué quasi uniquement par la capsule et les ligaments (articulation de la hanche, dite coxo-fémorale, et de l'épaule, dite scapulo-humérale, etc.) ;
– les *articulations en selle*, dans lesquelles une des surfaces articulaires est concave dans un sens et convexe dans le sens perpendiculaire. L'autre extrémité possède aussi une surface concave et convexe à la fois de façon à s'adapter parfaitement au profil de la première. Cette articulation est une variante des condylarthroses et permet d'effectuer les mêmes mouvements sur deux axes, même si dans ce cas le déplacement est plus étendu (articulation carpo-métacarpienne du pouce, articulation de la cheville, dite tibio-astragalienne, articulation calcanéo-cuboïdale, etc.) ;
– les *ginglymes*, dans lesquelles les extrémités articulaires ont plus ou moins la forme de segments cylindriques. L'une des extrémités est concave et rainurée, l'autre convexe. On en distingue deux types :
– les *ginglymes latérales* (ou trochoïdes), qui ont un pivot osseux entouré par un anneau, ce qui ne permet qu'un mouvement de rotation autour d'un axe (articulation entre l'axe cérébro-spinal et l'atlas) ; elles peuvent également avoir des extrémités articulaires adjacentes (articulation radio-cubitale) ;
– les *ginglymes angulaires* (trochléennes), qui entraînent un mouvement à charnière. Une des extrémités articulaires est creusée dans un sens longitudinal, tandis que l'autre s'insère dans la première, ce qui permet des déplacements sur un seul plan autour d'un axe unique (articulation huméro-cubitale).
Il existe enfin des *complexes articulaires* dans lesquels les différentes extrémités osseuses participent à une seule articulation et sont unies par la même capsule (articulation du coude, du genou).
Les mouvements permis par les articulations peuvent être *simples* lorsqu'ils ne concernent qu'une articulation, ou bien *complexes*, lorsqu'ils en impliquent plusieurs.
Les mouvements simples sont classés en deux catégories. Dans les *mouvements en axe*, deux os, lorsqu'ils se déplacent, ne modifient pas l'angle qu'ils forment dans la position anatomique du cadavre ; dans *les mouvements angulaires*, il y a une variation de l'angle entre les deux extrémités osseuses concernées. Il n'existe que deux types de mouvements en axe : le coulissement, très limité, que l'on constate lorsque les extrémités osseuses glissent l'une sur l'autre en déplaçant les axes sans changer l'angle qu'elles forment ; la rotation, observée lorsque les extrémités glissent l'une sur l'autre en tournant autour d'un axe commun aux deux os. Les mouvements angulaires sont plus nombreux : flexion, extension,

abduction, adduction, circumduction, etc., que nous avons définies dans la partie concernant les termes de mouvement.
Parmi les mouvements complexes, nous citerons ici une variante de la circumduction : la *torsion* n'est pas tellement le résultat de la somme de mouvements en axe, mais plutôt la somme de petits glissements sur différentes articulations (c'est le cas, par exemple, de la colonne vertébrale).
Nous avons vu que les articulations servent surtout à déplacer les os par un effet de levier, sous la traction des muscles.
Il faut toutefois observer que certains facteurs tels que la conformation des surfaces articulaires, l'effet des ligaments, l'action de muscles antagonistes ou stabilisateurs, ainsi que les insertions tendineuses des muscles (qui peuvent, grâce à un entraînement constant, s'allonger et améliorer l'envergure du mouvement), mettent en évidence une autre fonction des articulations : elles garantissent la stabilité des segments osseux en assurant l'union des composants squelettiques sans entraver leur mobilité.
Dans le cadre de leur formation anatomique, les artistes figuratifs devront apprendre la structure et la mobilité des articulations, du moins dans ses grandes lignes. Comprendre quels sont les effets des articulations et de leurs mouvements sur le modelé superficiel du nu est indispensable si l'on veut fidèlement représenter les mouvements corporels. Pour comprendre la structure et les fonctions des articulations, il est nécessaire de compléter l'étude théorique effectuée à l'aide d'ouvrages, de tables anatomiques ou d'images radiographiques par un examen attentif du squelette monté. On veillera surtout à reconstituer au mieux les relations entre les os, en reproduisant la capsule avec du matériel élastique et les ligaments avec des objets inextensibles. Dessiner cette structure artificielle est très instructif, surtout si l'on reproduit en séquence les phases intermédiaires d'un mouvement en superposant les représentations ainsi obtenues (ce conseil s'applique surtout aux articulations des membres ou du tronc).
Enfin, nous invitons les artistes à comparer le squelette monté et le modèle vivant (ou même leur propre corps), tout en observant les facteurs suivants : l'ampleur réelle des mouvements permis par les articulations principales, les déplacements concernant certains os limitrophes ou fixés dans l'articulation (la clavicule et l'omoplate, par exemple), ainsi que la façon dont tout le corps (surtout au niveau de la colonne vertébrale et du bassin) s'adapte au fur et à mesure qu'il effectue un mouvement.

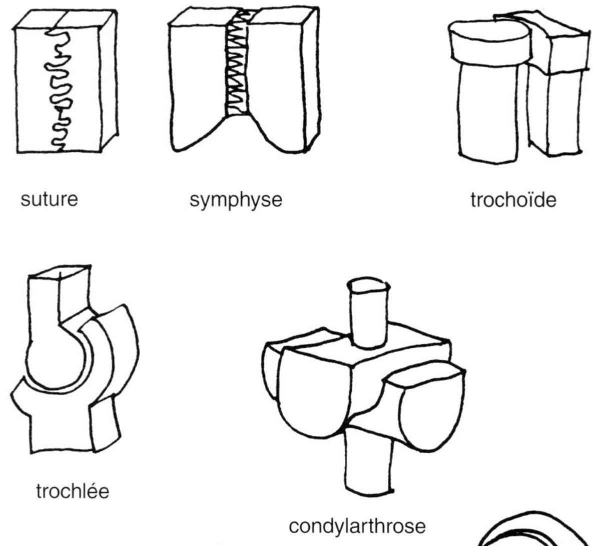

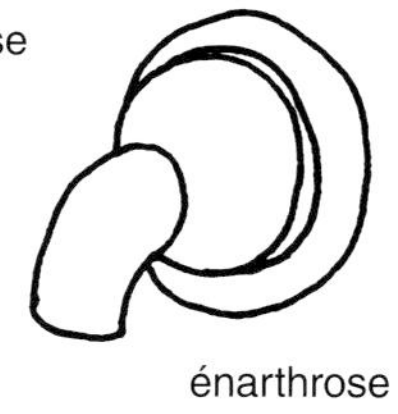

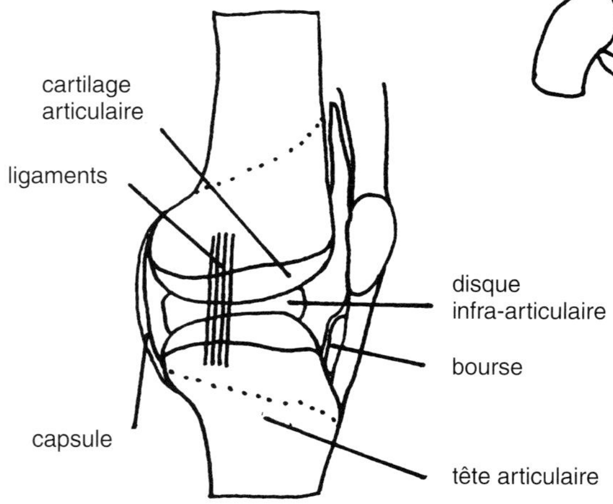

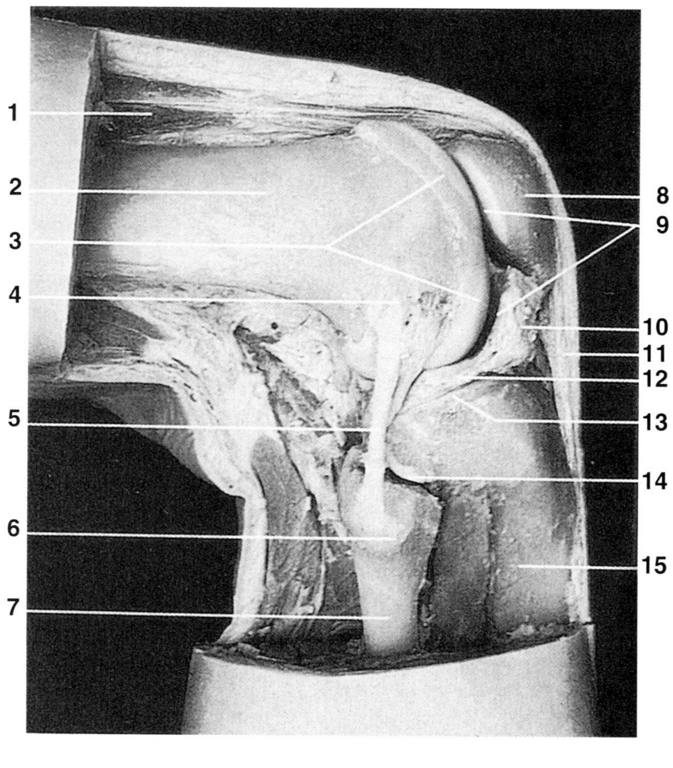

Articulation du genou droit et tibio-péronière avec ses ligaments. La position du ménisque latéral est visible.
Par Rohen-Yokochi
1 Quadriceps du fémur
2 Fémur
3 Surface patellaire
4 Épicondyle latéral du fémur
5 Ligament collatéral péronier
6 Tête du péroné
7 Péroné
8 Rotule
9 Cavité articulaire de l'articulation du genou
10 Corps adipeux infrapatellaire
11 Ligament patellaire
12 Ménisque latéral de l'articulation du genou
13 Condyle latéral du tibia (face articulaire supérieure)
14 Articulation tibio-péronière
15 Tibia

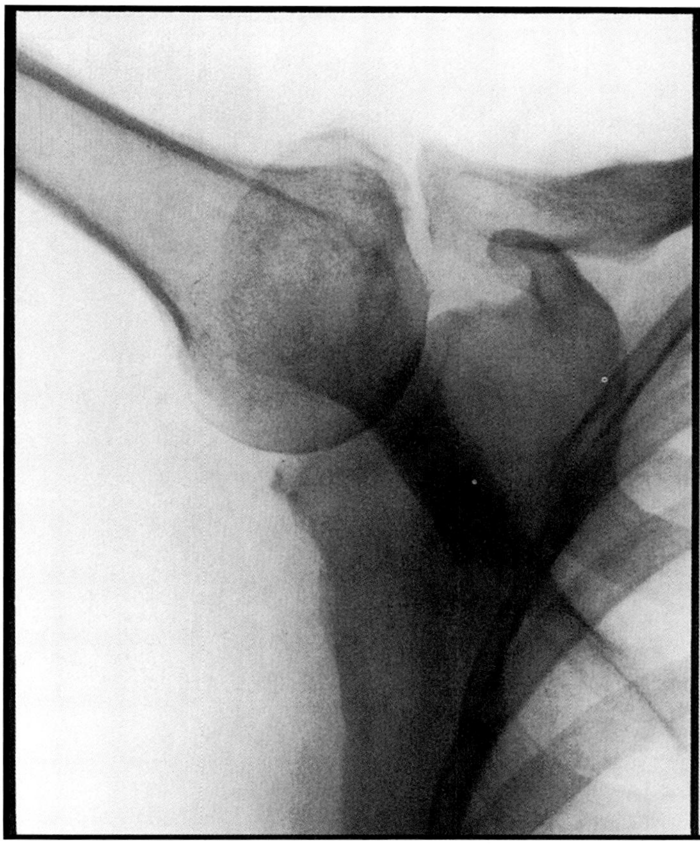
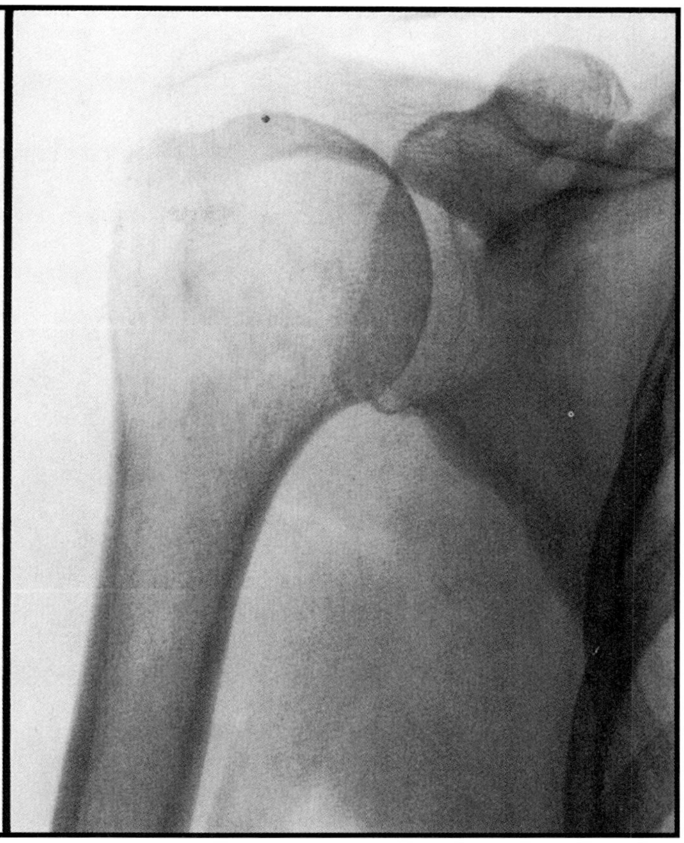
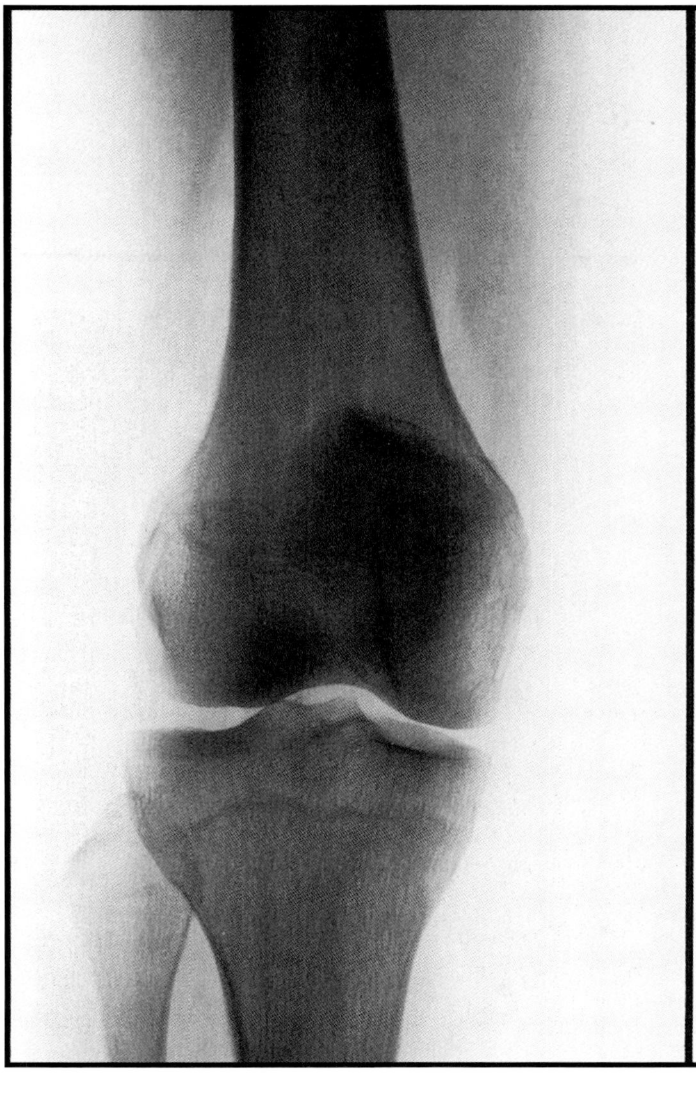
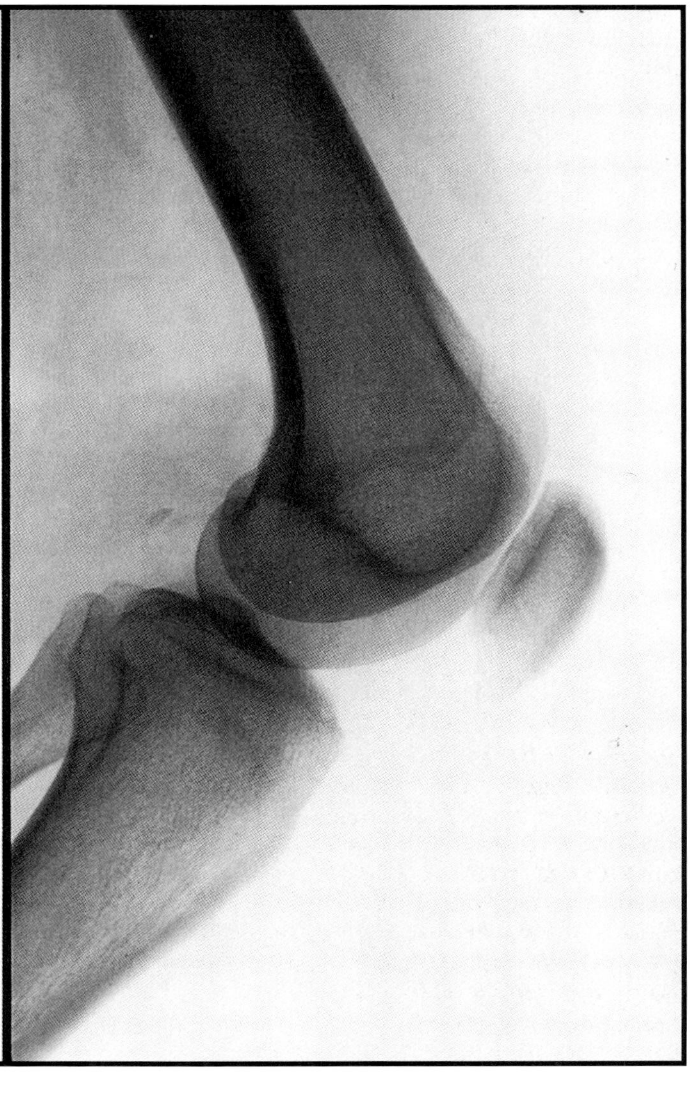

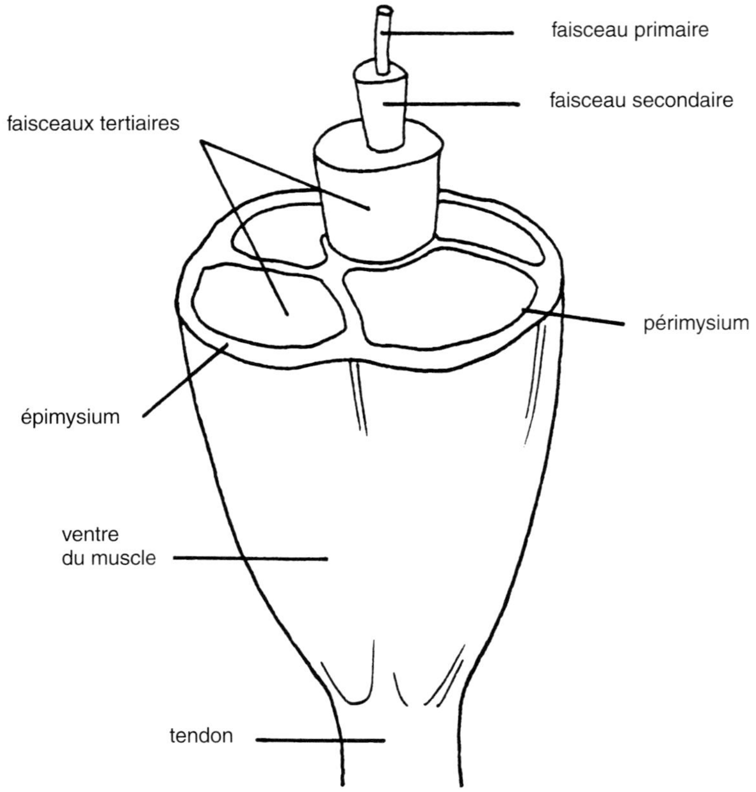

Schéma de la structure d'un muscle squelettique

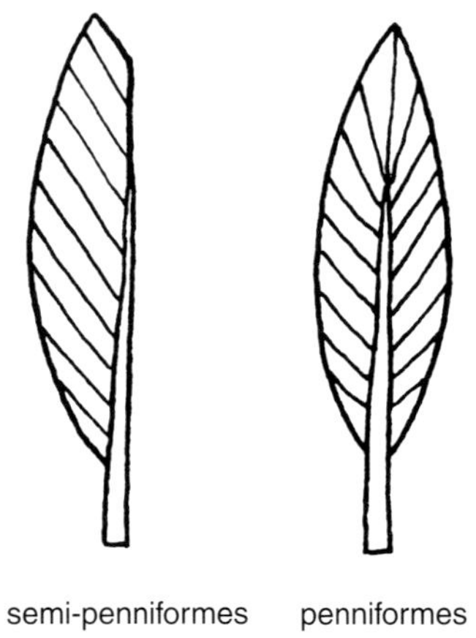

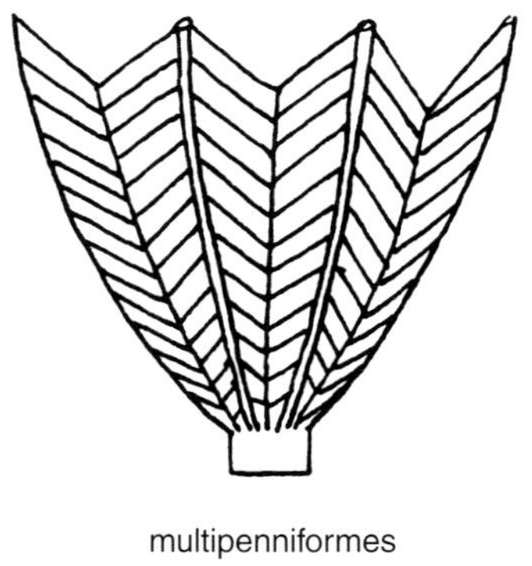

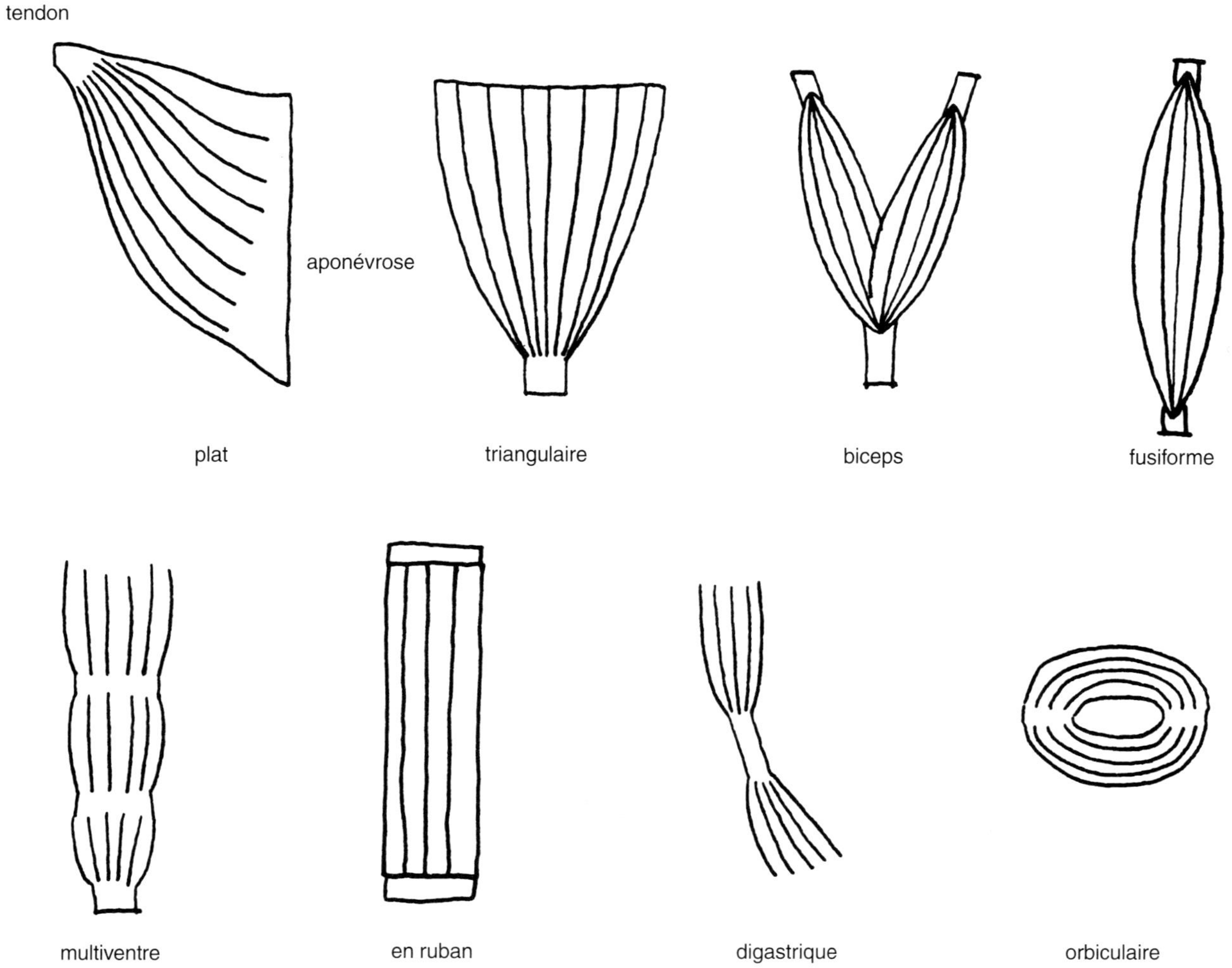

Types et formes de muscles du squelette

LES MUSCLES : MYOLOGIE

GÉNÉRALITÉS SUR LA STRUCTURE MUSCULAIRE

Les muscles sont des organes caractérisés par leur faculté de se contracter sous l'action d'une impulsion nerveuse. Les muscles du système locomoteur maintiennent les segments squelettiques en position et leur permettent de se mouvoir. Ils sont dénommés muscles squelettiques et appartiennent à la catégorie des muscles à contraction volontaire car ils sont contrôlés par la volonté de l'individu et, donc, de son système nerveux central. Sur la base de leurs caractéristiques fonctionnelles et structurelles, ils sont classés en trois groupes :

– les *muscles à contraction volontaire* (les seuls qui seront abordés dans le présent ouvrage) : il s'agit des organes préposés au mouvement actif du corps humain. Ils sont soumis à la volonté et insérés sur les segments osseux par le biais des tendons, qu'ils déplacent lorsqu'ils se contractent, dans la limite de ce que permet l'articulation concernée. Ils sont formés par des faisceaux de fibres musculaires striées et possèdent trois propriétés importantes : l'extensibilité, l'élasticité et la contractilité. Ils ont une vitesse et une force de contraction très élevées, mais ne peuvent remplir leur fonction avec efficacité que pendant une période assez courte ;

– les *muscles à contraction involontaire* (muscles de la vie végétative) : ils se situent essentiellement dans les parois des viscères et des vaisseaux sanguins ; leur contraction et leur relâchement ne dépendent d'aucun acte volontaire, car ils sont contrôlés par le système nerveux autonome. Ils sont formés par du tissu musculaire lisse et ont la faculté de se contracter lentement et de façon prolongée dans le temps. Le *myocarde* est le tissu musculaire cardiaque, doté de caractéristiques spécifiques : il est strié comme les muscles squelettiques, mais il se contracte régulièrement et sans interruption indépendamment de la volonté de l'individu ;

– les *muscles squelettiques* sont très nombreux : on estime qu'il y a 327 muscles pairs, dont il existe donc deux exemplaires symétriques, un de chaque côté.

On a identifié plus de 700 muscles en tout, y compris les muscles viscéraux et les quelques muscles impairs. Ce manque d'exactitude numérique dérive des critères que suivent les experts dans leur méthode de décompte et, surtout, de la variabilité individuelle, certains muscles pouvant ainsi être absents, en surnombre ou unis à d'autres muscles limitrophes. Chez un individu de conformation moyenne, le poids des muscles représente presque la moitié de son poids corporel global.

Les muscles se composent de plusieurs parties :

– une *partie charnue*, dite *partie contractile* ou *ventre*. Dans le cadavre, elle a une couleur rouge foncé tendant au marron, et une texture d'abord rigide (*rigor mortis*), puis flasque ; chez l'individu vivant, elle a une couleur rouge plus intense en raison de la présence de myoglobine (une protéine contenant du fer et ayant une grande affinité pour l'oxygène), et présente une texture très compacte lorsqu'il se contracte. Même en état de relâchement, le muscle reste dans un état précontractile (tonus musculaire), ce qui donne à la masse élastique une certaine tension.

La surface du ventre musculaire est lisse, mais en dessous du faisceau conjonctif (épimysium) qui le revêt il présente une légère structure fasciculaire longitudinale, très évidente dans les muscles gros (fessier, deltoïdes, pectoraux, etc.) : cela découle de la structure microscopique de la partie contractile, formée par des faisceaux grossiers, dits faisceaux tertiaires, chacun étant enveloppé par une gaine conjonctive (périmysium) et séparé des autres par des cloisons ou lames conjonctives plus ou moins étendues. Chaque faisceau tertiaire est à son tour formé par des faisceaux mineurs (faisceaux secondaires), eux-mêmes comprenant des faisceaux primaires, composés de fibres musculaires très longues. Les fibres musculaires constituent les unités contractiles du muscle ; elles ont la valeur de plusieurs cellules (elles contiennent de nombreux noyaux) et sont composées de myofibrilles, des filaments présentant des stries transversales caractéristiques : il s'agit de bandes claires alternant avec des bandes foncées dotées d'une structure protéique différente. La contraction des filaments protéiques répondant au stimulus nerveux entraîne la contraction de tout le muscle ainsi que son raccourcissement.

On a remarqué une différence chromatique concernant les fibres musculaires : les fibres rouges contiennent un fort pourcentage de myoglobine et sont nombreuses dans les muscles qui se contractent lentement et de façon prolongée dans le temps : c'est le cas, entre autres, des muscles « statiques », chargés de maintenir des parties du squelette dans une position spécifique pendant de longues périodes. Les fibres blanches se trouvent essentiellement dans les muscles à contraction rapide et de courte durée, par exemple dans les muscles fléchisseurs ;

– une *partie tendineuse* (*aponévrotique*), sur chaque côté du ventre. Les tendons se composent de tissu fibreux, sont très robustes et possèdent une couleur blanchâtre brillante. Le passage des cloisons conjonctives internes de la partie contractile dans les faisceaux tendineux se fait graduellement, les faisceaux secondaires et tertiaires convergeant vers la terminaison tendineuse. Puisque le tendon est pratiquement inextensible – même s'il possède une quantité réduite de fibres élastiques servant à réduire les traumatismes causés par une contraction violente –, la traction exercée par la masse musculaire contractile est intégralement transmise au point d'insertion sur l'os.

En règle générale, les tendons sont en forme de cordons, mais lorsqu'ils se détachent de muscles larges et aplatis, ils possèdent eux aussi une structure aplatie ou en forme de lame : dans ce cas, on parle d'aponévroses. Normalement, le passage entre la partie contractile et la partie tendineuse se fait à des niveaux différents, mais toujours dans une zone assez restreinte vers laquelle convergent les cloisons conjonctives intramusculaires. C'est pour cette raison que le ventre musculaire se réduit, prenant une forme de cône ou de lame.

Outre les structures principales du muscle, le ventre contractile et les tendons, il en existe d'autres à caractère accessoire ou complémentaire : les membranes conjonctives enveloppent les muscles superficiels de certaines régions du corps (membrane cervicale, brachiale, etc., à l'exception des muscles cutanés qui s'insèrent directement dans les couches profondes de l'épiderme), ou bien elles revêtent, séparent et contiennent les groupes de muscles profonds ayant des fonctions similaires. On remarquera que les membranes superficielles adhèrent davantage au muscle dans les zones où les parties osseuses sont sous-cutanées : dans ce cas, les membranes retiennent l'épiderme, provoquant la formation de plis caractéristiques. Les gaines et les membranes fibreuses sont des dispositifs de rétention qui font adhérer les tendons, surtout ceux des muscles longs, aux plans osseux là où se situent les points de passage sur les articulations ; dans certains cas, elles agissent comme des points de réflexion mécanique : elles se situent au niveau du poignet, du coude, de la cheville, etc. Les gaines et les bourses séreuses sont des formations synoviales qui, interposées entre l'os et les tendons, ainsi qu'entre l'os et les muscles, réduisent la friction lorsque ces derniers glissent sur des reliefs osseux ou sont soumis à des sollicitations mécaniques continues. Elles sont très nombreuses : certaines d'entre elles ont une taille et un emplacement variables, tandis que d'autres ne changent guère de place : c'est le cas de la bourse du tendon rotulien, de la bourse subacromiale, deltoïdienne, etc.

Traditionnellement, les points d'insertion tendineux des muscles sur les os se distinguent en points d'origine (ou points fixes) et en points d'insertion (ou points mobiles). Les premiers, caractérisés par une mobilité réduite et présentant un tendon moins long, sont généralement situés dans une position plus proximale, vers le squelette axile ; les seconds sont caractérisés par une mobilité plus importante, un tendon plus long et par l'insertion du muscle sur un os mobile du squelette. Il faut rappeler que le muscle exerce une traction sur les deux points d'attache et essaye de les déplacer l'un vers l'autre. Pour ce qui est des muscles squelettiques, l'indication d'origine et d'insertion est déterminée par l'action musculaire dominante, mais dans de nombreux cas les points peuvent être intervertis en fonction des circonstances dynamiques. En revanche, les muscles sous-cutanés, rares, s'insèrent toujours dans les couches profondes de la peau.

Pour dénommer les muscles squelettiques, on fait référence à une nomenclature assez complexe d'origine variée : les termes utilisés peuvent évoquer la forme (muscle du trapèze, deltoïde, soléaire, etc.), l'action réalisée (muscle élévateur, abducteur, supinateur, fléchisseur, extenseur), la région concernée (muscle pectoral, dorsal, brachial), l'orientation (muscle oblique, droit, transverse), le nombre des têtes (biceps, triceps), les composants (muscle semi-tendineux, semi-membraneux), les os d'attache (sterno-cléido-mastoïdien), etc. Des commissions internationales se réunissent régulièrement pour uniformiser, mettre à jour et rationaliser la terminologie anatomique.

La forme des muscles est aussi très variée et change sur la base de la fonction que ceux-ci peuvent remplir. On en distingue deux groupes :

– les muscles *longs* sont cylindriques ou fusiformes et deviennent plus fins aux extrémités ; dans certains cas, ils ont une forme très allongée ou en ruban, comme le muscle couturier. Leurs fibres sont disposées parallèlement dans le sens de la longueur. On en connaît différents types : certains ont des ventres musculaires confluant en un seul tendon (tendon d'insertion, en général) : c'est le cas des biceps, des triceps et des quadriceps ; d'autres, les muscles digastriques, possèdent deux ventres musculaires raccordés par un tendon intermédiaire. Les muscles longs se situent essentiellement autour des os des membres ;

– les muscles *larges* sont assez aplatis, parfois en forme de lames, et ont une épaisseur d'à peine quelques centimètres. Dans ce cas aussi, les faisceaux musculaires sont disposés parallèlement et orientés vers les tendons (appelés aponévroses d'insertion), qui ont une forme large et étendue. Ces muscles se situent surtout dans le tronc, où ils forment les parois de l'abdomen et tapissent la cage thoracique ;

– les muscles *courts* sont généralement disposés autour d'articulations chargées de provoquer des mouvements énergiques mais peu étendus, ainsi qu'autour de la colonne vertébrale, où ils forment un système musculaire très complexe ;

– les muscles *penniformes* sont caractérisés par un tendon central qui se prolonge dans le ventre musculaire, dans lequel les fibres musculaires s'insèrent en biais (c'est le cas du droit antérieur). Cette catégorie comprend également les muscles semi-penniformes et multipenniformes. Il s'agit essentiellement de muscles de puissance car ils se contractent peu (leurs fibres étant courtes) mais avec force ;

– les muscles *orbiculaires* ou *sphinctériens* ont une structure circulaire et présentent parfois des traits tendineux interposés ; ils sont rares dans la musculature squelettique et ne figurent que dans la tête.

Enfin, rappelons que le système musculaire est disposé en couches : on identifie donc un plan de couverture plutôt superficiel (musculature superficielle), et d'autres plans qui se situent de plus en plus en profondeur par rapport au premier (musculature profonde). Il va sans dire que les relations entre ces deux systèmes sont très étroites, et que leur influence réciproque joue un rôle important au vu de la représentation artistique.

Les possibilités de mouvement des secteurs corporels sont liées à leur mode de fonctionnement mécanique : ce dernier peut être associé au fonctionnement des trois catégories fondamentales de levier, dont le résultat varie sur la base de la disposition et des lignes de force des muscles. Il est rare qu'un seul muscle ou groupe de muscles participe à la réalisation d'un mouvement. Dans les cas les plus fréquents, on assiste à des actions et à des situations complexes et spécifiques, désignées par les termes suivants :

– muscles *agonistes* : ils peuvent provoquer le même mouvement, mais n'ont pas les mêmes effets secondaires en raison des points d'origine et d'insertion différents. Ils sont également appelés muscles moteurs ;

– muscles *antagonistes* : ils effectuent, partiellement ou totalement, des actions opposées par rapport à celles des muscles agonistes (c'est le cas typique des fléchisseurs et des extenseurs) ;

– muscles *stabilisateurs* : leur contraction agit contre la force de gravité ou contre l'action d'un muscle moteur afin de soutenir ou d'immobiliser une partie du corps ;

– muscles *neutralisateurs* : ils contrecarrent les actions secondaires indésirables provoquées par un muscle agoniste ;

– muscles *synergiques* : ils déterminent ensemble et à des degrés différents un mouvement donné ou la posture d'un trait squelettique. La synergie est une situation très fréquente : chaque mouvement, du plus simple et limité au plus complexe, demande la participation de plusieurs muscles ainsi qu'un équilibre délicat entre les forces antagonistes ou entre des groupes synergiques opposés.

Il est utile de rappeler que le muscle entendu en tant qu'élément contractile n'est qu'un exécuteur, une machine motrice dont le fonctionnement ne dépend que des centres nerveux, responsables de la régulation exacte des impulsions de contraction et de relâchement. On remarquera également que la contraction musculaire n'entraîne pas forcément le raccourcissement du muscle concerné. Les études dans le domaine de la cinétique ont opéré une distinction entre la contraction concentrique (ou de raccourcissement), dans laquelle le muscle devient réellement plus court, la contraction excentrique (ou d'élongation), qui se vérifie lorsque le muscle contracté se relâche progressivement, et la contraction statique, qui concerne le muscle qui se contracte totalement ou partiellement sans que cela modifie sa longueur.

Il est important que l'artiste sache identifier les effets de ces phénomènes sur le modèle nu, car cette observation lui permettra de reconnaître et donc de représenter fidèlement les différentes situations dynamiques du corps humain.

Les muscles et leurs actions sont étudiés par les spécialistes de la rééducation à travers des méthodes dont le but est de confirmer des hypothèses et des réflexions théoriques. Ces méthodes peuvent – bien qu'à un degré moindre – s'avérer utiles pour les artistes. Elles comprennent : la dissection du cadavre, par laquelle on observe (dans des conditions statiques) les insertions, l'évolution et les relations topographiques de chaque muscle, ainsi que la conformation des articulations ; l'inspection visuelle et manuelle de la musculature de l'individu vivant dans des positions ou des mouvements particuliers, à l'aide de techniques photographiques, cinématographiques ou électroniques ; la construction de modèles simulant les segments osseux, les articulations d'interface ainsi que les muscles intervenant dans certaines actions (souvent, on a recours au squelette articulé dont les relations articulaires ont été convenablement ajustées et sur lequel les fonctions musculaires sont reproduites de façon approximative avec du matériel élastique) ; l'électromyographie, une technique grâce à laquelle on enregistre les courants électriques produits par un muscle ou un groupe de muscles en action. Toutes ces méthodes doivent être intégrées les unes aux autres et ne peuvent donner des conclusions fiables qu'après avoir été correctement interprétées.

Il va sans dire que l'artiste pourra se contenter de consulter des ouvrages consacrés à ce sujet : il y trouvera de nombreuses données et des synthèses d'études spécialisées très exhaustives, qui sauront stimuler ceux qui s'intéressent à l'anatomie humaine dans un état d'esprit créatif et curieux.

En règle générale, les muscles squelettiques sont classés dans des groupes selon un critère topographique, qui coïncide avec un cri-

tère d'ordre fonctionnel en raison du fait que les muscles ont souvent une évolution et une direction communes. Dans peu de cas (pour la musculature dorsale paravertébrale, par exemple), on a également recours à un critère de dérivation embryologique.
Enfin, la myologie, la branche de l'anatomie humaine qui étudie le système musculaire ainsi que ses formations auxiliaires, joue un rôle essentiel pour l'artiste souhaitant comprendre et donc représenter de façon expressive mais fidèle le corps humain dans ses innombrables aspects dynamiques et statiques. Sous les téguments (couches adipeuses, épiderme et leurs annexes), les muscles forment la partie charnue du corps : il s'agit de la partie que l'on perçoit le mieux à l'œil nu. La seule observation du nu, néanmoins, ne suffit pas dans le cadre d'une formation artistique complète : pour pouvoir interpréter chaque mouvement, il est nécessaire de connaître la topographie et le fonctionnement des organes musculaires, ainsi que d'examiner leurs modifications et leurs relations synergiques ou antagonistes. Un tel examen, lorsqu'il est mené intelligemment, n'entrave en rien les capacités artistiques et créatives d'un individu : bien au contraire, il les libère et les renforce.

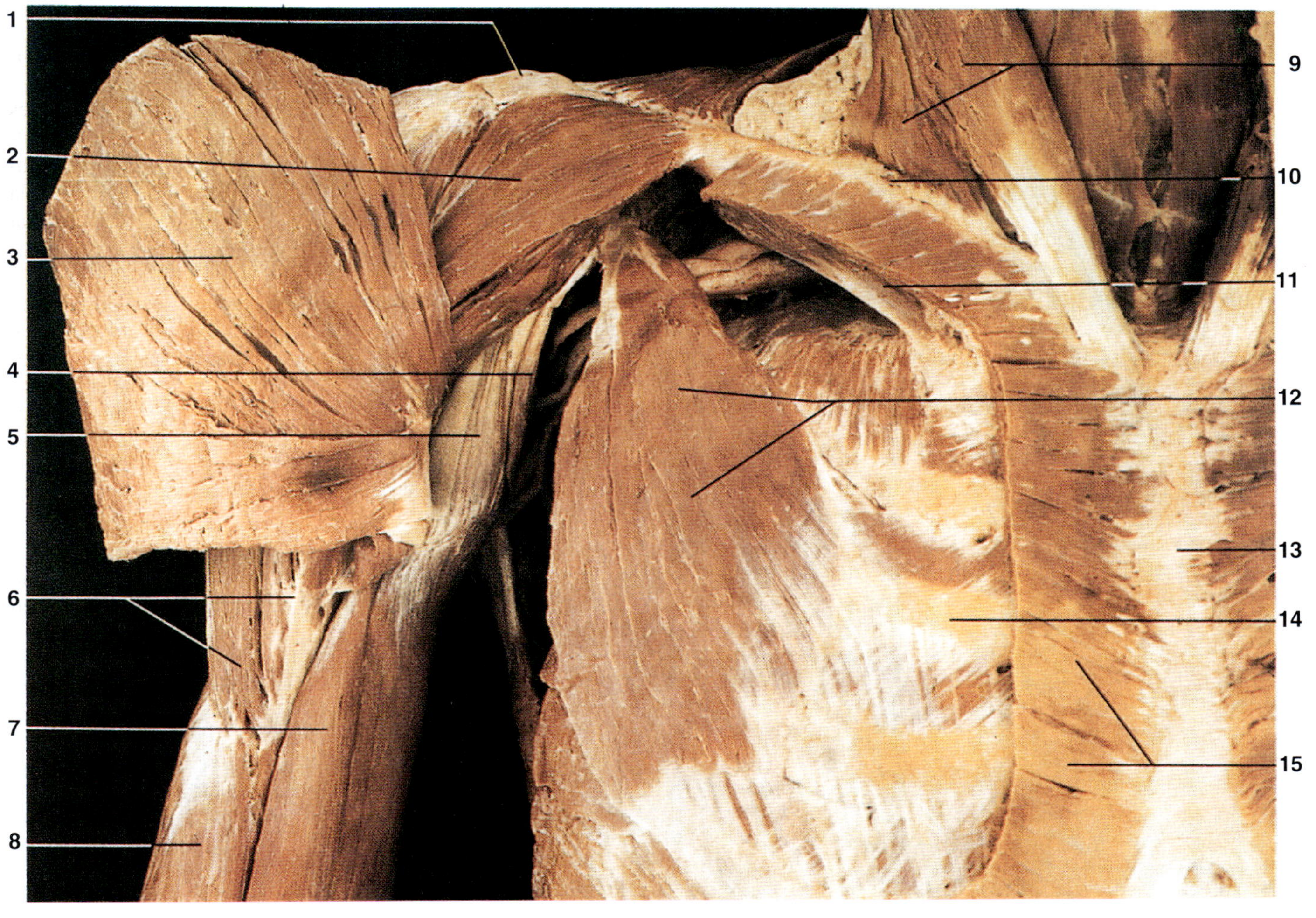

Muscles de l'épaule et du bras, couche profonde (vue de face).
Par Rohen-Yokochi

1 Acromion
2 Portion claviculaire du muscle deltoïde
3 Grand pectoral (déplacé latéralement)
4 Coraco-brachial
5 Chef court du biceps brachial
6 Deltoïde
7 Chef long du biceps brachial
8 Brachial antérieur
9 Sterno-cléido-mastoïdien
10 Clavicule
11 Sous-clavier
12 Petit pectoral
13 Sternum
14 Troisième côte
15 Grand pectoral (insertions sternales sectionnées)

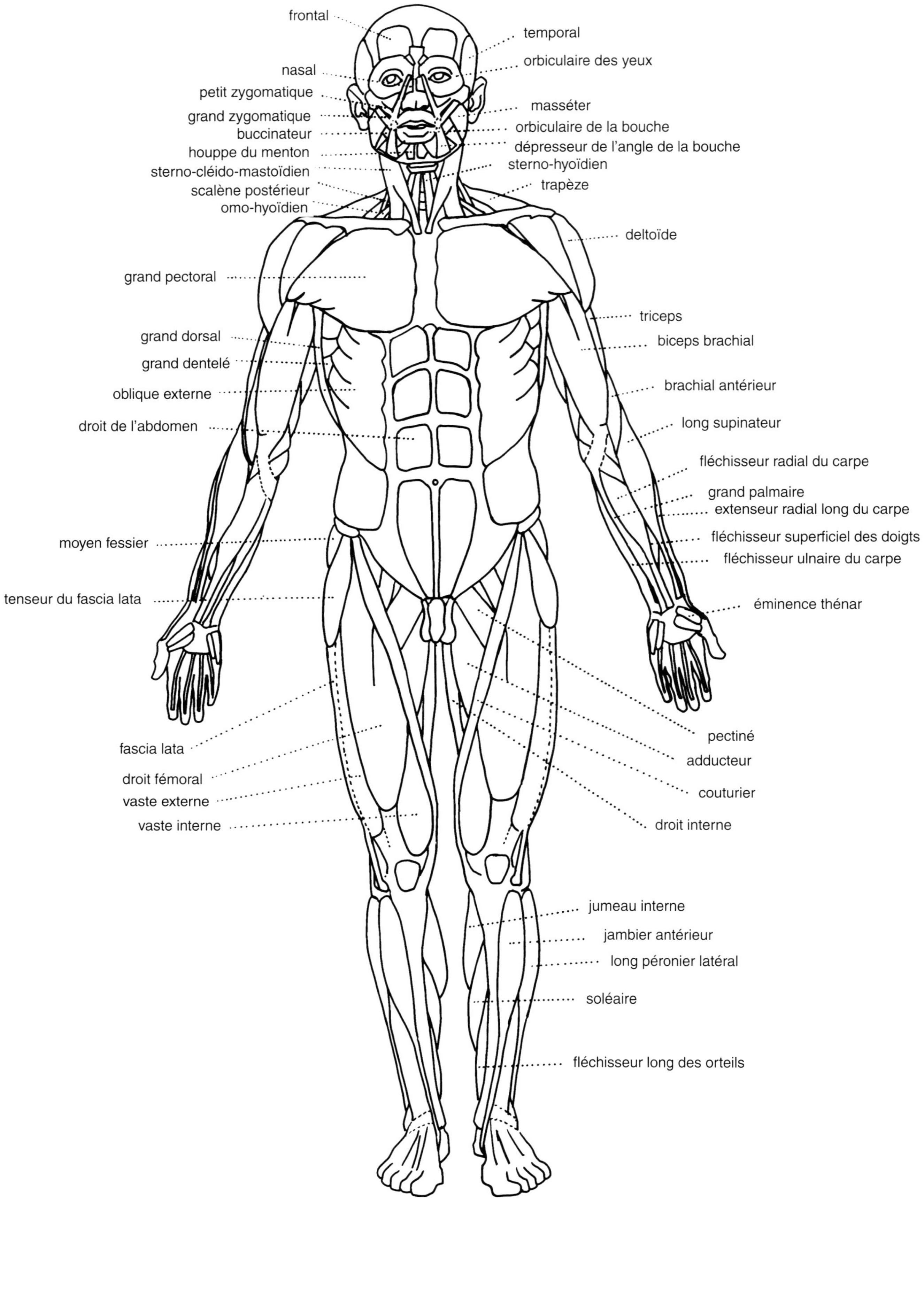

Dessin schématique des muscles superficiels : projection frontale

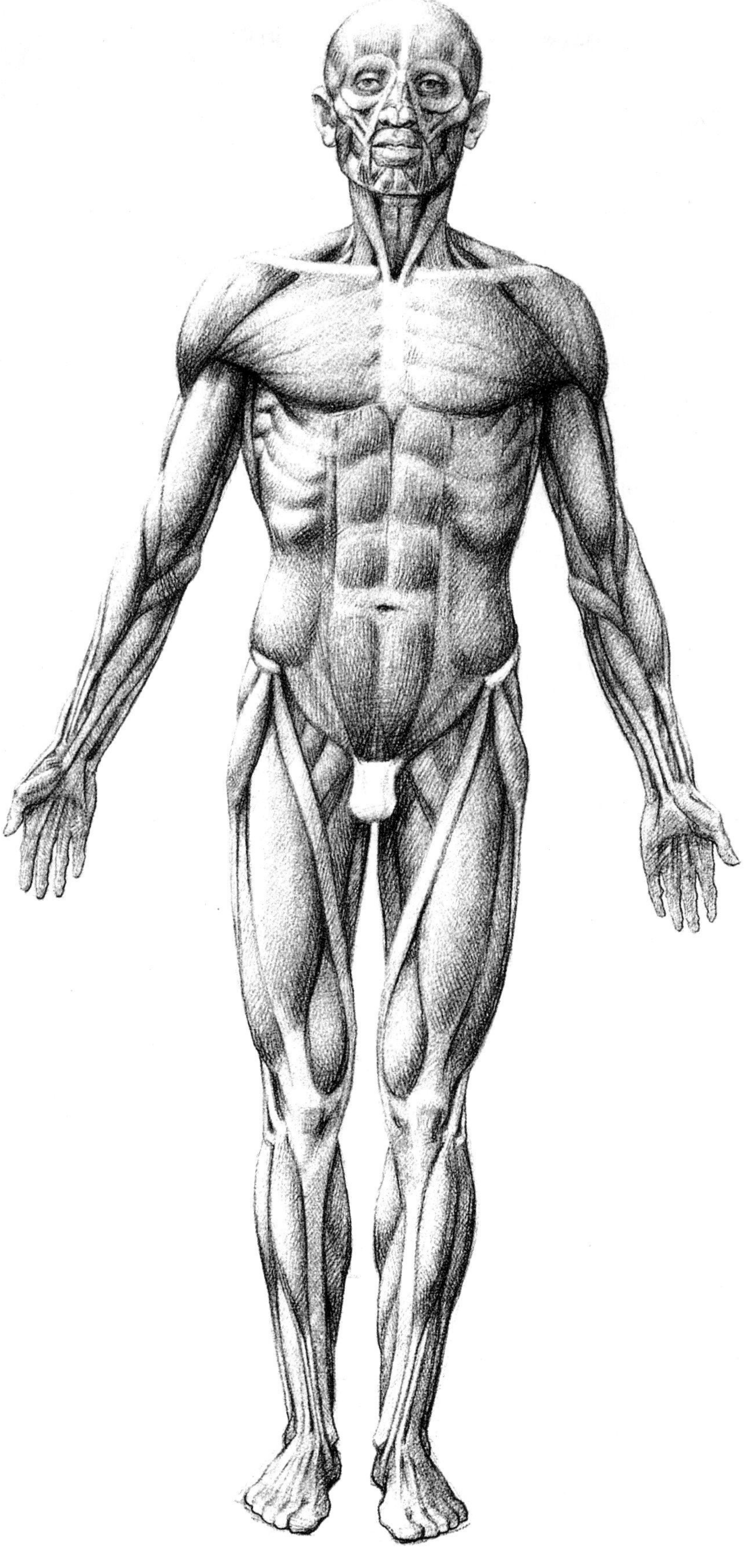

Muscles superficiels : projection frontale

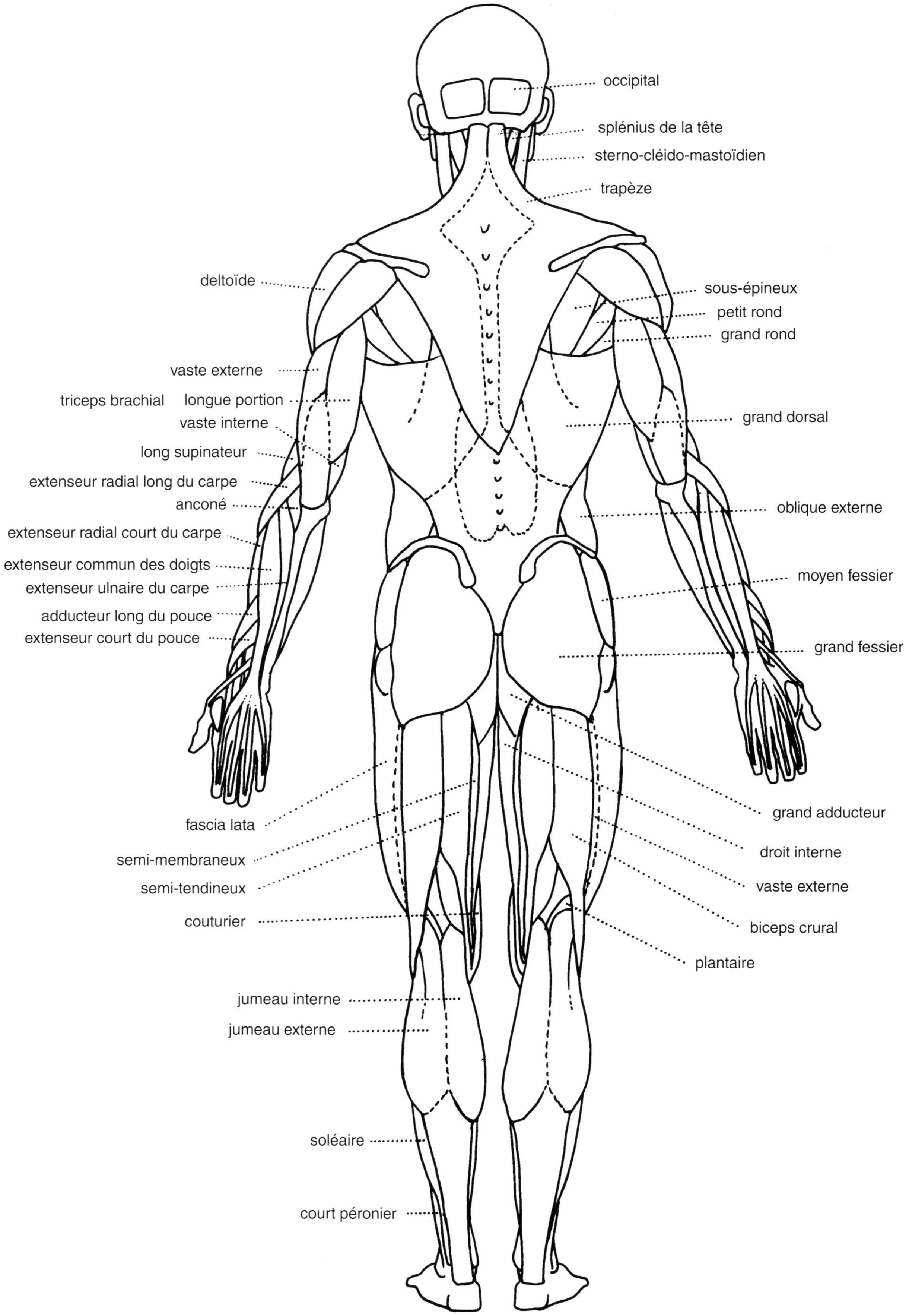

Dessin schématique des muscles superficiels : projection dorsale

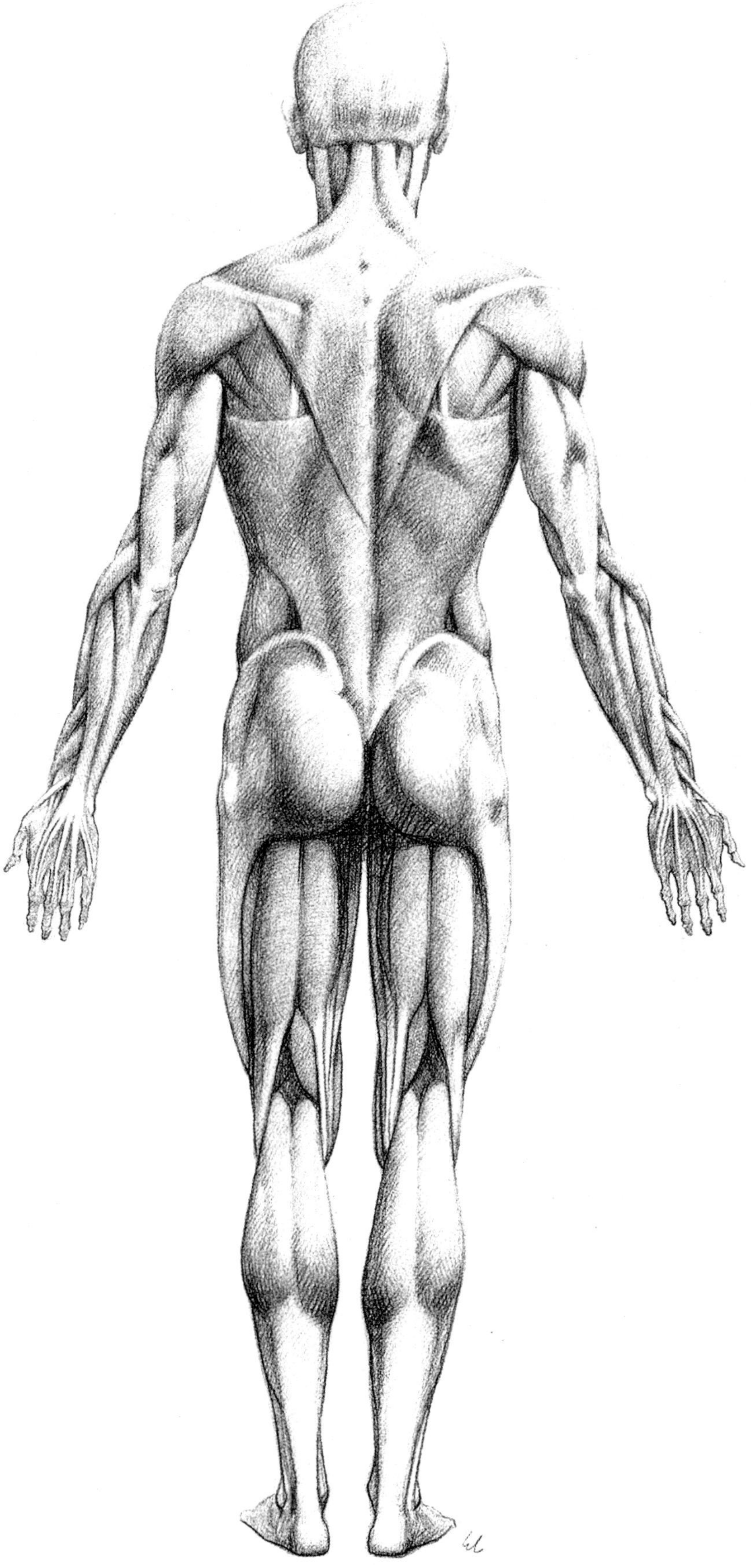

Muscles superficiels : projection dorsale

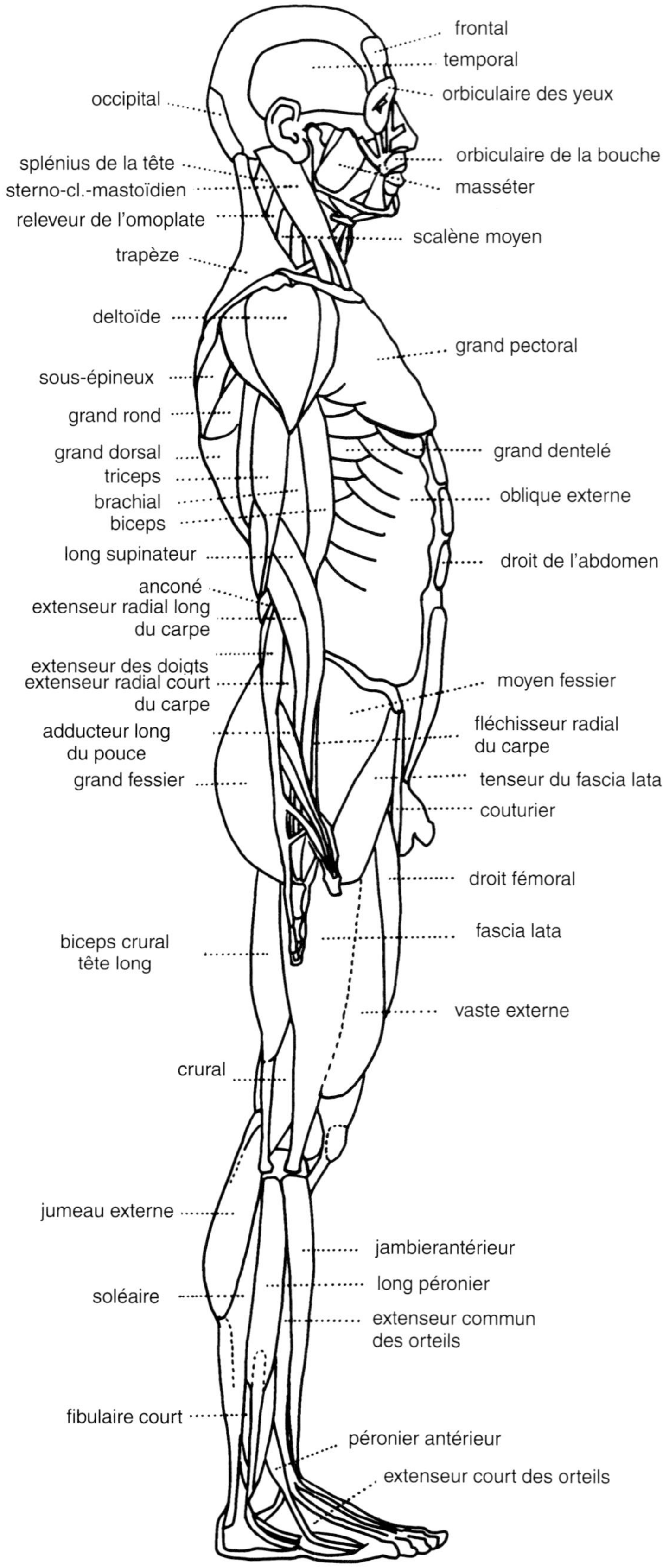

Dessin schématique des muscles superficiels : projection latérale

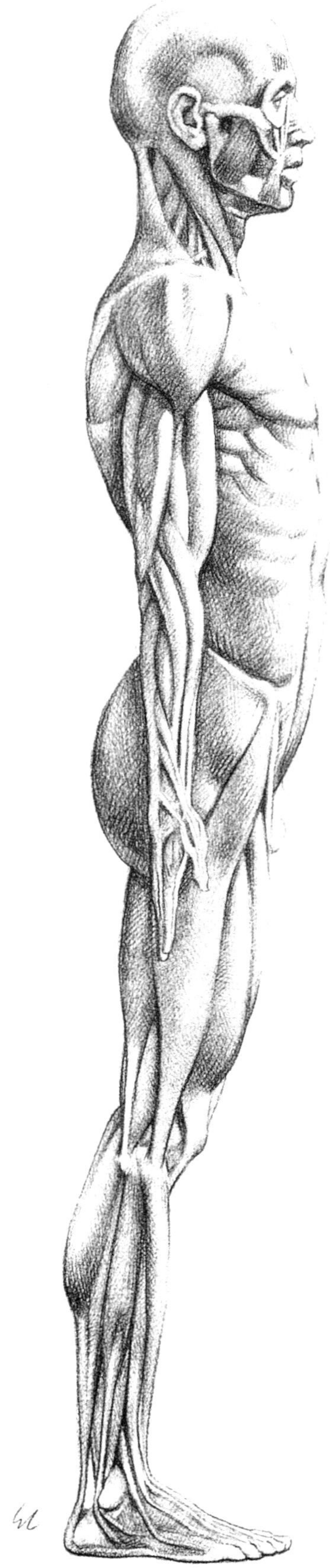

Muscles superficiels : projection latérale

POINTS DE RÉFÉRENCE OSSEUX ET MUSCULAIRES SUR LE NU

Les régions corporelles présentent sur leur surface des points de référence osseux et musculaires très visibles, aussi appelés points de repère. Ils s'avèrent particulièrement utiles pour l'artiste lorsque celui-ci peint, dessine ou sculpte en s'inspirant d'un modèle humain vivant. Ces points, notamment les points osseux, servent également à calculer ou à vérifier les proportions tant du corps dans son ensemble que de chacune de ses parties, car l'emplacement de ces dernières est constant quelles que soient la position du modèle et sa constitution physique.
Les points de référence osseux sont sous-cutanés et forment presque systématiquement des saillies plus ou moins importantes revêtues par l'épiderme fin et tendu : ils sont donc facilement identifiables *de visu* ou, mieux encore, par palpation, y compris sur des individus adipeux, quel que soit leur sexe.
Les points de référence musculaires varient beaucoup plus. Ils ne peuvent être identifiés que difficilement chez les individus dont la musculature est peu développée ou dotés d'une constitution adipeuse. Toutefois, l'examen *in vivo* de la forme de certains muscles (droit de l'abdomen, deltoïde, trapèze, quadriceps, etc.) peut aider à définir les volumes et les proportions des différentes régions.
Les points de référence cutanés, tels que, par exemple, le mamelon, le lobe de l'oreille et les ailes du nez, peuvent avoir un emplacement ainsi que des caractéristiques très variables selon les individus.

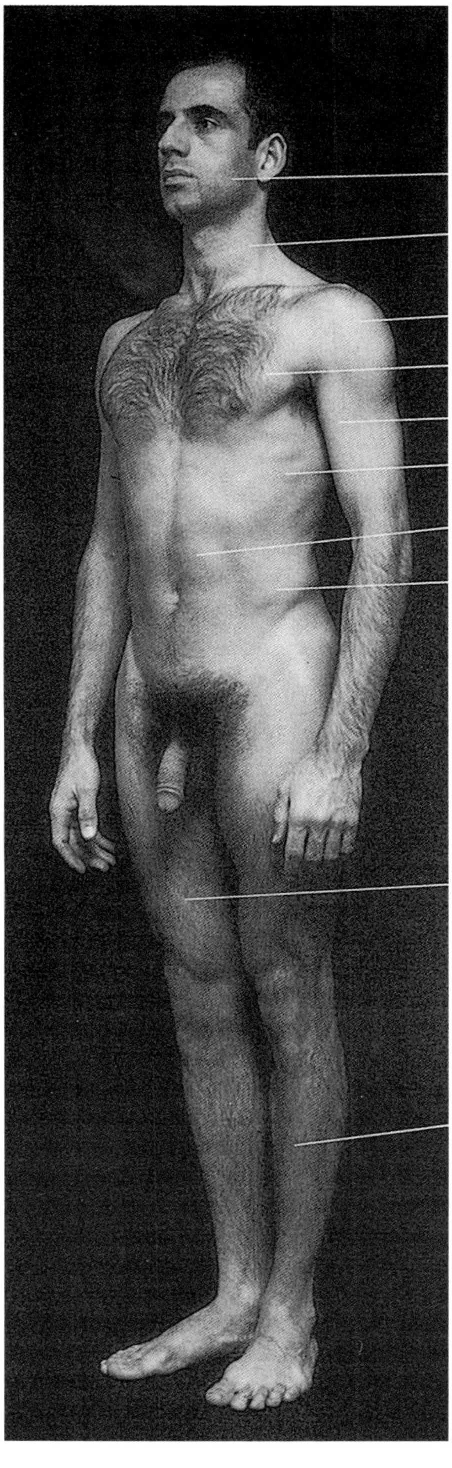

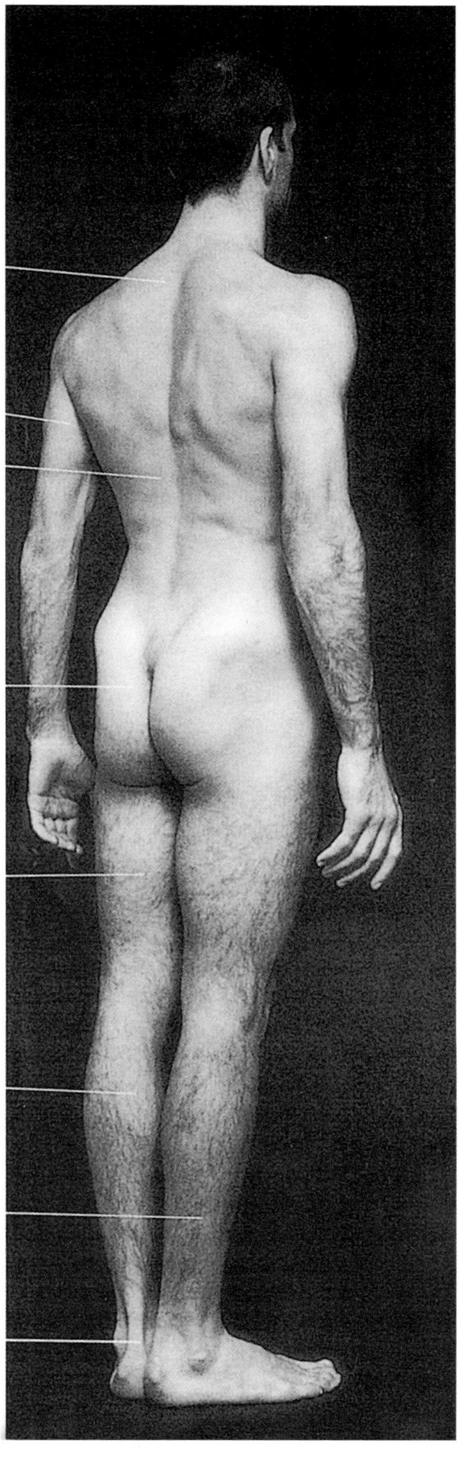

Points de référence musculaires

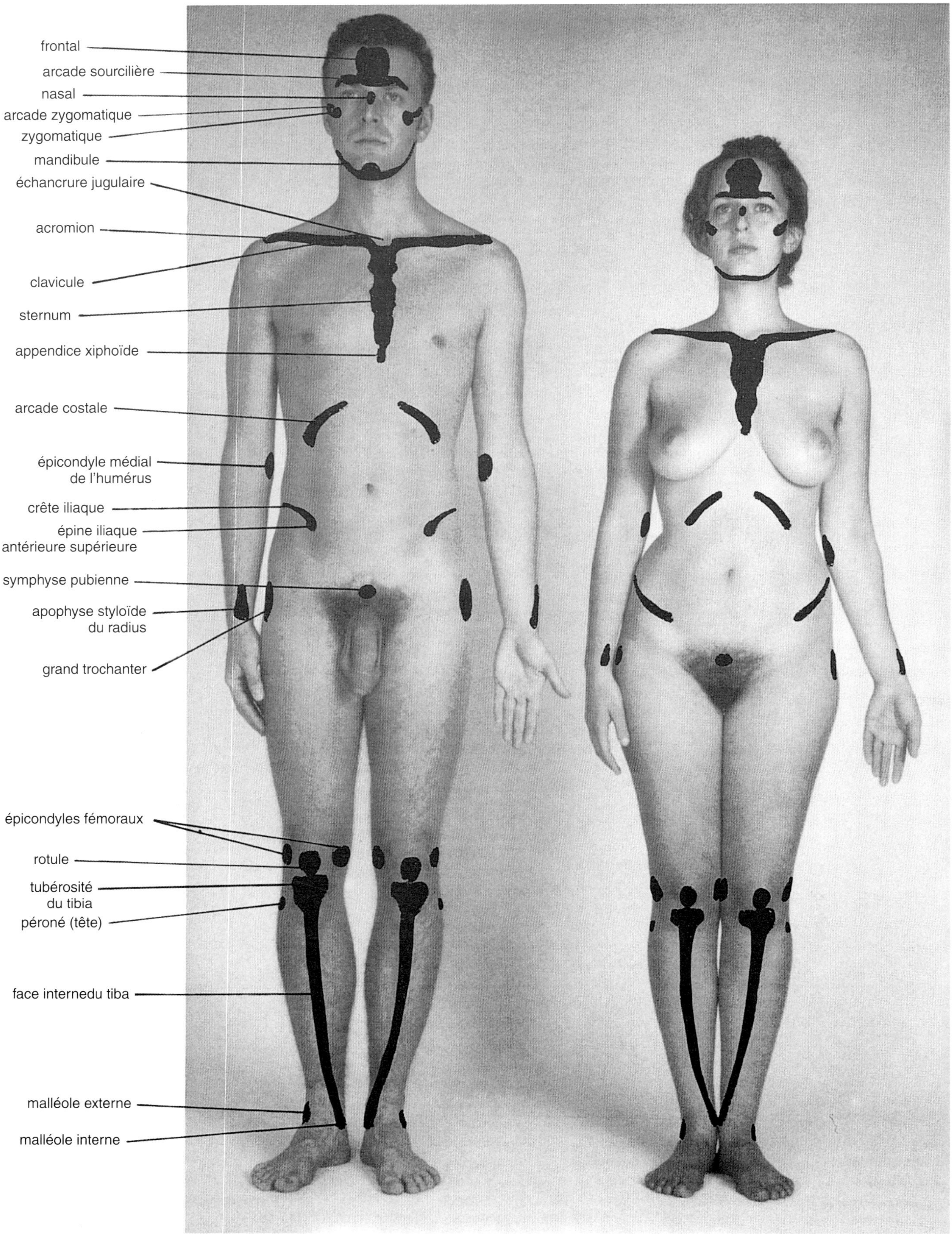

Points de référence osseux sous-cutanés (vue antérieure)

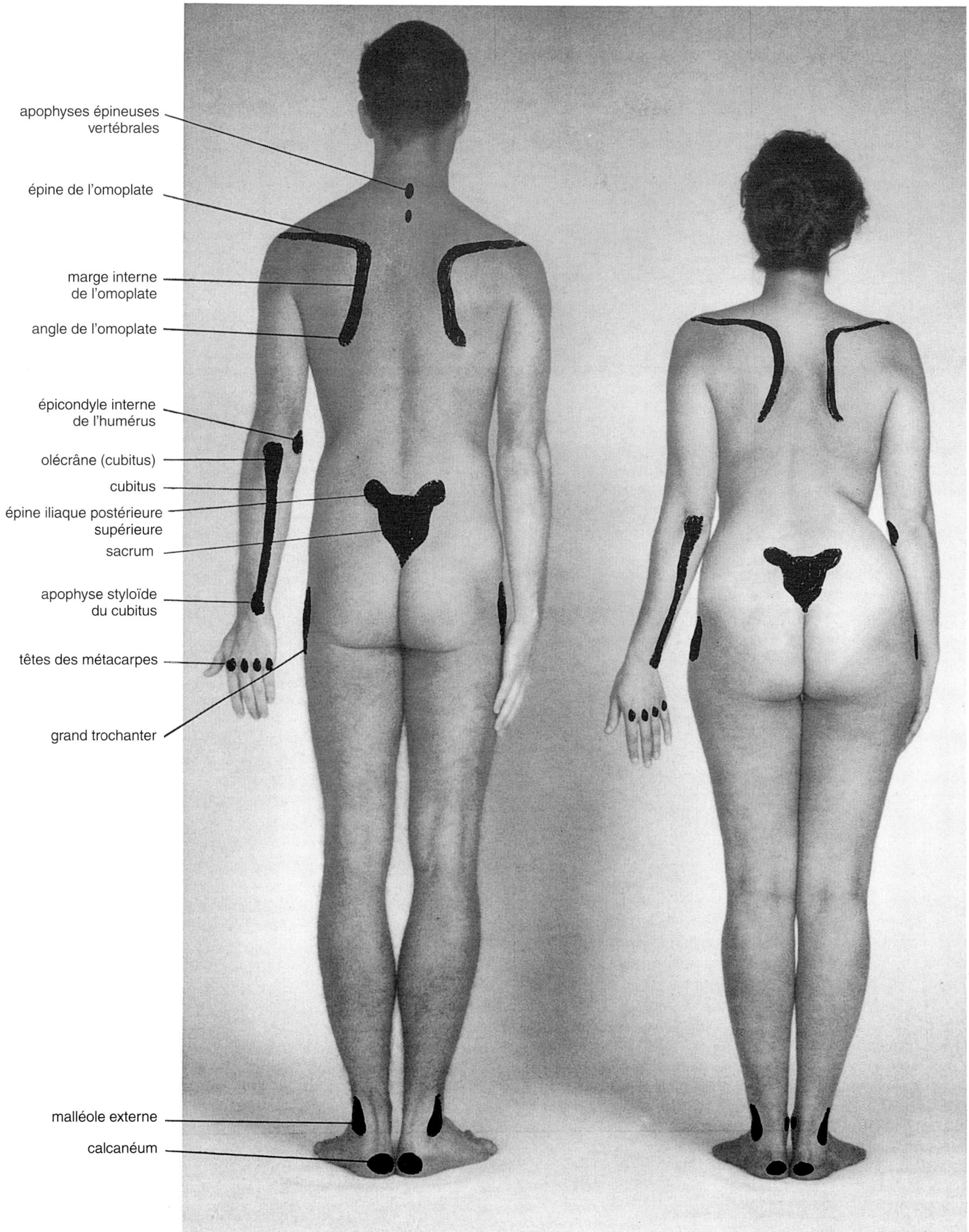

Points de référence osseux sous-cutanés (vue postérieure)

LE SYSTÈME TÉGUMENTAIRE

Le système tégumentaire est formé par la peau et ses annexes, c'est-à-dire par les tissus qui enveloppent le corps humain et le séparent du milieu extérieur.
L'étude de ce domaine peut s'avérer très intéressante pour l'artiste figuratif ; celui-ci devrait en effet commencer son œuvre en observant attentivement les caractéristiques de la surface corporelle du modèle vivant avant de passer à l'examen des structures osseuses et musculaires qui soutiennent et déterminent la morphologie externe.
La peau est une membrane très complexe enveloppant la surface du corps et, en correspondance des orifices naturels, se prolongeant dans la muqueuse des organes cavitaires du système respiratoire, digestif et urogénital. Elle est formée par trois couches fondamentales : l'épiderme, le derme et l'hypoderme.

L'épiderme est la couche superficielle : elle consiste en une structure épithéliale de revêtement comprenant elle aussi cinq couches, dont la première et la dernière présentent des caractéristiques spécifiques :
– la *couche basale* se situe en profondeur et est fortement accrochée au derme (bien qu'elle ne forme pas un tout avec ce dernier) par le biais des ondulations des cellules basales. Celles-ci ont une fonction reproductive et, par conséquent, sont essentielles pour le maintien de l'équilibre entre les cellules cutanées éliminées naturellement et les cellules neuves. Cette couche contient un pigment granuleux, la mélanine, qui donne à la peau un teint brun plus ou moins foncé et sert de barrière contre certains effets provoqués par les rayons du soleil ;
– la *couche de Malpighi*, la *couche granuleuse* et la *couche claire*, qui, dans l'ordre, ont une structure de plus en plus proche de la couche cornée (typique de la partie épidermique externe) ; elles sont caractérisées par des cellules de plus en plus aplaties ainsi que par la perte graduelle d'organes cellulaires, notamment dans leur noyau ;
– la *couche cornée* : il s'agit de la strate épidermique la plus superficielle. Elle est formée par des cellules ayant subi une transformation profonde après avoir perdu leur noyau : elles ne sont plus en mesure de se reproduire et, par conséquent, n'ont qu'un rôle de revêtement imperméable grâce à l'action de la kératine, la protéine qui constitue entre autres les poils et les ongles. Ces cellules forment donc une barrière solide contre le passage des liquides tant vers l'intérieur que vers l'extérieur de l'organisme. Elles sont constamment éliminées par exfoliation et progressivement remplacées par d'autres cellules, processus qui permet de maintenir la couche protectrice en parfait état.

Le derme, la couche située sous l'épiderme, a un aspect compact et blanchâtre. Il s'agit d'un tissu conjonctif d'épaisseur variable, riche en fibres, parcouru par des vaisseaux sanguins, des terminaisons nerveuses et des glandes. Les fibres de collagène le rendent compact et résistant à la traction.

L'hypoderme est formé par du tissu conjonctif et des lobules de graisses. Il s'agit de la couche la plus profonde de la peau contenant du tissu adipeux (pannicule adipeux sous-cutané) et servant donc à isoler les tissus sous-jacents, à les protéger des effets provoqués par des actions mécaniques, ainsi qu'à permettre à la peau de glisser sur les plans aponévrotiques en provoquant des déformations réversibles (les plis, par exemple). Le pannicule adipeux a une épaisseur variable : tantôt il est absent dans certaines régions corporelles, tantôt il est très abondant (nous en reparlerons dans le détail dans la partie concernant la morphologie superficielle du vivant). L'artiste devra tenir compte de ces facteurs lorsqu'il essayera d'établir des analogies entre le nu et les tableaux ou les sculptures anatomiques, ou bien d'identifier la structure myologique superficielle du modèle. Peut-être s'agit-il d'un constat banal, toujours est-il que l'artiste n'ayant effectué aucune étude sur un cadavre ni assisté à des examens sur la table anatomique, ou ayant simplement négligé l'ensemble du sujet, commet presque toujours des fautes grossières : il ignore le fait que, dans les images myologiques, le pannicule adipeux ainsi que la peau ne sont pas représentés, ce qui réduit considérablement le volume de chaque région corporelle.
Toutefois, si l'artiste figuratif doit connaître la structure anatomique du corps, il doit rester libre d'interpréter esthétiquement ce qu'il regarde : à ce propos, il est très utile d'examiner les sections transversales des différents niveaux du corps non pas sur le cadavre (celui-ci présentant des déformations et des aplatissements), mais sur des images obtenues *in vivo* grâce à la tomographie axiale assistée par ordinateur ou à d'autres techniques radiologiques.

D'après ce que nous venons de voir, la peau remplit des fonctions très complexes et diversifiées, de nature mécanique et chimique : elle sert de barrière contre les micro-organismes, régule les échanges de liquide et de chaleur entre l'organisme et le milieu externe, reçoit des stimuli sensoriels, transforme chimiquement les radiations du soleil, révèle les états émotionnels. Il est nécessaire d'ajouter quelques renseignements utiles pour l'artiste : chez un individu adulte de gabarit moyen, la surface cutanée a une extension de presque 2 mètres carrés et pèse environ 16 kilos (si on comprend la couche sous-cutanée). L'épaisseur de la peau est plus importante en regard des muscles extenseurs que des fléchisseurs. La peau est également plus épaisse chez l'homme que chez la femme, qui, par ailleurs, possède généralement un pannicule adipeux plus développé. L'épaisseur de la peau est comprise entre 0,5 mm (sur les paupières, par exemple) et presque 5 mm (sur l'arcade plantaire du pied) ; cette différence peut être remarquée dans toutes les régions corporelles d'un individu : la peau est toujours fine au niveau du visage, des seins, de la surface antérieure de l'avant-bras, etc., et plus épaisse sur la paume des mains, sur le dos, etc. En outre, on remarque une augmentation de cette épaisseur dans les zones soumises à de fortes frictions ou à des sollicitations mécaniques continues.
L'épaisseur de la couche sous-cutanée varie aussi en fonction de la quantité de tissu adipeux : elle est donc moins importante dans la région fessière, abdominale et mammaire. Dans d'autres régions, la peau adhérant plus aux plans profonds, le dépôt adipeux est peu abondant, voire absent.
Il est intéressant de remarquer que le dépôt adipeux se forme dans des régions différentes selon le sexe de l'individu, ce qui s'explique par des facteurs hormonaux : chez l'homme, la graisse s'accumule essentiellement dans la région abdominale, tandis que chez la femme il a plutôt tendance à se concentrer dans les cuisses, dans les fessiers et dans les seins.
Bien que la peau résiste aux actions mécaniques, elle est néanmoins dotée d'une certaine souplesse : en cas de déformations provoquées par des tractions ou des pressions, elle recouvre progressivement sa forme initiale. Puisque cette souplesse diminue avec le temps, chez les individus âgés la peau ne reprend sa forme originale que très lentement.
La peau est fortement unie aux plans conjonctifs profonds, notamment aux fascias superficiel et profond enveloppant les muscles et les organes sous-cutanés ; elle peut toutefois glisser sur ces derniers, s'y déplacer aisément et se soulever en formant des plis. L'ampleur de ses déplacements varie en fonction des régions du corps : elle est très limitée dans certaines zones telles que la crête tibiale, la face postérieure du sacrum, l'acromion, la crête iliaque, la calotte du crâne, la paume de la main et l'arcade plantaire du pied.

La couleur et l'aspect superficiels de la peau revêtent un intérêt particulier aux yeux de l'artiste. La peau est légèrement brillante car elle est généralement recouverte d'une fine couche graisseuse : les parties où le sébum est abondant (par exemple, le front et le dos du nez) peuvent refléter totalement la lumière, devenant ainsi des points lumineux du corps. La surface cutanée est sillonnée de minuscules irrégularités : elle peut présenter des aréoles de forme quadrangulaire ou triangulaire, notamment dans les zones pileuses (peau à aréoles), tandis que dans les parties glabres, telles que la paume de la main, on ne remarque que de légers sillons parallèles et longitudinaux (peau à crêtes épidermiques). Les plis de la peau sont de fins reliefs ondulés, des sillons qui varient en longueur et en profondeur ; ils sont peu réversibles et se forment dans des zones corporelles spécifiques sous l'effet de l'action mécanique répétée des muscles et des articulations. Certains plis sont dus au type de mouvement réalisé, mais la plupart d'entre eux sont présents aux mêmes endroits chez tous les individus. Ils sont généralement disposés dans un sens transversal par rapport à l'orientation des fibres musculaires et des mouvements articulaires : des plis se forment sur la surface de flexion des membres (par exemple, au niveau des articulations des doigts, sur la paume, dans le creux poplité, le coude, le poignet, etc.), tandis que sur la face opposée on trouve des reliefs plus ou moins saillants dus à une surabondance cutanée et s'étendant lors de la flexion.
Le vieillissement de la peau provoque par ailleurs l'apparition de rides ; elles sont dues à la perte de souplesse cutanée, à la diminution de la couche adipeuse, à l'action de certains muscles et à la réduction du volume musculaire : elles apparaissent en règle générale sur le visage (rides d'expression), sur le dos des mains, sur les articulations du coude et du genou.
La couleur de la peau dépend de plusieurs facteurs très liés les uns aux autres.
La quantité de pigment (mélanine) est un élément déterminant : elle a permis la différenciation entre la race blanche et les races noire et jaune, et a entraîné des variations individuelles majeures à l'intérieur même de la race blanche ; ces variations sont liées à l'exposition aux rayons du soleil, aux effets climatiques et aux facteurs héréditaires (d'où les différences entre les populations nordique et méditerranéenne, entre les individus blonds au teint clair et les sujets bruns au teint mat, etc.). En règle générale, un individu peut présenter des aires cutanées plus pigmentées et donc plus foncées que d'autres : c'est le cas, par exemple, du mamelon et de l'aréole, des organes génitaux, du visage et du dos des mains. En revanche, la peau de la paume et de l'arcade plantaire est quasiment dépourvue de pigments, ce qui est valable pour toutes les races et tous les individus.
La quantité de pigment est à la base des différentes couleurs de la peau, dont les nuances vont de l'ivoire (chez les individus au teint très clair), au brun très foncé presque noir, en passant par le ton rosé et le doré. En présence d'une couche cornée très développée, la peau reflète plus la lumière et acquiert une couleur jaunâtre.
Un autre facteur déterminant est la capacité de la peau à absorber et refléter la lumière : moyen de réfraction trouble et blanchâtre, la peau modifie la couleur apparente des veines et des artères qui, étant dans la plupart des cas sous-cutanées, ont l'aspect de cordons bleuâtres.
Le troisième facteur est représenté par la couleur du sang contenu dans les nombreux vaisseaux sanguins ainsi que par l'épaisseur de la peau. Lorsque la peau est normalement vascularisée et possède une épaisseur moyenne ou importante, sa couleur est surtout liée à sa pigmentation (les vaisseaux étant dans ce cas peu visibles). En revanche, dans les parties où elle est fine (par exemple, sur le bord des lèvres, les pommettes, la pulpe des doigts, les ailes du nez), les vaisseaux sont plus apparents, la peau acquérant ainsi une couleur rosée plus ou moins accentuée en fonction de l'état émotionnel de l'individu ainsi que de la température ambiante.
L'étude de la peau ne saurait être exhaustive sans l'observation de ses annexes, telles que les poils, les glandes sébacées et sudoripares et les ongles.
Compte tenu de l'importance que revêt ce sujet pour l'artiste, nous étudierons de façon approfondie les caractéristiques des cheveux, du duvet du visage, des ongles et des seins en observant la morphologie externe des régions corporelles où se trouvent ces organes.
Le poil est une production filiforme composée de matériel corné, présentant un diamètre et une longueur variables, flexible, résistante et reconstituable. Il est le composant de base des formations pilifères, qui comprennent le follicule pilo-sébacé, le muscle érecteur du poil et les glandes sébacées.
Le follicule pilo-sébacé se situe dans le derme ou dans l'hypoderme. Il est incliné par rapport à la surface cutanée et constitue une structure complexe qui génère et fait pousser le poil. Le muscle érecteur du poil est formé par un petit faisceau de fibres musculaires lisses placées à côté du follicule, dans l'angle obtus que ce dernier forme avec la couche cornée de l'épiderme : il dresse le poil en se contractant selon un acte réflexe provoqué par des facteurs externes spécifiques (sensations, température, etc.). Il favorise la sécrétion de sébum des glandes limitrophes et permet aux poils de servir d'isolation thermique (phénomène habituellement appelé « chair de poule »). Les glandes sébacées sécrètent une substance graisseuse, le sébum, qui sert à protéger le poil ainsi que la peau entourant ce dernier.
Dans des zones limitées, les glandes sébacées débouchent sur la surface cutanée même si elles ne se trouvent pas à proximité d'un follicule pilo-sébacé.
À l'exception de certaines zones, telles que l'arcade plantaire du pied, la paume de la main, la surface dorsale de la phalange unguéale, la surface interne des organes génitaux féminins, etc., la surface du corps est entièrement recouverte de poils ou, dans de nombreux cas, de duvet. Les poils les plus développés, qui apparaissent pendant la période prépubère, se concentrent dans des zones données, dont l'extension et l'emplacement dépendent de facteurs individuels et sexuels liés à l'activité hormonale : chez la femme, le développement pileux est plus important dans le cuir chevelu et dans les régions génitale et axillaire. Chez l'homme, outre les zones susmentionnées, les poils s'étendent également sur la surface dorsale des avant-bras et des mains, sur le thorax et, parfois, sur les membres inférieurs et le périnée. Bien évidemment, les hommes sont aussi caractérisés par la présence de poils drus sur leur visage (barbe et moustache).
La couleur du poil est déterminée par la capacité de réfraction et par la pigmentation de celui-ci. Par exemple, le poil est noir lorsqu'il absorbe la plupart des radiations lumineuses. Le poil séché et dégraissé apparaît plus clair à cause de ses irrégularités microscopiques, moins visibles lorsqu'il est recouvert de sébum. La réduction ou l'absence de pigmentation, ainsi que la présence de minuscules bulles d'air entre les éléments constituant la tige du poil, donnent à ce dernier une couleur grise ou blanche.
Les glandes sudoripares sont extrêmement nombreuses et s'étendent sur l'ensemble de la peau : il en existe différents types dotés de structures diverses, mais elles sécrètent toutes la sueur, un liquide qui s'évapore très facilement et est essentiel pour maintenir à un niveau constant la température corporelle dans un milieu dont les conditions varient dans certaines limites. L'artiste devra tenir compte de ce voile liquide (produit également dans des états émotionnels particuliers et pendant le travail musculaire), car il rend la peau brillante et lumineuse.
Enfin, rappelons qu'il existe, dans le derme et l'hypoderme, un réseau complexe formé par des vaisseaux et des veines superficielles, ainsi que de nombreux récepteurs nerveux (organes périphériques des sens) chargés de percevoir les sensations liées au toucher, à la température et à la douleur.

LES VEINES SUPERFICIELLES

Les veines sont des conduits vasculaires qui ramènent le sang du système capillaire périphérique vers le cœur.
Tandis que les artères et une partie des veines sont situées en profondeur, il existe sous la peau un réseau formé par de nombreuses veines de taille variable et soumises à des modifications importantes liées à des facteurs individuels ou physiologiques. Leur présence influe sur les formes extérieures locales du corps, tant en raison de leur relief en forme de cordon, souvent très saillant, que de leur couleur bleuâtre qui indique leur emplacement et est extrêmement visible chez les individus à la peau claire et fine.

❑ Les veines sous-cutanées de la tête
Elles se trouvent dans l'hypoderme des régions où la peau est fine, telles que le front, les tempes, les paupières ou la base de la mandibule.

❑ Les veines sous-cutanées du cou
Elles sont visibles surtout dans la surface antélatérale. La veine jugulaire extérieure apparaît derrière l'angle de la mandibule, puis descend verticalement, croise le muscle sterno-cléido-mastoïdien et s'insère dans la salière. La veine médiane, moins visible, descend suivant un plan médial de l'arc hyoïdien vers la fosse jugulaire.

❑ Les veines sous-cutanées du thorax et de l'abdomen
Le réseau veineux superficiel du tronc est invisible en correspondance du dos, et même sur le tronc et l'abdomen il n'est pas facilement identifiable à l'œil nu. La veine thoraco-épigastrique apparaît sur la paroi latérale du thorax, légèrement en dessous de l'arcade costale, et se dirige verticalement vers la cavité axillaire après avoir traversé les côtes. La veine épigastrique superficielle part des veines entourant le nombril et se dirige vers l'aine (vers la veine fémorale) en traversant la gaine du muscle droit de l'abdomen. Chez de nombreux individus peu corpulents ou athlétiques, on peut facilement identifier un réseau composé de fines veines sous la peau des régions abdominale et pectorale, ainsi que, surtout chez la femme, sur les seins et autour des mamelons.

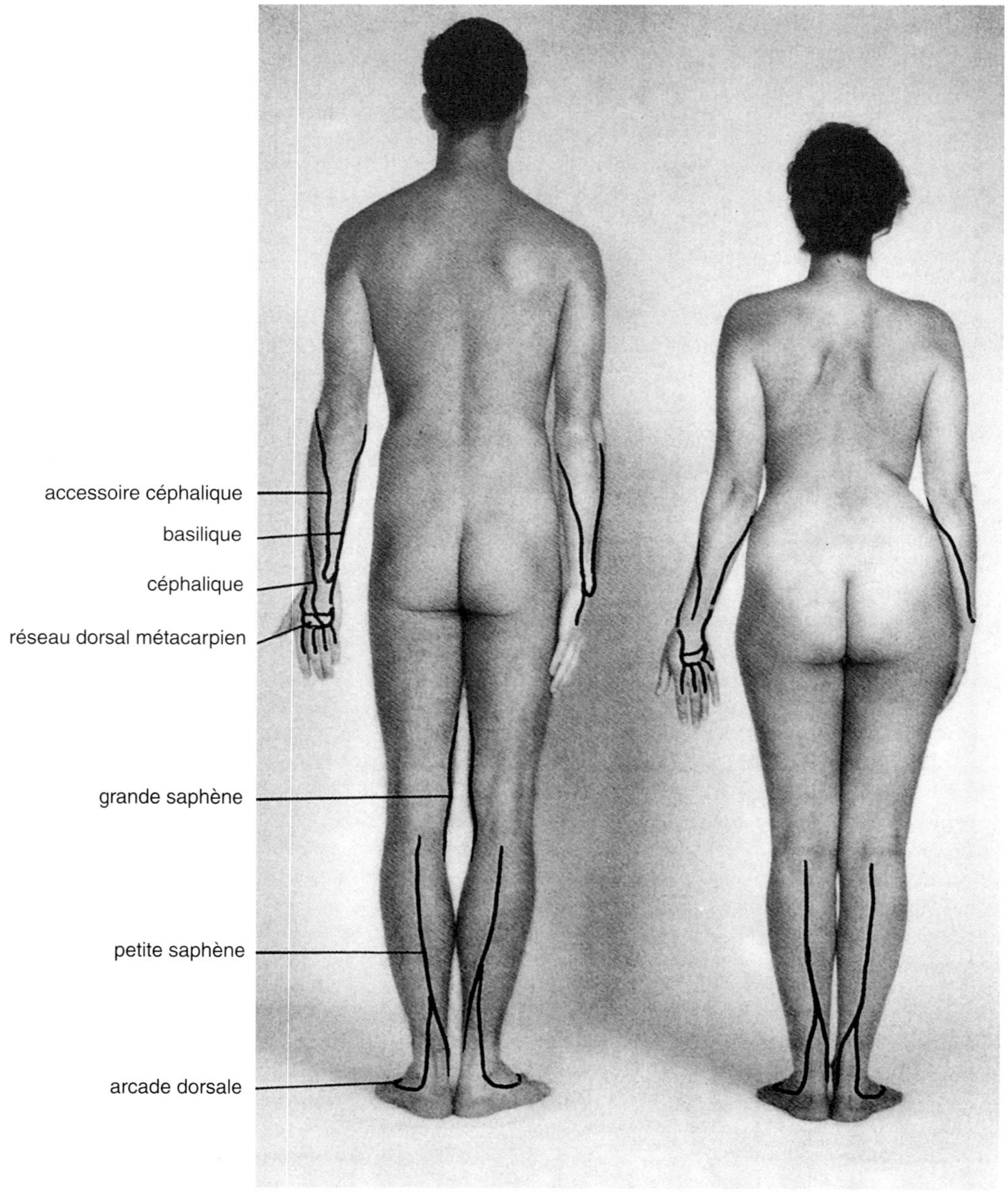

❑ Les veines sous-cutanées du membre supérieur
Le réseau des veines superficielles du membre supérieur est surtout visible sur la face antérieure du bras, de l'avant-bras, ainsi que sur le dos de la main. Ces veines, dont l'emplacement varie considérablement en fonction de facteurs individuels, peuvent être très visibles lorsque le membre pend latéralement, mais elles disparaissent presque complètement lorsque celui-ci est soulevé, car dans ce cas le sang reflue à cause de la force de gravité. Les veines du dos de la main (veines interdigitales et métacarpiennes dorsales) sont reliées les unes et les autres et confluent dans les deux veines principales du membre. La veine céphalique, en effet, part du dos de la main près de la racine du pouce, sur le côté du poignet, parcourt la face antérieure du membre le long de son bord latéral, et s'insère dans l'espace situé entre le muscle deltoïde et le pectoral. La veine basilique se forme également dans le dos de la main, se dirige antérieurement et parcourt le bord cubital de l'avant-bras, se reliant à de nombreuses autres veines de la face antérieure de l'avant-bras. Dans le trajet qu'elle traverse par la suite, elle longe la partie médiale du biceps, puis elle se dirige vers le système profond. Les veines céphalique et basilique sont reliées au niveau du pli du coude par la veine médiane.

❑ Les veines sous-cutanées du membre inférieur
Le réseau veineux superficiel du membre inférieur est visible surtout sur le dos du pied, sur les faces médiale et postérieure de la jambe, sur le genou et sur la face antémédiale de la cuisse. Le réseau veineux du dos du pied est d'abord constitué par de petites veines interdigitales dorsales qui, au niveau des têtes des métatarses, confluent en un arc veineux qui se prolonge dans une veine marginale médiale et dans une veine marginale latérale. Celles-ci, remontant derrière les malléoles, forment respectivement la grande et la petite saphène. La grande saphène parcourt toute la face médiale du membre jusqu'à l'aine. La petite saphène traverse essentiellement la face postérieure de la jambe, en partant de la malléole externe jusqu'au creux poplité, mais n'est bien visible que dans la moitié inférieure du membre. Dans son trajet supérieur, elle traverse l'espace situé entre les deux muscles jumeaux et est couverte par le fascia correspondant.

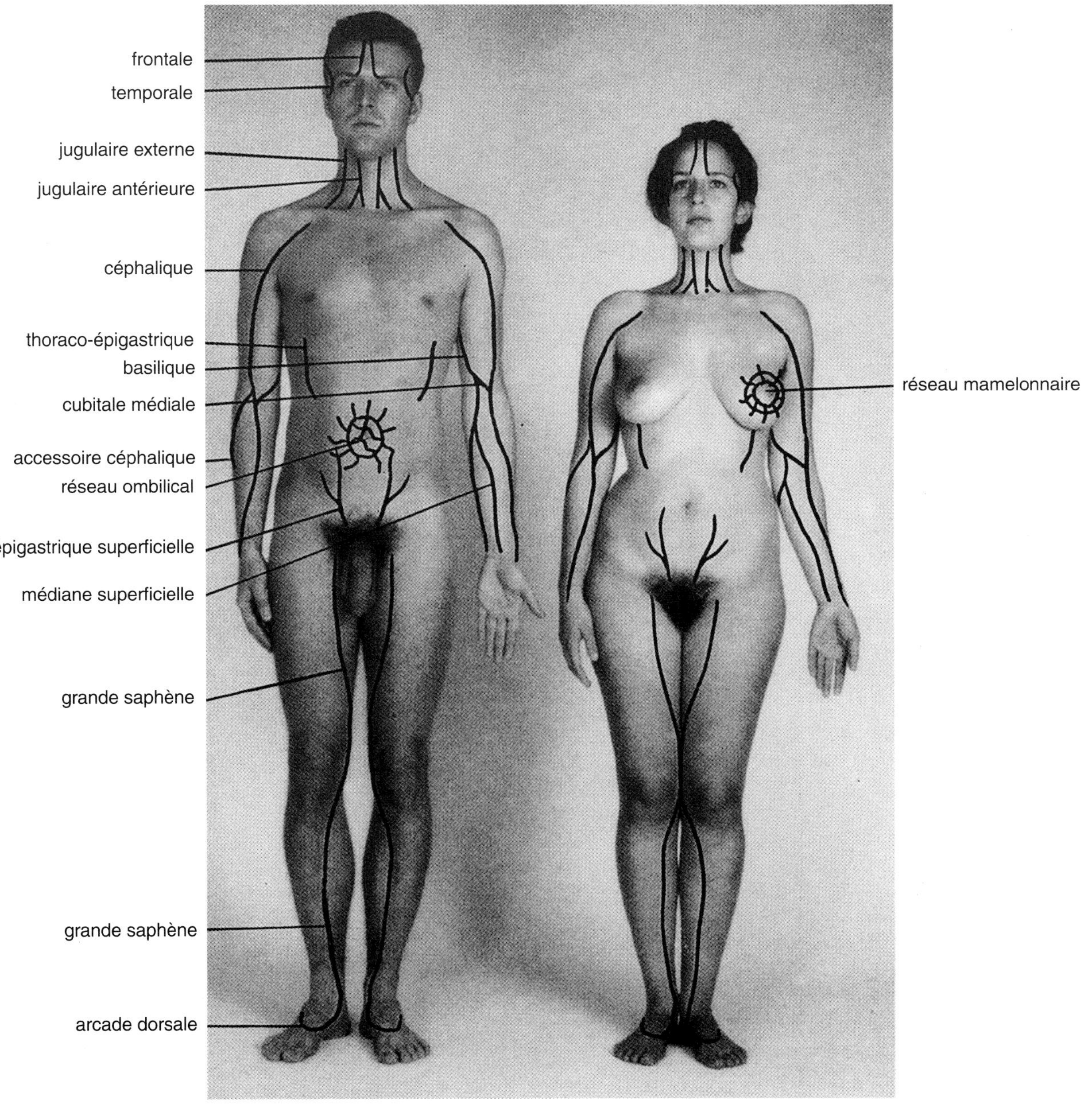

LE TISSU ADIPEUX SOUS-CUTANÉ

La graisse (le tissu adipeux) est distribuée sur tout le corps sous la forme d'une couche d'épaisseur variable située dans l'hypoderme, compris entre la couche profonde de la peau (le derme) et les faisceaux fibreux superficiels qui enveloppent la masse musculaire. Sa présence influence à des degrés variables la morphologie extérieure, selon qu'elle est liée à l'âge, à l'alimentation, à la santé, au sexe et à l'appartenance ethnique de l'individu.
Les illustrations de cette page montrent les zones principales chez l'homme et chez la femme où le tissu adipeux est généralement présent et influe sur les formes superficielles du corps.

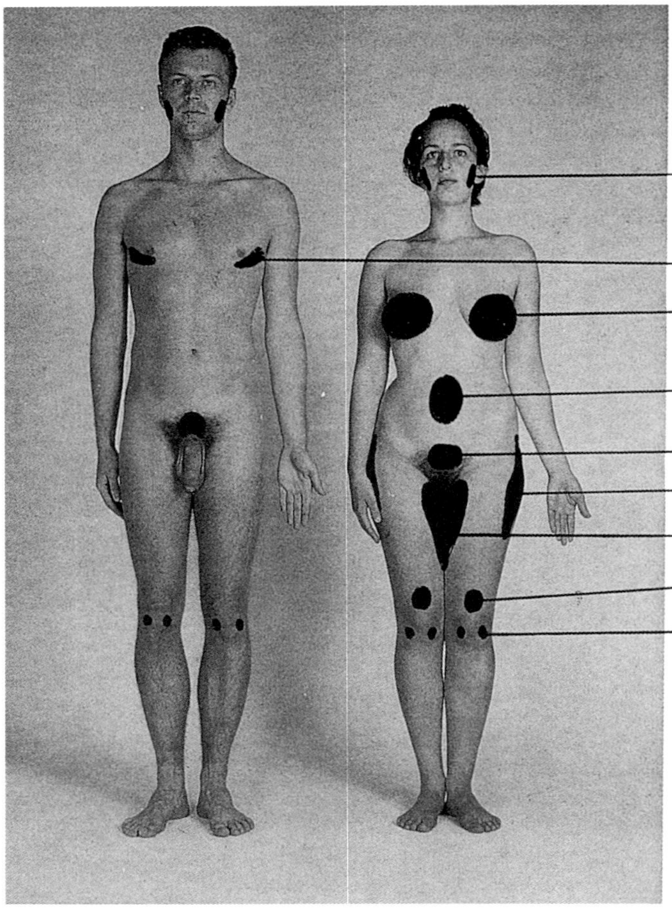

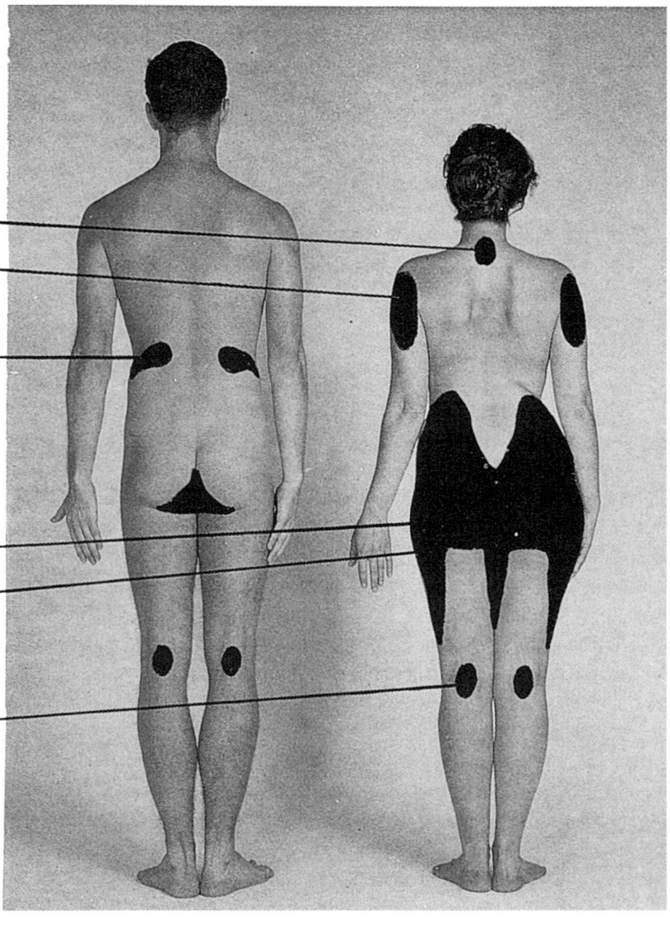

ANATOMIE SYSTÉMATIQUE ET DE SURFACE DU SYSTÈME LOCOMOTEUR

Introduction

Lorsque nous avons traité de la structure microscopique des corps vivants (*cf.* p. 25), nous avons fait référence à la cellule perçue comme une unité vivante élémentaire ainsi qu'aux tissus entendus en tant qu'ensembles de cellules dotées des mêmes structures et fonctions. Les organismes vivants monocellulaires, les protozoaires, se trouvent tout en bas dans l'échelle zoologique : ils s'occupent individuellement de leur survie et de leur reproduction dans un milieu extérieur commun et favorable. Les êtres vivants supérieurs, les métazoaires, sont formés par un nombre variable de cellules regroupées en des ensembles spécialisés dans des tâches différentes dont le but est de permettre à l'organisme de vivre mieux et plus longtemps.

Outre les activités fondamentales pour sa survie (métabolisme, croissance, reproduction, etc.), chaque cellule remplit des fonctions spéciales (la sécrétion, l'absorption, la contraction, etc.) : cela donne vie à un processus de différenciation et d'agrégation cellulaire qui mène au regroupement de plusieurs cellules en des ensembles se distinguant des autres par leurs fonctions, leurs tissus, leur emplacement et les liquides qu'ils contiennent (sang, lymphe).

Il est rare qu'un tissu puisse remplir ses fonctions tout seul : en effet, les tissus spécialisés dans des activités différentes ont tendance à se regrouper entre eux en formant des organes. Ceux-ci constituent ainsi des ensembles de tissus différents chargés de remplir la même fonction (par exemple, l'œil, le poumon, le rein, etc.). Dans les organismes les plus complexes, les organes doivent aussi se regrouper entre eux pour pouvoir remplir une fonction, formant ainsi les différents appareils (digestif, respiratoire, locomoteur, etc.). Si un des quatre types de tissu (*cf.* p. 25) est plus présent que les autres dans la composition des organes qui forment un ensemble organisé, ce dernier est défini en tant que « système » (musculaire, nerveux, etc.).

Il est possible de classer les appareils et les systèmes en deux groupes sur la base de leurs fonctions :
– systèmes de relation, dont le but primaire est de maintenir l'organisme en contact avec le milieu extérieur ;
– systèmes de la vie végétative, chargés de contrôler le milieu interne de l'organisme pour assurer la survie et la reproduction de celui-ci.

Les systèmes tégumentaire et endocrinien se trouvent dans une position intermédiaire car ils remplissent, à des degrés différents, les fonctions des deux groupes. L'énumération suivante illustre l'organisation d'ensemble du corps humain :

Systèmes de relation :
- nerveux (central, périphérique, organes des sens) ;
- locomoteur (squelettique, musculaire, articulaire).

Système tégumentaire.
Système endocrinien (endocrine et exocrine).
Systèmes de la vie végétative :
- de nutrition (digestif, respiratoire, cardio-vasculaire, urinaire) ;
- de reproduction (génital masculin, génital féminin).

Le domaine de compétence traditionnel de l'anatomie « artistique » se limitant aux systèmes locomoteur et tégumentaire, nous ne traiterons pas des autres appareils, ce qui demanderait des connaissances médicales et scientifiques très poussées. Néanmoins, cela ne signifie pas que l'artiste est en droit d'ignorer la présence des autres systèmes : tous ces ensembles d'organes ne sont pas indépendants les uns des autres, ils s'intègrent réciproquement, contribuant ainsi à maintenir l'intégrité de l'organisme.

L'artiste doit mener ses recherches anatomiques dans le but d'acquérir des connaissances lui permettant de reconnaître, de comprendre et d'interpréter les formes du corps humain du point de vue morphologique. Il ne doit pas se borner à l'étude de l'aspect anatomique tel qu'on l'entend traditionnellement, mais se concentrer aussi sur les aspects dynamiques, physiologiques et typologiques du corps humain, sans oublier les aspects pathologiques dans la mesure où ils ont des répercussions sur la forme extérieure et le comportement de l'individu. La lecture d'un traité d'anatomie humaine moderne constituera donc un moyen d'enrichissement culturel et de stimulation créative pour l'artiste. En matière de classification anatomique, on a tendance aujourd'hui à intégrer les notions strictement descriptives et fonctionnelles aux notions liées à la variabilité structurelle, à la physiologie, à la pathologie et à « l'anatomie de surface ».

L'énumération suivante synthétise de façon simplifiée la séquence des couches composant le système tégumentaire (*cf.* p. 52), de l'extérieur vers les plans profonds :

peau : – épiderme (épithélium, membrane basale) ;
– derme (tissu conjonctif, fibres élastique, capillaires).

hypoderme :

– couche aréolaire (pannicule adipeux)	(tissu conjonctif, matériel adipeux) ;
– fascia superficiel de l'hypoderme	(fascia conjonctif fin, absent dans le visage : muscles peauciers) ;
– couche lamellaire	(tissu conjonctif et matériel adipeux doté d'une structure différente par rapport à celle de la couche aréolaire, veines) ;
– fascia superficiel (couche profonde)	(fascia conjonctif fin, fascia sous-cutané proprement dit, recouvrant toute la couche musculaire).

Le système locomoteur, formé par les os, les articulations et les muscles squelettiques (*cf.* p. 31) remplit des fonctions spécifiques : il est chargé du mouvement, et – dans la partie axiale – protège l'organisme en délimitant les grandes cavités contenant les organes. L'étude des systèmes squelettique, musculaire et articulaire permet par ailleurs d'observer les mécanismes biologiques et environnementaux qui déterminent la croissance et le développement de l'organisme. Cette évolution (objet d'étude de l'auxologie) entraîne des modifications morphologiques majeures (tant pendant la période de croissance que pendant la sénescence), qui sont très intéressantes pour la représentation artistique et doivent donc être expliquées dans leurs grandes lignes.

La croissance

Pendant son évolution physique, l'individu subit des modifications en ce qui concerne sa taille (hauteur du corps en station verticale), son poids et son volume. Cette évolution se fait par étapes successives, chaque phase correspondant à une période spécifique dans la vie d'un homme.

• Période néonatale (de la naissance à 15 jours)

À la naissance, le nouveau-né mesure environ 50 cm (les garçons sont légèrement plus grands que les filles), et pèse environ 3,5 kg. Ses proportions corporelles sont très différentes de celles de l'adulte : la tête est très volumineuse et représente environ le quart de la taille globale du corps ; le tronc est plus long que les membres ; l'abdomen est plus grand que le thorax ; les membres supérieurs sont plus longs que les membres inférieurs ; le squelette est encore partiellement cartilagineux.

• Période du nourrisson (du seizième jour à la première année de vie)

Au terme de cette période, le corps mesure environ 76 cm et pèse approximativement 10 kg (ces deux valeurs étant plus grandes chez les garçons). Le corps a une forme ronde, la tête et le tronc sont encore très grands, tandis que les membres sont courts, arrondis et ne montrent aucun relief musculaire. Le thorax a une forme cylindrique, devient plus large et se prolonge dans l'abdomen sans créer de démarcation nette. Au début de cette période, la colonne vertébrale présente une seule courbure concave vers l'intérieur : ce n'est que pendant la première année que les courbures cervicale et lombaire commencent à s'accentuer, après les premières tentatives de l'enfant de relever la tête et se tenir debout sur ses pieds.

• Période de *turgor primus* (de la deuxième à la troisième année)

La taille augmente lentement, tandis que le développement pondéral devient très important, avec l'accumulation sous-cutanée de dépôt adipeux sur tout le corps, surtout dans les fesses et les cuisses, ce qui détermine un arrondissement des formes et l'apparition de plis entre les segments des membres.

• Période de *proceritas prima* (de la quatrième à la septième année)

La couche adipeuse se réduit considérablement, tandis que la taille globale et la taille du tronc augmentent. Au terme de cette période, la morphologie du corps humain acquiert des proportions et un aspect longilignes dus au grand développement de la taille. Le poids croît sensiblement plus chez les filles que chez les garçons.

• Période de *turgor secundus* (de la huitième à la onzième année)

Elle est caractérisée par une forte augmentation du poids et par un grand développement musculaire. Les influences hormonales donnent lieu à une séparation morphologique entre les deux sexes : les étapes de croissance suivantes chez l'homme sont donc décalées par rapport à celles de la femme, celle-ci étant généralement plus précoce.

• Période de *proceritas secunda* (de la douzième à la treizième année)

La taille augmente, les membres se développent considérablement (surtout les inférieurs) par rapport au tronc. Les os s'allongent rapidement, tandis que la masse musculaire croît à un rythme plus lent. Chez la femme, le bassin augmente de volume, les seins commencent à se développer, de la graisse se dépose dans la région fessière, l'abdomen et les cuisses.

• Période de la puberté (de la quatorzième à la dix-huitième année)

Elle est caractérisée par un ensemble de modifications biologiques et psychologiques, différentes selon le sexe. Chez la femme, la taille et le poids augmentent considérablement, le bassin devient plus large, la musculature se développe. On remarque par ailleurs que la cuisse et le bras sont plus longs que la jambe et l'avant-bras.

Chez l'homme, les testicules deviennent plus volumineux et le pénis plus long, la pomme d'Adam apparaît, le visage se recouvre de duvet, la masse musculaire augmente, surtout dans la partie supérieure du tronc. L'élongation des os est plus importante dans la jambe et l'avant-bras que dans la cuisse et le bras. Tant chez l'homme que chez la femme, des poils commencent à pousser dans la région pubienne, se distribuant différemment selon le sexe.

• Période de postpuberté (jusqu'à la vingtième année environ)

Le développement en hauteur de l'individu s'achève : le squelette atteint des dimensions presque définitives et les proportions entre le tronc et les membres inférieurs se stabilisent (*cf.* p. 29). Les caractéristiques morphologiques individuelles chez l'homme et la femme se consolident : la différence de taille entre les deux sexes dépend de la longueur des membres inférieurs, plus importante chez l'homme que chez la femme.

• Période de maturité (jusqu'à la quarantième année environ)

Les parties du corps acquièrent leurs formes définitives, le poids augmente (en partie à cause du dépôt de tissu adipeux), le tronc devient plus important, surtout au niveau du diamètre antéro-postérieur. La taille se stabilise et on remarque même une légère diminution physiologique.

L'observation des phases de croissance chez l'homme a permis d'élaborer des considérations à caractère général (lois auxologiques), dont voici des exemples :

a) l'augmentation de la taille est très importante pendant les mois qui précèdent la période de puberté, tandis que le poids croît considérablement pendant les mois suivants ;

b) la croissance concerne essentiellement les os avant la puberté et les muscles pendant la période suivante ;

c) les phases d'élongation et de croissance des os se succèdent en alternance et ont lieu à des moments différents selon la région corporelle concernée ;

d) les phases de croissance du tronc alternent avec celles des membres.

La sénescence

Le processus de vieillissement physique s'amorce à l'âge présénile (entre 50 et 70 ans), puis progresse jusqu'au décès, lié au déclin naturel de l'organisme. Les manifestations extérieures de ce processus peuvent être facilement observées et sont universellement connues ; nous ne rappellerons que celles qui ont un intérêt du point de vue de la représentation artistique :

– la taille se réduit après 40 ans : à 80 ans, on peut avoir perdu jusqu'à 6 cm. Ce phénomène se manifeste chez les deux sexes et concerne surtout le tronc en raison de la diminution de la taille des disques intervertébraux : les courbures de la colonne vertébrale deviennent plus importantes (y compris les courbures latérales) et les épaules ont tendance à tomber vers l'avant ;

– à cause de la perte de calcium et d'autres minéraux, les os deviennent plus fins et fragiles. La diminution de la taille de la mandibule, si elle s'accompagne de la perte des dents, entraîne une altération dans les proportions entre les parties du visage ;

– les articulations deviennent moins mobiles à la suite du processus de dégénérescence des tissus qui les composent ;

– la masse musculaire diminue de volume à cause de la réduction du pourcentage d'eau contenue dans l'organisme ;

– les poils deviennent moins drus sur tout le corps, bien que des poils rudes et épais poussent parfois de façon irrégulière dans les narines et les oreilles. Les cheveux se raréfient, deviennent gris et plus fins ;

– la peau perd de sa souplesse et devient flétrie, marquée par de nombreuses rides irréversibles et par des plis dus à une surabondance cutanée. La pigmentation peut apparaître irrégulière, non uniforme, à cause de l'accumulation de mélanine, surtout sur le visage et le dos des mains. Les veines sous-cutanées deviennent plus nombreuses et plus visibles, en particulier sur les membres inférieurs et le dos des mains.

La tête

RELEVÉ DE MORPHOLOGIE EXTERNE

La tête est la partie supérieure du corps humain située au-dessus de la colonne vertébrale. Elle a une forme arrondie et comprend deux parties : d'une part, le crâne, la portion la plus élevée, de forme ovoïde et allongée dans un sens antéro-postérieur ; d'autre part, le visage, la partie antérieure située sous le crâne, également ovale, allongée dans un sens vertical. La morphologie externe de la tête ne correspond pas aux régions ostéologiques (*cf.* p. 61) : vu de face, le visage est délimité en haut par la naissance des cheveux, en bas par le menton et sur les côtés par les oreilles. Le crâne est en grande partie recouvert d'une couche épaisse de peau, dite cuir chevelu, sur laquelle sont implantés les cheveux ; dans la région frontale, en revanche, la peau est nue, lisse et fine. Les os du visage sont revêtus de nombreux muscles sous-cutanés et contiennent quelques-uns des principaux organes du sens. Le visage comprend : le front ; les sourcils, qui correspondent partiellement aux arcades sourcilières ; les yeux, placés dans les orbites ; le nez, saillie en forme de pyramide disposée le long de l'axe médian du visage ; les lèvres, qui délimitent la cavité buccale ; les pavillons auriculaires, concaves, placés symétriquement sur les côtés de la tête et formés par du tissu cartilagineux.

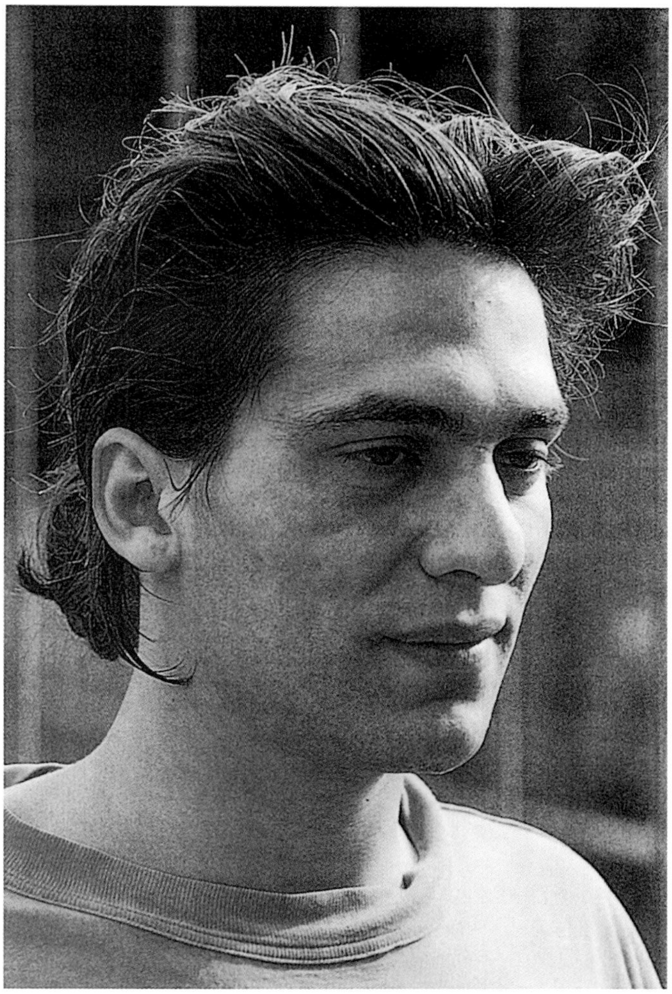

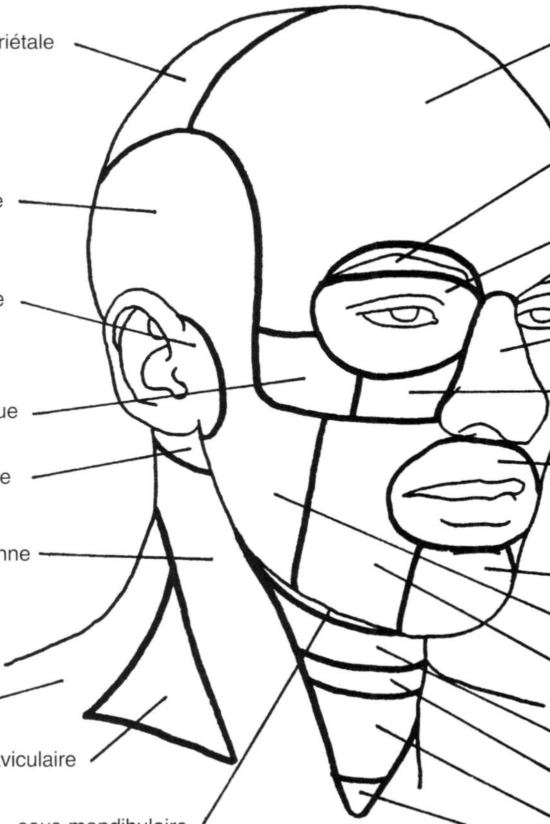

Principales régions de la tête

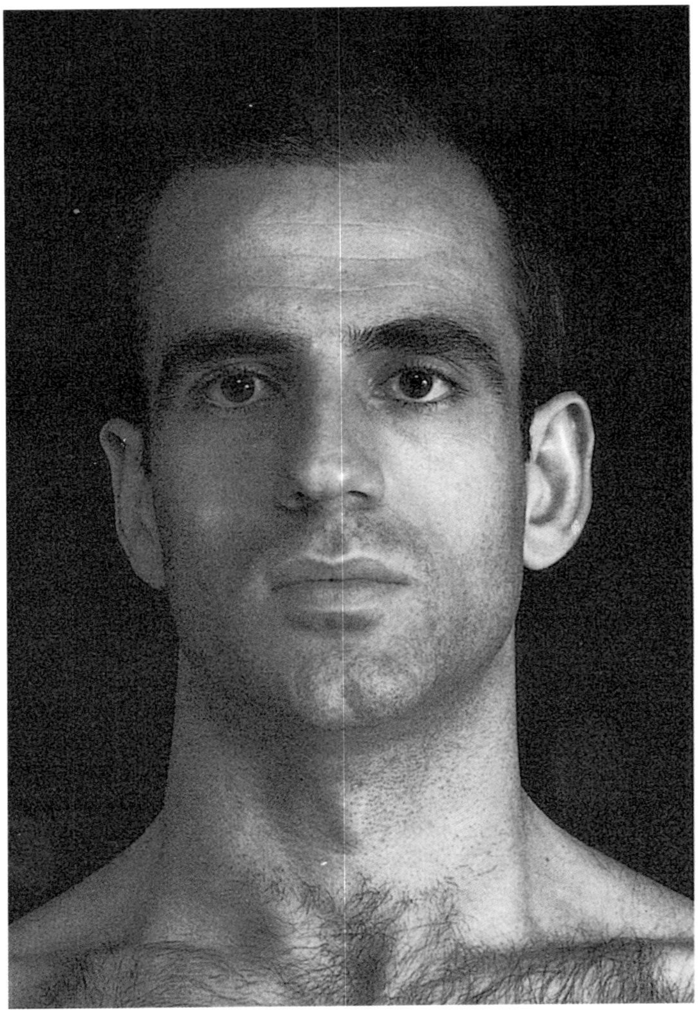

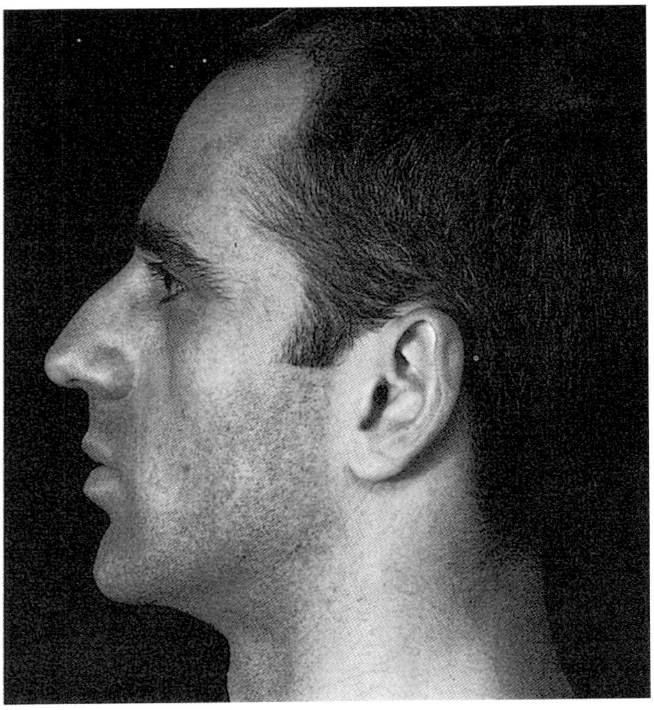

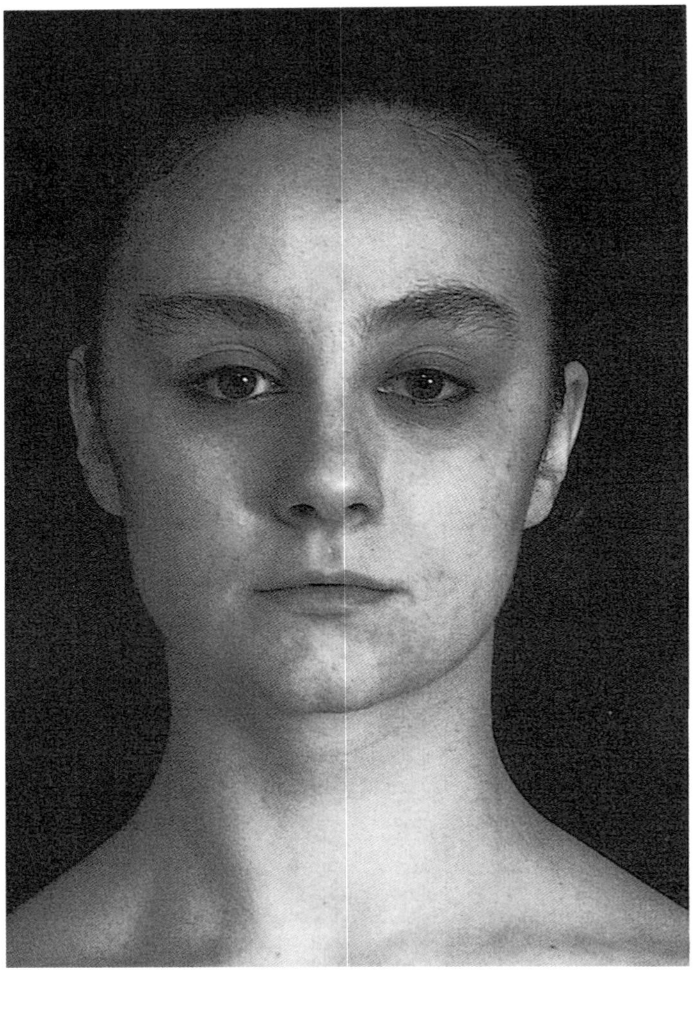

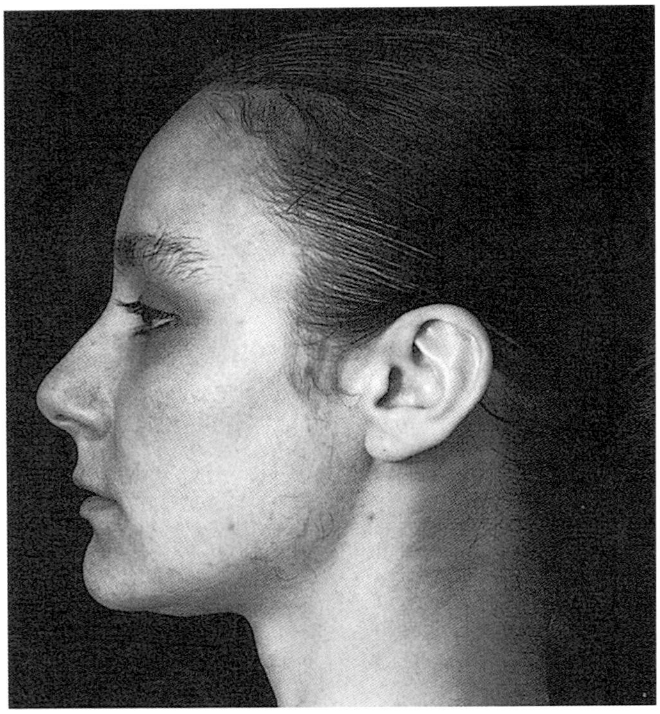

OSTÉOLOGIE

CARACTÈRES GÉNÉRAUX

Le crâne est la structure squelettique qui soutient la tête, partie supérieure du tronc ; il est relié à la colonne vertébrale, dont il constitue le prologement dilaté, par le biais de la première vertèbre (l'atlas), grâce à laquelle il peut effectuer des mouvements. Le crâne est formé de nombreux os : ceux-ci sont presque tous unis les uns aux autres et délimitent les deux parties du squelette céphalique, le neurocrâne et le crâne splanchnique.

La boîte crânienne (également appelée neurocrâne ou, tout simplement, crâne) est constituée d'os plats disposés de façon à délimiter un espace ovoïde chargé de contenir et de protéger l'encéphale. Dans la boîte crânienne s'insèrent des muscles dont l'origine se trouve dans le tronc et dans le cou, et qui permettent à la tête de se déplacer.

Le bloc facial (également appelé crâne splanchnique, ou visage) se trouve en avant par rapport à la boîte crânienne. Il est constitué d'os dotés d'une forme très complexe, qui délimitent de nombreuses cavités : celles-ci abritent, outre les organes de la vue, de l'ouïe, du goût et de l'odorat, des organes appartenant à la partie initiale du système respiratoire et digestif. Dans le bloc facial s'insèrent les muscles intrinsèques du crâne, classés en deux catégories : les muscles peauciers, qui s'insèrent surtout dans le derme, et les muscles masticateurs, insérés dans la mandibule, le seul os mobile du crâne.

Cette distinction entre le neurocrâne et le crâne splanchnique est liée au fait que les os et les organes que ces derniers abritent et protègent ont une fonction et une origine embryologique différentes. Le point de séparation entre ces deux parties est représenté par une ligne allant du bord supérieur des orbites jusqu'aux méats auditifs externes.

Avant d'étudier chacun des os composant le crâne, il est utile d'examiner la structure extérieure générale du squelette de la tête grâce aux illustrations : ceci nous permettra de comprendre les relations morphologiques et fonctionnelles entre les os, ainsi que leurs caractéristiques morphologiques*.

Le développement des os du crâne est un processus extrêmement long et complexe. Les os, en effet, augmentent de taille en même temps que le contenu et les fonctions des deux parties du crâne évoluent. La vitesse de cette évolution varie pendant l'enfance : dans les premiers mois suivant la naissance, la boîte crânienne croît plus rapidement que le bloc facial, tandis que par la suite, et ce jusqu'à la dix-huitième année de vie environ, le bloc facial se développe plus vite que la boîte crânienne. Jusqu'à l'âge de 2 ans, l'enfant présente des fontanelles au niveau des jonctions entre les os de la voûte du crâne : il s'agit d'aires de surface variable, formées par du tissu conjonctif fibreux dense ; les résidus de ce dernier forment les sutures, des articulations permettant à la boîte crânienne de croître ultérieurement. Au terme de la phase de croissance, à l'âge adulte, le tissu conjonctif est remplacé par du tissu osseux (processus de synostose). Les os de la voûte du crâne fusionnent complètement les uns avec les autres pendant la vieillesse.

Les os du crâne, dont la forme et la taille varient considérablement selon le sexe, la race et l'âge de l'individu, sont en grande partie sous-cutanés et déterminent ainsi l'aspect extérieur de la tête ainsi que les traits du visage. Par conséquent, la structure osseuse de la tête est un objet d'étude très intéressant pour l'artiste.

Par ailleurs, la tête pouvant peser jusqu'à 5 kilos environ chez l'adulte, elle influence considérablement le positionnement dans l'espace du corps dans son ensemble.

Le crâne peut être observé de différentes façons ; les points de vue adoptés dans la description anatomique sont appelés « normes » : on parle de norme latérale lorsque le crâne est vu de côté ; de norme frontale, si on le regarde de face ; de norme verticale, basale ou occipitale s'il est observé, dans l'ordre, du bas, du haut ou postérieurement. Afin d'effectuer des mensurations comparables et de modéliser l'orientation de chaque os dans l'espace, le crâne est observé en position verticale, de sorte que les bords inférieurs des orbites et les bords supérieurs des méats auditifs externes soient placés sur le même plan horizontal, appelé plan de Frankfurt. Quant à la conformation de la face interne de la boîte crânienne, celle-ci n'est visible que si l'on extrait l'encéphale ; cette opération est réalisée à l'aide d'une scie ou d'un scalpel : on sépare la voûte de la base du neurocrâne en pratiquant une incision le long du plan transversal situé légèrement au-dessus des orbites et de l'os occipital.

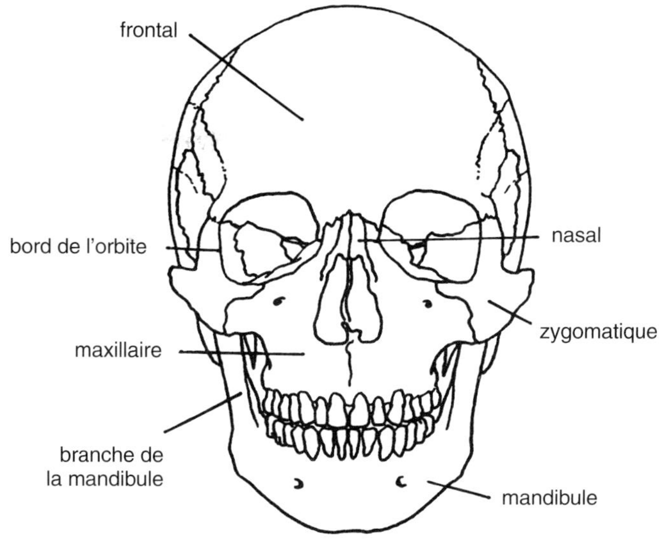

vue de face (frontale)

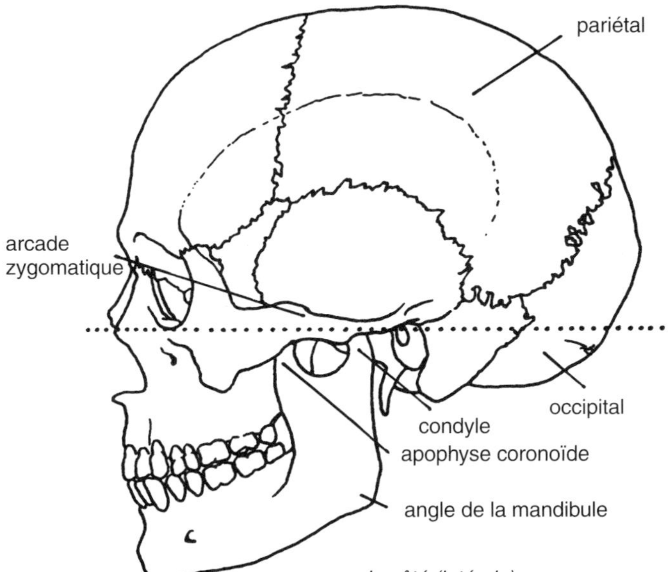

vue de côté (latérale)

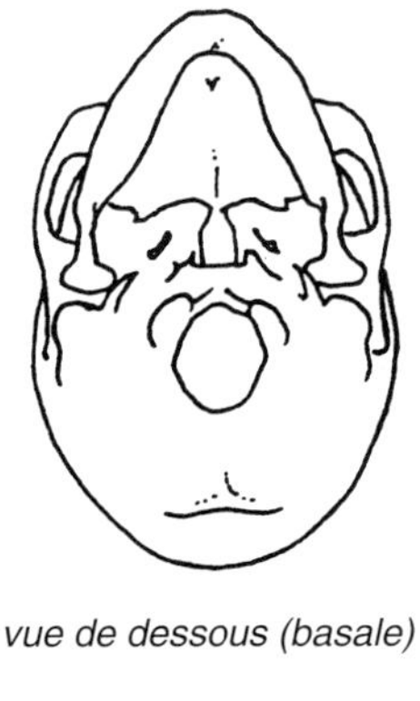

vue de dessous (basale)

Emplacement schématique des os de la tête
(vues frontale, latérale et basale)

* La structure du crâne étant très complexe, certains éléments osseux, certes importants en raison des organes qu'ils abritent, ne seront que cités ou brièvement décrits dans le présent ouvrage, car ils n'influencent en rien l'anatomie superficielle de la tête et ne jouent donc aucun rôle au vu de la représentation artistique.

LES OS DE LA BOÎTE CRÂNIENNE

La boîte crânienne est formée par l'union de sept os différents (bien que certaines classifications incluent également l'os ethmoïde), dont trois impairs (les os occipital, sphénoïde, frontal), et deux pairs (les os temporaux et pariétaux).

• Os occipital : il est situé dans la partie postérieure et inférieure du crâne ; il comprend d'une part une partie basilaire (le corps), petite formation légèrement cubique où naissent les deux masses latérales (condyliennes) entourant le trou occipital ; d'autre part, une écaille très étendue et concave, parcourue par des sillons et des crêtes (lignes nucales supérieure et inférieure).

• Os sphénoïde : cet os doté d'une morphologie particulière se situe en profondeur dans la base de la boîte crânienne, bien qu'une partie de son aile soit visible en surface. Il s'agit d'un os impair et médian, composé d'un corps et de deux paires d'ailes (petites et grandes ailes) placées horizontalement, ainsi que de deux paires de processus verticaux (apophyses ptérygoïdes). Le corps présente une cavité dite selle turcique dans sa partie supérieure.

• Os frontal : il forme la partie antérieure de la voûte du crâne. Sa partie la plus étendue est l'écaille frontale, convexe vers l'extérieur : elle est dotée de deux petites saillies symétriques, les bosses frontales. Dans la partie inférieure, on trouve deux reliefs curvilignes séparés par une petite aire plane, les arcades sourcilières ; au-delà de ces dernières se trouvent les faces orbitaires de l'os, entre lesquelles se situe la face nasale, placée autour de l'échancrure ethmoïdale. L'écaille de l'os frontal se développe en deux petites aires symétriques, les faces temporales.

• Os temporal : il s'agit de l'os le plus complexe de la boîte crânienne, tant en ce qui concerne sa conformation, que sa constitution embryologique. Il est pair et se situe dans la partie latéro-inférieure du crâne. Il est entouré par les os frontal, pariétal, occipital et sphénoïde. Nous n'étudierons que sa configuration extérieure : la partie latérale de l'os est constituée par une lame semi-circulaire lisse (l'écaille) ; dans la partie inférieure de celle-ci se forme l'apophyse zygomatique, sous laquelle se trouvent le méat auditif externe et le relief conoïde de l'apophyse mastoïde. Dans sa partie inférieure, l'os temporal présente des reliefs très irréguliers ainsi que des dépressions (fosse mandibulaire, échancrure mastoïde, etc.) ; l'apophyse styloïde se forme à partir d'une de ces dépressions, près du trou stylo-mastoïde.

• Os pariétal : c'est un os de forme quadrangulaire qui occupe une portion importante de la latérale de la boite crânienne. La superficie externe est convexe et lisse, mais est sillonnée de 2 arcs de faible relief : la ligne temporale supérieure et la ligne temporale inférieure.

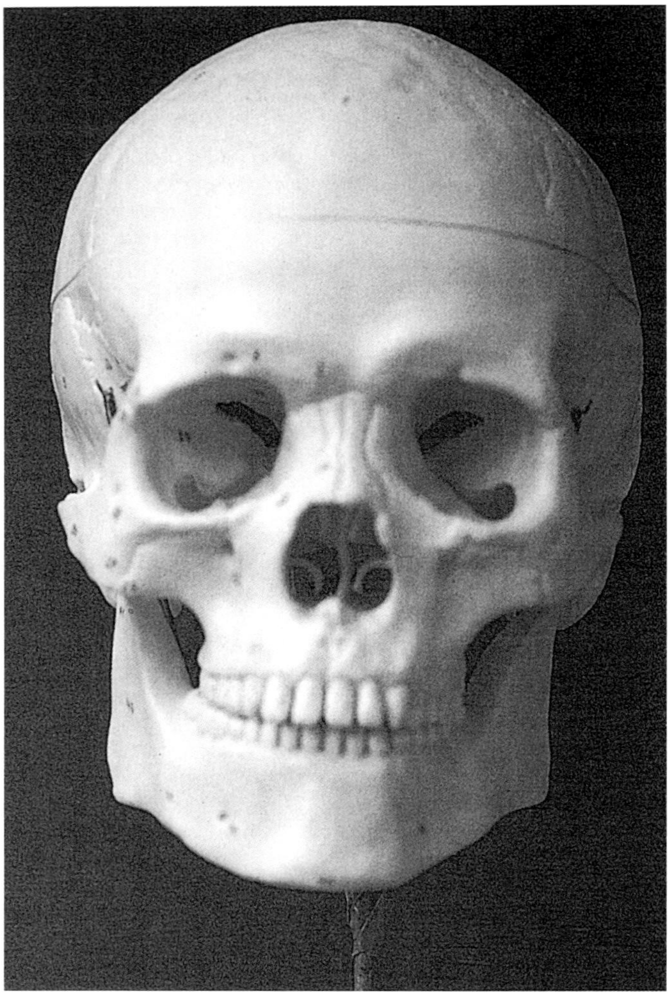

LES OS DU BLOC FACIAL

Le bloc facial est en grande partie formé par des os pairs et symétriques, ainsi que par quelques os impairs, regroupés en deux régions (nasale et maxillaire), auxquelles est accrochée la mandibule.

La région nasale comprend des os dont la structure délicate n'influe quasiment pas sur le modelé du visage (à l'exception de l'os nasal). Il s'agit des os suivants : ethmoïde, lacrymal, vomer, cornet, nasal. Les cartilages du nez comprennent : la cloison nasale, qui sépare les fosses du nez ; les cartilages latéraux, pairs, qui forment les parois latérales de l'aile du nez et qui, dans leur partie supérieure, rejoignent la cloison nasale dans le pont du nez ; les cartilages des ailes, pairs, situés dans la partie inférieure du nez autour des narines.

La région maxillaire comprend les os suivants :

• Palatin (*os palatinum*) : il est situé en profondeur dans le bloc facial.

• Maxillaire (*maxilla*) : il s'agit d'un os pair, volumineux, qui touche de nombreux autres os du crâne ; les deux maxillaires, unis, constituent le support de l'arcade dentaire supérieure. Le corps du maxillaire est la partie la plus volumineuse et comprend plusieurs faces : la face antérieure, curviligne et étendue également dans le sens latéral. À proximité des orbites, il existe une dépression, appelée fosse canine, dans laquelle apparaît la cavité orbitaire. La face orbitaire est placée en biais ; la face postérieure s'articule à l'intérieur avec le palatin ; la face médiale, enfin, est orientée vers la cavité du nez.

Le corps comprend plusieurs apophyses : l'apophyse frontale, placée à l'avant à côté des fosses nasales ; l'apophyse palatine, une lame interne qui, unie à la lame latérale placée sur le plan médian de symétrie, forme la voûte palatine et, à l'avant, se prolonge en un appendice (l'épine nasale) situé à la base de l'ouverture piriforme ; l'apophyse alvéolaire semi-circulaire, servant à tenir les dents insérées dans les alvéoles dentaires ;

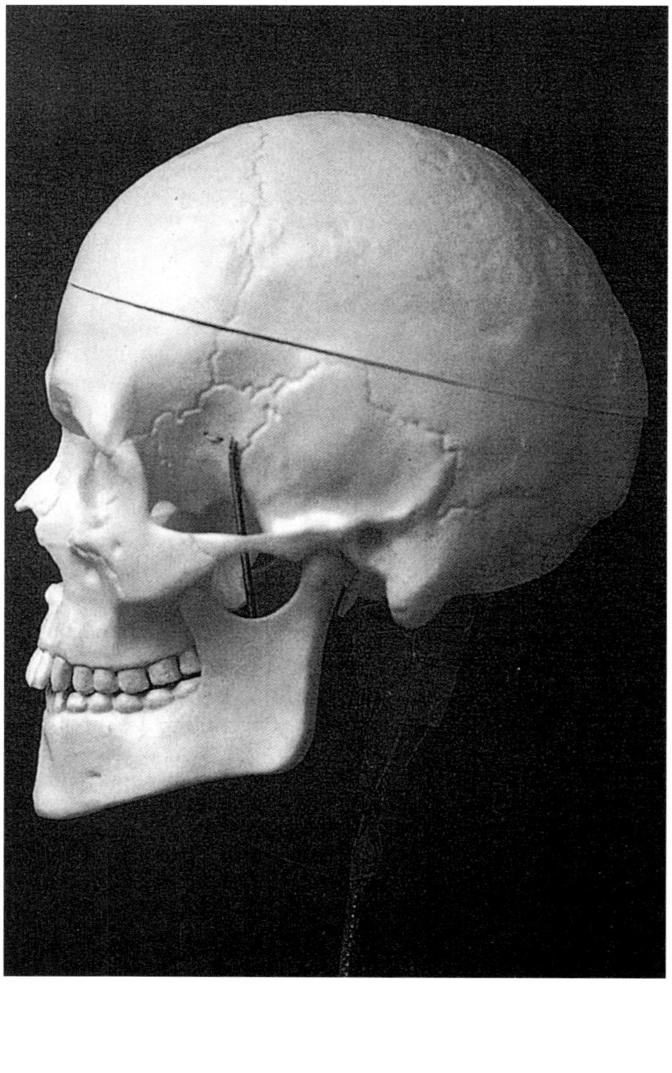

l'apophyse zygomatique, un relief latéral bien accentué qui s'emboîte dans l'os zygomatique ou malaire (*os zygomaticum*).

• Zygomatique (*os zygomaticum*) : il s'agit d'un os très important en ce qui concerne la morphologie extérieure, car il varie tant en fonction des caractéristiques individuelles que raciales. Sa partie principale est plus ou moins en forme de pyramide et comprend plusieurs apophyses : l'apophyse temporale, qui, orientée vers l'arrière en direction de l'os temporal, forme l'arcade zygomatique ; l'apophyse zygomatique, assez courte, qui est unie à l'apophyse homonyme de la mâchoire ; l'apophyse frontale, orientée vers le haut et placée latéralement sur le contour de la cavité orbitaire.

• Mandibule (*mandibula*), également appelée maxillaire inférieur. Il s'agit d'un os impair et volumineux qui dérive de l'union de deux parties symétriques, dont le point de jonction est appelé symphyse mentonnière. La partie principale de cet os est formée par un corps courbé, semi-circulaire et lamellaire ; sa face interne présente des sillons et des reliefs, tandis que sa face externe est plus régulière ; sa structure comprend également deux ramifications lamellaires, les branches de la mandibule, qui se terminent par deux apophyses : l'apophyse coronoïde, placée à l'avant, fine et arrondie ; l'apophyse condylaire, postérieure et de forme cylindrique, qui rejoint l'os temporal par le biais d'un condyle articulaire. Sur le bord supérieur de la mandibule se trouvent les alvéoles dentaires de l'arcade inférieure.

Morphologie extérieure du squelette céphalique

Dans l'ensemble, le squelette de la tête adopte une forme ovoïde orientée dans un sens antéro-postérieur ; son périmètre varie largement en fonction des individus et sa largeur est plus importante dans la partie postérieure. La partie antérieure comprend les os du visage, qui, dans l'ensemble, sont moins volumineux que la boîte crânienne ; ils ont plus ou moins la forme d'une pyramide dont le sommet se trouve dans la partie antéro-inférieure. La hauteur moyenne du crâne et de la mandibule est comprise entre 18 et 20 cm chez l'adulte : par « taille » on entend la distance verticale entre le sommet de la voûte (bregma) et l'extrémité inférieure de la mandibule (point mentonnier).

En règle générale, la surface osseuse est lisse ; toutefois, dans certaines zones, elle possède un relief rugueux servant à faciliter l'insertion des muscles, notamment des masticateurs ; dans d'autres aires elle présente des irrégularités telles que des vallonnements, des saillies, des trous et des canaux en correspondance des vaisseaux et des nerfs qui la parcourent. La disposition des différents éléments osseux, notamment dans le bloc facial, détermine aussi la présence de cavités et d'espaces de taille variable : ceux-ci ont souvent une forme très complexe et sont chargés d'abriter des organes des sens ainsi que des formations délicates appartenant aux premiers tronçons des systèmes digestif et respiratoire.

On remarquera, enfin, l'emplacement des sutures ainsi que de l'articulation temporo-mandibulaire. Comme nous l'avons dit précédemment, l'examen extérieur du crâne est effectué selon des points d'observation spécifiques, appelés normes, qui permettent d'obtenir des données uniformes et comparables.

• La face supérieure (norme verticale) met en évidence la voûte ; celle-ci s'étend des arcades sourcilières à l'apophyse occipitale extérieure et comprend une grande partie de l'os frontal et des os pariétaux, ainsi qu'une portion de l'os occipital.

Ces os sont unis les uns aux autres par le biais d'articulations fixes, dites sutures, dont les contours sont très irréguliers. La suture sagittale est placée le long de la ligne médiane : elle unit les deux os pariétaux ; la suture coronale relie l'os frontal aux pariétaux ; la suture lambdoïde se situe entre l'os occipital et les bords postérieurs des pariétaux. Le sommet de la voûte et largement visible, notamment chez les individus chauves, car il n'est recouvert que par l'aponévrose épicrânienne ainsi que par la peau, qui épouse fidèlement la convexité assez régulière du crâne.

• La face inférieure (norme basale) correspond à la surface extérieure de la base du crâne. Elle s'étend des dents incisives des mâchoires jusqu'aux lignes nucales supérieures de l'os occipital : elle peut être mieux observée si l'on extrait la mandibule, dont les caractéristiques sont généralement étudiées à part. Il s'agit d'une surface très irrégulière et complexe, principalement constituée par les os du bloc facial, notamment dans la partie antérieure. La partie postérieure comprend essentiellement l'os occipital, qui forme le trou occipital ainsi que les apophyses mastoïdes des os temporaux. La face inférieure du crâne est complètement cachée par les formations musculaires du cou ainsi que par le plancher buccal.

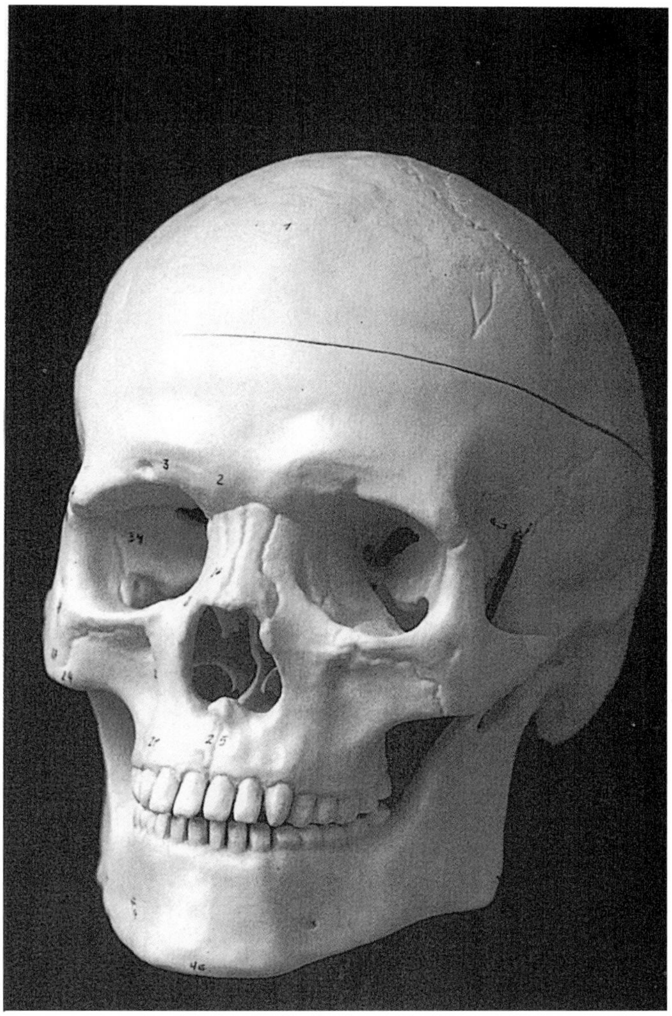

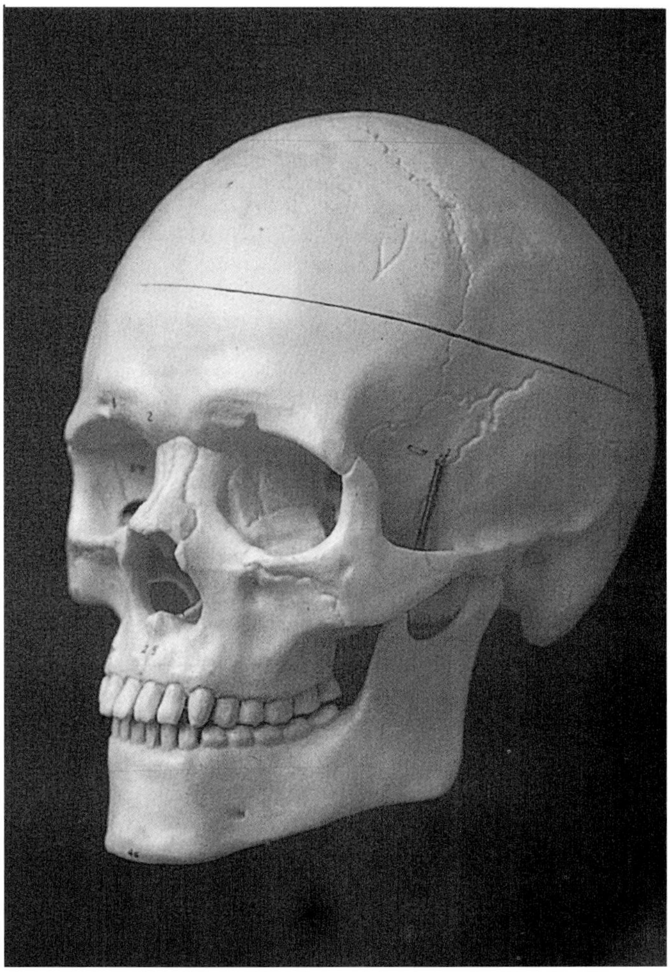

• La face postérieure (norme occipitale) présente un profil en forme de quadrangle irrégulier, dont la base, assez droite, relie les deux apophyses mastoïdes et dont les autres côtés, curvilignes, sont formés par les deux os pariétaux. La surface la plus étendue est celle de l'os occipital, dont on peut distinguer la protubérance occipitale externe. Les deux lignes nucales, supérieure et inférieure, sont également apparentes et comprennent les points d'insertion de certains muscles du cou.
• La face latérale (norme latérale) s'étend de la limite de la voûte jusqu'à l'angle de la mandibule. Il s'agit d'une région très complexe et irrégulière comprenant l'apophyse mastoïde, le méat auditif externe, ainsi que des trous et processus présents tant dans la boîte crânienne que dans le bloc facial. Parmi toutes ces formations, on différencie la fosse temporale et la fosse infratemporale en raison des caractéristiques des surfaces osseuses. La fosse temporale est large et ouverte (chez l'individu vivant, elle abrite le muscle temporal ainsi que d'autres faisceaux). Elle est délimitée en haut par le bord courbé de l'écaille du temporal, en bas par le bord supérieur de l'arcade zygomatique. L'ampleur de cette fosse varie en fonction des races : elle présente une largeur plus importante surtout chez les Asiatiques. La fosse infratemporale est couverte par la branche de la mandibule. Il s'agit d'un espace irrégulier communiquant avec la fosse temporale par le biais de l'ouverture comprise entre l'arcade zygomatique et la paroi latérale du crâne, à proximité du sphénoïde.
L'arcade zygomatique est formée par l'apophyse temporale de l'os zygomatique ainsi que par l'apophyse zygomatique du temporal, dont l'union constitue un pont osseux détaché du reste du crâne, très visible *in vivo* entre la joue et la tempe. Le méat auditif externe s'ouvre dans le temporal en correspondance de la séparation entre les apophyses zygomatique et mastoïde.
• La face antérieure (norme frontale) s'étend des arcades sourcilières de l'os frontal jusqu'à la base de la mandibule. Elle comprend le visage à proprement parler, à l'exception du front, dont la conformation est déterminée par l'écaille de l'os frontal. Les arcades sourcilières présentent sur le plan médian un léger relief, plus visible dans le crâne des hommes que dans celui des femmes, qui forme une petite région appelée glabelle.
En dessous des arcades sourcilières se trouvent les cavités orbitaires, dont les parois sont constituées par plusieurs os. Chaque cavité a plus ou moins la forme d'une pyramide dont la base est orientée vers l'avant et le sommet dirigé en profondeur vers le plan médial jusqu'à l'ouverture du canal optique. L'ouverture antérieure de l'orbite est légèrement quadrangulaire et présente des bords vaguement curvilignes. On distingue : le bord supérieur, au-dessus des orbites, formé par l'os frontal ; le bord médial, placé à la limite de la racine du nez, peu accentué ; le bord inférieur, placé en biais et orienté latéralement, formé par les os maxillaire et zygomatique ; le bord latéral, très accentué, constitué par l'os zygomatique et l'apophyse zygomatique du frontal. La cavité orbitaire, qui abrite le globe oculaire ainsi que ses formations accessoires, a une profondeur et une largeur d'environ 4 cm et une hauteur approximative de 3,5 cm. Le bord médial est avancé par rapport au bord latéral ; par conséquent le plan adhérent à l'ouverture orbitaire est orienté légèrement en biais dans un sens latéral.
Au-dessous de la glabelle et entre les cavités orbitaires se trouvent les os du nez, qui, en même temps que les os maxillaires, entourent l'ouverture nasale antérieure, piriforme et élargie dans sa partie inférieure.
L'individu adulte possède 32 dents disposées sur deux arcades, supérieure et inférieure. Les dents sont insérées dans les alvéoles, des cavités creusées dans les maxillaires et dans la mandibule. Elles présentent une partie visible et libre, la couronne, qui peut avoir des formes diverses : on distingue ainsi les incisives, les canines, les prémolaires et les molaires. Les dents sont réparties en nombre égal entre les deux arcades (16 sur les mâchoires et 16 sur la mandibule) ; elles sont disposées symétriquement sur les deux antimères à partir de la ligne médiane : on compte dans l'ordre 2 incisives, 1 canine, 2 prémolaires et 3 molaires.
Lorsque la bouche est fermée et les molaires en contact les unes avec les autres, les arcades dentaires supérieure et inférieure n'adhèrent pas complètement l'une à l'autre, car les incisives supérieures sont en position avancée et couvrent partiellement les incisives inférieures.

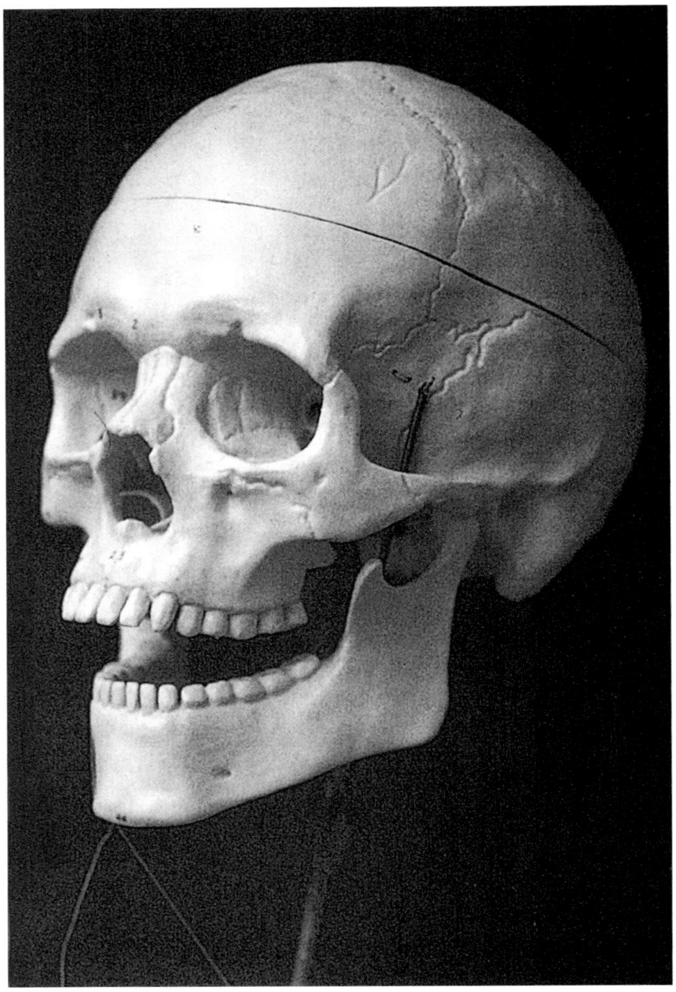

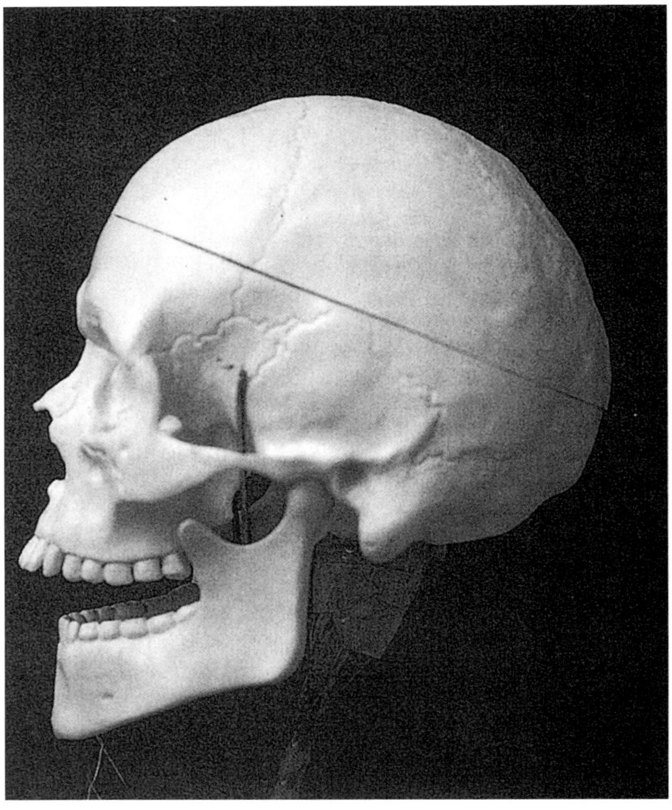

L'influence des os sur la morphologie extérieure

Le squelette de la tête détermine dans une large mesure la conformation superficielle ainsi que la physionomie du visage. Les cheveux cachent une grande partie du crâne ; toutefois, surtout si ce dernier est rasé, la voûte demeure très visible car elle n'est recouverte que par des membranes très adhérentes ainsi que par la peau. L'apophyse mastoïde apparaît clairement derrière le pavillon auriculaire. Le front reproduit très fidèlement la struc-

ture osseuse, qui n'est que légèrement couverte par le muscle frontal. L'orbite, qui abrite les globes oculaires ainsi que leurs muscles et leurs annexes, est très visible surtout au niveau des bords supérieur et latéral ; on remarquera que l'arcade sourcilière et le sourcil ne se superposent parfaitement l'une à l'autre que dans la partie moyenne ; ceci est dû au fait que, au niveau de la racine du nez, le sourcil se forme légèrement en dessous de l'arcade, tandis que dans la partie latérale il se place au-dessus de celle-ci (l'arcade étant orientée en biais vers le bas).
Les os et les cartilages du nez déterminent la forme de l'épine nasale ainsi que des narines. Chez l'individu vivant, la pommette et l'arcade zygomatique sont toujours sous-cutanées et facilement visibles. L'arcade zygomatique apparaît surtout au niveau du bord inférieur, le bord supérieur étant moins visible en raison de l'insertion du faisceau du muscle temporal. Enfin, le méat auditif externe indique la position exacte du pavillon auriculaire et constitue un point de repère fixe très important pour la mensuration et l'évaluation des proportions. La mâchoire inférieure présente toujours une forme courbée et montre clairement les saillies correspondant aux angles ainsi qu'au menton.

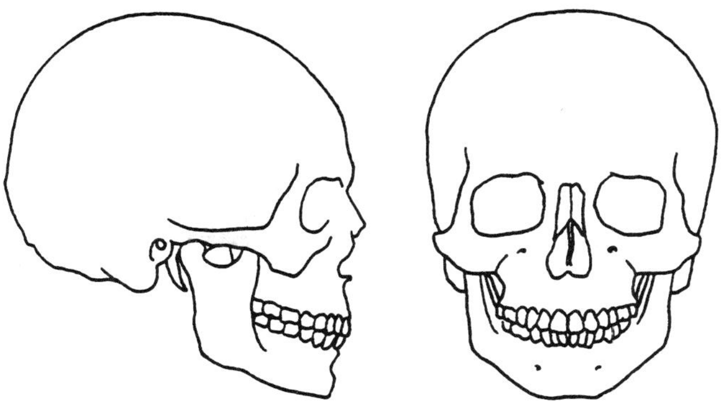

Crâne masculin

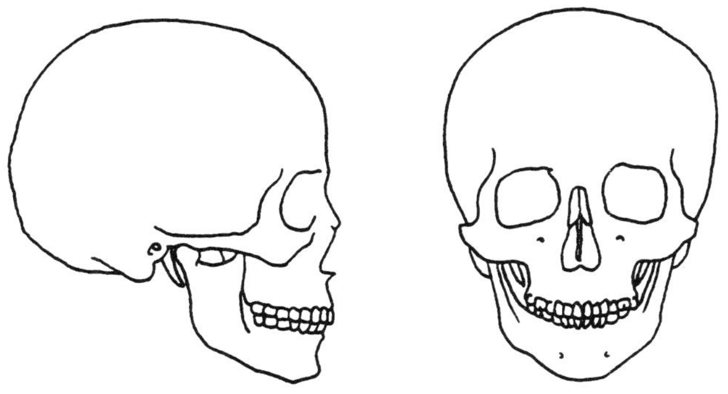

Crâne féminin

Considérations anthropologiques

❑ Relation entre le squelette de la tête et l'âge de l'individu

Depuis la naissance jusqu'à la vieillesse, le squelette de la tête subit des modifications importantes tant en ce qui concerne sa conformation extérieure que les proportions entre ses os. À la naissance, le crâne a une forme assez sphérique et est plus volumineux que le bloc facial, dans lequel les os des régions nasale et maxillaire demeurent peu développés. Ces caractéristiques restent inchangées dans l'enfance ; les saillies des bosses frontales et pariétales deviennent de plus en plus visibles en raison du développement de l'encéphale et, par conséquent, du neurocrâne.
De la puberté jusqu'à l'âge adulte, le bloc facial se consolide et se développe principalement dans la mandibule ainsi que dans les régions nasale et maxillaire. La boîte crânienne acquiert une forme ovoïde et la conformation du squelette céphalique devient définitive.
Les modifications principales qui ont lieu pendant la vieillesse dérivent d'un processus d'atrophie osseuse à la suite de laquelle la mandibule devient plus fine, la voûte moins épaisse les dents s'affaissent dans les alvéoles ou bien tombent et les sutures du crâne sont complètement oblitérées.

❑ Les formes et la mensuration du crâne

En fonction des individus, le crâne peut être plus ou moins allongé et le bloc facial peut apparaître plus ou moins aplati ou saillant. Afin de repérer ces caractéristiques, l'anatomie et l'anthropologie ont identifié un ensemble de points de référence, grâce auxquels on peut comparer les différentes conformations du crâne ainsi qu'évaluer ses formes anormales relevant de la pathologie.
Les mensurations principales concernent les deux secteurs squelettiques de la tête. En ce qui concerne la boîte crânienne, on observe : le diamètre antéro-postérieur (distance entre la glabelle et le tubercule occipital), qui s'élève en moyenne à 17 cm chez l'homme et à 16 cm chez la femme ; le diamètre transversal (distance majeure entre les deux saillies osseuses pariétales), qui correspond à 13 cm tant chez l'homme que chez la femme ; le diamètre vertical (distance entre le sommet de la voûte et le trou occipital), qui s'élève à 13 cm chez l'homme et à 12 cm chez la femme.
Pour ce qui est du bloc facial, on considère : le diamètre vertical (distance entre l'articulation naso-frontale et le menton), compris entre 11 et 12 cm ; le diamètre transversal (distance maximale entre les deux arcades zygomatiques), compris entre 11 et 14 cm indépendamment du sexe.
Grâce à ces mensurations, on obtient, entre autres, l'indice céphalique de la boîte crânienne, correspondant au rapport entre le diamètre transversal multiplié par 100 et le diamètre antéro-postérieur. Les indices inférieurs à 75 se réfèrent aux crânes dolichocéphales (allongés) ; les valeurs comprises entre 75 et 80 correspondent aux crânes orthocéphales (de longueur moyenne) ; enfin, les indices supérieurs à 80 concernent les brachycéphales (crânes courts**).

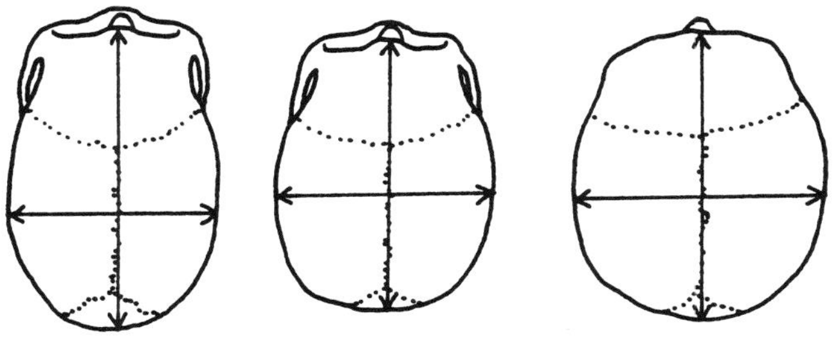

Crâne dolichocéphale — Crâne brachycéphale — Crâne orthocéphale

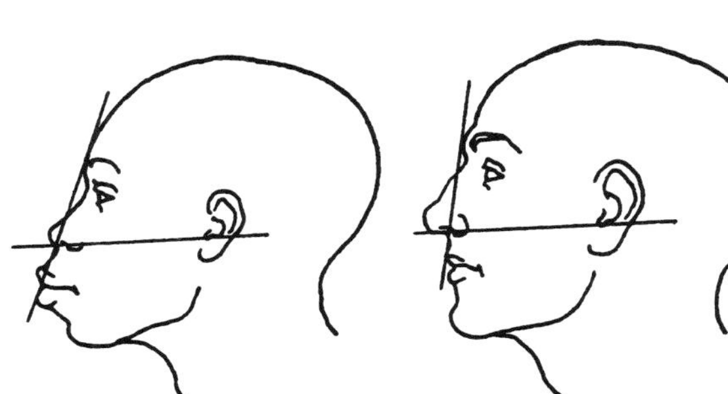

Angle facial : crâne prognathe, crâne orthognathe

** Une mensuration pratique consiste à observer l'angle facial (angle maxillaire de Camper), par lequel on définit le degré de proéminence du bloc facial : on compare deux plans, dont l'un passe par les méats auditif externes et l'épine du nez, l'autre est tangent à la glabelle et aux incisives. Les indices bas correspondent à un angle assez aigu et indiquent une proéminence du visage assez accentuée, appelée prognathisme.

❑ Caractéristiques liées au sexe et à la race

Les différences entre le crâne de l'homme et celui de la femme (à l'âge adulte) ne sont pas forcément visibles et ne peuvent être identifiées que si les squelettes de la tête sont comparés et mesurés de façon appropriée. Le crâne féminin possède les caractéristiques suivantes : il est plus petit, présente une voûte moins convexe, des parois plus fines, un front plus vertical, des bosses frontales plus accentuées, des apophyses mastoïdes moins épaisses et des arcades zygomatiques plus minces. Le bloc facial féminin est plus menu, plus large et plus bas que celui de l'homme.

Pour ce qui est des différences liées à la race, il faut tenir compte du fait que les différentes populations présentent des caractéristiques somatiques extrêmement complexes et nuancées : nous ne donnerons ainsi que des indications sommaires concernant la morphologie crânienne de quelques groupes raciaux. Les Noirs ont un crâne dolichocéphale, une ouverture piriforme large et un prognathisme marqué ; les Asiatiques, notamment la race mongole, ont un crâne large, arrondi, brachycéphale, ainsi qu'un visage large et aplati, des pommettes relevées et un nez large. Les Blancs présentent eux aussi une grande variété : par exemple, les Européens du Nord ont un crâne orthocéphale, un bloc facial allongé et un nez droit ; les individus provenant d'Europe centrale ont un crâne brachycéphale et un visage large ; enfin, les sujets méditerranéens ont un crâne allongé, un bloc facial étroit et ovale, ainsi qu'un nez droit et étroit.

ARTHROLOGIE

Les os de la boîte crânienne sont en grande partie unis les uns aux autres par le biais d'articulations suturales presque immobiles : leur impossibilité d'effectuer des mouvements est en partie due au fait que l'espace situé entre les bords très irréguliers des os ne contient que très peu de tissu conjonctif. La seule articulation mobile est celle de la mandibule.

La boîte crânienne comprend : la suture coronale, qui unit le bord postérieur du frontal aux deux pariétaux ; la suture sagittale, placée sur le plan médian de symétrie, qui unit les deux pariétaux ; la suture lambdoïde, qui relie le bord postérieur de deux pariétaux au bord supérieur de l'os occipital ; la suture temporo-pariétale, qui joint les surfaces extérieures du bord inférieur des pariétaux à l'écaille du temporal. Il existe également d'autres sutures bien visibles, telles que les sutures temporo-sphénoïdale, sphéno-frontale, occipito-mastoïde et zygomatico-temporale. Les sutures situées entre les os du bloc facial sont très nombreuses et, dans certains cas, difficilement visibles.

La mandibule est reliée à l'os temporal par le biais de l'articulation temporo-mandibulaire et de ses condyles placés dans les fosses articulaires des temporaux. Il s'agit d'une articulation mobile de type condyloïde. Dans ce cas les surfaces articulaires ne correspondent pas complètement l'une à l'autre, mais cet écart est compensé par un disque fibro-cartilagineux placé entre les deux articulations.

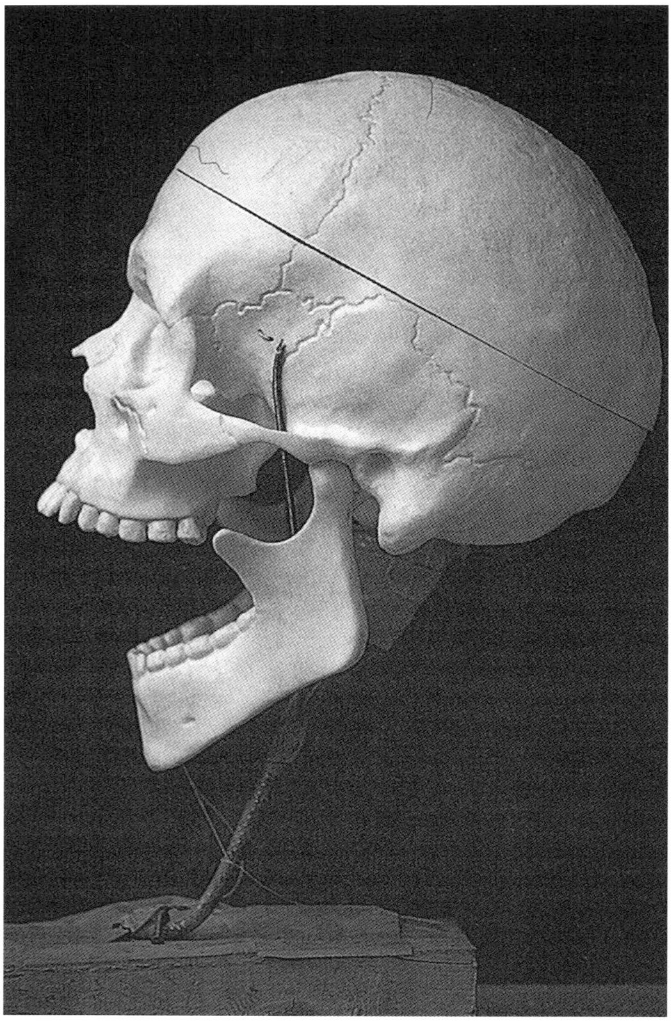

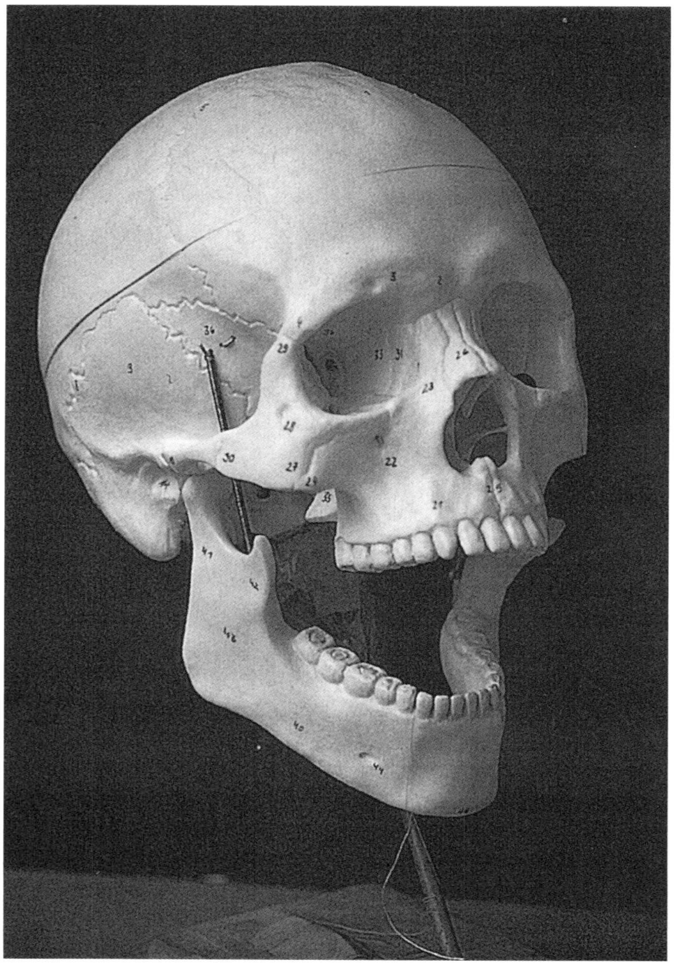

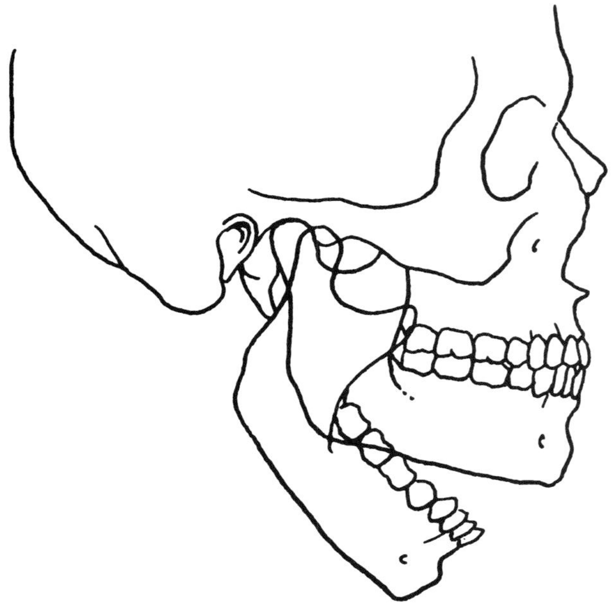

Articulation temporo-mandibulaire : déplacement maximum de la mandibule lors de l'ouverture de la bouche

Les têtes des articulations sont soudées les unes aux autres par une capsule fibreuse, assez lâche et fine, dont les bords très irréguliers entourent les extrémités articulaires. L'articulation est renforcée par les ligaments temporo-mandibulaire, sphéno-mandibulaire et stylo-mandibulaire.
Les mouvements des articulations sont assez amples et permettent l'ouverture de la cavité buccale par l'abaissement de la mandibule. Outre les mouvements vers le haut et vers le bas, la mandibule peut également effectuer de légers déplacements vers l'avant et vers l'arrière ainsi que, dans une moindre mesure, dans un sens latéral : cette mobilité est essentielle au vu de la mastication. On rappellera enfin que la base du crâne s'articule avec l'atlas, la première vertèbre.

MYOLOGIE

Le squelette de la tête est enveloppé par des groupes de muscles dont l'origine et les fonctions sont différentes les unes des autres. On distingue : les muscles annexes de l'œil, les muscles appartenant à la première partie du système digestif et les muscles squelettiques, les seuls qui appartiennent au système locomoteur.
Ces derniers sont classés en deux groupes : d'une part, les muscles masticateurs (masséter, temporal, ptérygoïdiens), qui déterminent les mouvements de la mandibule en agissant sur l'articulation temporo-mandibulaire ; d'autre part, les muscles peauciers ou mimiques, responsables des expressions du visage, principalement disposés sur le bloc facial et, dans une moindre mesure, sur la boîte crânienne : ils présentent presque tous des insertions cutanées et provoquent le déplacement des paupières, du nez, des lèvres, des joues et du pavillon auriculaire. Le squelette de la tête comprend également les insertions de certains muscles du cou, du dos et du rachis, décrits dans la partie concernant le tronc. L'étude analytique de la structure myologique de la tête est très complexe, car les muscles concernés sont très nombreux et difficiles à identifier.

ORGANES ACCESSOIRES DES MUSCLES MASTICATEURS

Les organes accessoires des muscles masticateurs sont : le fascia temporal, une membrane lamellaire qui, en partant de la ligne temporale supérieure du crâne, s'insère sur l'arcade zygomatique, couvre le muscle temporal et ferme la fosse temporale ; le fascia parotido-masséter, qui recouvre la glande parotide et le masséter ; le coussin gras buccal, un tissu adipeux situé en partie dans la fosse temporale qui s'étend le long du bord antérieur du masséter.

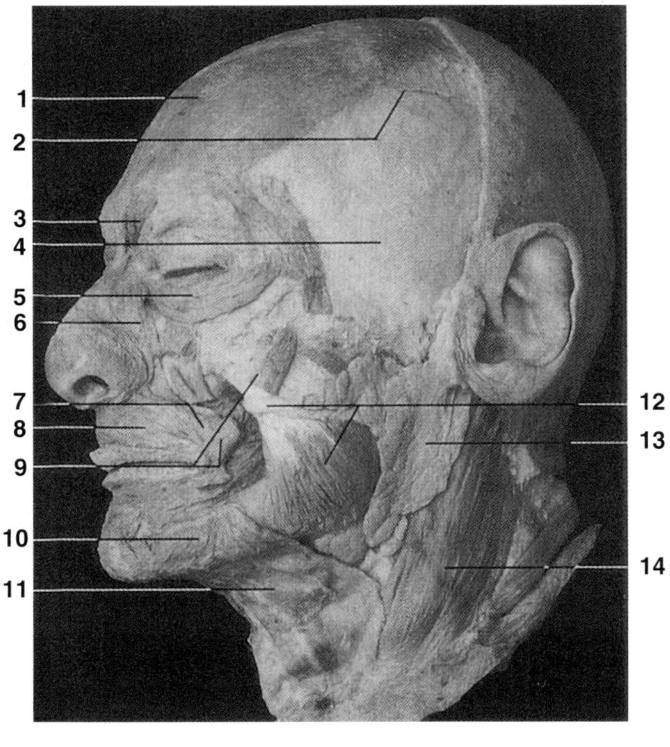

Muscles mimiques et glande parotide (côté gauche).
Par Rohen-Yokochi

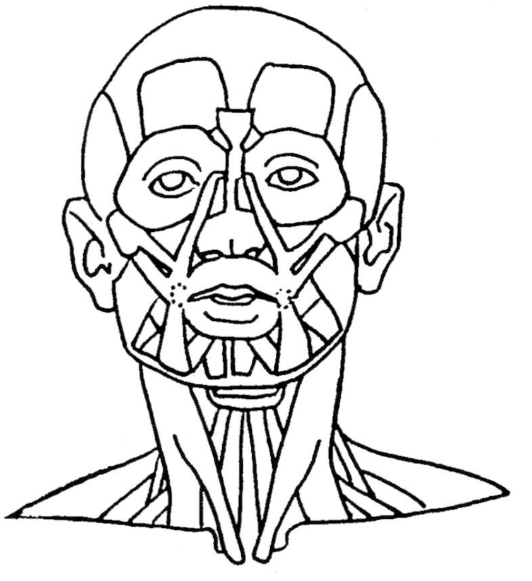

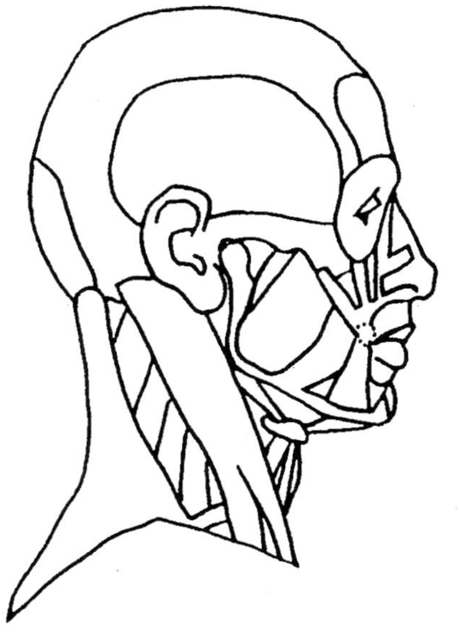

Emplacement schématique des muscles superficiels de la tête et du cou

1 Chef frontal de l'occipito-frontal (frontal)
2 Aponévrose épicrânienne
3 Supercilié corrugateur
4 Fascia temporal
5 Orbiculaire des yeux
6 Releveur de la lèvre supérieure (partie infraorbitale du releveur de la lèvre supérieure)
7 Releveur de la commissure labiale
8 Orbiculaire des lèvres
9 Zygomatique majeur
10 Dépresseur de la commissure labiale (triangulaire)
11 Platysma
12 Sterno-cléido-mastoïdien
13 Glande parotide
14 Masséter

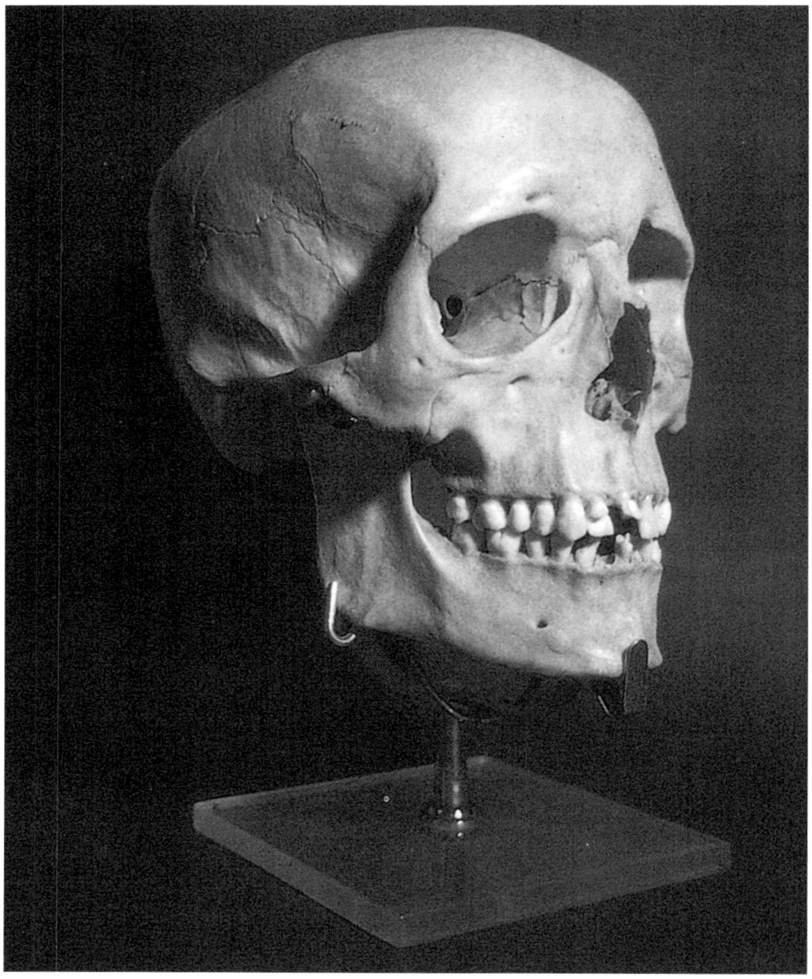

LE MUSCLE ÉPICRÂNIEN (*Occipito frontalis*)

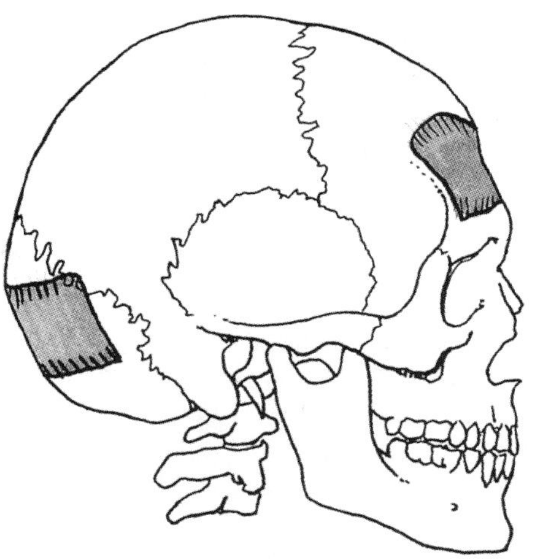

Forme, structure, relations Le muscle épicrânien est placé sur la voûte du crâne et comprend deux ventres musculaires quadrangulaires, fins et étendus : le ventre antérieur est appelé muscle frontal, le ventre postérieur muscle occipital. Ces derniers sont unis l'un à l'autre par le biais d'une grande lame fibreuse et épaisse, dite aponévrose épicrânienne (*galea capitis*). Ce groupe comprend également le muscle temporo-pariétal, une lame musculaire fine et triangulaire qui, en partant latéralement de l'aponévrose épicrânienne, recouvre le muscle temporal et s'étend jusqu'au cartilage auriculaire (il est fréquent qu'il forme un tout avec le muscle auriculaire supérieur). Les muscles frontal et occipital sont pairs et bilatéraux ; il se peut que les ventres des deux antimères frontaux, situés légèrement au-dessus de la glabelle, soient unis l'un à l'autre par des petits faisceaux au niveau de la partie inférieure de leurs bords médiaux.

Origine Muscle frontal : bord antérieur et frontal de l'aponévrose épicrânienne.
Muscle occipital : partie latérale de la ligne nucale supérieure (os occipital) et de l'apophyse mastoïde (os temporal).

Insertion Muscle frontal : face profonde de la peau correspondant à tout le sourcil et à la racine du nez.
Muscle occipital : bord postérieur de l'aponévrose épicrânienne.

Action Muscle frontal : traction vers le haut de la peau du front et de la racine du nez ; soulèvement des sourcils.
Muscle occipital : traction vers l'arrière de l'aponévrose épicrânienne.
L'action conjointe de ces deux muscles entraîne le blocage de l'aponévrose épicrânienne ; en revanche, s'ils se contractent de façon alternée, ils provoquent un léger déplacement en avant et en arrière du cuir chevelu.

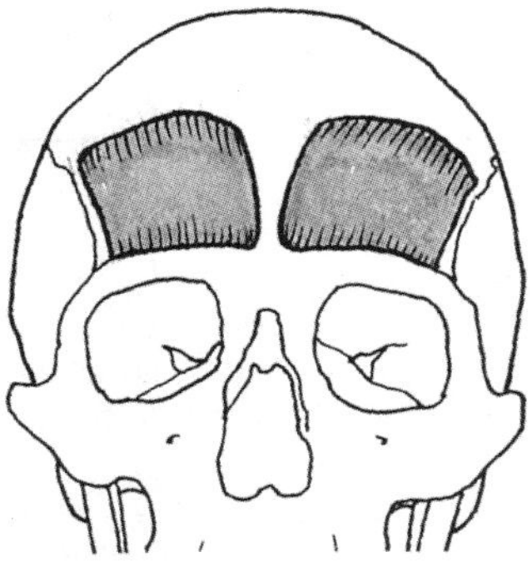

Anatomie de surface La contraction du muscle frontal entraîne la formation de rides transversales sur le front. La contraction des deux parties médiales de chaque muscle frontal (ainsi que du muscle sourcilier) provoque l'élévation de la partie centrale du front, dans lequel se forment des plis, ainsi que le soulèvement des extrémités des sourcils ; si la contraction concerne également les portions les plus latérales des muscles frontaux, les rides s'étendent jusqu'aux tempes et l'arcade sourcilière se soulève entièrement. Le muscle frontal permet au visage d'exprimer différents états émotionnels : surprise, effroi, intérêt, attention, souffrance, stupeur, interrogation, etc.
Le muscle occipital est généralement couvert par les cheveux : lorsqu'il se contracte, il n'entraîne que la formation de légères rides transversales.

LES MUSCLES AURICULAIRES (*Auricolares*)

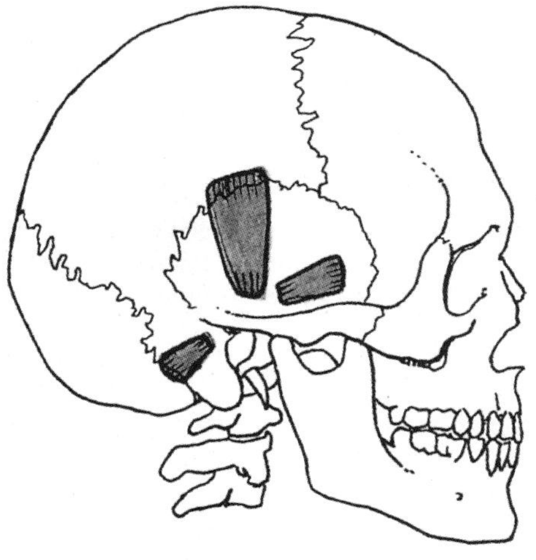

Forme, structure, relations Les muscles auriculaires sont constitués de petits faisceaux qui s'étendent sur l'os temporal dans le secteur correspondant à la face médiale du pavillon auriculaire. Ils sont classés en muscles antérieur, supérieur et postérieur, chacun présentant des faisceaux orientés dans un sens différent. Le muscle auriculaire supérieur est formé par un petit faisceau s'étendant verticalement de son origine jusqu'à son point d'insertion, tandis que les muscles antérieur et postérieur sont disposés dans un sens presque horizontal, respectivement devant et derrière l'oreille, et se terminent au niveau du pavillon.
Le muscle auriculaire supérieur fait parfois partie intégrante du muscle temporo-pariétal (*cf.* muscle épicrânien). Les muscles auriculaires, très développés chez de nombreux animaux, ne jouent pratiquement aucun rôle chez l'homme.

Origine Muscle auriculaire antéro-postérieur : aponévrose épicrânienne ; fascia du temporal et de la glande parotide.
Muscle auriculaire postérieur : base de l'apophyse mastoïde du temporal (à proximité du tendon d'insertion du muscle sterno-cléido-mastoïdien).

Insertion Muscle auriculaire antéro-postérieur : peau de la région cartilagineuse du pavillon, à proximité de l'hélix.
Muscle auriculaire postérieur : peau de la région cartilagineuse du pavillon, à proximité de la conque.

Action Légère traction du pavillon entraînant un faible déplacement de celui-ci vers le haut, en avant et en arrière.

Anatomie de surface Sans importance.

LE MUSCLE INCISIF DE LA LÈVRE INFÉRIEURE

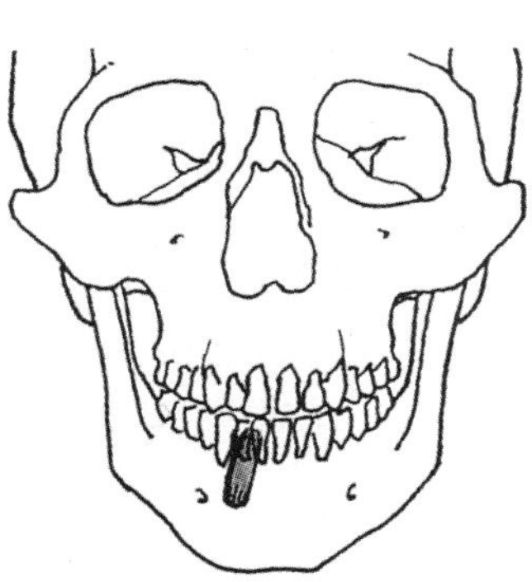

Forme, structure, relations C'est un muscle de petite taille et peu épais. Il est parfois considéré comme faisant partie du muscle orbiculaire des lèvres. Dans sa partie médiale, il touche la houppe du menton et s'étend le long du bord inférieur du muscle orbiculaire des lèvres.

Origine Mandibule, à proximité des saillies alvéolaires de la canine et de la deuxième incisive.

Insertion Le muscle s'insère dans la peau du coin de la fente labiale s'unissant aux muscles releveur de l'angle oral, orbiculaire et triangulaire des lèvres.

Action Voir muscle orbiculaire des lèvres.

Anatomie de surface Voir muscle orbiculaire des lèvres.

LE MUSCLE TRIANGULAIRE DES LÈVRES

(*Triangularis menti/depressor anguli oris*)

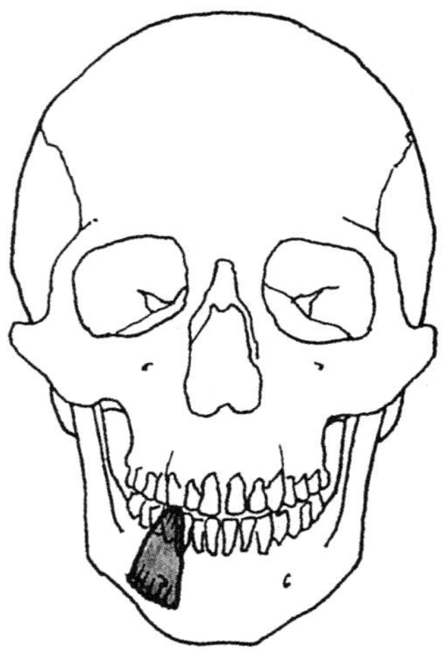

Forme, structure, relations Le muscle triangulaire présente une large base sur la mandibule et devient plus étroit au fur et à mesure qu'il remonte vers le coin de la bouche, d'où sa forme particulière. Il comprend une partie superficielle (dite risorius, souvent considéré comme un muscle à part), qui adhère au fascia parotido-masséter, ainsi qu'une partie profonde comprenant des petits faisceaux qui s'étendent jusqu'au tubercule et à la symphyse du menton.
Le bord médial recouvre en partie le muscle dépresseur de la lèvre inférieure ; les points d'origine et d'insertion se prolongent respectivement dans le muscle platysma, dans le muscle orbiculaire des lèvres et, le cas échéant, dans le risorius.

Origine Ligne oblique de la base de la mandibule.

Insertion Peau du coin de la bouche.

Action Abaissement et traction latérale du coin de la bouche ; courbement vers le bas des commissures. Ces actions donnent au visage une expression de tristesse.

Anatomie de surface Ce muscle apparaît comme un léger relief sous-cutané tendu en diagonale entre le coin de la bouche et la base de la mandibule. Il exprime le mépris, le refus, le dégoût, la douleur, la perplexité, etc., mais aussi le sourire forcé (contrairement au sourire entraîné par la contraction du grand zygomatique).

LE MUSCLE DÉPRESSEUR DE LA LÈVRE INFÉRIEURE

(*Depressor labii inferioris/quadratus labii inferioris/quadratus menti*)

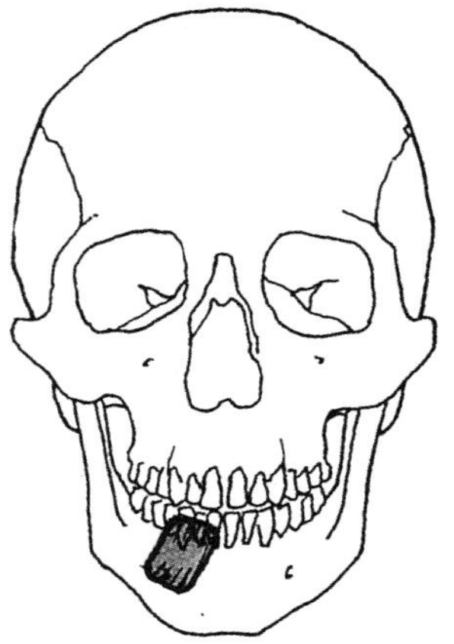

Forme, structure, relations Le muscle dépresseur de la lèvre inférieure a une forme plus ou moins pyramidale ; ses fibres sont orientées en diagonale entre les points d'origine et d'insertion, où elles fusionnent avec le muscle orbiculaire des lèvres. Il peut être relié aux muscles voisins, est partiellement couvert par le muscle triangulaire et se prolonge à la base de la mandibule dans le muscle platysma.

Origine Ligne oblique de la base de la mandibule, dans la zone comprise entre le trou mentonnier et la symphyse du menton.

Insertion Peau au-dessous de la lèvre inférieure.

Action Traction vers le bas de la lèvre inférieure ; celle-ci peut aussi être légèrement déplacée vers le côté et vers l'avant de façon à montrer la muqueuse qui tapisse ses parois internes.

Anatomie de surface L'effet visible de la contraction de ce muscle est la courbure vers le bas de la portion médiale de la lèvre inférieure (lorsqu'on exprime par la parole ou les mimiques l'ironie et le dégoût). Le creux compris entre la lèvre et la protubérance mentonnière apparaît plus clairement.

LE MUSCLE RELEVEUR DE LA LÈVRE SUPÉRIEURE

(*Levator labii superioris alaeque nasi*)

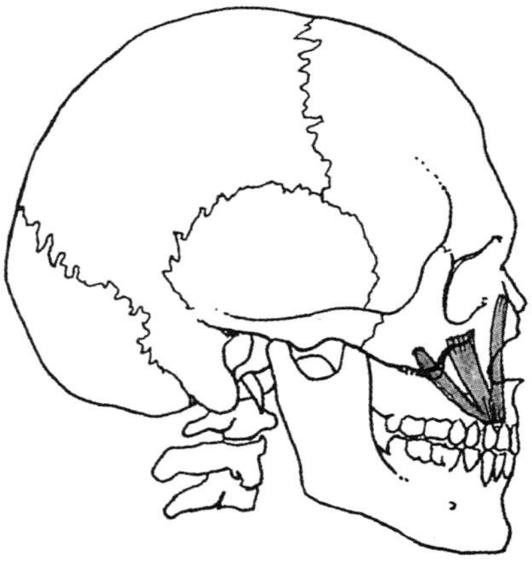

Forme, structure, relations Le muscle releveur de la lèvre supérieure a une forme quadrangulaire et comprend, à son origine, trois parties différentes : deux d'entre elles sont généralement classées en tant que muscles autonomes, le muscle zygomatique mineur et le muscle releveur de la lèvre supérieure à proprement parler.
Ces trois parties s'unissent les unes aux autres au niveau du point d'insertion et s'étendent sur l'orbiculaire des lèvres. Dans certains cas, ce muscle est complètement absent ou ne figure pas dans le faisceau nasal (portion angulaire).

Origine Portion angulaire (nasale) : face latérale de l'apophyse frontale du maxillaire supérieur.
Portion sous-orbitale : bord orbital inférieur du maxillaire supérieur, au-dessus du trou infraorbital.
Portion zygomatique (muscle zygomatique mineur) : bord inféro-médial de l'os zygomatique (en haut et médialement par rapport à l'origine du muscle zygomatique majeur).

Insertion Cartilage majeur et peau de l'aile du nez ; peau de la partie latérale de la lèvre supérieure.

Action La portion latérale (zygomatique) tire vers le haut et vers le côté la lèvre supérieure jusqu'à découvrir les dents incisives ; le faisceau médial dilate la narine. Lorsque les trois parties du muscle se contractent en même temps, la lèvre supérieure se soulève et l'angle oral se déplace vers le haut.

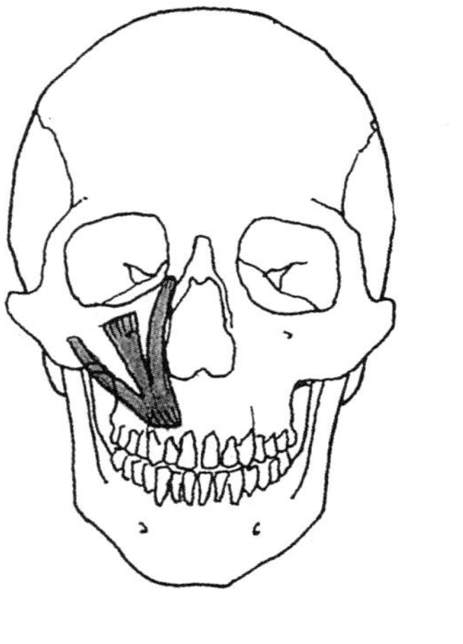

Anatomie de surface Ce muscle intervient lorsqu'on exprime la tristesse, le mépris, le dégoût, le refus, etc. Il peut se contracter de façon autonome ou bien en même temps que le muscle orbiculaire, ce qui provoque : un léger déplacement vers l'avant de la lèvre supérieure, le soulèvement de l'angle oral – qui se creuse davantage –, la formation de sillons transversaux sur les côtés et sur l'épine du nez (à condition que les muscles supercilié corrugateur et procérus se contractent en même temps), ainsi que la dilatation et la traction vers le haut des narines.

LE MUSCLE INCISIF DE LA LÈVRE SUPÉRIEURE

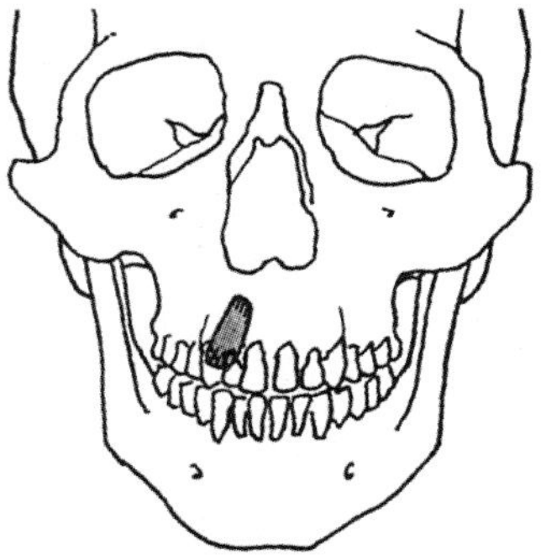

Forme, structure, relations Le muscle incisif supérieur est formé par de petits faisceaux orientés latéralement et placés le long de la lèvre supérieure. Il est considéré comme une partie intégrante du muscle orbiculaire des lèvres. Il s'unit aux faisceaux des muscles buccinateur, triangulaire et releveur de l'angle oral au niveau du coin de la bouche.

Origine Apophyse de l'os maxillaire, à proximité de l'incisive latérale.

Insertion Peau de la lèvre supérieure.

Action Voir muscle orbiculaire des lèvres.

Anatomie de surface Voir muscle orbiculaire des lèvres.

LE MUSCLE ORBICULAIRE DES LÈVRES (*Orbicularis oris*)

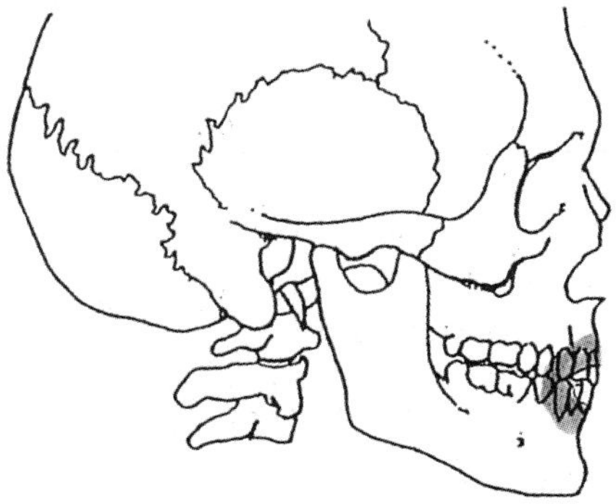

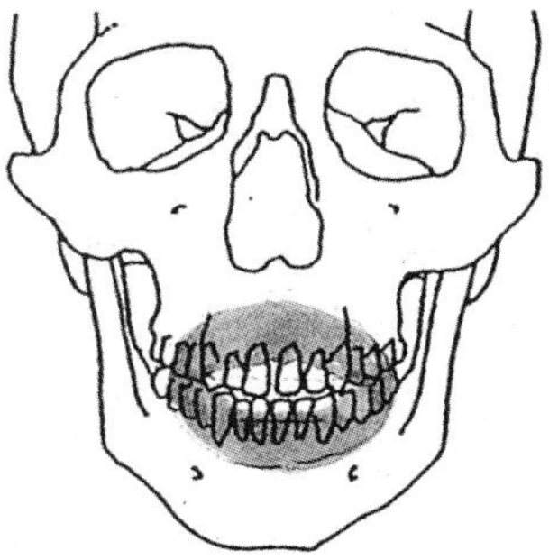

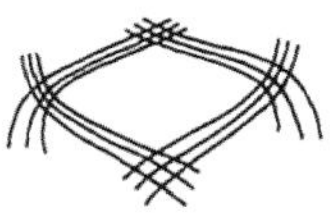

Forme, structure, relations Le muscle orbiculaire des lèvres comprend un ensemble de fibres musculaires disposées en anneau autour de la cavité buccale. Ses limites supérieure et inférieure sont la base du nez et le menton. Il peut regrouper d'autres petits faisceaux provenant de la symphyse mentonnière. Il possède une structure complexe qui comprend : une portion interne et profonde, proche de la cavité buccale et formée en grande partie par des fibres, parallèles aux lèvres, provenant du muscle buccinateur ; une portion périphérique, superficielle et sous-cutanée, formée par des fibres provenant des muscles releveur de l'angle oral, triangulaire, releveur de la lèvre supérieure, zygomatique et dépresseur de la lèvre inférieure. Les fibres marginales peuvent être considérées comme des muscles partiellement autonomes : c'est le cas du muscle incisif supérieur et du muscle incisif inférieur. Les fibres des différents muscles convergent les unes vers les autres aux coins de la bouche, où elles forment deux épaississements nodulaires, très visibles et palpables, qui se déplacent lors de la contraction et qui donnent à cette structure sa forme circulaire caractéristique.

Origine Faisceaux musculaires divers provenant de muscles à insertion labiale (buccinateur, triangulaire, releveur de l'angle oral).

Insertion Couches profondes de la peau et de la muqueuse des lèvres.

Action Fermeture, rapprochement et protrusion des lèvres.

Anatomie de surface Lorsqu'il se contracte peu, ce muscle referme les lèvres en les rapprochant des dents, ce qui fait légèrement ressortir la peau des zones situées au-dessus et en dessous de la bouche ; si, en revanche, il se contracte fortement, il rapproche les coins de la cavité buccale et fait ressortir les lèvres en provoquant la formation de sillons verticaux autour de celles-ci. Ce muscle intervient lorsqu'on boit, on embrasse, on suce et on parle ; il permet également d'exprimer une grande quantité d'émotions, telles que l'agressivité, le doute, la curiosité, la détermination, etc.

LE MUSCLE NASAL (*Nasalis compressor naris* [partie transversale], *dilatator naris* [partie des ailes])

Forme, structure, relations Le muscle nasal consiste en une lame musculaire dont l'origine est située dans le maxillaire : il s'élargit en éventail au fur et à mesure qu'il remonte vers les côtés du nez. Il comprend deux portions : d'une part, la partie transversale, également appelée muscle constricteur de la narine, dont les fibres s'étendent sur le côté du nez et s'insèrent sur l'aponévrose tendineuse de l'épine du nez ; d'autre part, la partie située sur les ailes du nez, dite muscle dilatateur de la narine, difficilement identifiable, courte et assez large dans le point d'origine.

La partie transversale se situe en profondeur par rapport au muscle releveur de la lèvre supérieure et de l'aile du nez ; elle se prolonge parfois dans le muscle procérus. La partie située sur les ailes du nez est partiellement couverte par les fibres périphériques du muscle orbiculaire des lèvres.

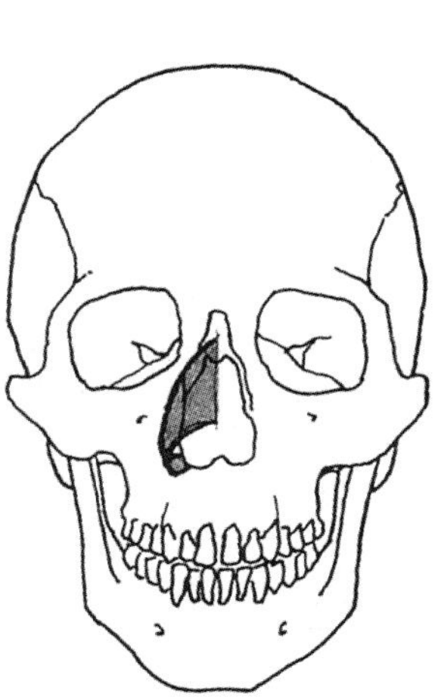

Origine Muscle constricteur de la narine : mâchoire, à côté de la base de l'ouverture nasale (piriforme).

Muscle dilatateur de la narine : mâchoire, en dessous et latéralement par rapport à la base de l'ouverture nasale, à proximité de la fosse de l'incisive latérale.

Insertion Muscle constricteur : aponévrose de l'épine du nez.

Muscle dilatateur : peau du contour extérieur de la narine et cartilage de l'aile du nez.

Action Muscle constricteur : serrage de la narine, notamment de la cavité nasale là où se situe le passage entre le vestibule et la fosse nasale.

Muscle dilatateur : dilatation de la narine et déplacement latéral de l'aile du nez.

Anatomie de surface En se contractant, le muscle constricteur provoque un aplatissement de la peau sur l'épine et sur les ailes du nez. Si la contraction concerne le muscle dilatateur, en revanche, les narines s'élargissent et leur bord latéral se déplace légèrement vers le haut, ce qui agrandit l'ouverture nasale et rend plus visible la cloison. Le muscle nasal intervient dans la respiration, lorsqu'on sent quelque chose ou quand on exprime certains états émotionnels (désir, convoitise, surprise, etc.).

LE MUSCLE DÉPRESSEUR DU SEPTUM NASAL (*Depressor septi*)

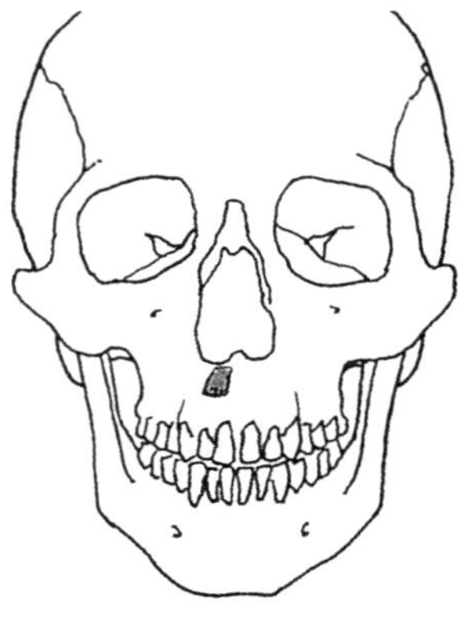

Forme, structure, relations Le muscle dépresseur du septum nasal est une petite lame formée par des fibres provenant du maxillaire et se dirigeant en diagonale vers le haut jusqu'à la cloison du nez. Il est souvent considéré comme une partie intégrante du muscle nasal : en effet, ces deux muscles se contractent en même temps pour dilater les narines pendant la phase d'inspiration profonde.

Origine Os maxillaire, dans la partie située derrière l'incisive médiale.

Insertion Peau et partie postérieure du cartilage de la cloison nasale.

Action Traction vers le bas de la partie mobile de la cloison ainsi que, dans une moindre mesure, de l'aile du nez.

Anatomie de surface La contraction du muscle dépresseur du septum nasal entraîne un abaissement de la cloison, ce qui donne au nez un aspect plus allongé dans un sens vertical et rend la pointe du nez plus fine. Sous l'effet de la traction vers le bas, les narines s'élargissent et leur bord postérieur se déplace légèrement vers le côté.

LE MUSCLE ZYGOMATIQUE MAJEUR OU GRAND ZYGOMATIQUE (*Zygomaticus maior*)

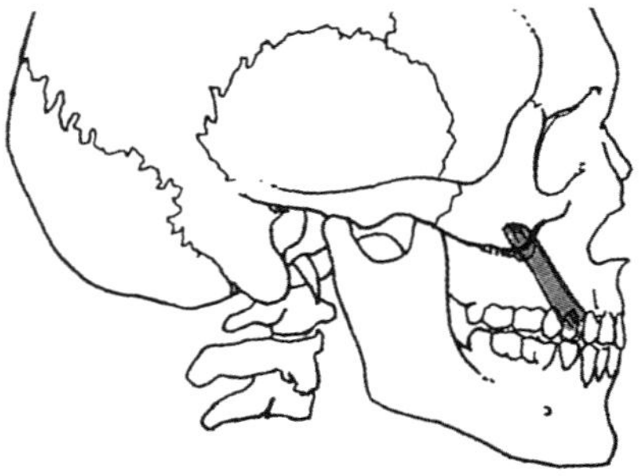

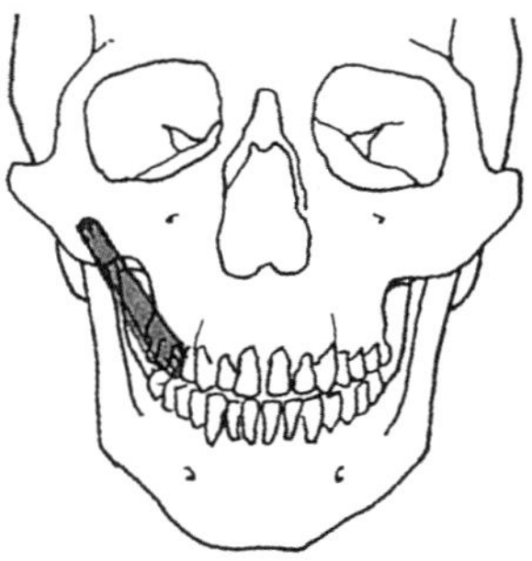

Forme, structure, relations Le grand zygomatique a une structure rubanée longue et fine. Il part d'un tendon court et se dirige en diagonale vers l'avant et vers le bas. Dans certains cas, il peut se former non pas à partir de l'os zygomatique, mais du fascia du masséter ou du buccinateur ; il peut être couvert, tout comme ses muscles voisins, par une fine couche musculaire (muscle malaire) provenant du muscle orbiculaire des yeux. Dans sa partie initiale, il s'étend sur le masséter, puis il croise le muscle dépresseur de la lèvre supérieure et se ramifie au-dessus des muscles releveur de l'angle oral, orbiculaire des lèvres et triangulaire.

Origine Apophyse temporale de l'os zygomatique, près de la suture zygomatico-temporale.

Insertion Peau du coin des lèvres.

Action Traction vers le haut et vers le côté du coin de la bouche. Étirement de la commissure et légère ouverture des lèvres. Ce muscle agit en même temps que le petit zygomatique, ramification du muscle releveur de la lèvre supérieure.

Anatomie de surface Les effets de la contraction du zygomatique majeur apparaissent dans les expressions souriantes, auxquelles participent également d'autres muscles mimiques (risorius, petit zygomatique, orbiculaire des yeux, etc.). L'angle oral se creuse et forme un pli cutané ; la peau de la région labiale s'étire, formant de petites rides aux coins de la bouche et à la base de la paupière inférieure ; la formation d'une fossette dans la joue est due au déplacement du tissu adipeux sous-cutané.

LE MUSCLE RELEVEUR DE L'ANGLE ORAL (*Levator anguli oris/ orbicularis oris, pars marginalis*)

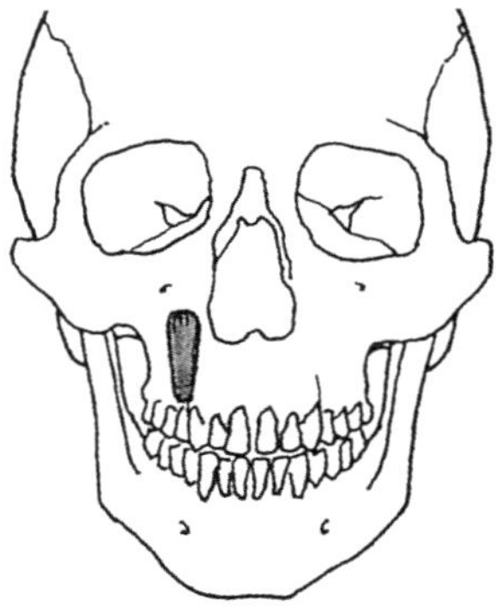

Forme, structure, relations Le muscle releveur de l'angle oral a une taille assez réduite. Ses fibres, orientées vers le bas et vers le côté, s'insèrent dans la peau des lèvres, où elles croisent les fibres du grand zygomatique, du triangulaire et de l'orbiculaire des lèvres. Il est situé en profondeur par rapport aux autres muscles du visage. Ses dimensions sont parfois inversement proportionnelles à celles du grand zygomatique.

Origine Fosse canine du maxillaire, au-dessous du trou infraorbital.

Insertion Peau de la commissure des lèvres.

Action Traction vers le haut de la lèvre supérieure et de la commissure (ce qui découvre les canines).

Anatomie de surface Ce muscle contribue à la formation de l'angle oral. Sa contraction entraîne un léger déplacement vers le haut et vers le côté du coin de la bouche dans les expressions souriantes, et provoque l'étirement des lèvres et du menton.

LE MUSCLE RISORIUS (*Risorius*)

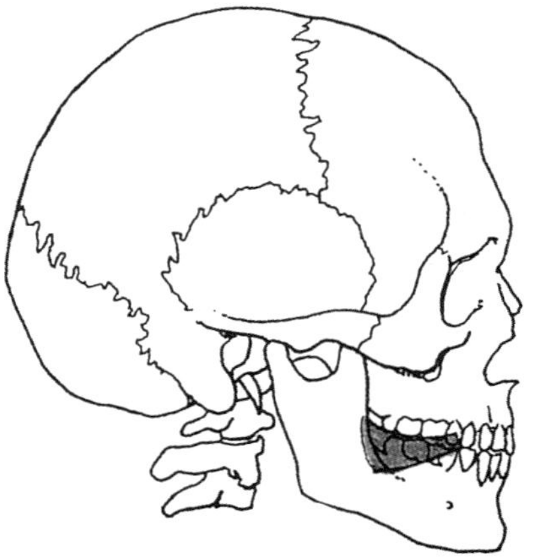

Forme, structure, relations Le muscle risorius est formé par un faisceau de fibres superficielles : celui-ci est large à l'origine et étroit au point d'insertion. Il s'étend presque horizontalement de la joue à la lèvre. Il est souvent considéré comme une partie intégrante du muscle triangulaire (*cf.* la rubrique correspondante). Sa forme et sa taille peuvent varier considérablement : il peut être absent, se former à partir de l'arcade zygomatique ou s'étendre jusqu'au muscle platysma.

Origine Fascia parotido-masséter.

Insertion Peau de la commissure des lèvres.

Action Traction des commissures vers le côté et vers l'arrière.

Anatomie de surface Se contractant en même temps que le grand zygomatique, il peut exprimer le sourire, l'ironie et le sarcasme ; il intervient également lors de la phonation. Sous l'effet de son action, les lèvres s'étirent latéralement et deviennent plus fines ; la partie inférieure de l'angle oral est tirée vers l'arrière et devient plus proéminente.

LE MUSCLE ORBICULAIRE DES YEUX (*Orbicularis oculi/ orbicularis palpebrarum*)

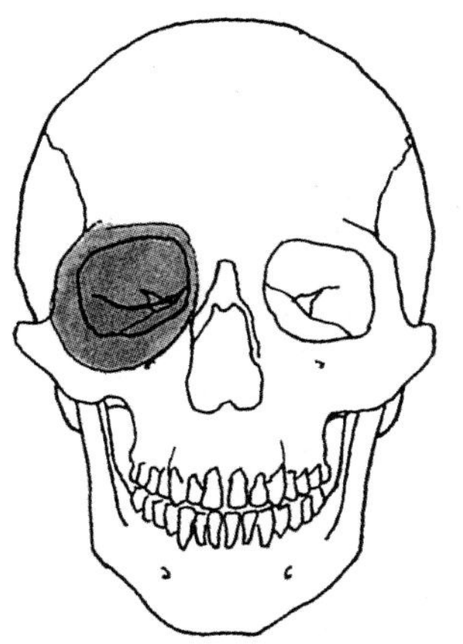

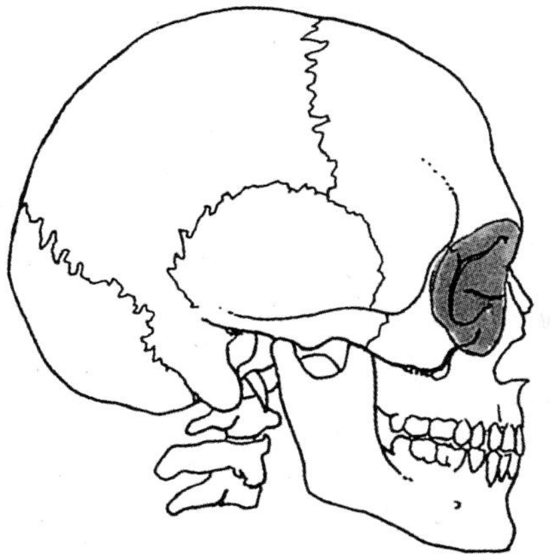

Forme, structure, relations Le muscle orbiculaire des yeux a une forme annulaire, large et aplatie ; il entoure les orbites et recouvre le globe oculaire en formant la lame musculaire des paupières. Il comprend trois parties : orbitale, palpébrale et lacrymale ; la première a une taille assez importante et constitue la portion périphérique de l'anneau musculaire ; la deuxième est fine et se trouve près de la fente palpébrale ; enfin, la troisième est située médialement près de l'os lacrymal. Certains faisceaux de la partie orbitale peuvent s'insérer au-dessus de la zone sourcilière, formant ainsi le muscle dépresseur supercilié ; d'autres petits faisceaux, qui s'étendent du fascia du temporal jusqu'à la peau de l'angle oral, forment une fine couche qui recouvre les muscles grand zygomatique, petit zygomatique et releveur de la lèvre supérieure, constituant ainsi le muscle malaire.
Le muscle orbiculaire se contracte tant volontairement que de façon réflexe : il intervient dans les expressions mimiques, quand on réagit à des stimuli mécaniques extérieurs, à la lumière ou aux sons, lorsqu'on cligne des yeux ou que l'on contracte les paupières de façon rythmée et rapide pour humidifier la surface oculaire. Dans certains cas, les deux muscles orbiculaires peuvent être joints l'un à l'autre le long de la ligne médiane.

Origine Portion orbitale : partie nasale de l'os frontal ; apophyse frontale de la mâchoire ; ligament palpébral médial.
Portion palpébrale : ligament palpébral médial.
Portion lacrymale : fascia lacrymal ; partie supérieure de la crête et de la face latérale de l'os lacrymal.

Insertion Les fibres musculaires se disposent en anneau autour de l'orbite ; elles s'insèrent dans la partie superficielle et sous-cutanée de la peau du sourcil, dans le ligament palpébral et dans les tarses palpébraux (lames de tissu conjonctif fibreux).

Action La partie orbitale rapproche et ferme les paupières en tirant la peau du front, la tempe et de la joue vers le nez, ce qui provoque la formation de rides très marquées autour des orbites. La partie palpébrale ferme les paupières plus délicatement, par exemple pendant le sommeil ou lorsqu'on cligne des yeux : dans ces cas, des faisceaux dépresseurs, s'opposant au muscle releveur de la paupière supérieure, baissent cette dernière, tandis que des faisceaux releveurs poussent la paupière inférieure légèrement vers le haut. La partie lacrymale facilite la sécrétion, la distribution et le drainage du liquide lacrymal.

Anatomie de surface La contraction du muscle orbiculaire entraîne la formation de plis et de sillons cutanés dont la taille dépend de l'expression réalisée (sourire, rire, attention, douleur, concentration, hostilité, etc.). Cette contraction est généralement bilatérale, toutefois elle peut intervenir d'un côté seulement, par exemple lorsqu'on cligne de l'œil. Le muscle releveur de la paupière supérieure – qui s'étend de la surface inférieure de la petite aile du sphénoïde jusqu'à la peau et au tarse de la paupière supérieure – agit en même temps que le muscle frontal et s'oppose à certaines fibres du muscle orbiculaire : il entraîne la séparation des fentes palpébrales, typique lorsqu'on écarquille les yeux dans les expressions de terreur, d'étonnement, etc.

LE MUSCLE BUCCINATEUR (*Buccinator*)

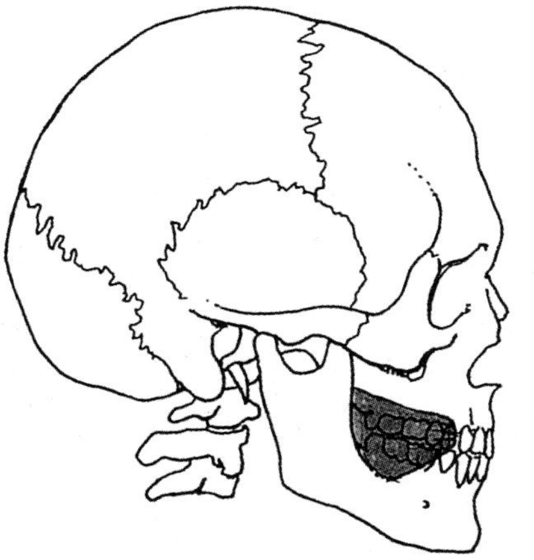

Forme, structure, relations Le buccinateur est un muscle lamellaire inséré dans la joue, entre la muqueuse de la cavité orale et la peau. Il est assez étendu et a une forme quadrangulaire. Ses fibres musculaires forment trois faisceaux qui convergent vers l'avant : le faisceau supérieur se dirige vers le bas, le faisceau inférieur vers le haut et le faisceau central est disposé presque horizontalement. Les fibres supérieures et inférieures, plus périphériques, ne s'arrêtent pas aux coins de la bouche, mais se prolongent autour des lèvres. Le buccinateur peut être relié aux muscles limitrophes ou aux muscles du pharynx (dans ce cas, il forme le groupe musculaire buccopharyngien. Son origine est cachée par la branche de la mandibule, dont elle est séparée par le coussin gras buccal. Il touche les muscles ptérygoïdien médial, zygomatique majeur, risorius, releveur de l'angle oral et triangulaire.

Origine Surface extérieure des processus alvéolaires de la mâchoire et de la mandibule, en correspondance des molaires ; ligament (ou raphé) ptérygo-mandibulaire.

Insertion Peau et muqueuse de la commissure des lèvres.

Action La contraction du buccinateur, essentiellement bilatérale, provoque une traction vers l'arrière (et non pas vers le côté) des commissures des lèvres et comprime les joues contre les dents lorsque la cavité orale contient de la nourriture ou de l'air (ce qui arrive pendant la mastication ou l'expiration par la bouche).

Anatomie de surface La contraction de ce muscle entraîne une rétraction du coin de la bouche, un étirement peu prononcé des lèvres et une légère courbure vers le haut des parties latérales des commissures. Parfois, de petits plis peuvent apparaître aux coins de la bouche et se diriger vers le côté et vers le bas. Le buccinateur participe à plusieurs expressions du visage (complaisance, désapprobation, rire, pleurs, etc.).

LE MUSCLE PROCÉRUS (*Procerus*)

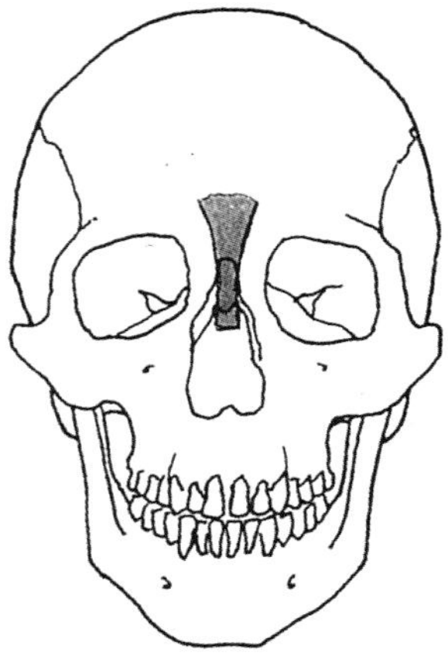

Forme, structure, relations Le muscle procérus est formé par un petit faisceau très fin, aplati et triangulaire, dont les fibres sont orientées presque verticalement de la racine du nez jusqu'au front (glabelle). Il s'agit d'un muscle pair, toutefois il est possible que les deux procérus soient unis l'un à l'autre le long de la ligne médiane, formant ainsi un ensemble unique considéré comme une partie dépendant du muscle frontal. Dans sa portion latérale, il recouvre partiellement le muscle supercilié corrugateur, tandis que dans sa partie inférieure il se prolonge dans la portion transversale du muscle nasal.

Origine Fascia recouvrant la portion inférieure de l'os nasal ; partie supérieure du cartilage latéral du nez.

Insertion Peau située entre les arcades sourcilières ; peau de la partie centrale inférieure du front.

Action Traction vers le bas de la peau située dans la zone de la glabelle ; traction vers le haut de la peau de la racine du nez.

Anatomie de surface La contraction du procérus provoque la formation d'un sillon transversal dans la peau de la racine du nez ; en intervenant en même temps que les muscles supercilié corrugateur et dépresseur, il participe aux expressions d'attention, de menace, de colère, de douleur, etc.

LE MUSCLE SUPERCILIÉ CORRUGATEUR (*Corrugator supercilii*)

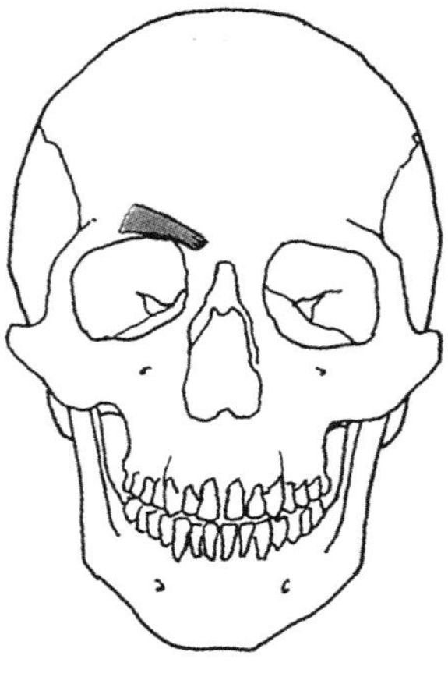

Forme, structure, relations Le muscle supercilié corrugateur a une forme aplatie, fine, allongée et pyramidale. Ses fibres sont orientées en diagonale vers le haut, de l'origine jusqu'au point d'insertion, et s'étendent presque parallèlement au sourcil. La plupart d'entre elles se trouvent en profondeur par rapport aux muscles frontal et orbiculaire des yeux, à l'exception des fibres situées dans le secteur médial, qui s'insèrent dans la peau. Dans certains cas, ce muscle peut être uni au muscle orbital, dont il constitue alors une partie dépendante.

Origine Os frontal (extrémité médiale de l'arcade sourcilière et glabelle).

Peau de l'arcade sourcilière correspondant au sourcil.

Action Déplacement médial et légère traction vers le bas la partie médiale du sourcil.

Anatomie de surface La contraction de ce muscle, généralement bilatérale, provoque la formation de plis verticaux dans la peau comprise entre les sourcils, dans la zone correspondant à la glabelle (froncement des sourcils) : ce mouvement constitue une action réflexe servant à protéger les yeux d'une lumière trop forte, mais il intervient également dans de nombreuses autres expressions (attention, concentration, souffrance, intérêt, colère, appréhension, douleur, etc.).

LE MUSCLE MENTONNIER (*Mentalis*)

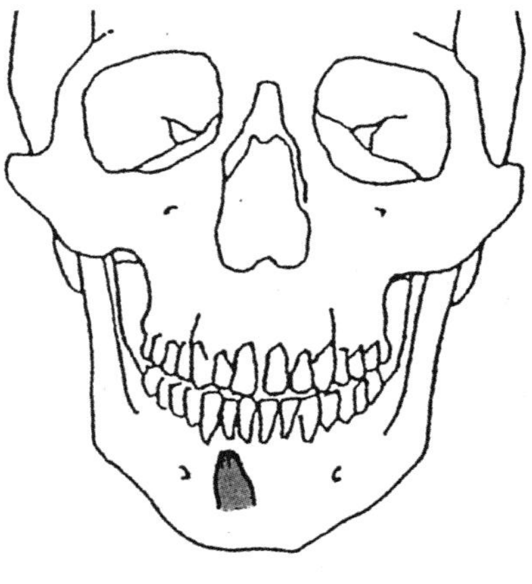

Forme, structure, relations Le muscle mentonnier est une petite formation presque conoïde, légèrement aplatie et orientée verticalement vers le bas, de la mandibule jusqu'au menton. Ses fibres musculaires se ramifient également dans la peau de la lèvre inférieure, où elles croisent les fibres des muscles orbiculaire des lèvres et buccinateur. Le muscle mentonnier se contracte presque toujours en même temps que le muscle latéral correspondant, auquel il est relié par de nombreuses fibres. Si, en revanche, les deux muscles sont nettement séparés l'un de l'autre, la peau adhère à la surface osseuse en formant une fossette dans le menton.

Origine Mandibule, près de la fosse de la dent incisive médiale.

Peau du menton.

Action Soulèvement et protrusion de la lèvre inférieure ; formation de rides dans la peau du menton.

Anatomie de surface La contraction de ce muscle provoque le soulèvement de la lèvre inférieure, la courbure vers le bas de la fente orale, la formation de nombreux petits sillons dans la peau du menton, et creuse davantage l'angle formé par ce dernier et la bouche. Le muscle mentonnier intervient lorsqu'on boit ou que l'on exprime le doute, le mépris, le dégoût, etc.

LE MUSCLE PTÉRYGOÏDIEN MÉDIAL (*Pterygoideus medialis*)

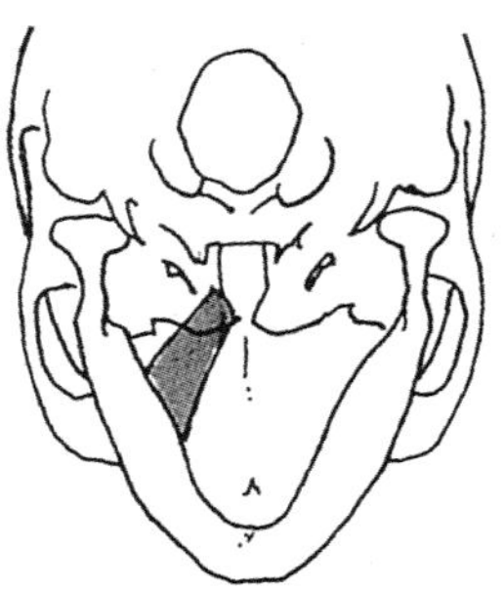

Forme, structure, relations Le muscle ptérygoïdien médial a une forme assez aplatie et quadrangulaire ; il est orienté en diagonale et vers le côté. Ses petits faisceaux s'insèrent dans la branche ainsi que dans le coin de la mandibule par le biais d'une lame tendineuse courte et robuste. Il peut être étroitement lié aux muscles voisins : sa face latérale adhère en effet à la surface médiale de la branche de la mandibule (elle n'est séparée de celle-ci que dans la partie supérieure par le muscle ptérygoïdien latéral) et sa face médiale est liée au pharynx et aux muscles intrinsèques correspondants.

Origine Face médiale de la lame latérale de l'apophyse ptérygoïde du sphénoïde ; apophyse pyramidale du palatin ; tubérosité du maxillaire.

Insertion Face médiale de la branche de la mandibule, près de l'angle et le long du bord inférieur.

Action Élévation de la mandibule pour la mastication ; protrusion et déplacement latéral de la mandibule.

Anatomie de surface Il s'agit d'un muscle profond : il n'est ni visible, ni palpable.

LE MUSCLE PTÉRYGOÏDIEN LATÉRAL (*Pterygoideus lateralis*)

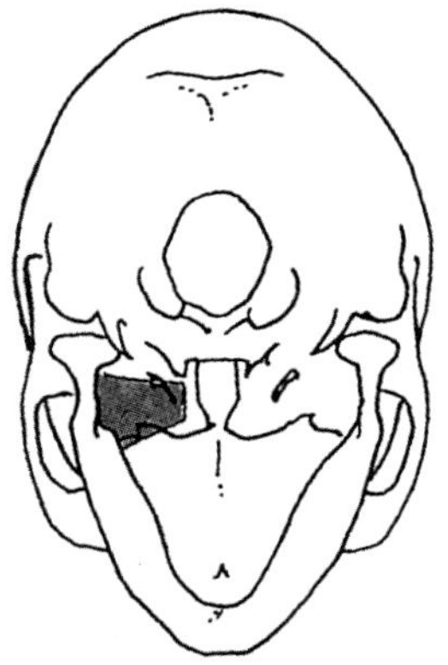

Forme, structure, relations Le muscle ptérygoïdien latéral est court, souvent en forme de pyramide : il comprend deux faisceaux, orientés vers l'arrière et vers le bas, qui convergent en un seul tendon d'insertion. Il peut être relié aux muscles voisins. Il est situé médialement par rapport à la branche de la mandibule et de l'arcade zygomatique et rentre en contact avec le tendon du temporal ainsi qu'avec le masséter. Sa face médiale est placée sur la partie supérieure du muscle ptérygoïdien médial.

Origine Base du crâne, par le biais de deux faisceaux séparés ; faisceau supérieur : partie supérieure et surface latérale de la grande aile du sphénoïde ; faisceau inférieur : face latérale de la lame latérale de l'apophyse ptérygoïde.

Insertion Condyle de la mandibule, près de la fosse ptérygoïde ; capsule et disque articulaires de l'articulation temporo-mandibulaire.

Action Le faisceau supérieur exerce une traction vers l'avant du condyle, ce qui provoque l'ouverture de la bouche et la protrusion de la mandibule (dans ce cas, le muscle agit en même temps que le muscle ptérygoïdien médial et s'oppose aux faisceaux postérieurs du muscle temporal). Le faisceau inférieur participe aux mouvements de fermeture de la bouche, à la mastication, à la déglutition, et intervient lorsqu'on serre les dents.

Anatomie de surface Il s'agit d'un muscle profond : il n'est ni visible ni palpable.

LE MUSCLE MASSÉTER (*Masseter*)

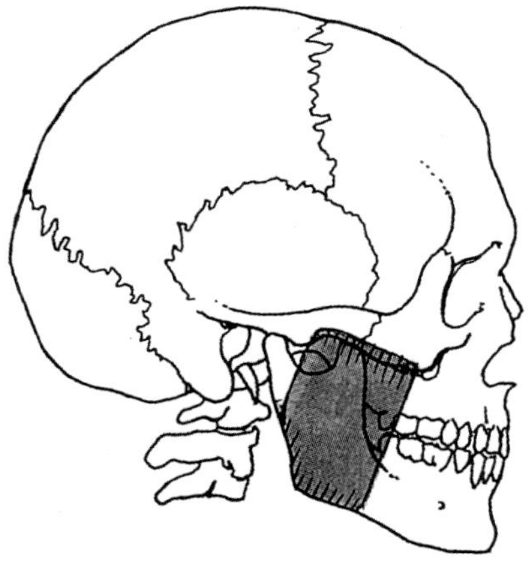

Forme, structure, relations Le muscle masséter est formé par une lame presque quadrangulaire, d'une largeur d'environ 4 cm, très robuste et épaisse (1 cm environ), qui s'étend en diagonale entre l'arcade zygomatique et le coin de la mandibule. Il comprend une couche superficielle et une couche profonde qui, sous l'effet de la traction masticatoire répétée, peuvent influer sur le développement individuel de la structure squelettique du bloc facial ainsi que sur l'ampleur de l'angle mandibulaire.
Les deux faisceaux composant le masséter peuvent être complètement séparés l'un de l'autre. La face profonde adhère à toute la surface externe de la branche de la mandibule et recouvre le point d'insertion du muscle temporal dans l'espace situé entre la mandibule et l'arcade zygomatique. La face superficielle, sous-cutanée, se trouve sous le fascia parotido-masséter, qui s'insère dans le bord inférieur de l'arcade zygomatique et revêt la glande parotide, placée le long du bord postérieur du muscle.
Le masséter est également lié au muscle platysma, au grand zygomatique et, le long du bord antérieur, au coussin gras (dit « de Bichat ») placé dans la fosse infra-temporale.

Origine Arcade zygomatique. La couche superficielle du muscle, sous la forme d'une aponévrose tendineuse robuste, s'étend à partir de l'apophyse zygomatique de la mâchoire et des deux tiers antérieurs du bord inférieur de l'arcade zygomatique ; la couche profonde se forme dans la portion postérieure de la surface médiale et sur le bord inférieur de l'arcade zygomatique.

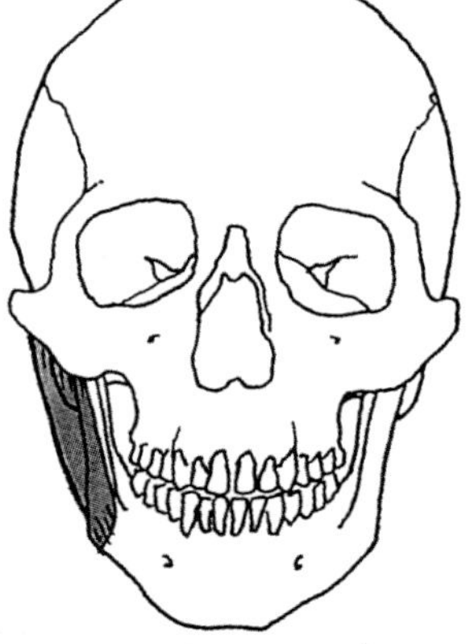

Insertion Surface latérale de la branche de la mandibule : la couche superficielle s'insère sur l'angle et sur la moitié inférieure de la surface latérale de la branche de la mandibule ; la couche profonde s'insère sur la partie supérieure de la face latérale de la branche mandibulaire, ainsi que sur l'apophyse coronoïde.

Action Élévation de la mandibule pour la mastication, entraînant la fermeture de la bouche.
L'orientation en biais des fibres musculaires de la couche superficielle peut provoquer de légers déplacements vers l'avant (protrusion) au niveau de la mandibule, tandis que la disposition verticale de la couche profonde peut entraîner de légers déplacements vers l'arrière et vers le côté (rétraction).

Anatomie de surface Le masséter étant un muscle sous-cutané, lorsqu'il se contracte, il est facilement palpable et bien visible sous les téguments.
Le bord antérieur apparaît très clairement, surtout chez les individus possédant un coussin gras de taille réduite, tandis que le bord postérieur est couvert par la glande parotide.
L'arcade zygomatique est visible dans tous les cas, car elle est légèrement relevée par rapport au muscle. La masse musculaire apparaît plus clairement pendant la mastication ou lorsqu'on serre fortement les mâchoires dans certaines expressions (colère, agressivité, tension, etc.).

LE MUSCLE TEMPORAL (*Temporalis*)

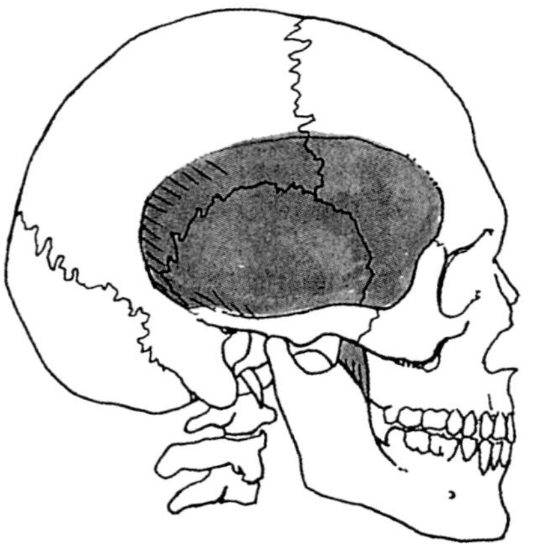

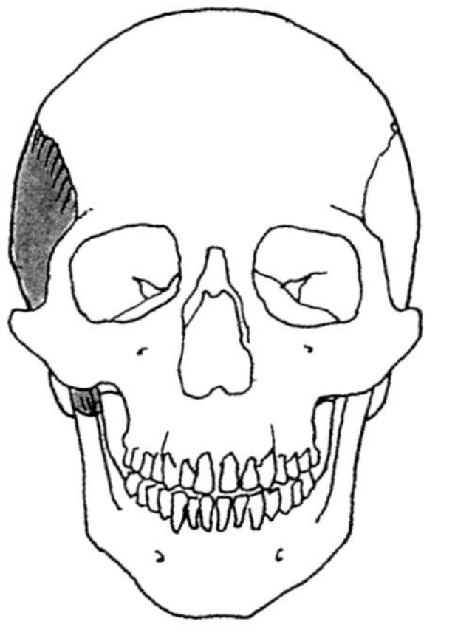

Forme, structure, relations Le muscle temporal a une forme aplatie et ressemble à un éventail ; il possède un large contour supérieur, fin et semi-circulaire ; son apex, en revanche, est étroit et assez épais (2 cm environ), se situe dans la fosse temporale sous l'arcade zygomatique, et se termine par un tendon d'insertion court et robuste. Le temporal comprend plusieurs faisceaux musculaires dont l'orientation est variable : les faisceaux antérieurs s'étendent plus ou moins du haut vers le bas, les faisceaux médians se dirigent en diagonale vers le bas et vers l'avant, enfin les faisceaux postérieurs sont disposés presque horizontalement. La face profonde du muscle adhère à la paroi externe de la boîte crânienne ; dans la partie inférieure, elle est en contact avec la fosse temporale, ainsi qu'avec les muscles ptérygoïdiens latéral et médial. Le bord antérieur se trouve près de l'os zygomatique et est séparé de ce dernier par un coussin de graisse : celui-ci, lorsque la bouche est très ouverte, peut apparaître plus visiblement à cause du déplacement vers l'avant du condyle mandibulaire et forme ainsi une petite saillie sous l'arcade zygomatique. La face superficielle du muscle temporal est sous-cutanée et recouverte par le fascia temporal, une lame fibreuse dense à laquelle adhèrent les muscles auriculaires et temporo-pariétal, ainsi qu'une partie du muscle orbiculaire des yeux. Cette lame est également sillonnée par les vaisseaux superficiels de la tempe.

Origine Plan temporal (comprenant la zone formée par l'écaille du temporal, la grande aile du sphénoïde, ainsi que le pariétal jusqu'à la ligne temporale inférieure), fosse temporale, surface profonde du fascia temporal.

Insertion Apex et surface médiale de l'apophyse coronoïde de la mandibule.

Action Élévation de la mandibule pour la mastication, entraînant le rapprochement des arcades dentaires et la fermeture de la bouche ; léger déplacement latéral de la mandibule.

Anatomie de surface Le muscle temporal étant sous-cutané, il est facilement palpable sur presque toute sa surface ; toutefois, puisqu'il est recouvert par le fascia temporal, assez étendu, sa contraction n'est visible que dans le secteur antérieur (près de la tempe), pendant la mastication ou lorsqu'on serre fortement les mâchoires. Le reste du muscle est généralement caché par les cheveux.

L'ŒIL

Les organes qui composent l'appareil visuel se trouvent en position symétrique dans les cavités orbitaires et constituent, pour les parties extérieures, la région orbitaire. Cette zone est délimitée par les marges de la cavité osseuse et elle est occupée par le sourcil, par une portion du bulbe oculaire et par les paupières.
L'œil (le bulbe oculaire) présente une forme sphérique légèrement aplatie dans la partie antérieure et postérieure et un diamètre moyen de 2,5 cm environ. La partie que l'on peut voir à l'extérieur, délimitée par les paupières, est la partie antérieure et elle est caractérisée par la présence d'une petite calotte sphérique transparente (la cornée) qui dépasse par rapport à la partie opaque et blanchâtre (la sclérotique) puisque son rayon de courbure est inférieur à celui du bulbe entier. Cette proéminence se remarque facilement en observant l'œil de profil et elle est même perceptible à travers l'épaisseur de la paupière fermée.
Immédiatement derrière la cornée se trouve l'iris qui est aussi bien visible. Il s'agit d'une membrane en forme de disque d'un diamètre d'environ 1 cm qui présente des couleurs variées. Au milieu de cette dernière on trouve une ouverture circulaire, la pupille, qui apparaît noire car à travers la lens (le cristallin) elle plonge sur la cavité bulbaire. La pupille a la propriété de se dilater et de se contracter en fonction de l'intensité de la lumière, des états émotionnels et de la distance de l'objet observé.
La couleur de l'iris varie du bleu, au gris, au châtain avec des nuances différentes et elle est normalement liée à celle des cheveux ; en effet les personnes avec les cheveux foncés ont normalement les yeux foncés. En outre la couleur n'est pas uniforme et compacte. Elle est constituée d'un ensemble de pigments plus ou moins intenses qui produisent des dessins différents d'un individu à l'autre. Habituellement on remarque une densité plus intense vers la circonférence externe avec des striures qui se prolongent pour arriver à la pupille.
La cavité osseuse orbitaire est plus vaste que le volume du globe oculaire ce dernier peut de la sorte être protégé par une quantité importante de matériel adipeux qui l'entoure presque complètement, à l'exception de la partie antérieure, en remplissant les espaces non occupés par des dispositifs vasculaires, nerveux et musculaires. En effet, le bulbe oculaire est mû délicatement par certains muscles intrinsèques capables de provoquer des déplacements assez fins et précis : les muscles droits supérieurs, inférieurs, latéraux et médiaux qui enveloppent l'œil en suivant la direction indiquée par leur nom respectif. Deux autres muscles obliques supérieurs et inférieurs réalisent les mouvements en direction intermédiaire, oblique en haut et en bas. Il convient de souligner qu'en situation normale, les deux bulbes oculaires se déplacent de façon coordonnée, simultanément, et dirigent le regard dans la même direction : dans la vision lointaine les axes de bulbes sont parallèles, alors que dans la vision rapprochée ils sont légèrement convergents.
Les paupières sont deux plis cutanés, une supérieure, plus étendue, et une inférieure, chacune se terminant par un bord extérieur libre pourvu de poils rigides, les cils. Les bords libres de la paupière supérieure et de la paupière inférieure peuvent se joindre afin de couvrir complètement les yeux mais pendant la phase de vision les deux paupières sont éloignées et délimitent l'ouverture de la fente palpébrale qui abrite la partie antérieure de l'œil.
L'ouverture palpébrale se termine par un angle aigu des deux côtés (commissures) avec des modalités différentes : la commissure médiale est élargie et montre une conformation un peu débordante et rosâtre, la caroncule, où débouche le conduit lacrymal. C'est un point de repère important car il ne subit pas de déplacement ; la commissure latérale, par contre, délimite un zone plus restreinte et peut subir de légers déplacements dus aux mouvements des yeux.
L'ouverture palpébrale présente une forme plus ou moins ovale ou elliptique et varie selon les caractéristiques individuelles et

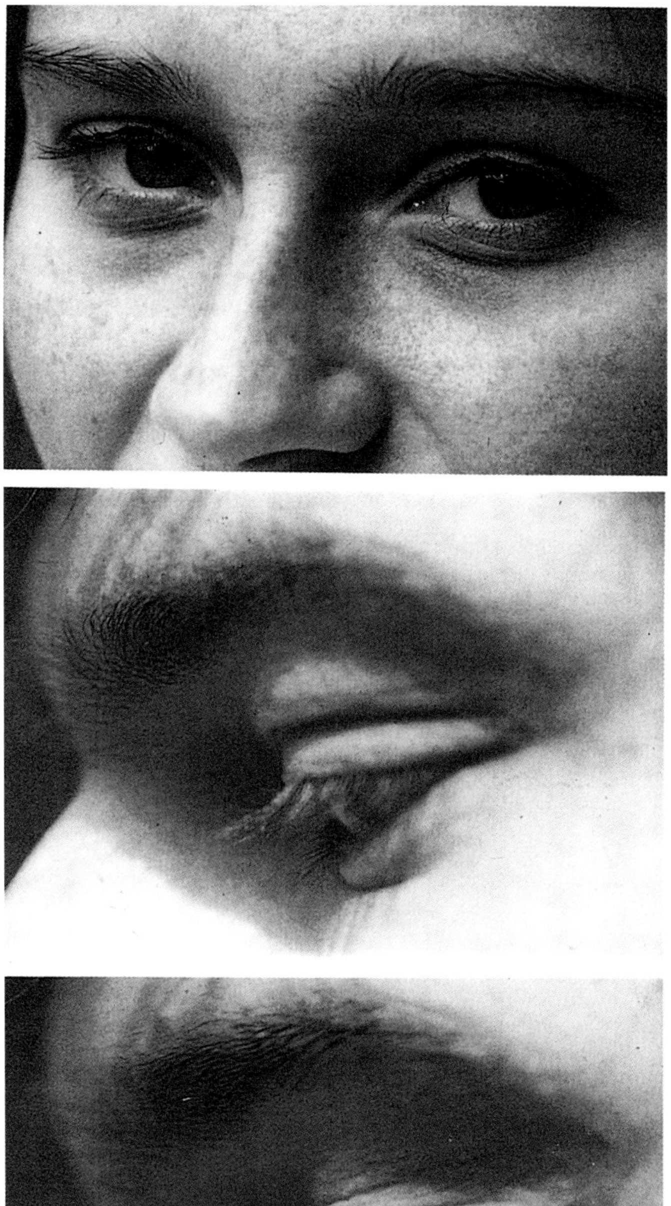

Caractéristiques morphologique de la paupière de l'œil mongoloïde

ethniques (œil mongoloïde, par exemple) mais sa forme varie également en fonction des déplacements du bulbe oculaire, de la direction du regard. Dans les conditions normales de regard direct vers l'avant, les paupières sont appuyées sur la forme sphérique de l'œil en suivant la surface courbée. On observe certaines particularités : l'axe de l'ouverture la plus importante est transversal, presque horizontal mais légèrement oblique parce que la commissure latérale est placée légèrement plus haut que la commissure médiale ; le bord de la paupière supérieure est concave et tend vers le bas dans la moitié médiale et est plus droit dans la moitié latérale ; la paupière inférieure est plus régulièrement concave vers le haut, bien qu'elle puisse présenter une tendance opposée par rapport à celle de la paupière supérieure, c'est-à-dire plus concave dans la moitié latérale et plus droite dans la moitié médiale. La paupière supérieure couvre une petite portion de l'iris alors que l'inférieure touche son contour.
La sclérotique de l'œil, blanchâtre et recouverte par la membrane conjonctive, d'apparence brillante à cause de la présence de liquide lacrymal, occupe deux zones triangulaires aux contours courbés. Elles sont localisées sur le côté de l'iris ; la médiale est un peu plus étendue, mais surtout soumise à des expositions plus vastes ou plus limitées en fonction des mouvements de l'œil. Près de la caroncule on remarque un pli en demi-lune, une ligne rehaussée qui se forme à cause de la rencontre des deux feuillets conjonctifs.
Les paupières ont une épaisseur d'environ 3 mm et leur paroi est constituée d'une lame fibreuse, le tarse, dont la face interne est tournée vers le bulbe et est recouverte par la conjonctive, alors que la face externe est composée d'une épaisseur musculaire (surtout le muscle orbiculaire des yeux) et de la peau. La paupière supérieure est beaucoup plus étendue que la paupière inférieure et cela se remarque facilement lorsque l'œil est fermé.
Pendant l'ouverture de l'œil, la paupière se rétracte de façon inégale grâce au muscle élévateur de la paupière supérieure et aux muscles tarsiens ; elle délimite un pli profond (sillon orbito-palpébral supérieur) qui se forme entre la peau de la paupière et la peau du sourcil.
La paupière inférieure est moins étendue et peu mobile. Elle se trouve fréquemment épaissie par des dépôts adipeux et elle est séparée de la joue par le sillon orbito-palpébral inférieur.
La peau qui recouvre les paupières est si fine qu'elle laisse parfois apercevoir le réseau capillaire et elle a tendance à faire apparaître de nombreuses ridules, surtout vers les commissures latérales.
Les cils sont recourbés vers l'extérieur et se trouvent exclusivement sur le bord libre extérieur de chacune des paupières : ceux des paupières supérieures sont courbés vers le haut, plutôt longs, assez fournis et rapprochés ; ceux des paupières inférieures sont courbés vers le bas, plus courts et plus clairsemés.
Les sourcils sont des reliefs cutanés transversaux symétriques, très mobiles grâce à de nombreux muscles peauciers, et se trouvent en correspondance avec les arcades sourcilières du front. Ils séparent le front des paupières supérieures et sont couverts de poils qui forment, sur chaque côté, un arc transversal légèrement concave vers le bas. Les poils ont une couleur semblable à celle des cheveux ou à peine plus foncée et ont une disposition particulière : dans la partie médiane du sourcil (tête) ils sont très nombreux, disposés avec une faible inclinaison latérale et localisés légèrement plus bas que le trait osseux sus-orbital ; dans la position intermédiaire (corps) ils sont très inclinés latéralement, presque horizontaux ; dans la partie latérale (queue) ils sont nuancés et clairsemés, se terminant par une pointe où ils sont disposés en épis et se trouvent légèrement plus haut que la marge osseuse.
La forme des sourcils présente des variations individuelles suivant le sexe (ceux des femmes sont plus régulièrement courbés), l'âge (chez les personnes plus âgées les poils deviennent gros et prennent parfois un aspect laineux) mais aussi ethnique : par exemple, chez les populations orientales, ils sont très foncés et fins alors qu'ils sont plus touffus chez les populations méditerranéennes avec parfois des extensions sur la zone de la glabelle.

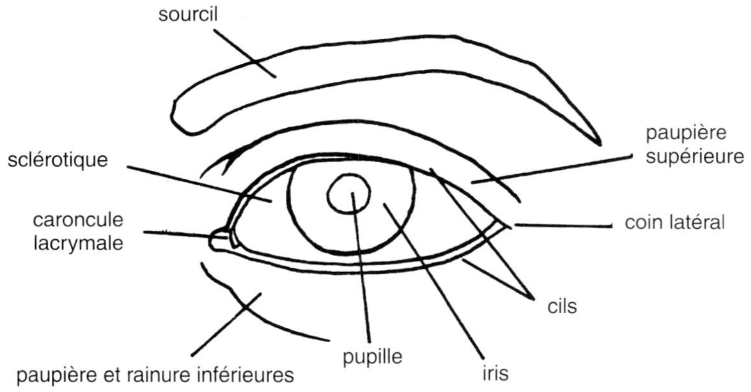

Dessin schématique de l'œil

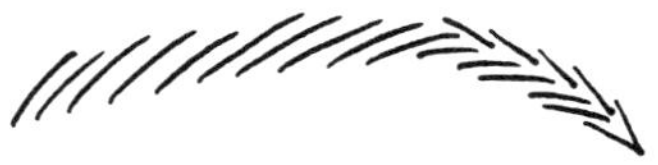
Schéma de la direction des poils du sourcil

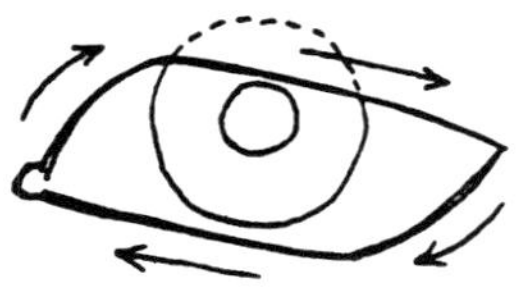
Position de l'iris entre les paupières normalement ouvertes

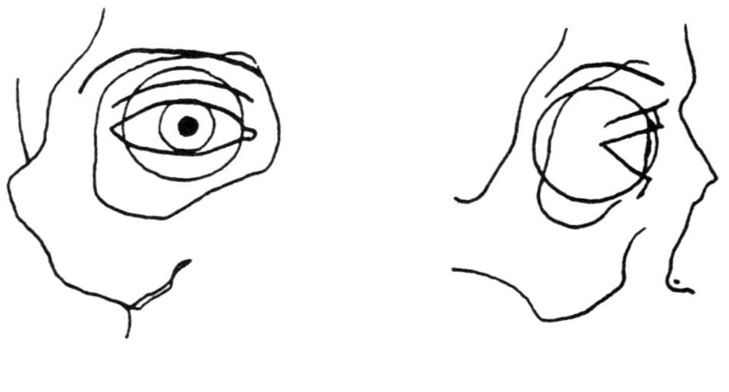
Position du bulbe oculaire dans la cavité orbitale

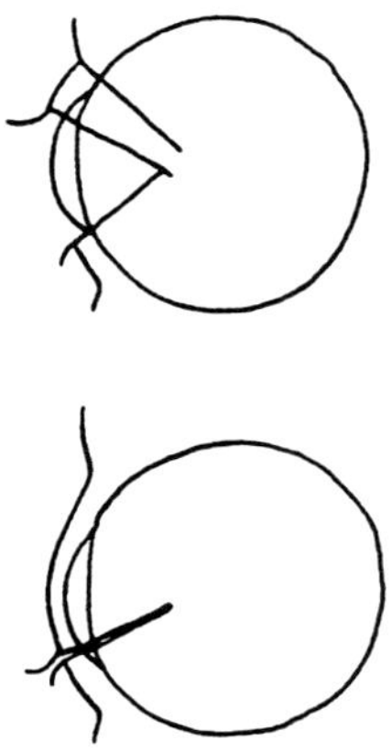
Rapport entre les paupières (ouvertes et fermées) et le bulbe oculaire

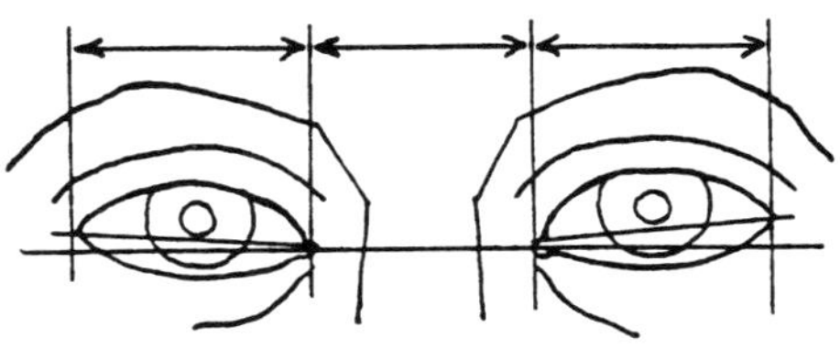

LE NEZ

La partie externe du nez est une protubérance de forme pyramidale située au milieu de la figure, le long de la ligne médiane, dans une zone comprise entre le front dans la partie supérieure, la cavité orbitale et les joues sur le côté, la lèvre supérieure en bas. Sa surface présente d'un point de vue morphologique certaines parties dont les caractéristiques principales sont bien connues : la racine, le dos, les ailes, le lobule, soutenus par un squelette ostéo-cartilagineux. En effet, la racine, la partie supérieure du dos et des deux côtés correspondent aux os qui délimitent l'ouverture piriforme du bloc facial, c'est-à-dire l'os nasal et les processus frontaux et palatins des maxillaires, alors que les parties restantes du nez, soutenues par un cartilage, sont mobiles.

La peau du nez s'appuie sur une fine couche adipeuse et contient plus particulièrement sur le lobule et les ailes de nombreuses glandes sébacées qui en rendent la surface brillante ; en outre, le long du contour des ouvertures inférieures, les narines, la peau couvre le vestibule, se recouvrant à son tour d'une certaine quantité de poils dépassants et gros, les vibrisses.

La racine, ou apex du nez, est une zone fine située entre les arcs orbitaux plus en retrait par rapport à la surface médiane du front dont elle est parfois séparée par une rainure transversale (rainure naso-frontale). Chez l'homme, le débord des arcades sourcilières forme généralement un creux, une rainure entre le front et la racine du nez, alors que chez la femme, qui possède une structure osseuse plus menue comme nous l'avons vu lors de la description de la boîte crânienne (*cf.* Considérations anthropologiques p. 65-66), ce creux est normalement absent ou à peine esquissé. La racine commence et se poursuit sur le dos du nez qui est le bord antérieur arrondi situé sur le plan médian, formé par la rencontre des deux faces latérales.

Le dos peut varier en forme et en taille selon des caractéristiques ethniques et individuelles. Il peut avoir un bord plus ou moins fin et allongé ou bien peut être plutôt large et court. Si l'on considère son profil, on peut distinguer certains types fondamentaux de nez : le nez droit rectiligne, le nez aquilin (convexe), le retors (concave), le camus (aplati). Un léger relief sur le dos du nez indique parfois de façon marquée le passage entre le squelette osseux et le squelette cartilagineux. Les deux faces latérales sont étroites et plutôt plates près de la racine mais deviennent convexes en s'élargissant vers le bas où se forment les ailes du nez ; ces dernières peuvent avoir différentes dimensions et peuvent se dilater ou se contracter grâce aux muscles cutanés. La limite est marquée par la rainure courbée (rainure alaire) qui, à peine perceptible au niveau de la pointe du nez, se porte vers l'arrière et le bas en contournant les narines. Son extension vers la joue et la lèvre supérieure forme la rainure naso-labiale dont la profondeur et la longueur dépendent des caractéristiques cutanées individuelles, de l'âge et des aptitudes expressives habituelles.

La pointe du nez (lobule), située au sommet de la pyramide, est un relief charnu, de forme plutôt ronde qui, surtout chez l'homme, peut présenter deux plans distincts formés par les cartilages sous-jacents : dans beaucoup de cas, le lobule apparaît séparé en deux moitiés symétriques par une légère rainure verticale médiane.

La base du nez a une surface triangulaire ; ses deux côtés, correspondant aux ailes, convergent vers la pointe en délimitant les narines, c'est-à-dire les deux ouvertures des voies respiratoires supérieures. Elles sont séparées par la ligne médiane de la partie inférieure de la cloison cartilagineuse et des épines nasales des maxillaires. Elles ont une forme ovale, élargie, avec des parois plus épaisses dans la partie postérieure, rétrécies dans la partie antérieure, et sont disposées suivant l'axe majeur direct dans un sens antéro-postérieur ou à peine dévié latéralement.

La conformation du nez et plus particulièrement celle des racines permet de faire une distinction anthropologique et ethnique approximative de certains types ethniques : leptorhinien, au nez étroit et fin (chez les populations à peau blanche) ; platirhinien, au nez large et plat (chez les peuples à peau noire) ; mésorhinien, au nez présentant des caractéristiques anthropologiques intermédiaires (chez les peuples à peau jaune).

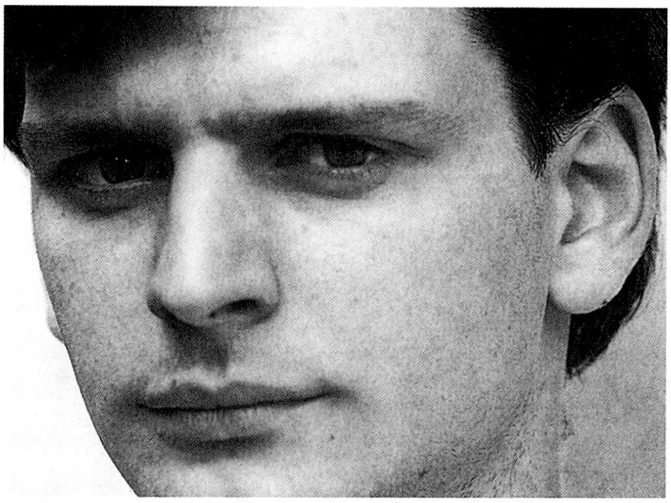

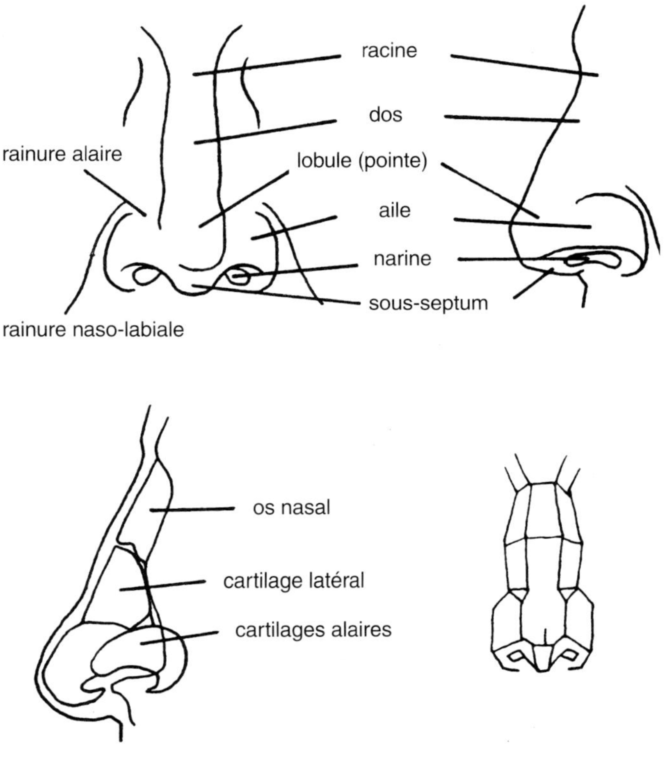

Dessin schématique du nez

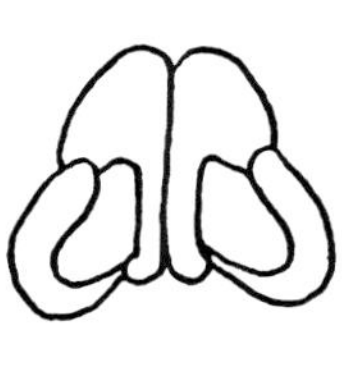
Cartilages du nez

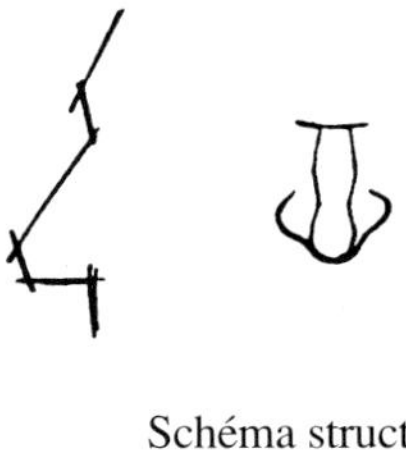
Schéma structurel pour le dessin du nez

LES LÈVRES

Les lèvres forment le contour de la bouche et couvrent la partie antérieure des arcs dentaires. Il s'agit de deux plis, un pli supérieur et un pli inférieur, qui entrent en contact par leurs marges libres en dessinant une ouverture transversale (fente labiale ou buccale) et convergent latéralement en se rejoignant au niveau des commissures labiales.
La lèvre supérieure est prolongée par les joues, la lèvre inférieure par le menton et ensemble, elles constituent la paroi antérieure de la cavité buccale délimitée en haut et sur les côtés par la base du nez et la rainure naso-labiale ; dans la partie inférieure, elles sont limitées par la rainure mento-labiale.
Les lèvres ont une paroi constituée de trois couches ; la couche externe cutanée ; une couche intermédiaire musculaire et adipeuse ; une couche interne, muqueuse. Le revêtement cutané externe et le revêtement muqueux interne sont en continuité par le biais d'une zone de transition (le bord rosé ou prolabial) qui, à cause de la finesse de la peau, apparaît rosée et correspond à la surface des lèvres communément visibles. Dans la couche intermédiaire se trouvent les muscles cutanés qui influencent la région buccale (orbiculaire, buccinateur, risorius, zygomatique, élévateur, triangulaire, houppe du menton) ; la contraction de ces muscles détermine les différents changements de physionomie. La face externe de la bouche est recouverte d'une peau fine. Celle de la lèvre supérieure est pourvue, seulement chez l'homme, d'un système pileux (moustache) et présente sur la ligne médiane une légère dépression ovale (philtrum) qui a pour origine la rainure sous-nasale et se dirige verticalement jusqu'à la lèvre. La lèvre inférieure présente également une petite dépression médiane délimitée latéralement par deux reliefs arrondis (piliers) et, dans la partie inférieure, par la rainure mento-labiale. La zone ainsi délimitée est couverte chez l'homme de poils denses (mouche) selon une disposition caractéristique de la barbe et peut présenter au milieu un léger relief convexe. La forme des lèvres varie remarquablement selon les individus et au sein même des groupes ethniques.
Par conséquent, selon l'ampleur du bord rosé exposé (extroversion) on peut schématiquement reconnaître certains groupes : lèvres épaisses et saillantes (chez les peuples à peau noire), lèvres fines (chez les peuples à peau jaune), lèvres intermédiaires chez les peuples à peau blanche. Il est évident que la largeur de la fente labiale varie selon les sujets : bouche petite, large, moyenne.
La forme propre à chacune des lèvres comporte certaines caractéristiques morphologiques spécifiques. La lèvre supérieure est plutôt fine et dessine sur la zone médiane un relief (tubercule) correspondant à la jonction des bords du philtrum. Sur les côtés on remarque deux légères dépressions suivies par deux crêtes un peu convexes jusqu'aux commissures. La lèvre inférieure est plus épaisse : elle présente sur le plan médian une légère dépression verticale sur laquelle vient se poser le tubercule de la lèvre supérieure, sur les côtés, elle offre deux reliefs symétriques de forme ovale. La limite entre la peau et le bord rosé est légèrement définie et toujours bien visible. Elle apparaît comme une ligne claire, glabre, plutôt sinueuse sur le contour de la lèvre supérieure, plus régulière et courbée sur le contour de la lèvre inférieure où l'on peut parfois remarquer un léger épaississement en correspondance des fossettes médianes et des rainures près des commissures.
Les lèvres subissent de nombreuses variations de formes et de volume en fonction des mouvements expressifs et fonctionnels qui les font apparaître plus ou moins contractées, proéminentes, tirées ou courbées. La fente buccale peut se trouver à peine fermée ou entrouverte, laissant entrevoir une partie des dents. En outre, en surface naissent ou disparaissent des rainures verticales suivant la position des lèvres, élargies, tirées ou bien tendues vers l'extérieur. La rainure naso-labiale, qui s'adapte à toutes ces modifications, délimite latéralement la protubérance ovoïdale du modiol situé près de chaque commissure, constitué par la superposition et le croisement de différents faisceaux musculaires (*cf.* muscle orbiculaire des lèvres p. 71).
La surface externe de la bouche s'étend latéralement sur les joues et sa conformation est due aux maxillaires et aux pannicules adipeux sous-cutanés, alors que dans la partie inférieure elle s'étend sur le menton. Celui-ci constitue un relief qui, caractéristique de l'espèce humaine, est positionné sur le plan médian et délimite la partie inférieure de la face ; il présente des aspects individuels variables en relation avec la forme des mandibules et des dépôts de tissus adipeux sous-cutanés. En général, chez l'homme, il est assez large, dépasse nettement, et est délimité et couvert par des poils (barbe) ; chez la femme, il est plus arrondi, plus menu et glabre. Le menton est séparé de la lèvre inférieure par la rainure mento-labiale et présente fréquemment au milieu une dépression ou un creux, dû à l'adhérence de la peau sur le plan osseux.

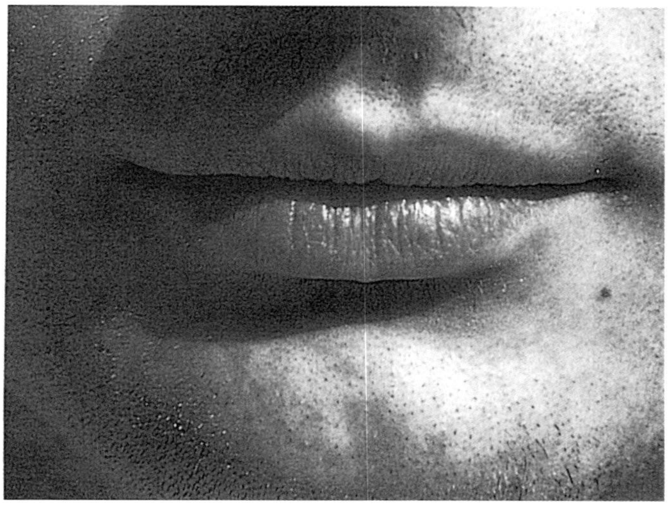

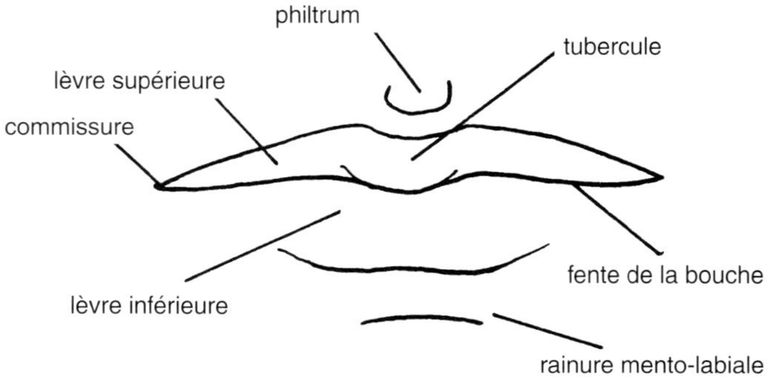

Dessin schématique des lèvres

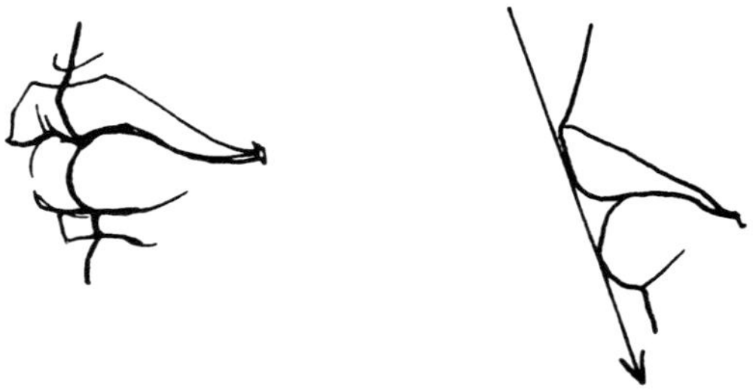

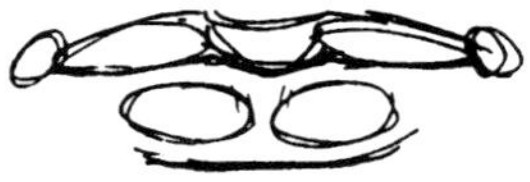

Schéma structurel pour le dessin des lèvres

L'OREILLE

L'oreille externe est constituée par le pavillon auriculaire, c'est-à-dire l'oreille au sens commun, et par le méat (ou conduit auditif externe), un canal qui aboutit au tympan. Le pavillon de l'oreille est un pli cutané possédant un squelette cartilagineux situé symétriquement sur les côtés du crâne, exactement à la limite entre le visage, le crâne et le cou. Le méat acoustique externe correspond à la cavité temporale et représente un point de repère très important. Le pavillon adopte une forme très complexe, semblable à celle d'un coquillage, avec un pourtour ovale ou bien, pour utiliser une simplification schématique, une forme ovoïde extrêmement aplatie dont la portion élargie se trouve vers le haut. L'axe majeur est presque vertical, un peu incliné postérieurement, oblique vers les côtés et le bas, et mesure environ 6 cm ; l'axe mineur est horizontal, orienté latéralement pour former avec la paroi crânienne un angle aigu ouvert vers l'arrière, et mesure environ 3 cm. Si l'on observe la tête en projection latérale, le pavillon n'est pas parfaitement perpendiculaire à l'axe visuel mais légèrement oblique vers le plan frontal. Il se trouve normalement en regard du processus mastoïde, postérieurement à la branche de la mandibule, et sa hauteur est comprise entre deux lignes horizontales et parallèles qui passent respectivement par les sourcils et la base du nez ; l'inclinaison de l'axe majeur est semblable à celle du nez et de la branche mandibulaire. La face médiale du pavillon est tournée vers le crâne, elle est convexe, modelée par des protubérances et des dépressions correspondant à celles de la face externe et ne se trouve attachée à la boîte crânienne que par sa partie convexe antérieure, la bordure ovale restant libre et détachée de la paroi.

La face externe du pavillon est sillonnée par de nombreux plis qui en déterminent les circonvolutions caractéristiques. La partie centrale, assez déplacée vers la marge antérieure de l'oreille, est occupée par une fosse importante, la conque, au fond de laquelle commence le méat acoustique. La partie périphérique, la marge libre de l'oreille, est constituée par l'hélix, un vaste pli courbé qui prend son origine au fond de la conque, à peine au-dessus du conduit auditif, en la séparant ainsi en un secteur supérieur ovale et un secteur inférieur plus profond et étendu. L'hélix délimite ensuite tout le contour externe du pavillon pour arriver, en s'affinant, à la partie inférieure de l'oreille, le lobe. Sur la partie antérieure du bord de l'hélix se trouve généralement une légère protubérance pointue, le « tubercule de Darwin ».

Le lobe est une petite masse charnue, privée de cartilage, de forme ovale et aplatie qui présente sur sa plus grande partie des bords libres ; il adhère en effet au crâne, à proximité de la base de la mandibule, seulement par la partie supérieure de son bord antérieur. Concentriquement à l'hélix, pour délimiter le contour postérieur de la conque, on trouve un anthélix, c'est-à-dire une protubérance cartilagineuse marquée de forme semi-circulaire avec une concavité antérieure ; l'anthélix commence en haut par deux reliefs convergents (l'inférieur étant plus net et le supérieur plus nuancé) délimitant la fossette naviculaire (ou scaphoïde) de l'anthélix, se poursuit par une forme courbe et se termine par une protubérance arrondie, l'antitragus. La zone comprise entre l'hélix et l'anthélix (sillon de l'hélix) est plutôt plate et légèrement creusée.

La conque est délimitée antérieurement par le tragus, une languette triangulaire arrondie et proéminente qui peut présenter sur sa paroi interne quelques poils. Elle correspond à l'articulation temporo-mandibulaire et se poursuit vers l'antitragus avec un bord saillant, délimitant l'échancrure intertragique. En outre, comme nous l'avons déjà mentionné, la conque constitue la paroi postéro-médiane du pavillon, elle est nettement convexe (en relation à la concavité correspondante au niveau de la face externe) et unie à la boîte crânienne de façon à déterminer une inclinaison d'environ 20° à 30° dans le sens antérieur de la face externe du pavillon.

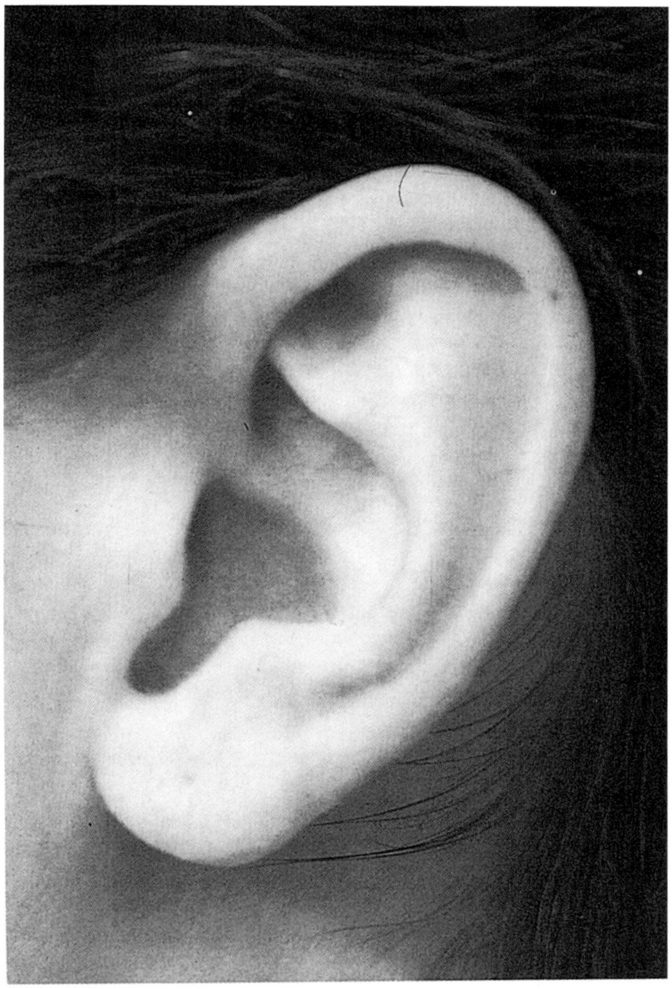

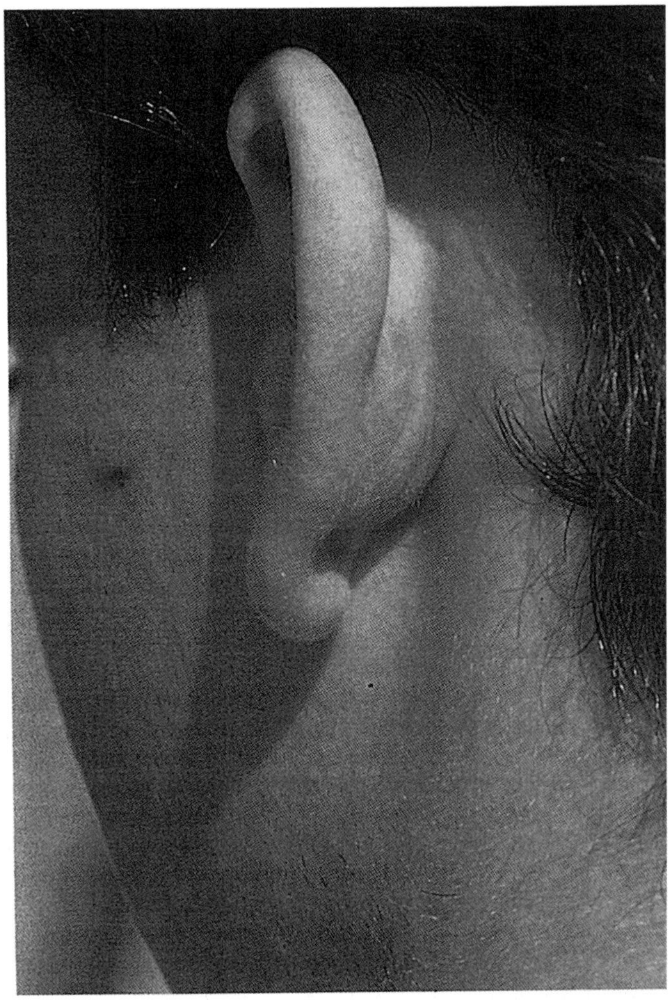

La structure squelettique de l'oreille est un cartilage souple, excepté la zone du lobe et la portion terminale inférieure de l'hélix. Cela assure donc une bonne souplesse au pavillon et même une certaine mobilité due aux muscles auriculaires (*cf.* p. 69) et à quelques fibres propres. La peau est très fine, bien vascularisée : c'est ce qui explique la couleur rosée qui peut s'intensifier sous l'effet de facteurs émotionnels ou thermiques.
La forme du pavillon auriculaire est très variable, elle dépend de caractéristiques individuelles qui sont en partie transmises de façon héréditaire mais aussi de caractéristiques ethniques peu significatives : par exemple, les oreilles de nombreux peuples à peau noire sont plutôt petites et presque privées de lobes. On peut enfin remarquer que l'oreille féminine est plus fine, plus petite et avec des plis plus marqués que l'oreille masculine. En outre, on peut observer qu'avec l'âge l'oreille a tendance à s'allonger dans son plus grand diamètre à cause de la perte de souplesse et de la distension des tissus de soutien, formant quelques plis verticaux devant le tragus.

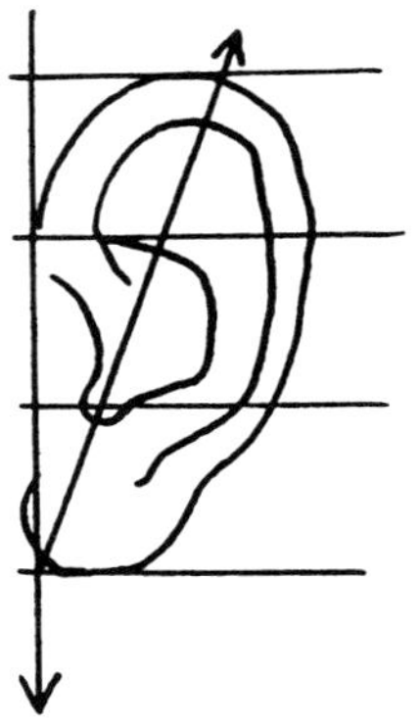

Dessin schématique de l'oreille externe

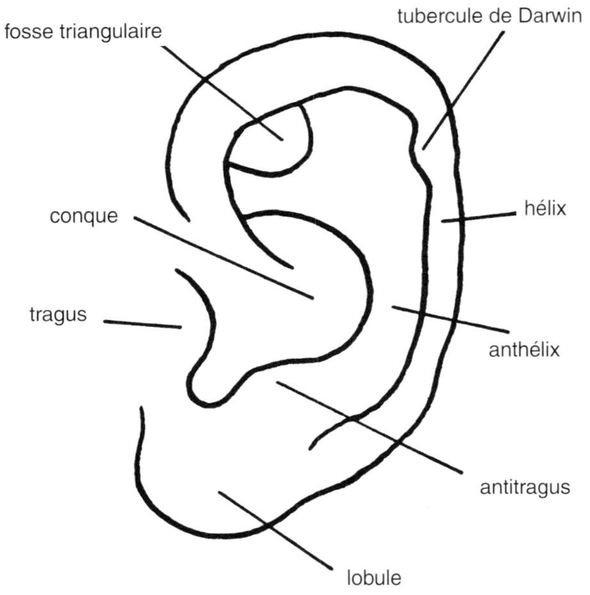

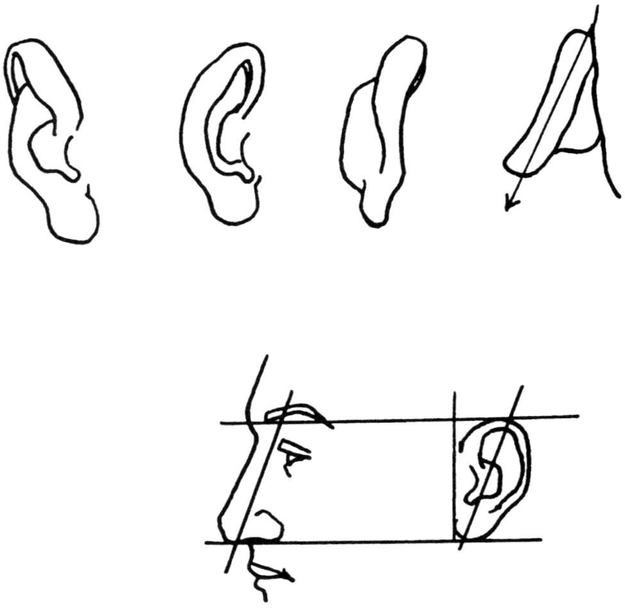

Quelques schémas utiles pour le dessin du pavillon

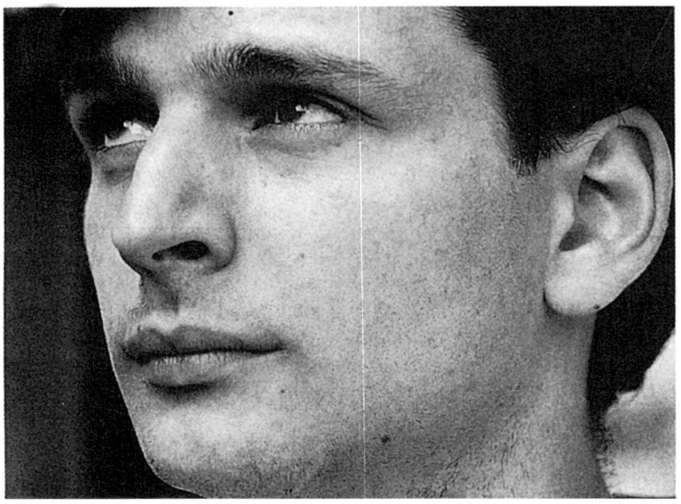

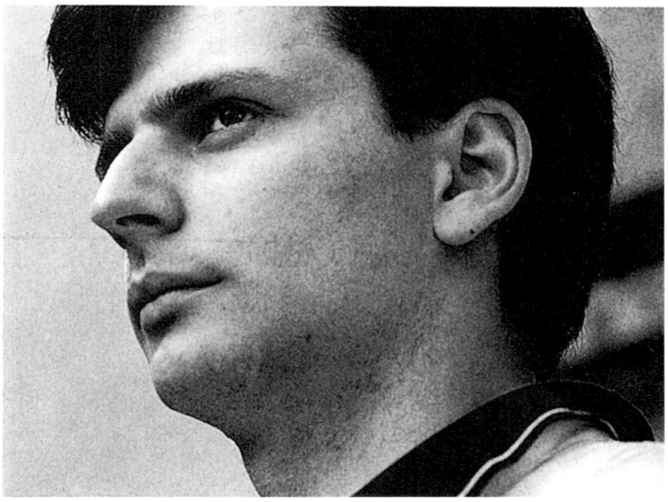

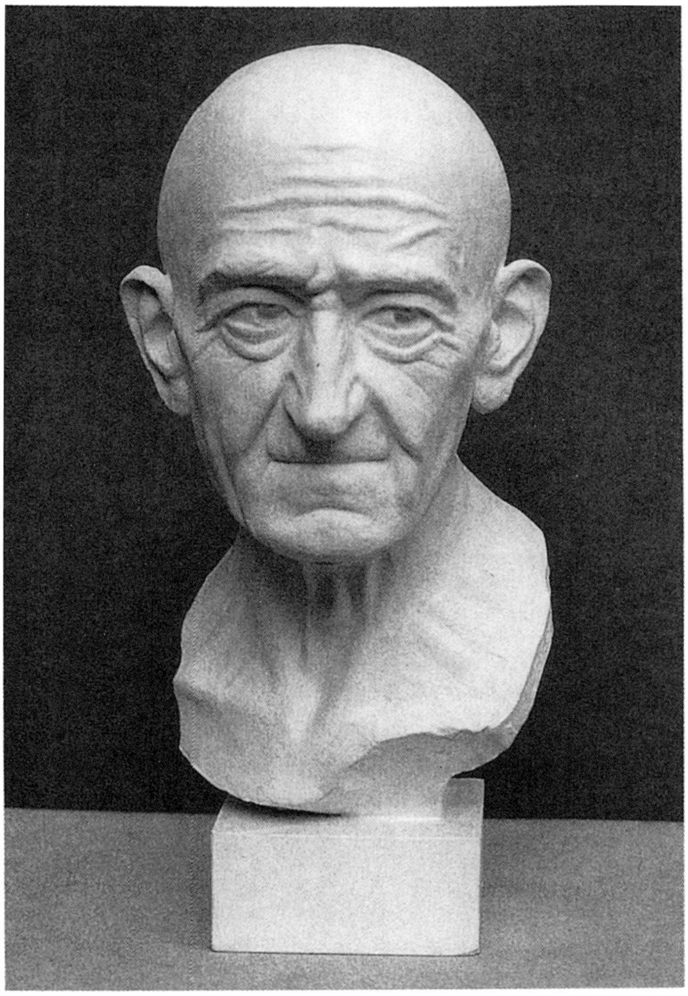
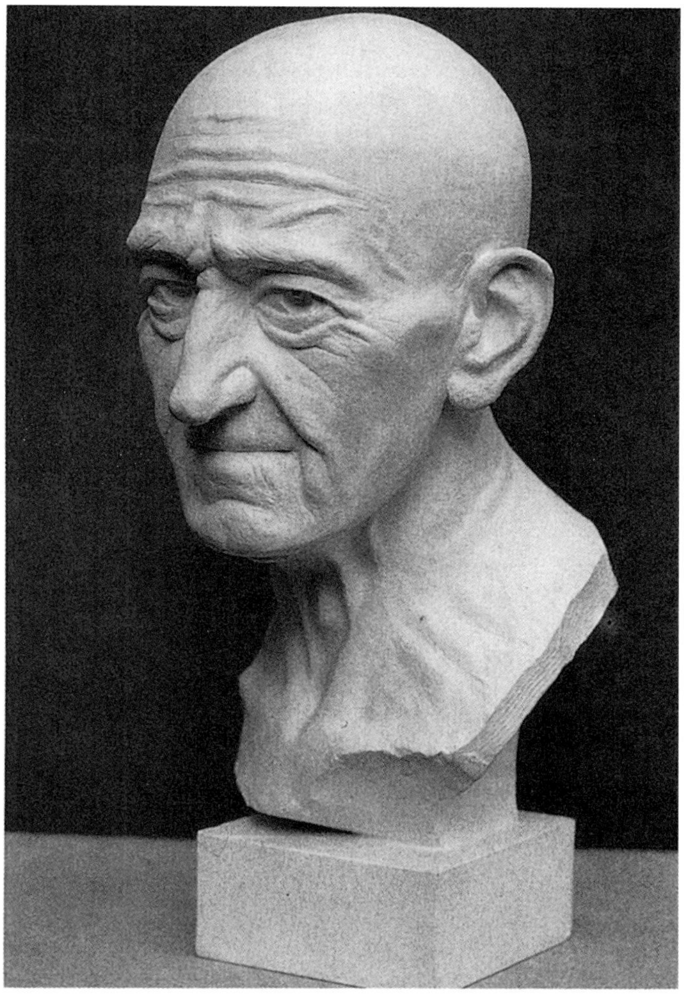
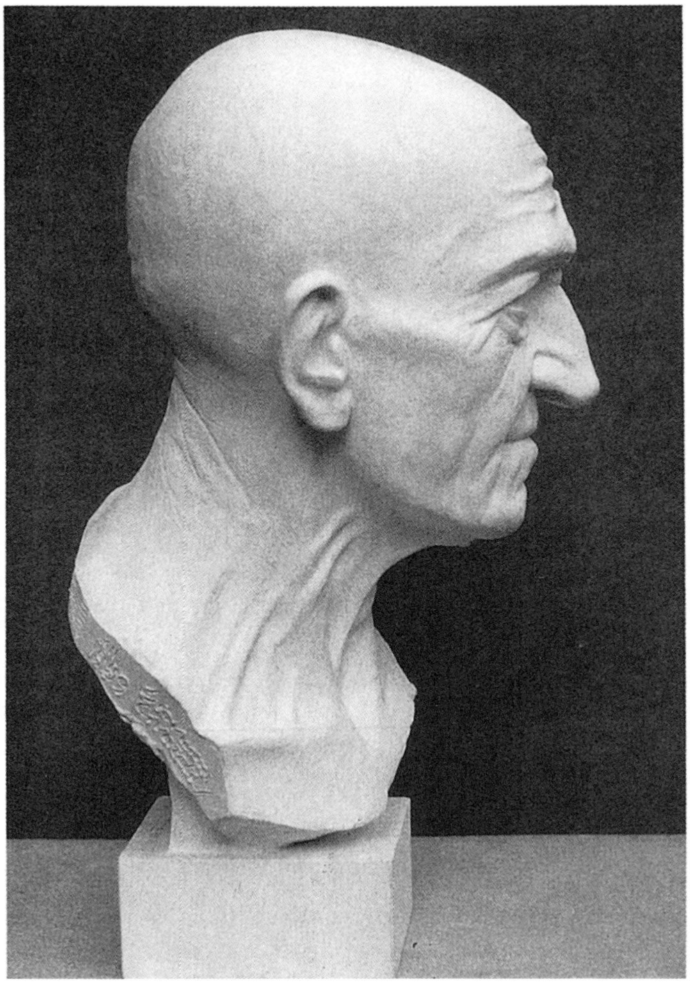
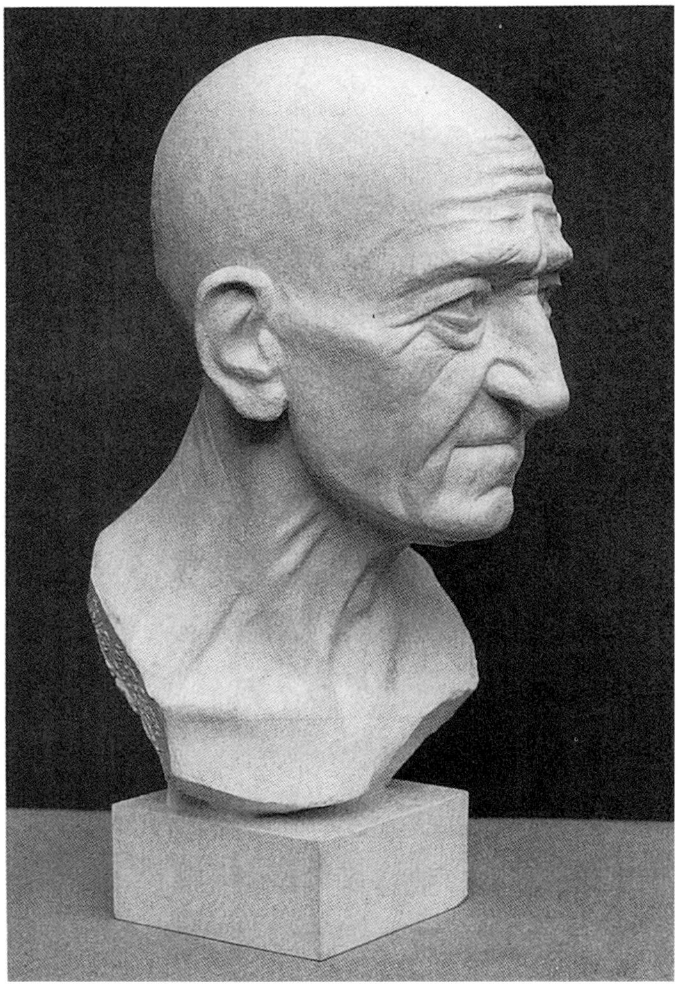

Le tronc

RELEVÉ DE MORPHOLOGIE EXTERNE

Le tronc constitue l'axe du corps humain si l'on excepte la tête, dont nous avons déjà parlé. Sur celui-ci s'insèrent les extrémités libres des membres supérieurs et inférieurs qui constituent les parties corporelles appendiculaires.
Le tronc, qui présente une forme cylindrique antéro-postérieure, se divise en une partie supérieure, le thorax, et une partie inférieure, l'abdomen, dont les axes sont légèrement inclinés sur le plan sagittal en suivant les courbes de la colonne vertébrale. À ces secteurs s'ajoutent, pour une description plus organique des formes extérieures, le cou (un segment cylindrique de raccord avec la tête), les épaules et les fesses. Le secteur thoracique correspondant à la cage thoracique présente une forme tronconique plutôt aplatie dans l'axe antéro-postérieur avec une base large au niveau de l'abdomen. Sur sa face antérieure, on reconnaît les reliefs pectoraux, séparés par une légère dépression sternale et délimités dans la partie supérieure par la proéminence des clavicules. Sur la face postérieure se trouve la région dorsale, correspondant à la colonne vertébrale et limitée sur les côtés par les régions des omoplates et des côtes. La largeur de la partie supérieure du thorax est augmentée par la présence des épaules.
Le secteur abdominal présente une forme ovoïdale ; il est seulement soutenu par le trait lombaire de la colonne vertébrale et se trouve fermé dans la partie inférieure par les os du bassin, alors que les autres parois sont formées par des muscles larges.
Sur la face antérieure, dans une légère dépression de la ligne médiane, se trouve la cicatrice ombilicale et, à l'extrémité inférieure, les organes génitaux externes. Les faces postérieures et latérales sont prolongées par les régions du sacrum, de la hanche et des fessiers pour ensuite se poursuivre par la surface de la cuisse, exception faite de la région postérieure médiane où les fesses sont nettement délimitées par un pli cutané.

Caractères généraux

Le tronc, si l'on y ajoute la tête, constitue la partie axile du corps humain sur laquelle sont fixés les segments appendiculaires, c'est-à-dire les membres supérieurs, par le biais des os qui forment la ceinture scapulaire, et les membres inférieurs par le biais de la ceinture pelvienne. Pour permettre une description plus approfondie et plus organique selon des critères topographiques fonctionnels, le squelette du tronc, avec ses articulations relatives et les annexes musculaires, se divise en plusieurs secteurs : tout d'abord la colonne vertébrale, qui constitue certainement la structure principale de tout le squelette, à laquelle sont raccordées toutes les autres structures. Celle-ci parcourt et soutient tout le tronc et, avec les dispositifs articulaires et les muscles qui l'entourent constitue le **rachis** ; le premier secteur du tronc correspondant à la partie cervicale du rachis est le **cou** ; le deuxième secteur du tronc correspondant au rachis thoracique et à la cage thoracique est le **thorax** ; le troisième secteur correspondant au rachis lombaire est l'**abdomen**. Dans ce dernier secteur, on décrit le bassin qui, tout en étant le dispositif osseux de raccord des membres inférieurs (ceinture pelvienne), est considéré comme appartenant au tronc car il le délimite intérieurement et se trouve être le point d'insertion de nombreux muscles et faisceaux ventraux et dorsaux de l'abdomen. La ceinture scapulaire (omoplates et clavicules) peut faire l'objet des mêmes considérations du fait qu'elle peut être rattachée du point de vue fonctionnel aux membres supérieurs, tout en s'inscrivant topographiquement dans l'axe du tronc.

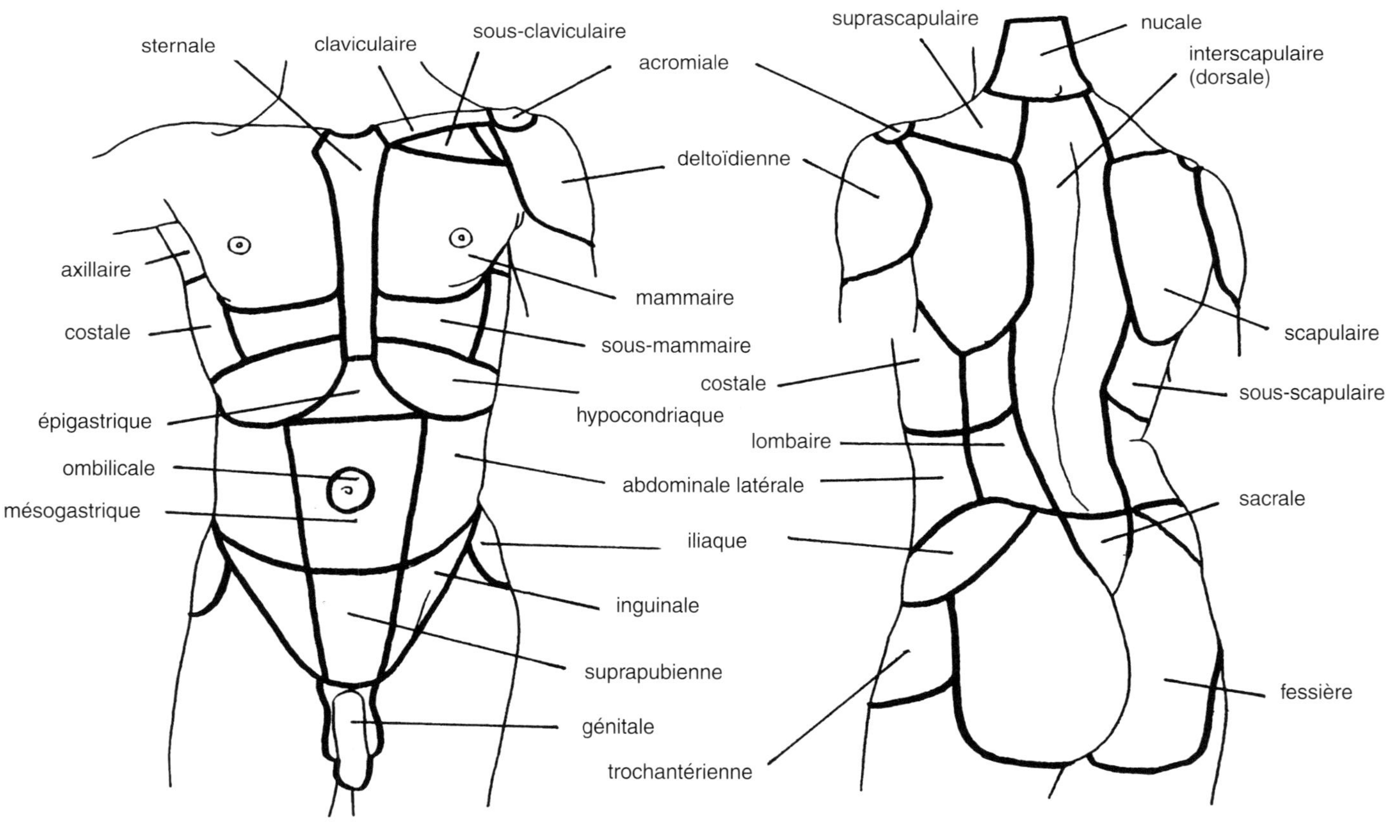

Principales régions du tronc

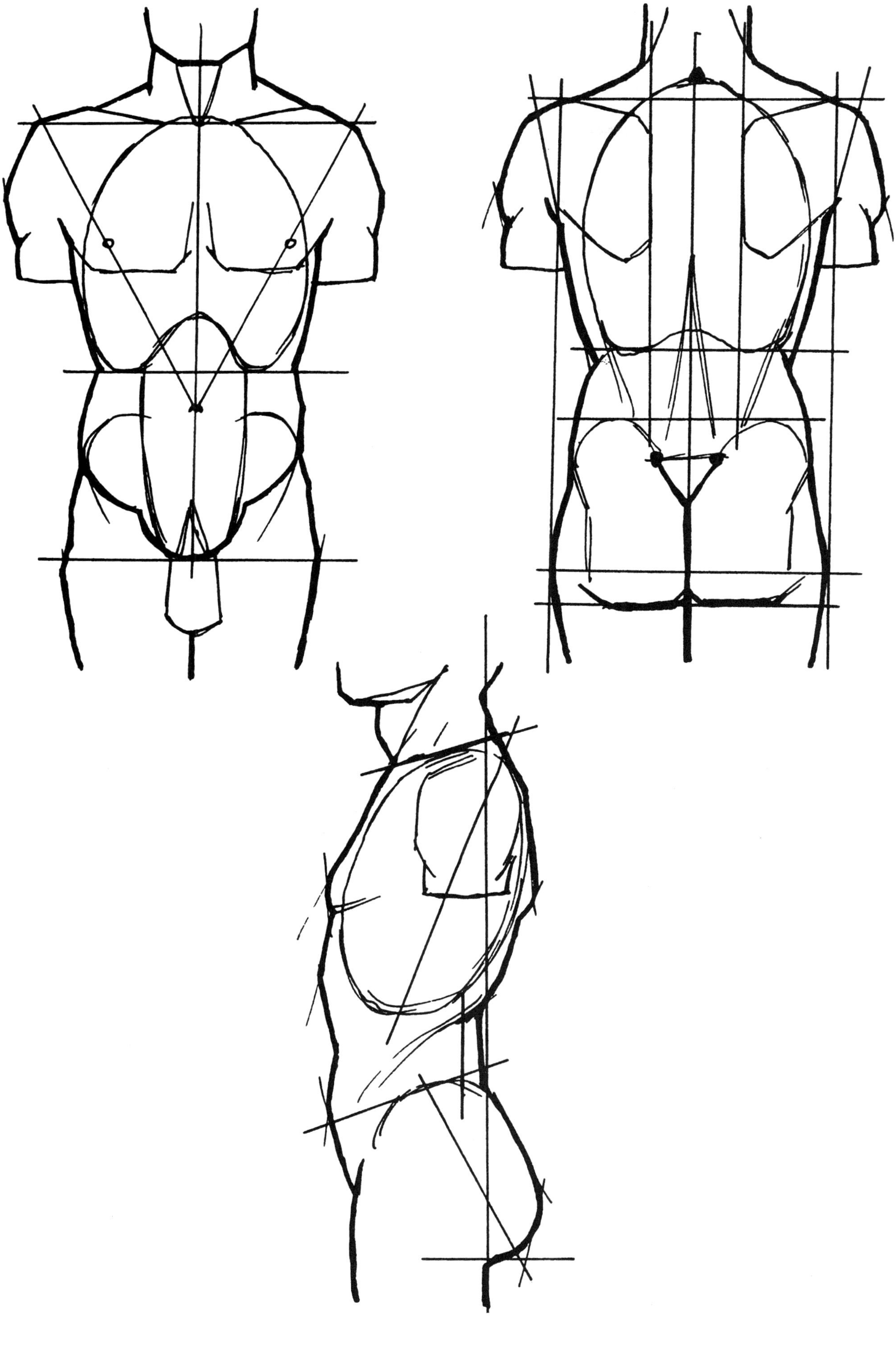

Dessins schématiques de la structure du tronc masculin

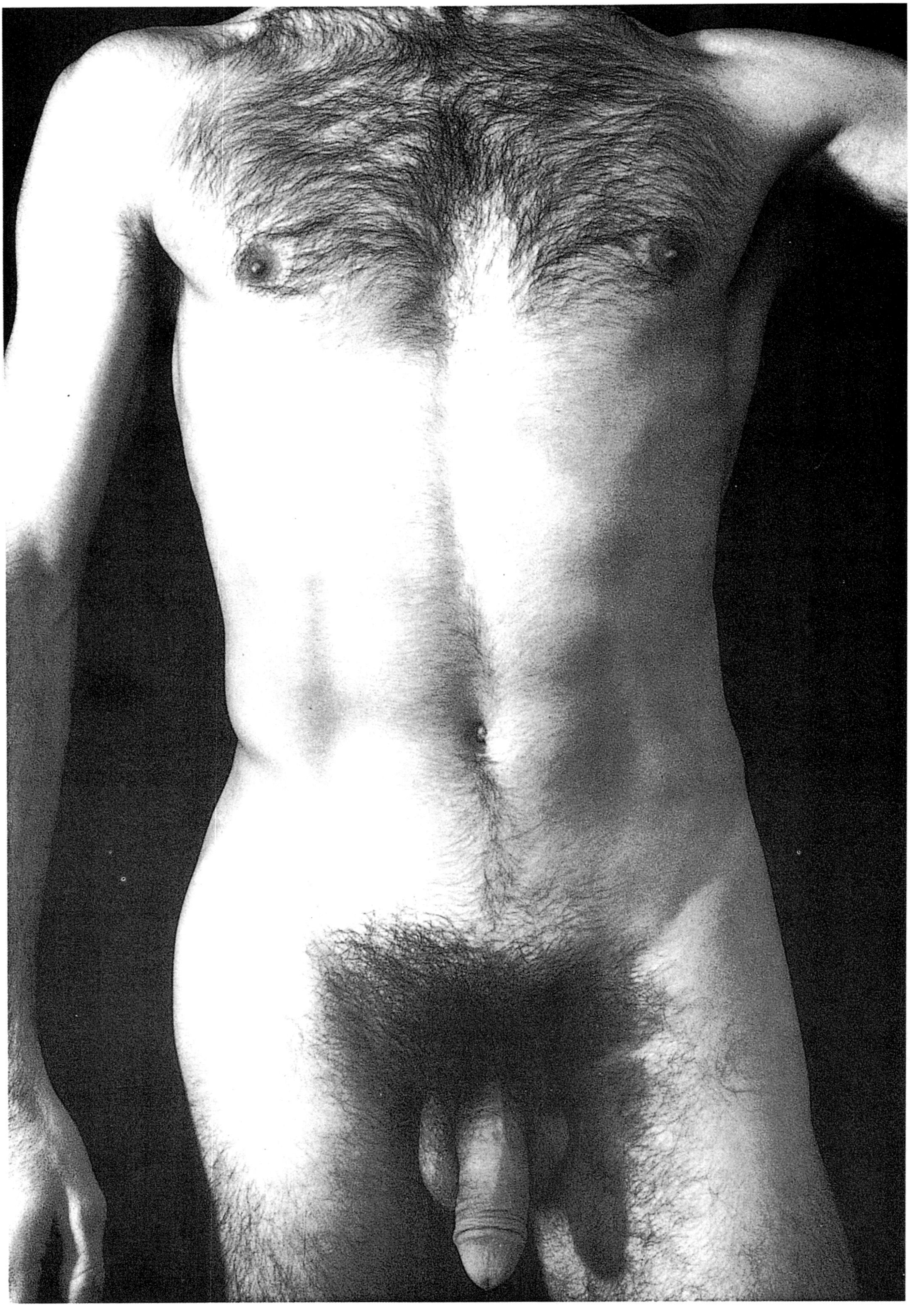

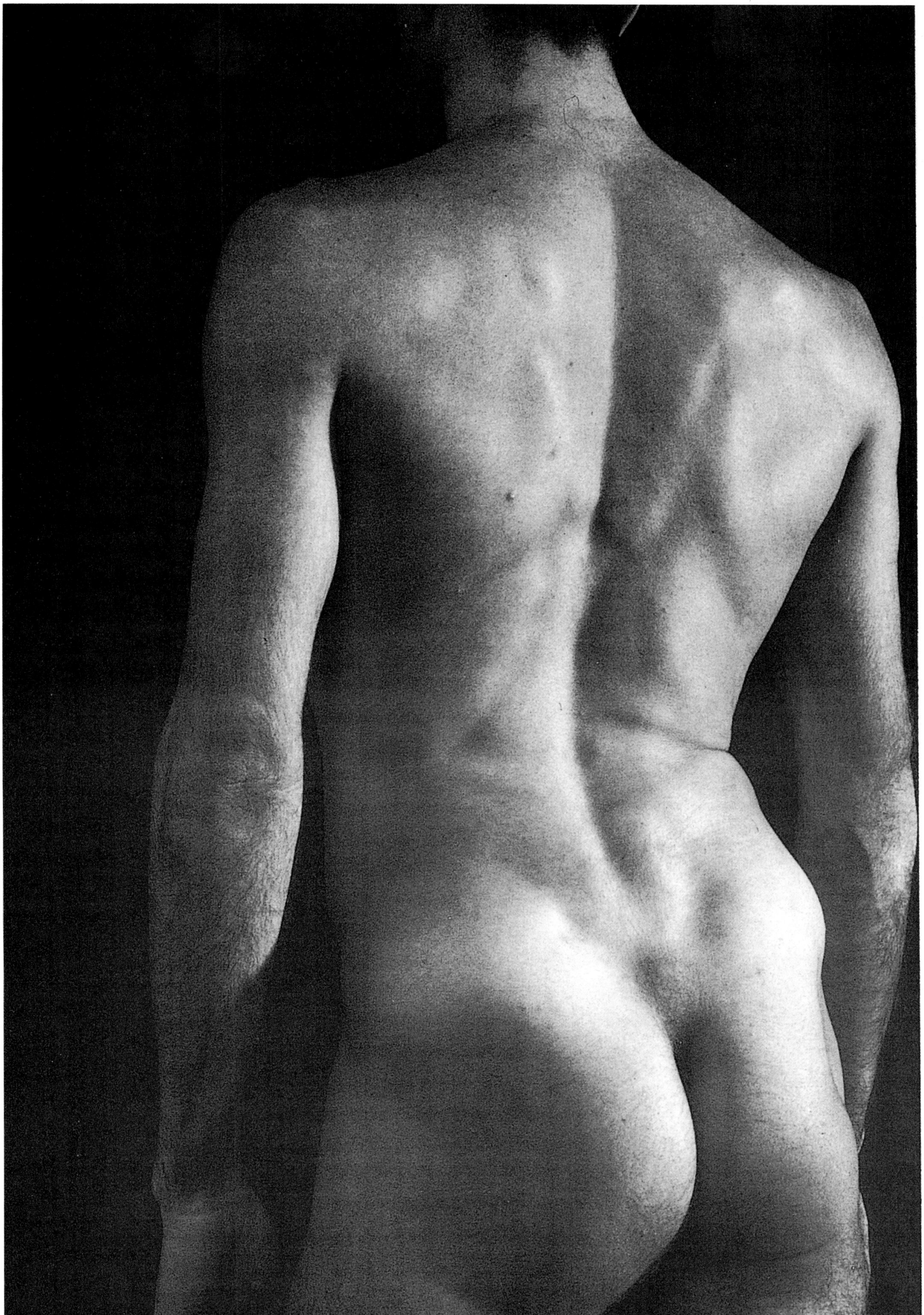

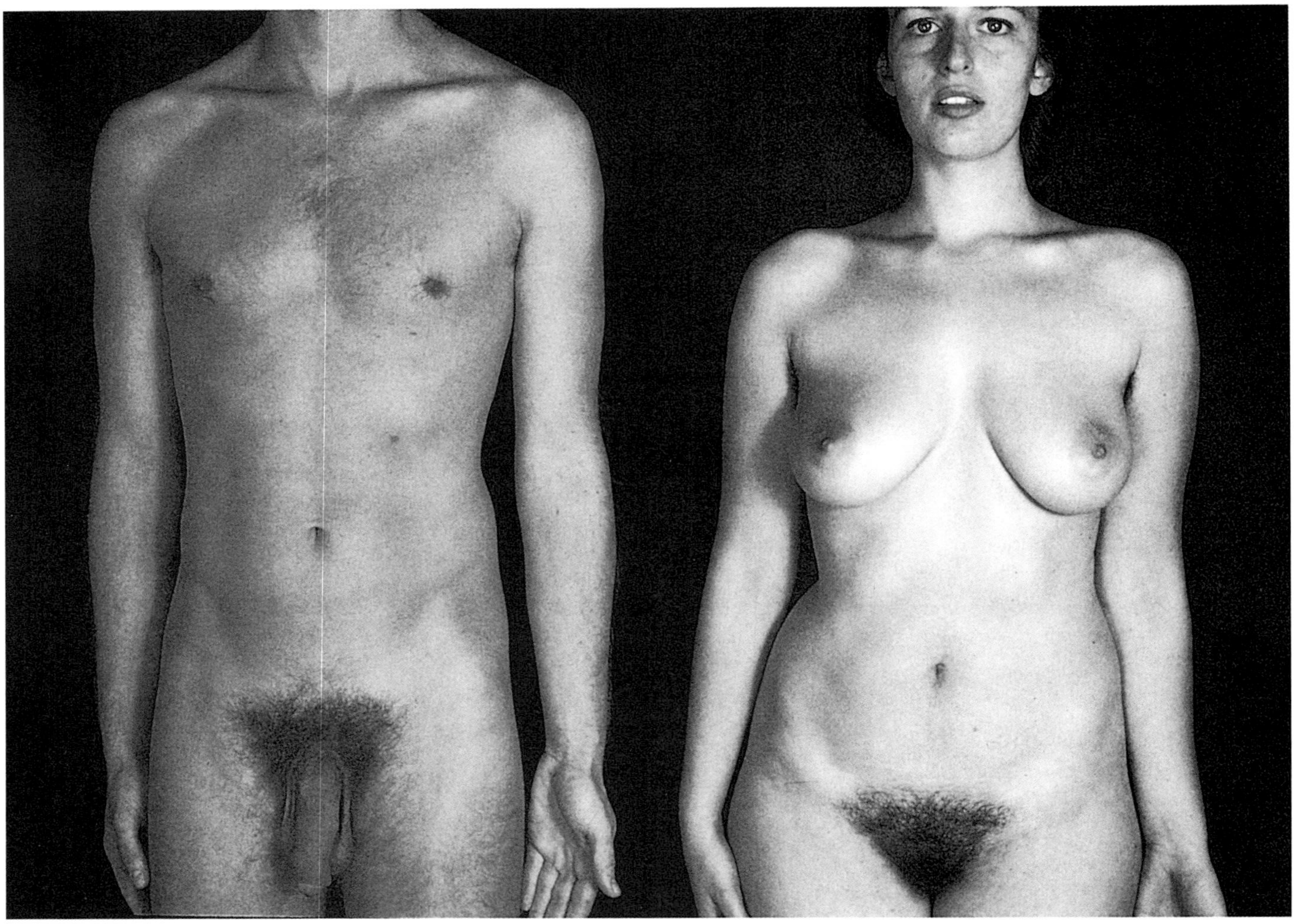

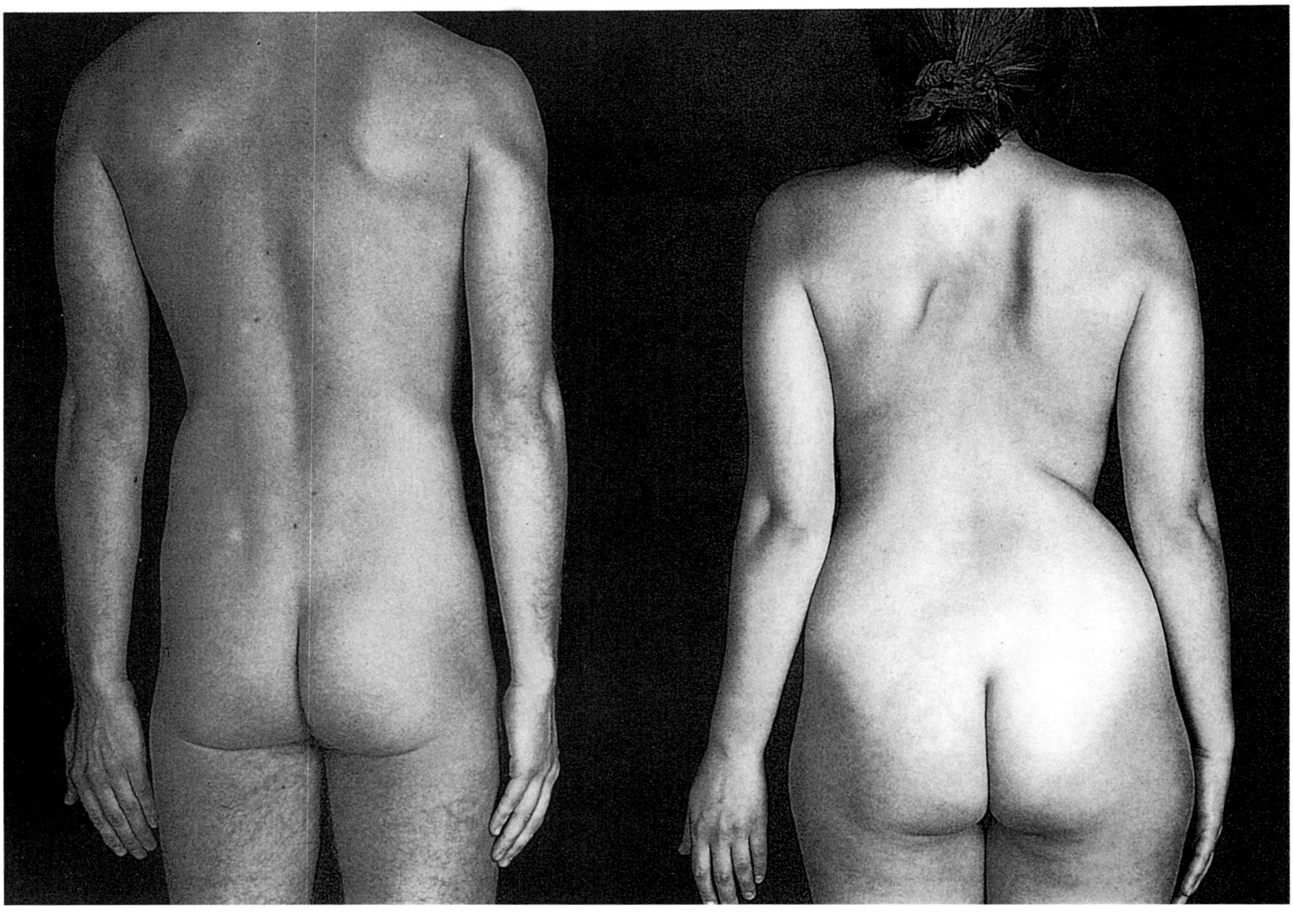

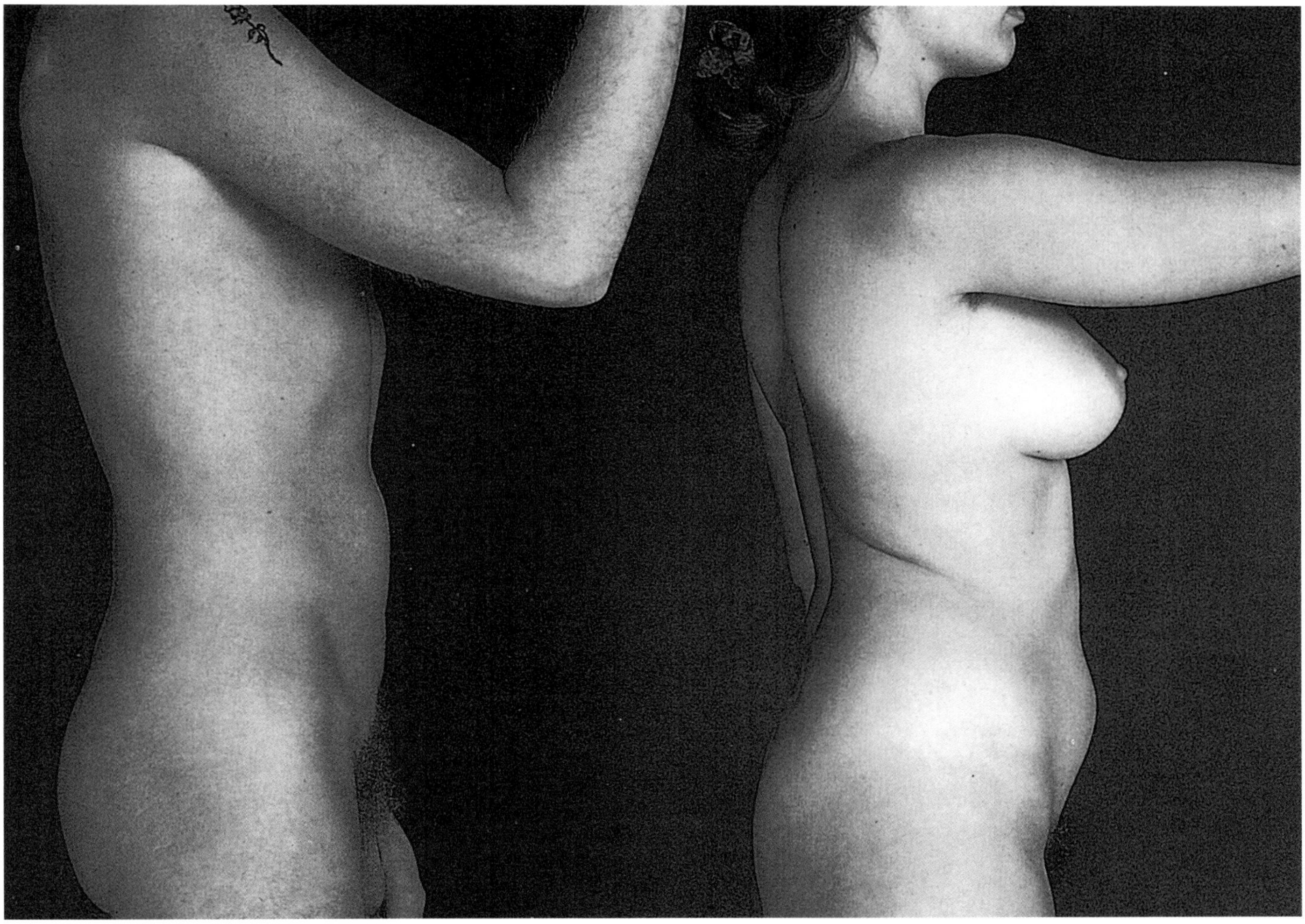

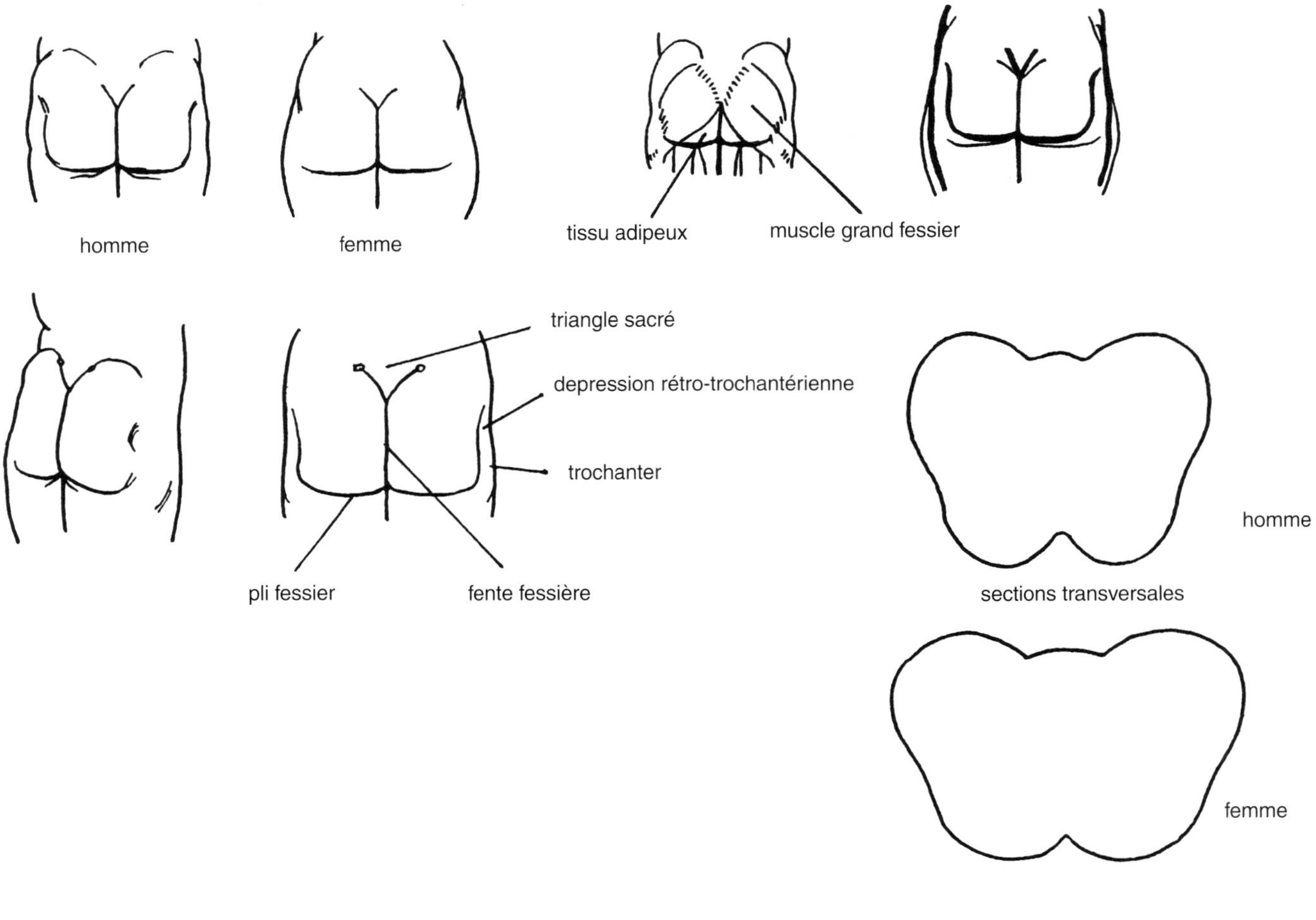

Dessins schématiques de la région fessière

Le rachis

OSTÉOLOGIE

La colonne vertébrale

La colonne vertébrale est un appareil constitué de vertèbres, qui sont des os courts, superposés dans le sens cranio-caudal et reliés entre eux par des articulations et des ligaments. Le nombre des vertèbres est d'environ 33 ou 34 (les os de l'extrémité caudale peuvent en effet être en nombre variable). Sur la base de caractères morphologiques, on subdivise la colonne vertébrale en vertèbres cervicales (7), thoraciques (12), lombaires (5), sacrées (5) et coccygiennes (3/5). Les vertèbres libres sont au nombre de 24, les deux derniers groupes étant pratiquement immobiles et les éléments vertébraux quasiment soudés entre eux.
Une vertèbre est constituée des éléments suivants : le corps vertébral, l'arc vertébral, les apophyses transverses (dans les vertèbres cervicales et thoraciques), les apophyses costiformes (dans les vertèbres lombaires), l'apophyse épineuse, les apophyses articulaires. Presque toutes les vertèbres présentent, dans une mesure variable, tout ou partie de cet ensemble structurel. Par conséquent, en se fondant sur la présence ou l'absence de certaines particularités anatomiques et sur les dimensions des vertèbres, il est possible d'identifier celles qui appartiennent aux différents groupes. La colonne vertébrale dans son ensemble présente un aspect à peu près cylindrique, mais on observe que le volume global des vertèbres augmente progressivement des cervicales jusqu'à la dernière lombaire, puis décroît. On notera également que, pour ce qui est du corps et de l'arc vertébral, les volumes les plus importants se trouvent dans le segment thoracique. Le corps vertébral prend un aspect caractéristique suivant le secteur : aplati dans les cervicales, cylindrique dans les thoraciques, cylindrique mais élargi pour les lombaires.
La colonne vertébrale est enrobée d'une robuste musculature formant le rachis qui est une structure axile portante essentielle mais aussi, et surtout, une structure dynamique dont les caractéristiques dépendent de la conformation de chacun des secteurs de la colonne vertébrale.
❑ Les vertèbres cervicales sont les 7 premières de la colonne vertébrale. Elles présentent un corps vertébral aplati, plus large transversalement, le plan supérieur comportant une cavité et le plan inférieur saillant de sorte que les vertèbres suivantes puissent s'encastrer. À la racine de l'arc vertébral, les apophyses transverses ont une forme laminaire et sont percées d'un orifice dans leur centre (trou intertransversaire). L'apophyse épineuse est peu saillante, avec une terminaison bifide. Le trou intervertébral est large, délimité par l'arc vertébral, d'une forme à peu près triangulaire. Trois vertèbres se différencient car elles ne possèdent pas ces caractéristiques communes et présentent un certain nombre de particularités anatomiques : la première vertèbre cervicale (atlas) n'a pas de corps vertébral, les masses latérales (facettes articulaires) sont saillantes, l'arc antérieur est court et s'accroche à la dent de la vertèbre suivante, c'est-à-dire l'épistrophée (ou axis) ; l'arc postérieur (arc vertébral) est très accentué, sans apophyse. La deuxième vertèbre (épistrophée ou axis) est dotée, sur la face supérieure du corps, d'une grosse apophyse (apophyse odontoïde ou dent de l'axis) qui rejoint l'arc antérieur de l'atlas. La septième vertèbre cervicale (vertèbre proéminente) est dotée d'un corps vertébral haut et peu creusé, d'un petit trou intertransversaire et d'une apophyse épineuse très saillante avec un gros tubercule.
❑ Les vertèbres thoraciques, qui sont au nombre de12, sont de dimensions moyennes. Le volume de leur corps augmente progressivement des premières vertèbres aux dernières. Elles se caractérisent surtout par la présence des dispositifs d'attache des côtes. Les autres caractéristiques communes concernent notamment le corps vertébral dont le volume, l'épaisseur et la hauteur augmentent, de la Ire à la XIIe T. Sur les faces latérales, à proximité du point de départ de l'arc, se trouvent les facettes articulaires pour la tête des côtes (qui s'insèrent donc entre deux vertèbres) mais dans la XIe et la XIIe il y a uniquement une facette articulaire par côté. L'arc vertébral qui débute par un pédoncule vers le plan supérieur du corps dessine une large incisure. L'arc délimite, globalement, un trou circulaire. L'apophyse transverse est bien développée et jusqu'à la Xe, présente des facettes d'articulation avec la tête des côtes. Les apophyses articulaires sont laminaires et développées verticalement. Enfin, l'apophyse épineuse est saillante et oblique vers le bas.
On remarquera que les caractéristiques indiquées se réfèrent aux vertèbres thoraciques de la IIIe à la Xe : les premières et les dernières ont des

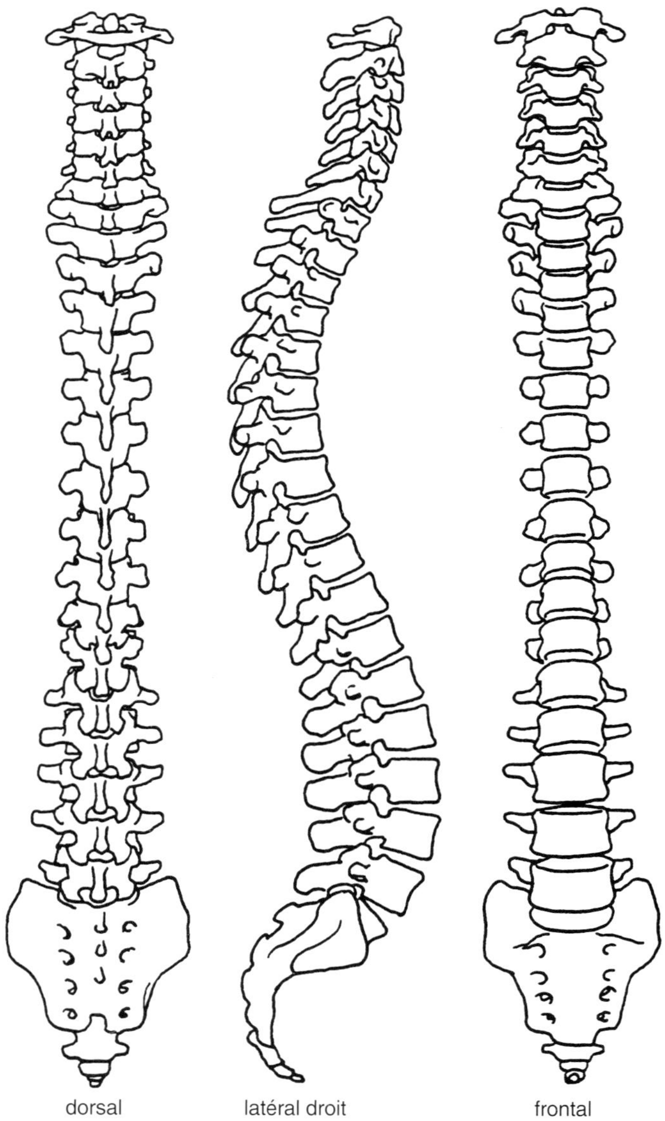

Profils schématisés de la colonne vertébrale : dorsal, latéral droit, frontal

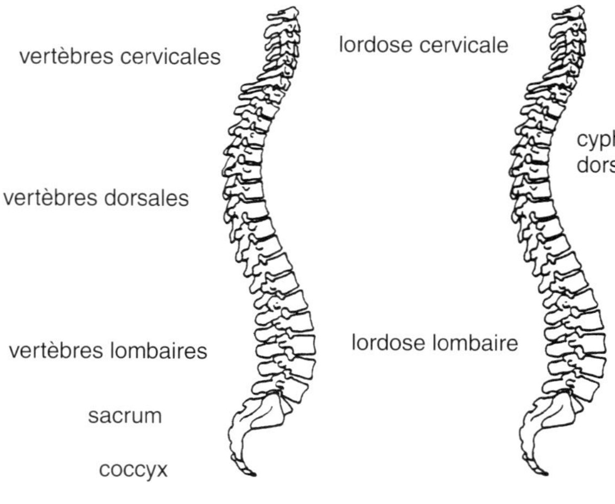

Courbures physiologiques de la colonne

caractéristiques morphologiques quelque peu différentes, qui les rapprochent, respectivement, des vertèbres cervicales et des vertèbres lombaires.

❑ Les vertèbres lombaires sont au nombre de 5 et ce sont les plus grosses de la colonne. Elles ont en commun la présence de grosses saillies latérales, les apophyses costiformes, qui naissent sur l'arc. Le corps vertébral est volumineux, avec une section elliptique, les plans inférieurs étant inclinés et légèrement convergents. Les apophyses articulaires sont bien relevées ; l'apophyse épineuse est plutôt courte et trapue. Il est possible d'identifier chacune des vertèbres lombaires grâce à certaines spécificités : la Ve L est caractérisée par une inclinaison importante des deux plans du corps vertébral, dans le sens convergent postérieur. Elle a donc été baptisée « promontoire », en raison aussi de la place qu'elle occupe dans la disposition générale de colonne vertébrale.

❑ Les vertèbres sacrées sont au nombre de 5 et elles fusionnent entre elles par synostose pour former le sacrum : l'union intervient au niveau des corps vertébraux et des masses apophysaires latérales, tandis que les trous entre les lamelles (trous sacrés) restent distincts. Le sacrum est considéré globalement comme étant presque pyramidal. On remarquera la face supérieure (base du sacrum) articulée avec la Ve lombaire, la face antérieure fortement concave et inclinée vers le bas, la face postérieure convexe avec une crête le long de la ligne médiane (qui est un reste des apex des apophyses épineuses ayant fusionné), et deux faces latérales, rugueuses et plus fines, servant essentiellement d'articulations avec les os iliaques.

❑ Les vertèbres du coccyx sont rudimentaires et incomplètes, leur nombre varie entre 3 et 5 et leur fusion donne l'os coccygien (ou coccyx).

Caractères morphologiques externes de la colonne vertébrale

La colonne vertébrale dans son ensemble (c'est-à-dire composée non seulement de vertèbres mais également de disques et de ligaments) apparaît rectiligne sur le plan sagittal mais, vue de côté, elle révèle certaines courbes qui, associées à l'élasticité de la colonne articulée, constituent un facteur important de résistance et de flexibilité pour toute la structure. Ces courbes sont, dans l'ordre cranio-caudal : la lordose cervicale, à convexité antérieure ; la cyphose dorsale à convexité postérieure ; la lordose lombaire à convexité antérieure, plus accentuée chez la femme que chez l'homme. La forme générale de la colonne vertébrale est due à la superposition verticale des vertèbres (la dimension des corps verticaux décroît des lombaires aux cervicales) et elle est à peu près conique, la base étant du côté du sacrum. Les os sacrés et coccygiens, eux, forment une petite pyramide inversée. Sur la face antérieure de la colonne vertébrale, on peut voir les faces antérieures des corps vertébraux et des disques intervertébraux (on remarquera certaines différences de formes selon le segment). La face latérale présente la saillie des apophyses épineuses et transverses dont certaines caractéristiques diffèrent selon le segment concerné.

Sur la face postérieure, on peut surtout voir la série des apophyses épineuses, qui sont bifides dans le segment cervical, et avec une tête plus ou moins saillante et arrondie dans les deux autres.

La longueur totale de la colonne varie en fonction de l'âge, du sexe et des caractéristiques individuelles. Voici quelques données anthropométriques : la longueur moyenne totale de la colonne chez un homme adulte de taille moyenne (environ 1,70 m) est de 73/75 cm ; chez la femme elle est de 60/65 cm. On a également calculé la longueur moyenne des segments : segment cervical : 13/14 cm ; thoracique 27/29 cm ; lombaire 17/18 cm ; sacré coccygien 12/15 cm.

ARTHROLOGIE

Les vertèbres sont unies par des articulations renforcées par de nombreux ligaments robustes qui donnent à l'ensemble de la colonne vertébrale une grande force, associée à une grande mobilité et à une certaine élasticité. Pour ce qui est des articulations, on distingue deux groupes fonctionnels : les articulations entre corps vertébraux ou synarthroses (symphyse) ; les articulations entre apophyses articulaires ou diarthroses (arthrodies). À cela, il faut ajouter les articulations avec le crâne qui possèdent des caractéristiques particulières.

❑ Les articulations entre les corps vertébraux. Entre les corps de deux vertèbres adjacentes, à l'exception des deux premières, se trouve un disque fibreux cartilagineux de forme lenticulaire, plus fin sur les rebords et plus renflé au centre. L'épaisseur des disques dans leur partie centrale augmente dans le sens cranio-caudal (3 mm au niveau du cou, 5 mm au niveau du

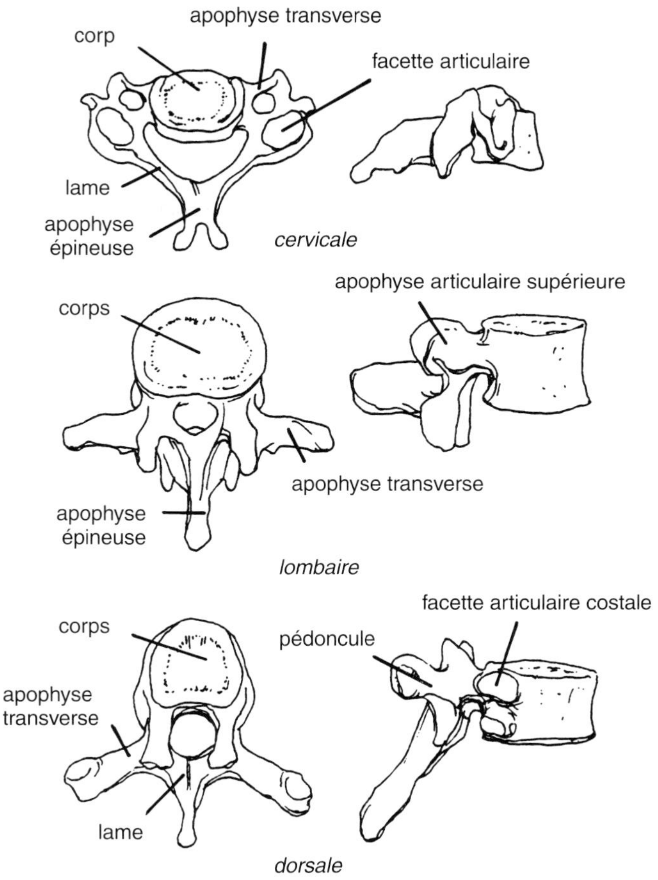

Dessins schématisés de vertèbres caractéristiques

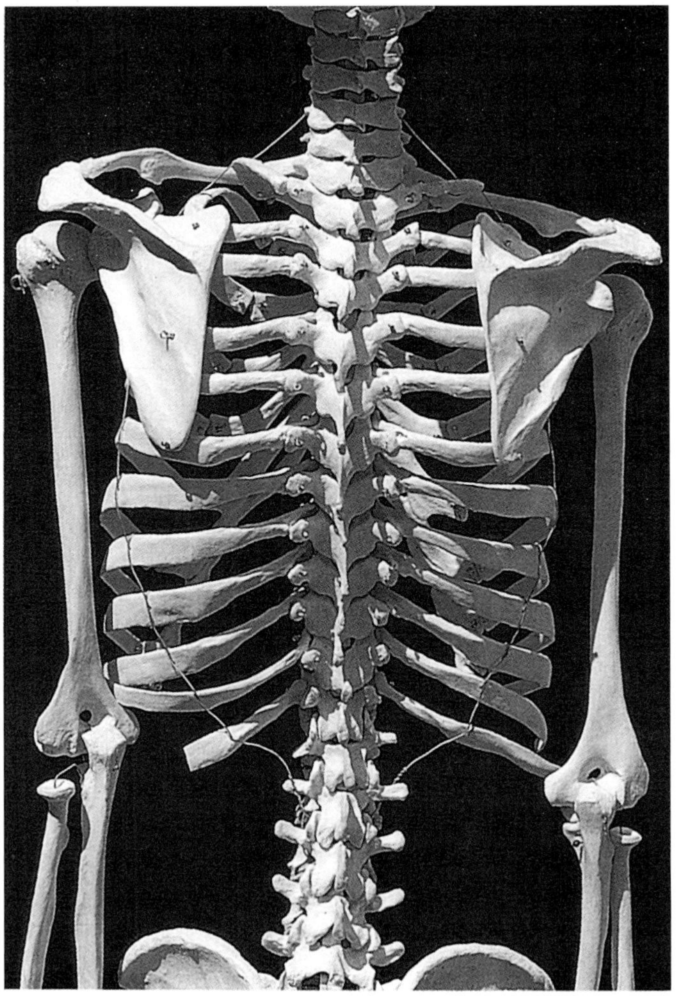

dos, 9 mm au niveau des lombaires). Elle diminue avec l'âge, à cause de la déshydratation et de l'altération des fibres, en particulier celles du noyau central pulpeux. Les disques intervertébraux ont pour fonction d'amortir les charges liées aux poids et les pressions liées au mouvement dans les portions du corps qui se trouvent au-dessus et constituent, avec les ligaments longitudinaux, une série d'unités fonctionnelles, appelées symphyses intervertébrales.

❑ Les articulations entre les apophyses articulaires. Ce sont des diarthroses de type arthrodique, sauf dans la partie lombaire, où le caractère arrondi des surfaces articulaires les rapproche du type condyloïdal. Ce sont de petites articulations dans lesquelles les têtes osseuses en contact sont entourées d'une capsule renforcée de fins ligaments. Elles ont donc peu de possibilités de mouvements et la rotation est très limitée, mais la somme de ces petites amplitudes donne à l'ensemble de la colonne son caractère de grande flexibilité dans toutes les directions.

❑ Le système ligamenteux de la colonne vertébrale est formé d'un groupe de ligaments longitudinaux étendus à toute la colonne et d'un groupe de ligaments qui unissent les arcs des vertèbres adjacentes.

Les ligaments longitudinaux sont disposés sur la face antérieure des corps vertébraux (le ligament antérieur qui, à la base de l'occiput, est fin puis prend une forme de ruban sur toutes les vertèbres jusqu'à la face pelvienne du sacrum) et sur les faces postérieures (le ligament postérieur, qui commence sur la face endocrânienne de la base de l'os occipital et s'étend, sous la forme de faisceaux courts reliant les vertèbres adjacentes et recouvert par de longs faisceaux, jusqu'au sacrum). Des ligaments particuliers, appelés sacro-coccygiens antérieurs, latéraux et postérieurs, relient le sacrum et le coccyx.

Les ligaments entre les arcs vertébraux sont de courts faisceaux fibreux qui s'étendent d'une vertèbre à l'autre, en comblant les espaces entre les apophyses osseuses. On distingue : les ligaments interlaminaires, appelés également ligaments jaunes (parce qu'ils sont riches d'un matériau élastique qui leur donne cette couleur), qui unissent le bord inférieur d'un arc vertébral et le bord supérieur de l'arc vertébral adjacent ; les ligaments intertransversaires, qui relient directement une apophyse transversaire et celle qui la suit ; les ligaments interépineux, qui relient les apophyses adjacentes et sont renforcés par un ligament (susépineux) étendu à toute la colonne. Ce ligament est particulièrement développé au niveau des vertèbres cervicales où il est appelé ligament nucal. Il prend une forme de lame triangulaire entre la base de l'os occipital, la protubérance occipitale externe et les apophyses épineuses. Sa fonction, très importante, est de contribuer au maintien de l'équilibre de la tête sur les condyles de l'os occipital et sur la colonne vertébrale.

❑ Les articulations cranio-vertébrales. Elles jouent entre l'os occipital et les deux premières vertèbres qui, du fait de leur construction, sont considérées comme faisant partie d'un ensemble fonctionnel unique.

❑ L'articulation atloïdo-occipitale est paire car elle se forme entre les deux condyles de l'os occipital et les cavités articulaires supérieures des deux masses latérales de l'atlas ; elle est entourée par une capsule et renforcée par des ligaments antérieurs et postérieurs. Les mouvements sont surtout de flexion et d'extension, mais ils sont assez limités et, de toute manière, s'effectuent en synergie avec ceux des autres articulations adjacentes.

❑ Les articulations atloïdo-axoïdiennes sont paires et se forment entre les faces articulaires de l'atlas (I C) et les faces articulaires supérieures de l'axis (II C) ; elles sont renforcées par les ligaments antérieurs et postérieurs, qui sont fins et relativement modifiables, et qui permettent de légers mouvements de glissement vers l'avant et l'arrière.

❑ L'articulation atloïdo-odontoïde établit un contact entre la face articulaire de la dent de l'axis et l'arc antérieur de l'atlas ; c'est une diarthrose à ginglyme et elle est renforcée par de nombreux ligaments : le ligament transverse, le ligament croisé, les ligaments occipito-ondoïdiens latéraux et le ligament occipito-axoïdien qui, globalement, assure un lien solide entre l'apophyse odontoïde, l'atlas et l'os occipital. Grâce à cette articulation, la tête peut tourner sur le côté en pivotant sur la dent de l'axis et l'ampleur maximale du mouvement est donnée par la somme de chaque mouvement de torsion des vertèbres cervicales successives.

Caractéristiques fonctionnelles de la colonne vertébrale

La colonne vertébrale est l'élément de base du squelette (il existe d'ailleurs, en biologie, une « classe des vertébrés ») car elle est reliée aux parties osseuses de toutes les autres parties du corps auquel elle assure à la fois flexibilité et soutien.

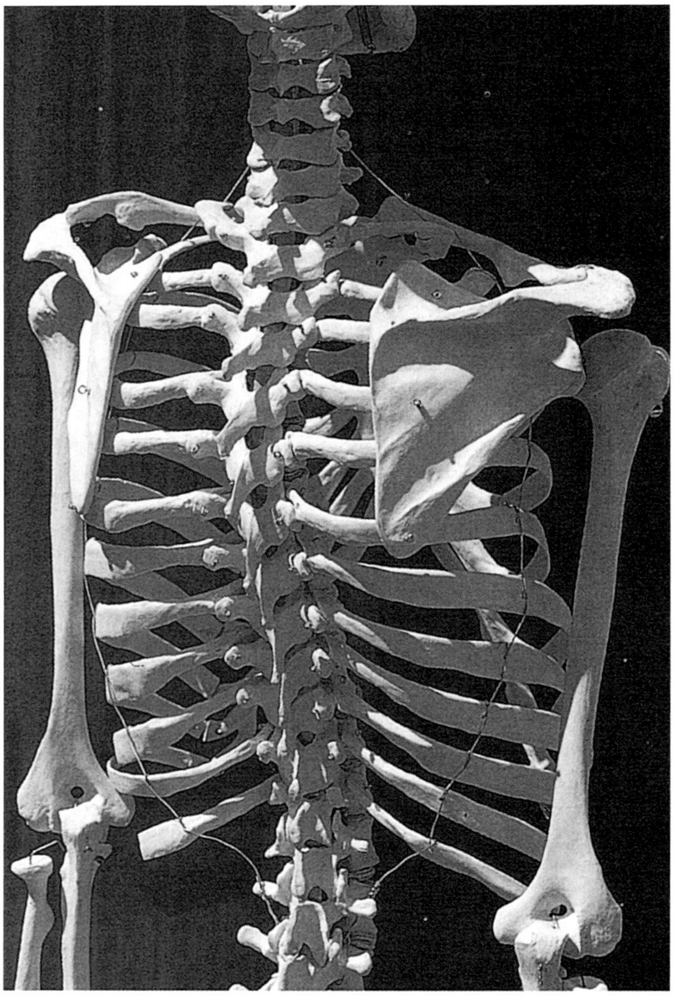

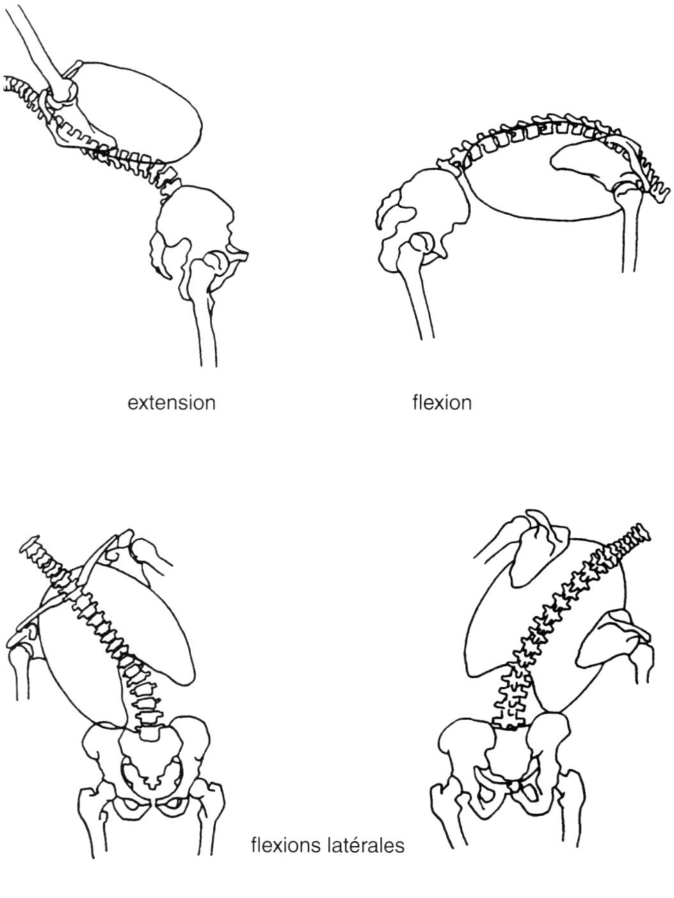

Variations de courbure de la colonne vertébrale

La flexibilité est, dans une grande mesure, liée à la possibilité de forte inclinaison vers l'avant, avec la disparition des courbes physiologiques et la formation d'un arc continu. La flexibilité est également liée aux possibilités d'extension, plus limitées et concentrées sur les portions cervicales et lombaires. Les limites mécaniques sont dues à la superposition des apophyses vertébrales et, surtout, à la présence des ligaments entre les corps vertébraux. Une grande souplesse des ligaments (par exemple chez des sujets très jeunes ou bien grâce à des exercices de gymnastique) peut permettre des flexions et des extensions beaucoup plus étendues que la normale.
Les mouvements de flexion latérale sont plutôt rares.
La colonne vertébrale joue un rôle fondamental, car c'est elle qui reçoit le poids de la tête et des membres supérieurs en position debout. C'est elle aussi qui soutient les organes thoraciques et décharge le poids du corps sur le sol par l'intermédiaire des membres inférieurs, en le répartissant d'une manière égale au niveau du bassin. Les courbes de la colonne facilitent mécaniquement le soutien des charges en rapprochant l'axe d'équilibre de la ligne de gravité.
Toutefois, les caractéristiques de la colonne vertébrale se dévoilent surtout quand le corps est en mouvement. Nous l'avons dit, les mouvements de la colonne sont des flexions, des extensions, des inclinaisons latérales, des torsions et des rotations latérales. Si, malgré les limites que nous avons déjà évoquées, liées à la conformation des vertèbres et à la présence des ligaments, le degré d'amplitude de ces mouvements est vaste, c'est grâce à la somme des mouvements partiels possibles, entre chaque vertèbre et les différentes portions de la colonne. On peut observer à cet égard que la portion cervicale est la plus mobile, car elle peut effectuer tous les types de mouvement. La partie lombaire est assez mobile tandis que la partie thoracique l'est peu.
Le mouvement global du tronc dépend certes des possibilités dynamiques de la colonne vertébrale, mais aussi des capacités de déplacement du bassin et de son adaptation aux différentes positions des membres inférieurs.

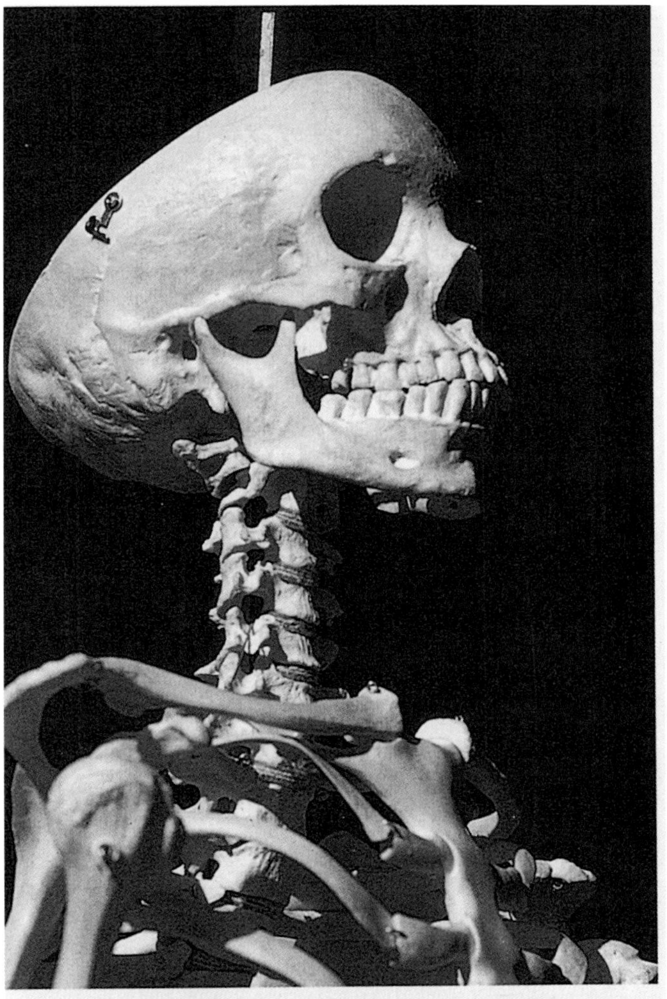

Le cou

OSTÉOLOGIE

L'élément du squelette correspondant au cou est la portion cervicale de la colonne vertébrale, c'est-à-dire les sept premières vertèbres que nous avons déjà examinées. En outre, le cou comporte deux structures importantes pour la morphologie externe : l'une est osseuse (l'os hyoïde) et l'autre cartilagineuse (le cartilage thyroïdien).
L'os hyoïde (*os hyoideum*) est situé d'une manière assez superficielle, dans la partie haute du cou, légèrement en dessous du plan de base de la mandibule. De forme semi-circulaire, il est constitué d'un corps médian qui se prolonge à l'arrière et vers le haut sous la forme de deux cornes fines, les « grandes cornes ». L'os hyoïde a une fonction de soutien du cartilage thyroïdien auquel il est relié par une membrane. Il est également un point d'attache pour certains muscles du cou et de la cavité buccale.
Le cartilage thyroïdien est un élément du larynx, le premier segment des voies aériennes inférieures. C'est une structure cartilagineuse bien visible *in vivo*, mobile pendant la déglutition. Il est formé de deux lames aplaties de forme quadrangulaire, tournées dans le sens antéro-médian et formant un angle sur le côté interne. Le bord supérieur, curviligne, est à environ 2 cm en dessous de l'os hyoïde auquel il est uni par une membrane. L'ensemble du cartilage, qui a une hauteur d'environ 3 cm, peut être projeté au niveau des IVe et V[e] vertèbres cervicales. Chez la femme, le larynx et, donc, le cartilage thyroïdien est, en moyenne, de dimensions plus réduites que chez l'homme. Sous le cartilage thyroïdien et d'autres petites formations annexes (cartilage cricoïde), commence la trachée dont les anneaux superposés, très caractéristiques, sont parfois visibles lorsque la tête et le cou sont en forte extension.

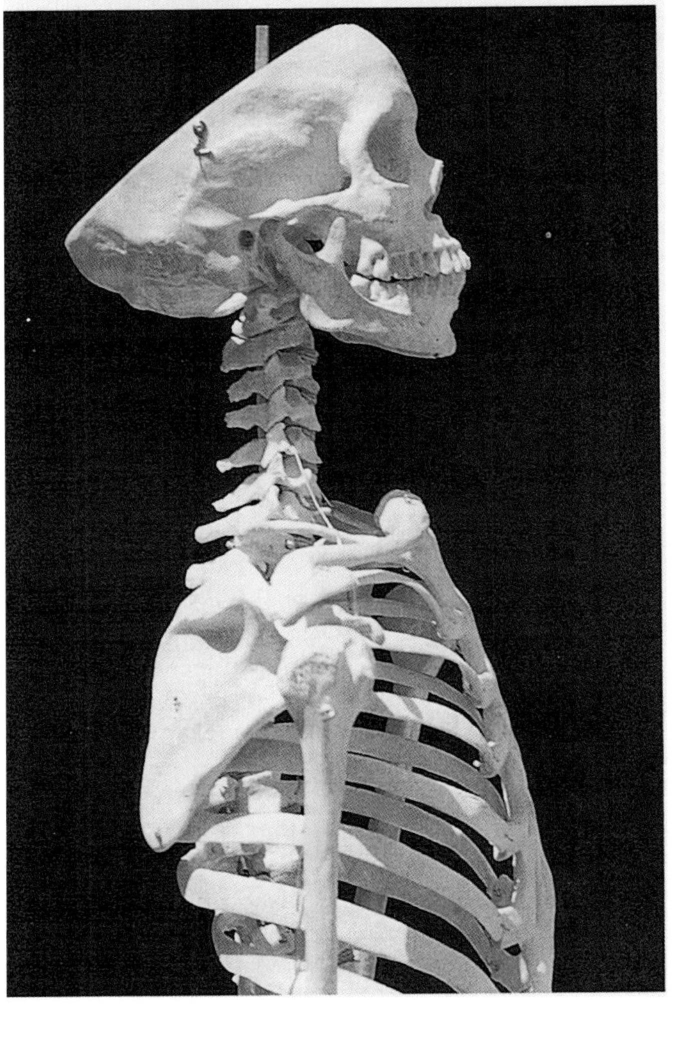

ARTHROLOGIE

(Elle correspond à celle de la partie cervicale de la colonne vertébrale. *cf.* p. 92).

Le thorax

OSTÉOLOGIE

Le squelette du thorax est composé des douze vertèbres de la portion thoracique de la colonne vertébrale et de douze paires d'os, les côtes, articulées du côté dorsal avec les vertèbres et du côté ventral, par l'intermédiaire de cartilages, avec un os médian non apparié, le sternum. Cet ensemble osseux forme la cage thoracique. Du fait de sa situation topographique, la ceinture scapulaire, composée de la clavicule et de l'omoplate, est associée à la description du squelette thoracique, même si, d'un point de vue fonctionnel, elle est plutôt reliée aux membres supérieurs.
Les côtes (*costae*) sont des os plats, fortement incurvés, constitués d'une extrémité vertébrale, d'un corps et d'une extrémité sternale. Les douze paires de côtes peuvent être subdivisées en deux groupes : les côtes véritables (ou sternales) c'est-à-dire les sept premières, articulées directement sur le sternum. Le second groupe est celui des « fausses côtes », c'est-à-dire des cinq paires restantes, dont les trois premières sont dites « asternales », car elles ne sont reliées au sternum qu'indirectement. Les deux dernières paires, enfin, sont appelées les « côtes flottantes », car elles ne sont pas reliées au sternum, leur extrémité restant libre.
Les côtes comportent deux extrémités : l'extrémité vertébrale dont la tête s'articule avec les vertèbres et dont la portion suivante, appelée col, après avoir formé un angle costal et une légère torsion, se prolonge dans le corps, aplati et semi-circulaire ; l'extrémité sternale qui s'articule directement sur le sternum par l'intermédiaire d'un segment cartilagineux. Les côtes se différencient entre elles par leur torsion et l'amplitude de leur courbure, qui augmentent progressivement de la première à la dixième, les côtes flottantes étant courtes et peu incurvées.
Les cartilages costaux sont au nombre de dix, ils sont aplatis et relient l'extrémité avant des côtes avec le bord externe du sternum. Bien qu'il ne s'agisse pas d'un tissu osseux, ces cartilages sont toujours laissés en place, lors de la préparation des squelettes articulés, car ils sont nécessaires au soutien et au raccordement mécanique des côtes. Les cartilages sont de longueurs variables : le premier est très court (environ 2 cm), les suivants sont plus longs (3 cm pour les IIe et IIIe côtes, 12 cm pour la VIIe). Les trois dernières côtes, asternales, se raccordent à une portion cartilagineuse unique qui contribue à former le bord inférieur de la cage thoracique.
Le sternum est un os médian, non apparié et aplati, placé à l'avant de la cage thoracique, sur lequel se raccordent les côtes. Sa longueur totale est d'environ 20 cm et il est constitué de trois parties : le manubrium, le corps et l'appendice xiphoïde. Le manubrium, qui est la portion supérieure, aplatie et quadrangulaire, présente deux petites faces latérales d'articulation avec la clavicule et une incisure marquée sur le bord supérieur. Le corps est aplati, allongé, d'une forme à peu près ovale et s'articule avec le manubrium en formant un angle peu accentué, le long des bords latéraux où se trouvent les facettes articulaires pour les cartilages costaux. Enfin, l'appendice xiphoïde (ou pointe du sternum) est un petit appendice osseux, long d'un peu plus de 1 cm, de forme variable et conique. Le sternum est incliné vers l'avant, dirigé du haut vers le bas.
La clavicule (*clavicula*) est un os allongé, aplati, légèrement ondulé. On distingue un corps cylindroïde et deux extrémités : la première, latérale (acromiale), est aplatie et comporte la facette articulaire avec l'acromion de l'omoplate ; la seconde, dite sternale, assure l'articulation avec le sternum. L'axe le plus important de la clavicule est quasiment horizontal.
L'omoplate (*scapula*) est un os plat de forme triangulaire, dont la base est tournée vers le haut et dont la pointe est dans la direction caudale. Elle est composée de plusieurs éléments. Tout d'abord, elle présente une partie triangulaire, laminaire, à deux faces, l'une antérieure (dite costale parce que tournée vers les côtes) et l'autre postérieure (superficielle et portant l'épine). L'épine de l'omoplate est une grosse apophyse dépassant de la face dorsale, aplatie, concave et très relevée, articulée, par sa partie terminale (acromion), avec la clavicule. Citons également l'apophyse coracoïde qui est nettement incurvée, de forme cylindroïde, située sur l'extérieur du bord supérieur de l'omoplate. Sur le bord extérieur se trouve la cavité glénoïde assurant l'articulation avec la tête de l'humérus (*cf.* membre supérieur). L'omoplate est un os existant en deux exemplaires, situé sur la paroi postérieure de la cage thoracique. Son bord vertébral est parallèle à la colonne (en position anatomique) et en moyenne, il s'étend de la troisième à la septième côte. L'omoplate, qui est solidaire de la clavicule, subit des déplacements importants lors des mouvements du membre supérieur (*cf.* p. 143).

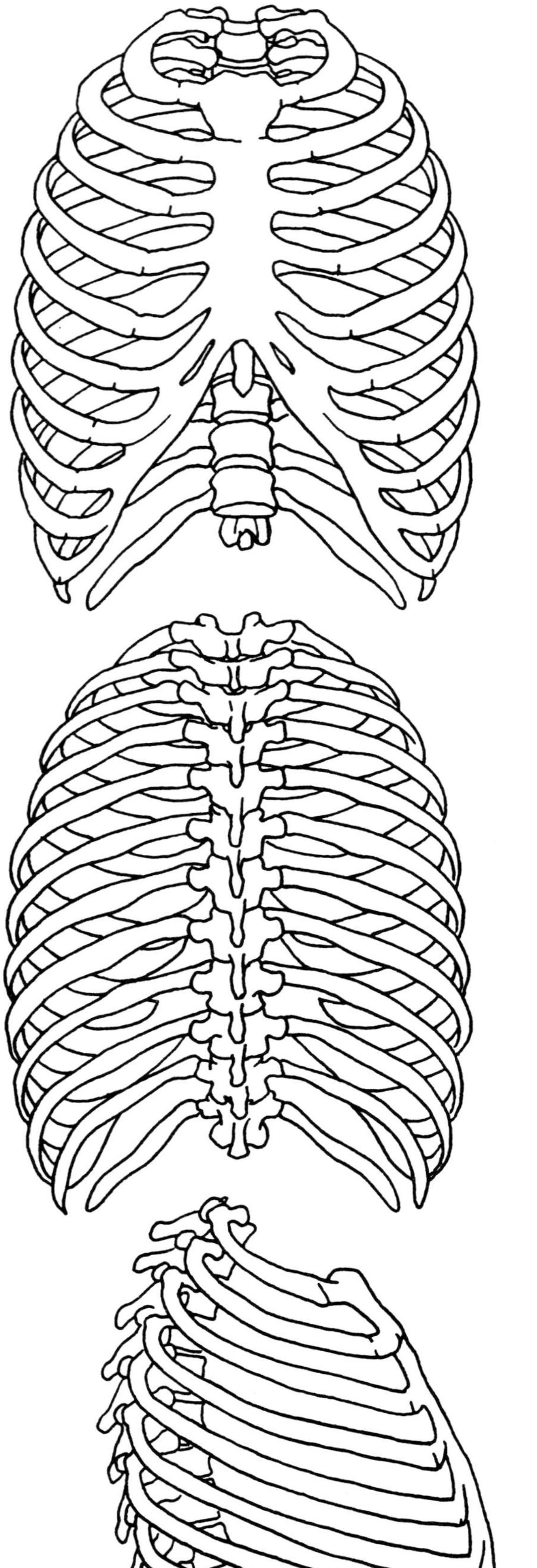

Dessins schématisés de la cage thoracique : frontale, dorsale et latérale

La cage thoracique

Dans son ensemble, la cage thoracique a la forme d'un cône tronqué ou d'un œuf aplati dans le sens antéro-postérieur, légèrement ouvert aux extrémités, en particulier, vers le bas, et dont l'axe est dirigé en oblique vers le bas et l'avant, lorsque l'individu est en position debout. On remarquera que, malgré d'importantes variations individuelles, sa hauteur (30 cm en moyenne) est toujours supérieure au diamètre antéro-postérieur (environ 20 cm, au niveau de l'appendice xiphoïde) et au diamètre transversal (28 cm au niveau de la VIIIe côte).
L'ouverture supérieure est plutôt circulaire, en forme de cœur, assez étroite et délimitée par le bord supérieur du sternum, par la première vertèbre thoracique et par le rebord interne des premières côtes. Le plan est incliné vers l'avant, de sorte que l'incisure du manubrium sternal peut être projetée sur le corps de la deuxième vertèbre thoracique. L'ouverture inférieure est beaucoup plus large ; sur les côtés, son profil curviligne est orienté vers le bas, mais au milieu, il a plutôt tendance à remonter jusqu'au sternum, en délimitant un espace triangulaire, plus ou moins important selon les individus, dont le sommet est situé au niveau de l'appendice xiphoïde.
À l'avant de la cage thoracique se trouve le sternum, les cartilages costaux et les côtes qui se dirigent en arrondi vers les faces latérales. Cette surface, qui est la moins étendue, est plutôt aplatie et oblique de haut en bas. C'est sur ses faces latérales que la cage thoracique est la plus haute et qu'elle présente son aspect ovoïde particulier. En outre, sur les côtés, on peut voir toutes les côtes dirigées en oblique vers le bas, parallèles et séparées assez régulièrement par les espaces intercostaux, légèrement plus importants dans la partie antérieure que vers le dos. La face postérieure présente la portion thoracique de la colonne vertébrale d'où partent les côtes, en oblique et vers le bas.
La forme générale de la cage thoracique varie en fonction des mouvements respiratoires et de la constitution de l'individu concerné. On remarque facilement ces éléments *in vivo*, car les structures osseuses sont, en grande partie, sous-cutanées ou faciles à palper. Selon les diamètres et la forme de l'ouverture inférieure, on distingue les cages thoraciques étroites et allongées chez les personnes de type longiligne et les cages thoraciques basses et larges, chez les personnes de type bréviligne. Il existe également de nombreuses formes intermédiaires qui dépendent pour une part des caractéristiques individuelles acquises, par exemple du développement de la masse musculaire ou de la présence de situations pathologiques. Enfin, rappelons que la cage thoracique est en contact avec la ceinture scapulaire : les clavicules à l'avant et les omoplates dans le dos.

ARTHROLOGIE

Les éléments squelettiques de la cage thoracique, c'est-à-dire les côtes et le sternum, sont articulés entre eux et avec la colonne vertébrale (nous avons déjà vu les articulations de cette dernière). Les articulations costo-vertébrales et costo-sternales sont les plus importantes. D'autres, par exemple les articulations sternales, costo-cartilagineuses et intercartilagineuses, ne présentent pas beaucoup d'importance pour nous.
Les articulations de la ceinture scapulaire (acromio-claviculaire, sterno-claviculaire et, surtout, scapulo-humérale, cette dernière étant traitée avec les membres) permettent les mouvements du membre supérieur par rapport au squelette axile.
Les articulations costo-vertébrales sont des diarthroses par l'intermédiaire desquelles les extrémités vertébrales des côtes sont reliées à leurs vertèbres respectives. L'articulation est double : la première s'effectue entre la tête de la côte et les facettes articulaires des corps vertébraux de deux vertèbres adjacentes, et la seconde entre le tubercule costal et l'apophyse transverse de la vertèbre. Cette dernière articulation, dite costo-transversaire, est absente dans les deux dernières côtes, étant donné l'absence de processus transverse des vertèbres correspondantes (XIe et XIIe T).
Les articulations costo-vertébrales sont renforcées par de robustes ligaments disposés en trois groupes : les ligaments radiés (correspondant à l'articulation de la tête de la côte avec le corps vertébral), les ligaments costo-transversaires (entre le tubercule de la côte et l'apophyse transverse), et, enfin, les ligaments interosseux (entre l'apophyse transverse et le col qui se trouve en dessous). D'autres ligaments s'étendent sur les vertèbres adjacentes et au niveau des disques intervertébraux correspondants.
Les articulations sterno-costales sont des diarthroses condyloïdes, grâce auxquelles les extrémités articulaires sternales des cartilages costaux s'encastrent dans les facettes articulaires des bords latéraux du sternum, enrobés de capsules fibreuses, renforcées par des ligaments.
L'articulation acromio-claviculaire est une diarthrose qui relie les facettes articulaires de l'extrémité externe de la clavicule et de l'acromion de

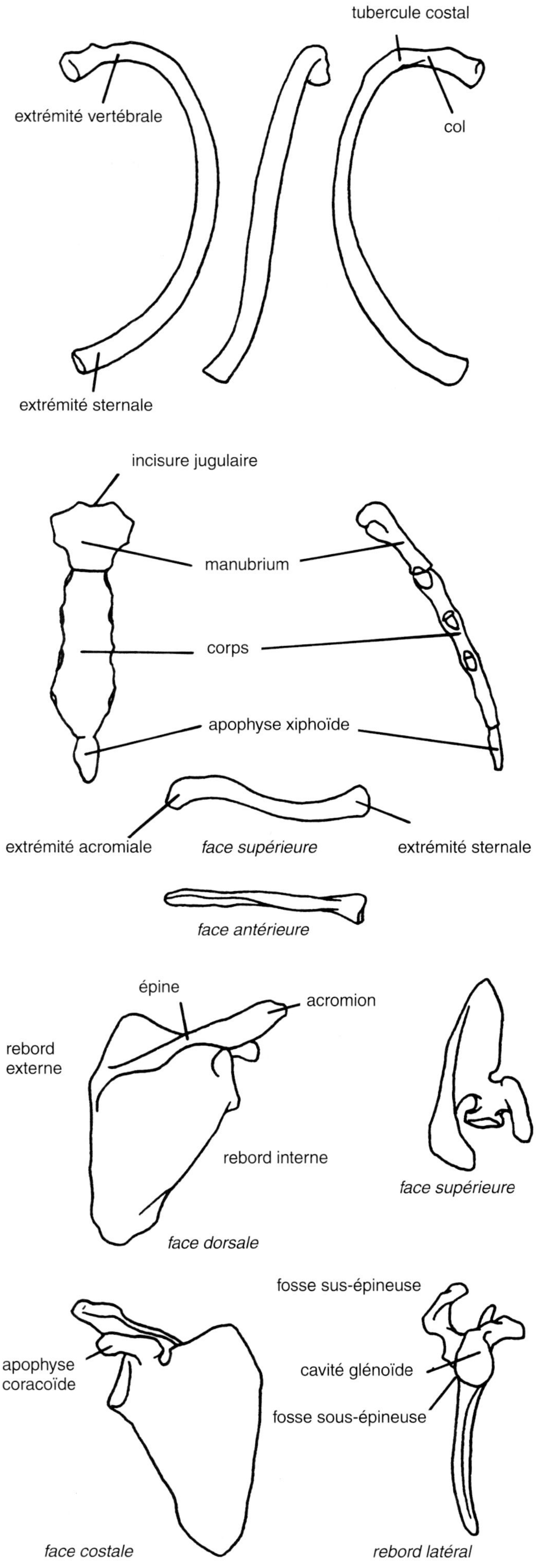

Dessins schématisés : côte, sternum, clavicule, omoplate

l'omoplate. L'articulation est enrobée par la capsule et renforcée par deux ligaments solides. Le premier, le ligament acromio-claviculaire, est tendu au-dessus de la capsule, allant de l'acromion à la clavicule. Le second, le ligament coraco-claviculaire, associé à d'autres ensembles ligamenteux, relie l'apophyse coracoïde et la clavicule. Les mouvements possibles sont très rares.
L'articulation sterno-claviculaire concerne non seulement la tête articulaire sternale de la clavicule et la facette articulaire du sternum, mais aussi la portion sternale de la première côte. C'est une diarthrose plutôt complexe, comportant un disque articulaire, enrobée par la capsule renforcée par des ligaments. Les mouvements possibles sont d'amplitude limitée et de type angulaire : soulèvement, abaissement et déplacement vers l'avant et l'arrière. Une légère circumduction est produite par la somme de ces mouvements.

LES MOUVEMENTS DE LA CAGE THORACIQUE ET LEURS CARACTÉRISTIQUES FONCTIONNELLES

Si l'on examine les dispositifs articulaires de la cage thoracique, l'on constate que les possibilités de mouvement des côtes sont déterminées par les modalités de jonction entre celles-ci et les vertèbres.
Les mouvements que permettent les doubles articulations costo-vertébrales sont assez limités, mais leur somme donne à la cage la possibilité de se dilater d'une manière importante, surtout dans la partie inférieure, où l'excursion est plus importante, grâce à la longueur des côtes. Le sternum constitue le point de raccordement à l'avant. La cage thoracique a surtout une fonction de protection des organes cavitaires, mais ses mouvements sont déterminants pour la mécanique de l'activité respiratoire qui détermine des augmentations et des diminutions rythmiques du volume, correspondant à l'inspiration et à l'expiration. Pendant l'inspiration, les côtes se soulèvent et se tordent légèrement de sorte que la cage thoracique se dilate dans le sens antéro-postérieur et dans le sens transverse, en particulier dans la partie inférieure, tandis que la colonne vertébrale thoracique reste immobile ou subit une légère extension, accompagnée de certaines attitudes corporelles (haussement des épaules, aplatissement de l'abdomen) tendant à favoriser l'opération. Au cours de l'expiration, l'on constate des phénomènes mécaniques opposés, les côtes s'abaissent et le volume de la cage diminue.
Pour ce qui concerne les relations physiologiques entre le thorax et l'abdomen, l'on remarquera que les diminutions volumétriques internes sont régulées par le muscle qui délimite ces deux parties du corps, le diaphragme. L'on distingue donc une respiration thoracique, dépendant des mécanismes articulaires et des muscles de la cage thoracique, et une respiration abdominale, régulée par le diaphragme. Ces deux modalités de respiration coexistent et se complètent, mais d'une manière différente selon les sexes : chez l'homme, c'est la respiration abdominale qui prévaut, alors que chez la femme, c'est la respiration thoracique qui domine.

L'abdomen

OSTÉOLOGIE

La principale formation osseuse de l'abdomen est le bassin, ou ceinture pelvienne. D'un point de vue fonctionnel, il appartient aux membres inférieurs dont il constitue le point d'attache articulaire et musculaire, mais c'est également la partie osseuse terminale du tronc, dont il fait partie intégrante, avec la portion lombaire et la portion sacro-coccygienne de la colonne vertébrale, qui contient les organes viscéraux.
En outre, le bassin joue un rôle essentiel en position debout et dans la déambulation, car il reçoit le poids de la moitié supérieure du corps, par l'intermédiaire de la colonne vertébrale essentiellement, et le décharge sur le sol par les deux membres inférieurs.
Le bassin, ou pelvis, est un appareil osseux, composé de deux os complexes, les os de la hanche, qui vers l'avant, sont articulés entre eux directement par une symphyse et à l'arrière, avec les faces latérales du sacrum, par deux diarthroses. La structure qui en résulte est caractérisée par une grande stabilité, étant donné les possibilités limitées de mouvements articulaires et la présence de nombreux ligaments.
L'os de la hanche (*ox coxae*) est un gros os apparié, aplati, d'épaisseur variable mais, en moyenne, assez fin. Il est caractérisé par la présence de deux parties étendues, dans la partie supérieure et la partie inférieure et

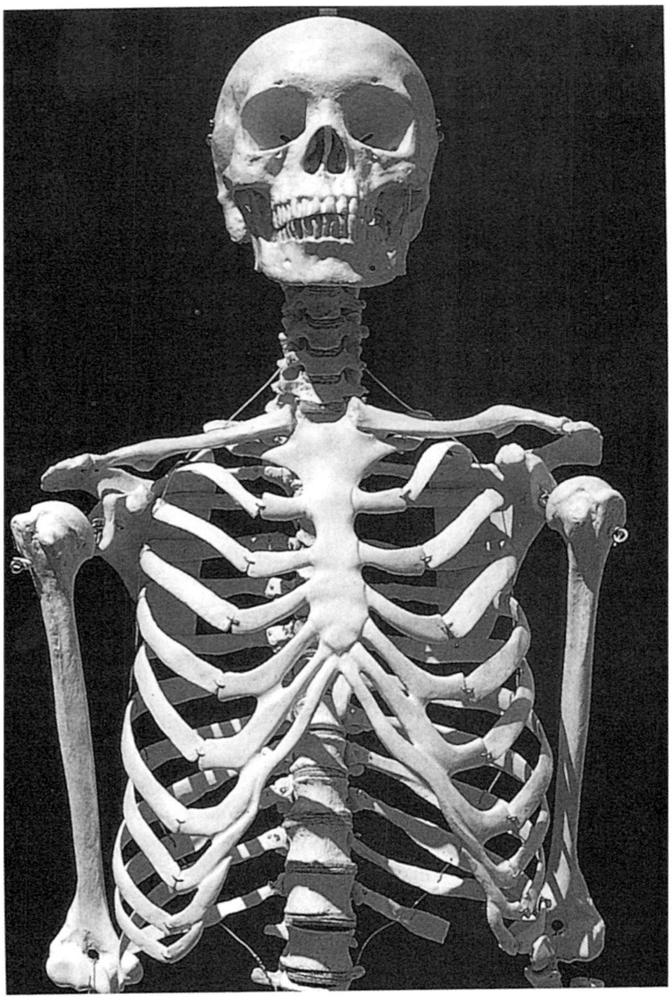

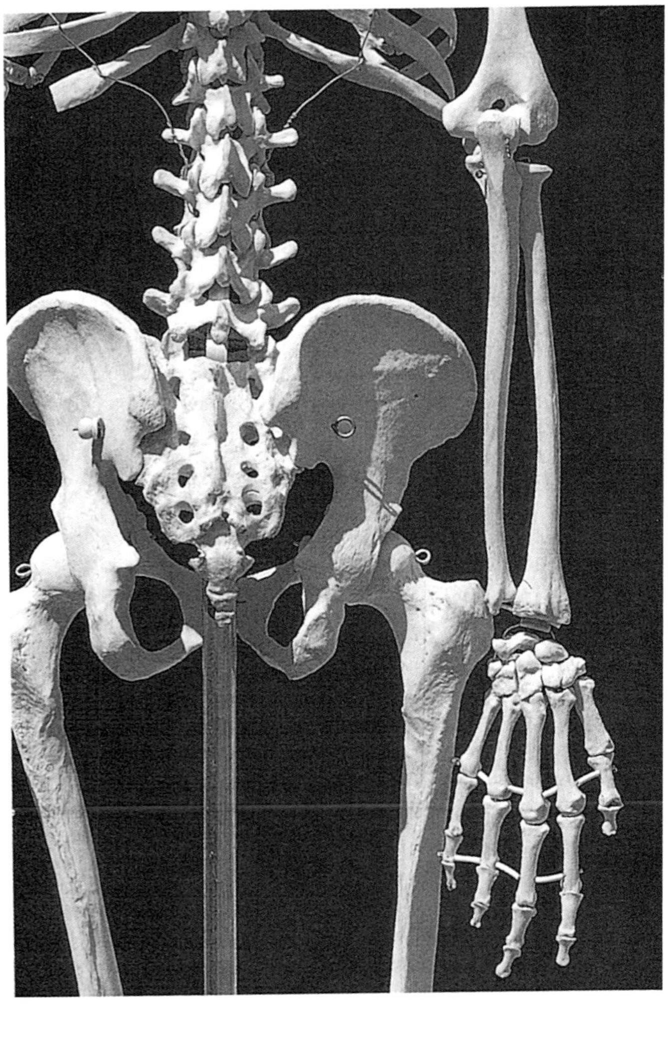

d'une troisième, plus étroite, au centre. Dans l'ensemble, il présente une série de courbes et de torsions diverses. L'os de la hanche est constitué par l'union par synostose de trois parties, l'iléon, l'ischion et le pubis, qui se rejoignent au niveau du cotyle (acétabule), une fosse presque hémisphérique, délimitée par un bord relevé, interrompu par une incisure destinée à accueillir la tête du fémur.
L'iléon (os *ilium*) est la partie la plus étendue et elle est composée par une partie laminaire, l'aile, et une partie rétrécie, le corps, qui contribue à la formation du cotyle. L'aile iliaque présente deux faces : une externe (face fessière) d'où partent les lignes fessières inférieures, antérieures et postérieures, et une interne (face iliaque). La crête iliaque est le bord supérieur de l'aile et commence à l'avant par l'épine iliaque antérieure supérieure et se termine par l'épine iliaque postérieure supérieure.
L'ischion (os *ischii*) est la partie postérieure inférieure de l'os de la hanche. Il est composé d'un corps qui est voisin de l'ilion dans le cotyle et d'une branche qui s'unit à la branche inférieure du pubis en délimitant un espace circulaire/triangulaire (trou ischio-pubien), formant une protubérance angulaire, la tubérosité ischiatique. Dorsalement, l'on remarque deux incisures nettes de dimensions différentes : une supérieure, la grande incisure ischiatique et une inférieure, la petite incisure.
Le pubis (os *pubis*) est formé par un corps assez épais (qui contribue à former la cavité du cotyle) et par une branche supérieure, descendante, soudée à la branche ascendante de l'ischion. Au milieu de la partie antérieure, les deux branches pubiennes délimitent le trou ischio-pubien, et dans la portion médiane où elles se rencontrent, elles forment une articulation avec l'os pubien controlatéral (symphyse pubienne).

Caractéristiques morphologiques du bassin

Le bassin, situé dans la partie inférieure du tronc et délimitant une grosse cavité, présente la forme d'un cône tronqué dont la base la plus large est tournée vers le haut. Lorsqu'on l'examine extérieurement, on reconnaît les éléments suivants : une face postérieure, formée par le sacrum et par les surfaces postérieures de l'aile de l'iléon, en grande partie recouverte par des ligaments ; une face latérale qui présente la face externe de l'aile iliaque, la cavité du cotyle, l'ischion, et, en partie le trou ischio-pubien ; une petite face antérieure, formée par les branches ischio-pubiennes, par la symphyse pubienne et par le trou ischio-pubien, qui délimitent la vaste ouverture antéro-supérieure du bassin. En revanche, si l'on examine la cavité, l'on distingue deux secteurs d'importance différente : le grand bassin, qui est un vaste espace hémisphérique ouvert vers le haut, délimité par les faces médianes des ailes iliaques ; le petit bassin, qui est un espace plus réduit, presque cylindrique, placé sous le grand bassin et dont les parois sont composées par les faces postérieures du pubis, par les branches ischiatiques ascendantes, par le coccyx et par la face antérieure du sacrum.
Le bassin est une structure osseuse caractéristique d'un point de vue anthropologique et qui a une grande importance pour la pratique obstétrique. L'on a donc effectué un grand nombre de mesures systématiques pour déterminer son inclinaison globale (par rapport à l'horizontale, lorsque le sujet est en position debout), le diamètre de ses cavités et ses proportions. Un grand nombre de paramètres peuvent être mesurés *in vivo*, par exemple le diamètre bitrochantérien. En outre, le bassin est la partie du squelette qui diffère le plus, selon le sexe : chez la femme, les fosses iliaques sont plus larges et inclinées vers l'extérieur que chez l'homme (pour des raisons liées à l'accouchement), les trous ischio-pubiens sont triangulaires (et non pas ovales), l'inclinaison est plus importante et, dans l'ensemble, le bassin est plus bas et plus large.

ARTHROLOGIE

L'articulation fondamentale du bassin est celle qui est réalisée avec le fémur, c'est-à-dire l'articulation de la hanche (ou coxo-fémorale), qui, pour des raisons fonctionnelles, est associée au membre inférieur.
En revanche, les articulations propres du bassin sont presque immobiles ou ont des mouvements très réduits. Elles sont au nombre de deux : l'articulation sacro-iliaque et la symphyse pubienne.
L'articulation sacro-iliaque relie la face latérale du sacrum et la face articulaire de l'iléon : elle est donc symétrique et presque immobile (à l'exception de petits glissements). Elle est coiffée d'une capsule renforcée de ligaments robustes (sacro-iliaque antérieur et postérieur).
La symphyse pubienne n'est pas appariée, elle est médiane et relie les deux os pubiens par une portion cartilagino-fibreuse, d'une consistance et d'une épaisseur variant selon le sexe et l'âge. Au-dessus et à l'avant,

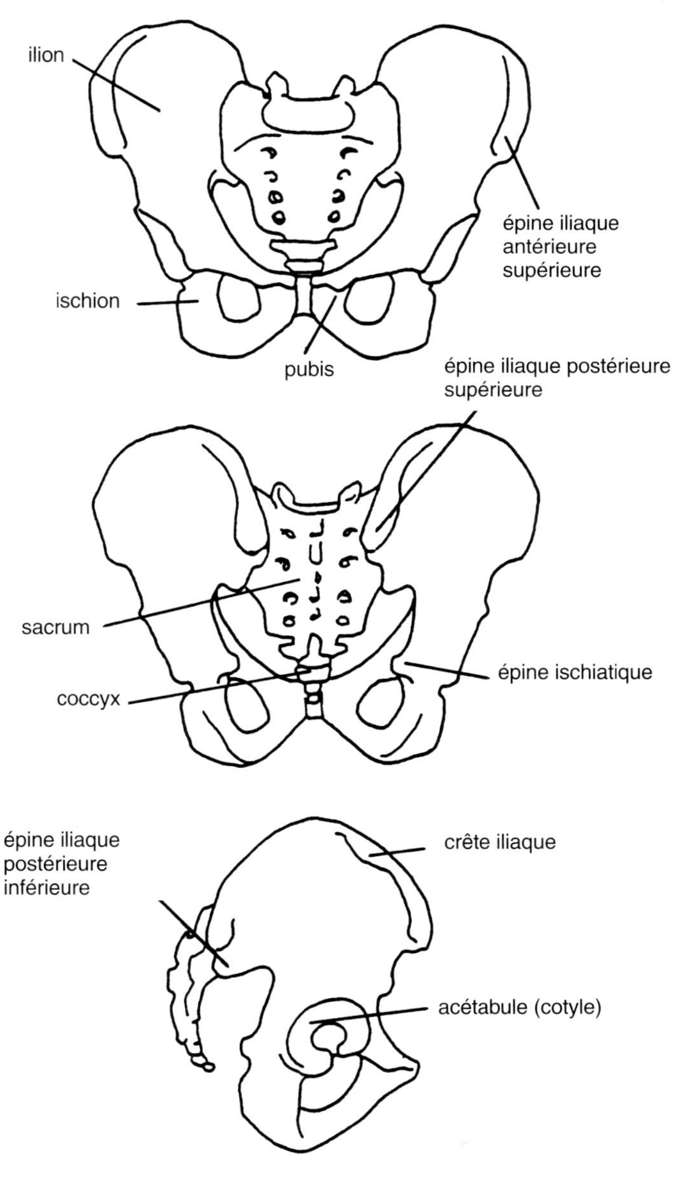

Dessins schématisés du bassin masculin : projection frontale, projection dorsale, projection latérale

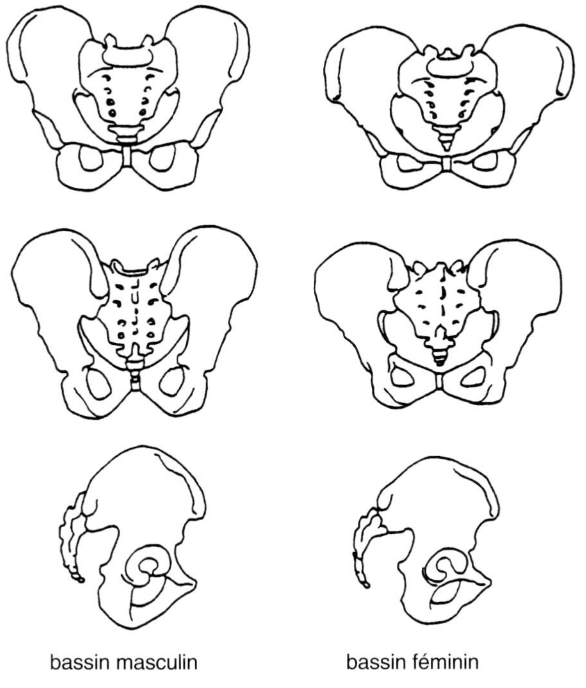

se trouvent certains ligaments fibreux dont la tension permet seulement un léger éloignement des têtes articulaires.
Chez les femmes, pendant la période de grossesse, pour des raisons hormonales, l'articulation devient plus souple, ce qui facilite l'accouchement.
Le bassin est doté d'un ensemble complexe de ligaments qui le stabilisent et contribuent à délimiter ses parois cavitaires. Le ligament iliolombaire est, en fait, un groupe de ligaments solides qui partent des apophyses costiformes des Ve et VIe vertèbres lombaires et se ramifient sur l'articulation sacro-iliaque. Les ligaments sacro-ischiatiques sont situés dans la partie inférieure du bassin et ils sont divisés en deux groupes partant des faces antérieures du sacrum et du coccyx, dont un se dirige sur l'épine ischiatique (ligament sacro-épineux) et l'autre vers la tubérosité ischiatique (ligament sacro-tubéreux).

MYOLOGIE

Le tronc est la partie axile du corps humain sur laquelle s'insèrent les parties appendiculaires : les membres supérieurs et les membres inférieurs. Plus précisément, on dira que le tronc, pris au sens large, comprend la tête, le cou et le tronc *stricto sensu* et que celui-ci est divisé en thorax, abdomen et pelvis (*cf.* p. 26).
Dans l'optique du dessin artistique et afin de mieux décrire les formes extérieures du tronc (parfois appelé torse) il convient d'associer aux muscles du tronc proprement dits les muscles « axo-appendiculaires », c'est-à-dire ceux qui assurent le raccordement entre la partie axile et la partie appendiculaire et correspondant à la ceinture scapulaire et à la ceinture pelvienne. Dans le cadre d'études anatomiques systématiques et fonctionnelles, ces muscles sont associés aux membres supérieurs et aux membres inférieurs. Nous avons donc choisi de regrouper dans cette section les muscles situés le long de la colonne vertébrale, dans le cou, dans le dos, dans les épaules, dans le thorax, dans l'abdomen et dans la hanche.
La musculature du rachis est formée de systèmes musculaires, appariés et symétriques, alignés le long de la colonne vertébrale, du crâne au coccyx. On distingue deux groupes : les muscles spinaux (ou gouttière vertébrale) et la musculature ventrale du rachis. Tous les muscles sont paravertébraux, c'est-à-dire qu'ils sont situés autour de la colonne vertébrale.
La musculature du cou est complexe et se subdivise en plusieurs groupes : la musculature latérale (ou para-vertébrale), composée par les muscles scalènes et recouverte par le muscle peaucier du cou ; le muscle sterno-cléido-mastoïdien et les muscles de la région de l'os hyoïde (sus-hyoïdien et sous-hyoïdien). Certains muscles (sous-occipitaux, splénius, droits) sont rattachés à la musculature du rachis, tandis que le trapèze confère à la nuque sa morphologie externe.
La musculature du thorax est composée de muscles intrinsèques, c'est-à-dire d'organes musculaires ayant une insertion sur les éléments osseux de la cage thoracique et de la colonne vertébrale et qui exercent leur action essentiellement sur la partie respiratoire. Ces muscles sont regroupés en deux systèmes : les muscles des espaces intercostaux (muscles intercostaux, surcostaux et longs surcostaux, sous-costaux et triangulaire du sternum) et les muscles spino-costaux (le petit dentelé postérieur et inférieur et le petit dentelé postérieur et supérieur, auxquels s'ajoute le diaphragme).
Toutefois, la morphologie externe du thorax et du dos est déterminée par des gros muscles axo-appendiculaires, qui se subdivisent en deux groupes : thoraco-appendiculaires (grand et petit pectoral, sous-clavier et grand dentelé) et spino-appendiculaires (trapèze, grand dorsal, rhomboïde, muscle angulaire de l'omoplate). À ceux-ci s'ajoutent les muscles de l'épaule (deltoïde, sous-scapulaire, sous et sus-épineux, petit et grand rond).
La musculature de l'abdomen est composée de muscles larges : carré des lombes, grand droit de l'abdomen, grand et petit obliques de l'abdomen, transverse, auxquels s'ajoutent les muscles du périnée.
La musculature du bassin et de la hanche est composée par le groupe des muscles spino-appendiculaires (petit psoas, psoas iliaque) et par des muscles de la fesse (petit, moyen et grand fessier, obturateur interne, jumeaux, carré crural, tenseur du fascia *lata*).

ORGANES ACCESSOIRES DE LA MUSCULATURE DU TRONC

❑ Rachis. Il s'agit de l'aponévrose occipitale et de l'aponévrose lombodorsale ainsi que des lames conjonctives qui recouvrent les muscles profonds et les séparent de ceux des couches plus superficielles : trapèze, rhomboïde, grand dorsal.
❑ Cou. Ce sont des formations membraneuses placées à différents niveaux de profondeur. L'aponévrose cervicale superficielle recouvre la partie ventrale du cou, placée sous le plan tégumentaire et dans la continuité de l'aponévrose des muscles spino-appendiculaires du rachis. L'aponévrose cervicale moyenne est placée plus en profondeur et elle est tendue entre les deux muscles omo-hyoïdiens, droit et gauche. L'aponévrose cervicale profonde est fine mais robuste et adhère aux formations paravertébrales.
❑ Thorax et dos. Ce sont des membranes qui revêtent les muscles des différentes régions et constituent dans l'ensemble une couverture superficielle, étendue et importante. On distingue l'aponévrose pectorale, l'aponévrose deltoïdienne, les aponévroses superficielles du trapèze et du grand dorsal et l'aponévrose de l'aisselle.
❑ Abdomen. Ce sont des formations aponévrotiques, superficielles et profondes, recouvrant les muscles de l'abdomen, ayant beaucoup d'importance pour la contention viscérale. On distingue l'aponévrose du muscle oblique extérieur, l'aponévrose transversale, la ligne blanche (sur lequel adhère la formation ombilicale), la gaine des muscles droits, le ligament inguinal et les aponévroses du périnée, qui forment un ensemble complexe.
❑ Hanche. Ce sont des aponévroses qui recouvrent les muscles fessiers. On distingue surtout l'aponévrose superficielle de la cuisse, qui adhère à la crête iliaque, s'étend sur le grand fessier et se prolonge sur l'aponévrose qui recouvre la cuisse. Sous le grand fessier, elle adhère au coccyx en formant un repli qui contribue à donner sa conformation externe au pli interfessier.

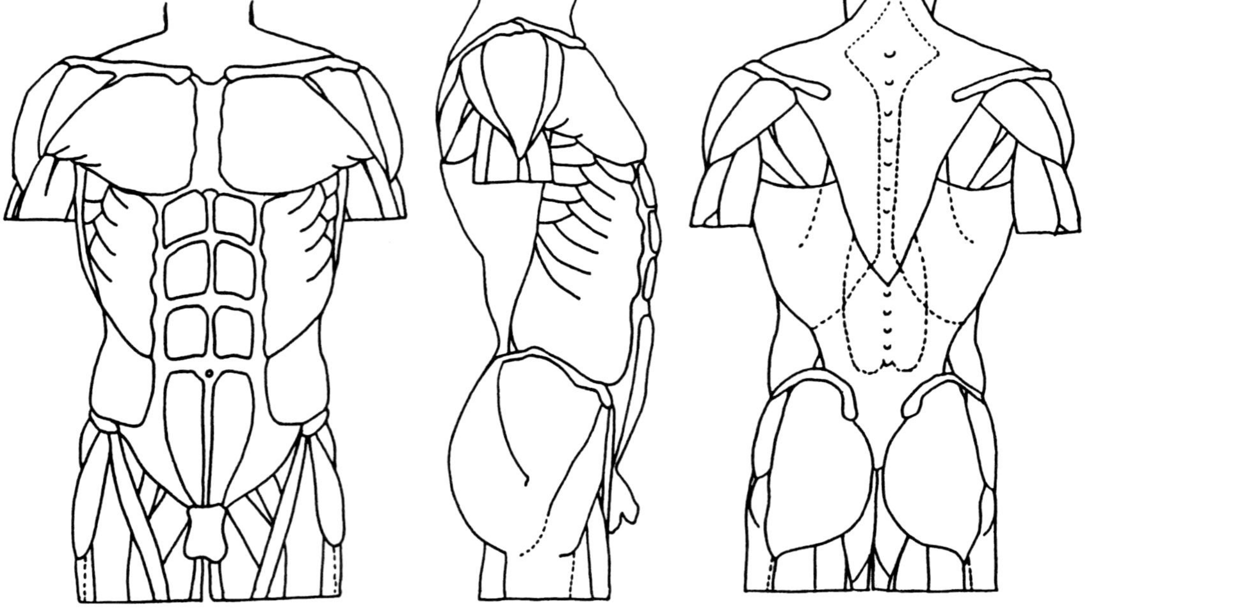

MUSCLE PEAUCIER DU COU (*Platysma*)

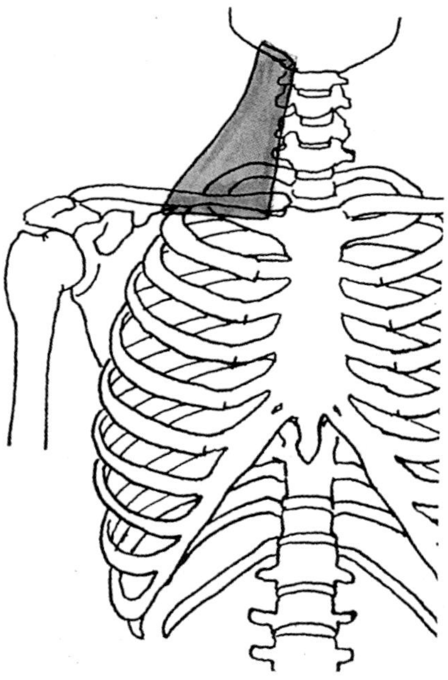

Forme, structure, relations Le muscle peaucier du cou est une lame aplatie très fine et large qui recouvre la surface latérale antérieure du cou, s'étendant de la région claviculaire à la mandibule et aux coins de la bouche. Ce muscle peaucier est l'équivalent très rudimentaire du « pannicule charnu » de certains mammifères et il varie selon les individus : il peut être absent, très réduit, se limiter à un côté, se prolonger sur l'avant, sur le dos ou dans le creux de l'aisselle. Ce muscle étant sous-cutané, sa face externe est en contact avec la peau, tandis que sa face profonde, adhérant à l'aponévrose superficielle, recouvre la clavicule, la veine jugulaire externe, le grand pectoral, le deltoïde, le sterno-cléido-mastoïdien, l'omo-hyoïdien, le ventre antérieur du muscle digastrique, le mylo-hyoïdien, et le masséter.

Origine Aponévrose recouvrant le grand pectoral et le deltoïde.

Insertion Bord inférieur de la mandibule ; peau de la partie inférieure du visage et du coin de la bouche ; muscle peaucier controlatéral (le long du bord médian).

Action Traction vers le bas de la mandibule, du coin de la bouche et de la lèvre inférieure ; traction vers le haut de la peau de la poitrine.

Anatomie de surface La contraction du muscle provoque la formation de nombreux plis dirigés en oblique, de la clavicule à la mandibule et qui sont surtout liés à des efforts musculaires ou des expressions émotionnelles intenses (peur, douleur, terreur, dégoût, etc.). Le cou apparaît alors élargi et la fosse sus-sternale plus profonde. Chez les personnes âgées, le bord interne du muscle peaucier peut former un pli vertical en forme de cordon qui subsiste même lorsque le muscle est détendu et placé en position médiane par rapport au muscle omo-hyoïdien.

MUSCLE STERNO-CLÉIDO-MASTOÏDIEN (*Sternocleidomastoideus*)

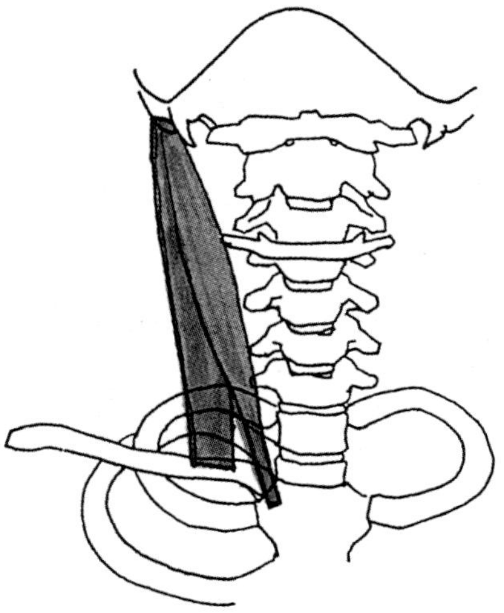

Forme, structure, relations Le muscle sterno-cléido-mastoïdien est une grosse formation aplatie, en forme de ruban, dirigée en oblique vers le haut et l'arrière. Il s'étend de son origine, située à proximité du sternum, à l'apophyse mastoïde, en traversant la face latérale du cou. Il est constitué de deux chefs d'origine distincts, le chef sternal (ou médian) et le chef claviculaire (ou latéral), qui se superposent pendant le parcours (le chef claviculaire se plaçant derrière le chef sternal) et s'unissent à proximité de l'insertion formant un ventre musculaire épais et arrondi. On remarque en particulier qu'au départ, le faisceau sternal a une forme conique mais qu'il s'aplatit très rapidement, atteignant la largeur de 2 mm environ, tandis que le faisceau claviculaire est fin, laminaire, doté d'une section d'origine étendue. Ce muscle a des relations avec le muscle peaucier du cou, qui le recouvre, pour sa moitié inférieure, et avec la peau et la glande parotide pour sa moitié supérieure. Les muscles sous-hyoïdiens (sterno-hyoïdien, sterno-thyroïdien, omo-hyoïdien) sont placés en profondeur. À l'arrière, ce muscle a des relations avec le splénius, le muscle angulaire de l'omoplate et les scalènes. Au niveau de son insertion, le muscle sterno-cléido-mastoïdien est plus près de la surface que le splénius, le grand droit antérieur de la tête et le ventre postérieur du digastrique. Ce muscle peut présenter un certain nombre de variantes : absence, séparation complète des deux chefs, avec la formation de deux muscles distincts (sterno-mastoïdien et cléido-mastoïdien) ; insertion anormale, jonction avec des muscles voisins, etc.

Origine Chef sternal, bord supérieur et partie inférieure de la face antérieure du manubrium du sternum.
Chef claviculaire : surface supérieure du tiers médian de la clavicule.

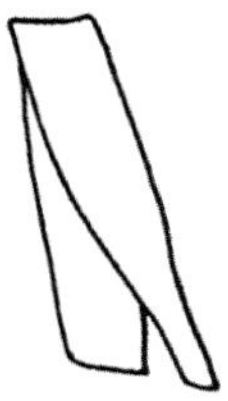

Insertion Surface latérale de l'apophyse mastoïdienne du temporal ; moitié latérale de la ligne occipitale supérieure.

Action Extension et flexion de la tête, si la contraction est bilatérale ; flexion et rotation latérale de la tête, si la contraction est unilatérale. En outre, le muscle travaille en synergie avec les autres muscles du cou pour le mouvement et le maintien en position dressée de la tête.

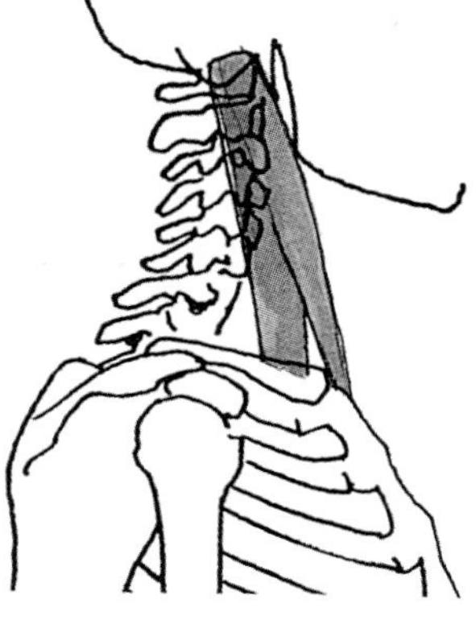

Anatomie de surface Ce muscle, qui est superficiel, est situé dans la partie dédoublée de l'aponévrose cervicale superficielle et recouvert par le muscle peaucier du cou ainsi que par la peau. Il est donc visible et palpable dans son ensemble. Il apparaît comme un relief placé sur les côtés du cou et dirigé en oblique par rapport à la partie se trouvant à l'arrière du pavillon auriculaire. La région latérale du cou est ainsi divisée en deux zones triangulaires : celle de l'avant (région sus et sous-hyoïdienne) et délimitée par la ligne médiane du cou, par la base de la mandibule et par le bord antérieur du muscle sterno-cléido-mastoïdien. La zone postérieure (région sus-claviculaire) est délimitée par le bord arrière du sterno-cléido-mastoïdien, par le tiers médian de la clavicule et par le bord antérieur du muscle trapèze.
On peut également voir nettement le tendon d'origine du chef sternal, qui apparaît comme un faisceau en forme de cordon, à côté de la fossette jugulaire, et la dépression triangulaire située dans l'espace compris entre le chef sternal et le chef claviculaire.

MUSCLES SCALÈNES (*Scaleni*)

Les muscles scalènes constituent le groupe latéral des muscles vertébraux et représentent la continuation en direction du crâne de la musculature intercostale. Ils s'étendent en oblique vers le bas et latéralement, de la colonne vertébrale cervicale aux premières côtes et ils ont une fonction d'inspiration. On distingue trois muscles : le scalène antérieur, le scalène moyen et le scalène postérieur.

MUSCLE SCALÈNE ANTÉRIEUR (*Scalenus anterior*)

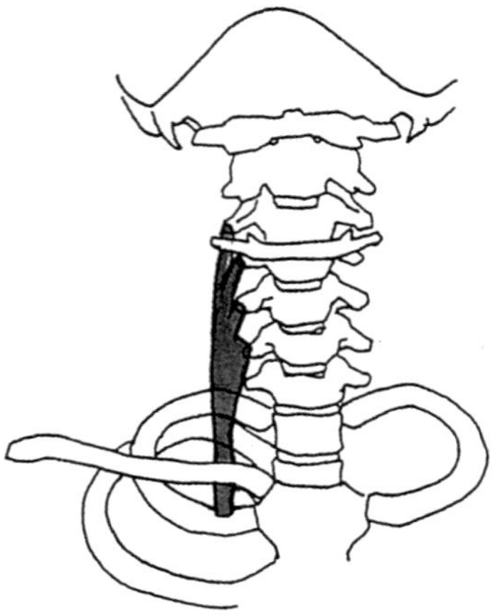

Forme, structure, relations Le muscle antérieur est fin et allongé. Au départ, il est constitué de deux chefs d'origine, qui se fondent en un seul ventre dirigé vers le bas et un peu sur le côté, jusqu'à la première côte. Des trois muscles scalènes, c'est celui qui est situé le plus profondément dans le cou. Par sa position, il est en relation avec de nombreux autres muscles : à l'avant, au-delà de la clavicule, les muscles omo-hyoïdien et sterno-cléido-mastoïdien ; à l'arrière le scalène moyen ; vers le bas, le muscle long du cou ; vers le haut, le grand droit antérieur de la tête. Ce muscle peut être absent ou peut posséder des insertions anormales et surnuméraires.

Origine Tubercules antérieurs des apophyses transverses des IIIe, IVe, V^e^ et VIe vertèbres cervicales.

Insertion Première côte (tubercule du scalène et bord supérieur, à l'avant du sillon de l'artère sous-clavière).

Action Flexion antérieure et latérale (avec légère rotation) de la portion cervicale de la colonne vertébrale, si la contraction est unilatérale ; relèvement de la première côte, si la contraction est bilatérale.

Anatomie de surface Ce muscle est situé en profondeur.

MUSCLE SCALÈNE MOYEN (*Scalenus medius*)

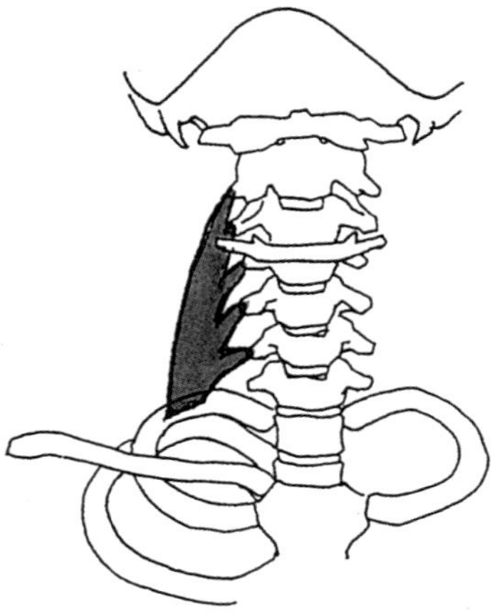

Forme, structure, relations Le muscle scalène moyen est le plus gros des trois scalènes ; il est allongé et constitué de plusieurs chefs d'origine qui, partant des vertèbres cervicales se fondent en un seul ventre, vers le bas et sur le côté, pour s'insérer sur la première côte. Sa surface antéro-latérale a des relations avec la clavicule, le muscle omo-hyoïdien et le muscle sterno-cléido-mastoïdien ; le bord antérieur est contigu avec le scalène antérieur ; la face postérieure latérale est en relation avec le scalène postérieur et le muscle angulaire de l'omoplate. Il arrive que ce muscle soit absent.

Origine Axis (apophyse transverse) ; partie antérieure des tubercules postérieurs des apophyses transverses des cinq dernières vertèbres cervicales (de III C à VII C).

Insertion Première côte (face supérieure, entre le tubercule costal et le sillon de l'artère sous-clavière).

Action Flexion latérale de la portion cervicale de la colonne vertébrale et relèvement de la première côte avec fonction d'inspiration.

Anatomie de surface Ce muscle est situé en profondeur.

MUSCLE SCALÈNE POSTÉRIEUR (*Scalenus posterior*)

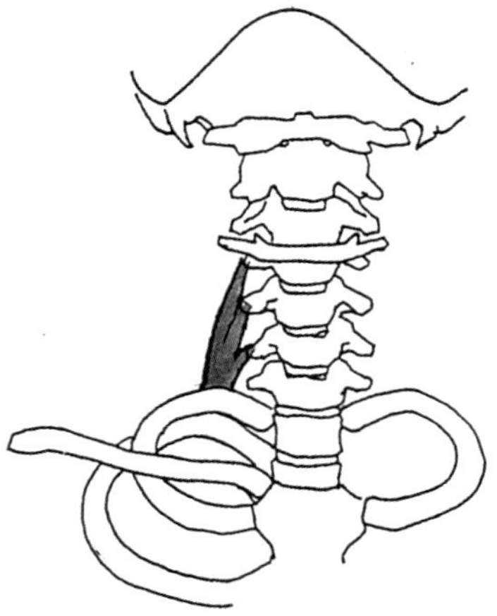

Forme, structure, relations Le muscle scalène postérieur a une forme et une structure semblables à celles des autres scalènes : il est petit et fin, dirigé vers le bas et vers le côté et il s'insère sur la deuxième côte, où les chefs d'origine se fondent en un seul ventre. Étant situé en profondeur, il est recouvert en grande partie par le scalène moyen et sa face postérieure est en relation avec les autres muscles du rachis (le muscle transversaire du cou et le petit complexus, par exemple). Ce muscle peut parfois se fondre avec le scalène moyen.

Origine Tubercules postérieurs des apophyses transverses des IVe, V^e^ et VIe vertèbres cervicales.

Insertion Surface externe latérale de la deuxième côte, entre le tubercule pour le grand dentelé et l'angle costal.

Action Flexion latérale de la portion cervicale de la colonne vertébrale, en particulier si le point fixe est sur la côte ; léger soulèvement de la deuxième côte.

Anatomie de surface Ce muscle est situé en profondeur.

MUSCLE MYLO-HYOÏDIEN (*Mylohyoideus*)

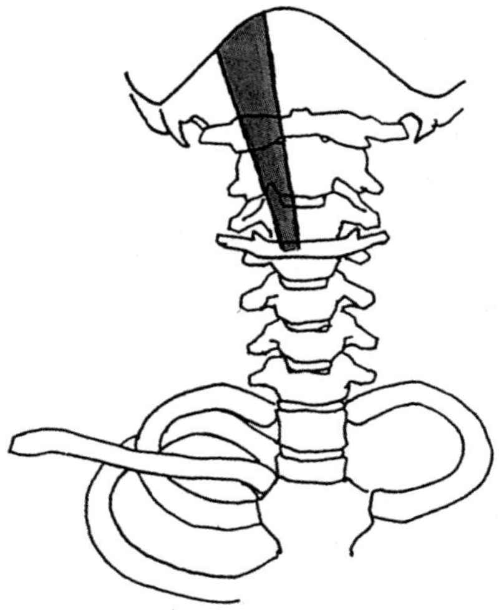

Forme, structure, relations Le muscle mylo-hyodïen est une lame aplatie, de forme triangulaire, tendue entre la face interne de la mandibule et le corps de l'os hyoïde, constituant avec le muscle de l'autre côté, le plancher musculaire de la cavité buccale. Ces deux muscles sont réunis par un raphé fibreux médian (ligne blanche sus-hyoïdienne), tendu entre la symphyse du menton et l'os hyoïde. De ce muscle partent des faisceaux de fibres de longueurs différentes, dirigés un peu vers le bas, vers l'arrière et sur le plan médian. Le muscle peut présenter de nombreuses variations selon les individus : il peut être absent, se confondre avec la partie controlatérale, sans l'interposition du raphé (dans ce cas, on considère qu'il s'agit d'un muscle unique non apparié, médian), avoir des connexions avec les muscles limitrophes ou être subdivisé en plusieurs faisceaux. La face superficielle (ou inférieure) du muscle mylo-hyoïdien est, dans sa partie latérale, recouvert par le ventre antérieur du muscle digastrique, tandis que la partie médiane est recouverte par l'aponévrose cervicale superficielle et par le muscle peaucier du cou. La face interne (ou supérieure) est en relation avec le muscle génio-hyoïdien et avec les muscles du corps de la langue, avec les faisceaux et les glandes sublinguales.

Origine Mandibule : face interne du corps, le long de la ligne mylo-hyoïdienne.

Insertion Corps de l'os hyoïde ; raphé fibreux médian.

Action Élévation du plancher de la bouche, pendant les premières phases de déglutition ; abaissement de la mandibule ; élévation de l'os hyoïde.

Anatomie de surface La portion médiane du muscle mylo-hyoïdien est superficielle, recouverte par l'aponévrose cervicale superficielle et par la peau, et on l'aperçoit lorsque la tête est en extension. Elle apparaît alors comme un relief en forme de cordon placé au milieu du ventre antérieur du muscle digastrique : entre les deux muscles mylo-hyoïdiens, au niveau du raphé médian, il se forme une légère dépression, dirigée vers l'arrière. Le plancher de la cavité buccale, qui est formé notamment par les muscles sus-hyoïdiens, est concave vers le haut, par conséquent, lorsque la tête est en position anatomique et placée de profil, on voit, en raccourci, comme une lame qui part de l'os hyoïde et se dirige légèrement vers le haut pour atteindre la base de la mandibule.

MUSCLES SOUS-HYOÏDIENS

Les muscles sous-hyoïdiens constituent un groupe musculaire situé dans la région antérieure du cou, entre l'os hyoïde et les os de la ceinture scapulaire. Il s'agit de quatre muscles : le sterno-cléido-hyoïdien, le sterno-thyroïdien, le thyro-hyoïdien et l'omo-hyoïdien. Leur action globale, tendant à abaisser l'os hyoïde, est antagoniste avec celle du groupe sus-hyoïdien.

MUSCLE STERNO-CLÉIDO-HYOÏDIEN (*Sternohyoideus*)

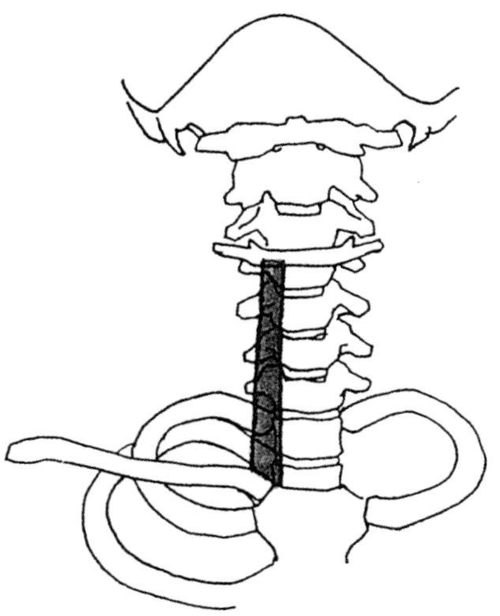

Forme, structure, relations Le muscle sterno-cléido-hyoïdien est le plus superficiel du groupe des sous-hyoïdiens. Il est aplati, étroit, en forme de ruban, et se dirige vers le haut et en position médiane, du sternum à l'os hyoïde. Sur le segment d'origine, les muscles des deux côtés sont plutôt distants tandis qu'ils se rapprochent sur la ligne médiane, dans la section d'insertion, délimitant un espace triangulaire dont la pointe est tournée vers le haut et vers lequel sont tournés le cartilage thyroïdien, la glande thyroïde et les muscles sterno-thyroïdiens. On remarque fréquemment l'absence de ce muscle, la fusion avec des muscles voisins, la présence d'une insertion tendineuse dans la partie inférieure ou la présence d'une section d'origine claviculaire. Le sterno-cléido-hyoïdien recouvre le muscle sterno-thyroïdien et il est recouvert par l'aponévrose cervicale médiane, par le muscle sterno-cléido-mastoïdien (dans la partie inférieure) et par l'aponévrose cervicale superficielle ; le bord externe est contigu avec le ventre supérieur du muscle omo-hyoïdien.

Origine Clavicule : face postérieure de l'extrémité sternale ; ligament sterno-claviculaire postérieur ; face postéro-supérieure du manubrium du sternum.

Insertion Os hyoïde : bord inférieur du corps.

Action Abaissement de l'os hyoïde, participe à la déglutition, à la formation des sons et à la respiration.

Anatomie de surface Bien qu'étant sous-cutané, ce muscle est difficile à identifier : dans certaines circonstances, il apparaît, pendant la phase de contraction, comme un relief en forme de cordon vertical placé en position médiane par rapport au muscle sterno-cléido-mastoïdien. On le distingue du bord interne du muscle peaucier du cou car celui-ci est plus superficiel, situé plus sur le côté et dans une direction plus oblique.

MUSCLES SUS-HYOÏDIENS

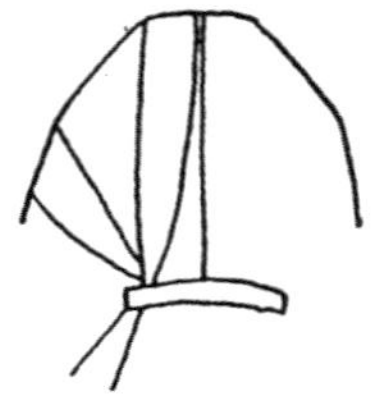

Les muscles sus-hyoïdiens forment un groupe musculaire situé entre la mandibule et l'os hyoïde, constituant en grande partie le plancher de la cavité buccale. Il s'agit de quatre muscles : le digastrique, le stylo-hyoïdien, le mylo-hyoïdien et le génio-hyoïdien.

MUSCLE DIGASTRIQUE (*Digastricus*)

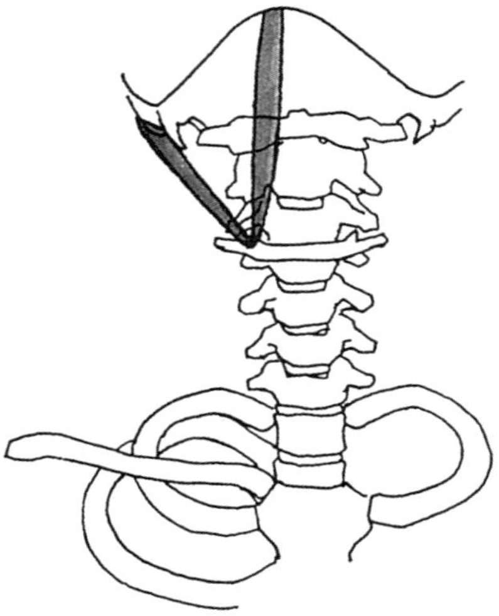

Forme, structure, relations Le muscle digastrique est formé de deux ventres musculaires de forme fuselée, le ventre antérieur et le ventre postérieur, réunis par un gros tendon intermédiaire, assurant la conjonction à l'os hyoïde sur lequel il est fixé par l'intermédiaire d'une robuste aponévrose fibreuse. Le muscle se trouve sous le corps de la mandibule et forme une arcade, concave dans le bas, dont les extrémités sont insérées sur l'os temporal et sur la mandibule. Le muscle digastrique est le plus superficiel des sus-hyoïdiens et peut présenter un certain nombre de variantes : il peut, par exemple, être absent, être constitué d'un seul ventre, avoir des connexions avec les muscles limitrophes. Le ventre antérieur est recouvert par l'aponévrose cervicale superficielle, par le muscle peaucier, ainsi que par la peau et il recouvre le muscle mylo-hyoïdien. Le ventre postérieur, dans la portion proche de l'insertion, est situé en profondeur, appuyé sur les muscles stylo-hyoïdiens, à côté du muscle droit latéral. Il est recouvert par les muscles suivants : le petit complexus, le splénius et le sterno-cléido-mastoïdien. En revanche, après avoir été recouverte par les glandes parotide et sous-maxillaire, la partie restante se rapproche de la surface, à proximité de l'os hyoïde.

Origine Apophyse mastoïde de l'os temporal.

Insertion Base de la mandibule, dans la fossette digastrique, à proximité de la ligne médiane.

Action Abaissement de la mandibule et soulèvement de l'os hyoïde : les deux ventres musculaires agissent toujours en synergie et participent au mécanisme de la déglutition.

Anatomie de surface Le ventre antérieur, sous-cutané, est facilement visible lorsque la tête est en extension. Dans cette position, le plan de base de la mandibule est exposé et le muscle, même s'il n'est pas contracté, apparaît comme un petit relief dirigé vers l'arrière et un peu sur le côté du muscle mylo-hyoïdien qui est presque placé en position médiane.

MUSCLE STYLO-HYOÏDIEN (*Stylohyoideus*)

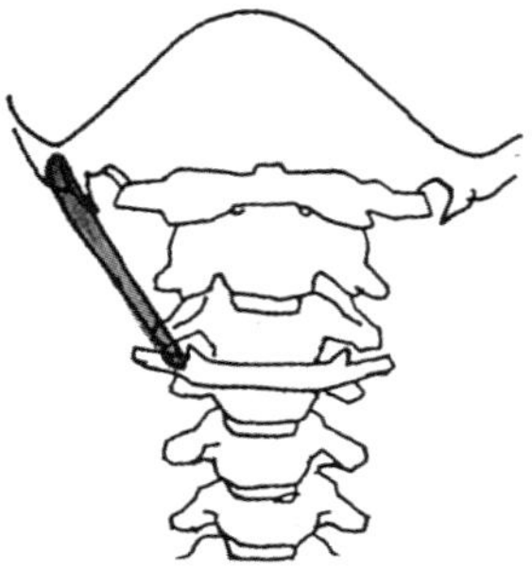

Forme, structure, relations Le muscle stylo-hyoïdien est petit, fin, allongé, dirigé en oblique vers le bas, en avant de l'apophyse styloïde de l'os hyoïdien. À proximité de l'insertion, il est traversé par le tendon intermédiaire du muscle digastrique et il est recouvert latéralement, sur la portion initiale au moins, par le ventre postérieur du muscle digastrique. Le muscle stylo-hyoïdien peut présenter des variantes individuelles importantes : il peut être absent, être double, s'insérer sur l'angle de la mandibule, avoir des connexions avec des muscles limitrophes (digastrique, omo-hyoïdien, stylo-glosse, hyo-glosse et génio-glosse).

Origine Os temporal : base superficielle externe de la partie supérieure de l'apophyse styloïde.

Insertion Os hyoïde : face latérale du corps, à proximité de l'origine de la grande corne.

Action Élévation et rétraction de l'os hyoïde. Les muscles stylo-hyoïdiens des deux côtés agissent en même temps et en synergie avec les muscles sus et sous-hyoïdiens, ils fixent l'os hyoïde, intervenant dans la déglutition et la formation des sons.

Anatomie de surface Ce muscle est situé en profondeur.

MUSCLE GÉNIO-HYOÏDIEN (*Geniohyoideus*)

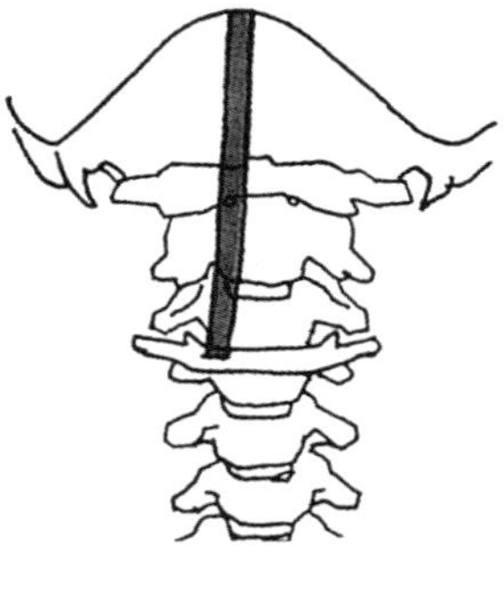

Forme, structure, relations Le muscle génio-hyoïdien est fin, aplati, légèrement conique, tendu de la mandibule à l'os hyoïde et placé le long de la ligne médiane profonde du muscle mylo-hyoïdien, qui a un parcours presque parallèle au sien. Les muscles génio-hyoïdiens des deux côtés peuvent se fusionner le long du bord interne et former un muscle unique, avec des fonctions analogues à celles du mylo-hyoïdien.

Origine Mandibule : apophyse génienne inférieure située sur la face postérieure de la symphyse du menton.

Insertion Os hyoïde : face antérieure de la partie centrale du corps.

Action Soulèvement et déplacement vers l'avant de l'os hyoïde ; abaissement de la mandibule (lorsque l'os hyoïde est fixé).

Anatomie de surface Ce muscle est situé en profondeur.

MUSCLE STERNO-THYROÏDIEN (*Sternothyroideus*)

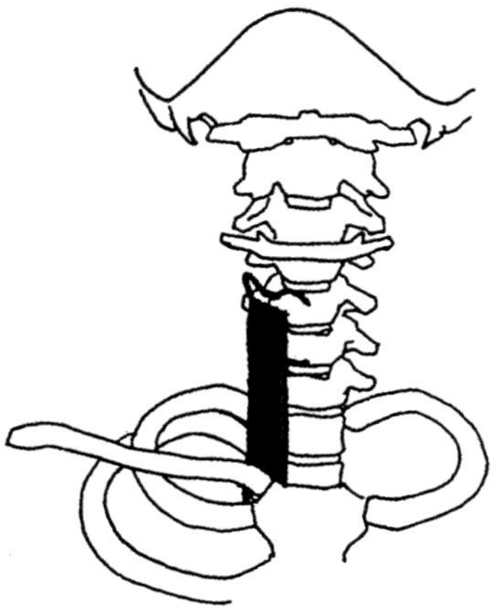

Forme, structure, relations Le muscle sterno-thyroïdien est aplati, plus large que le sterno-cléido-hyoïdien et situé plus en profondeur. Se dirigeant verticalement, du sternum au cartilage thyroïdien, il recouvre la trachée et la face antéro-latérale de la glande thyroïde. Il est recouvert, en grande partie, par le muscle sterno-cléido-hyoïdien, sauf dans la partie située à proximité du sternum, qui reste sous-cutanée. Ce muscle est en contact avec le controlatéral, dans sa section d'origine, mais, ensuite, les bords internes s'écartent légèrement créant un intervalle occupé par les organes situés en dessous. L'on a souvent décrit les variantes de ce muscle : il peut, par exemple, être absent, avoir des connexions avec le muscle controlatéral le long de la ligne médiane ou avec les muscles limitrophes, ou bien présenter des insertions tendineuses.

Origine Sternum : face postérieure du manubrium, sous la section d'origine du muscle sterno-cléido-hyoïdien ; bord du premier cartilage costal.

Insertion Ligne oblique de la lame du cartilage thyroïdien.

Action Abaissement du larynx (lorsque celui-ci est déplacé vers le haut, comme cela se passe pendant la déglutition et la formation de sons).

Anatomie de surface Ce muscle n'est pas visible extérieurement, pas même dans la partie sous-cutanée proche de la fosse jugulaire.

MUSCLE THYRO-HYOÏDIEN (*Thyrohyoideus*)

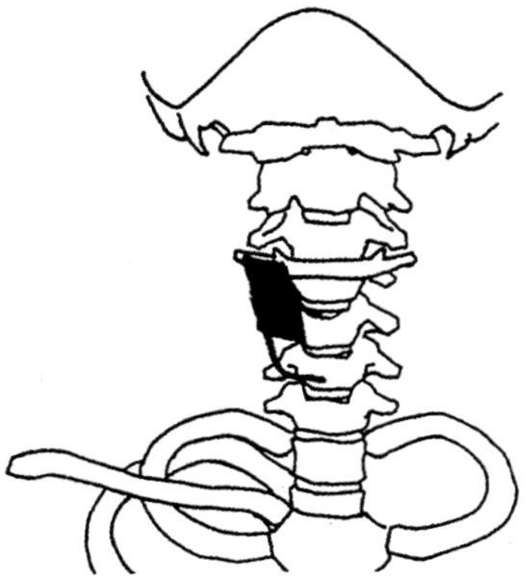

Forme, structure, relations Le muscle thyro-hyoïdien est petit, aplati, de forme rectangulaire, et il peut être considéré comme la continuation vers le haut du sterno-thyroïdien, car il s'étend verticalement du cartilage thyroïdien à l'os hyoïde. Ce muscle est recouvert par le sterno-thyroïdien et, sur le bord latéral, par le ventre supérieur du muscle omo-hyoïdien.

Origine Ligne oblique de la lame du cartilage thyroïdien.

Insertion Os hyoïde : bord inférieur de la grande corne et du corps.

Action Abaissement de l'os hyoïde ; soulèvement du larynx.

Anatomie de surface Ce muscle est situé en profondeur.

MUSCLE OMO-HYOÏDIEN (*Omohyoideus*)

Forme, structure, relations Le muscle omo-hyoïdien est fin, en forme de ruban et digastrique car il possède deux ventres, un supérieur et un inférieur, réunis par un tendon intermédiaire. Globalement, il est tendu en diagonale, de sa section d'origine à son insertion, formant une courbe concave vers le haut. Le ventre inférieur est aplati et étroit, dirigé en oblique vers l'avant et vers le haut ; il passe derrière la clavicule, traverse la partie inférieure du cou (fosse sus-claviculaire), sous le muscle trapèze et arrive derrière le muscle sterno-cléido-mastoïdien, terminant dans le tendon intermédiaire. Le ventre supérieur, quant à lui, commence sur le tendon et se dirige vers le haut, presque à la verticale, jusqu'à l'os hyoïde. Son parcours est parallèle au bord latéral du muscle sterno-cléido-hyoïdien et il est recouvert en grande partie par le sterno-cléido-mastoïdien puis, sur une courte portion, seulement, par l'aponévrose cervicale moyenne, par le muscle peaucier du cou et par la peau.
Le tendon intermédiaire est retenu par un petit faisceau (dépendant de l'aponévrose cervicale moyenne) qui le fixe à la clavicule et à la première côte donnant sa forme angulaire au muscle. Un certain nombre de variantes ont déjà été décrites : absence, origine du ventre inférieur directement sur la clavicule, fusion du ventre supérieur avec le muscle sterno-cléido-hyoïdien, etc.

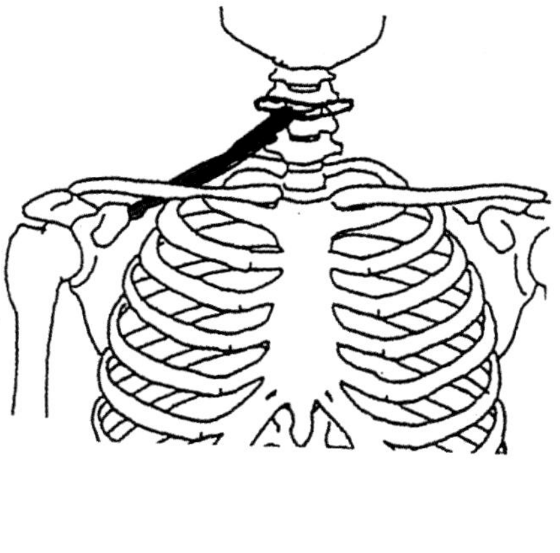

Origine Omoplate : bord supérieur, près de l'incisure scapulaire (sus-coracoïde), ligament transverse supérieur de l'omoplate.

Insertion Os hyoïde : bord inférieur du corps.

Action Abaissement de l'os hyoïde, lors de la formation de sons, de la déglutition et de la respiration ; tension de l'aponévrose cervicale moyenne, favorisant le reflux sanguin des vaisseaux veineux cervicaux.

Anatomie de surface Le ventre inférieur peut apparaître, dans certaines conditions de respiration, de rotation de la tête ou de tension des muscles du cou, comme un relief en forme de cordon traversant diagonalement la fosse sus-claviculaire, comprise entre le relief postérieur du muscle trapèze, l'émergence de la clavicule et le muscle sterno-cléido-mastoïdien. Ce relief est souvent caché ou atténué par le muscle peaucier du cou.

MUSCLE LONG DU COU (*Longus colli*)

Forme, structure, relations Le muscle long du cou est situé sur la surface ventrale de la colonne vertébrale, entre la troisième vertèbre thoracique et l'atlas. Sa forme triangulaire est due à la présence de trois groupes de fibres musculaires : la partie verticale (appelée également muscle droit du cou) constitue la base très longue du triangle, parallèle à la colonne vertébrale ; la partie oblique inférieure, assez courte, dirigée vers le haut, et la partie oblique supérieure, longue, dirigée vers le bas, constituent les deux côtés convergents sur les apophyses épineuses des IVe et V^e^ vertèbres cervicales.
Le nombre et l'extension des faisceaux fins qui composent ce muscle sont très variables. Ce muscle peut présenter des connexions avec des muscles voisins prévertébraux du cou (petit droit antérieur de la tête, grand droit antérieur de la tête, etc.) et avec les muscles scalènes antérieurs et postérieurs. La face postérieure du muscle long du cou est en relation avec le plan osseux de la colonne vertébrale, recouvrant les muscles intertransversaires. La face antérieure est recouverte par le petit droit antérieur de la tête et par l'aponévrose prévertébrale du cou (aponévrose cervicale profonde).

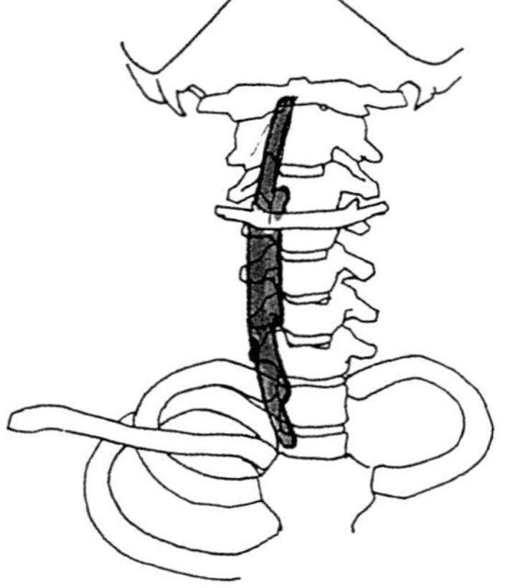

Origine Partie oblique inférieure : face antérieure des Ire, IIe, IIIe vertèbres thoraciques.
Partie oblique supérieure : tubercule antérieur de l'apophyse transverse des IIIe, IVe et V^e^ vertèbres cervicales.
Partie verticale : face antérieure du corps des Ve, VIe et VIIe vertèbres cervicales et Ire, IIe et IIIe vertèbres thoraciques.

Insertion Partie oblique inférieure : tubercule antérieur des apophyses transverses des IVe et VIe vertèbres cervicales.
Partie oblique supérieure : face antérieure latérale du tubercule de l'arc antérieur de l'atlas.
Partie verticale : face antérieure du corps des IIe, IIIe et IVe vertèbres cervicales.

Action Flexion antérieure du cou avec déplacement vers l'avant et vers le bas de la tête, si les muscles des deux côtés se contractent en même temps. Si le muscle (surtout avec ses fibres obliques) se contracte d'un seul côté, l'on constate la flexion et l'inclinaison latérale du cou, avec une légère rotation : la partie oblique supérieure fait tourner la colonne vertébrale de son côté, la partie oblique inférieure la fait tourner dans le sens opposé. C'est un antagoniste du muscle transversaire du cou.

Anatomie de surface Ce muscle est situé en profondeur, il n'est donc ni visible ni palpable.

MUSCLE GRAND DROIT ANTÉRIEUR DE LA TÊTE (*Longus capitis*)

Forme, structure, relations Le muscle grand droit antérieur de la tête a une forme triangulaire plutôt allongée. Il est constitué de quatre faisceaux musculaires dont les fibres partent des apophyses vertébrales cervicales. À leur point de départ, ces faisceaux sont très rapprochés, mais, se dirigeant vers le haut, ils s'écartent lorsqu'ils atteignent leur insertion sur l'os occipital. Ce muscle est en position médiane par rapport au muscle long du cou, le recouvrant en partie, avec le petit droit antérieur de la tête ; sa face superficielle est recouverte par l'aponévrose prévertébrale. Le nombre de sections d'origine est variable car certains faisceaux peuvent s'étendre jusqu'à l'atlas, jusqu'à l'axis ou jusqu'au muscle controlatéral.

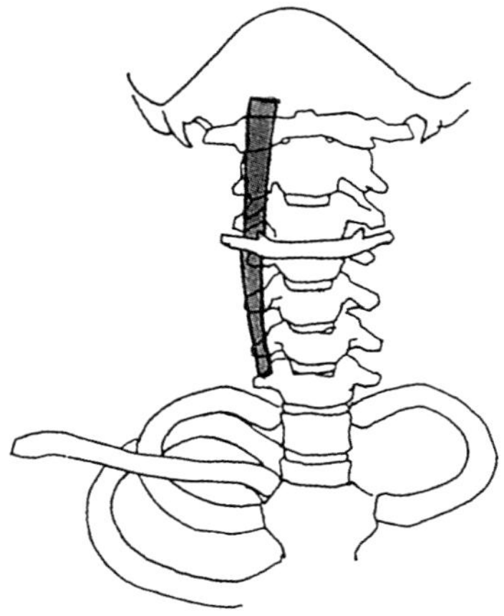

Origine Tubercules antérieurs des apophyses transverses des IIIe et VIe vertèbres cervicales.

Insertion Face inférieure externe de la base de l'os occipital, sur le côté du tubercule pharyngé.

Action Flexion de la tête et du cou, si les muscles des deux côtés se contractent. La contraction unilatérale participe, en revanche, à une légère inclinaison latérale et à la rotation de la tête.

Anatomie de surface Le muscle n'est ni visible, ni palpable, car il est situé en profondeur.

PETIT DROIT ANTÉRIEUR DE LA TÊTE (*Rectus capitis anterior*)

Forme, structure, relations Le petit droit antérieur de la tête est court, aplati et lamellaire. Ses fibres se dirigent vers le haut, presque à la verticale, partant de l'atlas pour aller jusqu'à l'os occipital. Elles sont situées en profondeur, en contact avec le plan osseux et avec l'articulation entre l'atlas et l'os occipital et elles sont recouvertes par la portion supérieure du muscle grand antérieur de la tête.
Ce muscle peut être absent, ou bien, présenter des chefs supplémentaires que l'on peut, dans quelques cas, identifier sous le nom de muscle petit droit intermédiaire et muscle petit droit interne.

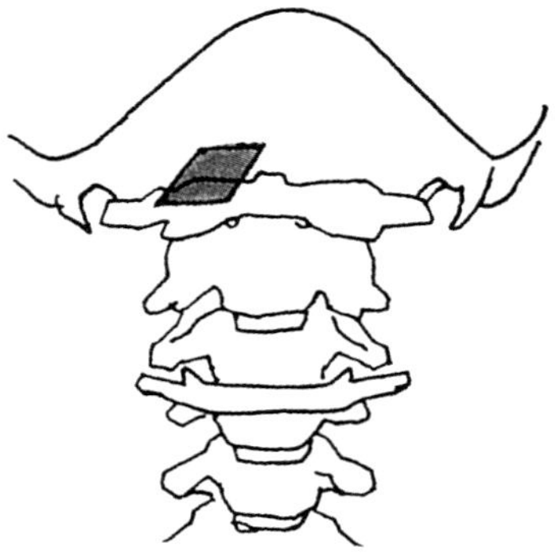

Origine Surface antérieure de la masse latérale de l'atlas ; base de l'apophyse transverse de l'atlas.

Insertion Surface inférieure de la base de l'os occipital, à l'avant du condyle.

Action Flexion de la tête, lorsque la contraction est bilatérale et en synergie avec celle du muscle droit latéral de la tête ; en cas de contraction unilatérale, on constate une légère flexion latérale et une légère rotation de la tête.

Anatomie de surface Ce muscle profond n'est ni visible ni palpable.

MUSCLE DROIT LATÉRAL DE LA TÊTE (*Rectus capitis lateralis*)

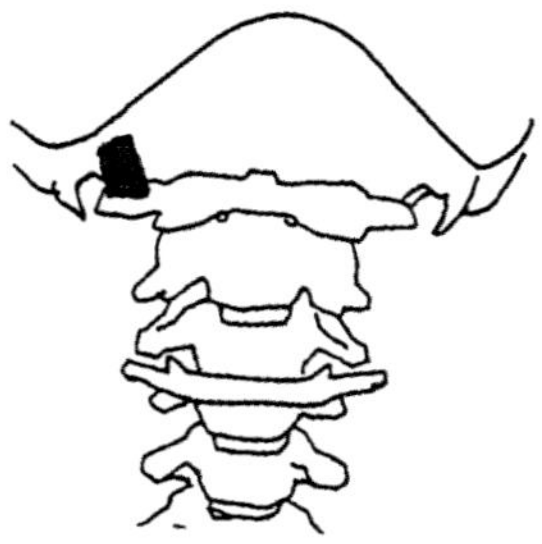

Forme, structure, relations Le muscle droit latéral de la tête est petit, court, aplati et il se dirige vers le haut, un peu en oblique, de l'atlas à l'occiput. Ce muscle peut être absent ou être assimilé au muscle intertransversaire postérieur, d'un point de vue fonctionnel notamment.

Origine Partie supérieure de l'apophyse transverse de l'atlas.

Insertion Surface inférieure du tubercule jugulaire de l'os occipital.

Action Légère flexion et inclinaison latérale de la tête, si la contraction est unilatérale. Toutefois, en général, les deux muscles agissent ensemble et en synergie avec les muscles droits antérieurs de la tête.

Anatomie de surface Ce muscle profond n'est ni visible ni palpable.

MUSCLE SPLÉNIUS DU COU (*Splenius cervicis*)

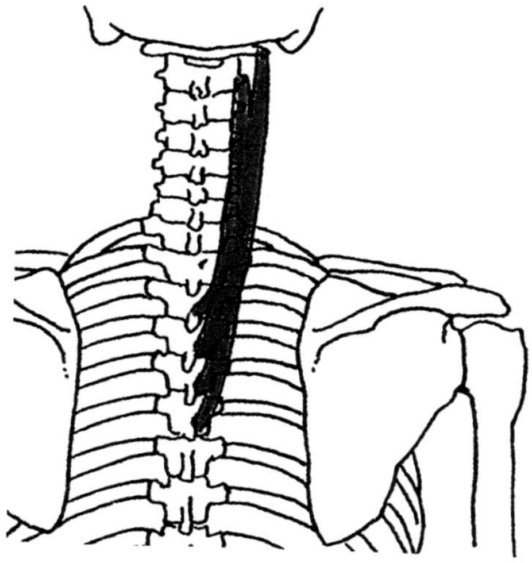

Forme, structure, relations Le muscle splénius du cou est aplati et fin ; ses fibres, qui se dirigent vers le haut, sont tendues entre les vertèbres thoraciques et les cervicales. Il recouvre la partie cervicale de muscles spinaux et, bien qu'étant assez superficiel, il est recouvert par le muscle trapèze et, en partie, par le petit dentelé supérieur, le rhomboïde et le muscle angulaire de l'omoplate. Le muscle splénius du cou peut fusionner avec le muscle splénius de la tête, avoir des faisceaux surnuméraires ou bien être totalement absent.

Origine Apophyses épineuses des IIIe, IVe, V^e^ et VIe vertèbres thoraciques.

Insertion Tubercules postérieurs des apophyses transverses des Ire, IIe et IIIe vertèbres cervicales.

Action Extension du cou (si les muscles des deux côtés agissent en même temps) ; légère rotation latérale du cou (si la contraction est unilatérale). D'un point de vue fonctionnel, ce muscle travaille en synergie avec le splénius de la tête, par conséquent tous les deux sont considérés comme faisant partie d'un ensemble musculaire d'extension, dont le tonus contribue à maintenir en équilibre la tête sur la colonne cervicale.

Anatomie de surface Ce muscle est situé en profondeur, il n'est donc ni visible ni palpable.

MUSCLE SPLÉNIUS DE LA TÊTE (*Splenius capitis*)

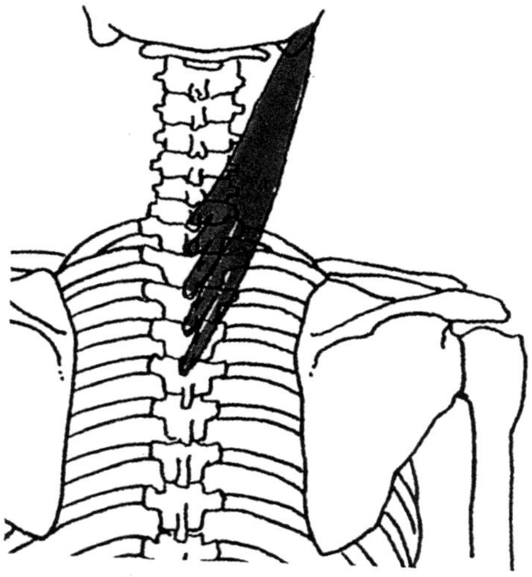

Forme, structure, relations Le muscle splénius de la tête est aplati et assez large, aussi bien dans sa section d'origine sur la colonne vertébrale que sur sa section d'insertion sur le crâne. Il est disposé en oblique et recouvre le muscle splénius du cou et le muscle angulaire de l'omoplate ; il est recouvert par le trapèze et, partiellement, par le muscle sterno-cléido-mastoïdien. Dans certains cas, il peut fusionner avec le muscle splénius du cou (*cf.* ci-dessus).

Origine Apophyses épineuses de la VIIe vertèbre cervicale et des quatre premières vertèbres thoraciques (de I T à IV T).

Insertion Apophyse mastoïde de l'os temporal ; os occipital, sous la portion latérale de la ligne occipitale supérieure.

Action Extension du cou et de la tête, si la contraction est bilatérale ; inclinaison latérale de la tête si la contraction est unilatérale. D'un point de vue fonctionnel, ce muscle fonctionne en synergie avec le splénius du cou.

Anatomie de surface Ce muscle est situé en profondeur, il est recouvert par le trapèze et à proximité de l'insertion, par le sterno-cléido-mastoïdien. Seule une petite portion est superficielle : elle correspond à une petite zone du cou comprise entre le trapèze, à l'arrière, et les muscles angulaires de l'omoplate et le sterno-cléido-mastoïdien à l'avant.

MUSCLES SACRO-COCCYGIENS

Les muscles sacro-coccygiens constituent un ensemble de faisceaux musculaires fins qui parcourent la face ventrale du sacrum et du coccyx. Ils sont rudimentaires et revêtent peu d'importance d'un point de vue fonctionnel.

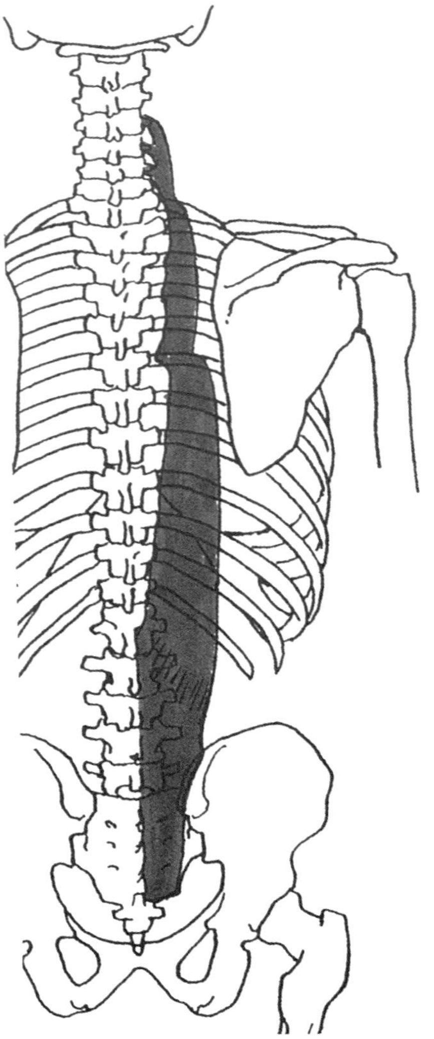

MUSCLES SPINAUX OU MUSCLES DES GOUTTIÈRES VERTÉBRALES

(Sacrospinalis, Erector spinae)

Forme, structure, relations Ce muscle est un ensemble disposé parallèlement à côté de la colonne vertébrale. Il est constitué de trois bandes musculaires (muscles iléo-costaux [latérale], petit complexus, transversaire du cou et long dorsal [intermédiaire] et épineux [médiane]) qui ont des origines communes le long de toute la colonne vertébrale. Chaque bande, à son tour, est composée de secteurs plus courts : celui des lombes, celui du thorax et celui du cou. L'ensemble musculaire sacro-épineux est un extenseur de la colonne vertébrale ; il occupe les gouttières vertébrales et il est donc situé en profondeur. En fait, il est recouvert, dans la région lombaire et thoracique, par l'aponévrose lombo-dorsale, dans la partie inférieure, par le petit dentelé postérieur et inférieur, dans la partie supérieure par le rhomboïde et le splénius et par le petit dentelé postérieur et supérieur. La masse du muscle est visible dans la portion lombaire où elle apparaît comme un relief parallèle à la colonne et délimité, sur le côté, par un rebord qui croise les côtes, se dirigeant vers le haut et toujours plus vers le centre.

MUSCLE ILIO-COSTAL (*Iliocostalis*) : c'est la composante latérale des muscles spinaux et il est constitué de trois secteurs.

MUSCLE SACRO-LOMBAIRE (*Iliocostalis lumborum*)

Origine Face dorsale du sacrum, bord extérieur de la portion postérieure de la crête iliaque ; aponévrose lombo-dorsale.

Insertion Bords inférieurs des angles costaux de la XIIe à la Ve côte.

PORTION THORACIQUE DU MUSCLE ILIO-COSTAL (*Iliocostalis thoracis*)

Origine Bord supérieur des angles costaux de la XIIe à la VIIe côte (en position médiane par rapport au tendon d'insertion du muscle intercostal des lombes).

Insertion Bords supérieurs des angles costaux de la VIe à la Ire côte ; surface supérieure de l'apophyse transverse de la VIIe vertèbre cervicale.

PORTION CERVICALE DU MUSCLE ILIO-COSTAL (*Iliocostalis cervicis*)

Origine Angle costal des IIIe, IVe, Ve et VIe côtes (en position médiane par rapport au tendon d'insertion de l'ilio-costal du thorax).

Insertion Tubercule postérieur des apophyses transverses des IVe, Ve, VIe vertèbres cervicales.

Action globale Pour le muscle ilio-costal : extension de la colonne vertébrale, si la contraction est bilatérale ; la portion lombaire et la portion thoracique étendent le tronc, la portion cervicale étend le cou. La contraction unilatérale du muscle provoque, dans les différents secteurs, une légère flexion latérale du tronc.

Anatomie de surface Ce muscle est situé en profondeur, il n'est pas visible directement : il ne participe à l'émergence des muscles spinaux que dans la portion lombaire.

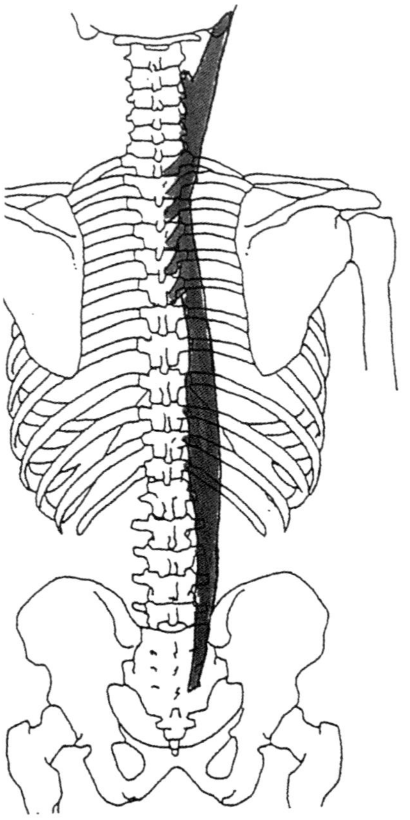

MUSCLES LONG DORSAL, TRANSVERSAIRE DU COU, PETIT COMPLEXUS (*Longissimus*) : ces trois muscles constituent un ensemble traité simultanément.

MUSCLE LONG DORSAL (*Longissimus thoracis*)

Origine Face postérieure des apophyses transverses (costiformes) des vertèbres lombaires ; couche intermédiaire de l'aponévrose lombo-dorsale (ou thoraco-lombaire).

Insertion Sommets des apophyses transverses de toutes les vertèbres thoraciques ; tubercules et angles costaux des neufs ou dix dernières côtes.

MUSCLE TRANSVERSAIRE DU COU (*Longissimus cervicis*)

Origine Apophyses transverses de la Ire à la Ve vertèbre thoracique : les faisceaux sont disposés en position médiane par rapport à ceux du muscle long dorsal.

Insertion Tubercule postérieur des apophyses transverses de la IIe à la VIe vertèbre cervicale.

PETIT COMPLEXUS (*Longissimus capitis*)

Origine Apophyses articulaires des vertèbres cervicales de la IIe à la VIIe. Ce muscle est situé entre le muscle transversaire du cou et le grand complexus.

Insertion Face postérieure de l'apophyse mastoïdienne du temporal, située en profondeur par rapport au splénius de la tête et au sterno-cléido-mastoïdien.

Action globale Pour ces trois muscles : extension et courbure de la colonne vertébrale, du thorax et du cou, extension de la tête si la contraction est bilatérale ; légère flexion latérale du tronc et rotation de la tête si la rotation est unilatérale.

Anatomie de surface Ce muscle est situé en profondeur (*cf.* muscle ilio-costal).

MUSCLES ÉPINEUX (*Spinalis*) : c'est la composante médiane des muscles sacro-spinaux qui est constituée de trois secteurs.

MUSCLE ÉPINEUX DU DOS (*Spinalis thoracis*)

Origine Apophyses épineuses des Ire et IIe vertèbres lombaires et des XIe et XIIe vertèbres thoraciques.

Insertion Apophyses épineuses des quatre premières vertèbres thoraciques (huit, parfois).

MUSCLE ÉPINEUX DE LA NUQUE (*Spinalis cervicis*)

Origine Partie inférieure du ligament occipital ; apophyses épineuses de la VIIe vertèbre cervicale et des Ire et IIe vertèbres thoraciques.

Insertion Apophyses épineuses des trois premières vertèbres cervicales.

GRAND COMPLEXUS (*Spinalis capitis*)

Origine Sommets des apophyses transverses de la VIIe vertèbre cervicale et des sept premières vertèbres thoraciques ; apophyses articulaires des Ve, VIe et VIIe vertèbres cervicales.

Insertion Os occipital, entre la ligne occipitale supérieure et la ligne occipitale inférieure, à proximité du tendon du demi-épineux de la tête.

Action globale Au niveau du muscle épineux : extension du thorax, du cou et de la tête. La contraction est essentiellement bilatérale.

Anatomie de surface Ce muscle est situé en profondeur, il est recouvert par le muscle trapèze.

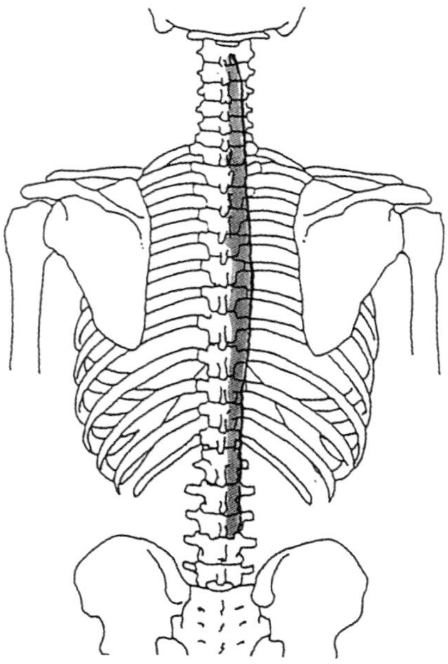

MUSCLE TRANSVERSAIRE ÉPINEUX (*Transversus spinalis*)

Forme, structure, relations Le muscle transversaire épineux est un érecteur du tronc et il s'étend du sacrum à l'os occipital. Il est constitué par un système de faisceaux musculaires qui se dirige en diagonale et en position médiane entre les apophyses transverses et les apophyses épineuses des vertèbres contiguës, disposées le long de toute la colonne vertébrale. Ce muscle est situé en profondeur, il adhère au plan osseux et il est recouvert par les muscles spinaux.

MUSCLE DEMI-ÉPINEUX (*Semispinalis*) : c'est la couche superficielle du muscle transversaire épineux. Les fins faisceaux qui le composent ont une direction verticale et ils s'étendent sur la longueur de trois ou quatre vertèbres, reliant les apophyses épineuses et les transverses. Il est constitué de trois segments.

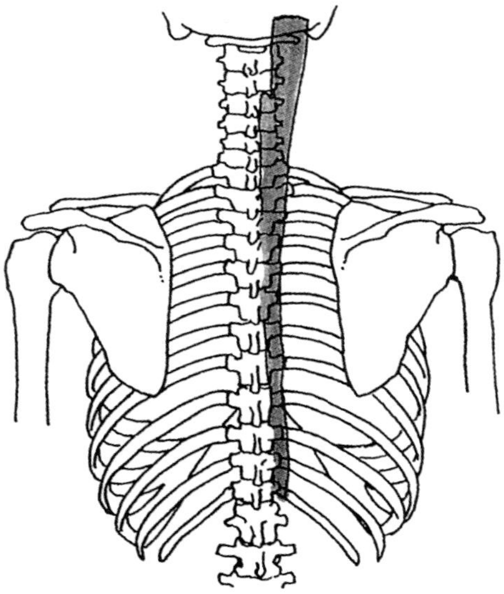

DEMI-ÉPINEUX DU DOS (*Semispinalis thoracis*)

Origine Apophyses transverses des vertèbres thoraciques de la VIe à la Xe.

Insertion Apophyses épineuses des quatre premières vertèbres thoraciques et des VIe et VIIe cervicales.

DEMI-ÉPINEUX DE LA NUQUE (*Semispinalis cervicis*)

Origine Apophyses transverses des six premières vertèbres thoraciques.

Insertion Apophyses épineuses des cinq premières vertèbres cervicales.

GRAND COMPLEXUS (*Semispinalis capitis*) : il est parfois aussi nommé muscle digastrique de la nuque, car il présente une intersection tendineuse intermédiaire et transversale.

Origine Sommet des apophyses transverses des six premières vertèbres thoraciques et des premières cervicales (le muscle est situé dans la partie postérieure du cou, recouvert par le splénius et placé sur un plan médian par rapport au muscle transversaire du cou et au petit complexus).

Insertion Os occipital, dans la partie médiane de la région comprise entre la ligne occipitale supérieure et la ligne occipitale inférieure.

Action globale Au niveau du muscle demi-épineux : extension du thorax, du cou et de la tête, si la contraction est bilatérale ; légère rotation du thorax, du cou et de la tête, si la contraction est unilatérale.

Anatomie de surface Ce muscle n'est pas visible car il est situé en profondeur.

MUSCLE MULTIFIDE (*Multifidus*)

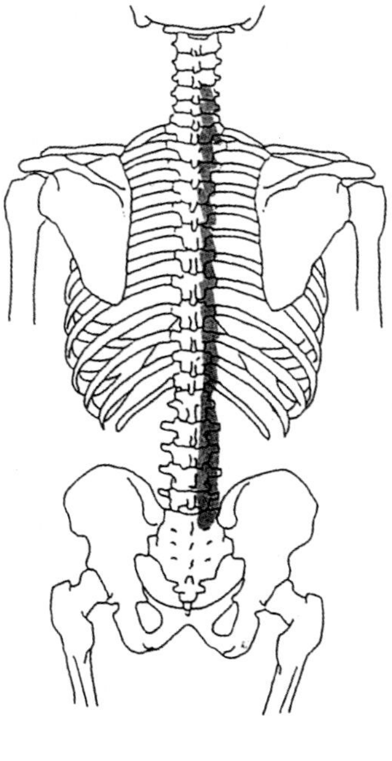

Forme, structure, relations C'est une couche intermédiaire du muscle transversaire épineux. Ses fibres sont courtes et obliques, elles relient les apophyses transverses et les apophyses épineuses de vertèbres voisines, parcourant l'espace de deux ou trois vertèbres et situées du sacrum à la IIe vertèbre cervicale (l'atlas est exclu). Dans le cou, il est recouvert par le muscle demi-épineux et, dans la portion dorso-lombaire, par les muscles : long dorsal, transversaire du cou, et petit complexus.

Origine Face postérieure du sacrum ; aponévrose d'origine du muscle sacro-épineux ; épine iliaque postérieure et supérieure ; apophyses transverses de la Ve vertèbre lombaire à la VIe vertèbre cervicale.

Insertion Apophyses épineuses, d'une à quatre vertèbres placées au-dessus de celle d'origine.

Action Extension du tronc avec légère flexion latérale et rotation, si la contraction du muscle est unilatérale. Maintien de l'équilibre et de la position debout.

Anatomie de surface Ce muscle n'est pas visible car il est situé en profondeur.

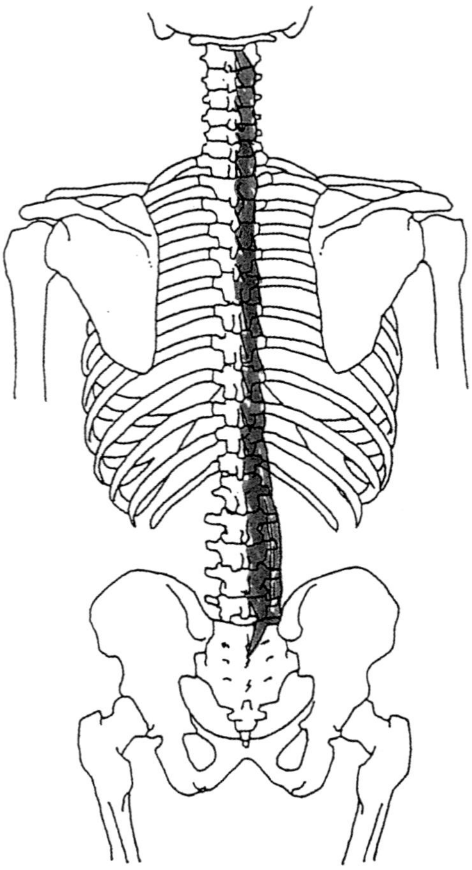

MUSCLES ROTATEURS DU COU (*Rotatores*)

Forme, structure, relations C'est la couche la plus profonde du muscle transversaire épineux en contact avec le plan osseux des gouttières vertébrales. Elle est formée de fins faisceaux disposés en oblique entre des vertèbres contiguës. On distingue les muscles rotateurs du thorax (les plus développés), du cou et des lombes.

Origine Face supérieure et postérieure des apophyses transverses des vertèbres cervicales, thoraciques et lombaires.

Insertion Face inférieure et latérale des pédicules de la vertèbre placée au-dessus de celle d'origine, le long de toute la colonne vertébrale.

Action Faible rotation du tronc et maintien de la position debout.

Anatomie de surface Ces muscles sont situés en profondeur et, par conséquent, ils ne sont pas visibles.

MUSCLES INTERTRANSVERSAIRES (*Intertransversaris*)

Forme, structure, relations Les muscles intertransversaires sont de petits faisceaux lamellaires fins dont les fibres sont presque parallèles à la colonne vertébrale. On distingue trois secteurs : lombes, thorax et cou.

Origine et insertion Apophyses transverses de vertèbres contiguës, le long de toute la colonne vertébrale.

Action Faible flexion latérale du tronc et contrôle de la position debout.

Anatomie de surface Ces muscles sont situés en profondeur, par conséquent, ils ne sont ni visibles ni palpables.

MUSCLES INTERÉPINEUX (*Interspinales*)

Forme, structure, relations Ce sont de petits faisceaux musculaires placés en profondeur dans les gouttières vertébrales et qui relient les apophyses épineuses de vertèbres contiguës. Ils sont disposés symétriquement sur les côtés du ligament interépineux. Ils sont plus développés dans le secteur cervical, lombaire et quasiment inexistants dans la portion thoracique.

Origine et insertion Apophyses épineuses des vertèbres contiguës.

Action Extension du tronc.

Anatomie de surface Ces muscles, situés en profondeur, sont par conséquent peu visibles.

MUSCLES SOUS-OCCIPITAUX

Forme, structure, relations Les muscles sous-occipitaux (ou muscles courts de la nuque) constituent un groupe de quatre muscles appariés et symétriques, placés en profondeur au contact du plan osseux de la nuque. On distingue : le petit droit et le grand droit postérieurs de la tête, qui participent à l'extension de la tête en agissant sur les articulations entre l'atlas et l'occiput d'une part, et d'autre part le grand et le petit obliques de la tête, qui font tourner la tête et l'atlas sur la deuxième vertèbre cervicale. Globalement, les muscles sous-occipitaux sont des muscles extenseurs et rotateurs de la tête, reliant les premières vertèbres cervicales entre elles et avec l'écaille de l'os occipital. Ils sont recouverts par les muscles grand complexus de la tête et, plus en surface, par le muscle trapèze.

PETIT DROIT POSTÉRIEUR DE LA TÊTE (*Rectus capitis posterior minor*)

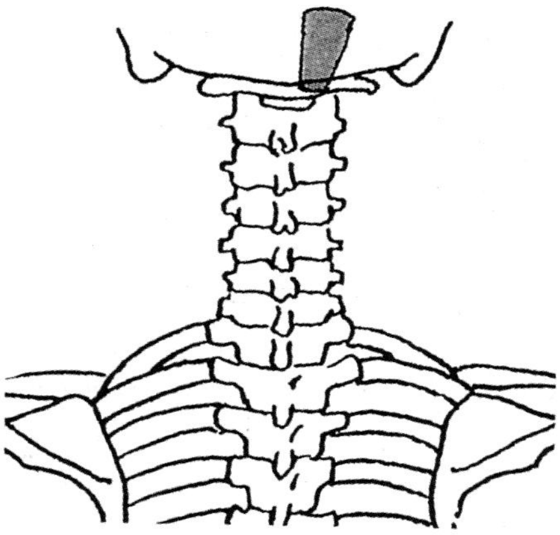

Forme, structure, relations Le petit droit postérieur de la tête est aplati, placé le long de la ligne médiane, à proximité du controlatéral. Il est de forme triangulaire : étroit au début, il s'élargit à proximité de l'insertion. On peut distinguer dans chaque muscle un faisceau interne et un faisceau externe, dont le bord latéral est en contact avec le grand droit postérieur de la tête.

Origine Tubercule de l'arc postérieur de l'atlas.

Insertion Os occipital : portion médiane de la ligne occipitale inférieure et région située en dessous, s'étendant jusqu'au trou occipital.

Action Extension de la tête, si la contraction est bilatérale ; légère flexion latérale de la tête, si la contraction est unilatérale.

Anatomie de surface Ce muscle n'est pas visible car il est situé en profondeur.

MUSCLE GRAND DROIT POSTÉRIEUR DE LA TÊTE (*Rectus capitis posterior maior*)

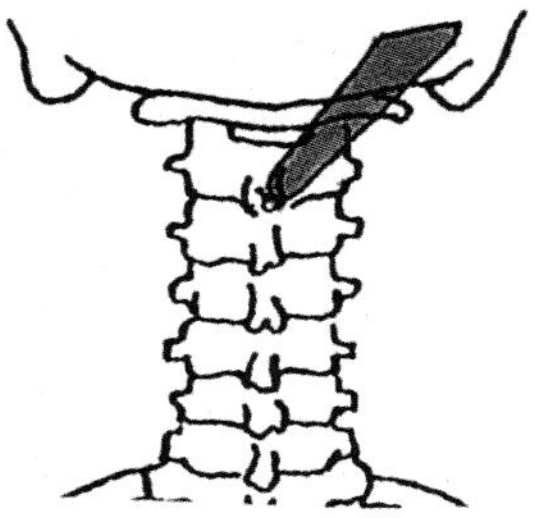

Forme, structure, relations Le muscle grand droit postérieur de la tête est aplati, lamellaire, placé sur le côté du petit droit postérieur de la tête. Il est de forme triangulaire : étroit à l'origine, il s'élargit vers l'insertion. Ses fibres se dirigent vers le haut et le côté.

Origine Apophyses épineuses de l'axis (II C), à proximité du tubercule.

Insertion Os occipital : portion latérale de la ligne occipitale inférieure et région osseuse sous-jacente.

Action Extension de la tête, si la contraction est bilatérale ; légère rotation de la tête, si la contraction est unilatérale.

Anatomie de surface Ce muscle est situé en profondeur et n'est donc pas visible.

MUSCLE GRAND OBLIQUE DE LA TÊTE (*Obliqus capitis inferior*)

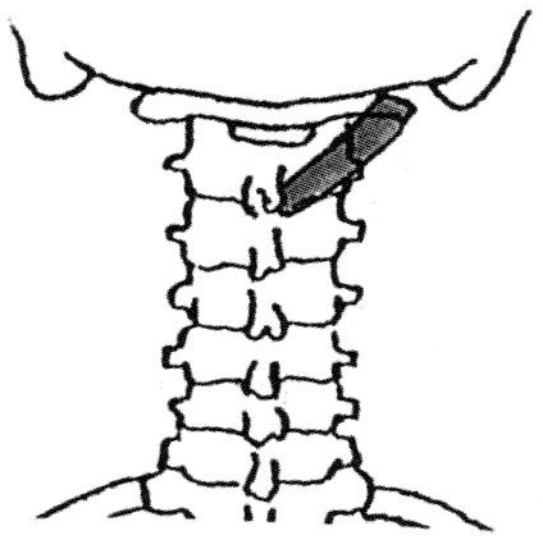

Forme, structure, relations Le grand oblique de la tête est un faisceau fuselé, plus gros que le petit oblique de la tête, dirigé vers le haut et très en oblique vers l'extérieur, du point d'origine au point d'insertion. Il se trouve sur le côté du grand droit postérieur de la tête.

Origine Surface latérale de l'apophyse épineuse et portion contiguë de la section supérieure de la lame vertébrale de l'axis.

Insertion Face postérieure inférieure de l'apophyse transverse de l'atlas.

Action Rotation de la tête ; extension de la tête, si la contraction est bilatérale.

Anatomie de surface Ce muscle est situé en profondeur, par conséquent, il n'est pas visible.

MUSCLE PETIT OBLIQUE DE LA TÊTE (*Obliqus capitis superior*)

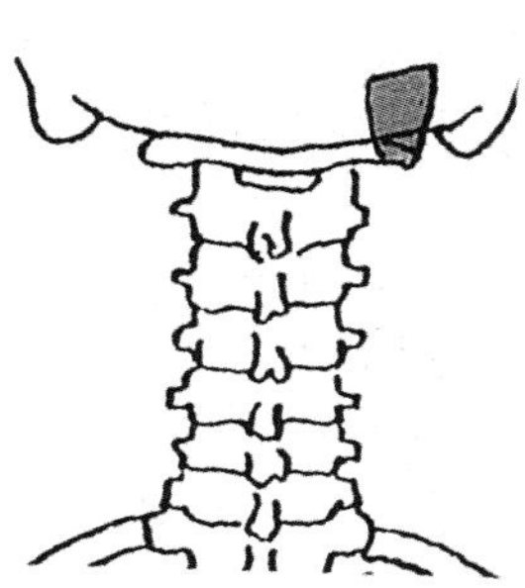

Forme, structure, relations Le muscle petit oblique de la tête est assez allongé, étroit dans son segment d'origine et élargi vers l'insertion ; il se dirige vers le haut et un peu sur les côtés jusqu'à recouvrir l'insertion du muscle grand droit postérieur de la tête.

Origine Surface supérieure de l'apophyse transverse de l'atlas.

Insertion Os occipital, dans la région comprise entre la ligne occipitale supérieure et inférieure.

Action Extension, inclinaison, rotation latérale de la tête. En agissant bilatéralement, il contribue avec les autres muscles sous-occipitaux à maintenir la tête en position droite.

Anatomie de surface Ce muscle est situé en profondeur, par conséquent, il n'est pas visible.

DIAPHRAGME (*Diaphragma*)

C'est une lame musculaire et tendineuse, en forme de dôme, dont l'origine est située au niveau du contour de la cage thoracique et qui conflue sur une portion centrale membraneuse (centre phrénique). Le diaphragme, qui sépare la cavité thoracique de la cavité abdominale, a des fonctions respiratoires et de régulation de la pression endoabdominale.

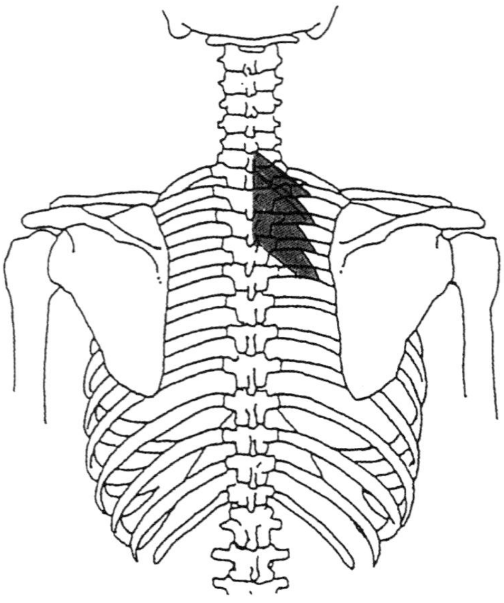

MUSCLE PETIT DENTELÉ POSTÉRIEUR ET SUPÉRIEUR
(*Serratus posterior superior*)

Forme, structure, relations Le muscle petit dentelé postérieur et supérieur a une forme rectangulaire. Il est fin et composé de quelques digitations dont l'origine est un large tendon situé à proximité des premières vertèbres thoraciques et qui se dirigent vers le bas et sur le côté jusqu'à s'insérer sur la IIe, IIIe, IVe et V^{e} côte. Le muscle est situé à l'extérieur de la cage thoracique, au niveau de sa région postérieure et supérieure ; il recouvre les muscles splénius du cou, une partie du splénius de la tête et les autres muscles des gouttières vertébrales ; il est recouvert par les muscles rhomboïde, trapèze et angulaire de l'omoplate.

Origine Section inférieure du ligament occipital ; apophyse épineuse de la VIIe vertèbre cervicale et des trois premières thoraciques.

Insertion Face externe des IIe, IIIe, IVe et V^{e} côtes, sur le côté de l'angle costal.

Action Soulèvement des côtes, avec fonction d'inspiration. Les muscles des deux côtés agissent en synergie.

Anatomie de surface Ce muscle est situé en profondeur.

MUSCLE PETIT DENTELÉ POSTÉRIEUR ET INFÉRIEUR
(*Serratus posterior inferior*)

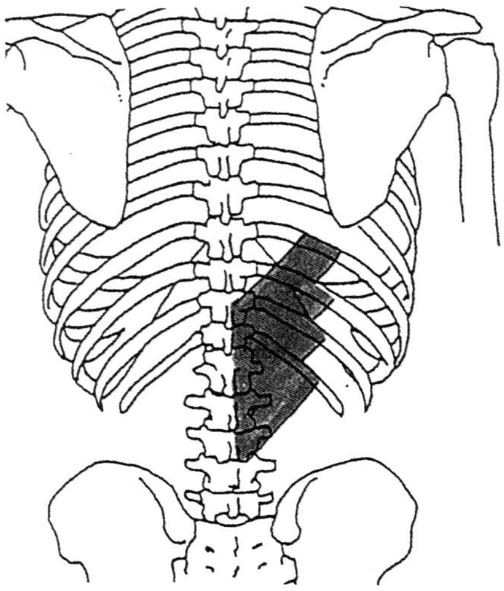

Forme, structure, relations Le muscle petit dentelé postérieur et inférieur est une lamelle rectangulaire dont l'origine est située sur un large tendon, à proximité de la colonne vertébrale et qui se dirige en oblique vers le haut et sur le côté en s'insérant, avec quelques digitations, sur les quatre dernières côtes. Le muscle est situé sur la paroi externe de la cage thoracique au niveau de sa région postérieure et inférieure ; il recouvre les muscles intercostaux externes et les muscles des gouttières vertébrales et il est recouvert par le grand dorsal.

Origine Apophyse épineuse et ligament sur-épineux des deux dernières vertèbres thoraciques et des deux ou trois premières vertèbres lombaires.

Insertion Surface extérieure des quatre dernières côtes, sur le côté de l'angle costal.

Action Abaissement des côtes ; participe à la fonction expiratoire. Les muscles des deux côtés agissent en synergie.

Anatomie de surface Ce muscle est situé en profondeur.

MUSCLE PETIT PECTORAL (*Pectoralis minor*)

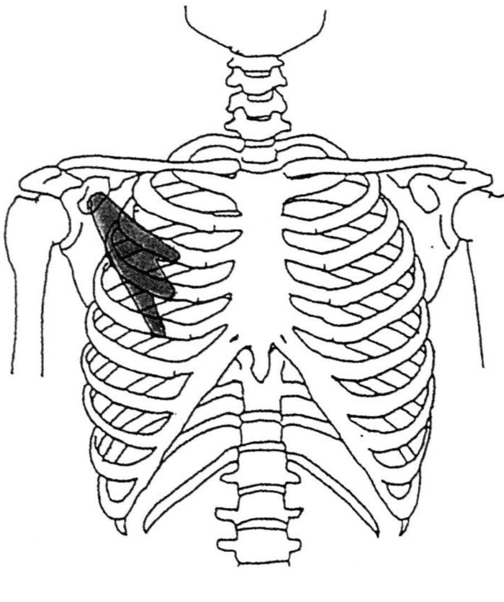

Forme, structure, relations Le muscle petit pectoral est aplati, de forme triangulaire et complètement recouvert par le grand pectoral. Ses faisceaux commencent par trois digitations sur le plan costal et se dirigent vers le haut et latéralement, convergeant sur un tendon d'insertion aplati, situé sur l'omoplate. Le muscle, qui peut présenter certaines variations (absence, digitations d'origine ou d'insertion anormale, connexion avec des muscles voisins, présence d'un faisceau accessoire, etc.), adhère aux côtes supérieures et recouvre certaines digitations du muscle grand dentelé. Une aponévrose (ligament suspenseur de l'aisselle) se détache du bord inférieur ou latéral du muscle. Après l'avoir enveloppé, elle s'étend au plancher de la cavité de l'aisselle, s'insérant sous le plan sous-cutané et maintenant la peau de l'aisselle suspendue en forme de dôme.

Origine Bord supérieur et surface externe des IIIe, IVe et V^{e} côtes.

Insertion Bord médian et face supérieure de l'apophyse coracoïde de l'omoplate.

Action Traction inférieure, inclinaison antérieure et légère rotation de l'omoplate, avec abaissement de l'arrondi de l'épaule. Ce muscle, qui agit presque toujours en synergie avec le grand dentelé, les rhomboïdes et le muscle angulaire de l'omoplate, peut provoquer l'élévation des côtes en intervenant dans l'inspiration forcée.

Anatomie de surface Ce muscle est situé en profondeur.

MUSCLES DU THORAX

Les muscles, dits « intrinsèques du thorax », sont insérés sur les éléments osseux du thorax, c'est-à-dire les vertèbres et la cage thoracique. Leur action, qui est essentiellement mécanique et respiratoire, est destinée à provoquer le déplacement des côtes. Ils sont aidés en cela par d'autres muscles : muscles épineux appendiculaires, muscles thoraco-appendiculaires, muscles du cou, etc. Les muscles du thorax ayant une fonction respiratoire, n'ont aucune influence sur la surface externe du corps (si l'on excepte les variations de volume du thorax dans l'inspiration et l'expiration), ce qui signifie que nous ne les mentionnons que dans un souci d'exhaustivité.

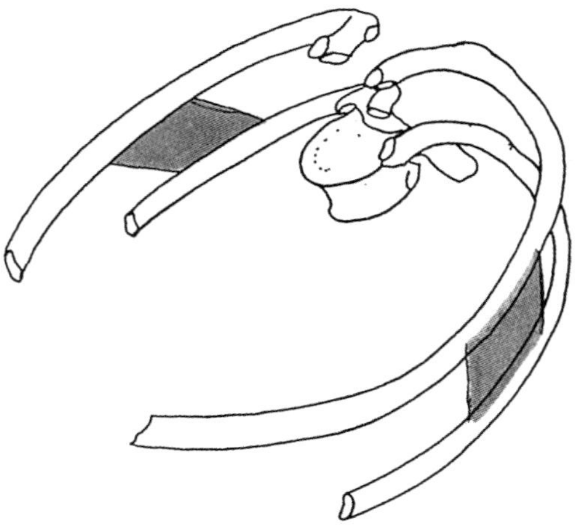

MUSCLES INTERCOSTAUX (*Intercostales*)

Forme, structure, relations On distingue les muscles intercostaux externes et internes. Chaque groupe est composé de onze lames musculaires situées entre des côtes contiguës et fermant, de l'intérieur et de l'extérieur, les espaces intercostaux. Les fibres ont une direction oblique différente, presque opposée, dans les deux groupes.

Origine Rebord inférieur d'une côte ; sur le bord externe ou interne, selon le groupe musculaire.

Insertion Rebord supérieur de la côte suivant celle d'origine (bord externe ou interne).

Action Élévation des côtes, par les muscles intercostaux externes ; dépression des côtes, par les muscles intercostaux internes. Globalement, ce muscle a pour fonction l'inspiration et l'expiration.

Anatomie de surface Ce sont des muscles profonds, complètement recouverts par les autres muscles du thorax et de l'abdomen.

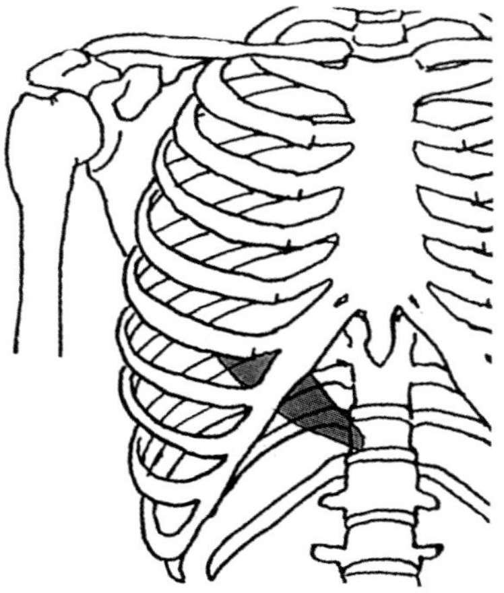

MUSCLES SOUS-COSTAUX (*Subcostales*)

Forme, structure, relations Les muscles sous-costaux sont des faisceaux fins, placés sur la face interne de la cage thoracique, à proximité de l'angle de chacune des côtes, même s'ils se limitent souvent aux côtes inférieures. Ils sont considérés comme dépendants des muscles intercostaux internes, aussi bien à cause de leur position que de leur fonction.

Origine Face interne de la côte, à proximité de l'angle.

Insertion Face interne de la deuxième ou de la troisième côte suivant la côte d'origine.

Action Abaissement des côtes.

Anatomie de surface Ce sont des muscles profonds.

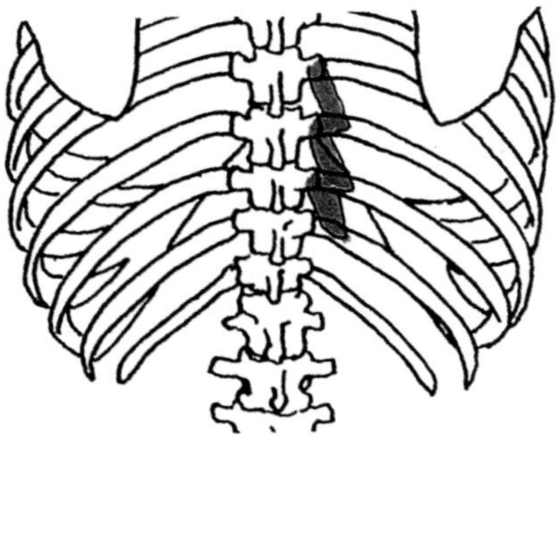

MUSCLES SURCOSTAUX ET LONGS SURCOSTAUX (*Levatores costarum*)

Forme, structure, relations Ces muscles sont au nombre de douze par côté. Assez robustes et de forme presque triangulaire, ils sont disposés entre la colonne vertébrale et la face externe des côtes, à proximité des angles costaux, avec une direction oblique, vers le bas et sur le côté.

Insertion Sommet des apophyses transverses de la VIIe vertèbre cervicale et des onze premières thoraciques.

Insertion Bord supérieur et face externe de l'angle de la côte se trouvant sous la vertèbre d'où part chacun des muscles.

Action Soulèvement des côtes.

Anatomie de surface Ce sont des muscles profonds.

MUSCLE TRIANGULAIRE DU STERNUM (*Transversus thoracis*)

Forme, structure, relations Le muscle triangulaire du sternum est formé de quelques digitations (dont le nombre varie), dirigées en oblique vers le haut et sur le côté, partant de la face interne du sternum pour arriver aux cartilages costaux. Il est donc appliqué à la surface interne de la paroi antérieure du thorax.

Origine Portion inférieure du corps du sternum, sous la face interne, et apophyse xiphoïde.

Insertion Cartilages costaux des côtes situées au-dessus jusqu'à la seconde.

Action Abaissement des cartilages costaux.

Anatomie de surface C'est un muscle situé en profondeur.

MUSCLE GRAND PECTORAL (*Pectoralis major*)

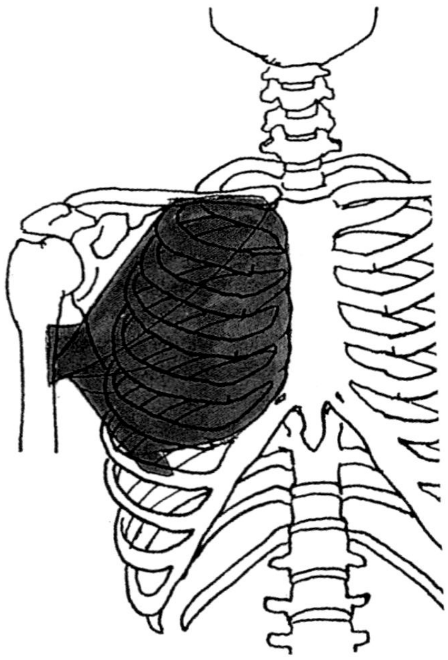

Forme, structure, relations Le grand pectoral est un gros muscle de forme presque rectangulaire, lorsque le bras est en position anatomique, tandis qu'il prend une forme nettement triangulaire lorsque le bras est levé et en extension maximale. Ce muscle, qui est large, est lamellaire (même si, à certains points du bord inférieur latéral, il peut atteindre une épaisseur de presque 3 cm) et recouvre toute la partie supérieure de la cage thoracique. Partant de ses larges sections d'origine sur la clavicule, sur le sternum et les côtes, il atteint un bord d'insertion, étroit sur l'humérus. Le grand pectoral est composé de trois parties, subdivisées en fonction de la zone d'origine et dont les fibres ont des orientations différentes. Il s'agit de la partie claviculaire, dirigée latéralement et vers le bas, de la partie externe costale, dirigée sur le côté et de la partie abdominale, dirigée sur les côtés et vers le haut. Les faisceaux sont assez importants et, dans certaines conditions, on peut les distinguer en surface, ce qui donne un aspect fasciculé à la région. Les trois parties confluent dans le segment d'insertion et se superposent dans le segment latéral, s'épaississant jusqu'à former le pilier antérieur de l'aisselle et le bord inférieur latéral du muscle. Le grand pectoral, qui peut être totalement ou partiellement absent, ou bien posséder des insertions anormales, recouvre les côtes et le petit pectoral ; son bord supérieur est en relation avec le deltoïde et il en est recouvert partiellement. Le muscle est donc sous-cutané sur tout son ensemble : il est recouvert tout d'abord par l'aponévrose pectorale sur laquelle adhère la glande mammaire, par le muscle peaucier du cou, puis par la peau.

Origine Partie claviculaire : section médiane du bord antérieur de la clavicule.
Partie sterno-costale : partie médiane de la surface antérieure du sternum ; cartilages costaux de la IIe à la VIe côte.
Partie abdominale : aponévrose du grand oblique et des muscles droits de l'abdomen.

Insertion Lèvre antérieure du sillon bicipital de l'humérus, sous la grande tubérosité (par l'intermédiaire d'un tendon robuste et aplati, de 5 à 6 cm de large, constitué par deux lamelles rapprochées provenant de la superposition des faisceaux musculaires dans la section terminale).

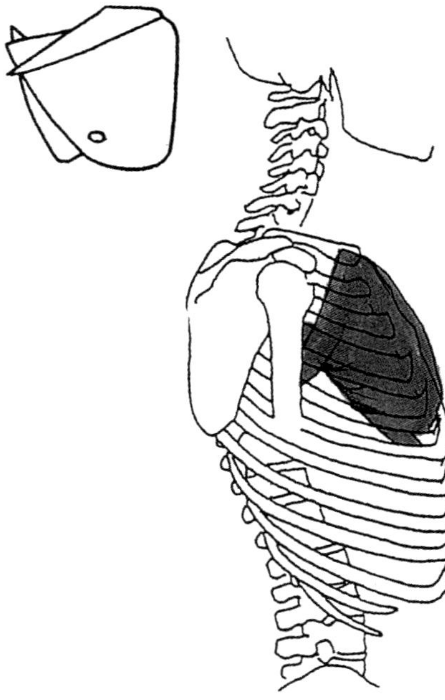

Action Adduction (abaissement du bras levé) et rotation médiane du bras ; soulèvement et rapprochement vers l'humérus du tronc, si le point fixe se trouve sur le bras (par exemple en cas de reptation : dans ce cas, les muscles pectoraux des deux côtés sont aidés par le grand dorsal, le trapèze et le petit dentelé postérieur supérieur) ; soulèvement et traction de l'humérus vers l'avant, si c'est uniquement le faisceau claviculaire qui se contracte ; abaissement de l'humérus et de la ceinture scapulaire, si c'est uniquement le faisceau inférieur qui se contracte.

Anatomie de surface Le muscle grand pectoral est sous-cutané sur toute son extension quasiment, sauf dans la portion tendineuse d'insertion et sur une petite partie recouverte par le deltoïde. Il occupe le quart antéro-supérieur du thorax et forme une légère convexité, délimitée sur le bas par le bord musculaire, épaissi par un coussinet adipeux de volume variable, situé dans la partie latérale. Le bord, qui est nettement relevé en position anatomique, s'aplatit et disparaît presque si le bras est levé, tandis qu'il s'accentue si les bras sont dirigés vers le plan médian ; dans ce cas, le muscle se contracte, augmente de volume, saillant d'une manière importante et révèle une fasciculation en éventail sous la peau. Chez les athlètes, le bord médian à côté du sternum est également surélevé par rapport au plan osseux.
La glande mammaire à laquelle, en surface, correspond le mamelon, adhère à la face sous-cutanée du grand pectoral. Elle est séparée de celui-ci par l'aponévrose pectorale et par le tissu adipeux et elle est située à proximité de la portion latérale du bord musculaire inférieur.

MUSCLE SOUS-SCAPULAIRE (*Subscapularis*)

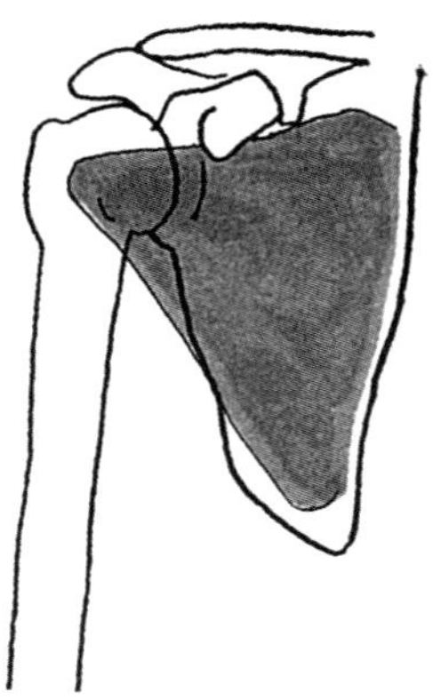

Forme, structure, relations Le muscle sous-scapulaire est large, aplati et de forme triangulaire. Adhérant à une grande partie de la face costale de l'omoplate, il converge latéralement pour s'insérer sur l'extrémité supérieure de l'humérus. La face antérieure du muscle est en relation avec le grand dentelé avec lequel, sur la section proche de l'insertion, il contribue à former la paroi postérieure de la cavité de l'aisselle. Le tendon est croisé à l'avant par le coraco-bracchial et le biceps (portion longue).

Origine Zone médiane de la fosse sous-scapulaire.

Insertion Petite tubérosité de l'humérus et partie antérieure de la capsule de l'articulation scapulo-humérale. Entre le tendon et l'os, se trouve une bourse séreuse assurant le glissement.

Action Rotation médiane et légère adduction de l'humérus.

Anatomie de surface Le muscle sous-scapulaire est situé en profondeur et n'est donc pas visible en surface.

MUSCLE RHOMBOÏDE (*Rhomboïdeus*)

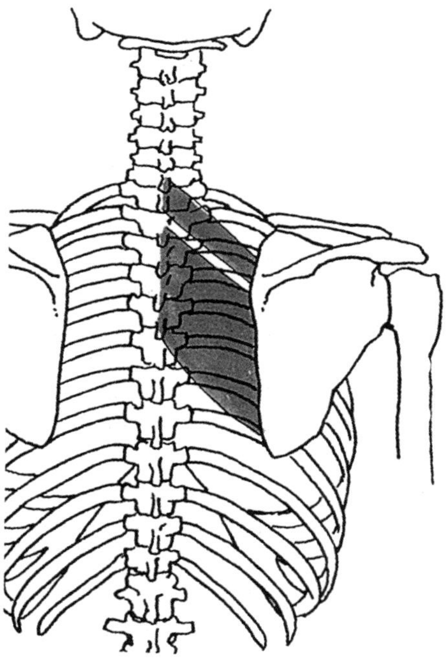

Forme, structure, relations Le muscle rhomboïde est aplati, fin dans sa partie supérieure et un peu plus épais dans sa partie inférieure. Sa forme rappelle le losange. Ses fibres sont dirigées vers le bas et sur le côté, partant de son segment d'origine sur la colonne vertébrale et se dirigeant vers son insertion, située sur le bord médian de l'omoplate. Ce muscle est presque toujours subdivisé en deux parties distinctes contiguës et parallèles : la portion supérieure (ou petit rhomboïde) et la portion inférieure (grand rhomboïde), mais il peut également présenter des chefs d'origine plus nombreux ou bien des connexions avec les muscles voisins et le muscle controlatéral. Le rhomboïde, qui couvre le petit dentelé postérieur supérieur, le splénius du cou et les muscles surcostaux, est presque complètement recouvert par le trapèze, dont il est séparé par une aponévrose ainsi que par le muscle grand dorsal, mais uniquement sur une petite portion, à proximité de l'angle inférieur de l'omoplate.

Origine Petit rhomboïde : apophyses épineuses de la VIIe vertèbre cervicale et de la Ire thoracique ; portion inférieure du ligament occipital.
Grand rhomboïde : apophyses épineuses de la IIe à la Ve vertèbre thoracique et ligaments interépineux associés.

Insertion Petit rhomboïde : partie supérieure du bord médian de l'omoplate.
Grand rhomboïde : partie inférieure du bord médian de l'omoplate.

Action Adduction de l'omoplate vers la colonne vertébrale. Le muscle participe à la stabilisation de l'omoplate sur la cage thoracique et le mouvement d'extension du bras.

Anatomie de surface Le muscle rhomboïde est presque complètement couvert par le trapèze avec lequel il contribue à créer le relief musculaire situé entre la colonne vertébrale et le bord interne de l'omoplate. Si l'omoplate est mise en abduction (par exemple lorsque le bras fléchi est placé derrière le dos), une petite portion du muscle peut être visible sous la peau, dans une zone limitée, comprise entre le bord inférieur du trapèze et le bord supérieur du grand dorsal : ses fibres, dirigées vers le haut et sur une ligne médiane, ont un parcours perpendiculaire à celui du trapèze.

MUSCLE SUS-ÉPINEUX (*Supraspinatus*)

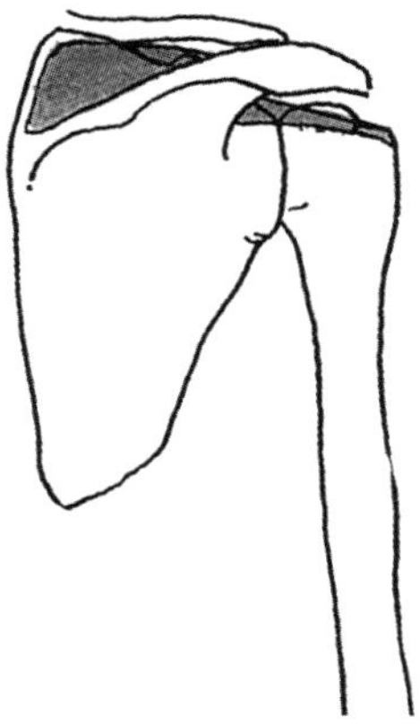

Forme, structure, relations Le muscle sus-épineux est allongé, de forme triangulaire, aplati à son origine, mais plus étroit et plus épais (presque 2 cm) dans le segment d'insertion. Ce muscle est situé à l'horizontale dans la fosse située au-dessus de l'épine de l'omoplate, dont il est séparé par une lamelle de tissu conjonctif, sauf dans la zone d'origine. Il est entièrement recouvert par le trapèze.

Origine Surface de la partie médiane de la fosse sus-épineuse de l'omoplate.

Insertion Facette supérieure de la grande tubérosité de l'humérus. Le tendon adhère également à la capsule de l'articulation scapulo-humérale.

Action Légère abduction du bras, avec rotation latérale de l'humérus ; stabilisation de la tête sur l'humérus dans la cavité articulaire.

Anatomie de surface Ce muscle est situé en profondeur par rapport au trapèze, mais, lorsqu'il est contracté (en cas d'abduction du membre, par exemple), il peut contribuer à la formation d'un relief visible au-dessus de l'épine scapulaire et parallèle à celle-ci.

MUSCLE SOUS-ÉPINEUX (*Infraspinatus*)

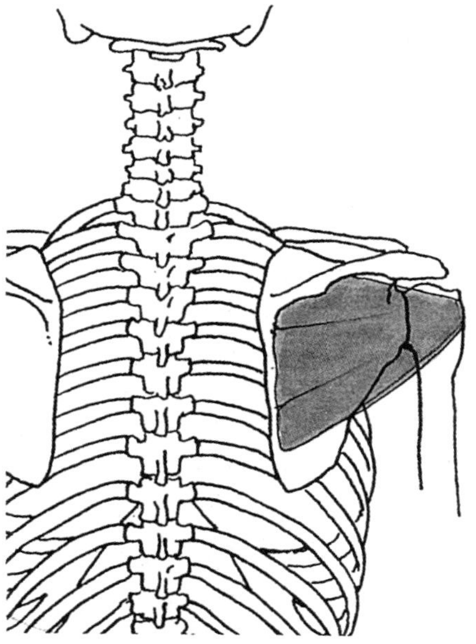

Forme, structure, relations Le muscle sous-épineux est souvent aplati et de forme triangulaire. Il occupe entièrement la fosse sous-épineuse de l'omoplate qui est son point d'origine et à partir de laquelle il se dirige latéralement et vers le haut, jusqu'à s'insérer sur l'humérus. Compte tenu de la disposition des fibres, le muscle sous-épineux peut être subdivisé en trois portions : supérieure, inférieure et moyenne (cette dernière qui est la plus volumineuse a une structure pennée). Vers le bas, le muscle est en relation avec le grand rond et le grand dorsal ; sa face profonde adhère à l'omoplate ; la face superficielle est en grande partie recouverte par d'autres muscles : le trapèze dans l'angle médian supérieur et par le deltoïde latéralement et vers le haut. La zone restante est sous-cutanée, recouverte seulement par l'aponévrose propre du muscle (aponévrose sous-épineuse) et par la peau.

Origine Fosse sous-épineuse de l'omoplate ; aponévrose sous-épineuse ; cloison fibreuse de séparation du grand rond.

Insertion Facette médiane de la grande tubérosité de l'humérus.

Action Rotation latérale de l'humérus, avec légère abduction du bras (en synergie avec les muscles sus-épineux et petit rond, pour la composante de rotation).

Anatomie de surface La portion sous-cutanée du muscle apparaît comme un relief de forme triangulaire, placé au centre de la région scapulaire et délimité : intérieurement par le bord du trapèze, vers le haut et sur le côté par le deltoïde, dans le bas par le petit et le grand ronds. La saillie de la zone musculaire est accentuée si le bras est amené à son niveau de rotation latérale maximum, tandis que la surface sous-cutanée apparaît plus étendue et aplatie si le membre est relevé.

MUSCLE PETIT ROND (*Teres minor*)

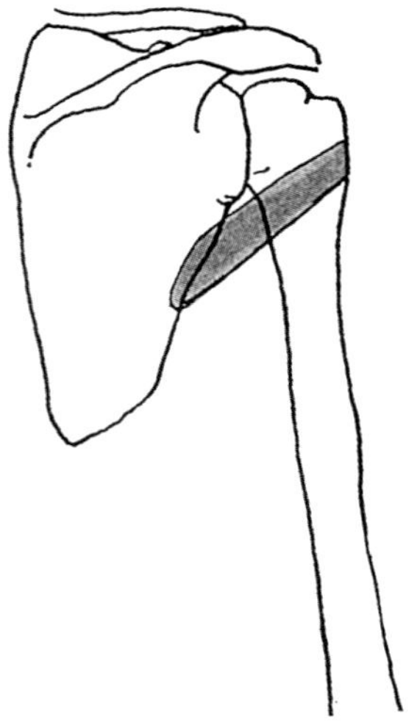

Forme, structure, relations Le muscle petit rond est plat, étroit et allongé ; partant sur le côté et vers le haut de l'omoplate, il va jusqu'à son insertion sur l'humérus. Il est contenu dans l'aponévrose qui recouvre le muscle sous-épineux et, souvent, il fusionne avec celui-ci. Le petit rond est recouvert en partie par le deltoïde et le sous-épineux, par conséquent seule une petite portion est sous-cutanée ; le segment d'insertion croise et passe à l'arrière du tendon de la portion longue du triceps ; le bord inférieur est en relation avec le grand rond.

Origine Portion supérieure du bord externe de l'omoplate et surface dorsale limitrophe ; cloisons fibreuses de l'aponévrose sous-épineuse (assurant la séparation par rapport au sous-épineux, en haut et au grand rond, en bas).

Insertion Facette inférieure de la grande tubérosité de l'humérus ; surface inférieure postérieure de la capsule de l'articulation scapulo-humérale.

Action Rotation latérale et adduction de l'humérus (en synergie partielle avec les muscles sous-épineux et sus-épineux pour ce qui est de la composante de rotation).

Anatomie de surface Le petit rond est sous-cutané sur une portion très limitée seulement et il est difficilement visible en surface. Toutefois, si le membre est en abduction horizontale et tourne latéralement, il peut apparaître comme un faible relief allongé compris entre le muscle sous-épineux et le grand rond, à proximité du bord postérieur du deltoïde.

MUSCLE GRAND DORSAL (*Latissimus dorsi*)

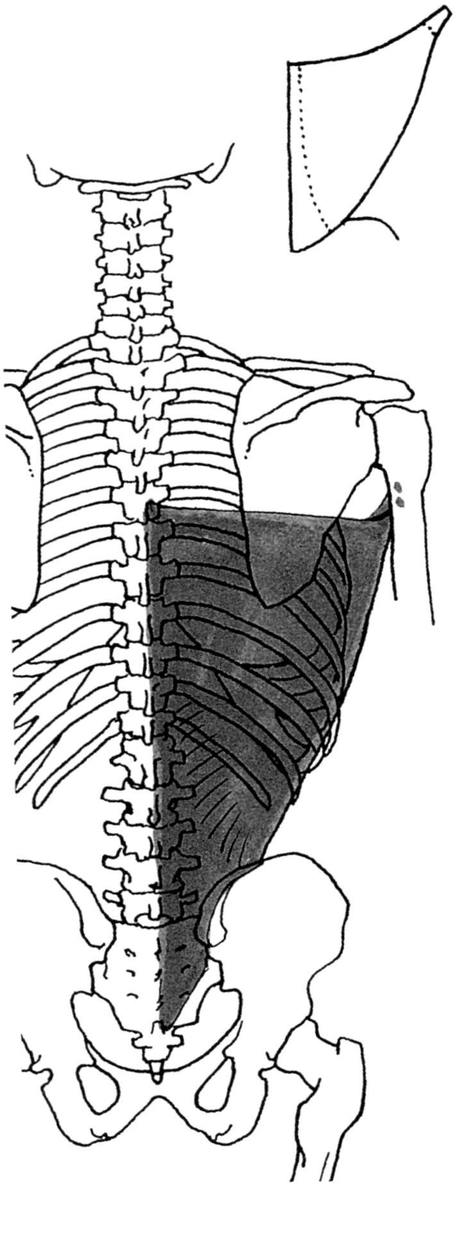

Forme, structure, relations Le grand dorsal est un muscle lamellaire (son épaisseur moyenne est de 5 mm environ, mais il s'épaissit à proximité de son insertion), il est très large et de forme triangulaire, s'étendant de la colonne vertébrale à l'humérus. Son origine est située sur une lamelle aponévrotique large, correspondant à la région lombaire et sur laquelle le début des faisceaux musculaires décrit une ligne courbe à convexité inférieure, dirigée vers le bas et sur le côté. Dans ce muscle, on distingue trois groupes de faisceaux musculaires tous dirigés latéralement vers le haut, mais avec une inclinaison différente : les faisceaux supérieurs sont presque horizontaux, les moyens sont obliques et dirigés vers le haut, les inférieurs sont très obliques vers le bas, presque verticaux. Le segment d'insertion est rétréci et aplati. Il contourne le grand rond avec lequel il contribue à former le pilier postérieur de l'aisselle. Le grand dorsal qui présente souvent certaines variantes morphologiques aussi bien pour ce qui est de l'extension des faisceaux d'origine, que pour ce qui est de l'insertion, est sous-cutané, recouvert par l'aponévrose dorsale et par la peau ; seule une petite portion médiane supérieure est couverte par le trapèze. La surface profonde est en relation avec les côtes, les muscles vertébraux, le petit dentelé postérieur et inférieur et la partie inférieure du grand oblique de l'abdomen ; le bord supérieur recouvre l'angle inférieur de l'omoplate. Le bord inférieur croise et recouvre partiellement le grand dentelé.

Origine Apophyse épineuse de la VIIe à la XIIe vertèbre thoracique ; apophyses épineuses des vertèbres lombaires, surface dorsale du sacrum et portion postérieure de la crête iliaque : les fibres musculaires partent de ces points par l'intermédiaire d'une large membrane aponévrotique, adhérant au feuillet superficiel de l'aponévrose lombo-dorsale. Certains faisceaux partent également des trois ou quatre dernières côtes.

Insertion Crête de la petite tubérosité de l'humérus : le tendon recouvre celui du grand rond et entre eux se trouve une bourse séreuse destinée à réduire les effets mécaniques de frottement.

Action Adduction du bras (abaissement lorsqu'il est levé) avec légère rotation médiane de l'humérus ; traction postérieure du bras et de l'épaule (en synergie avec certains faisceaux du muscle trapèze et en antagonisme avec le muscle grand pectoral) ; soulèvement du tronc, si les membres supérieurs sont fixes (par exemple en cas de reptation) et si les deux muscles agissent bilatéralement). Ce muscle intervient également dans l'expiration forcée et en cas de toux.

Anatomie de surface Le grand dorsal est sous-cutané sur presque toute son extension et, étant donné qu'il est très fin, les formes qui apparaissent en surface sont déterminées par les muscles qu'il recouvre (les muscles spinaux, le grand dentelé) et par la structure osseuse de la partie inférieure du thorax. Le bord latéral du muscle, pendant la contraction, notamment, et lorsque le bras est en abduction, apparaît en revanche assez nettement, avec un bord relevé qui traverse en diagonale le grand dentelé. La partie inférieure du bord, à proximité de la crête iliaque, est masquée par le tissu adipeux du flanc, passe sous le trapèze, sur une courte portion médiane, puis couvre et traverse horizontalement l'angle inférieur de l'omoplate.

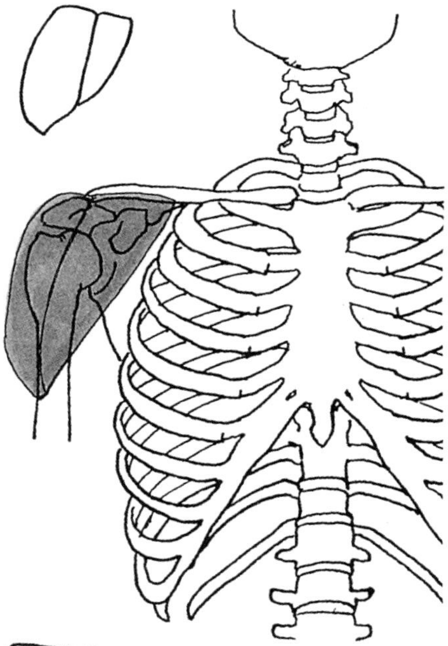

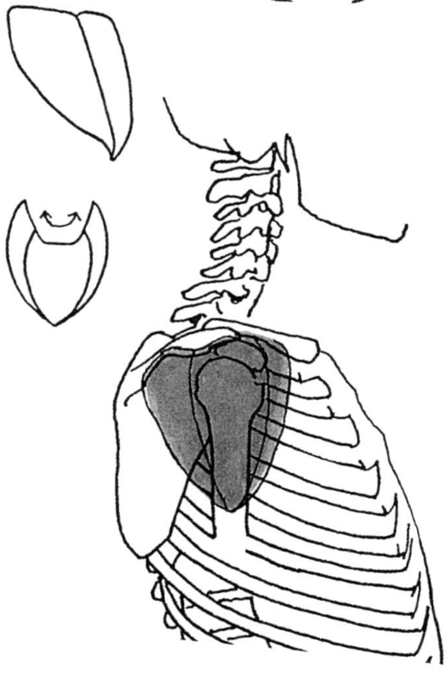

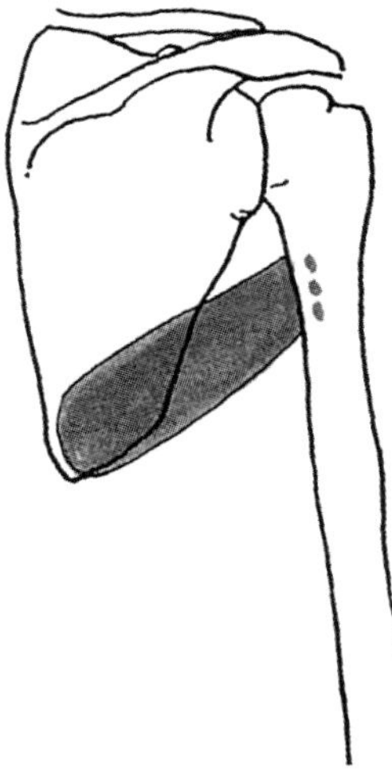

MUSCLE DELTOÏDE (*Deltoideus*)

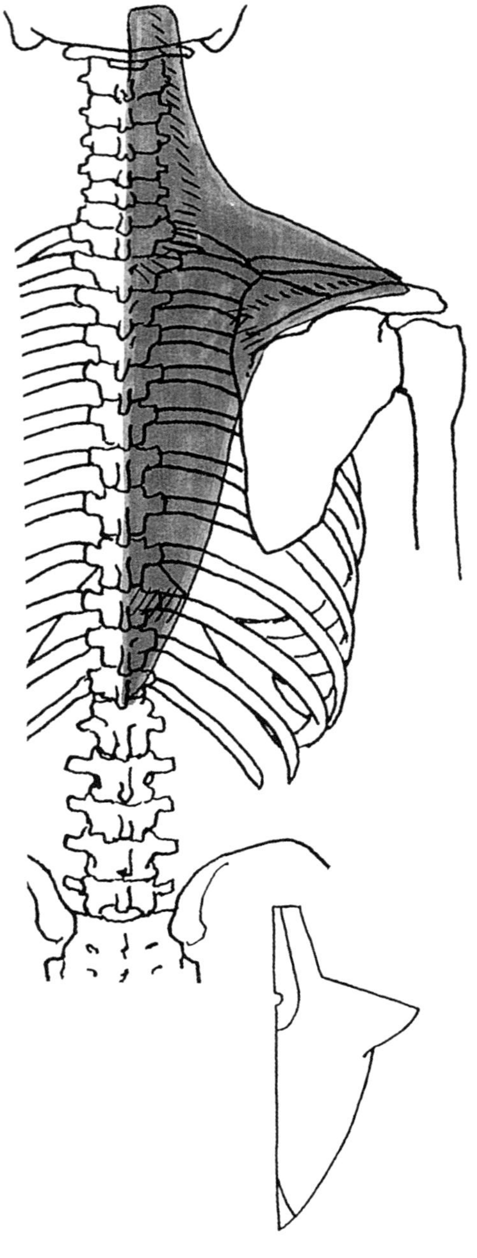

Forme, structure, relations Le deltoïde est aplati sur les bords mais relativement épais (environ 2 cm) dans sa portion intermédiaire. Il est volumineux et robuste, de forme triangulaire, la base étant placée sur les os de la ceinture scapulaire et le sommet dirigé vers le bas, pour s'insérer sur l'humérus. Ce muscle doit son nom à sa forme triangulaire rappelant la lettre grecque delta. Le deltoïde est composé de trois parties baptisées en fonction de leur origine : la partie claviculaire (ou antérieure) qui commence sur la clavicule et dont les fibres se dirigent vers le bas, latéralement et postérieurement ; la partie scapulaire (ou postérieure), dont l'origine est située sur l'épine et qui se dirige vers le bas, latéralement et antérieurement ; et, enfin, la partie acromiale (ou intermédiaire), qui est dirigée vers le bas, avec un parcours convexe, vers la tête de l'humérus. La partie acromiale est la plus épaisse et la plus volumineuse et elle est dotée d'une structure multipennée car quatre membranes tendineuses intramusculaires, qui partent du tendon situé sur l'acromion, se dirigent vers le bas et s'intègrent à trois autres membranes dirigées vers le haut, provenant du tendon situé sur l'humérus. Cette structure présente des avantages fonctionnels car elle permet une traction très puissante. Elle est à l'origine d'une fasciculation secondaire du muscle, bien visible. Le deltoïde présente fréquemment des variantes morphologiques intéressantes pour l'artiste : il peut avoir des chefs d'origine, distincts et indépendants, fusionner partiellement avec le muscle voisin, avoir une insertion sur l'humérus au niveau le plus proximal ou le plus distal. Ce muscle recouvre l'articulation scapulo-humérale, les tendons des biceps, du petit pectoral, du grand pectoral, du coraco-brachial, du sous-scapulaire, du sous-épineux, du petit rond et du triceps. Sa face superficielle est recouverte uniquement par l'aponévrose musculaire, le plan sous-cutané et la peau. Sur une région médiane peu étendue, il peut être recouvert par le muscle peaucier du cou. Le bord antérieur du deltoïde voisine avec le grand pectoral dont il est séparé par la fosse sous-claviculaire dans laquelle passe également la veine céphalique.

Origine Partie claviculaire : bord antérieur de la portion latérale de la clavicule.
Partie acromiale : bord latéral de l'acromion.
Partie scapulaire : bord inférieur de l'épine de l'omoplate.

Insertion Tubérosités deltoïdes de l'humérus. Entre le tendon et la surface osseuse se trouve une bourse séreuse.

Action Abduction du bras (si la contraction concerne l'ensemble du muscle ou bien sa partie acromiale) ; traction antérieure et flexion avec légère rotation médiane de l'humérus (contraction de la partie claviculaire) ; traction postérieure et extension avec légère rotation latérale de l'humérus (contraction de la partie scapulaire).

Anatomie de surface Le deltoïde est entièrement sous-cutané et il est à l'origine du profil arrondi de l'épaule. En position anatomique, le membre parallèle au tronc, le muscle conserve une tension physiologique (tonus) qui permet de voir facilement la séparation entre les trois parties et la structure fasciculée de chacune d'entre elles. Sous l'effet de la contraction, ces structures sont plus accentuées. Une légère dépression cutanée indique le sillon de séparation entre le bord antérieur du deltoïde et le grand pectoral. La surface supérieure de l'acromion reste toujours sous-cutanée et constitue un point de référence bien précis et identifiable dans tous les mouvements du bras : lorsque le bras est étendu vers le haut, le bord d'origine de la partie acromiale provoque une pliure cutanée et l'on peut constater la formation d'un sillon orienté de l'avant vers l'arrière.

MUSCLE GRAND ROND (*Teres major*)

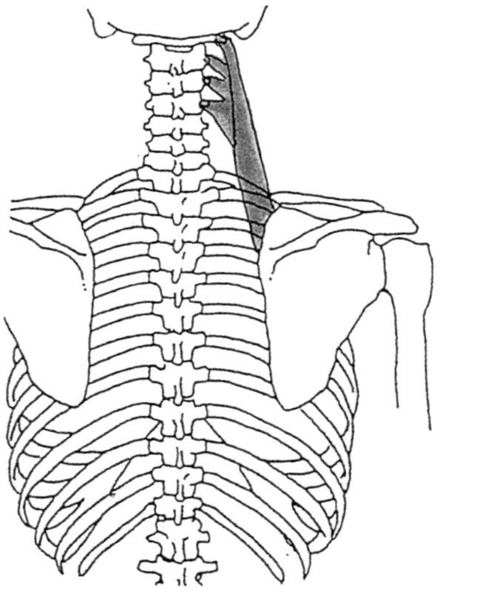

Forme, structure, relations Le grand rond est un muscle aplati et épais, d'une forme presque cylindrique, plus volumineux que le petit rond qui est placé sous lui et qui lui est presque parallèle. Les faisceaux musculaires passent sur le côté et en haut, partant de la zone d'origine sur l'omoplate pour finir sur le segment d'insertion de l'humérus. Ce muscle, qui peut être absent, ou fusionner avec le grand dorsal, est en grande partie superficiel ; le bord inférieur est en relation avec le grand dorsal ; le bord supérieur, dans sa portion médiane, est contigu avec les muscles sous-épineux et le petit rond. Le tendon d'insertion, plat et d'une longueur de 5 cm environ, se trouve derrière le tendon du grand dorsal (dont il est séparé par une bourse séreuse). Il croise à l'arrière le tendon de la portion longue du triceps.

Origine Bord inférieur de l'omoplate, sur une région restreinte de la surface postérieure.

Insertion Lèvre médiane du sillon bicipital (intertuberculaire) de l'humérus.

Action Adduction et traction inférieure du bras, avec rotation médiane et légère extension (en synergie avec le grand dorsal et en antagonisme, avec le petit rond, pour l'effet de rotation, ce dernier muscle faisant tourner l'humérus latéralement).

Anatomie de surface Le grand rond est presque entièrement sous-cutané, et, avec le grand dorsal, il constitue le bord postérieur de l'aisselle, particulièrement relevé si le membre est en abduction ou relevé. Si le bras est en position anatomique, le muscle apparaît comme un relief important, presque transversal, placé sur le côté de l'angle inférieur de l'omoplate.

MUSCLE TRAPÈZE (*Trapezius*)

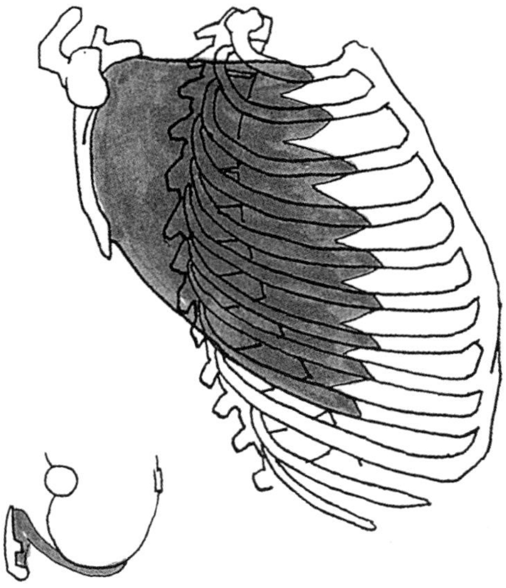

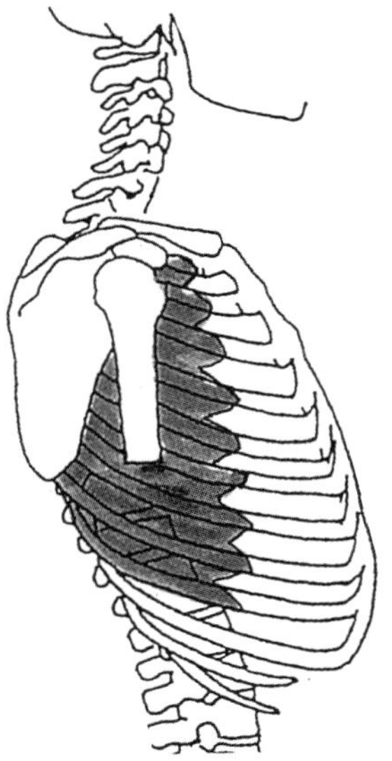

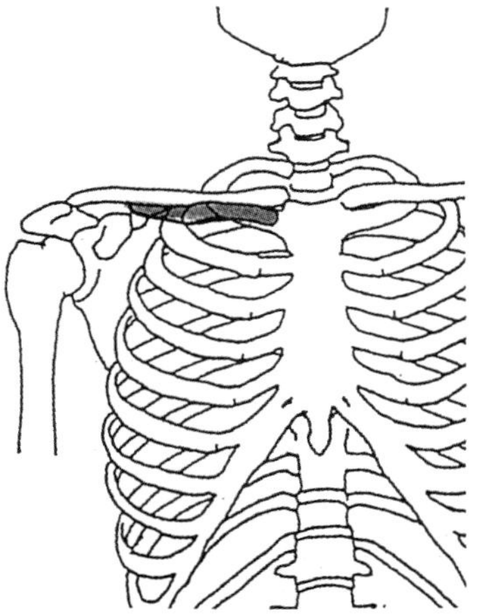

Forme, structure, relations Le muscle trapèze doit son nom à sa forme qui, d'une manière très simplifiée, rappelle précisément un trapèze dont la base la plus large est située le long de la colonne vertébrale et les côtés obliques convergent vers la base la plus petite située sur les os de la ceinture scapulaire. Le trapèze est une grosse lame musculaire tendue entre l'occiput, la colonne vertébrale et l'omoplate. Ses faisceaux sont orientés latéralement mais selon des directions différentes, et sur cette base, le muscle est subdivisé en trois portions : la partie supérieure (ou descendante) fine, dirigée en oblique vers le bas ; la partie médiane (ou transverse) un peu plus épaisse, dirigée presque à l'horizontale ; la partie inférieure (ou ascendante), fine, dirigée en oblique vers le haut. Le tendon vertébral d'origine qui, dans le haut et le bas, est plutôt étroit, s'élargit notablement sur la portion médiane (au niveau de la VIe vertèbre cervicale et des premières thoraciques). Compte tenu des muscles des deux côtés, il se forme donc une zone tendineuse ovoïde ou en forme de losange allongé où saillent les apophyses épineuses vertébrales.
Le trapèze (qui peut présenter des variantes limitées : chef d'origine distinct, origine limitée aux dix premières vertèbres thoraciques) couvre, sur le haut, les muscles profonds de la nuque, le splénius, le rhomboïde, le sus-épineux, et vers le bas, une petite portion du grand dorsal. Ce muscle est sous-cutané et il est couvert uniquement par l'aponévrose dorsale et par la peau. Son bord supérieur arrive à proximité de l'insertion du muscle sterno-cléido-mastoïdien et contribue à délimiter l'espace situé au-dessus de la clavicule.

Origine Partie supérieure : occipitale (portion médiane de la ligne occipitale supérieure et protubérance extérieure) ; ligament occipital.
Partie médiane : apophyse épineuse et ligament sus-épineux de la Ire à la Ve vertèbre thoracique.
Partie inférieure : apophyse épineuse et ligament sus-épineux de la VIe à la XIIe vertèbre thoracique.

Insertion Partie supérieure : clavicule (bord postérieur de la section latérale).
Partie médiane : omoplate (bord médian de l'acromion et bord supérieur de l'épine).
Partie inférieure : omoplate (portion médiane du bord supérieur de l'épine et zone triangulaire de l'épine).

Action Stabilisation de l'omoplate, participant à l'abduction et à la flexion du bras ; élévation de l'omoplate (contraction de la partie supérieure) ; adduction de l'omoplate (partie médiane et inférieure) ; dépression de l'omoplate (partie inférieure). Si la contraction est bilatérale, on constate l'extension de la tête et le rapprochement des omoplates sur le plan médian.

Anatomie de surface Le trapèze est entièrement sous-cutané ; sa section supérieure est à l'origine de la ligne courbe postérieure latérale du cou (ligne du cucullaire) ; la portion médiane, qui est épaisse, recouvre le rhomboïde et forme avec ce dernier un relief assez important entre la colonne vertébrale et l'épine de l'omoplate ; la portion inférieure est fine, ce qui signifie que ses bords latéraux ne sont pas faciles à distinguer sous la peau. La section terminale, en revanche, peut apparaître comme un relief pointu, parallèle aux dernières vertèbres thoraciques. Le bord des longs tendons d'origine dessine, entre les muscles des deux côtés, un léger sillon médian sur la face postérieure du cou (nuque) puis, une dépression plus large et en forme de losange (losange aponévrotique) au centre de laquelle émerge l'apophyse épineuse de la VIIe vertèbre cervicale.

MUSCLE ANGULAIRE DE L'OMOPLATE (*Levator scapulae*)

Forme, structure, relations Le muscle angulaire de l'omoplate (ou élévateur de l'omoplate) est robuste, long et aplati. Il se dirige presque verticalement vers le bas, partant des vertèbres, pour aller jusqu'à son insertion sur l'omoplate. Ce muscle qui peut être absent, présenter des insertions anormales ou avoir des connexions avec les muscles voisins, recouvre les muscles longs du cou, les splénius, le petit dentelé postérieur et supérieur, le scalène postérieur et il est en partie recouvert par le muscle sterno-cléido-mastoïdien, latéralement, et par le muscle trapèze, postérieurement.

Origine Apophyses transverses des quatre premières vertèbres cervicales (avec quatre faisceaux distincts).

Insertion Bord médian de l'omoplate, dans la section comprise entre l'angle supérieur et l'origine de l'épine.

Insertion Élévation et adduction de l'omoplate, avec rotation médiane et vers le bas de l'angle latéral.

Anatomie de surface Le muscle angulaire de l'omoplate est sous-cutané uniquement dans la portion qui est située dans la partie supérieure de la fosse sus-claviculaire. Si la tête subit une rotation forte face à une résistance ou si le bras soutient un poids, le muscle apparaît comme un relief court, diagonal, tendu entre le bord du trapèze (situé à l'arrière et vers le bas) et celui du muscle sterno-cléido-mastoïdien (placé à l'avant et sur le haut).

MUSCLE GRAND DENTELÉ (*Serratus anterior*)

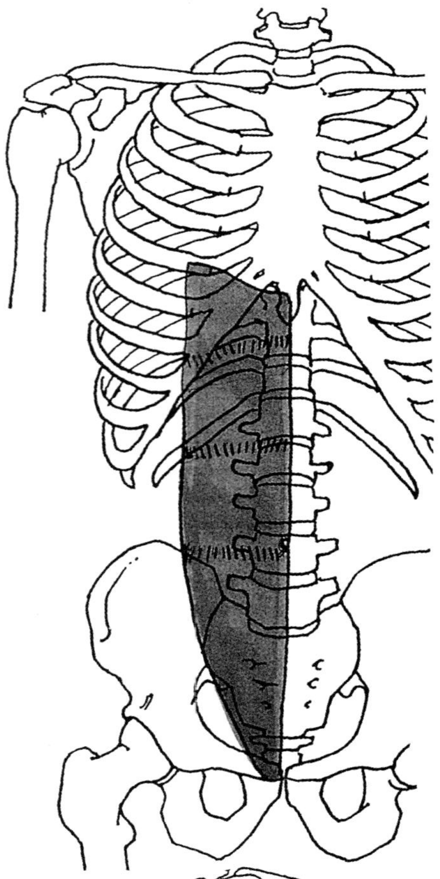

Forme, structure, relations Le muscle grand dentelé est large, aplati, adhérant à la paroi latérale thoracique, où se trouve son origine, avec neuf ou dix digitations qui se dirigent vers l'arrière et sur un plan médian, jusqu'à son insertion sur l'omoplate. Compte tenu de l'origine de l'insertion du muscle, celui-ci est subdivisé en trois parties : supérieure, médiane et inférieure. La partie supérieure est formée des faisceaux des deux premières digitations, provenant des Ire et IIe côtes, avec une direction presque horizontale ; la partie médiane est formée par des faisceaux dont l'origine est située sur les IIe, IIIe et IVe côtes, avec un parcours oblique et convergent vers l'insertion ; la partie inférieure est la plus importante : elle est formée par les faisceaux robustes des digitations restantes. Le muscle, qui peut avoir un nombre de digitations plus ou moins important ou ne pas être complet, couvre de sa face profonde les côtes et les espaces intercostaux et il est recouvert par le grand dorsal et par le grand pectoral et, pour une petite partie, par le sous-clavier, le petit pectoral, le sous-scapulaire. Seules les quatre dernières digitations sont cutanées et croisent celles du muscle grand oblique de l'abdomen.

Origine Partie supérieure : I^e^ et IIe côtes.
Partie médiane : IIe, IIIe, IVe et V^e^ côtes.
Partie inférieure : VIe, VIIe, VIIIe, IXe (et parfois X^e^) côtes.

Insertion Partie supérieure : angle de l'omoplate.
Partie médiane : bord interne de l'omoplate.
Partie inférieure : angle inférieur de l'omoplate.

Action Abduction de l'omoplate. Le muscle grand dentelé, compte tenu des différentes orientations de ses faisceaux, exerce des actions différentes. La contraction globale du muscle relève légèrement les côtes (fonction inspiratoire) et étire l'omoplate vers l'avant, contribuant à la rotation antérieure médiane du bras, en antagonisme avec l'action des muscles rhomboïdes ; la contraction des faisceaux supérieurs et inférieurs fait adhérer l'omoplate au thorax en synergie avec les muscles rhomboïdes. La contraction du faisceau inférieur fait tourner latéralement et vers l'avant l'angle inférieur de l'omoplate permettant une élévation horizontale du bras, en synergie avec les muscles trapèze et deltoïde.

Anatomie de surface Le muscle grand dentelé est sous-cutané uniquement dans la portion correspondant aux quatre dernières digitations, car la portion arrière est recouverte par le grand dorsal et la portion supérieure, par le grand pectoral. La digitation la plus volumineuse et la plus évidente est la plus haute des quatre, correspondant au niveau du sillon sous-mammaire prolongé sur le côté et sur l'arrière, tandis que le volume des trois autres se réduit progressivement. Les digitations en relief croisent, en oblique, sur la face latérale des côtes, celles du grand oblique de l'abdomen qui, en comparaison, semblent moins hautes et moins importantes, laissant transparaître les côtes.

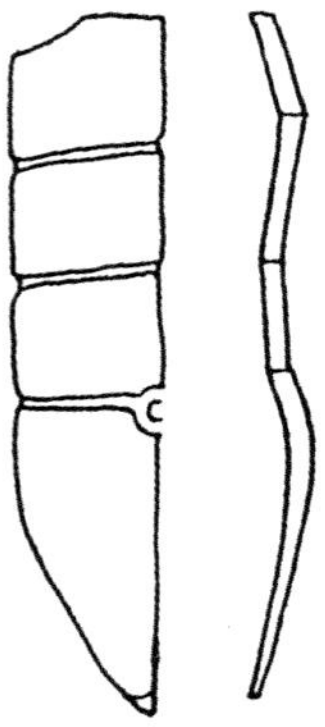

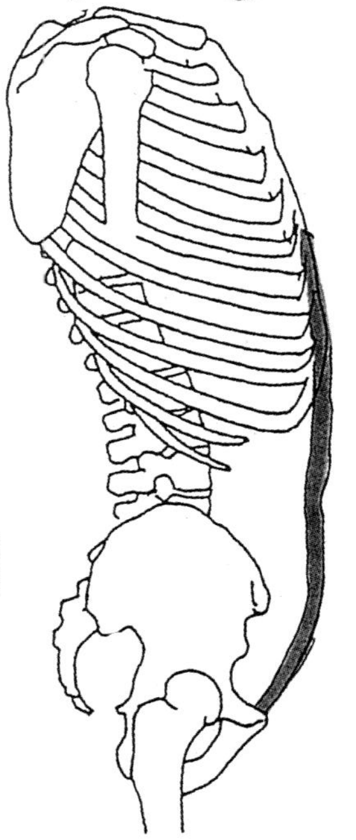

MUSCLE SOUS-CLAVIER (*Subclavius*)

Forme, structure, relations Le muscle sous-clavier est petit, fin et allongé, de forme triangulaire. Ses fibres sont dirigées très en oblique vers le haut et latéralement, partant de la première côte pour arriver à la clavicule. Ce muscle peut être absent et remplacé par un ligament, partant de la grande côte ou être doté de petits faisceaux accessoires. Il est recouvert presque complètement par la clavicule et il est revêtu d'une membrane aponévrotique qui le sépare du grand pectoral et s'étend vers le haut en direction de l'aponévrose cervicale et vers le bas en direction de la formation membraneuse qui recouvre le petit pectoral.

Origine Face inférieure de la première côte (dans la section se trouvant à proximité du cartilage costal, sur le côté et à l'arrière de l'articulation sternale).

Insertion Face inférieure de la clavicule, dans le sillon sous-clavier.

Action Abaissement de la clavicule et de l'arrondi de l'épaule ; stabilisation de l'articulation sterno-claviculaire.

Anatomie de surface Ce muscle est situé en profondeur.

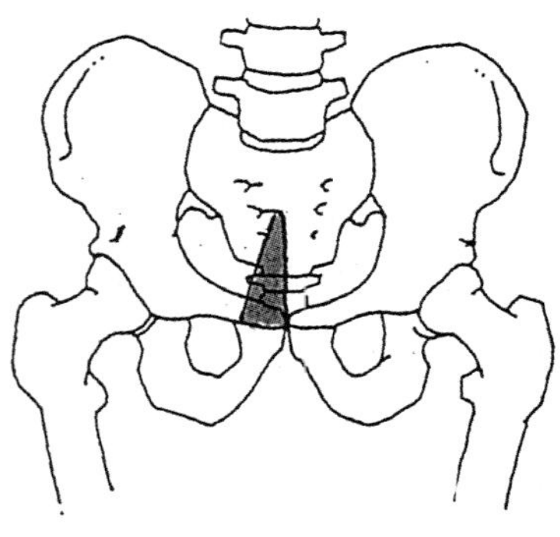

MUSCLE GRAND DROIT DE L'ABDOMEN (*Rectus abdominis*)

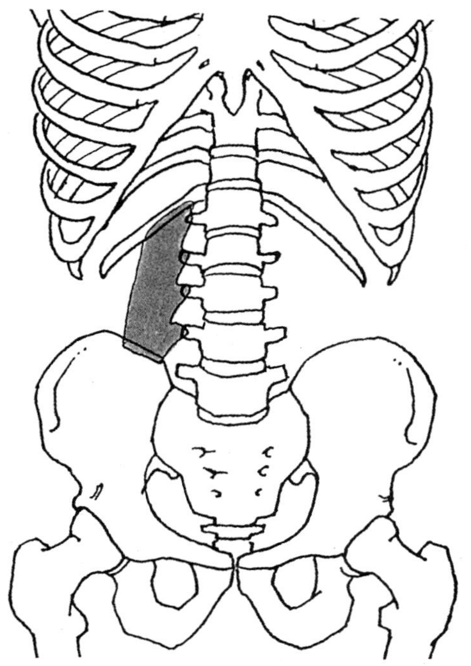

Forme, structure, relations Le muscle grand droit de l'abdomen est situé dans la partie abdominale avant, immédiatement à côté de la ligne médiane : les muscles des deux côtés sont contigus et entourés par une gaine fibreuse complexe et séparés par la ligne blanche de l'abdomen. Le faisceau musculaire a la forme d'un ruban (d'une longueur de 40 cm environ, d'une largeur d'environ 7 cm dans la portion supérieure et d'une épaisseur de 1 cm environ dans la section inférieure). Il se dirige verticalement vers le haut, en partant du segment d'origine, assez étroit et épais, se dirigeant vers le pubis, pour atteindre le segment d'insertion, plus élargi, aplati et subdivisé en un certain nombre de digitations qui rejoignent les VIIe, VIe et V^{e} cartilages costaux. Le parcours du muscle est interrompu par la présence de quelques intersections tendineuses, généralement au nombre de trois : une au niveau du nombril, une en dessous de l'arcade costale, environ à la hauteur de la pointe de l'apophyse xiphoïde et une troisième à mi-distance entre le nombril et l'apophyse xiphoïde. Des intersections tendineuses sont fréquemment incomplètes, ne concernant pas toute la largeur du muscle ; leur parcours est un peu oblique et elles sont rarement situées au même niveau dans les muscles des deux côtés. Parfois on remarque la présence d'une quatrième intersection tendineuse située dans la section comprise entre le pubis et l'ombilic.

Les muscles droits de l'abdomen sont entourés d'une robuste gaine fibreuse et sont superficiels : la face antérieure est recouverte par la gaine et par la peau ; la face postérieure, profonde, revêtue par l'aponévrose transversale, est dirigée vers la cavité abdominale ; le bord médian est contigu de celui du muscle controlatéral, auquel il est uni par l'intermédiaire de la ligne blanche ; le bord latéral est en contact avec l'aponévrose des muscles larges de l'abdomen (petit oblique, grand oblique, transverse de l'abdomen) qui recouvrent ensuite l'ensemble du muscle en fusionnant avec la gaine des muscles droits.

Origine Pubis : rebord supérieur, entre le tubercule et la symphyse.

Insertion V^{e}, VIe et VIIe cartilages costaux, avec ramifications également sur la face antérieure des Ve et VIe côtes et sur l'apophyse xiphoïde.

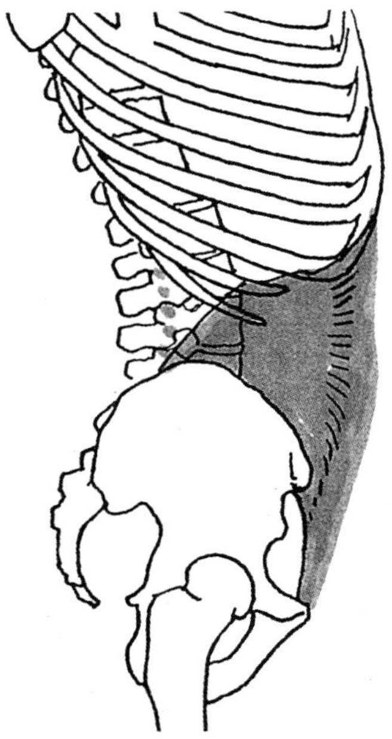

Action Flexion du tronc, agissant en antagonisme avec les muscles du groupe spinal. Si la contraction est bilatérale et si le point fixe se trouve sur le bassin, on constate la flexion de la cage thoracique sur le bassin, avec une accentuation de la cyphose dorsale et une réduction de la lordose lombaire ; si le point fixe est sur la cage thoracique, on constate un soulèvement et une flexion du bassin sur le thorax. La contraction du muscle droit d'un seul côté peut provoquer une légère torsion et une inclinaison latérale du tronc. Le tonus normal des muscles droits a un rôle de contention des viscères et la contraction synergique avec les autres muscles de l'abdomen (en particulier le muscle transverse de l'abdomen) augmente la pression abdominale interne, ce qui est très important pour certaines fonctions physiologiques : respiration, toux, éternuement, défécation, accouchement. En revanche, contrairement à ce que l'on pourrait supposer, la musculature abdominale, dans son ensemble, a peu d'importance dans la déambulation et le maintien de la position debout.

Anatomie de surface Le muscle grand droit de l'abdomen est sous-cutané et particulièrement visible dans son ensemble, déterminant la morphologie externe de la région, surtout pour les individus qui ont une intense activité physique ou athlétique. La ligne blanche et les insertions tendineuses transversales apparaissent comme des sillons entre lesquels émergent les segments musculaires. Pendant les fortes contractions, les fibres musculaires se raccourcissent et les sillons transversaux semblent plus rapprochés, le faisceau musculaire des muscles droits est très saillant, surtout lors de la flexion du tronc, et il peut se former quelques plis horizontaux un petit peu au-dessus du nombril. Au contraire, en extension accentuée, les sillons transversaux s'atténuent et la paroi abdominale antérieure paraît assez lisse et plate.

MUSCLE PYRAMIDAL DE L'ABDOMEN (*Pyramidalis*)

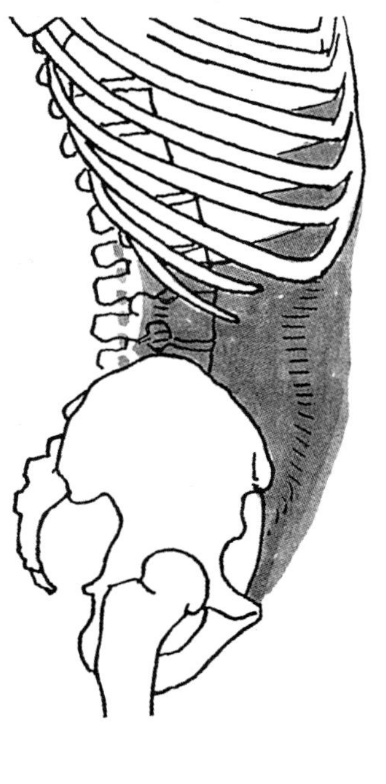

Forme, structure, relations Le muscle pyramidal de l'abdomen est petit, de forme triangulaire, enrobé par la gaine fibreuse des muscles droits abdominaux, qui, à ce niveau, se dédoublent pour le contenir. Ses fibres dirigées vers le haut et sur un axe médian, diminuent de largeur au fur et à mesure qu'elles s'élèvent, jusqu'à ce que leur extrémité pointue s'insère sur la ligne blanche, en un point à peu près équidistant entre la symphyse pubienne et l'ombilic. Le muscle pyramidal, très variable dans ses dimensions et souvent absent, est superficiel et recouvre le segment d'origine du grand droit de l'abdomen.

Origine Os pubien : zone antérieure, entre la symphyse et le tubercule, devant le tendon du muscle grand droit de l'abdomen.

Insertion Ligne blanche de l'abdomen.

Action Tension de la ligne blanche.

Anatomie de surface Ce muscle n'est pas visible car il est recouvert par la gaine fibreuse.

MUSCLE CARRÉ DES LOMBES (*Quadratus lumborum*)

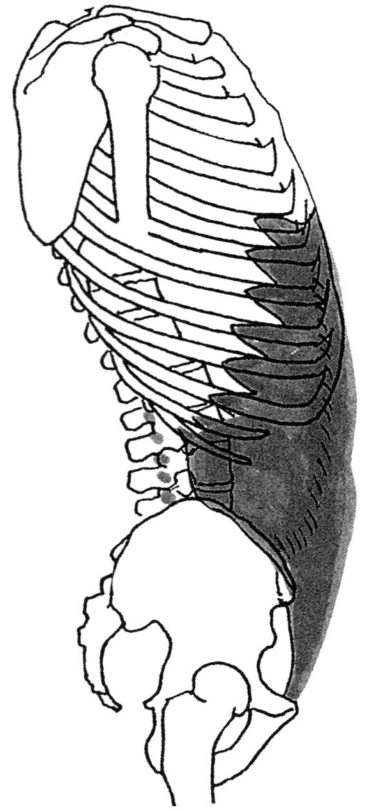

Forme, structure, relations Le muscle carré des lombes a une forme de quadrilatère, presque rectangulaire. Les côtés d'origine et d'insertion sont courts, alors que les côtés médians et latéraux sont assez longs, dirigés verticalement et parallèles aux vertèbres lombaires. Le muscle est aplati mais assez épais, pouvant atteindre 2 cm au point maximum d'épaisseur. Il est constitué de deux lames musculaires placées côte à côte : la partie principale est située à l'arrière et plus près de la surface ; la partie abdominale est placée devant la partie principale et est tournée vers la cavité de l'abdomen et les viscères. Le muscle est situé en profondeur, recouvert par l'aponévrose lombo-dorsale, par les muscles ilio-costaux et par le grand dorsal ; le bord médian est parallèle et proche de la colonne vertébrale ; il est en partie recouvert par le muscle psoas iliaque ; le bord latéral croise l'aponévrose lombo-dorsale.

Origine Partie médiane de la lèvre interne de la crête iliaque ; ligament ilio-lombaire.

Insertion Partie principale : partie médiane du bord inférieur de la XIIe côte.
Partie abdominale : sommet des apophyses transverses (costiformes) des quatre premières vertèbres lombaires.

Action Élévation du bassin et flexion latérale du tronc, si la contraction est unilatérale. Si les muscles des deux côtés agissent simultanément, on obtient une stabilisation de la cage thoracique sur le bassin avec une rigidification de la portion lombaire de la colonne, nécessaire pour la station debout.

Anatomie de surface Ce muscle étant situé en profondeur, il n'est pas visible, mais il peut être palpé à son origine, sur les côtés des muscles spinaux.

MUSCLE PETIT OBLIQUE DE L'ABDOMEN (*Obliquus internus abdominis*)

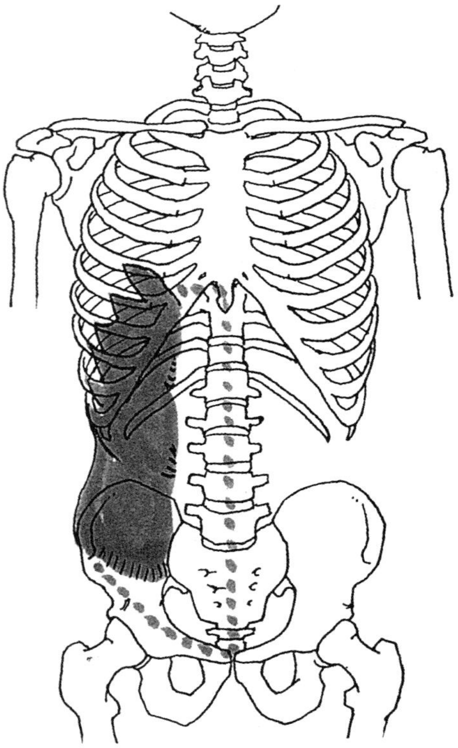

Forme, structure, relations Le muscle petit oblique de l'abdomen est situé en profondeur sous le grand oblique. Il est plus fin et moins développé que ce dernier. Ses fibres ont un parcours diagonal, vers le haut et l'avant, s'élargissant en éventail dans le vaste bord d'insertion situé sur la gaine des muscles droits et ont une direction opposée à celles du muscle grand oblique. Le petit oblique, qui peut présenter quelques variantes individuelles (être partiellement absent, être doté de faisceaux d'origine ou d'insertion surnuméraires ; avoir une ramification dite musculo-crémastérienne, dirigée vers le testicule), recouvre complètement le muscle transverse de l'abdomen et il est couvert par le grand oblique tandis que seule une courte portion postérieure est recouverte par le grand dorsal.

Origine Bord externe du ligament inguinal ; crête iliaque antérieure ; aponévrose lombo-dorsale (une membrane aponévrotique commune avec le grand dorsal).

Insertion Rebords inférieurs des trois ou quatre dernières côtes ; l'aponévrose qui contribue à former la gaine des muscles droits et le ligament inguinal, qui est relié à la ligne blanche et au pubis.

Action Rotation du thorax vers le côté où le muscle agit et flexion latérale du tronc, si la contraction est unilatérale (dans ce cas, l'action se fait en synergie avec celle du grand oblique du côté opposé) ; flexion du thorax sur le bassin si la contraction est bilatérale.

Anatomie de surface Ce muscle est situé en profondeur, mais dans certaines conditions et chez certains individus, il peut apparaître en surface, uniquement sur une brève portion postérieure, à proximité du grand dorsal.

MUSCLE TRANSVERSE DE L'ABDOMEN (*Transversus abdominis*)

Forme, structure, relations Le muscle transverse de l'abdomen (environ 5 mm) est le plus fin des trois muscles larges de l'abdomen. Il est situé en profondeur par rapport à eux et ses fibres ont un parcours horizontal dirigé vers l'avant. Elles sont reliées par de larges aponévroses à la colonne vertébrale et à la ligne blanche. Ce muscle est complètement recouvert par le petit et le grand oblique et, avec sa face profonde recouverte par l'aponévrose transversale et le péritoine, il est dirigé vers la cavité abdominale.

Origine Face interne des six dernières côtes ; aponévrose lombo-dorsale ; bord interne de la section antérieure de la crête iliaque ; bord externe du ligament inguinal.

Insertion Aponévrose des muscles droits, dont il constitue la lame postérieure (le bord d'insertion de la partie charnue sur la partie tendineuse décrit une vaste ligne courte dite « ligne en demi-lune »).

Action Rétrécissement de la cavité abdominale ; généralement, la contraction est bilatérale et en association avec les autres muscles des parois abdominales ; participe à la contention et à la compression des organes viscéraux, réalisant la pression abdominale nécessaire pour de nombreuses actions physiologiques. Provoquant une légère dépression de la cage thoracique, il favorise l'expiration.

Anatomie de surface Ce muscle est situé en profondeur et il n'est donc pas visible.

MUSCLE GRAND OBLIQUE DE L'ABDOMEN (*Obliquus externus abdominis*)

Forme, structure, relations Le grand oblique de l'abdomen est une large membrane, de 5 ou 6 mm d'épaisseur, qui constitue la couche musculaire superficielle de la paroi latérale antérieure de l'abdomen. Ce muscle est tendu entre la cage thoracique (il part de huit digitations situées sur les huit dernières côtes), et le bassin auquel il est relié par l'intermédiaire d'une membrane tendineuse étendue. Les fibres musculaires sont dirigées vers le bas et vers l'avant mais avec un parcours différent selon l'origine : les fibres provenant des trois dernières côtes se dirigent presque verticalement jusqu'à la crête iliaque sur laquelle elles s'insèrent ; les autres fibres ont un parcours diagonal, divergent en direction médiane et vers le bas pour terminer sur la membrane aponévrotique, le long d'une ligne presque verticale qui traverse la section de conjonction entre la VIe côte et son cartilage et se poursuit, vers le bas, sur le ligament inguinal. Celui-ci est un tendon robuste et allongé, qui relie l'épine iliaque antérieure supérieure et le pubis, en enjambant le muscle psoas iliaque et d'autres formations vasculo-nerveuses inguinales. Son parcours délimite une zone très complexe et importante d'un point de vue chirurgical.
La face superficielle du muscle oblique externe est recouverte par l'aponévrose propre, relayée, à l'arrière, par l'aponévrose du grand dorsal ; elle est recouverte par la peau et, en partie, dans la section inférieure postérieure, par le grand dorsal et, dans la partie supérieure, par le grand pectoral. La face profonde couvre le petit oblique et sa partie aponévrotique couvre le grand droit de l'abdomen et le muscle pyramidal de l'abdomen. Le bord postérieur est libre et il est en contact avec le grand dorsal, avec lequel il délimite un espace triangulaire. Les digitations costales ne sont pas toutes en rapport avec les mêmes éléments : les cinq supérieures sont reliées aux digitations du grand dentelé, le long des lignes d'insertion sur les côtes. Les trois digitations inférieures croisent les digitations thoraciques du grand dorsal. Le grand oblique de l'abdomen peut avoir des relations avec les muscles voisins (petit oblique, grand dentelé, grand dorsal, intercostaux) ou avoir des digitations supplémentaires sur la Xe ou la XIe côte.

Origine Face externe et rebord inférieur des côtes de la Ve à la VIIe (les digitations supérieures partent d'un secteur situé à proximité du cartilage de chaque côte, la dernière partant du sommet de la dernière côte, les intermédiaires partant des côtes à proximité de leur cartilage respectif).

Insertion Ilion et pubis. Les faisceaux musculaires postérieurs s'insèrent directement sur la moitié antérieure du bourrelet externe de la crête iliaque. La partie restante du muscle se termine sur la membrane tendineuse qui s'insère sur le bord de la crête iliaque, sur le pubis (par l'intermédiaire du ligament inguinal) et sur la ligne blanche abdominale.

Action Flexion du tronc au niveau de la colonne thoracique et lombaire, si la contraction est bilatérale, en synergie avec les muscles droits de l'abdomen ; flexion latérale du tronc si la contraction est unilatérale et légère rotation du tronc en synergie avec les muscles rotateurs de la colonne, vers le côté opposé à celui du muscle en action.

Anatomie de surface Le grand oblique est presque entièrement sous-cutané et forme la paroi latérale de l'abdomen. La digitation supérieure commence sous la première digitation inférieure du muscle grand dentelé, qui est plus saillante et plus horizontale. De toute façon, les digitations ne sont pas particulièrement évidentes, même lorsque le muscle est en action, car elles sont recouvertes par l'aponévrose tendineuse, qui est robuste. Le bord inférieur du muscle (même lorsqu'il n'est pas en contraction) est saillant par rapport à la crête iliaque, en partie recouverte par une couche adipeuse. Le ligament inguinal tendu entre l'épine iliaque antérieure supérieure et le tubercule pubien est une annexe de la membrane aponévrotique d'insertion, dont elle constitue le bord inférieur. Elle détermine une ligne courbe, convexe vers le bas et légèrement relevée qui marque la séparation entre l'abdomen et la cuisse.

MUSCLES DU PÉRINÉE

Le périnée est la région délimitée par l'ouverture inférieure du bassin. Les muscles situés dans cet espace, ainsi qu'un certain nombre d'aponévroses de contention complexes, sont situés à différents niveaux de profondeur et constituent les groupes du diaphragme pelvien et uro-génital, qui se présentent différemment chez les hommes et chez les femmes, à cause de la conformation des organes génitaux spécifiques. Dans l'ensemble, ces muscles sont destinés à assurer les fonctions de miction et de défécation, mais ils constituent également une paroi de contention et de soutien des viscères. Les muscles du périnée n'ont aucune importance du point de vue de la morphologie externe et nous ne les énumérons ci-dessous que par souci d'exhaustivité.

MUSCLE ISCHIO-COCCYGIEN (*Ischiococcygeus*)

Forme, structure Le muscle ischio-coccygien est apparié, symétrique, triangulaire et aplati. Il constitue la portion supérieure postérieure du diaphragme pelvien.

Origine Face interne de la tubérosité ischiatique.

Insertion Bord latéral du sacrum et du coccyx.

Action Tension et rigidification des parois de la cavité pelvienne.

Anatomie de surface Ce muscle est situé en profondeur.

MUSCLE RELEVEUR DE L'ANUS (*Levator ani*)

Forme, structure Le muscle releveur de l'anus est complexe car il est formé de deux portions, latérale et médiane (dites également muscle ilio-coccygien et muscle pubo-coccygien), dont les fibres ont un parcours différent et qui, dans l'ensemble, constituent pour une grande partie le plancher musculaire de la cavité pelvienne.

Origine Ilio-coccygien : épine de l'ischion ; aponévrose pelvienne.
Pubo-coccygien : surface postérieure du pubis ; aponévrose du muscle obturateur interne.

Action Constriction du rectum et du vagin ; soutient les viscères abdominaux en position debout.

Anatomie de surface Ce muscle est situé en profondeur.

MUSCLE TRANSVERSE SUPERFICIEL DU PÉRINÉE (*Transversus perinei superficialis*)

Forme, structure Le muscle transverse superficiel du périnée est petit (plus développé chez l'homme que chez la femme), de forme cylindroïde et orienté sur un plan médian.

Origine Bord intérieur de la branche inférieure de l'ischion.

Insertion Raphé médian du périnée, rejoignant le muscle controlatéral.

Action Renforcement du plancher pelvien.

Anatomie de surface Ce muscle est situé en profondeur.

MUSCLE TRANSVERSE PROFOND DU PÉRINÉE (*Transversus perinei profundus*)

Forme, structure Le muscle transverse profond du périnée est aplati et assez étendu ; il constitue une grande partie du diaphragme uro-génital.

Origine Face avant de la branche de l'ischion et branche inférieure du pubis.

Insertion Centre tendineux du périnée rejoignant le muscle controlatéral et contournant l'urètre et le vagin.

Action Renforcement du plancher pelvien.

Anatomie de surface Ce muscle est situé en profondeur.

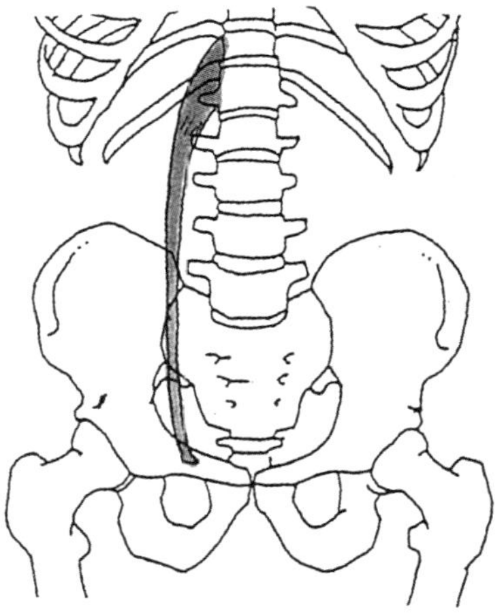

MUSCLE BULBO-CAVERNEUX (*Bulbospongius*)

Forme, structure, relations Le muscle bulbo-caverneux est considéré comme constituant d'un point de vue fonctionnel, avec le muscle controlatéral, un muscle médian, non apparié, de forme semi-cylindrique. Chez l'homme, il contourne le bulbe urétral, et chez la femme le vagin (muscle constricteur inférieur du vagin).

Origine Raphé médian du périnée, près du centre tendineux.

Insertion Corps caverneux du clitoris (chez la femme) ; surface dorsale du pénis (chez l'homme).

Action Constriction du vagin (chez la femme) ; miction et érection du pénis (chez l'homme).

Anatomie de surface Ce muscle est situé en profondeur.

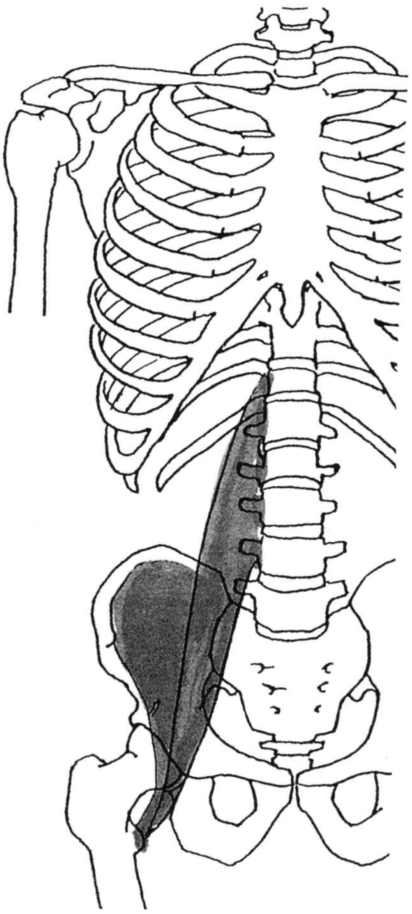

MUSCLE ISCHIO-CAVERNEUX (*Ischiocavernosus*)

Forme, structure Le muscle ischio-caverneux est allongé et fin ; il passe devant la tubérosité ischiatique et atteint le muscle controlatéral à proximité de la racine des corps caverneux (chez l'homme) et du clitoris (chez la femme).

Origine Tubérosité de l'ischion.

Insertion Racine du pénis et du clitoris.

Action Érection du pénis ou du clitoris.

Anatomie de surface Ce muscle est assez proche de la surface ; il est recouvert par l'aponévrose superficielle du périnée et par la peau, mais il n'a pas d'influence sur la morphologie externe de la région.

MUSCLE SPHINCTER EXTERNE DE L'URÈTRE (*Sphyncter urethrae*)

Forme, structure Le muscle sphincter externe de l'urètre est une structure non appariée, en anneau, qui entoure l'urètre, des hommes et des femmes, mais avec une extension différente selon le sexe, car chez la femme, il entoure également le vagin.

Origine Ligament transverse du périnée.

Insertion Périmètre de l'urètre (et, chez la femme, du vagin).

Action Constriction de l'urètre (ce muscle se relâche pendant la miction).

Anatomie de surface Ce muscle est situé en profondeur.

MUSCLE SPHINCTER EXTERNE DE L'ANUS (*Sphyncter anis externus*)

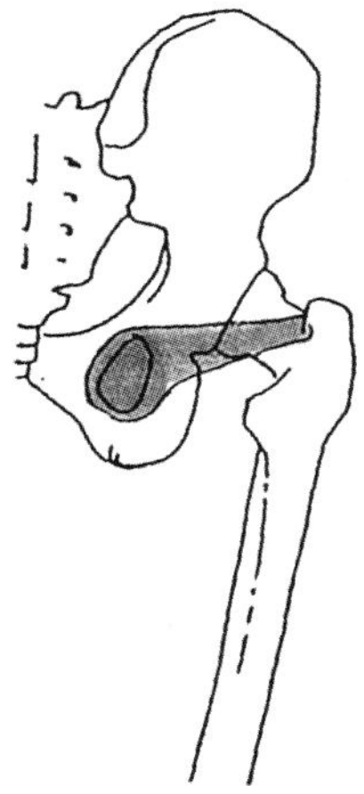

Forme, structure Le muscle sphincter externe de l'anus est médian et non apparié, assez souvent subdivisé en une membrane superficielle et une membrane profonde. Il entoure, en anneau, la portion inférieure du rectum et du canal anal.

Origine Raphé tendineux du périnée, vers l'avant ; raphé ano-coccygien, à l'arrière.

Action Constriction du canal anal : normalement le tonus musculaire est suffisant pour maintenir fermée la portion terminale du rectum.

Anatomie de surface Ce muscle entoure l'orifice anal.

MUSCLE PETIT PSOAS (*Psoas minor*)

Forme, structure, relations Le muscle petit psoas est fin, long, aplati et il arrive souvent qu'il soit absent. Le ventre est placé à l'avant du grand psoas, dirigé vers le bas et sur le côté. Il s'étend de son segment d'origine sur la colonne vertébrale jusqu'à son segment d'insertion sur la crête pectinée du pubis, auquel il est relié par l'intermédiaire d'un tendon fin et plat.

Origine Face latérale du corps de la XIIe vertèbre thoracique, de la Ire vertèbre lombaire et disque intercalaire.

Insertion Crête pectinée du pubis ; éminence ilio-pectinée ; aponévrose du muscle iliaque.

Action Tension de l'aponévrose du muscle iliaque ; synergie avec le grand psoas.

Anatomie de surface Le petit psoas est situé en profondeur et n'a aucune influence sur la morphologie externe.

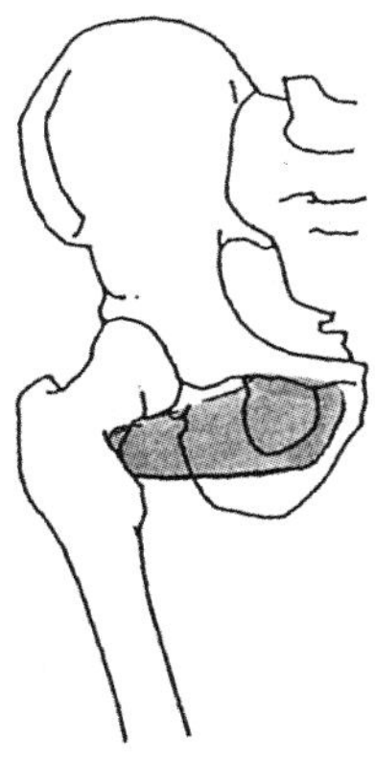

MUSCLE PSOAS ILIAQUE (*Iliopsoas : psoas maior e iliacus*)

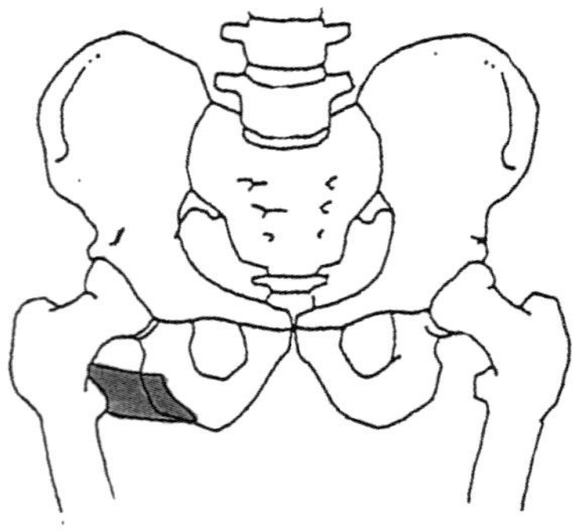

Forme, structure, relations Le psoas iliaque est considéré d'un point de vue fonctionnel comme un muscle unique constitué de deux portions, le grand psoas et l'iliaque, qui sont en partie distinctes mais qui se fondent en un seul tendon d'insertion sur le fémur. Le grand psoas est un muscle volumineux, long et fuselé qui occupe la partie lombaire. Il se dirige vers le bas et un peu latéralement par rapport aux vertèbres lombaires sur lesquelles se trouvent ses cinq digitations d'origine, pour arriver au petit trochanter. La face antérieure du muscle est en relation avec les organes de la cavité abdominale et dans la portion proche de l'insertion, elle est en partie recouverte par le muscle couturier et le droit antérieur de la cuisse ; la face profonde s'appuie sur les apophyses costiformes des vertèbres lombaires et sur le muscle carré des lombes. Le muscle iliaque est aplati et de forme triangulaire. Situé dans la fosse iliaque, il est plutôt large au départ, sur la face médiane de l'ilion. Il se dirige ensuite vers le bas et se rétrécit lorsqu'il se rapproche de son insertion sur le fémur. La face postérieure du muscle adhère, dans la partie supérieure, à la surface médiane de l'ilion et, dans la partie inférieure, elle recouvre l'articulation de la hanche (coxo-fémorale) ; sa face antérieure, recouverte par l'aponévrose iliaque et par le tissu adipeux rétro-péritonéal est en contact avec les organes de la cavité abdominale mais, ensuite, à proximité de l'insertion, étant donné qu'il fusionne avec la portion correspondante du grand psoas, il partage les relations musculaires de ce dernier.

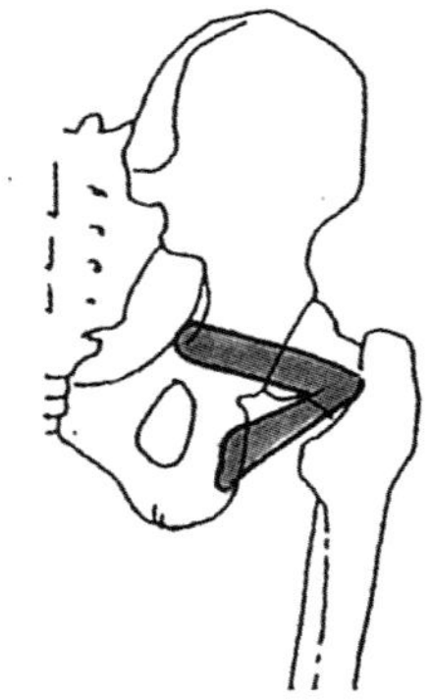

Origine Muscle grand psoas : face antérieure et bord inférieur des apophyses costiformes des vertèbres lombaires ; face latérale des corps des vertèbres lombaires et des disques intervertébraux.
Muscle iliaque : moitié supérieure de la surface médiane de l'ilion ; bourrelet médian de la crête iliaque ; partie supérieure de la portion latérale du sacrum ; ligament sacro-iliaque antérieur.

Insertion Petit trochanter du fémur avec interposition d'une bourse séreuse sous-tendineuse.

Action Flexion avec légère adduction et rotation latérale de la cuisse sur le bassin (si le grand psoas et l'iliaque se contractent simultanément) ; flexion et inclinaison latérale du tronc (surtout l'iliaque). Le muscle psoas iliaque, dans son ensemble, contribue à la déambulation et, s'il agit en synergie avec le controlatéral, il permet la flexion en avant du tronc.

Anatomie de surface Le muscle psoas iliaque est situé en profondeur dans la fosse iliaque et il n'est donc pas visible extérieurement. Seule une courte portion proche de l'insertion et qui passe dans la racine de la cuisse est sous-cutanée. Elle apparaît en position médiane par rapport à la portion initiale du couturier, sous le segment inguinal et latéralement par rapport au muscle pectiné.

MUSCLE OBTURATEUR INTERNE (*Obturatorius internus*)

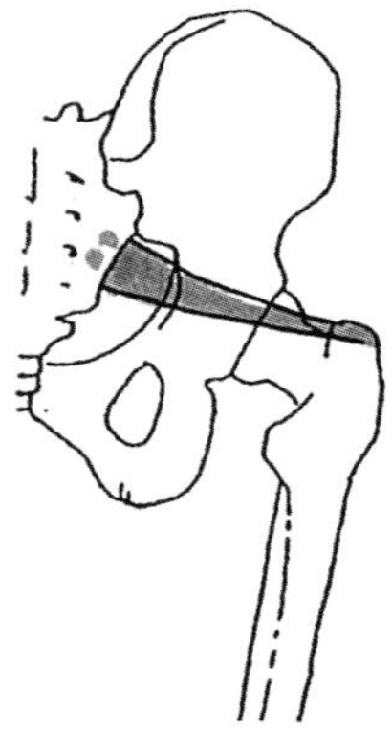

Forme, structure, relations Le muscle obturateur interne est long et aplati ; ses fibres ont un parcours presque horizontal : elles partent de la cavité du bassin, dans la zone entourant le trou ischio-pubien et se dirigent à l'arrière et sur le côté jusqu'à la petite incisure ischiatique. Dans la portion suivante, les fibres changent de direction, se plient à angle droit et convergent vers l'avant et latéralement jusqu'à l'insertion sur le fémur. Dans la cavité pelvienne, ce muscle recouvre la face interne de la membrane d'obturation et il est recouvert par une épaisse membrane aponévrotique sur laquelle s'insèrent d'autres muscles du périnée ; dans la portion extrapelvienne, il adhère à l'articulation coxo-fémorale, il est recouvert par le grand fessier et il est accompagné, au-dessus et en dessous, par les muscles jumeaux correspondants.

Origine Contour du trou ischio-pubien (branches supérieure et inférieure du pubis, branche inférieure de l'ischion) ; surface pelvienne de la membrane d'obturation.

Insertion Fosse trochantérienne du fémur.

Action Rotation latérale de la cuisse ; légère abduction de la cuisse si celle-ci est fléchie sur le bassin.

Anatomie de surface Le muscle obturateur interne est situé en profondeur et n'influe donc pas sur la morphologie externe.

MUSCLE OBTURATEUR EXTERNE (*Obturatorius externus*)

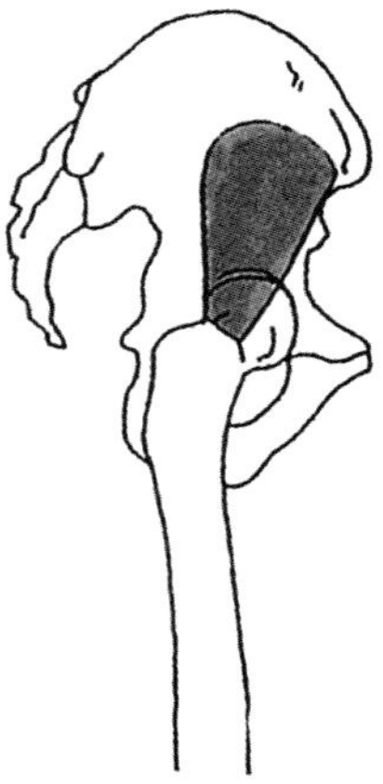

Forme, structure, relations L'obturateur externe est un muscle aplati, de forme triangulaire, situé sur la face antérieure de la base du bassin. Ses fibres musculaires partent d'une vaste surface du contour extérieur du trou ischio-pubien et se dirigent latéralement un peu en arrière et vers le haut pour converger vers le fin tendon d'insertion sur le fémur. Ce muscle recouvre la membrane d'obturation et l'articulation coxo-fémorale et il est recouvert par les muscles adducteurs de la cuisse et par le carré crural.

Origine Branches supérieure et inférieure du pubis ; branche inférieure de l'ischion.

Insertion Cavité digitale du grand trochanter.

Action Rotation latérale de la cuisse.

Anatomie de surface Le muscle obturateur externe est situé en profondeur et n'influe pas sur la morphologie externe.

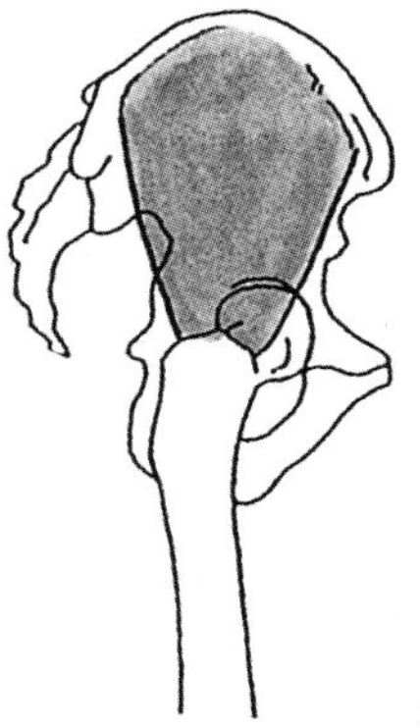

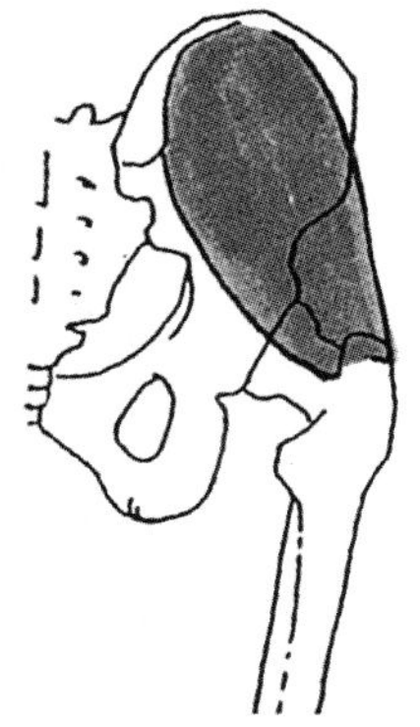

MUSCLE CARRÉ CRURAL (*Quadratus femoris*)

Forme, structure, relations Le muscle carré crural est aplati, il a la forme d'un quadrilatère et il est assez épais (environ 2 cm). Il est dirigé sur le côté et un peu sur le haut, partant de l'ischion pour arriver à son insertion sur le fémur. Ce muscle est en relation vers le haut avec le jumeau inférieur, vers le bas, avec les muscles adducteurs, en profondeur, avec l'obturateur externe. Il est recouvert par le grand fessier.

Origine Bord latéral de la tubérosité ischiatique.

Insertion Crête intertrochantérienne du fémur.

Action Rotation latérale du fémur avec légère adduction.

Anatomie de surface Le muscle carré crural est situé en profondeur et n'a pas d'influence sur la morphologie externe.

MUSCLES JUMEAUX SUPÉRIEUR ET INFÉRIEUR
(*Gemellus superior, gemellus inferior*)

Forme, structure, relations Le jumeau supérieur et le jumeau inférieur sont deux petits muscles placés sur les côtés de l'obturateur interne avec lequel ils présentent des analogies d'un point de vue fonctionnel et avec lesquels ils sont en relation. Ces deux muscles se dirigent sur le côté et sur le bas, partant de leur point d'origine sur le bassin pour se diriger vers leur point d'insertion sur le fémur.

Origine Jumeau supérieur : face latérale de l'épine ischiatique.
Jumeau inférieur : face supérieure de la tubérosité ischiatique.

Insertion Face médiane du grand trochanter du fémur.

Action Rotation latérale de la cuisse, en synergie avec l'obturateur interne.

Anatomie de surface Les muscles jumeaux sont situés en profondeur et n'influent donc pas sur la morphologie externe.

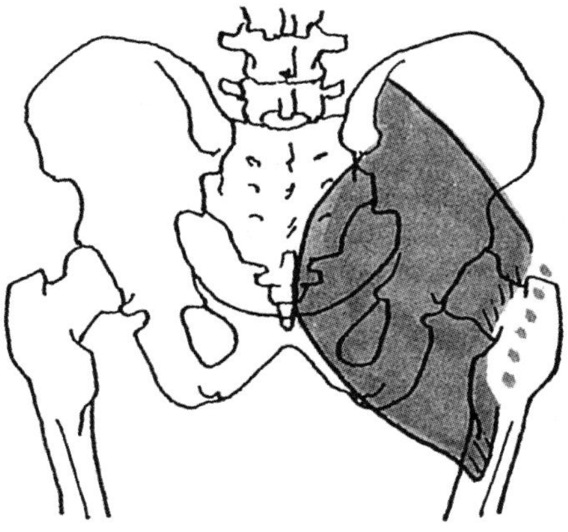

MUSCLE PYRAMIDAL DU BASSIN (*Piriformis*)

Forme, structure, relations Le muscle pyramidal du bassin est fin, aplati dans sa portion initiale mais cylindrique ensuite. Ses fibres sont dirigées presque à l'horizontal, partant de la face pelvienne du sacrum pour aller jusqu'à leur insertion sur le fémur, en traversant le grand trou ischiatique. Ce muscle qui peut être absent ou se diviser en deux faisceaux distincts adhère, lors de son parcours intrapelvien, à la paroi osseuse du bassin et il est recouvert par les organes viscéraux. Dans la portion extrapelvienne, il est en relation avec le petit fessier (vers le haut) et avec les muscles jumeaux et l'obturateur interne (vers le bas). Il recouvre l'articulation coxo-fémorale.

Origine Surface antérieure du sacrum, entre le second et le quatrième trou sacré.

Insertion Bord supérieur du grand trochanter.

Action Rotation latérale de la cuisse, surtout lorsque celle-ci est en extension ; légère abduction et extension de la cuisse lorsqu'il est en flexion.

Anatomie de surface Le muscle pyramidal du bassin est situé en profondeur et n'influe donc pas sur la morphologie externe.

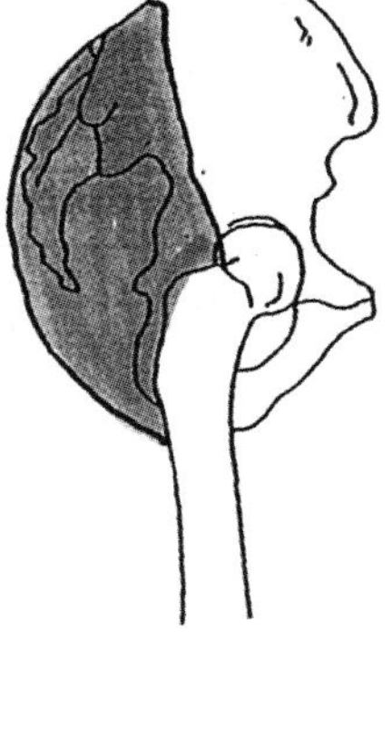

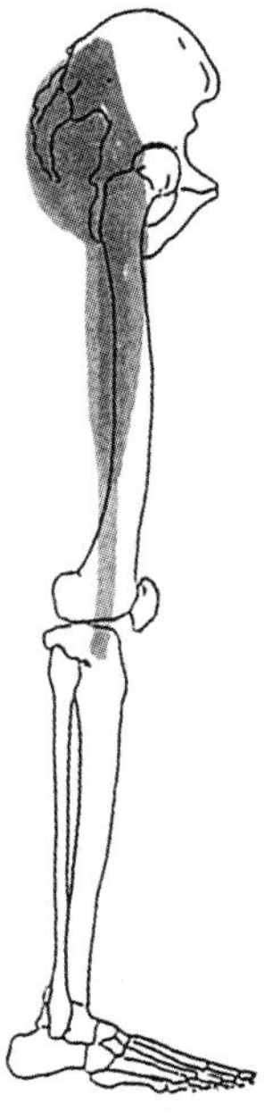

MUSCLE PETIT FESSIER (*Gluteus minimus*)

Forme, structure, relations Le petit fessier, par sa forme et son emplacement, est semblable au moyen fessier, plus grand, qui le recouvre complètement. Il est petit, épais, triangulaire, situé sur la surface latérale de l'ilion où se situe son origine, avec un bord élargi. Ses fibres sont dirigées vers le bas et convergent vers un petit tendon d'insertion court sur le fémur. Ce muscle, qui peut fusionner avec les muscles voisins ou être subdivisé en plusieurs faisceaux distincts, adhère à la face latérale de l'aile iliaque et recouvre l'articulation coxo-fémorale. Il est recouvert par le moyen fessier. Un petit faisceau indépendant placé le long du bord antérieur du petit fessier est appelé muscle fessier antérieur.

Origine Face latérale de l'aile iliaque, dans la région comprise entre les lignes semi-circulaires antérieure et inférieure.

Insertion Sommet du grand trochanter.

Action Abduction et rotation médiane du fémur par rapport au bassin, en synergie avec le moyen fessier.

Anatomie de surface Le petit fessier est situé en profondeur et n'influe donc pas sur la morphologie externe.

LE COU

Le cou est la partie corporelle qui relie la tête au thorax, constituant le premier secteur du tronc. Il est soutenu par la partie cervicale de la colonne vertébrale autour de laquelle se superposent de nombreux muscles reliés également à deux formations annexes : l'os hyoïde et le cartilage thyroïde. Les articulations vertébrales permettent de larges mouvements de flexion, de rotation, d'extension. La forme d'ensemble du cou est tronquée-conique, avec des axes longitudinaux un peu inclinés en avant selon la courbure vertébrale ; elle est presque cylindrique à proximité de la tête, plus élargie dans le sens transversal à la base. La hauteur du cou est déterminée par celle de la partie vertébrale cervicale, mais elle présente de grandes variations individuelles liées aux différents degrés de développement et d'exercice musculaire, au sexe, à l'âge et à la quantité de tissu adipeux. En effet, on remarque que le cou masculin est habituellement plus court et plus robuste que le cou féminin, qui est plus allongé et régulièrement cylindrique par rapport à une moindre dimension de la mâchoire, à un moindre développement musculaire, à un moindre volume de la cage thoracique qui entraîne un emplacement plus bas du sternum et de la ceinture scapulaire. La région postérieure du cou (nuque) est aplatie : elle correspond à la portion cervicale du muscle trapèze qui repose sur les muscles profonds et masque les apophyses épineuses des vertèbres cervicales, ne laissant apparaître que celle de la VIe et, surtout, de la VIIe vertèbre. La surface postérieure débute sous l'occipital, formant un petit vallonnement sous la protubérance occipitale externe, en général recouverte par les cheveux, puis s'étend jusqu'à la dépression de l'aponévrose au contour ovale, tendue entre les deux reliefs du trapèze. Au centre de cette zone émerge le relief de la VIe cervicale, notamment pendant la flexion antérieure du cou ; chez certains individus, et surtout chez les femmes, ce relief peut toutefois être occulté par un dépôt consistant et localisé de tissu adipeux qui comble la dépression ovale et donne une continuité curviligne au profil de la nuque. Le muscle trapèze se poursuit sur les côtés du cou et s'élargit ainsi sur sa base en poursuivant vers les épaules avec un bord plutôt fin et concave.

La région antérieure du cou (gorge) est délimitée latéralement par les bords antérieurs des muscles sterno-cléido-mastoïdiens et, en hauteur, par le plan sous-maxillaire, plutôt incliné. L'os hyoïde, difficile à voir en surface sauf en cas de forte extension de la tête, divise l'ère médiane en une portion sus-hyoïdienne et une portion sous-hyoïdienne, correspondant aux deux muscles homonymes situés en profondeur.

La morphologie externe de la gorge est très influencée par la présence du cartilage thyroïde (« pomme d'Adam ») : c'est une saillie du larynx, mobile dans le sens vertical pendant la déglutition et la phonation, formée par la conjonction antérieure de deux lames quadrangulaires dont tout le bord supérieur est curviligne et s'enfonce légèrement dans un angle rentrant. Elle est plus prononcée chez l'homme alors qu'elle est presque imperceptible chez la femme. Sous le cartilage, on voit parfois une modeste proéminence sur la surface du cou due à la présence de la thyroïde, une glande qui peut subir des variations individuelles de volume et est normalement plus accentuée chez la femme, formant une rondeur à la base du cou.

Les reliefs identiques et symétriques des deux muscles sterno-cléido-mastoïdiens forment les piliers latéraux du cou : chacun d'eux part du processus mastoïdien, où il est séparé de la mâchoire par l'intermédiaire d'une légère dépression, et converge au milieu vers le bord supérieur du manubrium du sternum, à l'endroit où les deux tendons rapprochés, fins et bien relevés, délimitent la fossette jugulaire. Sous la peau de la zone comprise entre la fossette et le cartilage thyroïde, on voit, dans certaines conditions, les saillies transversales des anneaux cartilagineux de la trachée.

La face latérale du cou est en grande partie occupée par le muscle sterno-cléido-mastoïdien qui la traverse en diagonale dans le sens

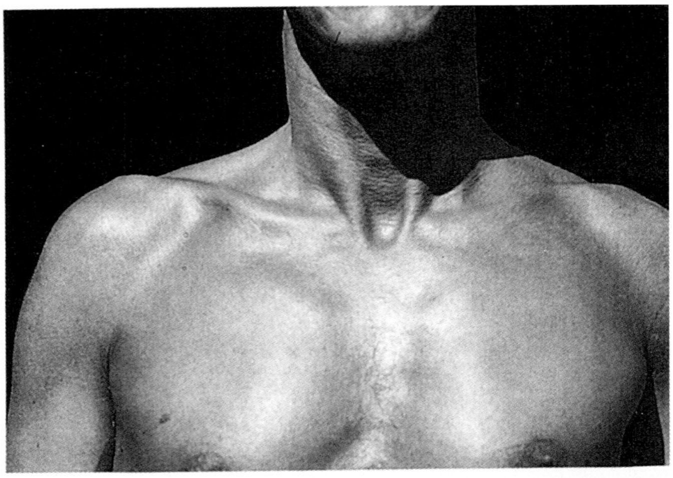

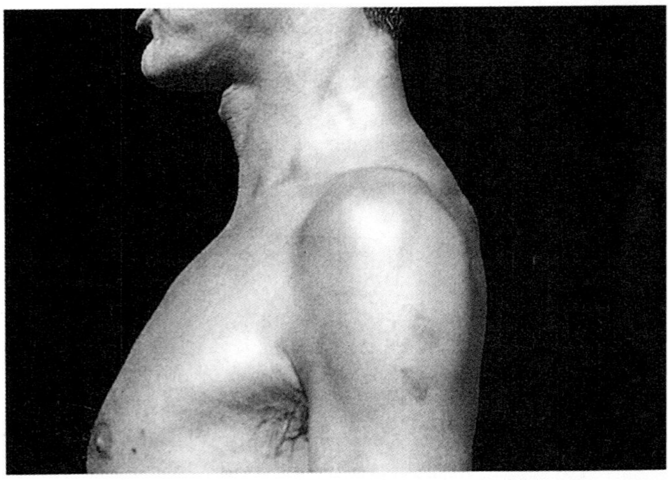

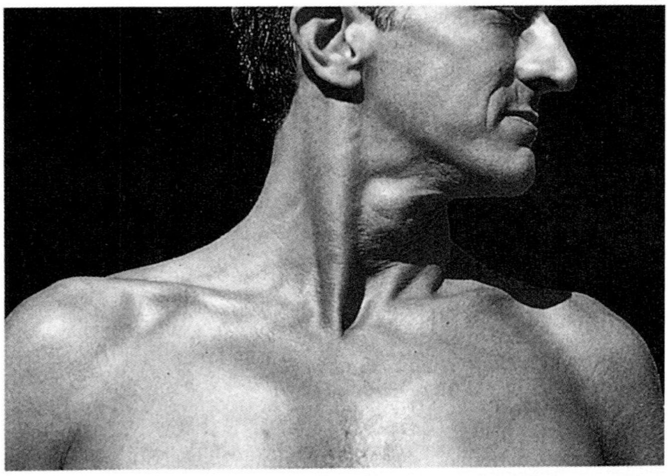

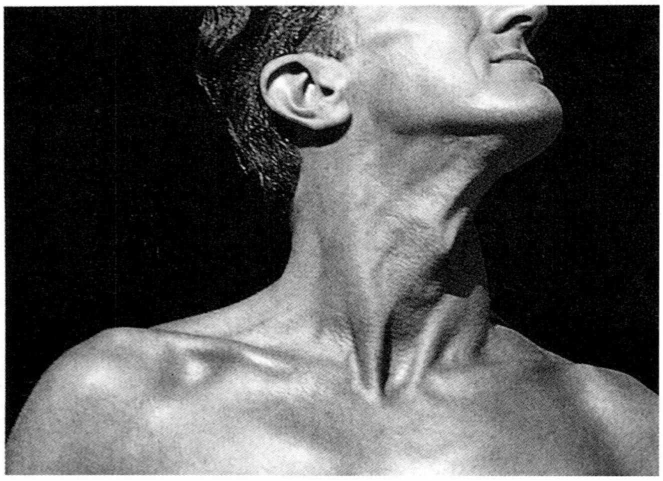

antéro-postérieur, reliant le processus mastoïdien au sternum : comme il y a deux chefs d'origine, sternal et claviculaire, il se forme entre eux une petite zone de dépression cutanée (fossette triangulaire) facilement observable pendant la rotation de la tête. Le bord postérieur du muscle tend à limiter, au contraire, avec la clavicule et le bord du trapèze, une zone triangulaire plus vaste (fosse sus-clavière) dans laquelle sont situés les muscles scalène, splénius et élévateur de l'omoplate. Les sterno-cléido-mastoïdiens présentent séparément un relief différent en fonction des mouvements qu'ils impriment à la tête. Ils sont coupés verticalement par les veines jugulaires externes et recouverts par le muscle peaucier qui occupe une zone étendue de chaque côté du cou.
La peau du cou est fine, mais un peu plus épaisse dans la région postérieure : on peut remarquer que la gorge est sillonnée transversalement par un couple de légères rides semi-circulaires à concavité supérieure, plus visibles et caractéristiques chez la femme.
On relève parfois la présence de dépôts adipeux dans la région sous-maxillaire et à la base du cou. L'âge et la nutrition peuvent favoriser la formation de plis de cordons séniles. Les plus typiques sont ceux qui apparaissent dans la zone médiane de la base maxillaire, orientés verticalement vers l'os hyoïde et provoqués par la saillie des ventres des muscles digastriques.

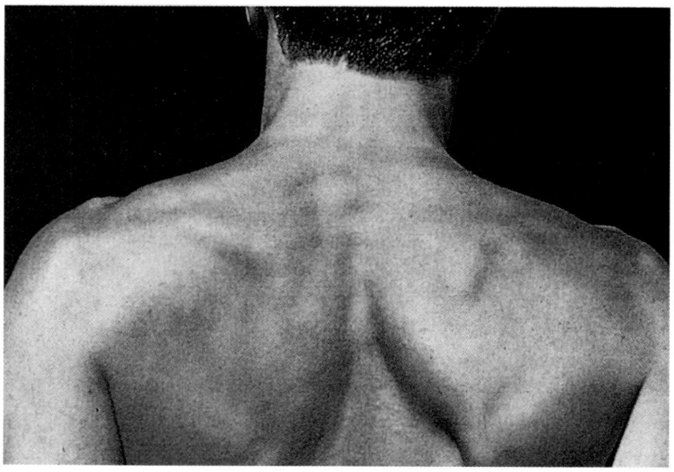

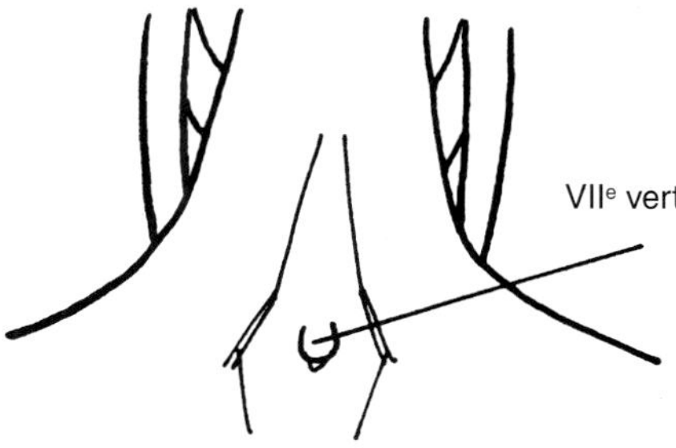

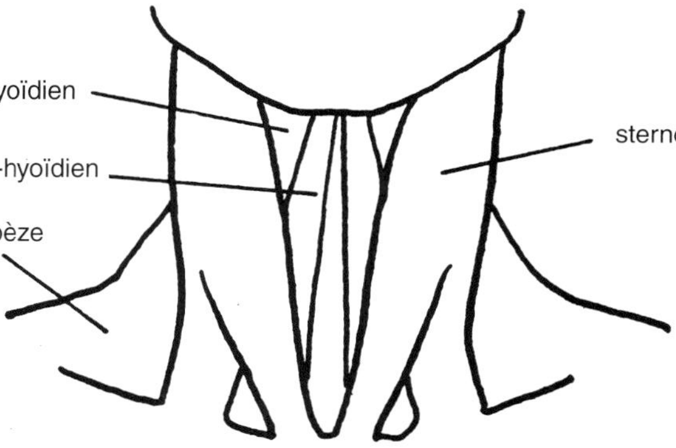

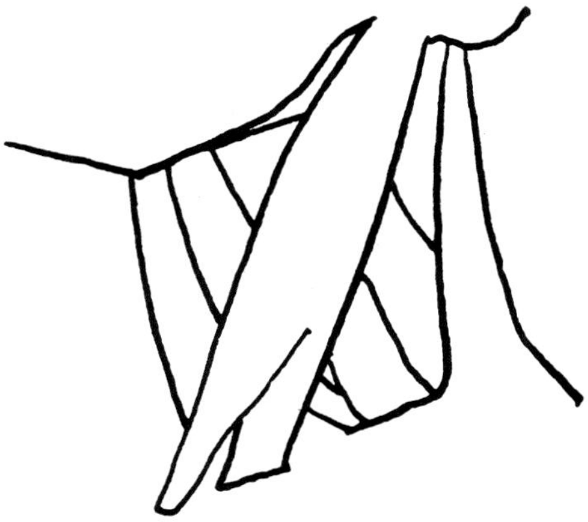

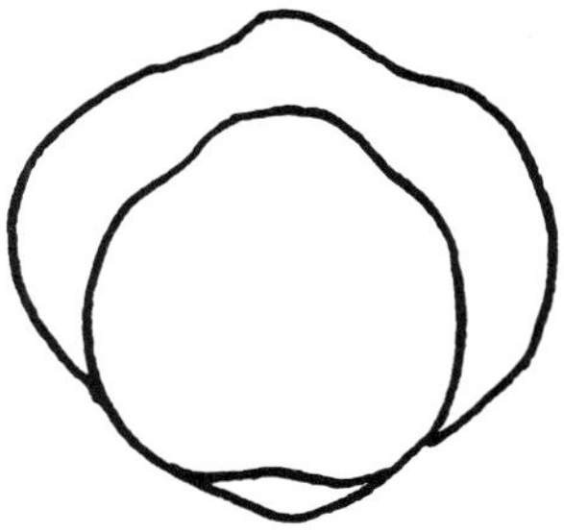

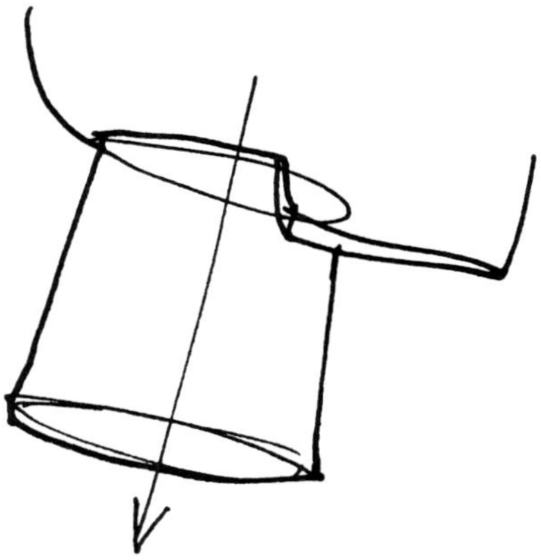

Dessins schématiques du cou

L'ÉPAULE

L'épaule est la portion du corps qui relie le tronc au membre supérieur, dont il représente le point d'attache robuste, mais très mobile, correspondant à l'articulation scapulo-humérale. D'un point de vue morphologique, elle comprend la région deltoïdienne, la région axillaire (*cf.* p. 129) et la région scapulaire. Les muscles correspondants sont reliés au squelette du bras et de la ceinture scapulaire.
La forme extérieure de l'épaule est arrondie parce que c'est le relief du deltoïde qui domine. Ce muscle est appuyé pratiquement sur l'ensemble du profil antéro-latéral et postérieur de la ceinture scapulaire et il s'étend pour couvrir la partie proximale de l'humérus. Il occupe entièrement la région deltoïdienne qui est délimitée antérieurement par le profond sillon delto-pectoral de séparation entre les deux muscles homonymes, et postérieurement par la région scapulaire, sans toutefois avoir de limite nette de terminaison. Il en résulte que la forme d'ensemble de l'épaule est relevée et arrondie sur le bord antéro-latéral supérieur, mais qu'elle est aplatie sur le bord postérieur et dans la partie inférieure de l'insertion sur l'humérus.
Les dimensions du deltoïde dépendent des conditions individuelles d'activité physique et ses fibres sont habituellement faciles à distinguer sous la peau (*cf.* deltoïde, p. 115) même si une couche de tissu adipeux atténue leur relief et adoucit l'ensemble de leur modelé externe. Cette remarque s'applique surtout aux femmes, dont le dépôt adipeux, localisé sur la face postérieure de l'épaule, s'étend sur la portion supérieure du bras, recouvrant une partie du triceps et formant le relief arrondi caractéristique du bras féminin.
Sur le plan antérieur de l'épaule, on voit apparaître le relief du bord inférieur du pectoral, qui forme un passage vers l'aisselle, ainsi que la saillie de la partie latérale de la clavicule, sous laquelle se creuse une fossette (fosse sous-clavière) plus ou moins accentuée selon les positions du membre et les caractéristiques osseuses individuelles. Elle apparaît, par exemple, quand les épaules sont fortement « tirées vers l'arrière ».
Sur la face supérieure de l'épaule, on relève la saillie constante de l'acromion, la partie de l'omoplate qui s'articule avec l'extrémité latérale de la clavicule. Il est entouré par le deltoïde qui, en se contractant au moment de l'abduction du bras, augmente de volume et dépasse la saillie osseuse qui semble ainsi creusée dans une dépression plus ou moins profonde.
La face postérieure de l'épaule se termine, sans limite nette, dans la région scapulaire, caractérisée par la saillie de l'épine de l'omoplate disposée transversalement avec une légère inclinaison inférieure vers le plan médian. Sa présence divise la région en une portion supérieure, recouverte par le trapèze, où sont logés les muscles sus-épineux, et en une portion inférieure, plus vaste, occupée par les muscles sous-épineux, ronds, etc., recouverts en partie par le deltoïde et le grand dorsal.
La morphologie externe de la région scapulaire varie beaucoup en fonction du jeu musculaire qui préside aux mouvements du bras et de l'épaule. Il est en outre important de relever les déplacements des clavicules et surtout des omoplates durant les mouvements unilatéraux ou bilatéraux des épaules et des bras. À la suite de ces déplacements, le bord vertébral et l'angle inférieur de l'omoplate se rapprochent du plan médian ou bien s'éloignent de lui et pivotent latéralement, selon un angle variable, « en coulissant » le long de la paroi curviligne de la cage thoracique (*cf.* p. 143).

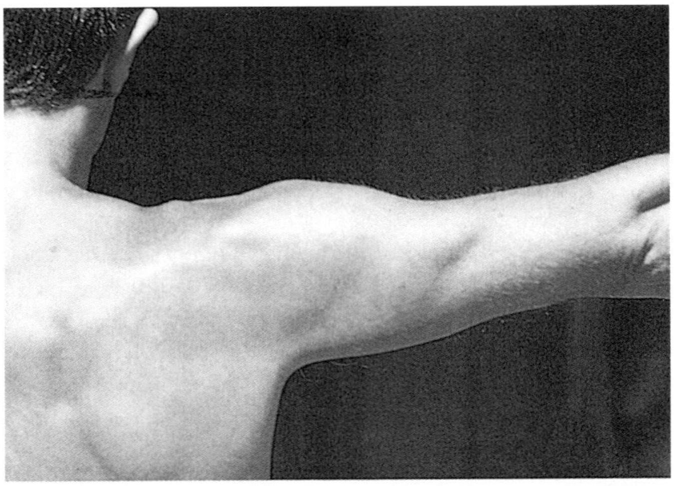

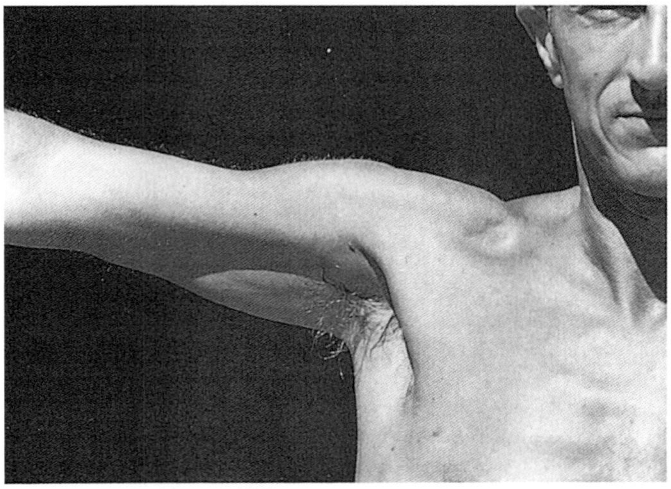

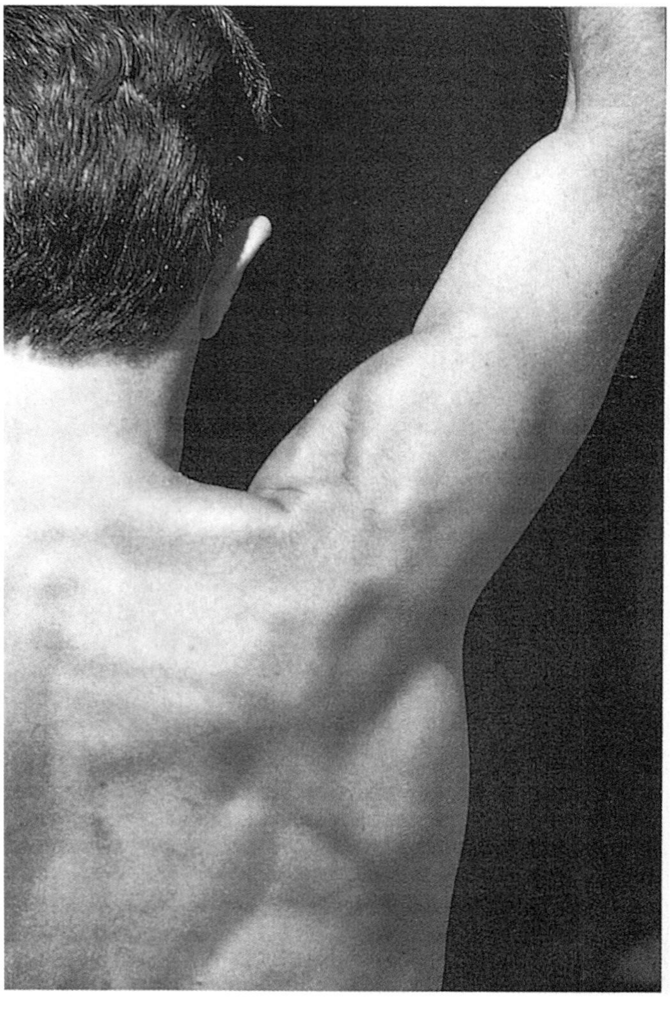

L'AISSELLE

La région de l'aisselle apparaît comme une dépression située entre la partie supérieure de la paroi latérale thoracique et la partie supérieure médiane du bras.
Si le membre est en adduction, c'est-à-dire adhérant au tronc, le creux axillaire est réduit à une fente profonde orientée dans le sens antéro-postérieur.
Si le bras est en abduction, c'est-à-dire éloigné du tronc jusqu'à la position horizontale, l'aisselle apparaît dans sa profondeur la plus grande. Elle apparaît ainsi en forme de coupole ou de pyramide tronquée dont le sommet (le fond de l'aisselle) correspond à la face médiane du processus coracoïde et se dirige vers la base du cou.
Le creux axillaire s'ouvre vers l'avant et latéralement, délimité par deux ponts musculaires recouverts par la portion axillaire du fascia superficiel : le fascia antérieur, presque laminaire, constitue la paroi antérieure et est formé du grand et du petit pectoral ; le fascia postérieur, d'une plus grande épaisseur et plus étendu, constitue la paroi postérieure et est formé par le grand dorsal et le grand rond.
La paroi médiane de la cavité axillaire est représentée par la portion supérieure de la paroi thoracique latérale, c'est-à-dire par les quatre ou cinq premières côtes recouvertes par le dentelé antérieur.
La partie latérale se réduit à un bord délimité par l'humérus et par les parties proximales du coraco-brachial et du chef court du biceps.
La peau de l'aisselle, en particulier celle du fond de la cavité, est riche en glandes sudoripares, en nœuds lymphatiques, en tissu adipeux, et elle présente un système pileux développé. La morphologie de l'aisselle change radicalement quand le bras, par abduction et rotation, est tendu verticalement vers le haut : dans cette position, le creux s'aplatit et la saillie de la tête de l'humérus apparaît.

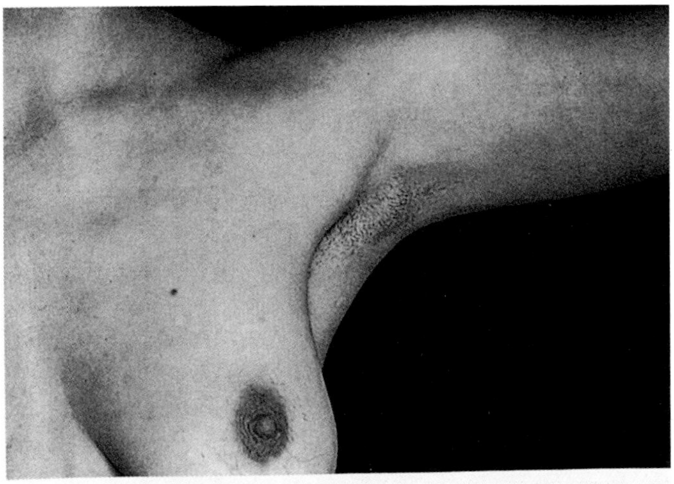

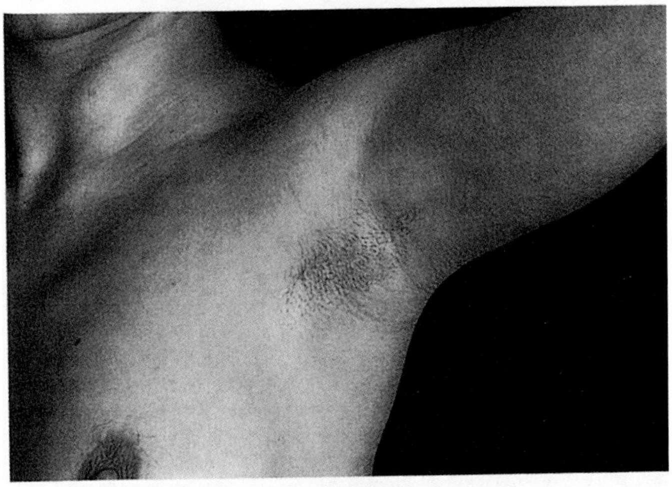

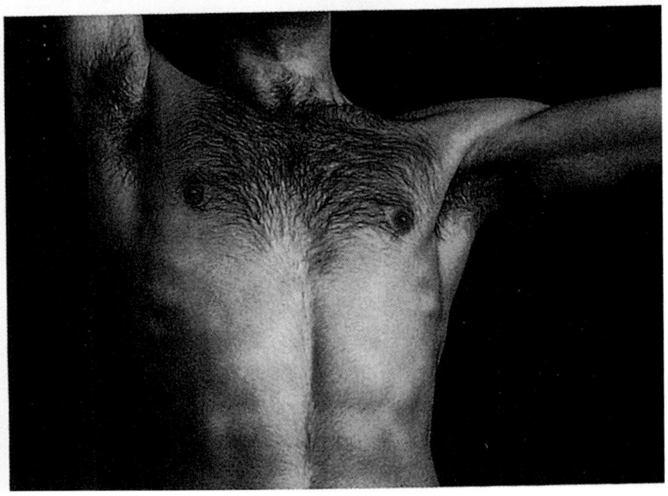

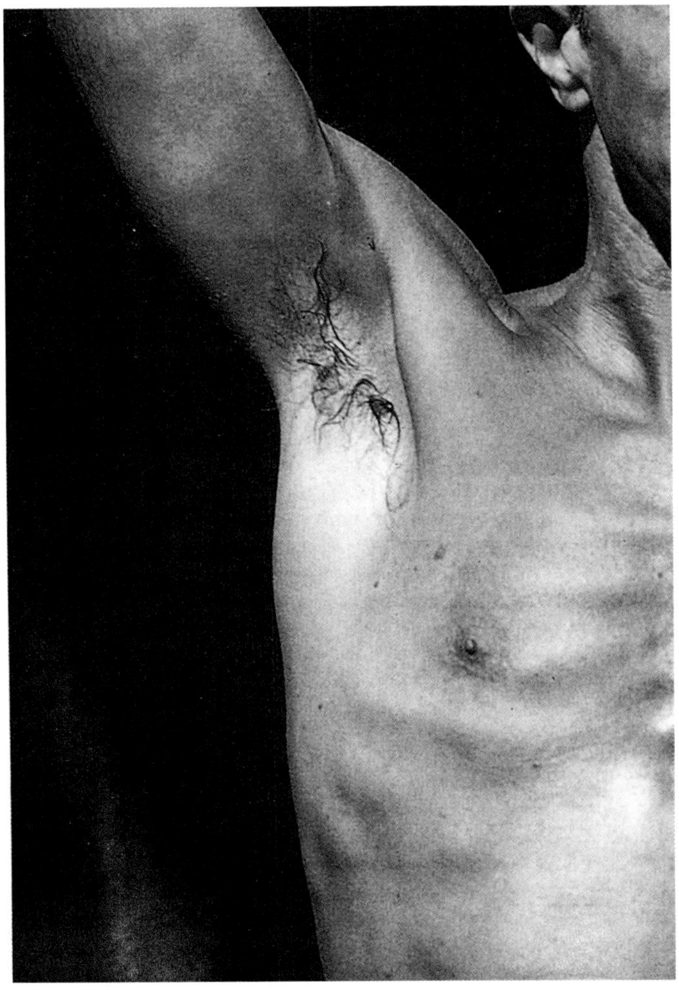

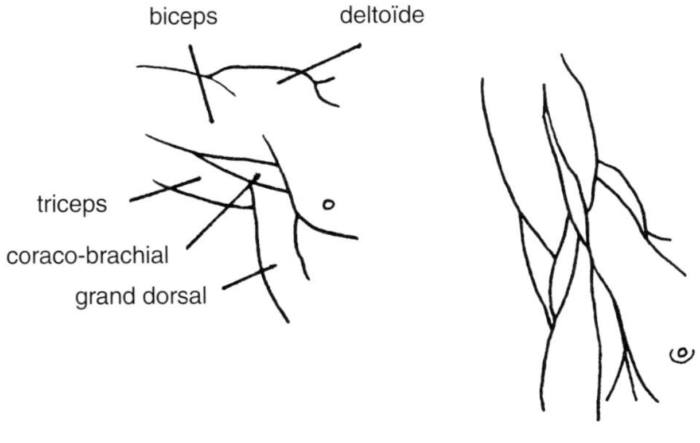

Dessins schématiques de l'aisselle

LES SEINS

Les seins sont des organes pairs et symétriques de l'appareil tégumentaire situés dans la région pectorale. Ils sont caractéristiques de la classe des mammifères et contiennent les glandes cutanées qui, chez la femme, sont particulièrement développées pour sécréter du lait destiné à la nutrition du bébé au cours de ses premiers mois.

Le sein est un corps saillant au sommet duquel émerge une protubérance, le mamelon, entouré d'une petite zone cutanée, l'aréole, possédant des caractères particuliers. Il est constitué d'une vingtaine de lobes glandulaires disposés en grappe, dont les canaux excréteurs convergent, très rapprochés, vers le mamelon, avant de déboucher vers l'extérieur. Les lobes glandulaires ont un volume variable qui dépend de leur phase fonctionnelle et sont entourés par un tissu adipeux, dont la quantité contribue à déterminer la forme et le volume du sein. Ce tissu adipeux permet également le déplacement de l'ensemble du corps mammaire par rapport au plan profond : il s'appuie, sans être strictement adhérent, sur le fascia superficiel qui recouvre la face antérieure du muscle pectoral. Les seins sont situés sur la partie antérieure du thorax, occupant une zone qui s'étend en moyenne du bord latéral du sternum au pilier antérieur de l'aisselle (en continuant parfois vers la paroi thoracique latérale) et de la IIIe à la VIIe côte. Par conséquent, la base d'implantation mammaire recouvre principalement le grand pectoral et, en partie, le dentelé antérieur, les bords supérieurs du grand oblique et du droit abdominal.

Les deux seins sont séparés le long de la ligne médiane de la région sternale par une dépression plus ou moins large ou profonde en fonction de leur volume et des caractéristiques morphologiques individuelles de la cage thoracique sur laquelle ils se trouvent. Chaque corps mammaire a des limites qui s'estompent vers les parois du thorax, mais chez la femme adulte, la limite est souvent plus nette (sillon sous-mammaire) entre le bord inférieur du sein et la peau de la paroi thoracique située dessous. Il faut ajouter à ce propos que le volume du sein n'a pas de rapport avec la capacité fonctionnelle de la glande, mais dépend surtout de l'accumulation adipeuse, qui n'a rien à voir avec la quantité totale de graisse répartie sur le corps : on peut par exemple rencontrer des femmes maigres avec des seins très volumineux ou, au contraire, des femmes très grosses avec des seins plutôt petits.

On observe également une grande variété dans la forme des seins. Cela dépend de caractères individuels liés à l'âge et à la condition physique, mais aussi à des caractéristiques ethniques. Par exemple, certaines populations à la peau noire ont des seins allongés avec une base étroite, tandis que chez des populations nordiques ou à la peau jaune, les seins sont peu relevés et ont une large base. Enfin, il faut rappeler que chez une femme, les deux seins n'ont presque jamais une forme ni une dimension exactement symétriques.

Dans la position anatomique du corps, le sein a une forme conique ou hémisphérique, un peu élargie dans le sens transversal, avec la moitié inférieure plus convexe (sous l'effet de la force de gravité) que la moitié supérieure, qui s'estompe presque en s'aplatissant. Au sommet du sein se trouve l'aréole, une zone cutanée circulaire d'un diamètre variable (de 2 à 7 cm), plus ou moins fortement pigmentée (du rose au brun). Sa surface comprend quelques plis et petites saillies papillaires. L'aréole est parfois absente ou bien légèrement relevée et convexe, entourée de quelques poils clairsemés.

Presque au centre de l'aréole se trouve le mamelon, une saillie conique ou cylindrique d'1 cm de large et de haut environ, dont la surface est plus rugueuse et plus pigmentée que celle de l'aréole. La forme et les dimensions du mamelon sont très variées : un relief à peine marqué, des creux ou bien une forte saillie. La peau qui recouvre l'aréole et le mamelon peut également subir des

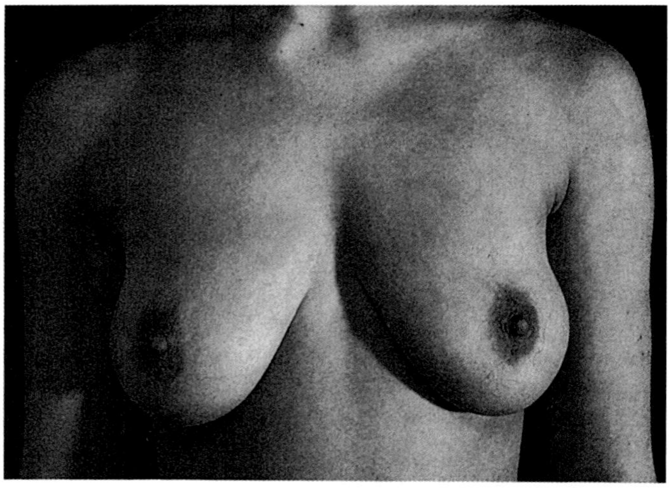

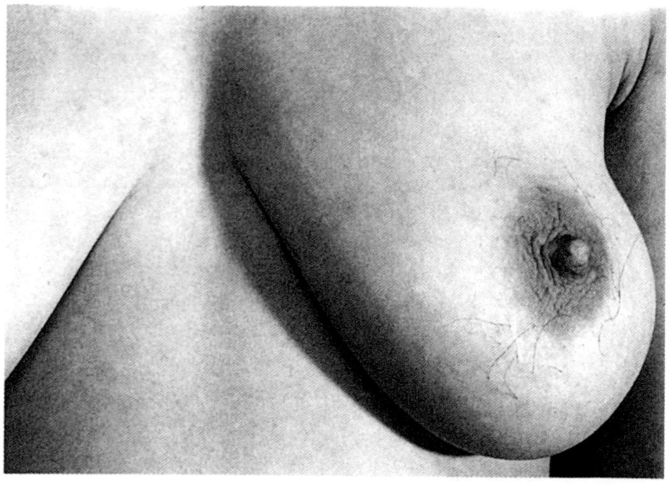

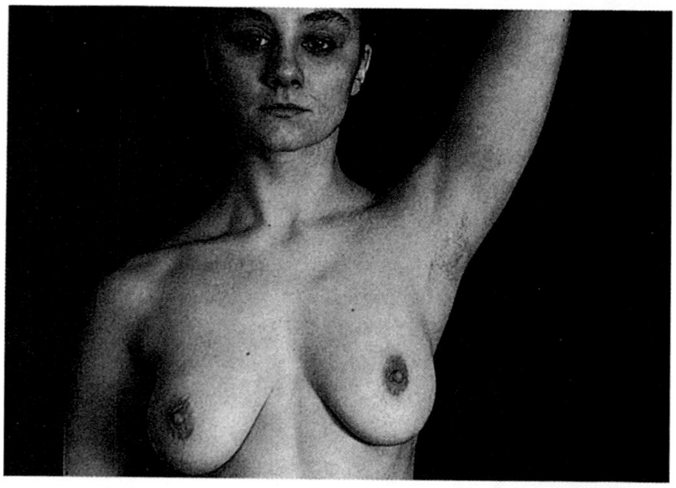

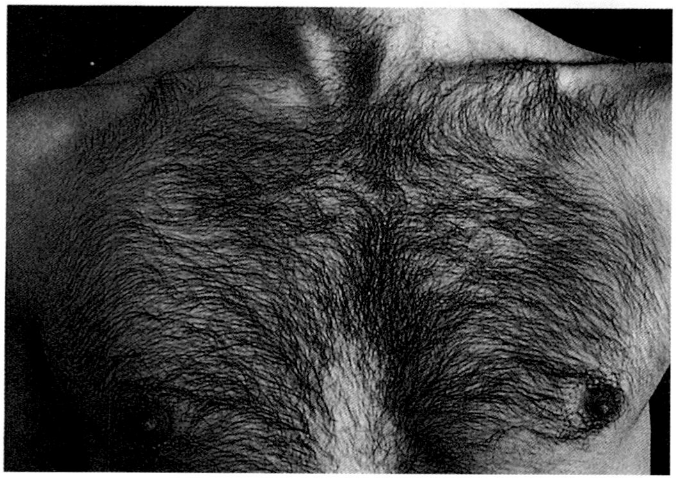

modifications sous l'effet de la contraction des fibres de la musculature lisse qu'elle contient : par exemple des états émotifs, des variations de température ou des frottements peuvent la plisser, la durcir, l'allonger et parfois la faire pâlir.
Le mamelon peut être projeté, très approximativement et en considérant une conformation mammaire moyennement développée, sur la IVe côte ou sur le IVe espace intercostal. Il est orienté vers l'avant, légèrement en hauteur et latéralement. Le corps mammaire a la même orientation, étant disposé sur la partie convexe de la cage thoracique : ainsi, en observant le thorax féminin de trois quarts, le sein le plus proche de l'observateur apparaît frontal, tandis que le sein le plus éloigné est placé presque de profil.
La morphologie externe du sein est modifiée par les mouvements de l'épaule et du bras ainsi que par la force de gravité liée aux différentes attitudes corporelles : par exemple, quand on soulève le bras, le sein devient plus hémisphérique, le sillon sous-mammaire s'atténue et l'aréole apparaît plus elliptique dans le sens vertical ; en cas de flexion antérieure du tronc, le sein pend et sa face inférieure s'éloigne de la paroi thoracique. Ce n'est que par l'observation directe et attentive que l'artiste peut étudier la morphologie variable de cette partie du corps.
La peau qui recouvre le sein est très élastique et elle s'adapte donc aux modifications de forme et de volume de l'organe, mais elle est également très fine, laissant transparaître le réseau veineux sous-cutané.
Le sein de l'homme est normalement réduit à l'état rudimentaire. Il est peu relevé et constitué principalement du mamelon, dont la position sur le thorax est moins mobile que celle du mamelon féminin : il peut être projeté sur la Ve côte ou sur le IVe espace intercostal. Le mamelon masculin est très petit, situé au centre d'une aréole peu étendue de forme circulaire ou elliptique, dans le sens horizontal ou légèrement oblique vers l'aisselle. Il est situé sur le bord inférieur du grand pectoral, légèrement déplacé latéralement, en correspondance avec un dépôt adipeux limité et fin (*cf.* muscle grand pectoral, p. 112).
Le mamelon masculin, comme celui de la femme, mais dans une moindre mesure, subit des déplacements sous l'effet des mouvements du membre et des modifications sous l'effet d'influences thermiques, émotionnelles ou mécaniques. Dans la position anatomique, le mamelon est normalement situé sur la ligne oblique qui relie l'acromion au nombril.

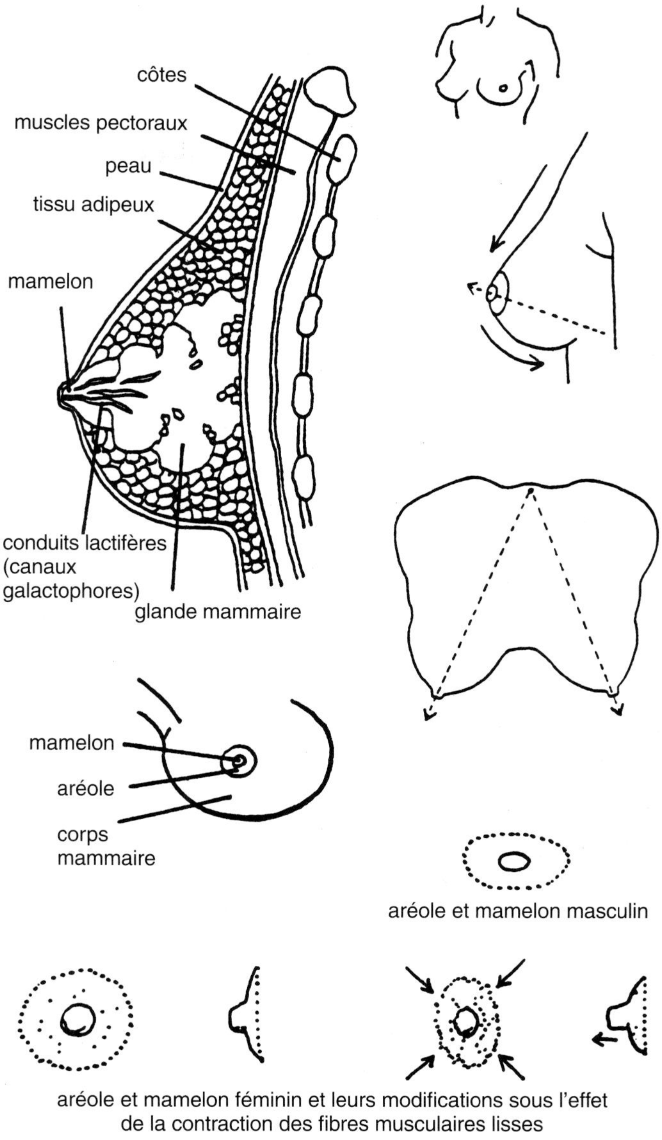

Dessins schématiques du sein féminin

LE NOMBRIL

Le nombril est une dépression cutanée due à la cicatrice qui se forme après la naissance, une fois que le cordon ombilical, qui relie dans l'utérus le fœtus au placenta, a été coupé. Il est situé sur le plan médian de la paroi abdominale, dans le sillon de la ligne médiane, en correspondance avec le point où celle-ci croise l'empreinte tendineuse inférieure des muscles droits de l'abdomen. Il se trouve presque à égale distance entre le pubis et le processus xiphoïdien. Chez l'homme, il est un peu plus proche du pubis et est situé un peu plus haut chez la femme.
La position anatomique du nombril, dans la station debout anatomique, peut être projetée sur le disque situé entre la IIIe et la IVe vertèbre lombaire.
La forme extérieure est assez variée et dépend des caractéristiques individuelles, de l'attitude corporelle, de la quantité de tissu adipeux environnant. Normalement, le nombril apparaît comme une dépression arrondie d'environ 1 cm de large et de profondeur. Il peut aussi être elliptique dans le sens horizontal ou bien, surtout chez les individus maigres et chez les femmes, dans le sens vertical. Le nombril est délimité au-dessus par un pli cutané net, la hernie ombilicale, qui s'estompe sur les côtés en contournant le sillon ombilical : sur le fond, la peau se relève et forme une petite éminence à la surface irrégulière.

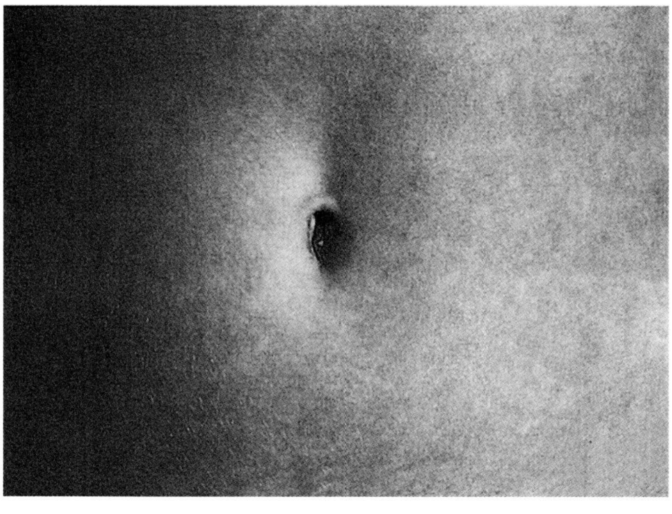

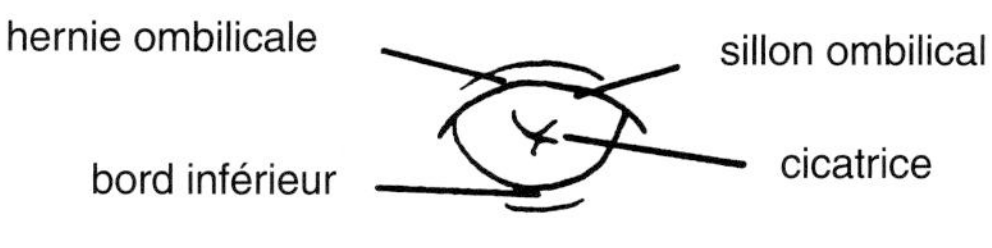

Dessin schématique du nombril

LES ORGANES GÉNITAUX EXTERNES

Chez les deux sexes, certaines parties de l'appareil génital sont placées en position superficielle dans la portion périnéale antérieure, à l'extrémité inférieure de l'abdomen. Comme elles sont dans une certaine mesure visibles, elles présentent un intérêt pour la représentation artistique.

Les organes génitaux externes masculins sont les testicules et le pénis. Les testicules, les deux glandes sexuelles qui produisent les spermatozoïdes, sont situés ensemble dans une position presque symétrique et proche du plan médian. Ils ont une forme ovale légèrement aplatie dans le sens transversal. Ils sont contenus dans le scrotum, une enveloppe cutanée piriforme dans laquelle le testicule gauche est, en général, situé plus bas que le droit. Le scrotum est recouvert d'une peau fortement pigmentée et il présente une grande diversité individuelle de grosseur et de forme selon l'âge et certaines conditions physiologiques. Ses dimensions peuvent se contracter (sous l'action des composantes musculaires contenues dans la paroi) sous des influences émotives ou extérieures. La peau de l'enveloppe scrotale est sillonnée par des rides transversales qui partent du raphé médian, un cordon vertical saillant, mais s'atténuent vers la racine de l'enveloppe. Elle est également couverte de poils clairsemés qui s'épaississent en se rapprochant de la zone pubienne.

Le pénis est l'organe érectile masculin : il sert à l'accouplement et est parcouru par l'urètre qui conduit l'urine vers l'extérieur du corps. Il est situé sur le plan médian de symétrie et est placé, au repos, sur la face antérieure du scrotum qui ressort normalement derrière et sous l'extrémité du pénis.

La forme, la consistance, la direction, le volume et les dimensions du pénis varient considérablement selon qu'il est en état de flaccidité ou d'érection. Cette dernière phase dépend du remplissage et de la stagnation du sang dans les organes internes du pénis, les corps caverneux, accompagnés d'un riche dispositif vasculaire, et qui se traduit par une augmentation d'un tiers environ des dimensions en longueur et en volume de l'organe.

Le pénis, dont la peau très pigmentée est dépourvue de poils et riche en veines superficielles, a une forme presque cylindrique, sauf dans sa partie terminale, le gland, qui est plus gros et conique. Ce dernier est presque entièrement recouvert du prépuce, un repli cutané dont le bord d'ouverture circulaire, appelé anneau préputial, laisse en partie découverte la pointe du gland et rend donc visible, un peu décentrée, la fente du méat urinaire. La peau du prépuce est très élastique et coulisse sur le gland, ce qui permet de le découvrir parfois partiellement. Chez certaines populations, la pratique de la circoncision est répandue pour des raisons religieuses et hygiéniques : cela consiste à pratiquer une ablation chirurgicale du prépuce, ce qui a comme conséquence de laisser le gland, dont la peau est de couleur rose, en permanence à découvert.

Les organes génitaux externes de la femme sont situés dans la zone antérieure du périnée et constituent la vulve, un relief inégal médian de forme ovale dans lequel s'ouvrent deux canaux, l'urètre et le vagin. La vulve commence antérieurement par une éminence arrondie, le mont de Vénus, formé d'une épaisse couche adipeuse située à la hauteur du bord supérieur de la symphyse pubienne et continue par deux gros replis cutanés symétriques, les grandes lèvres, normalement rapprochées sur un plan médian. En allant vers le bas, elles se rétrécissent et convergent dans la commissure située au centre du périnée, à 1 cm environ de l'ouverture anale, délimitées latéralement par un net sillon de séparation de la face interne de chaque cuisse.

La zone cutanée du mont de Vénus et celle, latérale, des grandes lèvres, sont recouvertes de nombreux poils foncés et ondulés. On peut, à ce propos, rappeler la disposition différente prise par ces poils chez les deux sexes : chez la femme, les poils se terminent presque nettement par une ligne transversale placée juste au-dessus de la symphyse pubienne et ne s'étendent pas sur la face

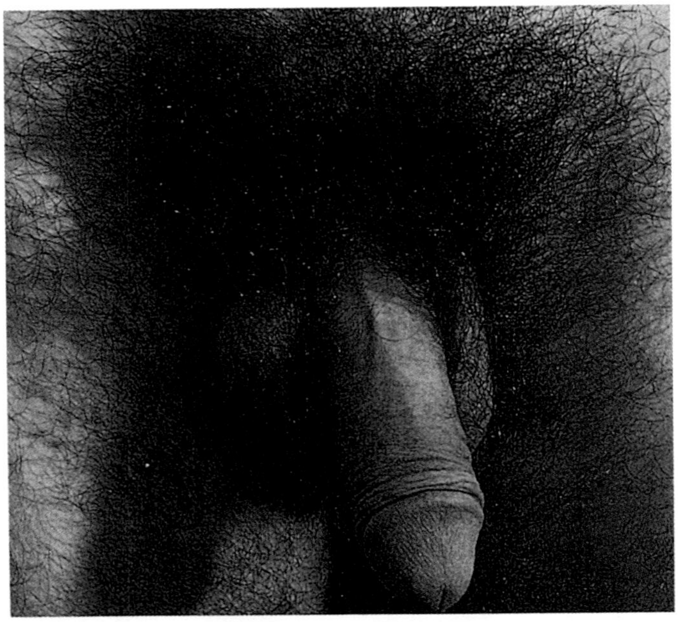

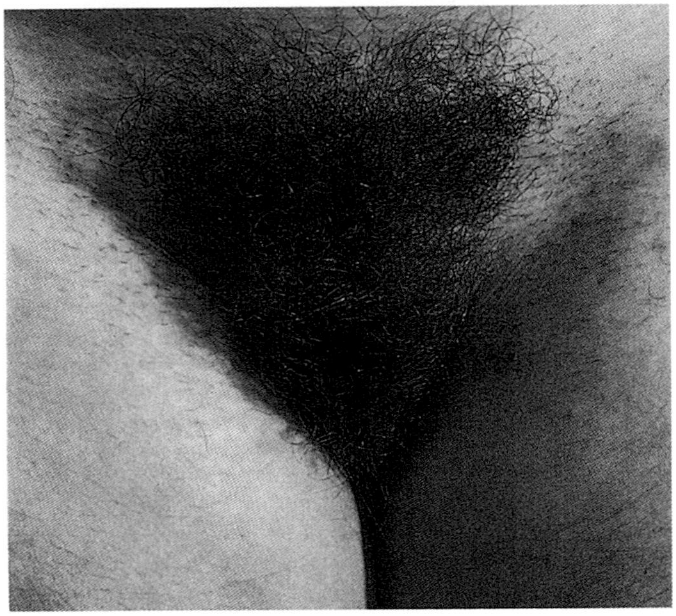

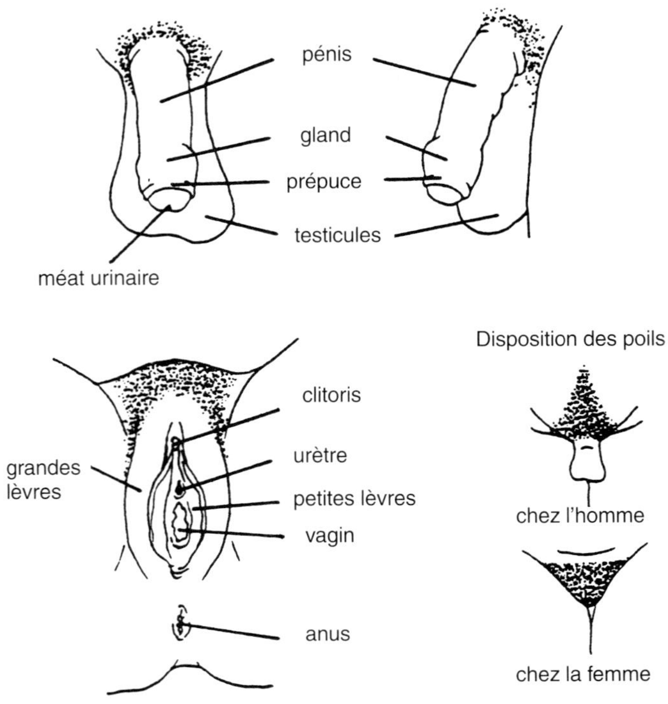

Dessins schématiques des organes génitaux externes masculins et féminins

médiane de la cuisse ; en revanche, chez l'homme, les poils peuvent continuer, tout en étant plus clairsemés, le long de la ligne médiane en remontant jusqu'au nombril et en s'étendant même sur les cuisses.

Au milieu et sous les grandes lèvres, on trouve deux autres replis de dimensions variables (les petites lèvres), fines, sans poils, d'une couleur rose parfois intense. Elles sont en général l'une sur l'autre pour protéger l'entrée du vagin et du méat urinaire. Leur bord libre, plutôt irrégulier, peut ressortir des grandes lèvres. Dans la portion antérieure, les petites lèvres s'assemblent d'une façon complexe en s'unissant à un petit organe érectile (clitoris), homologue très réduit du pénis masculin. La face médiane des petites lèvres passe progressivement dans l'orifice vaginal, resserré par la présence de l'hymen, une fine membrane en partie incomplète et de forme variable.

LA FESSE

Les trois muscles fessiers forment la fesse qui, avec la hanche, constituent la région fessière. Celle-ci est disposée latéralement et postérieurement au bassin ; elle est étendue en surface de la crête iliaque, ligne de séparation entre les régions lombaires et la hanche, au pli transversal (pli fessier) qui délimite en dessous la fesse. La hanche et la fesse ne sont pas nettement séparées : le terme « hanche » se réfère à la partie supérieure de la face latérale de cette région ; le terme « fesse » se réfère au relief arrondi situé à l'arrière.

La surface externe de la fesse est fortement convexe (davantage dans la portion inférieure que supérieure) en raison de la présence du grand fessier (*cf.* p. 125) et d'un dépôt adipeux d'une consistance variable et plus abondant chez la femme. On peut remarquer à ce propos que le pli fessier est constitué d'une cloison fibreuse du fascia superficiel et qu'elle se fixe solidement à la tubérosité ischiatique, formant un pli cutané en forme de poche dans laquelle la graisse se dépose. La partie médiane du pli fessier est donc très nette, mais il s'estompe progressivement vers la portion latérale où, dans certains cas et surtout chez l'homme, il peut se scinder en deux légers sillons parallèles. Naturellement, le pli fessier est plus ou moins accentué selon les mouvements de la cuisse par rapport au tronc : par exemple, il est moins marqué pendant l'extension et tend à disparaître durant une forte flexion.

Les fesses des deux antimères sont séparées, dans les portions inférieures, par un profond sillon placé verticalement sur le plan de symétrie médian : il commence à la hauteur du coccyx et s'étend jusqu'au périnée.

La région sacrée est assez plate et sépare postérieurement les deux fesses, dans la portion supérieure, selon deux lignes qui relient le départ du sillon et les deux fossettes lombaires latérales correspondant aux épines iliaques postérieures supérieures (*cf.* p. 97), plus espacées transversalement chez la femme à cause de la plus grande largeur de son bassin.

La courbure et la saillie des fesses sont particulières à l'espèce humaine et sont liées à la station debout et à la déambulation bipède. De plus, le pannicule adipeux a des caractéristiques ethniques et sexuelles en ce qui concerne la localisation et la quantité : chez la femme, il est plus abondant et uniformément réparti, ce qui donne à la région une forme régulièrement arrondie qui s'étend même sur le côté de la cuisse. Chez l'homme au contraire, la fesse est plus globulaire, d'un volume inférieur, moins riche en tissu adipeux et elle présente souvent une dépression latérale à proximité du grand trochanter (très accentuée chez les individus athlétiques) correspondant à l'aponévrose d'insertion du grand fessier. Ce vallonnement disparaît durant la flexion de la cuisse.

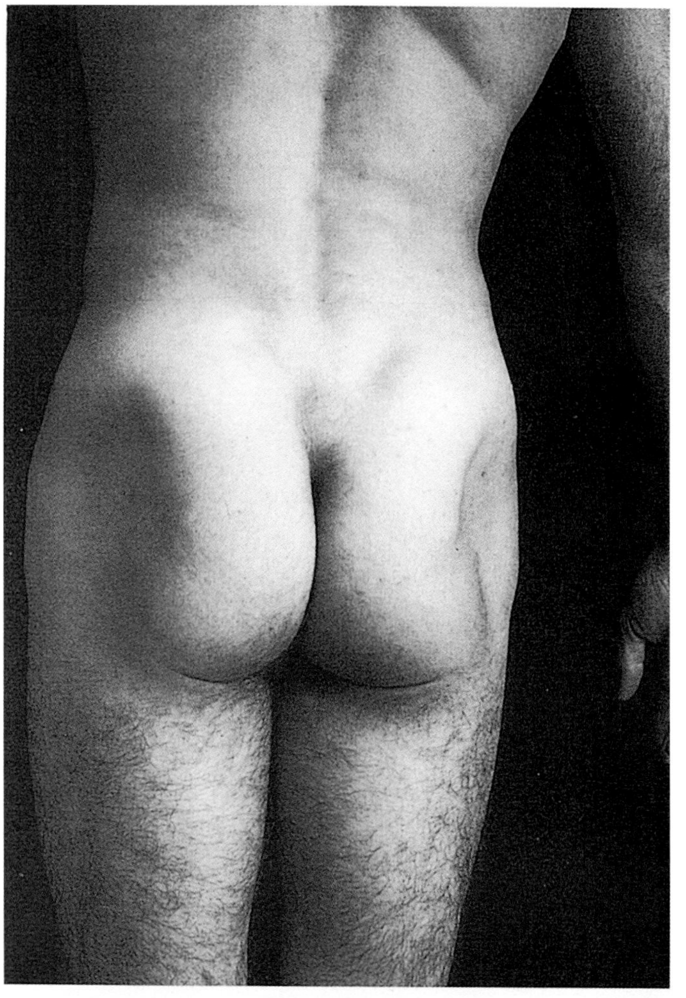

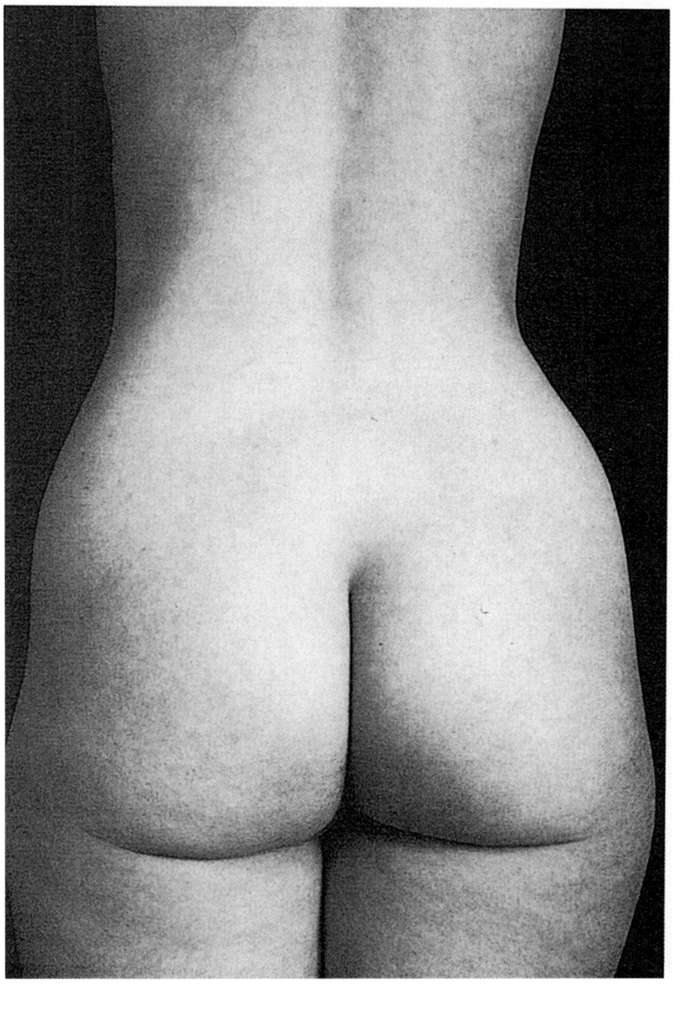

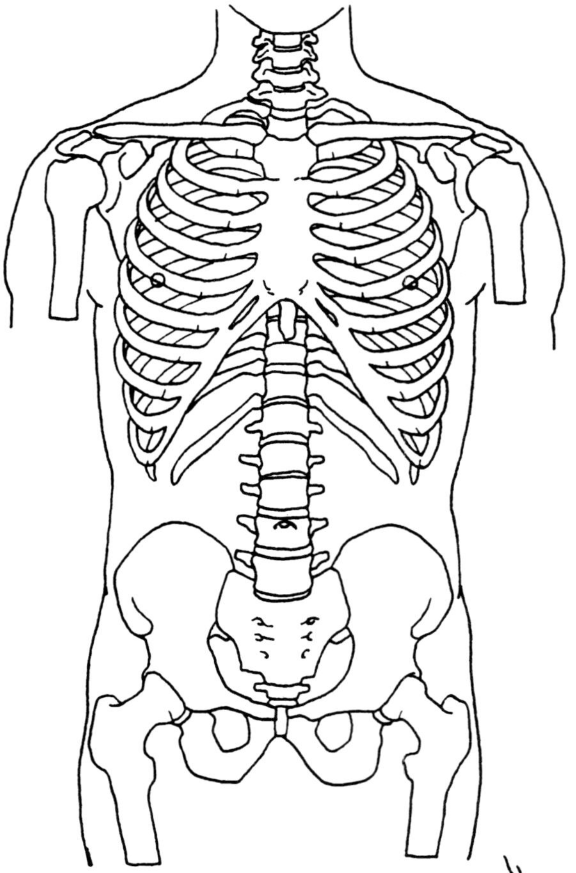

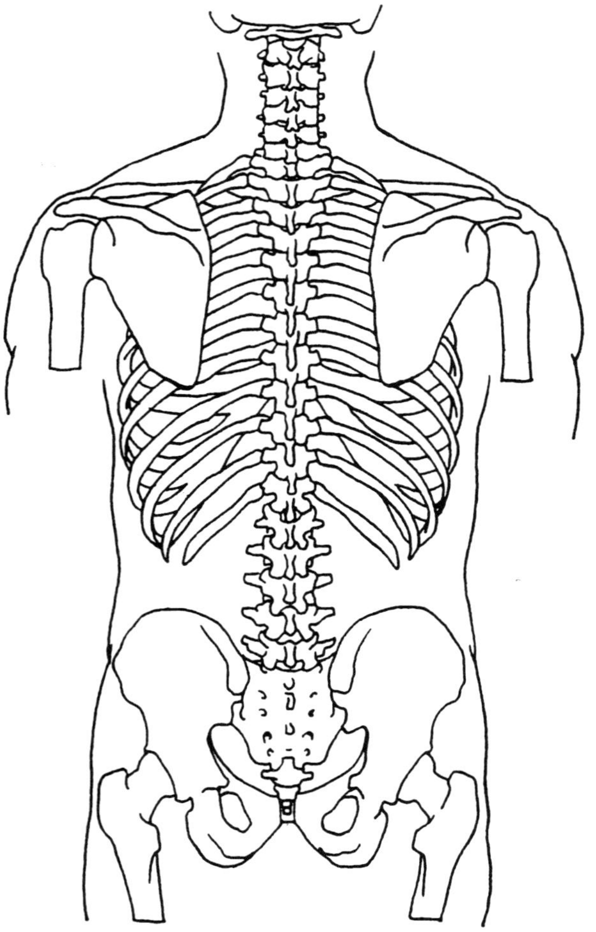

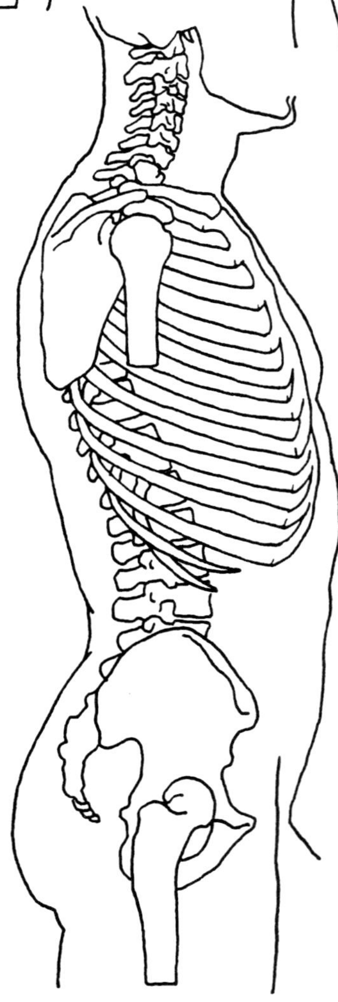

Le membre supérieur

RELEVÉ DE MORPHOLOGIE EXTERNE

Les membres supérieurs sont pairs, symétriques, placés sur les côtés du tronc. Ils ont de grandes possibilités de mouvement et chacun d'eux est constitué d'une partie libre (formée du bras, de l'avant-bras et de la main), articulée avec la ceinture scapulaire et reliée au thorax au niveau de l'épaule, qui a été décrite morphologiquement en même temps que le tronc (*cf.* p. 128). Certains grands muscles, le pectoral à l'avant, les scapulaires à l'arrière, le deltoïde au-dessus, se dirigent vers le premier segment du membre, le bras, et déterminent le relief de l'épaule qui est plutôt arrondi sur les plans antérieur et latéral, mais plutôt aplati sur le plan postérieur.

Le bras a une forme cylindrique un peu comprimée dans le sens transversal. Il est relié au tronc par l'intermédiaire de l'épaule et délimite, avec la paroi latérale du tronc, la fente de l'aisselle. Ses muscles sont disposés autour du seul os, l'humérus, et répartis en deux portions, antérieure et postérieure.

L'avant-bras, qui est relié au bras par l'intermédiaire de l'articulation du coude, a une forme tronquée-conique aplatie dans le sens antéro-postérieur, avec une partie proximale élargie. Ses muscles sont disposés autour de deux os, le cubitus et le radius, répartis en deux capsules, antérieure et postérieure.

La main est aplatie, légèrement concave sur la face palmaire et a une forme complexe due à la présence de nombreux os : ceux du carpe et du métacarpe correspondent au poignet et à la paume, les phalanges correspondent aux doigts.

La main est unie à l'avant-bras par l'intermédiaire de l'articulation du poignet et elle prolonge l'axe longitudinal du membre.

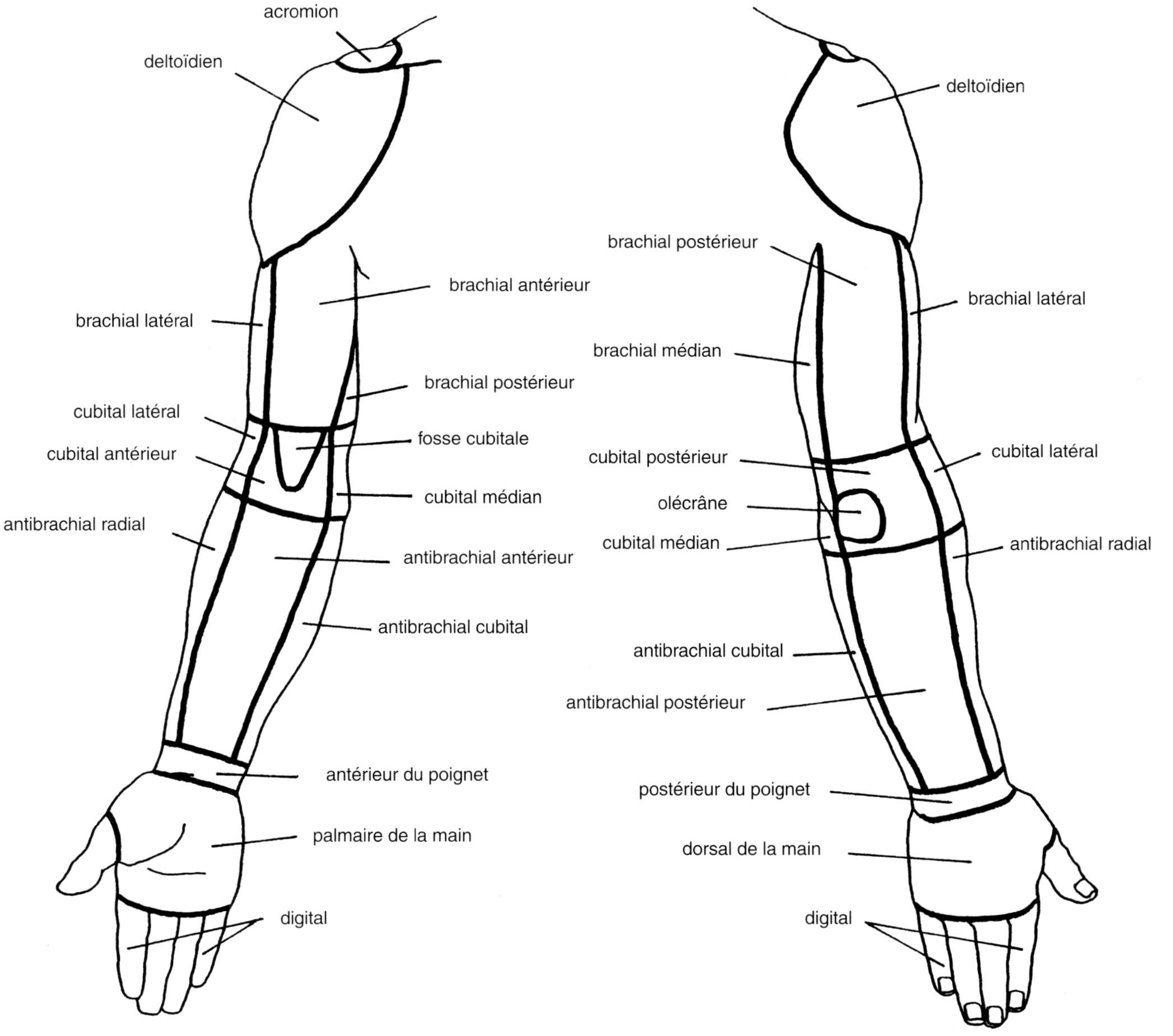

Limites des principales régions du membre supérieur

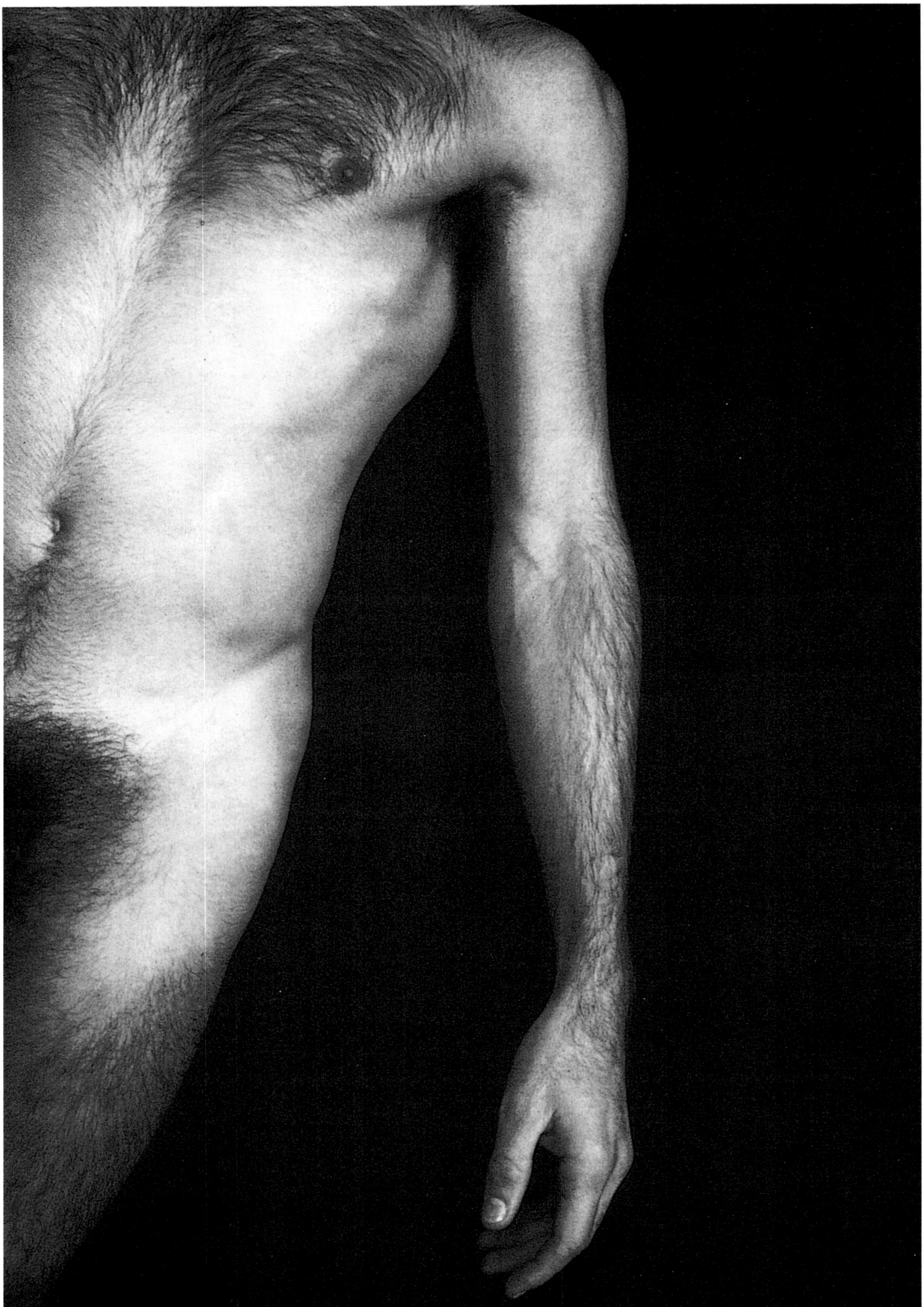

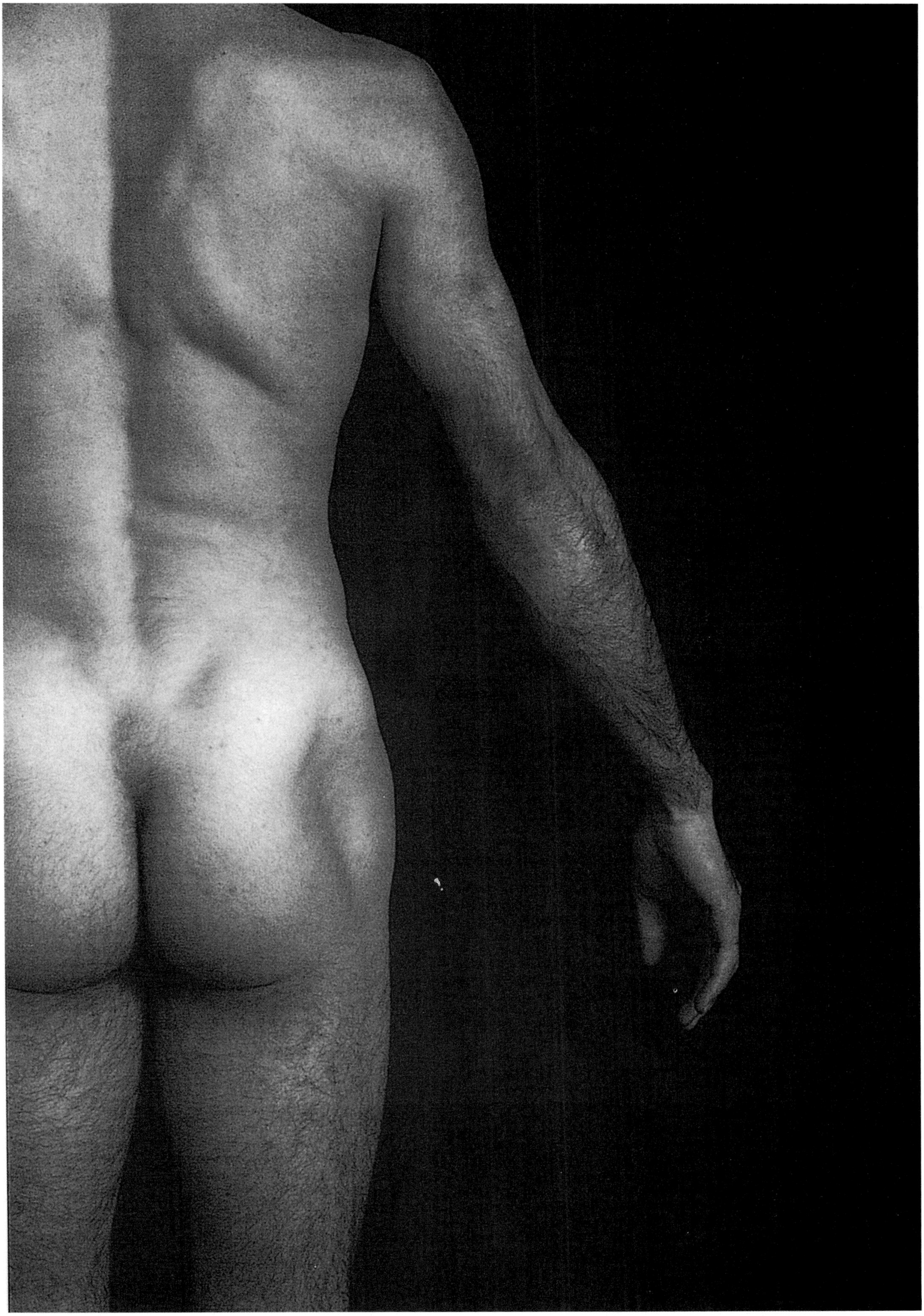

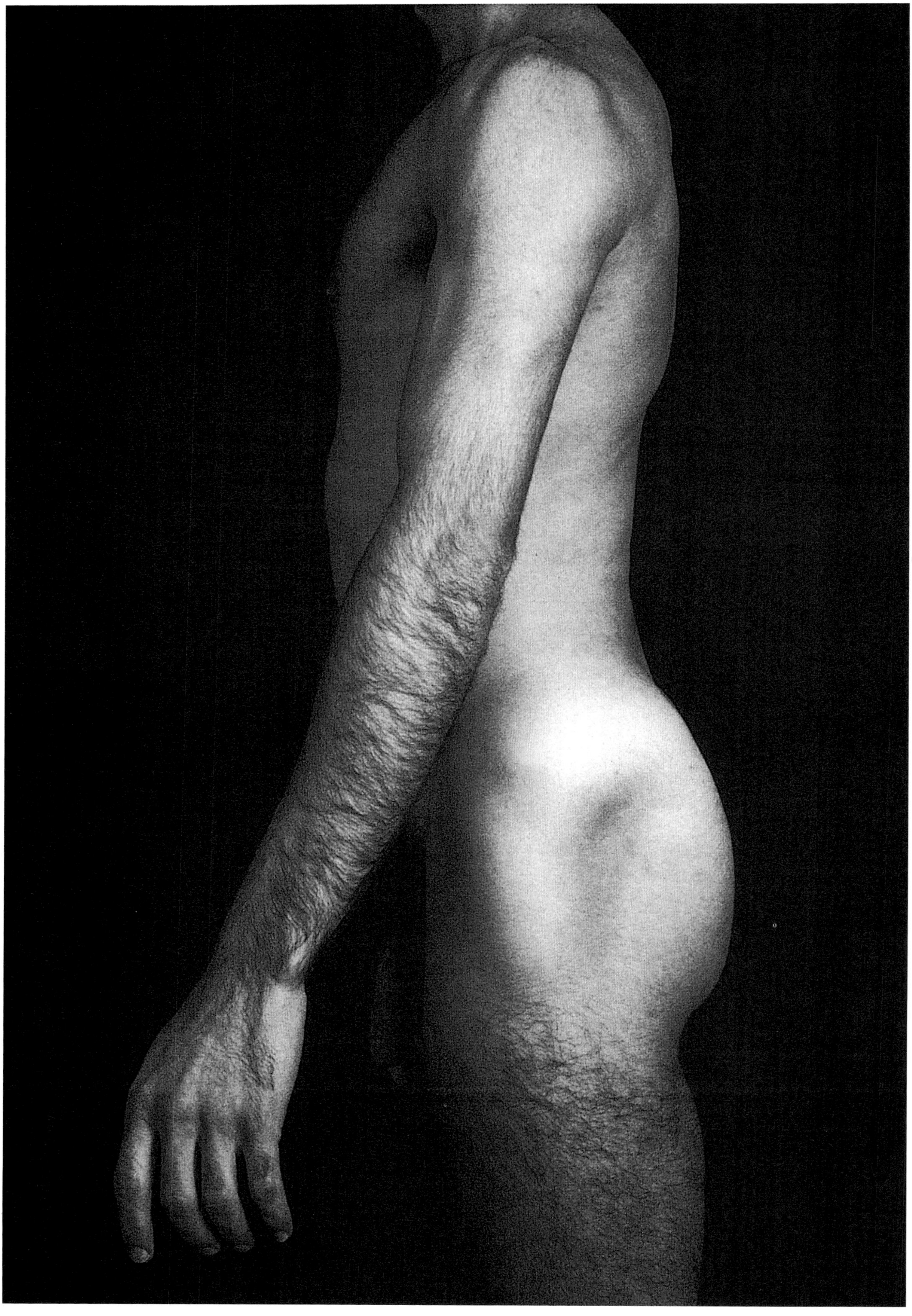

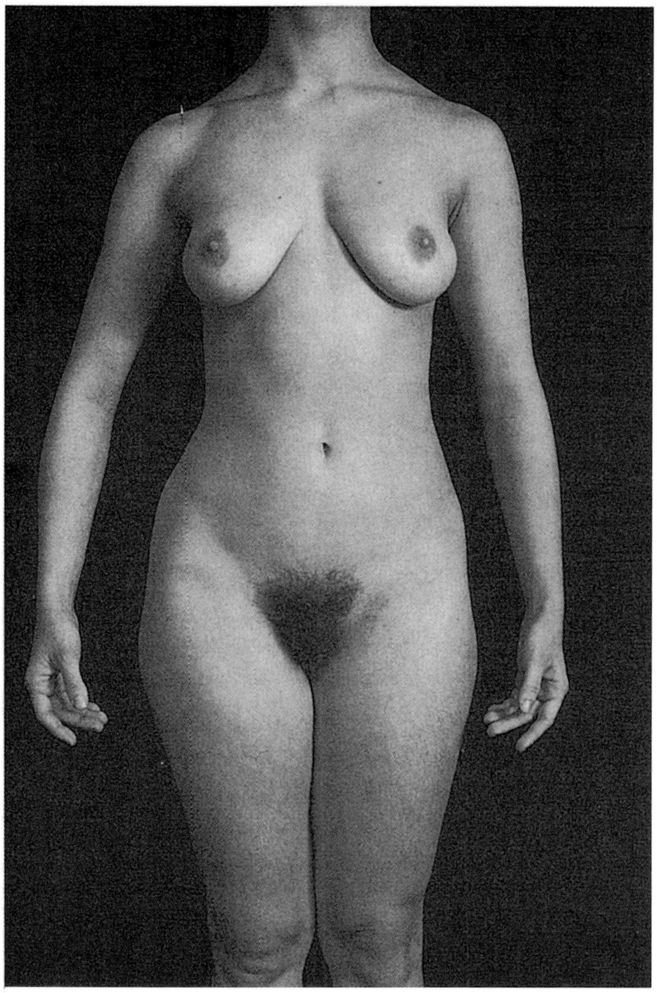

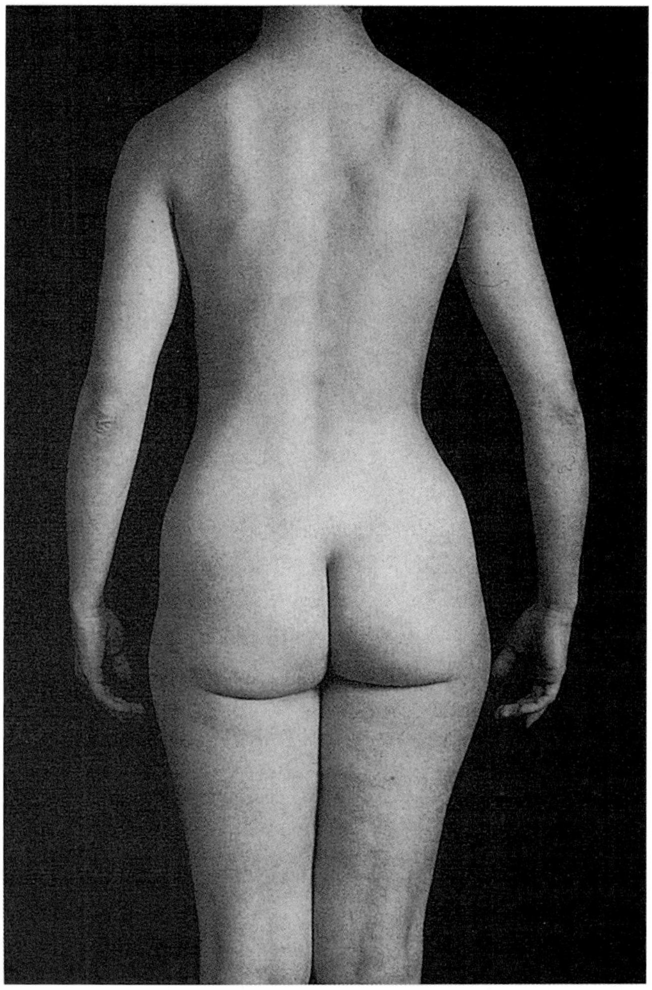

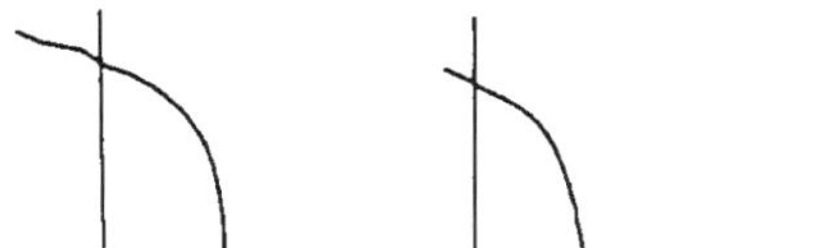

Inclinaison des axes du membre supérieur masculin et féminin

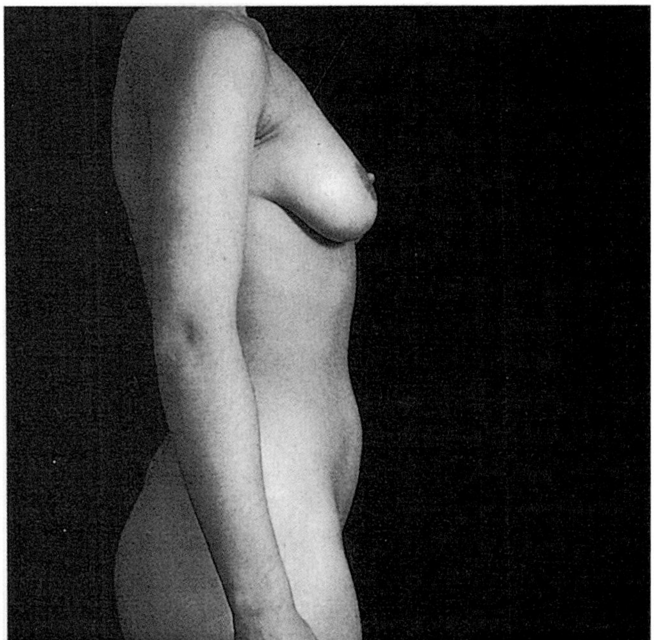

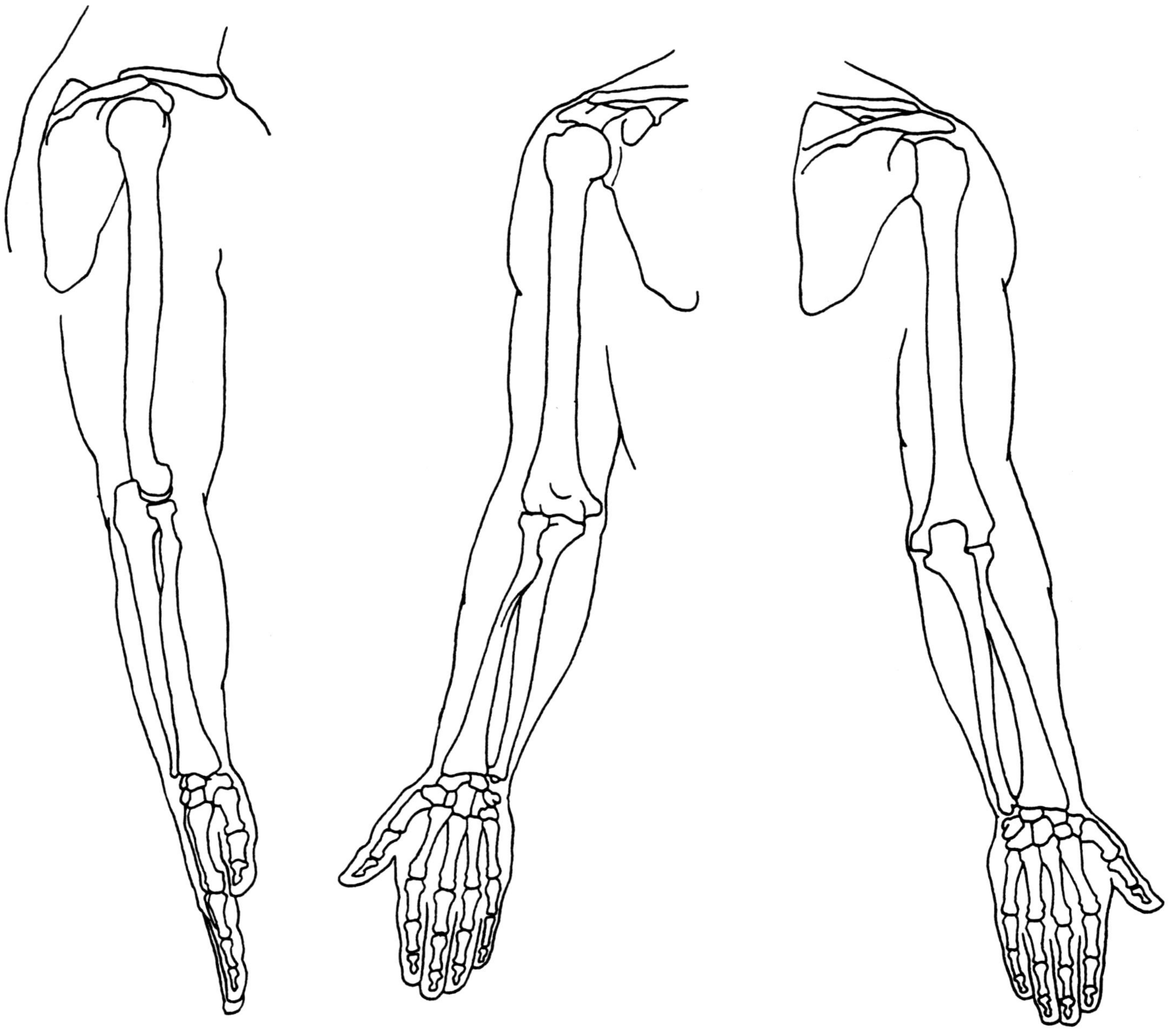

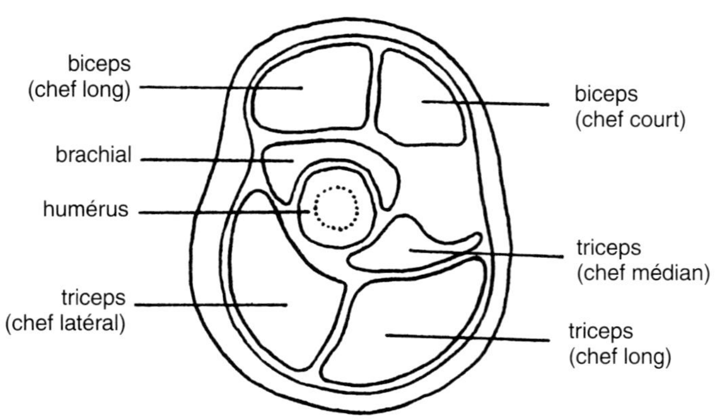
biceps
(chef long)
brachial
humérus
triceps
(chef latéral)
biceps
(chef court)
triceps
(chef médian)
triceps
(chef long)

OSTÉOLOGIE

Le système osseux du membre supérieur (ou membre thoracique) est constitué de deux éléments, la clavicule et l'omoplate (que nous avons traitée précédemment). Organisés au sein de la ceinture scapulaire, ces deux éléments agissent comme une fixation articulaire au niveau de l'épaule, de la partie libre sur le squelette axile. Le squelette de la partie libre du membre thoracique comprend : l'humérus, l'os correspondant au bras ; le cubitus et le radius, qui correspondent à l'avant-bras ; le carpe, le métacarpe, les phalanges, qui correspondent au poignet et à la main. Dans la position anatomique, les segments osseux sont disposés de façon consécutive de haut en bas, en formant un léger angle entre eux. En outre, les deux os de l'avant-bras sont disposés parallèlement, c'est-à-dire dans la position couchée, pour les décrire de la même façon que les os correspondant au membre inférieur.

L'humérus est un os tubulaire, os long typique, dans lequel on distingue : un corps cylindrique, ou diaphyse, avec des plans superficiels légèrement aplatis et qui s'élargit relativement vers les épiphyses. Il présente également de légères fossettes, crêtes et sillons à l'endroit de la fixation tendineuse des muscles. De son extrémité supérieure émerge, tournée vers le milieu, une calotte hémisphérique recouverte de cartilage, c'est-à-dire la tête de l'humérus. C'est le siège de l'articulation avec l'omoplate dans la cavité glénoïde et également l'endroit où l'on relève les tubérosités : la grosse et la petite tubérosité. Enfin, l'extrémité inférieure est très élargie transversalement et aplatie, avec une formation transversale presque hémicylindrique dont la partie latérale est appelée condyle (articulation avec le radius) et la partie médiane appelée trochlée (articulation avec le cubitus). On relève également deux tubérosités sur les côtés : la tubérosité externe est courte et placée au-dessus du condyle ; la tubérosité médiane (épitrochlée) est en revanche très accentuée. Comme l'épiphyse inférieure est aplatie, on reconnaît deux faces, antérieure et postérieure, chacune présentant des fossettes : fossette radiale, fossette coronoïdienne (antérieurement) et fossette olécrânienne (postérieurement).

Le radius est un os long placé, dans la position anatomique, latéralement dans l'avant-bras. Le corps aux faces planes et à la section triangulaire est terminé par deux extrémités de caractère très différent : l'extrémité supérieure, proximale, formant l'articulation avec l'humérus, est fine et cylindrique et appelée tête du radius ; l'extrémité inférieure (distale), formant l'articulation avec les os de la main, est fortement élargie et aplatie. Latéralement, elle présente le processus styloïde et au milieu, la facette articulaire pour le cubitus.

Le cubitus est un os long placé au milieu de l'avant-bras et dont la forme générale est opposée à celle du radius. Le corps du cubitus présente une section triangulaire et il est plutôt robuste dans sa partie supérieure alors qu'il se rétrécit et s'arrondit dans sa partie inférieure. Son extrémité supérieure est très volumineuse et constitue la partie principale de l'articulation avec l'humérus : elle est formée de deux processus dont l'union provoque une large échancrure semi-circulaire, l'olécrâne, curviligne et situé postérieurement, et le processus coronoïde, court, pyramidal et placé antérieurement. L'extrémité inférieure est en revanche très fine, de forme cylindrique avec un processus court et évident en position médiane et postérieure (processus styloïde du cubitus).

Le carpe est formé de huit os courts ayant chacun des caractères morphologiques propres, mais qui, dans leur ensemble, constituent une formation semi-lunaire aplatie et concave vers l'avant. Les os sont disposés en deux rangées rapprochées, chacune d'elles étant constituée de quatre éléments, mais alignées de façon irrégulière et complexe.

Dans la rangée proximale, qui forme l'articulation avec les os de l'avant-bras, on reconnaît le scaphoïde, le semi-lunaire, le pyramidal et le pisiforme. Dans l'autre rangée, qui forme l'articulation avec les os métacarpiens, on reconnaît le trapèze, le trapézoïde, le grand os et l'os crochu.

Le métacarpe est constitué de cinq os longs, d'une longueur différente et avec des caractères particuliers mais que l'on peut toutefois ramener à une structure commune : un corps cylindrique plutôt incurvé avec une concavité dans le sens antérieur, palmaire ; une tête bien développée et hémisphérique, formant l'articulation avec les phalanges ; une base plus étroite, avec une surface irrégulièrement cubique, formant l'articulation avec les os du carpe.

Les segments osseux sont rapprochés dans les parties de la base et divergent au niveau de leur tête, surtout en ce qui concerne le premier métacarpien, qui correspond au pouce.

Les phalanges sont les petits os des doigts, disposés par trois pour chaque doigt à l'exception du pouce, qui n'est constitué que de deux phalanges puisqu'il manque la phalange intermédiaire. On distingue : les phalanges proximales (ou premières phalanges) qui sont les plus grosses et au bout

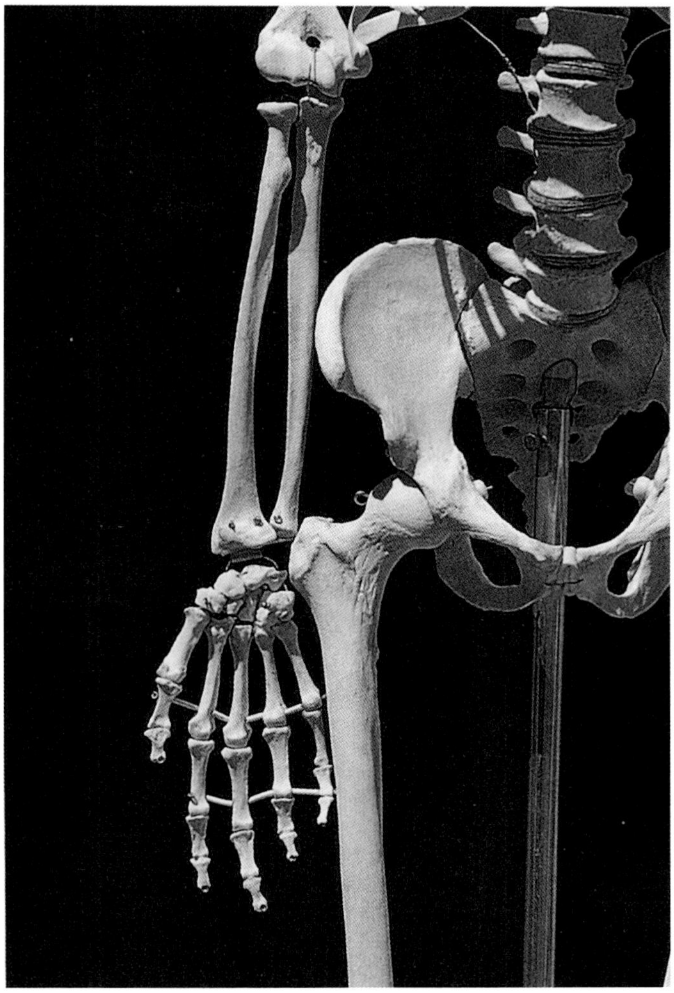

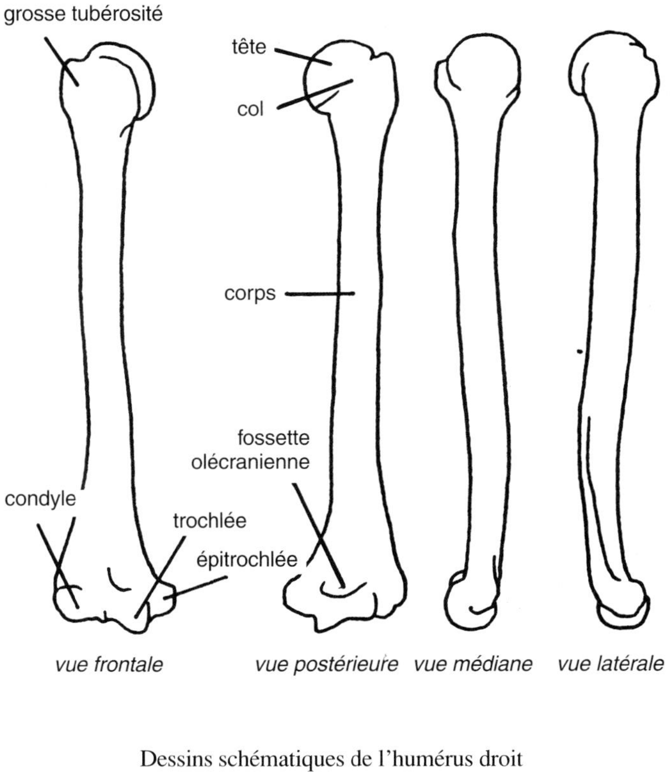

Dessins schématiques de l'humérus droit

desquelles on reconnaît les bases de l'articulation avec les métacarpiens, les petits corps et les têtes formant l'articulation avec les phalanges suivantes ; les phalanges moyennes (ou phalangines) présentant des caractères semblables aux précédentes mais aux dimensions inférieures ; les phalanges distales (ou phalangettes), très courtes, qui se terminent de façon élargie en spatule pour servir d'appui à l'ongle. Deux os sésamoïdes, médian et latéral, de forme hémisphérique, sont fréquemment présents au niveau de la tête du métacarpe du pouce, à proximité de l'articulation avec les phalanges.

ARTHROLOGIE

Les articulations de la partie libre du membre supérieur sont nombreuses, en raison de l'augmentation progressive de la quantité des segments osseux, de l'humérus à la main. En fonction des considérations fonctionnelles et morphologiques, on distingue trois groupes d'articulations : les articulations de la ceinture scapulaire (acromio-claviculaire et sterno-claviculaire) entre le membre supérieur et le squelette axile et qui ont été déjà décrites pour leurs rapports topographiques avec le thorax ; les articulations propres de la partie libre (articulation scapulo-humérale, articulation du coude, articulations radio-cubitales inférieure et supérieure, articulation radio-carpienne) ; les articulations propres de la main.
L'articulation scapulo-humérale (ou articulation de l'épaule) réalise l'union entre la tête de l'humérus et la cavité glénoïde de l'omoplate. La tête de l'humérus est de forme hémisphérique tandis que la cavité glénoïde est plutôt ovale, légèrement creusée, à vif, élargie par un disque fibro-cartilagineux qui l'entoure : on remarque donc une grande différence d'extension et de forme entre les surfaces en contact et ceci est un facteur qui favorise les larges possibilités de mouvement du membre. Les deux surfaces articulaires sont recouvertes de cartilage et assemblées par une capsule renforcée par des ligaments provenant de l'apophyse coracoïde (ligament coraco-huméral qui s'étend vers la grosse tubérosité humérale) et par l'échancrure glénoïde, orientés vers l'humérus et passant sur la capsule (ligaments gléno-sus-huméral, gléno-préhuméral et gléno-sous-huméral). En dehors des ligaments, l'articulation est renforcée par les tendons de certains muscles (sous-scapulaire, sous-épineux, sus-épineux, petit rond). Tous ces dispositifs sont contentifs mais peu contraignants et cette articulation, qui est une énarthrose, autorise donc de grandes possibilités de mouvement : abduction, adduction, flexion et extension, rotation, circumduction.
L'articulation du coude. L'humérus, l'os du bras, s'articule avec les deux os de l'avant-bras, le cubitus et le radius, grâce à une articulation composée possédant trois chefs articulaires contenus dans une seule capsule. En fonction des caractéristiques des chefs articulaires, on distingue trois types articulaires dans cet ensemble : trochléen, entre l'humérus et le cubitus ; trocoïde proximal, entre le radius et le cubitus ; condylien, entre l'humérus et le cubitus, qui représente l'articulation fonctionnelle dominante dans les mouvements de l'avant-bras sur le bras. En considérant le type d'articulation, les déplacements peuvent être angulaires sur un plan et donc uniquement de flexion et d'extension.
La capsule articulaire du coude est renforcée par des ligaments : le ligament latéral cubital (ou médian) qui vient de l'épitrochlée de l'humérus et s'étend aux fascias élargis sur l'olécrâne et sur la face médiane du cubitus, sur le contour capsulaire ; le ligament latéral radial qui part de l'épicondyle de l'humérus et se scinde en deux cordons, antérieur et postérieur ; le ligament annulaire du radius, situé à l'intérieur de la capsule, qui entoure l'extrémité du radius en s'insérant sur le cubitus et ayant pour fonction de renforcer l'articulation lors des mouvements de pronation et de supination de l'avant-bras.
L'articulation radio-cubitale distale est un ensemble disposé latéralement formé par la tête du cubitus et par l'échancrure cubitale du radius. Les chefs articulaires, entre lesquels s'interpose un disque fibro-cartilagineux, sont entourés par la capsule. Comme celle-ci n'est pas très tendue, les mouvements permis par cette articulation, en relation avec l'articulation radio-cubitale proximale, sont de pronation et de supination de l'avant-bras (et par conséquent de la main). Ces mouvements s'effectuent par un déplacement exclusif du radius qui pivote autour du cubitus. Dans la position anatomique, la paume de la main est tournée vers l'avant et les os de l'avant-bras sont donc parallèles, le cubitus au milieu et le radius sur le côté : cette position est dite passive. Le mouvement de pronation fait pivoter le radius sur le cubitus, en le croisant, ce qui dirige la paume de la main vers l'arrière. On peut en outre observer que ces mouvement sont facilités par la présence de la membrane interosseuse, ten-

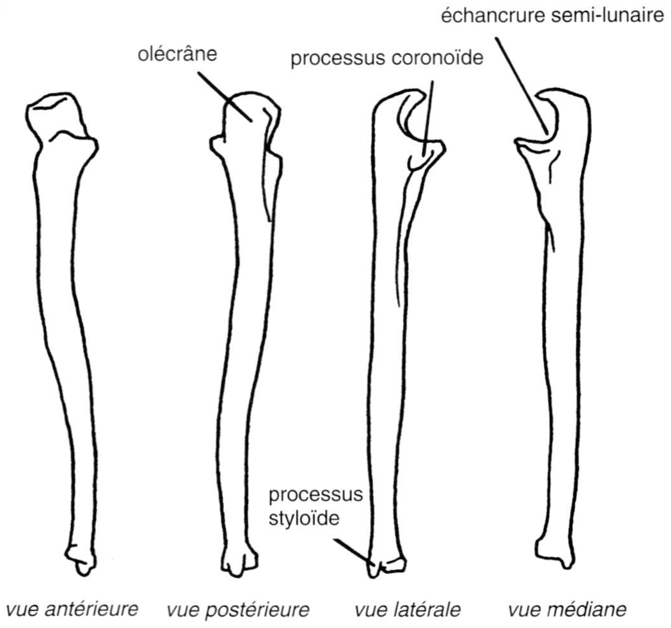

Dessins schématiques du cubitus

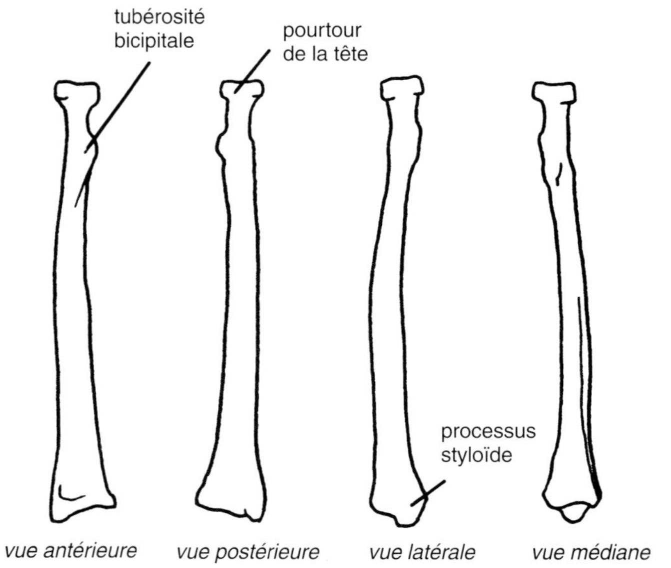

Dessins schématiques du radius

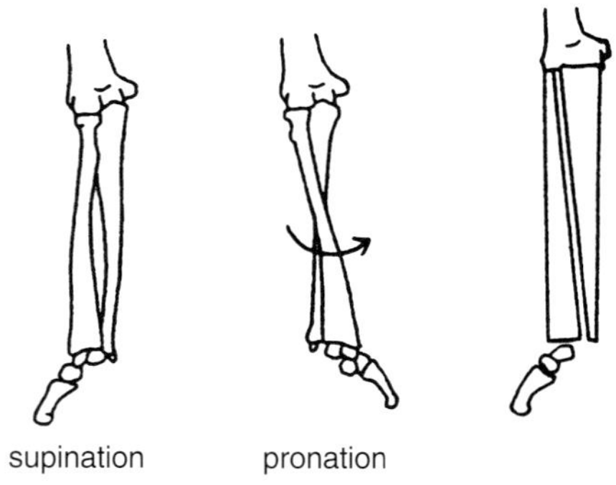

due entre le cubitus et le radius, et également par une légère rotation de l'humérus. *L'articulation radio-carpienne* est condylienne et relie l'avant-bras à la main. Elle est formée par les os proximaux du carpe et de la face articulaire inférieure du radius, entourés d'une capsule et raccordés par un disque. Les ligaments de renforcement sont ventraux, dorsaux et latéraux : ligament palmaire et dorsal, ligament latéral cubital et radial. L'articulation radio-carpienne permet des mouvements complexes : flexion, extension, adduction, abduction et circumduction, déterminée par la combinaison des mouvements précédents.
Les mouvements les plus simples sont les mouvements d'extension et de flexion : la main peut être tournée vers l'avant ou vers l'arrière jusqu'à ce que son axe forme presque un angle droit avec celui de l'avant-bras.
Les articulations propres à la main sont particulièrement complexes parce que tous les segments osseux, qui ont de nombreuses surfaces de contact, sont reliés à un réseau de ligaments qui les stabilisent ou les rendents solidaires dans les mouvements (ligaments interosseux proximaux, intermétacarpiens-interosseux, transverses des têtes des métacarpes). Les articulations de la main peuvent être séparées en plusieurs groupes. Les articulations carpiennes se forment entre les os de la rangée proximale du carpe, entourés d'une capsule et reliés par de nombreux ligaments (palmaires, dorsaux, interosseux). Ce sont des arthrodies qui permettent de petits mouvements de glissement, rendant ainsi plus stable et plus élastique le rapport du poignet et de l'avant-bras.
Les articulations carpo-métacarpiennes sont placées entre les os de la rangée distale du carpe et les bases des métacarpes. L'articulation entre le trapèze et le premier métacarpien est de type « en selle » et c'est la plus importante parce qu'elle correspond au pouce. Elle permet des mouvements de flexion, d'extension, d'abduction, d'adduction, d'opposition assez amples et caractéristiques de l'homme. Les articulations carpo-métacarpiennes des quatre autres doigts sont des arthrodies et permettent de petits déplacements de glissement.
Les articulations intermétacarpiennes se forment entre les bases des métacarpes entourées de capsules et renforcées par des ligaments dorsaux, palmaires, interosseux et un ligament transverse très robuste, destiné à laisser les métacarpes rapprochés. Les mouvements sont faibles et permettent dans l'ensemble d'augmenter la concavité de la paume de la main.
Les articulations métacarpo-phalangiennes relient les têtes des métacarpes aux bases des premières phalanges des cinq doigts. Ce sont des énarthroses et les chefs articulaires sont maintenus solidaires par des capsules fibreuses et des ligaments latéraux. Les mouvements autorisés par ces articulations sont : la flexion, dont l'amplitude peut aller jusqu'à l'angle droit ; l'extension, très limitée ; la latéralité, c'est-à-dire que l'éloignement vers le côté cubital ou radial n'est possible que lorsque la main est en extension ; la circumduction, pratiquement limitée à l'index.
Les articulations interphalangiennes relient les phalanges entre elles et s'effectuent entre la tête d'une phalange et la base de la suivante : il y en a donc une pour le pouce (qui ne comprend pas de deuxième phalange) et deux pour chacun des quatre autres doigts. Les surfaces articulaires sont maintenues unies par la capsule et les ligaments latéraux. Comme les articulations sont de type trochléen, les mouvements qu'elles autorisent ne sont que la flexion, assez accentuée et pouvant aller jusqu'à l'angle droit, et la très légère extension, limitée à la dernière phalange.

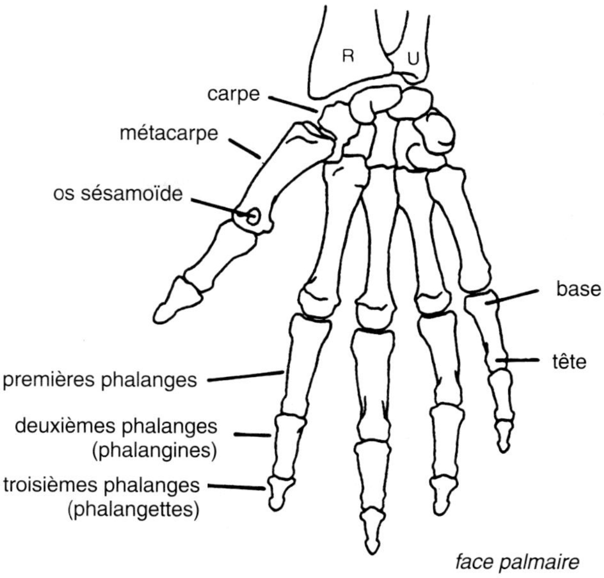

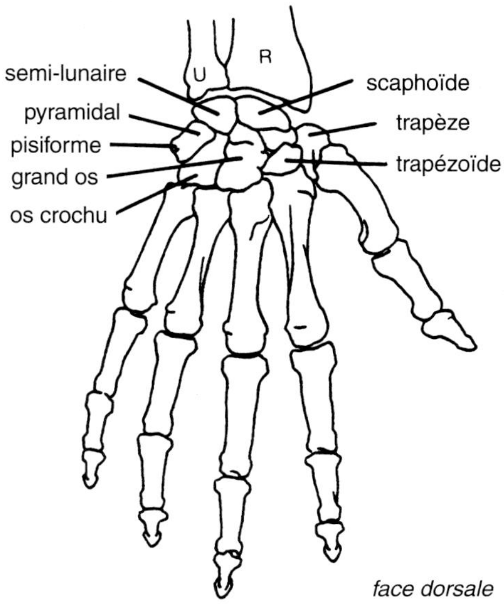

Dessins schématiques du squelette de la main droite

Caractéristiques fonctionnelles du membre supérieur

Le membre supérieur accomplit des fonctions très complexes et particulières à l'espèce humaine. En effet, l'adoption de la station debout et les adaptations anatomiques qui en ont découlé ont entraîné une spécialisation de ce membre vers des activités non liées à l'appui corporel.
La liberté de mouvement des articulations de la ceinture scapulaire de la partie libre permet non seulement au membre de se replier mais aussi de s'orienter diversement dans l'espace. Toutefois, les fonctions fondamentales s'exercent au niveau de la main, dotée de facultés de préhension, d'opposition du pouce, de pronation et de supination. En effet, la structure du squelette de la main et son articulation permettent à sa musculature complexe, notamment celle du pouce, et aux muscles de l'avant-bras d'agir avec puissance mais aussi avec une délicatesse de mouvement.
Enfin, il faut rappeler que le membre supérieur, par l'intermédiaire de la ceinture scapulaire, a des rapports fonctionnels importants avec le tronc qui lui permettent d'augmenter les possibilités d'extension des mouvements du membre. C'est ainsi que l'équilibre statique ou dynamique de tout le corps est favorisé quand on utilise, par exemple, l'oscillation alternée et rythmée des bras lors de la marche ou de la course.

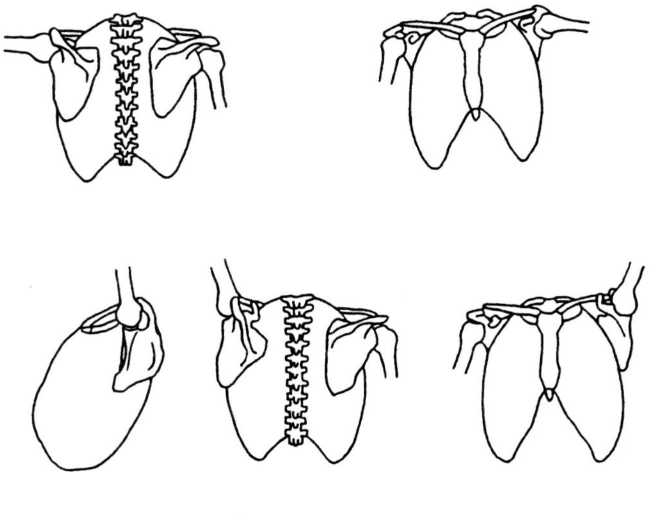

Dessins schématiques des déplacements de l'omoplate en fonction des mouvements du bras

MYOLOGIE

Les muscles du membre supérieur sont nombreux et leur nombre augmente dans la direction proximo-distale, en liaison avec l'augmentation analogue des os et de la fonctionnalité spécifique de la main. Les muscles de raccord entre le secteur corporel axile et le secteur appendiculaire supérieur agissent sur la ceinture scapulaire et sur la partie proximale de l'humérus : ce sont les muscles axo-appendiculaires (qui comprennent les muscles spino-appendiculaires et les muscles thoraco-appendiculaires) et les muscles de l'épaule.
Nous les avons déjà traités en évoquant le tronc (*cf.* p. 110 et suiv.). Dans ce chapitre, nous nous intéresserons aux muscles propres au membre, c'est-à-dire les muscles du bras, de l'avant-bras et de la main.
Les muscles du bras sont longs, disposés parallèlement à l'humérus, qu'ils recouvrent presque entièrement. On distingue les muscles fléchisseurs de l'avant-bras, situés sur la face antérieure (biceps, coraco-brachial, brachial, anconé) et le muscle extenseur, le triceps, situé sur la face postérieure.
Les muscles de l'avant-bras sont assez nombreux et ont un ventre qui se prolonge sous forme de tendons fins. C'est pour cette raison que la partie de l'avant-bras proche du coude a un diamètre plus grand que celle située près du poignet. On distingue deux groupes qui agissent surtout sur la main : les muscles fléchisseurs, placés sur la face antérieure, et les muscles extenseurs, situés sur la face postérieure.
Les muscles de la main se trouvent sur la face palmaire, tandis que la face dorsale ne comprend que les tendons des muscles de l'avant-bras ayant une fonction d'extension. Les muscles sont courts et aplatis, réunis en trois groupes : les muscles de l'éminence thénar (court abducteur, court fléchisseur, opposant et abducteur du pouce) situés latéralement ; les muscles de l'éminence hypothénar (abducteur, court fléchisseur, opposant de l'auriculaire), situés au milieu ; le groupe des muscles interosseux et lombricaux, situés entre les métacarpes.

ORGANES ACCESSOIRES DE LA MUSCULATURE DU MEMBRE SUPÉRIEUR

Ce sont des formations (fascias membraneux, gaines tendineuses, dispositifs fibreux et fascias de contention des tendons, bourses muqueuses) qui recouvrent les muscles et favorisent leur action.

❑ Les fascias du membre supérieur. Toute la musculature du membre est recouverte d'un fascia membraneux superficiel, sous-cutané et qui délimite en profondeur les portions musculaires. Ces membranes sont réparties selon la topographie suivante : fascia du tronçon de l'épaule (il recouvre les muscles de l'épaule en venant du fascia qui recouvre le muscle grand pectoral et en s'étendant sur le deltoïde, le trapèze, le grand dorsal : certaines cloisons vont en profondeur et d'autres contribuent à délimiter le creux axillaire) ; fascia du bras (c'est une formation laminaire membraneuse, cylindrique, qui recouvre les muscles du bras. Un autre fascia analogue recouvre les muscles de l'avant-bras, les sépare en portions et adhère à des points osseux sous-cutanés) ; fascia de la main (il recouvre les os et les muscles de la main aussi bien sur le dos que sur le côté palmaire : sur la paume, ce fascia est particulièrement épais et est appelé aponévrose palmaire).

❑ Les dispositifs fibreux de contention sont des formations laminaires membraneuses et superficielles, qui ont pour fonction de maintenir en place, bien adhérents sur les plans profonds, les longs tendons, notamment ceux de l'avant-bras et de la main. Ils agissent aussi comme point de réflexion mécanique et d'ancrage pour les tendons pendant les mouvements de flexion et d'extension. On distingue : le dispositif de contention carpien, qui est un épaississement du fascia de l'avant-bras. En se séparant en ligament dorsal et ligament palmaire, il entoure le poignet et recouvre les tendons, notamment les fléchisseurs, et il est renforcé sur la partie ventrale par le ligament transverse du carpe. Les dispositifs de contention tendineuse des doigts, que l'on ne trouve que sur le côté palmaire des doigts et qui forment des canaux fibreux qui s'étendent du métacarpe à la troisième phalange : ces canaux comprennent les tendons fléchisseurs (sur le dos, en revanche, les tendons sont insérés directement sur l'os).

❑ Les gaines tendineuses ou muqueuses sont des canaux situés dans les dispositifs de contention qui tendent à faciliter le déroulement des tendons, en réduisant le frottement. On les trouve aussi bien du côté ventral que dorsal et en particulier au niveau du carpe et des doigts.

❑ Les bourses muqueuses sont des dispositifs amortisseurs contenant de la synovie et placés à des points de friction mécanique entre les muscles, les tendons ou les organes fasciaux. Inconstants par leur volume, leur siège et leurs caractéristiques varient selon les habitudes individuelles (activités professionnelles, athlétiques, avec des sollicitations particulières).

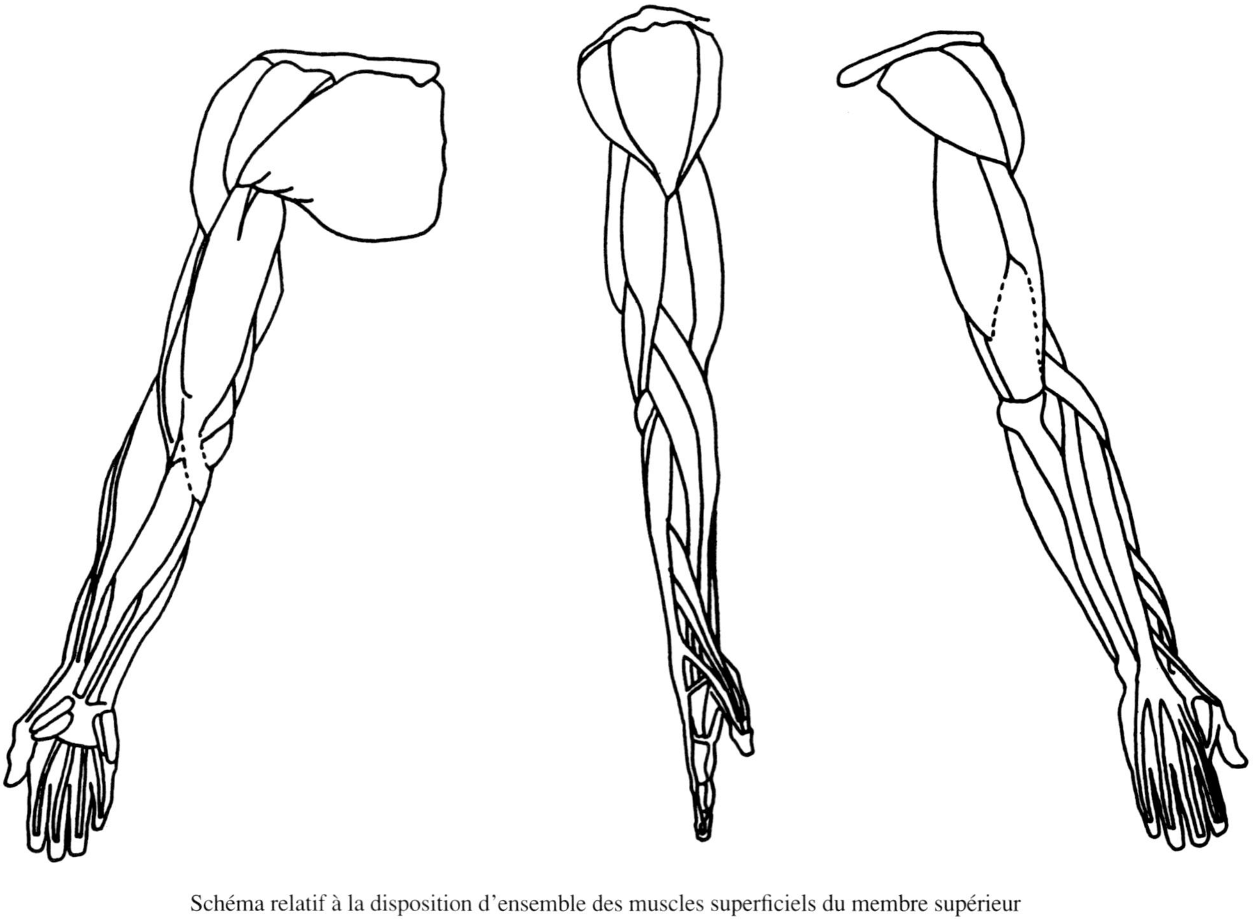

Schéma relatif à la disposition d'ensemble des muscles superficiels du membre supérieur

MUSCLE BICEPS BRACHIAL (*Biceps brachii*)

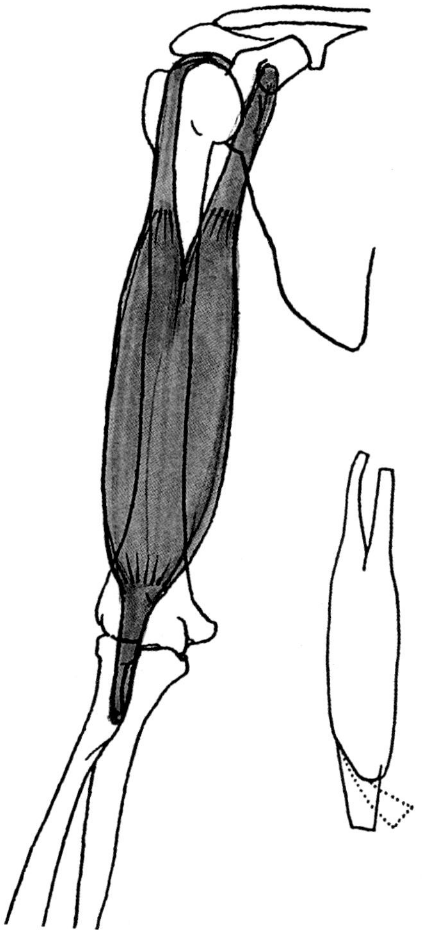

Forme, structure, relations Le muscle biceps brachial est grand et fuselé (il peut atteindre 5 cm au point de plus grande largeur et 3 cm au point de plus grande épaisseur), placé dans la partie antérieure du bras. Il doit son nom au fait d'avoir deux chefs d'origine au départ de l'omoplate : le chef long, situé latéralement, débute par un tendon long et fin qui part du tubercule sus-glénoïdien ; le chef court, situé au milieu, débute par un tendon court, robuste et aplati qui part du processus coracoïdien. Les deux ventres musculaires sont parallèles et ne se fondent que dans la partie distale, en s'insérant sur le radius au moyen d'un seul tendon très robuste et élargi. À partir du bord médian du tendon, au niveau du pli cutané correspondant à l'articulation du coude, une expansion aponévrotique (membrane fibreuse du biceps) s'élargit, orientée en oblique vers le bas et le milieu, en s'étendant sur le fascia qui recouvre le groupe des muscles fléchisseurs de l'avant-bras. Le muscle (qui peut présenter des insertions anormales, une connexion ou une séparation complète des deux extrémités ou bien l'absence d'une des deux) est presque entièrement sous-cutané, recouvert simplement par le fascia superficiel du bras (fascia brachial) et par la peau. La bande profonde du muscle recouvre le brachial ; le bord médian est en contact avec le coraco-brachial ; le bord latéral est en contact avec le deltoïde et le brachio-radial ; la bande superficielle, uniquement dans sa portion d'origine, est couverte par le grand pectoral et par le deltoïde. Le tendon d'insertion est disposé entre le groupe médian et le groupe latéral des muscles fléchisseurs de l'avant-bras.

Origine Chef long : tubercule sus-glénoïdien et cavité glénoïde de l'omoplate. (Le tendon parcourt également l'intérieur de la capsule fibreuse de l'articulation scapulo-humérale.)
Chef court : sommet du processus coracoïde de l'omoplate.

Insertion Face postérieure de la tubérosité bicipitale du radius ; faisceau aponévrotique antibrachial (par l'intermédiaire des fibres du biceps).

Action Flexion de l'avant-bras sur le bras, avec une légère rotation latérale (supination) de l'avant-bras. (Il faut se rappeler que le muscle biceps n'a pas d'insertion sur l'humérus.)

Anatomie de surface Le muscle biceps brachial est sous-cutané sur presque toute sa longueur. À l'état de relâchement, il apparaît comme une surface hémicylindrique située dans la partie antérieure du bras. Le relief du ventre musculaire est plus net près du chef d'insertion, alors que la portion située près des chefs d'origine est recouverte par le muscle deltoïde. À l'état de contraction, le muscle se raccourcit et son épaisseur augmente, surtout dans sa moitié inférieure, qui apparaît ainsi plus relevée que la moitié supérieure. De plus, dans cet état, le tendon d'insertion comme le biceps fibreux émergent nettement : le tendon apparaît avec netteté si l'avant-bras est en position de supination et replié à angle droit par rapport au bras. Le biceps fibreux est en revanche plus visible si, dans cette position repliée, l'avant-bras effectue une légère rotation médiane.
Le tendon d'origine de l'extrémité courte passe derrière le pilier antérieur de l'aisselle et devant le tendon du coraco-brachial. Il est fréquemment visible sous la peau au niveau de la ligne de séparation des deux extrémités d'origine et, dans certains cas, on peut aussi voir la veine céphalique et des faisceaux secondaires du ventre musculaire.

MUSCLE BRACHIO-RADIAL (*Brachioradialis*)

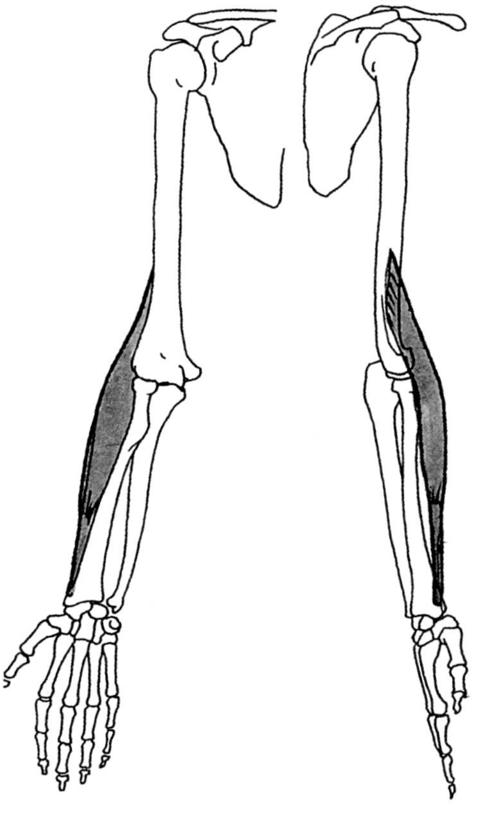

Forme, structure, relations Le muscle brachio-radial (ou long supinateur) est long, légèrement aplati, volumineux, situé superficiellement sur le côté médian de l'avant-bras, tendu entre l'humérus et le radius. Il a une forme presque triangulaire parce que les fibres viennent d'une surface très élargie et il converge, presque à la moitié de l'avant-bras, dans un tendon d'insertion long, fin et plat. Le muscle, qui peut présenter des insertions anormales ou des connexions avec les muscles proches, est accompagné, au milieu et à l'arrière, par l'extenseur radial long du carpe. Vers le milieu et vers l'avant, il est en contact avec le rond pronateur (qu'il recouvre en partie) et le fléchisseur radial du carpe. La partie distale du tendon d'insertion croise les tendons du long abducteur du pouce et le court extenseur du pouce.

Origine Bord latéral de l'humérus (crête sus-glénoïde) ; face antérieure de la cloison intermusculaire latérale.

Insertion Face supérieure du processus styloïde du radius.

Action Flexion de l'avant-bras sur le bras (particulièrement efficace si l'avant-bras est en position intermédiaire entre la pronation et la supination).

Anatomie de surface Le muscle brachio-radial est sous-cutané sur presque toute son extension. À l'état de relâchement, sa masse charnue ne peut pas être distinguée de celle du long extenseur radial du carpe contigu, mais lors d'une contraction vigoureuse, elle apparaît nettement relevée (« tendon du radial ») sur les deux tiers supérieurs du côté radial de l'avant-bras en flexion. Il constitue alors le bord latéral de la fossette cubitale dans laquelle le relief du tendon bicipital est situé au milieu du muscle brachio-radial.

MUSCLE TRICEPS BRACHIAL (*Triceps brachii*)

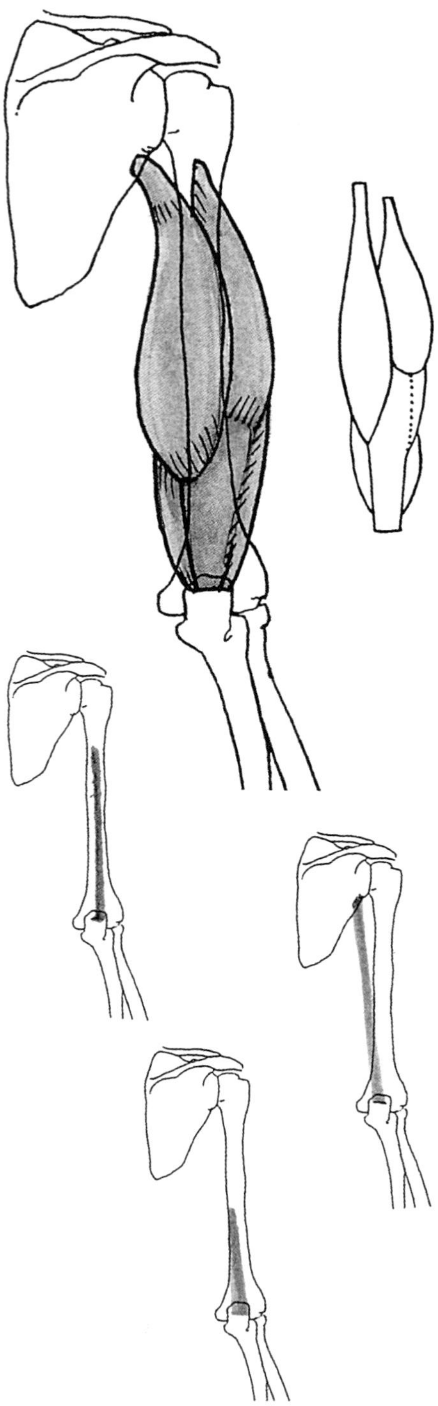

Forme, structure, relations Le muscle triceps brachial est volumineux, d'une grande épaisseur (environ 4 cm) et il occupe entièrement le côté postérieur du bras, étendu de l'omoplate et de l'humérus jusqu'au cubitus. Il est constitué de trois ventres musculaires qui restent distincts et n'ont en commun qu'un large tendon d'insertion : le chef médian (ou vaste interne) situé profondément ; le chef latéral (ou vaste externe) et le chef long situés superficiellement. Le vaste interne est fin et triangulaire, ses fibres sont orientées en oblique du haut vers le bas et latéralement. Il est en grande partie recouvert par le chef long, par le chef latéral et par le tendon commun dont il déborde légèrement sur les côtés dans la portion inférieure du bras. Le chef long se superpose sur une brève portion au chef latéral : tous deux sont superficiels et parallèles en occupant la portion supérieure du bras. Le tendon d'origine du chef long se prolonge en une lame aponévrotique qui recouvre au milieu le ventre musculaire et qui forme en surface un aplatissement de la face médiane du bras, particulièrement visible lors de l'extension. Le muscle triceps est en grande partie sous-cutané, recouvert par le fascia aponévrotique brachial et par la peau. Le chef long, dans sa partie initiale, passe devant le petit rond et derrière le grand rond et il est couvert par le deltoïde ; le chef latéral est en contact avec le brachial, antérieurement, et avec l'anconé, inférieurement ; le chef médian adhère à la face postérieure de l'humérus et il est couvert par le tendon commun.

Origine Chef long : tubérosité sous-glénoïde de l'omoplate et capsule fibreuse de l'articulation scapulo-humérale.
Chef latéral : surface postérieure et latérale de l'humérus (zone comprise entre le sillon du nerf radial, la tubérosité deltoïde et l'insertion du petit rond) ; cloison intermusculaire latérale.
Chef médian : surface postérieure et médiane de l'humérus (zone restreinte comprise entre le sillon du nerf radial, l'insertion du petit rond et la trochlée humérale) ; cloisons intermusculaires, médiane et latérale.

Insertion Cubitus (surfaces postérieure et supérieure de l'olécrâne) ; fascia antibrachial. (L'insertion survient par l'intermédiaire d'un tendon long, robuste et aplati sur lequel convergent les trois ventres musculaires. Ce tendon est constitué de deux lames aponévrotiques superposées qui partent du milieu du muscle environ, l'une profondément et l'autre superficiellement. Entre le plan osseux et le tendon, on trouve une bourse muqueuse d'écoulement, une bourse sous-tendineuse et, superficiellement, la bourse sous-cutanée de l'olécrâne.)

Action Extension de l'avant-bras sur le bras. On peut remarquer que le chef long du triceps agit sur deux articulations, épaule et coude, favorisant également une faible adduction et un déplacement dorsal du bras ; les chefs médian et latéral n'agissent en revanche que sur l'articulation du coude, provoquant son extension.

Anatomie de surface Le muscle triceps est sous-cutané pendant presque toute son extension et il occupe le secteur postérieur du bras. Le chef long est la portion la plus évidente et la plus relevée, recouverte, sur une courte portion supérieure, par le muscle deltoïde ; le chef latéral est placé latéralement par rapport au chef long qui le recouvre en partie ; le chef médian est couvert par le tendon commun et l'on ne voit que ses bords situés à proximité des épicondyles de l'humérus. Le tendon commun forme une large zone aplatie, légèrement convexe, d'une forme presque rectangulaire et orientée en oblique vers le bas et le milieu par rapport à l'axe longitudinal du bras. Sur le côté supérieur et latéral, sont insérées les fibres musculaires du chef latéral et certaines fibres du chef médian ; sur le côté médian sont insérées les fibres du chef long et, dans la partie inférieure, celles du chef médian. Si le muscle est contracté, ses ventres apparaissent bien relevés dans la moitié supérieure du bras, formant un contraste avec la zone aplatie correspondant au tendon commun qui occupe la moitié inférieure. Si le muscle est relâché ou l'avant-bras replié sur le bras, les reliefs du triceps sont très atténués et toute la région postérieure du bras prend un aspect assez régulièrement arrondi ou aplati.

MUSCLE SUPINATEUR (*Supinator*)

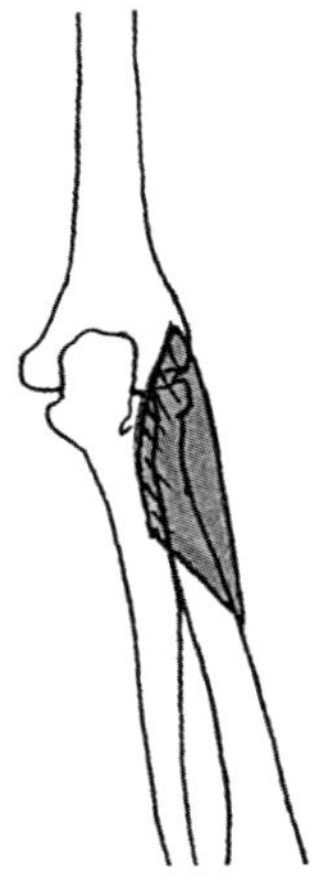

Forme, structure, relations Le muscle supinateur (ou court supinateur) est aplati, d'une forme presque triangulaire et placé en dessous et derrière l'articulation du coude. Il est orienté en oblique et latéralement, du cubitus au radius, qu'il contourne dans son tiers proximal. Le muscle supinateur (qui peut être distingué en deux lames superposées, superficielles et profondes ou qui peut présenter des insertions anormales) adhère au radius et à la capsule articulaire du coude. Postérieurement, il est recouvert par les muscles extenseurs communs des doigts et par le muscle extenseur cubital du carpe ; antérieurement, il entre en contact avec le tendon du biceps.

Origine Épicondyle latéral de l'humérus ; ligaments de l'articulation du coude ; bord latéral du cubitus (sur la crête du supinateur, une zone rugueuse placée sur l'échancrure semi-lunaire).

Insertion Face antérieure et latérale du tiers supérieur du radius, près de la tubérosité.

Action Supination de l'avant-bras (rotation latérale du radius sur le cubitus).

Anatomie de surface Le muscle, situé profondément, n'est donc pas visible sous la peau.

MUSCLE CORACO-BRACHIAL (*Coracobrachialis*)

Forme, structure, relations Le coraco-brachial est un muscle peu volumineux, allongé, d'une forme presque cylindrique ou conique, orienté en oblique vers le bas et l'extérieur. Il part de l'omoplate, au point d'insertion sur l'humérus. Le muscle, qui peut présenter des variations de longueur, est en grande partie recouvert du chef court du biceps, tandis que son tendon d'origine croise dans sa partie antérieure et supérieure le muscle grand pectoral et le deltoïde, et postérieurement, les muscles grand dorsal, grand rond, sous-scapulaire.

Origine Sommet du processus coracoïde de l'omoplate (le tendon est placé au milieu du tendon du chef bref du biceps).

Insertion Surface antéro-médiane du tiers moyen de la diaphyse de l'humérus.

Action Adduction du bras, avec légère flexion antérieure et déplacement médian ; stabilisation de l'humérus dans l'articulation scapulo-humérale. (On peut remarquer que la situation topographique et l'action d'adduction du muscle sont analogues à celles des muscles adducteurs de la cuisse.)

Anatomie de surface Le muscle coraco-brachial n'est sous-cutané que sur une courte portion du tendon d'origine : il apparaît comme un cordon en relief placé derrière le bord antérieur de l'aisselle et profondément derrière le chef court du biceps, qui lui est adjacent. La partie superficielle est surtout visible quand le bras est en abduction et l'avant-bras replié à angle droit.

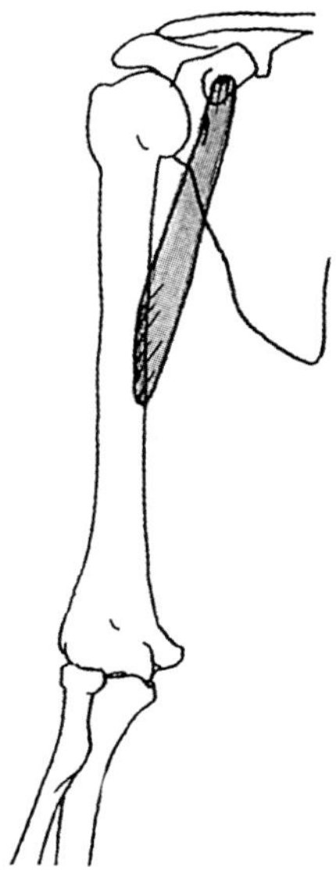

MUSCLE BRACHIAL (*Brachialis*)

Forme, structure, relations Le brachial (ou brachial antérieur) est un muscle robuste, aplati, long et assez large, situé sur la face antérieure de l'articulation du coude, tendu entre l'humérus et le cubitus. Le muscle, qui peut être divisé en plusieurs fascias distincts, adhère à la surface ventrale de l'humérus et est en grande partie recouvert par le biceps. Le bord médian est en contact avec le brachio-radial et le long extenseur radial du carpe, dont il est séparé par un faisceau nerveux-vasculaire. Certaines portions des bords médian et latéral sont superficielles.

Origine Moitié inférieure du fascia antérieur de l'humérus, cloisons intermusculaires médiane et latérale.

Insertion Tubérosité du cubitus ; surface rugueuse du fascia antérieur du processus coronoïde.

Action Flexion de l'avant-bras, en synergie avec le muscle biceps et en agissant de façon plus efficace quand l'avant-bras est déjà partiellement replié.

Anatomie de surface Le muscle brachial est large et ses bords médian et latéral, au niveau de l'articulation du coude, débordent donc du biceps et apparaissent sous-cutanés sur les côtés du bras. La partie superficielle médiane est courte et forme une zone aplatie près du tendon du biceps, tandis que la portion latérale est étendue, atteint l'insertion du deltoïde et apparaît comme un relief compris entre le biceps et le chef latéral du triceps.

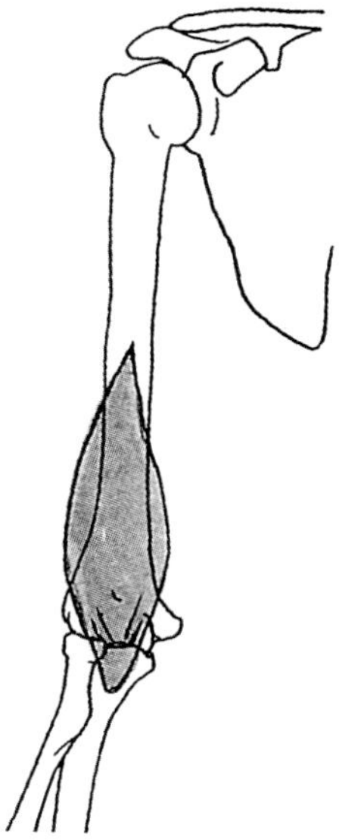

MUSCLE ROND PRONATEUR (*Pronator teres*)

Forme, structure, relations Le muscle rond pronateur est court, charnu, cylindrique dans sa partie initiale d'origine, près de l'humérus, et aplati vers le tendon d'insertion sur le radius. Ce muscle est le plus latéral du groupe qui vient de l'épicondyle médian (ou épitrochlée) de l'humérus et il est orienté latéralement vers le bas, traversant en diagonale la partie antérieure de l'avant-bras. Le rond pronateur débute par deux chefs séparés venant l'un de l'humérus et l'autre du cubitus, qui s'unissent presque aussitôt en un seul ventre. La portion supérieure du muscle est superficielle, tandis que la portion inférieure, surtout tendineuse, est recouverte par les muscles de la région latérale de l'avant-bras. Le fascia profond recouvre le brachial et les tendons du fléchisseur superficiel des doigts. Le bord latéral du muscle délimite au milieu la fossette cubitale, une dépression triangulaire placée antérieurement à l'articulation du coude et dans laquelle, en profondeur, sous les fibres du biceps, sont situés les tendons du biceps, le brachial et le supinateur (court).

Origine Chef huméral : épicondyle médian (épitrochlée) de l'humérus ; cloison intermusculaire médiane.
Chef cubital : surface médiane du processus coronoïde du cubitus.

Insertion Fascia latéral de la portion médiane du radius.

Action Pronation de l'avant-bras (c'est-à-dire rotation, vers l'axe du bras, du radius sur le cubitus, en synergie avec le muscle carré pronateur et en antagonisme avec le muscle supinateur) ; faible flexion de l'avant-bras.

Anatomie de surface Le muscle rond pronateur est sous-cutané dans sa portion proximale, mais il n'est pas facile de le distinguer parmi les muscles de la région. Si l'avant-bras est en pronation contre une résistance et légèrement replié, le muscle contracté peut apparaître comme un petit cordon sur le fascia antéro-médian de l'avant-bras, sous le pli cubital, dans une zone comprise entre le brachio-radial (placé latéralement et séparé par un sillon) et l'épicondyle médian de l'humérus.

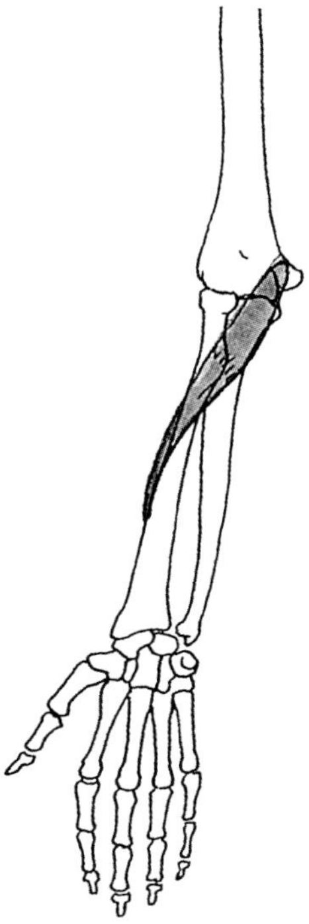

MUSCLE CARRÉ PRONATEUR (*Pronator quadratus*)

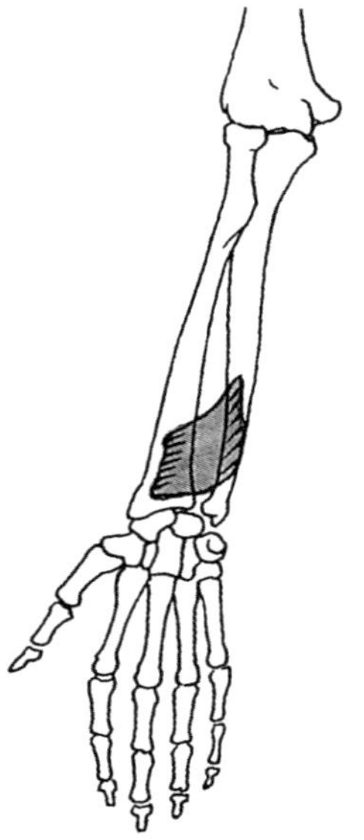

Forme, structure, relations Le muscle carré pronateur est aplati, presque laminaire, de forme quadrangulaire, situé dans la portion distale de la partie antérieure de l'avant-bras, près de l'articulation du poignet. Les faisceaux musculaires sont disposés de façon à constituer deux couches laminaires superposées qui relient le cubitus et le radius dans une orientation transversale ou légèrement oblique. Le muscle, qui peut présenter des variations d'extension ou de volume ou bien être séparé en plusieurs faisceaux séparés, est situé profondément et adhère aux os de l'avant-bras et à la membrane interosseuse. Il est recouvert par les tendons des muscles fléchisseurs (cubital du carpe, superficiel et profond des doigts, long et court palmaires, fléchisseur du pouce) puis par le fascia antibrachial et par la peau. Le bord supérieur du carré pronateur est très fin, tandis que le bord inférieur est plus épais et contribue à déterminer le volume du segment distal et antérieur de l'avant-bras.

Origine Portion distale de la face antérieure du cubitus.

Insertion Portion distale de la face antérieure du radius, au-dessus de l'échancrure cubitale.

Action Pronation de l'avant-bras.

Anatomie de surface Le muscle carré pronateur est situé profondément et il n'est donc ni visible en surface, ni palpable.

MUSCLE ANCONÉ (*Anconeus*)

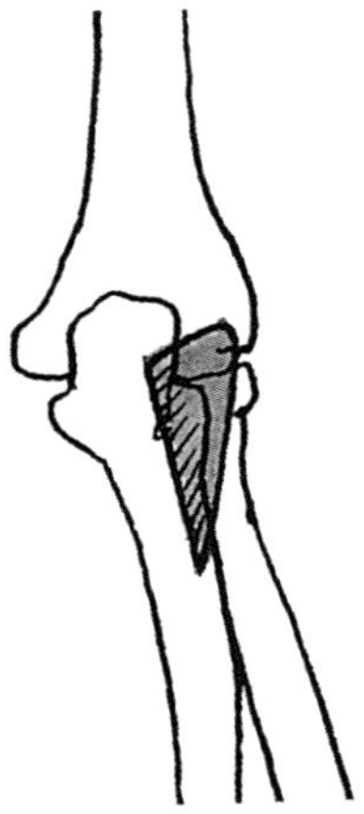

Forme, structure, relations Le muscle anconé est petit, aplati, de forme triangulaire parce que ses fibres viennent d'une zone restreinte et qu'elles se dirigent vers le milieu et le bas en s'élargissant en éventail près du point d'insertion. Le muscle, qui peut se fondre avec le chef latéral du triceps, est superficiel, recouvert par le fascia antibrachial et par la peau ; sa partie profonde adhère à la surface postérieure de l'articulation du coude. Le bord supérieur est en contact avec le chef latéral du triceps et le bord latéro-inférieur est en contact avec l'extenseur cubital du carpe.

Origine Face postérieure de l'épicondyle latéral de l'humérus, avec un court tendon et dans la continuité du chef latéral du triceps.

Insertion Surface postéro-latérale du cubitus (sur et sous l'olécrâne).

Action Extension de l'avant-bras (en synergie avec le muscle triceps) ; participation aux mouvements de pronation et de supination de l'avant-bras.

Anatomie de surface Le muscle anconé est superficiel et quand il est contracté (avec l'avant-bras en forte extension), il apparaît comme un petit relief allongé placé sur le côté de l'olécrâne, entre le tendon du triceps et le groupe de muscles à l'origine de l'épicondyle latéral de l'humérus (extenseurs).

MUSCLE FLÉCHISSEUR RADIAL DU CARPE (*Flexor carpi radialis*)

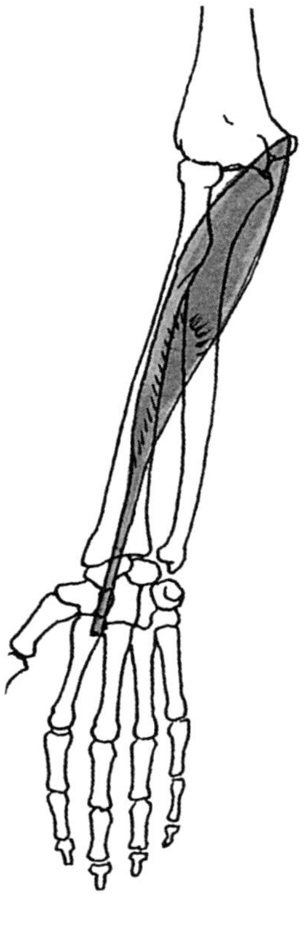

Forme, structure, relations Le muscle fléchisseur radial du carpe (ou grand palmaire) a un ventre volumineux, fuselé, légèrement aplati dans la portion où il passe vers le long tendon d'insertion. Il est orienté vers le bas et latéralement, de l'épicondyle médian de l'humérus au deuxième os métacarpien, et traverse en biais la partie ventrale de l'avant-bras. Le muscle, qui peut être absent, présenter des insertions anormales ou être partiellement fusionné avec les muscles proches, est superficiel sur presque tout son trajet, recouvert par le fascia antibrachial et par la peau. Il couvre le fléchisseur superficiel des doigts et est accompagné latéralement par le muscle rond pronateur et au milieu par le muscle long palmaire.

Origine Épicondyle médian de l'humérus ; fascia antibrachial.

Insertion Face antérieure de la base du IIe os métacarpien (la portion distale du tendon, recouverte d'une gaine synoviale, s'étend le long de l'os scaphoïde et est recouverte par le ligament carpien palmaire).

Action Flexion de la main sur l'avant-bras (en synergie avec le fléchisseur cubital du carpe) ; faible abduction et pronation de la main.

Anatomie de surface Le muscle fléchisseur radial du carpe est sous-cutané, mais son ventre n'est pas facile à distinguer de ceux des autres muscles fléchisseurs superficiels venant de l'épicondyle médian (fléchisseur cubital du carpe, long palmaire, rond pronateur) parce qu'ils sont tous recouverts d'un fascia aponévrotique d'insertion robuste, sur lequel adhère le fascia antibrachial. Le tendon d'insertion est en revanche bien visible sous la peau, sur la surface ventrale de l'avant-bras, à proximité du poignet. Il apparaît comme un cordon en relief, surtout si la main est légèrement repliée et déviée vers le radius : ce cordon est situé du côté du radius par rapport à la ligne médiane de l'avant-bras, sur les côtés du tendon du muscle long palmaire, qui est plus fin et encore plus relevé. Si l'avant-bras est en position anatomique, l'axe du tendon se dirige vers l'index, alors qu'il est orienté en oblique et plus près du bord radial si l'avant-bras est en pronation. La partie contractile du muscle tend, sur une courte portion, quelques fibres sur les côtés du tendon d'insertion, ce dernier semblant ainsi être situé plus bas qu'elles. Pendant la contraction, cela peut créer en surface un léger vallonnement cutané de forme triangulaire.

MUSCLE FLÉCHISSEUR CUBITAL DU CARPE (*Flexor carpi ulnaris*)

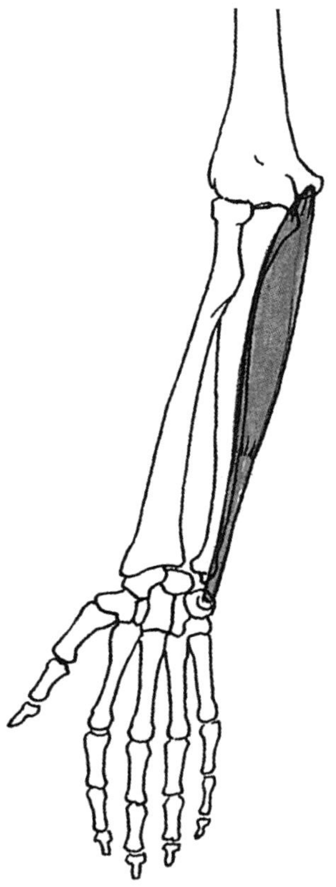

Forme, structure, relations Le muscle fléchisseur cubital du carpe (ou cubital antérieur) est long, aplati, placé sur le bord médian de l'avant-bras, orienté verticalement de l'humérus au carpe. C'est le plus volumineux et le plus médian des muscles fléchisseurs superficiels de l'avant-bras : les deux chefs d'origine, le chef huméral et le chef cubital, fusionnent en un seul ventre qui, à peu près au tiers de la partie distale de l'avant-bras, se prolonge en un tendon fin et aplati. Le muscle est sous-cutané sur toute sa longueur, recouvert du fascia antibrachial. La partie profonde est en contact avec les fléchisseurs superficiel et profond des doigts et avec le carré pronateur.

Origine Chef huméral : épicondyle médian de l'humérus.
Chef cubital : bord médian du cubitus (olécrâne) ; portion supérieure du bord postérieur du cubitus, par l'intermédiaire d'une lame aponévrotique.

Insertion Os pisiforme, avec extensions à l'os unciforme et à la base du Ve métacarpien. (Le tendon, à proximité de l'insertion, est relié au fascia antibrachial par une expansion aponévrotique.)

Action Flexion de la main sur l'avant-bras (en synergie avec le fléchisseur radial du carpe et le long palmaire) ; adduction (déviation dans le sens médian) de la main.

Anatomie de surface Le muscle fléchisseur cubital du carpe est sous-cutané, mais il est difficile à distinguer des muscles voisins à cause du fascia aponévrotique qui les recouvre (voir le muscle fléchisseur radial du carpe). Parfois, le ventre musculaire contracté peut former un léger sillon parallèle au cubitus, délimité par celui-ci et par le bord cubital du muscle, dans lequel passe la veine basilique. On voit bien en revanche le tendon, qui est le plus central de ceux des fléchisseurs et délimite le bord antérieur médian du poignet. Si le membre est en position anatomique, le tendon est peu relevé et passe près du cubitus, mais il n'y adhère pas car une légère couche adipeuse les sépare et contribue à modeler la morphologie externe de la région. Si la main est repliée, le tendon apparaît fortement relevé au milieu du tendon du long palmaire.

MUSCLE FLÉCHISSEUR SUPERFICIEL DES DOIGTS
(*Flexor digitorum superficialis* ; *Flexor digitorum sublimis*)

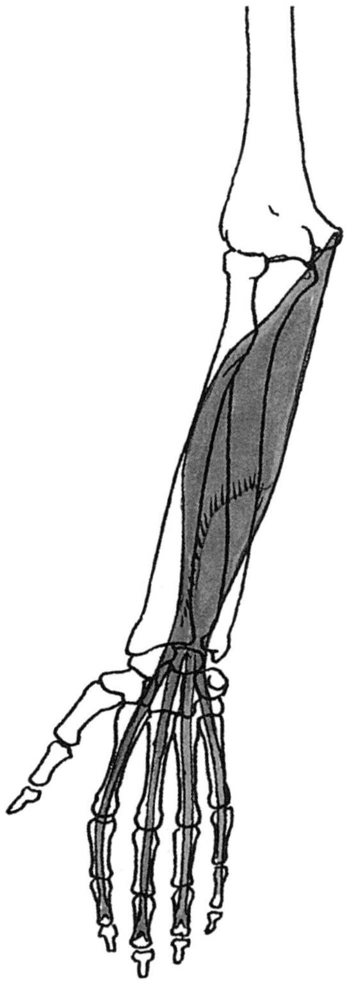

Forme, structure, relations Le fléchisseur superficiel des doigts est un large muscle aplati situé en profondeur dans le secteur antérieur de l'avant-bras qu'il parcourt tout le long de son axe. On distingue deux chefs d'origine, le chef huméro-cubital et le chef radial, auxquels correspondent deux ventres disposés sur un plan profond et sur un plan superficiel, tous deux également divisés en deux chefs. Ils se prolongent en quatre longs tendons cylindriques qui s'insèrent sur les doigts de la main, à l'exception du pouce. Les deux tendons qui proviennent de la couche superficielle sont superposés à ceux de la couche profonde et, au niveau du poignet et de la main, se dirigent vers les deux doigts centraux, le majeur (ou IIIe doigt) et l'annulaire (ou IVe) ; les deux tendons de la couche profonde sont au contraire divergents et se dirigent vers les autres doigts, l'index (ou IIe) et l'auriculaire (ou V^{e}). Le muscle est sujet à de nombreuses variations et a des contacts étendus. Il recouvre, sur l'avant-bras, le fléchisseur profond des doigts et est recouvert par le long palmaire, par le fléchisseur radial du carpe, par le rond pronateur, par le brachio-radial ; sur le poignet, les quatre tendons qui recouvrent ceux qui correspondent au fléchisseur profond des doigts et le tendon du long fléchisseur du pouce sont entourés d'une gaine synoviale et sont recouverts du ligament transverse du carpe ; sur la main, les tendons sont couverts par l'aponévrose palmaire. Dans les doigts, chaque tendon recouvre le tendon correspondant du fléchisseur profond sauf dans la portion proche de l'insertion, au niveau de la IIe phalange où, en se dédoublant, le tendon vient se lacer à proximité.

Origine Chef huméro-cubital : épicondyle médian de l'humérus ; surface médiane du processus coronoïde du cubitus (au-dessus du chef cubital du rond pronateur) ; ligament latéral cubital.
Chef radial : bord antérieur du radius (dans le tiers médian).

Insertion Bords sur les côtés des deuxièmes phalanges, du IIe au Ve doigt.

Action Flexion de la deuxième phalange (moyenne) sur la première phalange (proximale) des quatre derniers doigts de la main ; faible flexion et inclinaison cubitale de la main.

Anatomie de surface Le muscle fléchisseur superficiel des doigts est situé profondément et contribue à former la masse charnue de la moitié supérieure de l'avant-bras, dans sa partie antérieure et sur le bord médian. Seule une fine portion du ventre est sous-cutanée, le long du bord médian de l'avant-bras, entre le long palmaire (placé antérolatéralement) et le fléchisseur cubital du carpe (placé au milieu). En fonction de ces contacts, le faisceau des quatre tendons (qui restent rapprochés jusqu'au poignet) est visible entre les tendons du long palmaire et du fléchisseur cubital du carpe, dans la partie distale de l'avant-bras, surtout si la main est serrée en poing et légèrement repliée. Si les doigts sont pliés avec la main ouverte, on peut voir apparaître, sur la paume, les reliefs divergents des quatre tendons, recouverts par l'aponévrose palmaire et par la peau.`

MUSCLE LONG PALMAIRE (*Palmaris longus*)

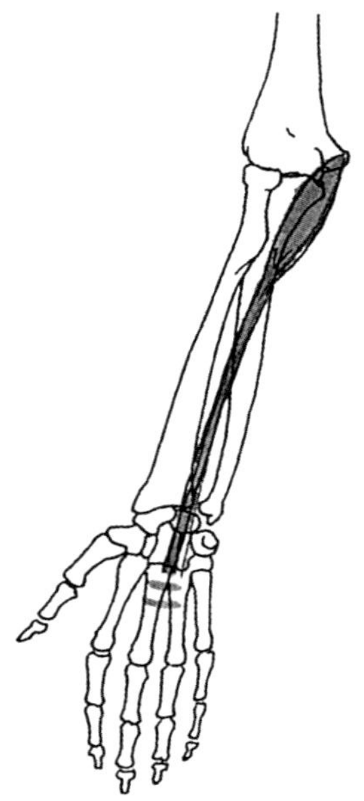

Forme, structure, relations Le muscle long palmaire (ou petit palmaire ou palmaire grêle) a le ventre très mince, fin, fusiforme et court puisqu'il ne va pas jusqu'à la moitié de l'avant-bras et devient un tendon long et fin. Il est superficiel et disposé un peu en biais sur la face antérieure de l'avant-bras, par rapport à l'axe du membre. Il est orienté vers le bas, latéralement, et va de l'humérus à l'insertion sur l'aponévrose palmaire. Il est bordé latéralement par le fléchisseur radial du carpe et dans sa partie médiane par le fléchisseur cubital du carpe et le fléchisseur superficiel des doigts, sur lequel il s'étend en partie.

Origine Épicondyle médian de l'humérus ; fascia antibrachial ; cloisons fibreuses de séparation avec les muscles proches.

Insertion Fascia aponévrotique palmaire. (Le tendon, qui passe au-dessus du ligament transverse du carpe et sous le ligament palmaire carpien, s'élargit en éventail et s'étend également, sous la forme de petits faisceaux profonds latéraux, sur les tendons d'insertion des muscles de l'éminence thénar.)

Action Tension de l'aponévrose palmaire ; faible flexion de la main sur l'avant-bras.

Anatomie de surface Le muscle long palmaire est sous-cutané, mais son ventre n'est pas facile à distinguer de ceux des autres muscles fléchisseurs. Le tendon apparaît comme un cordon très relevé et plus fin que celui du fléchisseur radial du carpe, qui s'étend latéralement et parallèlement à lui. À proximité du pli cutané transverse du poignet, il s'élargit un peu en raison de sa forme et de ses modalités d'insertion.

MUSCLE EXTENSEUR CUBITAL DU CARPE (*Extensor carpi ulnaris*)

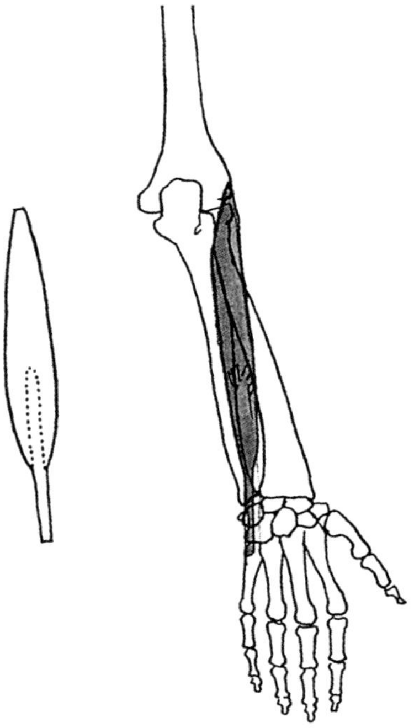

Forme, structure, relations Le muscle extenseur cubital du muscle (ou cubital postérieur) est long, fin, aplati et traverse en diagonale la face dorsale de l'avant-bras. Il va de l'humérus à l'insertion sur le métacarpe. Le ventre musculaire, au niveau du tiers distal de l'avant-bras, se prolonge sur les côtés du tendon aplati qui, avant l'insertion, passe dans la partie médiane de l'extrémité inférieure du cubitus et sous le ligament dorsal carpien. Le muscle est superficiel, recouvert par le fascia antibrachial et par la peau ; il adhère au bord postérieur du cubitus ; il couvre l'abducteur long du pouce et l'extenseur de l'index ; il est bordé latéralement et antérieurement par l'extenseur de l'auriculaire. Il est en contact avec l'anconé dans sa partie supérieure et médiane.

Origine Épicondyle latéral de l'humérus ; bord postérieur du cubitus.

Insertion Surface dorsale et tubercule médian de la base du Ve métacarpien (petit doigt).

Action Extension de la main sur l'avant-bras (en synergie avec les extenseurs radiaux du carpe) : adduction de la main (en synergie avec le fléchisseur cubital du carpe et en antagonisme avec l'abducteur long du pouce).

Anatomie de surface Le muscle extenseur cubital du carpe est sous-cutané et son ventre est rapproché latéralement du bord postérieur du cubitus, lequel reste un peu enfoncé entre les saillies de l'extenseur cubital du carpe et du fléchisseur profond des doigts, qui est situé dans la partie postérieure et médiane. Le muscle contracté apparaît comme un relief longitudinal sur la face dorsale de l'avant-bras, compris entre le cubitus et l'extenseur commun des doigts. Le tendon se perçoit facilement sur le dos du poignet, au milieu du processus styloïde cubital, surtout si la main est en extension et en adduction.

MUSCLE EXTENSEUR RADIAL COURT DU CARPE (*Extensor carpi radialis brevis*)

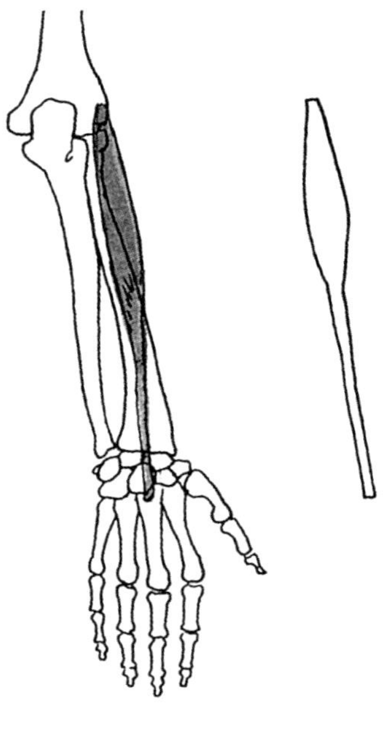

Forme, structure, relations Le muscle extenseur radial court du carpe (ou second radial externe) a une forme semblable à celle du radial long, mais il est plus court et plus épais que celui-ci et est situé plus profondément et du côté dorsal. Le tendon, long et fin, aplati, commence au niveau de la moitié de l'avant-bras et longe le milieu du tendon du radial long. Dans la partie distale, l'abducteur long du pouce, l'extenseur court du pouce et le ligament dorsal du carpe se superposent à lui. La face profonde du muscle est en contact avec la surface latérale du radius, tandis que la face superficielle est recouverte, dans la partie proximale, de l'extenseur radial long.

Origine Épicondyle latéral de l'humérus ; ligaments radiaux, latéral et annulaire, de l'articulation du coude.

Insertion Surface dorsale de la base du IIIe métacarpien.

Action Extension et abduction de la main par rapport à l'avant-bras.

Anatomie de surface Le muscle extenseur radial court du carpe n'est sous-cutané sur le bord latéral de l'avant-bras que sur une courte portion du ventre, celle qui n'est pas recouverte par l'extenseur radial long. Au cours de la contraction accompagnée de pronation de l'avant-bras, apparaît un cordon en relief placé entre l'extenseur radial long (antérieurement) et l'extenseur commun des doigts (au milieu), parallèle à l'axe longitudinal du membre. La portion distale du tendon d'insertion s'étend le long du tendon de l'extenseur radial long, au milieu, mais il est peu apparent.

MUSCLE EXTENSEUR RADIAL LONG DU CARPE

(*Extensor carpi radialis longus*)

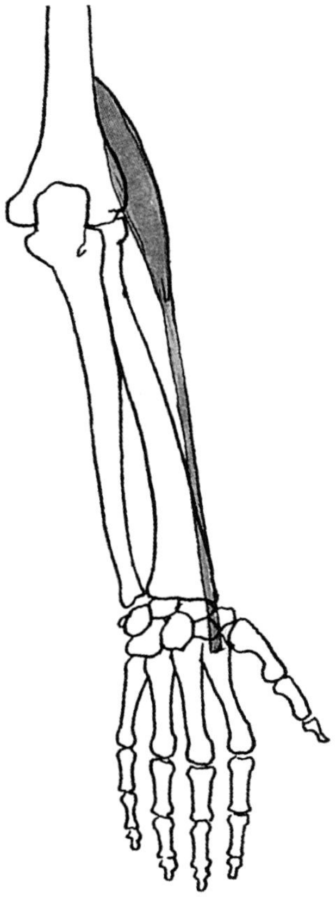

Forme, structure, relations Le muscle extenseur radial long du carpe (ou premier radial externe) est constitué d'un court ventre fuselé, légèrement aplati dans la portion qui, au niveau du tiers médian de l'avant-bras, continue sous forme de tendon long et plat. Le muscle occupe le bord latéro-postérieur de l'avant-bras qu'il parcourt superficiellement tout en étant en contact avec le brachio-radial (au-dessus et au milieu) et le supinateur (en profondeur). La partie supérieure couvre en partie le radial court du carpe, un muscle qui suit le même trajet et est de la même forme mais qui est situé plus profondément et postérieurement. La portion distale du tendon, près du processus styloïde du radius, est croisée et recouverte par les tendons de l'abducteur long du pouce, de l'extenseur court du pouce et du ligament dorsal du carpe.

Origine Zone sus-condyloïdienne latérale de l'humérus ; cloison intermusculaire latérale.

Insertion Surface dorsale de la base du IIe métacarpien.

Action Extension et abduction de la main par rapport à l'avant-bras, au niveau du poignet, agissant en synergie avec l'extenseur cubital du carpe, avec l'extenseur radial court du carpe (pour l'extension) et avec le fléchisseur radial du carpe (pour l'abduction) ; faible flexion de l'avant-bras, favorisant la fermeture du poing, et faible pronation (à cause de la direction oblique, de latérale à postérieure, de la ligne de traction musculaire).

Anatomie de surface Le muscle extenseur radial long du carpe est sous-cutané sur presque toute son extension. Avec le supinateur et l'extenseur radial court, qui sont disposés à ses côtés, il occupe le bord latéral de l'avant-bras, du condyle huméral au poignet. Les trois muscles ne peuvent pas être distingués individuellement quand ils sont relâchés, mais si l'avant-bras est en flexion contre une résistance, le radial long apparaît nettement. Le tendon est situé sur le bord latéral de la surface dorsale du poignet et il se relève pendant l'extension de la main. Au milieu de la main, sur la ligne médiane mais d'une façon beaucoup moins apparente, se trouve le tendon de l'extenseur radial long du carpe.

MUSCLE EXTENSEUR COMMUN DES DOIGTS

(*Extensor digitorum communis*)

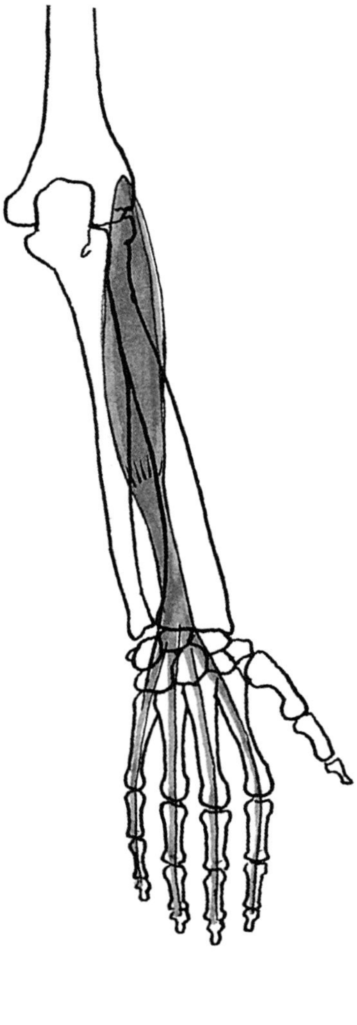

Forme, structure, relations Le muscle extenseur des doigts est le plus latéral du groupe des extenseurs situés sur la couche superficielle de la partie postérieure de l'avant-bras. Le ventre est fusiforme, allongé, légèrement aplati et, environ au niveau de la moitié de l'avant-bras, il se divise en faisceaux musculaires qui se prolongent en quatre tendons aplatis dirigés vers le dos des quatre derniers doigts. Les tendons, entourés d'une gaine synoviale commune, vont, rapprochés, jusqu'au ligament annulaire postérieur du carpe, passent dessous puis divergent vers les doigts, mais dans une direction plus oblique que les os métacarpiens. Ils sont ensuite réunis par de fines expansions tendineuses transversales, qui servent à les contenir et à rendre uniformes les mouvements d'extension. Le muscle est recouvert par le fascia antibrachial et par la peau. Il couvre le supinateur, l'abducteur long du pouce, l'extenseur cubital du carpe, l'extenseur propre de l'index, l'articulation radio-carpienne, les métacarpes et les phalanges. Tout au long du bord médian, se trouve l'extenseur propre de l'auriculaire.

Origine Épicondyle latéral de l'humérus ; ligaments du cubitus et du radius ; fascia antibrachial.

Insertion Surfaces dorsales des secondes phalanges (avec expansions fibreuses à la base des phalanges distales) de l'index, du majeur, de l'annulaire et de l'auriculaire.

Action Extension des quatre derniers doigts, au niveau des articulations métacarpo-phalangiennes, avec légère abduction de l'index et de l'auriculaire. (L'extension de chaque doigt, surtout celle de l'annulaire, est fortement limitée par les connexions fibreuses transversales. L'action musculaire place les premières phalanges dans l'axe des métacarpiens et les replie côté dorsal, mais seulement de quelques degrés. De plus, l'index et l'auriculaire sont très mobiles parce que deux muscles spécifiques agissent sur eux, les extenseurs propres de l'index et de l'auriculaire, dont les tendons sont parallèles et rapprochés de ceux de l'extenseur commun.)

Anatomie de surface Le muscle extenseur commun des doigts est sous-cutané. Son ventre musculaire est visible sur la surface dorsale de l'avant-bras, dans la portion supérieure, dans la zone allongée comprise entre l'extenseur radial long du carpe et l'extenseur radial court du carpe (placés latéralement), ainsi que l'extenseur cubital du carpe, placé au milieu. Le dos du poignet est plat parce que le robuste ligament dorsal carpien recouvre les tendons mais ceux-ci deviennent très apparents sur le dos de la main et des phalanges proximales quand les doigts sont tendus : ils apparaissent alors comme des cordons en relief qui divergent du poignet vers les phalanges. Ils sont plus en biais que les os métacarpiens, notamment le IIe et le Ve. Les tendons de l'index et de l'auriculaire sont proches des tendons des muscles spécifiques respectifs (extenseurs propres de l'index et de l'auriculaire).

MUSCLE EXTENSEUR LONG DU POUCE (*Extensor pollicis longus*)

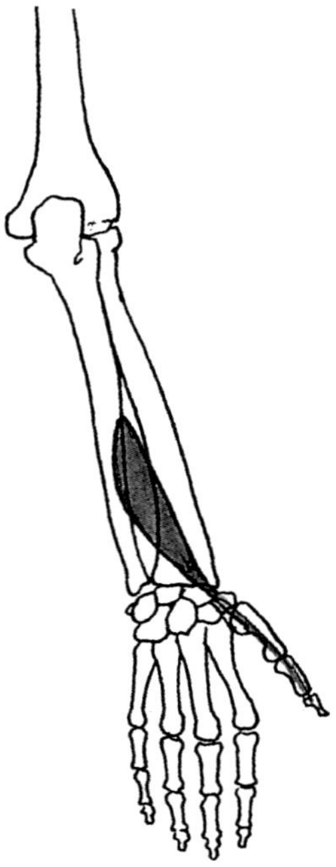

Forme, structure, relations Le muscle extenseur long du pouce est plutôt volumineux, allongé, légèrement aplati, situé profondément dans la partie postérieure de l'avant-bras. Le ventre musculaire prend naissance dans la portion médiane du cubitus et se dirige en diagonale vers le bas, sur la face postérieure du radius, en continuant comme un tendon fin jusqu'à l'insertion. Le muscle adhère au cubitus et à la membrane interosseuse ; il est en contact, au milieu, avec l'extenseur propre de l'index, sur le côté, avec l'extenseur court du pouce, au-dessus, avec l'abducteur long du pouce ; il est recouvert par l'extenseur propre de l'auriculaire et par l'extenseur cubital du carpe. Le tendon passe dans un sillon sur la face postérieure de l'extrémité inférieure du radius, qui sert de point de réflexion ; il est recouvert par le ligament dorsal du carpe ; il croise en biais les tendons des extenseurs radiaux long et court du carpe ; il se dirige vers le Ier doigt en passant par le tendon de l'extenseur court du pouce, dans sa partie centrale.

Origine Tiers médian de la face postéro-latérale du cubitus ; membrane interosseuse.

Insertion Surface dorsale de la base de la phalange distale du pouce.

Action Extension de la phalange distale du pouce, avec légère adduction et rotation latérale. En synergie avec l'extenseur court et avec l'abducteur long, il tend également la phalange proximale et le Ier métacarpien.

Anatomie de surface Le muscle extenseur long du pouce est situé profondément. Seul le tendon est sous-cutané et durant la contraction musculaire, il apparaît comme un cordon en relief très saillant, orienté du poignet au dos du pouce. Quand le pouce est replié sur la paume de la main, le tendon n'est pas visible parce qu'il s'aplatit contre les plans osseux.

MUSCLE EXTENSEUR PROPRE DE L'AURICULAIRE (*Extensor digiti minimi*)

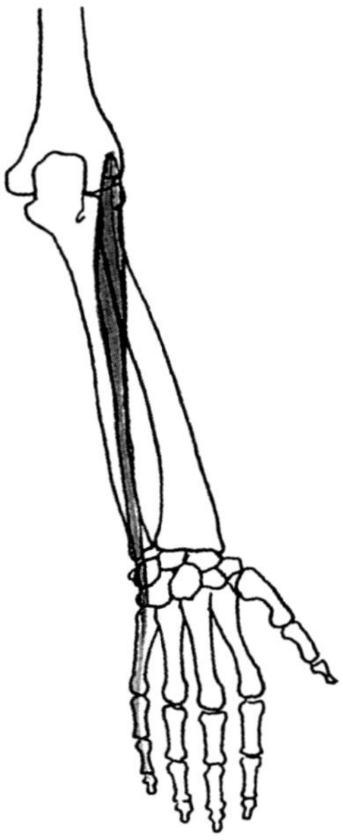

Forme, structure, relations L'extenseur propre de l'auriculaire a le ventre musculaire très fin, mince, placé au milieu du muscle extenseur commun des doigts et il est donc superficiel sur la face dorsale de l'avant-bras. Le ventre se prolonge en un fin tendon aplati qui, au niveau du poignet, se dédouble en se dirigeant vers le Ve doigt, où il côtoie le tendon de l'extenseur commun jusqu'à l'insertion. Le muscle, qui peut être fusionné avec l'extenseur commun, est en contact dans sa partie médiane avec l'extenseur cubital du carpe et il couvre les extenseurs long et court du pouce. Le tendon, enveloppé dans une gaine synoviale, est recouvert, au niveau du pouce, par le ligament dorsal carpien et il se prolonge dans une rainure postérieure de la tête du cubitus, avec le tendon cubital du carpe, se dédoublant en deux faisceaux terminaux.

Origine Épicondyle latéral de l'humérus.

Insertion Surface dorsale des deux dernières phalanges du Ve doigt.

Action Extension et légère abduction de l'auriculaire (en synergie avec l'extenseur commun, ce qui explique pourquoi l'auriculaire a plus de possibilités de mouvement indépendant que les autres doigts longs).

Anatomie de surface Le ventre musculaire de l'extenseur propre de l'auriculaire est sous-cutané, mais il est rarement visible ; il apparaît parfois en correspondance avec une fine bande comprise entre l'extenseur commun des doigts, latéralement, et l'extenseur cubital du carpe, au milieu. Le tendon en revanche est bien relevé près du bord cubital du dos de la main et sur le dos de la première phalange du Ve doigt. En effet, le tendon qui apparaît habituellement dans cette zone est celui de l'extenseur propre de l'auriculaire parce que le tendon de l'extenseur commun dirigé vers le petit doigt est moins proéminent.

MUSCLE FLÉCHISSEUR COURT DU POUCE (*Flexor pollicis brevis*)

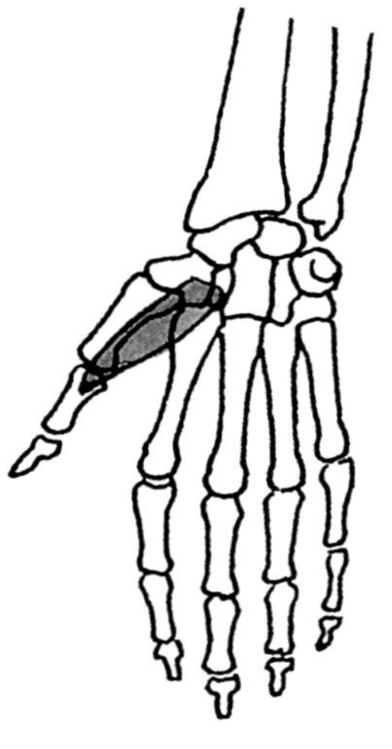

Forme, structure, relations Le muscle fléchisseur court du pouce est petit, allongé et fin. Le ventre musculaire est orienté en oblique, vers le bas et de côté, du carpe au pouce, et il se distingue en deux chefs d'origine : superficiel et profond. Le muscle, qui peut se fondre avec le muscle opposant du pouce, est en contact dans sa partie centrale avec l'abducteur court, qui le couvre en partie ; il recouvre l'opposant et l'adducteur du pouce.

Origine Partie superficielle : face inférieure du tubercule du trapèze ; ligament transverse du carpe.
Partie profonde : trapèze ; grand os ; ligaments palmaires du carpe.

Insertion Face antérieure de la base de la première phalange du pouce. Le tendon incorpore l'os sésamoïde latéral de l'articulation métacarpo-phalangienne du pouce.

Action Flexion de la phalange proximale du pouce, avec une faible flexion et rotation médiane du Ier métacarpien.

Anatomie de surface Le muscle fléchisseur court du pouce participe à la formation du relief thénar et il est, en partie, recouvert par l'adducteur court, qui ne laisse libre que son bord médian. Cela n'a toutefois aucune influence spécifique sur la morphologie externe parce qu'il est masqué par l'aponévrose palmaire et par une couche adipeuse sous-cutanée.

MUSCLE EXTENSEUR COURT DU POUCE (*Extensor pollicis brevis*)

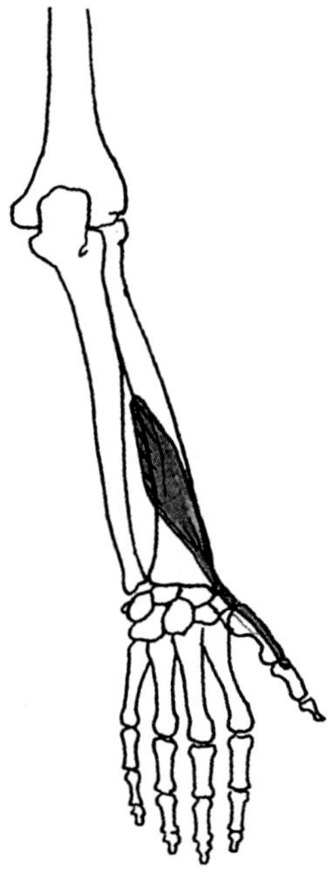

Forme, structure, relations Le muscle extenseur court du pouce est petit, fin, aplati, situé sur la face dorsale du tiers inférieur de l'avant-bras. Le ventre musculaire est orienté vers le bas et latéralement, devenant superficiel sur une courte portion. Il continue dans le tendon qui, après avoir été recouvert par le ligament dorsal carpien, se dirige vers le pouce où il est en contact au milieu avec le tendon de l'extenseur long du pouce. Le muscle, qui peut être absent ou fusionné avec l'abducteur long du pouce, adhère au radius et à la membrane interosseuse ; il est en contact, sur le côté, avec l'abducteur long du pouce, et au milieu, avec l'extenseur long. Il est recouvert, dans sa portion d'origine, par les deux muscles tandis que, dans la partie restante, il est couvert par l'extenseur commun des doigts.

Origine Tiers distal de la face postérieure du radius ; membrane interosseuse.

Insertion Face dorsale de la base de la phalange proximale du pouce. (Le tendon parcourt le bord latéral du radius, qui sert de point de réflexion, et croise en oblique les tendons des extenseurs radiaux court et long du carpe et la partie d'insertion du brachio-radial.)

Action Extension de la phalange distale du pouce et du Ier métacarpien ; légère abduction, en synergie avec les abducteurs long et court du pouce.

Anatomie de surface Le muscle extenseur court du pouce n'est sous-cutané que dans la portion correspondant au bord latéral du radius, près du poignet, à l'endroit où, avec l'abducteur long du pouce, il contribue à déterminer la surface légèrement convexe. Le muscle peut apparaître sous la peau d'une fine zone comprise entre l'abducteur long du pouce, l'extenseur radial du carpe (latéralement) et l'extenseur commun des doigts (au milieu). Le tendon, recouvert au poignet par le ligament dorsal carpien, devient ensuite superficiel et son relief, moins accentué que celui de l'extenseur long du pouce, délimite le bord latéral de la « tabatière anatomique ».

MUSCLE FLÉCHISSEUR LONG DU POUCE (*Flexor pollicis longus*)

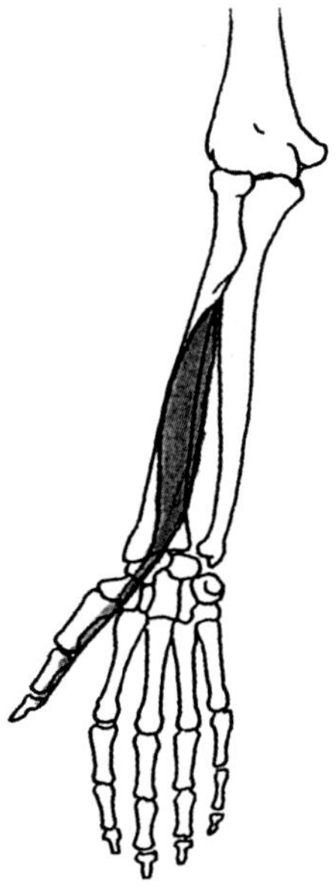

Forme, structure, relations Le muscle fléchisseur long du pouce a le ventre fin et plutôt arrondi, qui se prolonge, avec une structure semi-pennée, en un tendon aplati. Il est situé sur le côté du fléchisseur profond des doigts, en position profonde dans la partie antérieure de l'avant-bras. Le tendon passe sous le ligament transverse du carpe et, en passant entre le muscle opposant du pouce (placé plus superficiellement) et le chef oblique du muscle adducteur du pouce (placé au milieu), il se dirige vers la zone d'insertion. Le muscle, qui peut être fusionné avec les muscles proches ou avoir des chefs d'origine distincts, est recouvert par le fléchisseur superficiel des doigts et par le palmaire long ; il adhère au radius et à la membrane interosseuse ; il croise le carré pronateur.

Origine Surface antérieure du tiers médian du radius et la membrane interosseuse ; un petit faisceau peut débuter du bord latéral du processus coronoïde du cubitus ou bien de l'épicondyle médian de l'humérus.

Insertion Surface antérieure de la base de la phalange distale du Ier doigt (pouce).

Action Flexion de la phalange distale du pouce sur la phalange proximale et de celle-ci sur le premier os métacarpien, avec une légère adduction.

Anatomie de surface Le muscle fléchisseur long du pouce est situé profondément. On peut seulement remarquer une « pulsation » sous-cutanée dans la moitié inférieure ventrale de l'avant-bras, à proximité du bord latéral, quand le pouce est replié plusieurs fois : dans ce cas, on peut même percevoir au toucher le relief du tendon sur la face palmaire de la première phalange du pouce.

MUSCLE EXTENSEUR PROPRE DE L'INDEX (*Extensor indicis*)

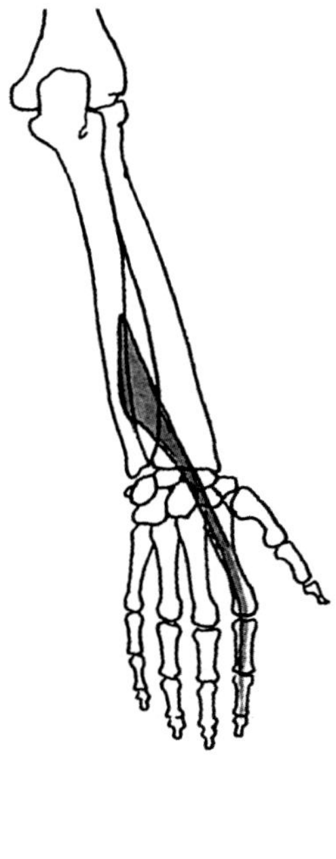

Forme, structure, relations Le muscle extenseur de l'index est fin, allongé, situé profondément, sur la face postérieure du cubitus, dans la moitié distale de l'avant-bras. Le muscle, qui peut être absent, avoir des connexions avec les muscles proches ou bien des insertions anormales, est recouvert par l'extenseur commun, par l'extenseur propre de l'auriculaire et par l'extenseur cubital du carpe. Le ventre se prolonge en un tendon fin qui, en passant sous le ligament dorsal du carpe, se rapproche au milieu du tendon correspondant du fléchisseur commun des doigts et partage sa portion d'insertion.

Origine Tiers distal de la surface postérieure du cubitus ; membrane interosseuse.

Insertion Base de la phalange distale et aponévrose dorsale de l'index.

Action Extension et faible adduction de l'index (en synergie avec l'extenseur commun des doigts : la dualité d'insertion tendineuse rend plus mobile l'index par rapport aux autres doigts longs).

Anatomie de surface Le muscle extenseur propre de l'index est situé profondément. Seul le tendon est visible pendant l'extension du doigt : il est placé au milieu du tendon de l'extenseur commun et, en avançant parallèlement, ces deux tendons déterminent un double relief en forme de cordon sur le dos de la main, en correspondance avec le IIe métacarpien et la Ire phalange de l'index.

MUSCLE FLÉCHISSEUR PROFOND DES DOIGTS
(*Flexor digitorum profundus*)

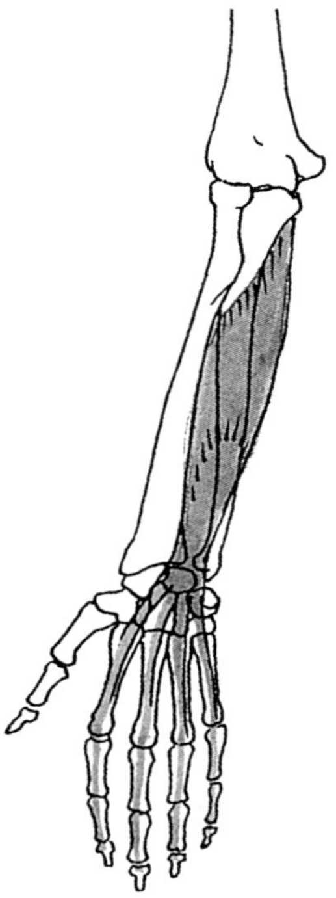

Forme, structure, relations Le muscle fléchisseur profond commun des doigts est volumineux et aplati, placé devant et au milieu de l'avant-bras. Le ventre musculaire, unique à l'origine, se divise ensuite en quatre faisceaux qui restent sur le même plan et, après une brève portion, environ à la moitié de l'avant-bras, se prolongent en quatre tendons longs et fins dirigés vers les quatre derniers doigts, de l'index à l'auriculaire. Le muscle, qui peut présenter des chefs d'origine distincts et avoir des connexions avec les muscles voisins, recouvre le cubitus, la lame interosseuse et le carré pronateur ; il est recouvert par le fléchisseur superficiel des doigts et, au milieu, par le fléchisseur cubital du carpe ; latéralement, il est en contact avec le fléchisseur long du pouce. Les quatre tendons d'insertion suivent le même parcours que ceux du fléchisseur superficiel qui les recouvre.

Origine Faces antérieure et médiane du cubitus (dans les deux tiers proximaux) ; membrane interosseuse.

Insertion Phalanges distales (sur les faces antérieures des bases) des doigts, de la IIe à la Ve.

Action Flexion des phalanges distales sur les médianes, avec une légère flexion des doigts, même individuellement, sur les articulations métacarpo-phalangiennes (en synergie avec le fléchisseur superficiel des doigts).

Anatomie de surface Le muscle fléchisseur profond des doigts n'est pas visible sous la peau, mais il contribue à former la masse charnue antéro-médiane de l'avant-bras. Dans certaines conditions, par exemple si l'avant-bras est en pronation et les doigts repliés plusieurs fois, on peut voir le relief du bord du ventre musculaire en correspondance avec une bande cutanée fine placée entre le bord postérieur du cubitus et le ventre du muscle fléchisseur cubital du carpe.

MUSCLE ABDUCTEUR LONG DU POUCE (*Abductor pollicis longus*)

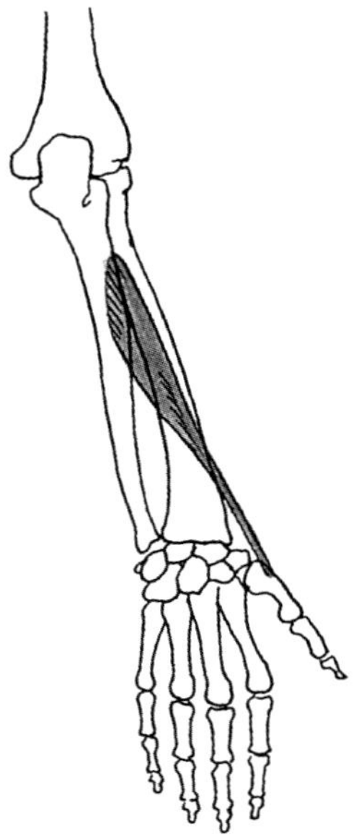

Forme, structure, relations L'abducteur long du pouce est un muscle fuselé, légèrement aplati, situé dans la partie postérieure de la moitié distale de l'avant-bras, orienté vers le bas et sur le côté du cubitus au pouce. Le ventre musculaire devient superficiel dans la portion proche du poignet et continue sous forme de robuste tendon aplati qui se prolonge sur la surface latérale de l'extrémité distale du radius. Ensuite, recouvert par le ligament dorsal carpien, il se dirige vers les points d'insertion, parfois en se dédoublant en deux faisceaux, latéralement au tendon de l'extenseur court du pouce.
Le muscle, qui peut être fusionné avec l'extenseur court ou bien être divisé en deux faisceaux distincts, adhère au cubitus, au radius et à la membrane interosseuse ; il est contigu, inférieurement et au milieu, à l'extenseur court du pouce ; il est recouvert, dans sa portion d'origine, par le supinateur et par l'extenseur commun des doigts. Le tendon, avant d'atteindre le poignet, croise les tendons des extenseurs radiaux long et court du carpe, qui sont situés plus profondément.

Origine Portions médianes de la face postérieure du radius et de la face postéro-latérale du cubitus ; membrane interosseuse.

Insertion Bord latéral de la base du Ier os métacarpien, avec des expansions vers le trapèze.

Action Abduction et extension du Ier os métacarpien (en synergie avec l'abducteur court du pouce et les extenseurs du pouce).

Anatomie de surface Le muscle abducteur long du pouce, bien qu'étant en partie sous-cutané, n'est pas facile à voir en surface, mais il forme, avec l'extenseur court du pouce, la légère convexité du bord latéral de l'avant-bras, à proximité du poignet. Quand le pouce est en abduction contre une résistance, le tendon, plutôt robuste, peut être perçu au toucher à la base du Ier métacarpien, sur le côté du tendon de l'extenseur court du pouce.

MUSCLE OPPOSANT DU POUCE (*Opponens pollicis*)

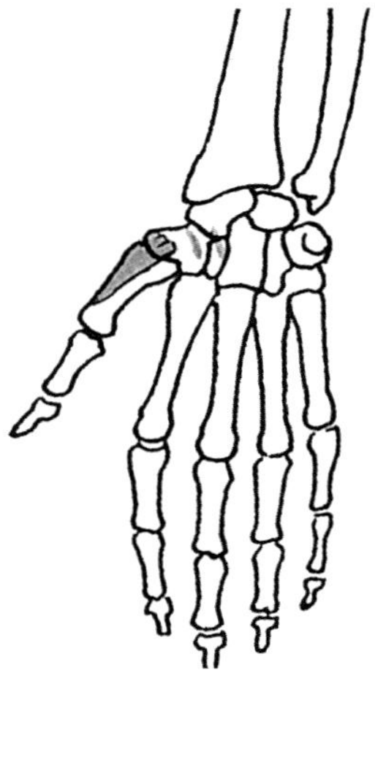

Forme, structure, relations Le muscle opposant du pouce est aplati, de forme triangulaire, situé profondément dans l'éminence thénar, orienté en biais vers le bas du carpe au Ier os métacarpien. Le muscle, qui peut être absent ou divisé en deux faisceaux distincts, recouvre la portion initiale du fléchisseur court du pouce (placé au milieu) et il est couvert par l'abducteur court du pouce, sauf sur le bord latéral, le long du bord du métacarpe.

Origine Tubercule du trapèze ; ligament transverse du carpe.

Insertion Bord latéral et superficiel palmaire du Ier métacarpien.

Action Opposition du pouce, avec flexion et rotation médiane. Grâce à cette combinaison de mouvements, le bout du pouce peut être mis en contact avec le bout de chaque autre doigt.

Anatomie de surface Le muscle opposant du pouce est situé profondément dans l'éminence thénar dont il contribue à déterminer la forme. Le bord sous-cutané n'est même pas visible en surface.

MUSCLE ABDUCTEUR COURT DU POUCE (*Abductor pollicis brevis*)

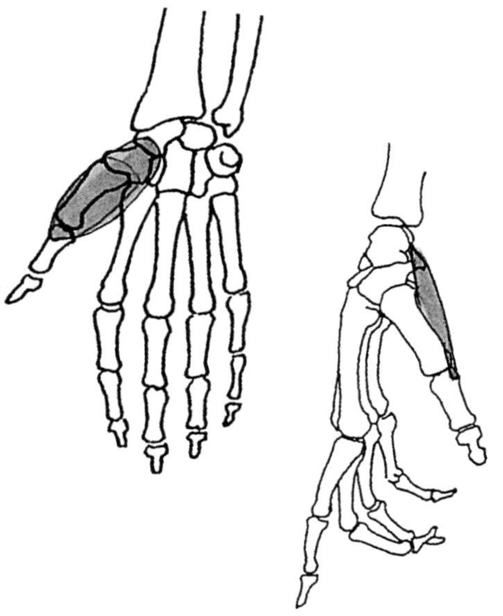

Forme, structure, relations Le muscle abducteur court du pouce est aplati, laminaire, d'une forme triangulaire, orienté en oblique vers le bas et l'extérieur, du carpe à la première phalange du pouce. C'est le plus superficiel des muscles de l'éminence thénar (un groupe de muscles situés latéralement sur la paume de la main et qui agissent sur le pouce). Il est donc recouvert uniquement par le fascia palmaire et par la peau, tandis qu'il recouvre en partie l'opposant du pouce, situé latéralement, et le fléchisseur court du pouce, situé en position médiane.

Origine Ligament transverse du carpe ; scaphoïde ; trapèze, tendon de l'abducteur du pouce.

Insertion Bord latéral de la base de la phalange proximale du pouce, avec expansions tendineuses sur l'os sésamoïde latéral et sur le dos de la phalange.

Action Abduction et légère rotation médiane du pouce (en éloignant orthogonalement en avant et vers le haut, par rapport à la paume de la main, le premier os métacarpien).

Anatomie de surface Le muscle abducteur court du pouce est sous-cutané au milieu du Ier métacarpien et, avec les autres muscles du groupe, il donne sa forme arrondie à l'éminence thénar. Le ventre musculaire, durant une forte contraction, peut apparaître parcouru longitudinalement par une légère dépression causée par certaines dépressions tendineuses du fascia superficiel. Quand le pouce est dans sa plus grande abduction, on voit sur l'éminence thénar de nombreux plis cutanés transversaux et fins.

MUSCLE ADDUCTEUR DU POUCE (*Adductor pollicis*)

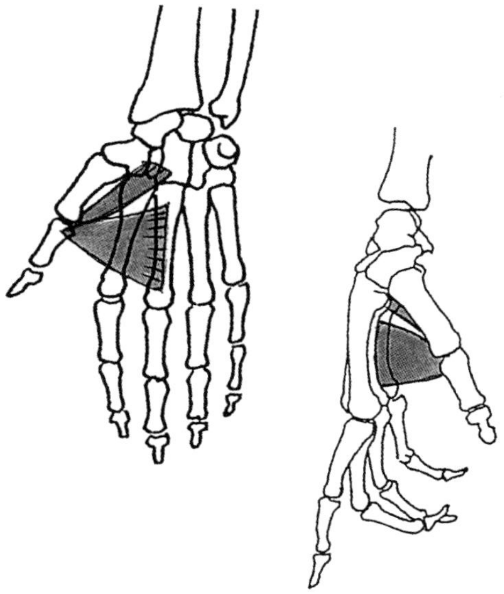

Forme, structure, relations L'abducteur du pouce est le muscle le plus volumineux de l'éminence thénar ; il est très large à l'origine, aplati, d'une forme triangulaire, orienté presque horizontalement des os métacarpiens et du carpe à la première phalange du pouce. Il est divisé en deux portions, le chef oblique et le chef transverse, séparées par un net intervalle. Elles se rejoignent en une seule expansion tendineuse, dans laquelle est compris également l'os sésamoïde médian. Le muscle couvre le second et le troisième os métacarpien ; il est en contact, profondément, avec le premier muscle interosseux dorsal ; il est traversé superficiellement par le premier muscle lombrical et par le tendon pour l'index du fléchisseur commun des doigts.

Origine Chef oblique : grand os ; base du IIe et IIIe métacarpien ; ligaments palmaires du carpe.
Chef transverse : face palmaire du IIIe métacarpien.

Insertion Face médiane de la base de la première phalange du pouce.

Action Adduction du premier métacarpien, en approchant le pouce vers la paume de la main, avec une légère flexion de la première phalange. En synergie avec l'opposant, il favorise le mouvement d'opposition, surtout contre le Ve doigt.

Anatomie de surface Le muscle adducteur du pouce est situé profondément, recouvert non seulement par les muscles superficiels de l'éminence thénar, mais aussi par le fascia superficiel et par l'aponévrose palmaire. Le bord inférieur du chef transverse est compris dans le pli cutané qui relie la paume de la main à la base du pouce.

MUSCLE ABDUCTEUR DE L'AURICULAIRE (*Abductor digiti minimi*)

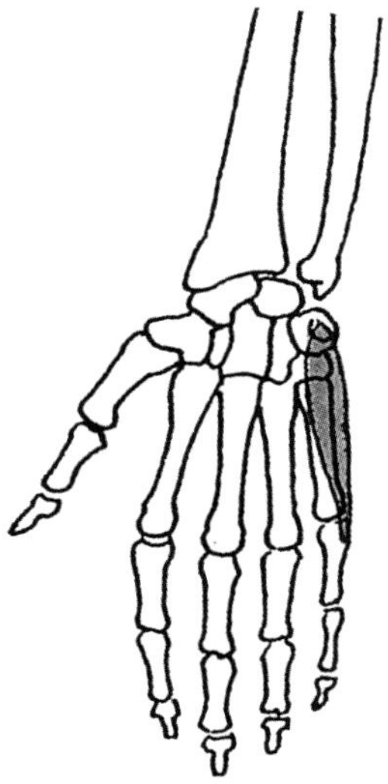

Forme, structure, relations Le muscle abducteur de l'auriculaire est fuselé, situé sur le bord médian du Ve os métacarpien. Il constitue la plus grande composante du groupe musculaire de l'éminence hypothénar. Le ventre est orienté verticalement du carpe à la première phalange du Ve doigt, où il s'insère grâce à un tendon large et aplati. Le muscle est superficiel, recouvert par le fascia aponévrotique, par le palmaire court et par la peau ; latéralement, il est en contact avec le fléchisseur court de l'auriculaire qu'il recouvre dans la portion proche de l'insertion, avec l'opposant de l'auriculaire.

Origine Os pisiforme ; ligament piso-unciforme ; tendon du fléchisseur cubital du carpe.

Insertion Face médiane de la base de la première phalange du Ve doigt, avec expansions dorsales sur le tendon de l'extenseur propre de l'auriculaire.

Action Abduction de l'auriculaire quand on le met en direction médiane et qu'on l'éloigne de l'annulaire.

Anatomie de surface Le muscle abducteur de l'auriculaire est sous-cutané et sa contraction forme un relief allongé sur le bord médian de la main.

MUSCLE PALMAIRE COURT (*Palmaris brevis*)

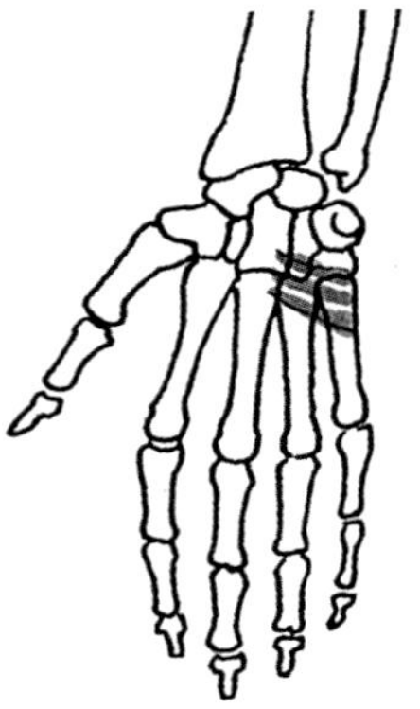

Forme, structure, relations Le palmaire court (ou superficiel) est un muscle peaucier, très fin, quadrangulaire, compris entre la couche adipeuse sous-cutanée et le fascia superficiel. Il recouvre en travers les muscles situés vers le bord médian de la paume de la main, en correspondance avec le Ve os métacarpien (appelés dans leur ensemble les muscles de l'« éminence hypothénar »).

Origine Ligament transverse du carpe ; bord médian de l'aponévrose palmaire.

Insertion Peau et tissu sous-cutané du bord médian de la paume de la main.

Action Plissement de la peau de l'éminence hypothénar, qui devient plus proéminente, facilitant ainsi la « prise ».

Anatomie de surface La contraction du muscle palmaire court n'est révélée que par le plissement de la peau.

MUSCLE FLÉCHISSEUR COURT DE L'AURICULAIRE
(*Flexor digiti minimi brevis*)

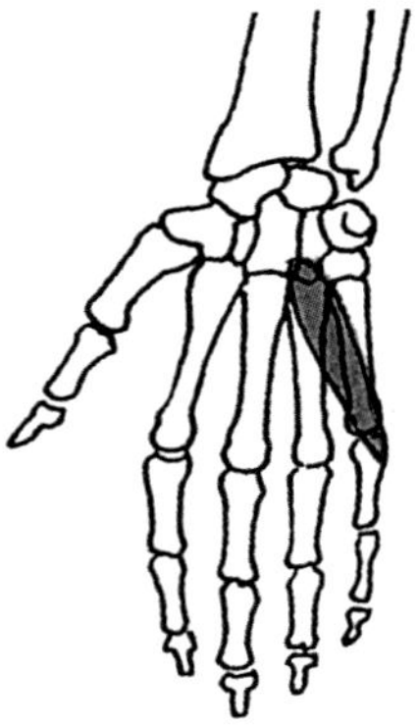

Forme, structure, relations Le fléchisseur court de l'auriculaire est un muscle aplati, allongé et fin, situé près du bord médian de la main, où il concourt à la formation de l'éminence hypothénar. Il est orienté vers le bas et vers le centre, du carpe à la première phalange de l'auriculaire, entre l'abducteur qu'il longe superficiellement et latéralement, et l'opposant de l'auriculaire qu'il recouvre.

Origine Processus de l'os crochu ; partie palmaire du ligament transverse du carpe.

Insertion Face médiane de la base de la première phalange du Ve doigt.

Action Flexion de la première phalange de l'auriculaire, avec une légère rotation médiane, afin de favoriser le mouvement d'opposition.

Anatomie de surface Le muscle fléchisseur court de l'auriculaire est en partie sous-cutané mais l'épaisseur du fascia aponévrotique et de la couche adipeuse sous-cutanée ne permet pas de percevoir sa contraction en surface. Il contribue à déterminer la forme arrondie de l'éminence hypothénar.

MUSCLE OPPOSANT DE L'AURICULAIRE (*Opponens digiti minimi*)

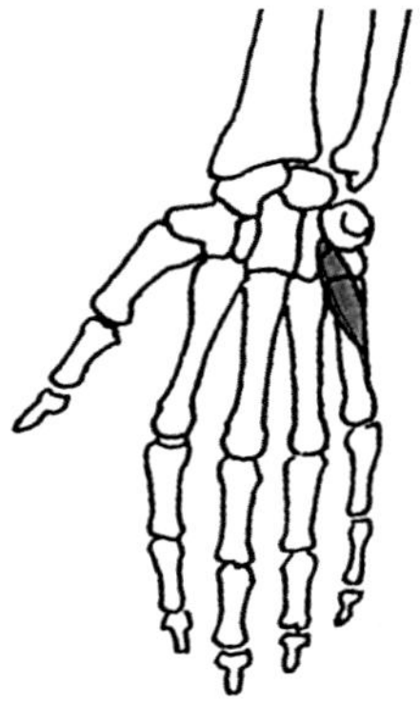

Forme, structure, relations Le muscle opposant de l'auriculaire est le plus profond du groupe de l'éminence hypothénar. Il a une forme triangulaire, il est court, aplati, orienté vers le bas et vers le centre. Il va du carpe, où il est assez étroit, au Ve métacarpien, où il s'élargit dans la portion d'insertion. Le muscle est recouvert par le fléchisseur court de l'auriculaire et par l'abducteur de l'auriculaire.

Origine Processus de l'os crochu ; partie palmaire du ligament transverse du carpe.

Insertion Bord médian du Ve os métacarpien.

Action Légère flexion et rotation latérale du Ve métacarpien, favorisant l'opposition de l'auriculaire par rapport au pouce.

Anatomie de surface Le muscle opposant de l'auriculaire est situé profondément et sa contraction n'a pas d'influence sur la morphologie externe.

MUSCLES LOMBRICAUX (*Lumbricales*)

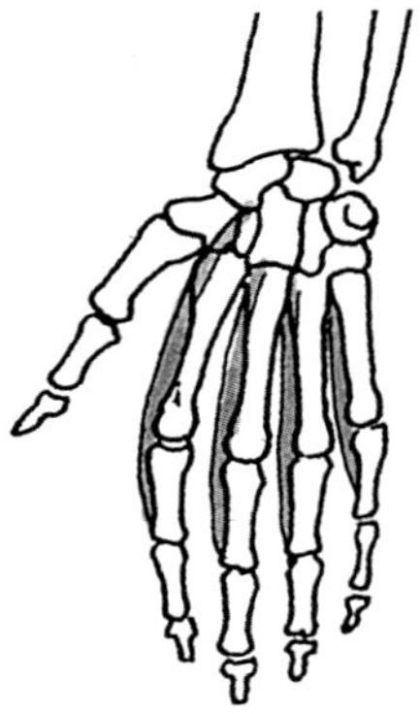

Forme, structure, relations Les lombricaux sont quatre muscles très fins et allongés disposés sur la face palmaire du métacarpe. Ils s'étendent parallèlement au bord latéral des tendons du fléchisseur profond des doigts d'où ils partent.

Origine Tendons du fléchisseur profond des doigts.

Insertion Surface latérale de la base des premières phalanges de l'index, du majeur, de l'annulaire et de l'auriculaire ; expansion tendineuse sur le dos des doigts et sur les tendons de l'extenseur commun.

Action Flexion de la phalange proximale et extension des phalanges médianes et distales des quatre derniers doigts.

Anatomie de surface Les muscles lombricaux contribuent à déterminer la morphologie du creux de la main mais, comme ils sont recouverts par l'aponévrose palmaire superficielle, leur contraction n'est pas visible en surface.

MUSCLES INTEROSSEUX PALMAIRES (*Interossei palmares*)

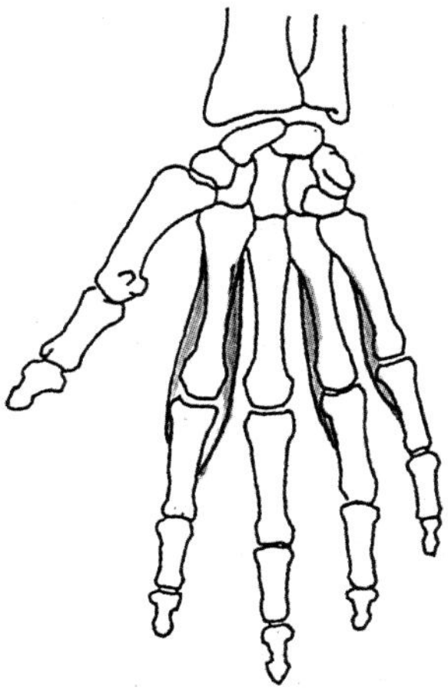

Forme, structure, relations Les interosseux palmaires sont quatre petits muscles fusiformes qui partent tous d'un seul os métacarpien (les interosseux dorsaux partent de deux os métacarpiens contigus et forment deux chefs). Ils occupent les espaces intermétacarpiens et s'insèrent sur les bases des premières phalanges. Le premier muscle interosseux palmaire est situé dans l'espace entre le Ier et le IIe métacarpien et est parfois considéré comme un faisceau additionnel du fléchisseur et de l'adducteur court du pouce, tandis que les autres interosseux palmaires sont mieux individualisés. Leur face profonde est en contact avec les interosseux dorsaux ; la face superficielle est recouverte par le fascia palmaire profond puis par les lombricaux et les tendons des muscles fléchisseurs et enfin par l'aponévrose palmaire.

Origine Bord latéral de la face palmaire des os métacarpiens Ier, IIe, IVe et V^e^ (le IIe muscle vient au contraire du bord médian).

Insertion Expansion tendineuse dorsale et base de la première phalange des Ier, IIe, IVe et V^e^ doigts (sur le bord latéral, sauf le IIe muscle qui s'insère sur le bord médian).

Action Adduction de l'index, de l'annulaire et de l'auriculaire, en rapprochant les doigts vers l'os médian de la main (l'adduction du pouce est réalisée surtout par l'adducteur et par le fléchisseur court) ; faible flexion des premières phalanges et extension des phalanges médianes et distales.

Anatomie de surface Les muscles interosseux palmaires sont situés profondément et sont en outre recouverts par l'aponévrose palmaire.

MUSCLES INTEROSSEUX DORSAUX (*Interossei dorsales*)

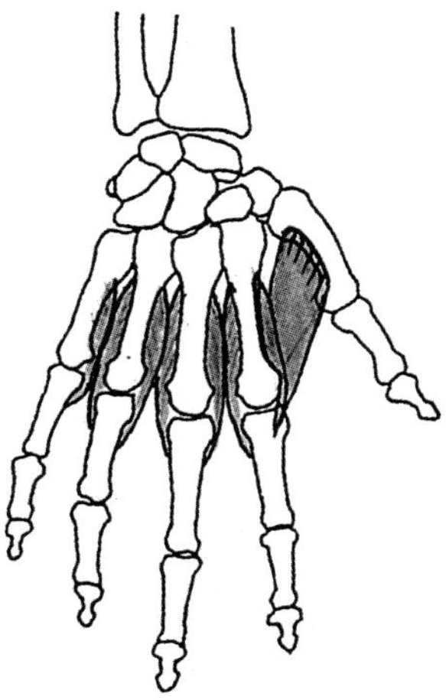

Forme, structure, relations Les interosseux dorsaux sont quatre muscles bipennés (à la différence des palmaires) qui commencent par deux chefs dont les bords sont contigus aux os métacarpiens. Dans chaque muscle, les fibres de chaque chef convergent vers un seul tendon central d'insertion sur les premières phalanges des doigts longs. Le muscle le plus volumineux et le plus développé est le premier interosseux dorsal (appelé également abducteur de l'index) qui part du bord médian du premier métacarpien et du bord latéral du second. Il s'insère sur le bord latéral de la première phalange de l'index. Il a une forme triangulaire et il est superficiel. Les muscles interosseux dorsaux sont couverts par les tendons des extenseurs des doigts puis par le fascia aponévrotique dorsal ; plus profondément, ils sont en contact avec les interosseux palmaires.

Origine Bords médian et latéral de deux os métacarpiens contigus, du Ier au IVe.

Insertion Bases des premières phalanges et expansions tendineuses dorsales des trois longs doigts centraux, avec des modalités particulières pour chaque muscle.

Action Abduction de l'index, du majeur et de l'annulaire, en les faisant s'éloigner de l'axe de la main (en particulier : le premier interosseux dorsal provoque l'abduction de l'index en le déplaçant latéralement par rapport au majeur, mais il ne provoque pas d'abduction sur le métacarpe du pouce) ; flexion des phalanges proximales et extension des médianes et des distales, en synergie avec les lombricaux et les interosseux palmaires.

Anatomie de surface Les muscles interosseux dorsaux sont faiblement visibles sur le dos de la main parce qu'ils sont recouverts du fascia aponévrotique et par les tendons des extenseurs. Il n'y a que le premier interosseux qui soit bien visible sous la peau en occupant, sur le dos de la main, l'espace entre le métacarpe du pouce et celui de l'index. Le ventre, durant la contraction, apparaît comme un relief accentué et ovale qui s'interrompt peu avant l'articulation métacarpo-phalangienne de l'index.

LE BRAS

Le bras est la partie du membre supérieur comprise entre l'épaule et le coude. Il a une forme cylindrique, plutôt aplatie sur les côtés en raison de la disposition des masses musculaires autour de l'humérus. Il en résulte que le diamètre antéro-postérieur est plus grand que le diamètre transversal. Toutefois, chez les individus au faible développement musculaire ou bien, souvent, chez les femmes, le bras est plus régulièrement cylindrique.
La région antérieure est occupée presque entièrement par le muscle biceps dont le volume, cylindrique ou légèrement fuselé en position de repos, devient globulaire et fortement saillant dans sa partie médiane durant la contraction nécessaire pour la flexion de l'avant-bras. La surface antérieure est délimitée au-dessus par le bord du deltoïde qui le traverse en oblique : sous le deltoïde, une légère dépression longitudinale et médiane correspond à la séparation entre le chef long et le chef court du biceps.
La région postérieure du bras est occupée par le muscle triceps et apparaît moins uniforme que la région antérieure. Le triceps est plus volumineux que le biceps, même si, au repos, les trois ventres qui le composent (*cf.* p. 146) sont situés dans la moitié supérieure et médiane du bras et sont faciles à distinguer durant la contraction. La moitié inférieure du bras est en revanche très aplatie à cause des caractéristiques morphologiques du tendon d'insertion sur le cubitus. Sur les côtés du bras, les deux reliefs des groupes musculaires antérieur et postérieur sont séparés par deux légers sillons verticaux, l'un médian, l'autre latéral, qui correspondent aux cloisons du fascia superficiel et qui s'enfoncent vers l'humérus en séparant les deux parties. En particulier, le sillon médian est peu profond et est un point de passage des faisceaux neuro-vasculaires ; le sillon latéral est plus court, mais plus évident : il commence à la dépression deltoïde, un vallonnement formé par la conjonction des deux sillons qui délimitent les bords inférieurs du deltoïde, puis se scinde en deux branches légèrement divergentes. La branche antérieure sépare le brachial du biceps et la branche postérieure sépare le brachial du triceps, délimitant ainsi une fine zone triangulaire, très allongée, dont le relief correspond au bord latéral du brachial et des portions proximales du brachio-radial ainsi que de l'extenseur radial long du carpe.
La morphologie externe du bras est influencée, à des degrés divers, par la présence de dépôts de tissu adipeux, fréquents surtout chez la femme, localisés dans la portion postéro-supérieure contiguë à l'épaule.
Deux veines superficielles passent sous la peau du bras, sur les côtés du biceps : la veine basilique est placée au milieu, la veine céphalique latéralement et se prolonge, peu apparente, dans le sillon entre le deltoïde et le grand pectoral. D'autres veines, au parcours variable, peuvent apparaître sur la face antérieure, surtout chez les individus athlétiques et durant les efforts intenses.

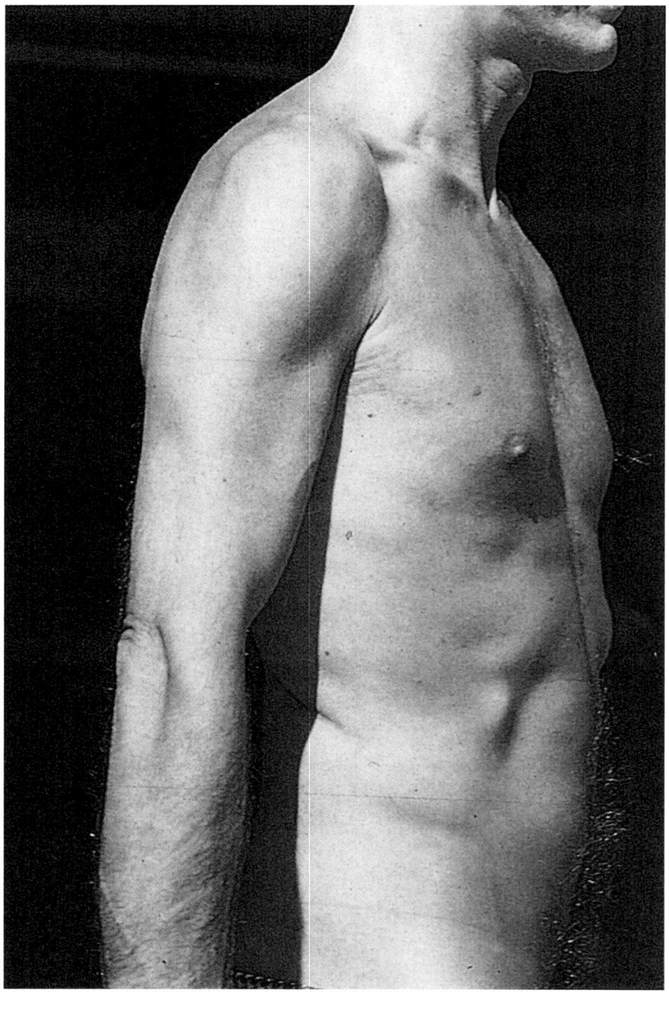

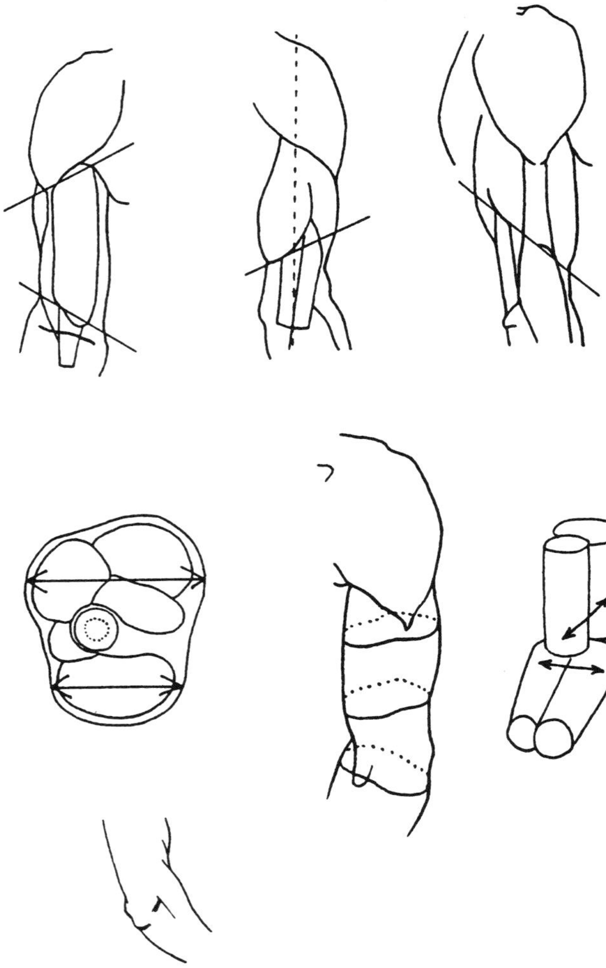

Dessins schématiques du bras

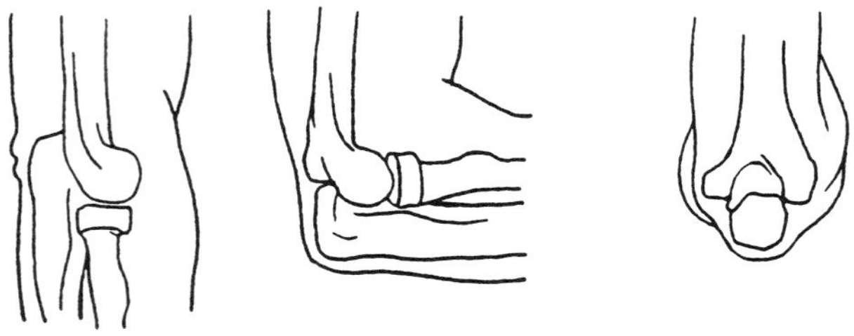

Dessins schématiques du coude

LE COUDE

Le coude correspond, sur le squelette du membre supérieur, à l'articulation du même nom qui s'opère entre l'humérus, le cubitus et le radius. Il a une forme cylindrique très aplatie dans le sens antéro-postérieur.
La morphologie externe de la région antérieure (ou du pli du coude), dans la position anatomique du membre, est déterminée par trois saillies musculaires : la saillie médiane est due à la portion inférieure du biceps, à son tendon et à ses fibres annexes, ainsi qu'à la portion inférieure du brachial ; la saillie latérale, arrondie, est constituée en grande partie des muscles de la partie antérieure (extenseurs) de l'avant-bras, qui partent de l'épicondyle et du bord latéral de l'humérus (surtout le brachio-radial et l'extenseur radial long du carpe) ; la saillie médiane est constituée des muscles de la partie antérieure (fléchisseurs) de l'avant-bras, qui partent de l'épitrochlée et de l'humérus (surtout le rond pronateur, le grêle, les fléchisseurs cubital et radial du carpe).
Sous le relief musculaire médian, on trouve une dépression de forme triangulaire dont le sommet est orienté vers le bas (creux cubital) : des artères et de gros faisceaux nerveux y passent en profondeur et cette dépression présente donc des analogies structurelles avec le creux poplité situé sur la face postérieure du genou.
Les deux autres reliefs musculaires donnent le profil asymétrique du coude : le groupe latéral est placé plus en hauteur, recouvre l'épicondyle latéral de l'humérus et forme ainsi une courbe ample et accentuée, tandis que le groupe médian, qui débute sous l'épicondyle médian (épitrochlée), est placé plus bas et forme une courbure courte et peu convexe. L'épitrochlée est sous-cutanée audessus du relief musculaire.
La face antérieure du coude est parcourue un peu en oblique par quelques plis cutanés transversaux, légèrement concaves vers le haut. Ils sont situés au niveau du tendon du biceps et s'accentuent quand l'avant-bras est replié presque à angle droit sur le bras. De plus, la face antérieure est parcourue par les deux plus grandes veines superficielles : latéralement, la veine basilique et au milieu la veine céphalique, toutes deux raccordées par deux subdivisions de plus faibles dimensions, la veine médiane céphalique et la veine médiane basilique, dont la disposition d'ensemble rappelle la lettre M, bien qu'elle soit soumise à des variations individuelles.
La région postérieure est occupée par la saillie osseuse sous-cutanée de l'olécrâne du cubitus, qui devient très évidente surtout au cours de la flexion maximale de l'avant-bras. Cette saillie, dans la position anatomique du membre, est située presque au centre de la région, légèrement déplacée au milieu, et elle est surmontée par quelques gros plis cutanés disposés transversalement et rapprochés.
Ces plis rendent la surface de la région assez ridée, surtout chez les individus plus âgés, mais ils se détendent et disparaissent au cours de la flexion de l'avant-bras. L'olécrâne est, dans sa partie médiane, voisin d'un petit vallonnement qui le sépare de l'épitrochlée et, latéralement, d'une dépression plus ample et plus profonde, délimitée par l'anconé et par le bord inférieur de l'extenseur radial long du carpe. Cette dépression est dite condylienne parce qu'elle correspond au condyle de l'humérus qui s'articule avec la tête du radius.
La forme du bord latéral du coude est déterminée par les reliefs musculaires du brachio-radial et de l'extenseur radial long du carpe, tandis que celle du bord médian est influencée par la saillie osseuse de l'épitrochlée de l'humérus, sous laquelle on distingue le groupe des fléchisseurs.
La morphologie externe du coude, notamment dans la région postérieure, varie en fonction des mouvements de flexion, à la suite desquels l'olécrâne apparaît plus évident tout comme les épi3condyles médian et latéral. Sur la face antérieure, on relève en revanche, au centre, le tendon robuste et en forme de cordon du biceps et, dans la partie médiane, la saillie fine et diagonale du biceps fibreux (*cf.* muscle biceps brachial, p. 145).

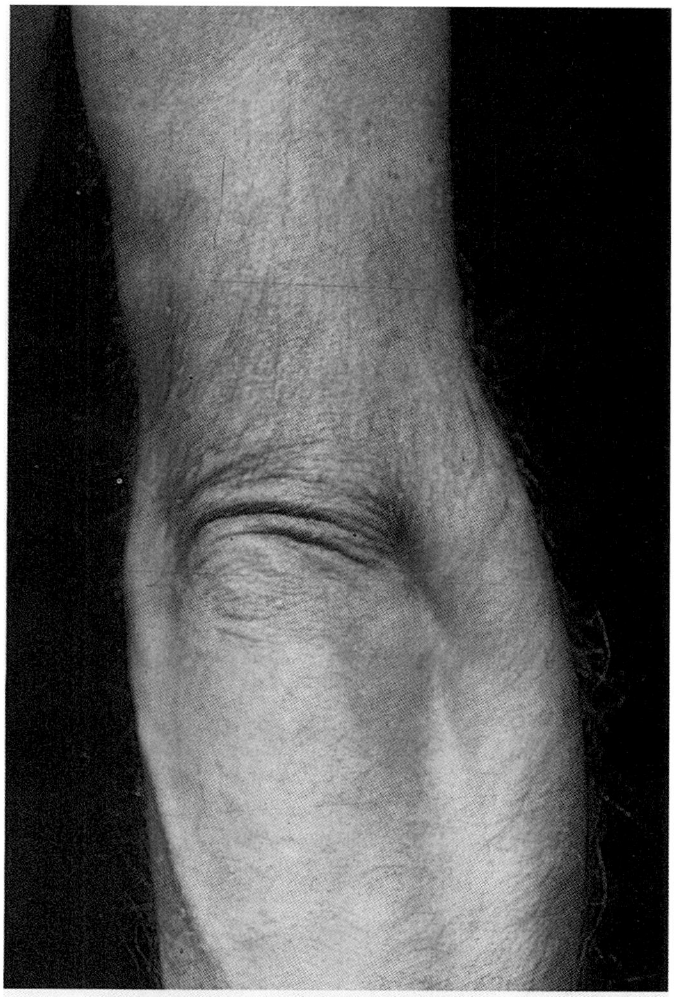

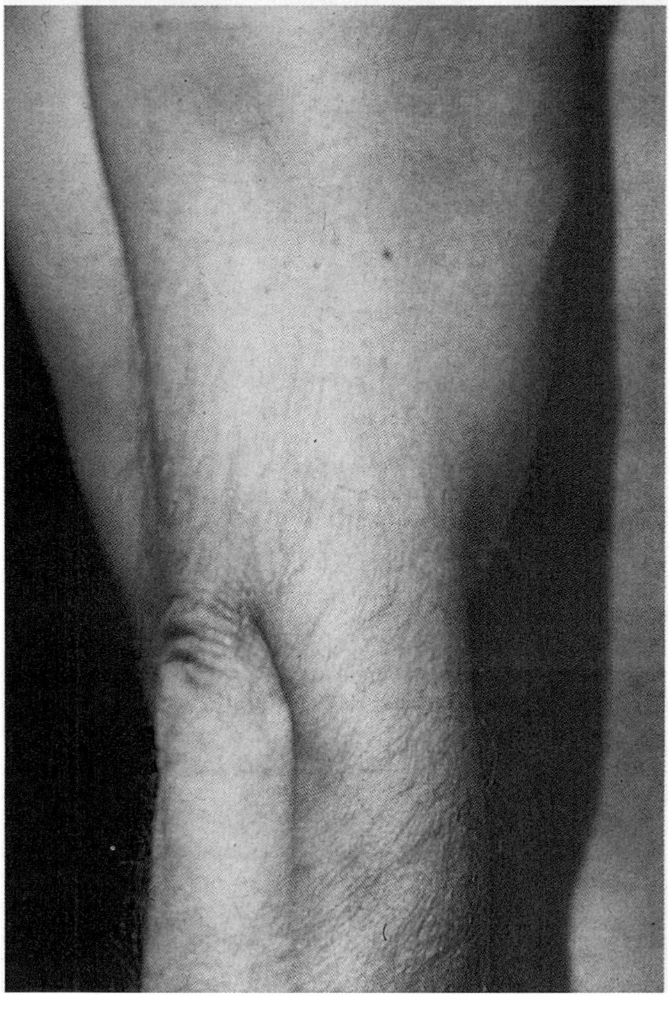

L'AVANT-BRAS

L'avant-bras est le segment du membre supérieur compris entre le coude et le poignet. Sa forme extérieure varie beaucoup en fonction des mouvements de pronation et de supination qui entraînent la superposition du radius sur le cubitus : ce croisement provoque une torsion des muscles accompagnée d'une modification de leurs reliefs respectifs.

Dans la position anatomique, l'avant-bras a une forme conique aplatie dans le sens antéro-postérieur (alors que l'on peut remarquer que le bras est aplati dans le sens transversal). Il est plus élargi dans sa moitié supérieure, là où sont situés les ventres des muscles de la région, mais il se rétrécit dans sa moitié inférieure, là où ne passent pratiquement que les tendons de chaque muscle, sur le cubitus et le radius.

La surface antérieure de l'avant-bras est aplatie, formée dans sa portion supérieure de deux reliefs musculaires séparés par un faible vallonnement médian disposé dans le sens longitudinal. Le relief latéral, consistant et volumineux, est constitué des muscles brachio-radial et extenseurs radiaux long et court du carpe.

Le relief médian, plus exigu, est constitué par les muscles de la partie antérieure qui partent de l'épitrochlée de l'humérus, c'est-à-dire les muscles fléchisseurs qui sont recouverts, dans la portion supérieure, par le rond pronateur. La moitié inférieure de la face antérieure est aplatie, étroite et laisse apparaître, à proximité du poignet, les fins reliefs longitudinaux des tendons fléchisseurs. La peau fine et dépourvue de poils de la face ventrale de l'avant-bras laisse apparaître le fond, parfois relevé, du réseau veineux superficiel (*cf.* p. 54), dont la disposition est sujette à des variations individuelles.

La surface postérieure (ou dorsale) de l'avant-bras est aplatie, légèrement convexe, et elle est séparée en deux parties par le bord postérieur du cubitus qui, sous-cutané, la traverse en diagonale, formant un léger sillon entre le groupe musculaire médian (fléchisseur profond des doigts recouvert par le fléchisseur cubital du carpe) et le groupe latéral (muscles extenseurs de la partie postérieure). L'extenseur cubital du carpe et l'extenseur commun des doigts sont particulièrement visibles durant la forte extension des doigts (*cf.* p. 150 et 151).

Le bord médian de l'avant-bras a une surface uniformément arrondie qui délimite un profil légèrement convexe : il raccorde la face antérieure avec la face postérieure sans laisser apparaître de reliefs musculaires distincts et la surface est parcourue sur une partie par la veine basilique.

La surface du bord latéral est également arrondie, mais elle est moins régulière parce que certains muscles forment trois convexités externes le long de son profil : au-dessus, on remarque la saillie de l'extenseur radial long du carpe, puis celle de l'extenseur radial court du carpe, et dans la portion inférieure de l'avant-bras, celle des muscles abducteur long et extenseur court du pouce. Cette portion est parcourue en oblique par la veine céphalique.

La peau du dos de l'avant-bras et du bord latéral est recouverte, surtout chez l'homme, de poils longs et fins fournis, qui s'étendent également, comme un duvet, sur le bord médian ; comme nous l'avons dit, la surface antérieure en est dépourvue.

L'avant-bras féminin a les mêmes caractéristiques morphologiques que celui de l'homme, bien que les muscles apparaissent moins accentués, la surface plus arrondie et la forme plus régulièrement conique. De plus, l'axe longitudinal de l'avant-bras forme avec celui du bras, dans la position anatomique, un angle obtus ouvert vers l'extérieur, qui est plus accentué chez la femme (coude valgus physiologique). L'extension de l'avant-bras sur le bras est aussi plus large chez la femme que chez l'homme (hyperextension) et ceci en raison d'un relâchement normal des ligaments de l'articulation du coude.

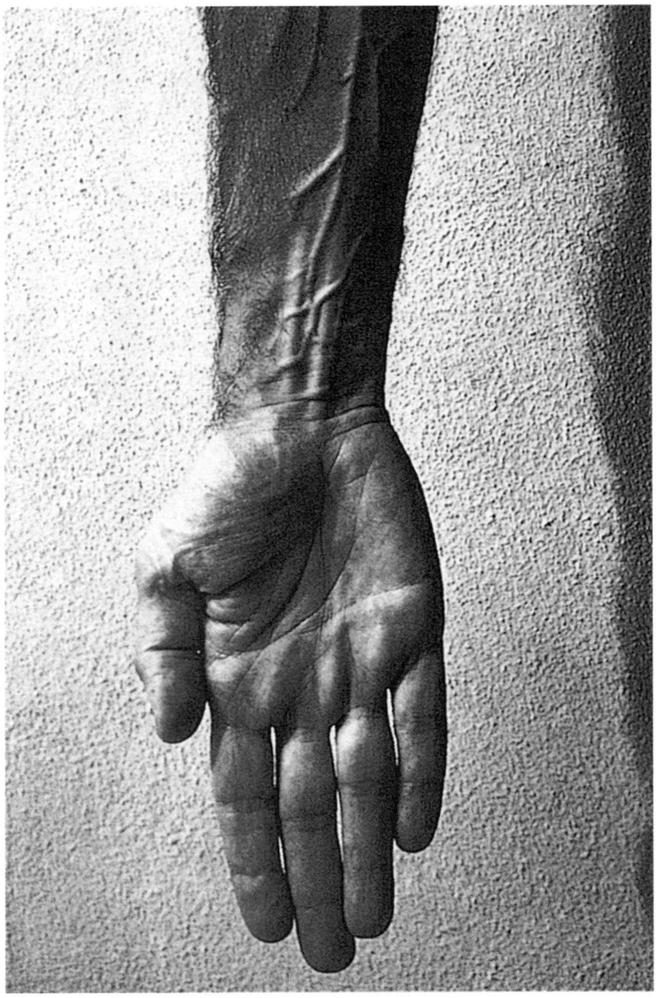

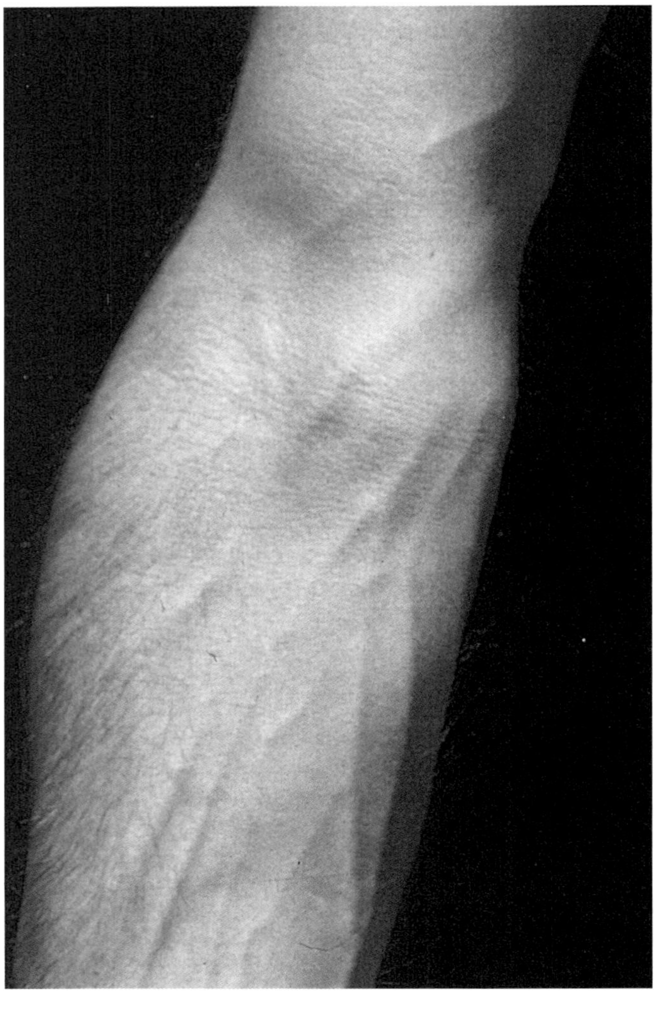

LE POIGNET

Le poignet est la région située entre l'avant-bras et la main, constituée des extrémités inférieures du cubitus et du radius, de la première série d'os du carpe et des tissus qui les recouvrent. Le poignet correspond donc à l'articulation radio-carpienne et, comme il est dans l'alignement de l'avant-bras, il a la même forme cylindrique aplatie dans le sens antéro-postérieur.
La face dorsale est plate et le processus styloïde du cubitus ressort dans la partie centrale. Les tendons des extenseurs des doigts passent en surface, mais ils ne sont pas visibles parce qu'ils sont couverts et maintenus adhérents à l'extrémité inférieure du radius par le ligament dorsal du carpe. Au cours de la flexion maximale de la main, la surface dorsale du poignet est peu convexe à cause de la saillie du radius, du scaphoïde et du semi-lunaire.
Le bord médian est arrondi, mais il présente parfois une légère dépression entre le tendon du fléchisseur cubital du carpe, situé antérieurement, et celui de l'extenseur cubital du carpe, placé sur le dos.
Le bord latéral est traversé en oblique par les tendons proches de l'abducteur long et de l'extenseur court du pouce, en position antérieure, et par le tendon de l'extenseur long du pouce, en position plus dorsale ; dans l'intervalle se forme un creux, la « tabatière anatomique », dans laquelle on perçoit sous la peau le processus styloïde du radius.
La face antérieure du poignet est parcourue dans le sens longitudinal par les tendons qui ont une action dans la flexion de la main : la direction de ces tendons ne suit pas exactement l'axe de l'avant-bras, mais est légèrement oblique vers le bord médian. Les tendons apparaissent très nettement pendant la faible flexion de la main : celui du long palmaire, placé sur la ligne médiane du poignet, est le plus fin et le plus relevé puisque c'est le seul qui soit sous-cutané, non recouvert par le ligament transverse du carpe. Vers le bord latéral, on trouve le tendon du fléchisseur radial du carpe ; vers le bord médian, se succèdent les tendons du fléchisseur superficiel des doigts et celui du fléchisseur cubital du carpe. La surface antérieure du poignet est parcourue non seulement par des veines sous-cutanées, mais aussi par certains plis cutanés de flexion : ils sont disposés transversalement, presque horizontalement avec de légères concavités vers le haut. Deux plis sont rapprochés, placés en correspondance avec l'articulation et donc à proximité de la limite entre le poignet et la main. Un troisième pli, plus fin, est situé à environ 1 cm au-dessus. Les plis, comme les tendons, sont également délimités plus nettement quand la main est en légère flexion. Si, en revanche, la main est en forte extension, on relève la petite saillie du scaphoïde dans la zone comprise entre la portion terminale visible du tendon du fléchisseur radial du carpe et l'éminence thénar de la main.

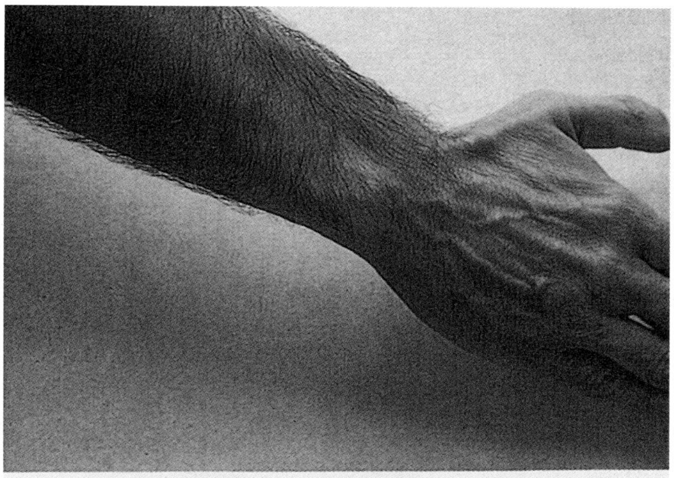

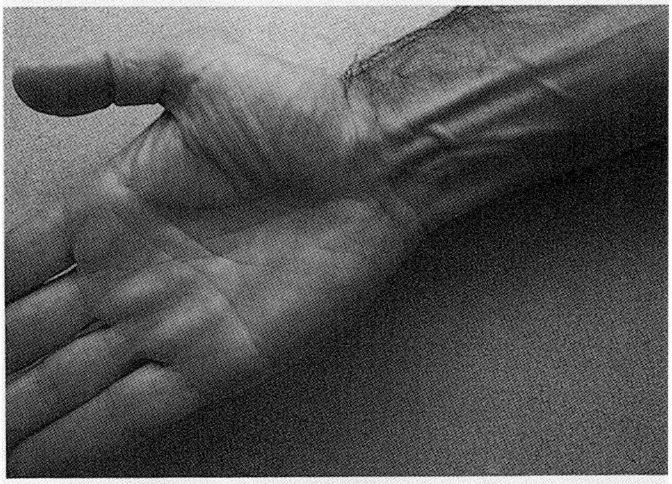

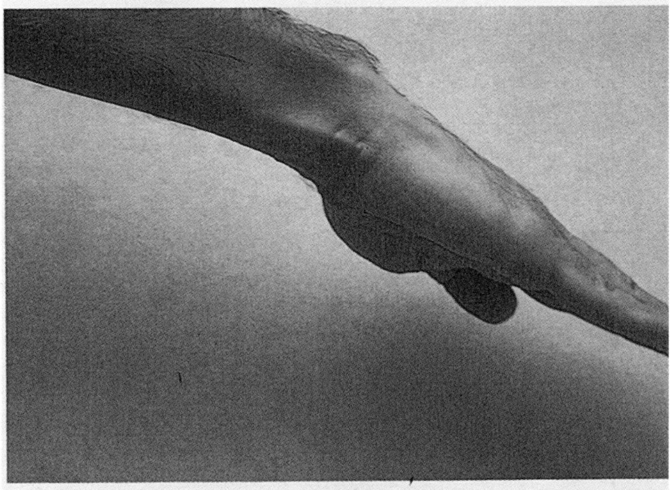

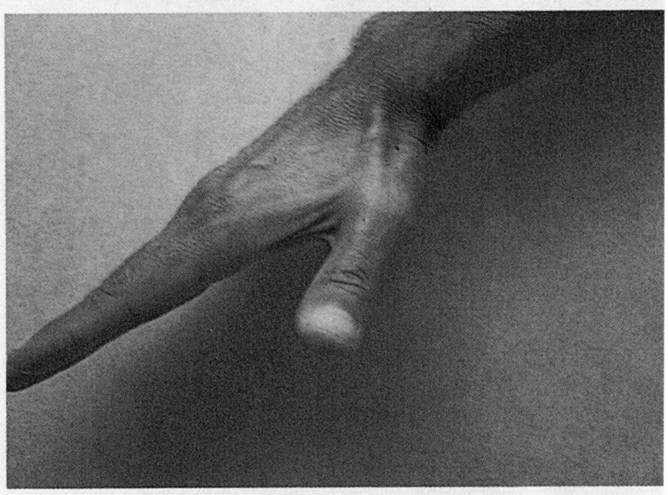

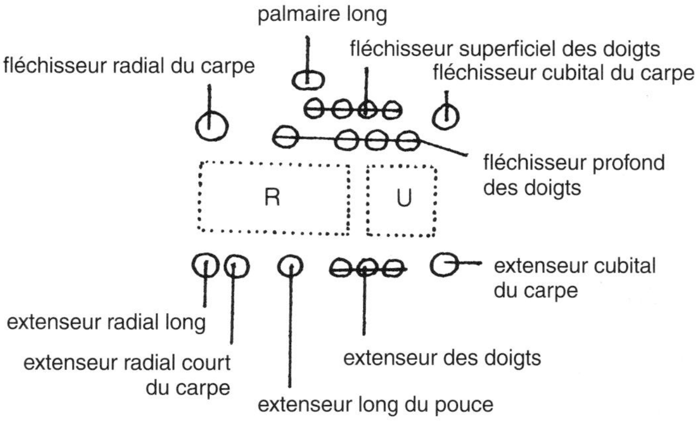

Schéma de la disposition des tendons au niveau du poignet

LA MAIN

La main est la partie terminale du membre supérieur, après le poignet, et sa morphologie externe, notamment celle de la face dorsale, est très influencée par la structure squelettique. On distingue deux secteurs : la main proprement dite et les doigts.
La face antérieure de la main, la paume, est légèrement concave au centre mais relevée le long des bords à cause des formations musculaires ou adipeuses.
Le relief latéral, oblique, situé à la base du pouce, a une forme ovale et est le plus volumineux. Il est constitué des muscles de l'éminence thénar (fléchisseur court, abducteur court, abducteur, opposant du pouce).
Le relief médian est de forme plus allongée, rapproché du relief latéral à proximité de la paume mais étendu sur le bord de la main correspondant à l'auriculaire. Il est constitué des muscles de l'éminence hypothénar (abducteur, fléchisseur court, opposant de l'auriculaire).
Le relief transversal distal est formé par les saillies des têtes des métacarpes couverts et accolés aux coussinets adipeux ovoïdes.
Entouré par ces reliefs, on trouve, au centre de la paume, le creux de la main, une dépression permanente qui s'accentue en fléchissant les doigts : elle est déterminée par l'adhérence de la peau sur l'aponévrose palmaire qui couvre complètement les tendons des muscles fléchisseurs des doigts.
La peau de la paume, peu mobile, dépourvue de poils et de veines superficielles visibles, est parcourue par certains plis caractéristiques sujets à des variations individuelles mais constants, causés par les mouvements de flexion des doigts et d'abduction du pouce.
Les plis palmaires les plus typiques sont au nombre de quatre et disposés schématiquement comme la lettre W : le pli du pouce, qui contourne l'éminence thénar ; le pli des doigts, situé entre le creux et le relief transversal ; le pli longitudinal et le pli oblique, disposés en diagonale sur le creux de la main.
D'autres sillons, nombreux et variés se forment occasionnellement à la suite des mouvements des doigts.
Le bord médian de la main est arrondi en raison de la présence des muscles de l'éminence hypothénar : il est plus épais dans sa portion proche du poignet, plus mince vers la racine de l'auriculaire.
Le bord latéral est occupé dans sa partie supérieure par la base du pouce, tandis que sa portion inférieure libre correspond à l'articulation métacarpo-phalangienne de l'index : entre les deux portions du bord est tendu le gros pli cutané dans lequel est contenu en partie l'abducteur du pouce.
La face dorsale de la main, le dos, est plutôt convexe, modelée sur la structure osseuse et l'on y remarque donc surtout les reliefs des têtes des métacarpes sur lesquels passent les tendons des extenseurs (*cf.* muscle extenseur commun des doigts, p. 151), particulièrement saillants durant l'extension maximale des doigts. Il faut observer que les tendons dirigés vers l'index sont au nombre de deux et qu'ils sont rapprochés : sur le côté, celui de l'extenseur commun, au milieu celui de l'extenseur propre.
La peau du dos se déplace facilement sur des plans inférieurs et elle est plus mobile que celle de la paume. Elle est pratiquement dépourvue de tissu adipeux, recouverte de poils (surtout chez l'homme) et parcourue par un réseau veineux superficiel apparent, dont l'aspect est assez changeant (*cf.* p. 54).
Les cinq doigts ont une forme approximativement cylindrique et partent du bord transversal distal de la main. Le Ier doigt (pouce) n'a que deux segments libres mais chaque autre doigt est constitué de trois segments articulés entre eux qui correspondent aux phalanges.

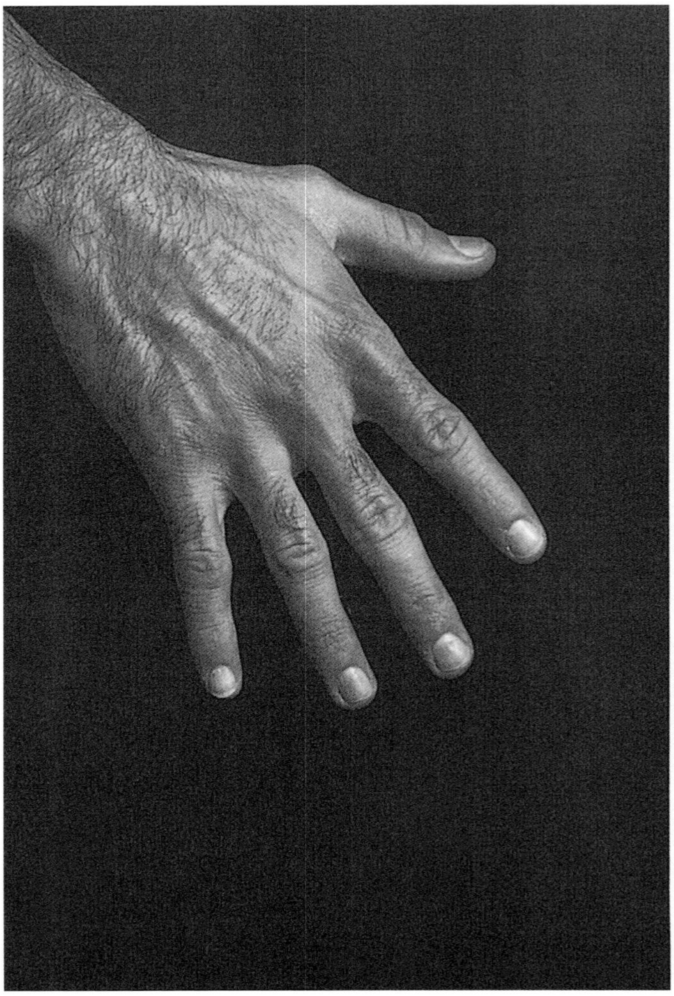

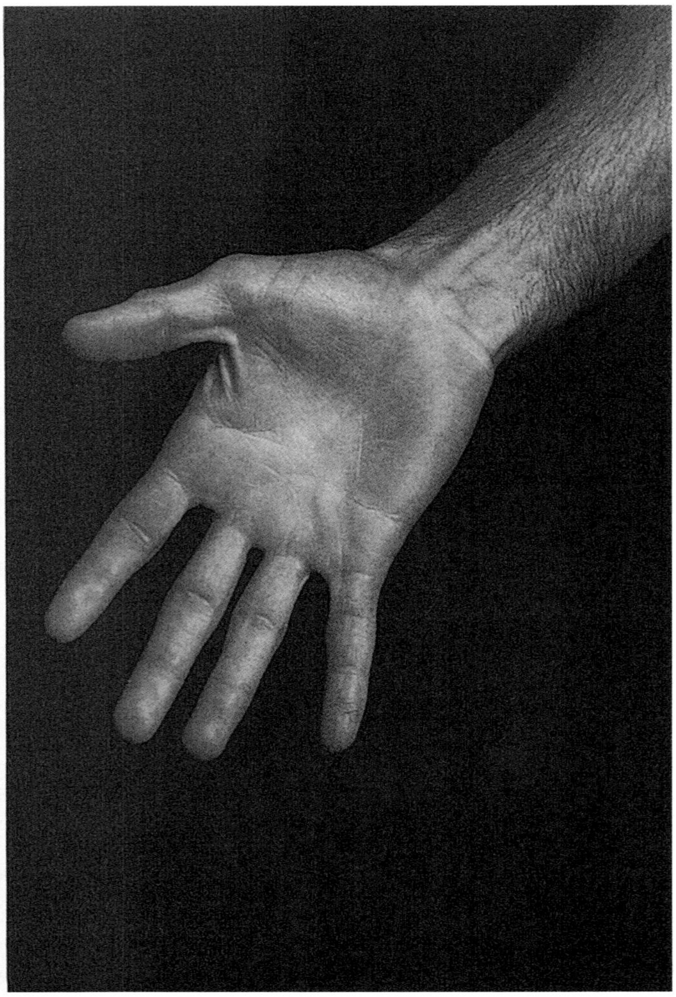

La face dorsale des doigts suit la conformation des phalanges et est donc arrondie et un peu convexe. Elle est interrompue par des rides transversales fortement cutanées, en correspondance avec les articulations, et présente quelques poils clairsemés, surtout sur la première et deuxième phalange, notamment chez l'homme. Le dos de la troisième phalange présente un ongle caractéristique, une lame cutanée annexe, d'une consistance cornée et d'une forme quadrangulaire ou elliptique légèrement convexe latéralement. Il occupe avec sa partie libre la moitié distale de la phalange, entourée sur trois côtés d'un relief cutané dont les caractéristiques sont facilement observables sur le vif. L'ongle du pouce est toujours plus grand que les autres, qui sont proportionnés au volume du doigt auquel ils appartiennent.

À l'exception du pouce, qui a des caractéristiques propres puisqu'il n'est formé que de deux phalanges, les doigts ont une longueur différente à cause des dimensions de chacun d'eux et aussi de leur différent niveau d'origine : en effet, les têtes des métacarpes décrivent une ligne courbe à convexité inférieure.

Le IIIe doigt (majeur) est en général le plus long, suivi du IVe (annulaire), du IIe (index) et du Ve (auriculaire). Dans l'ensemble, ces quatre doigts semblent plus longs sur la face dorsale que sur la face palmaire, où le relief transversal distal atteint la moitié des premières phalanges, formant des plis d'union interdigitaux.

La face palmaire des doigts est répartie en trois secteurs convexes constitués de coussinets adipeux séparés par trois doubles plis transversaux de flexion : les deux distaux correspondent exactement aux articulations correspondantes, tandis que le secteur supérieur se forme précisément à mi-longueur environ de la première phalange. Le relief de la dernière phalange a une forme ovoïde et sa peau est sillonnée de crêtes épidermiques caractéristiques de chaque individu (empreintes digitales).

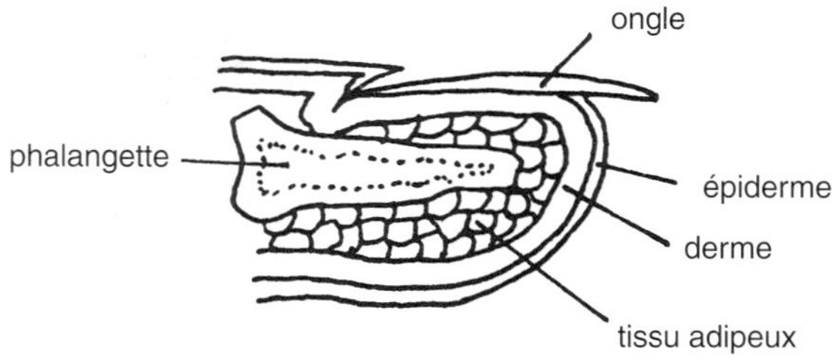

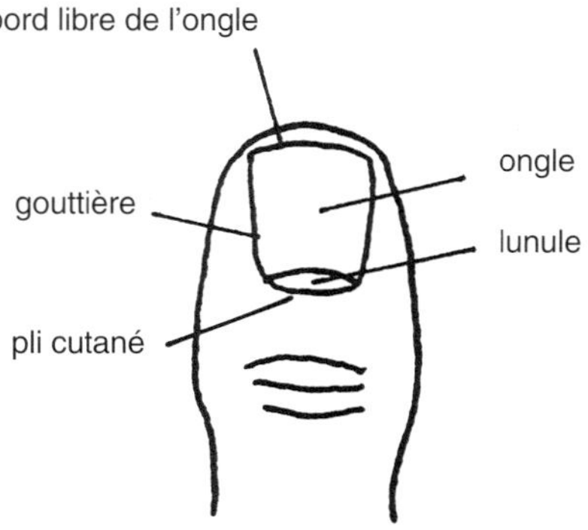

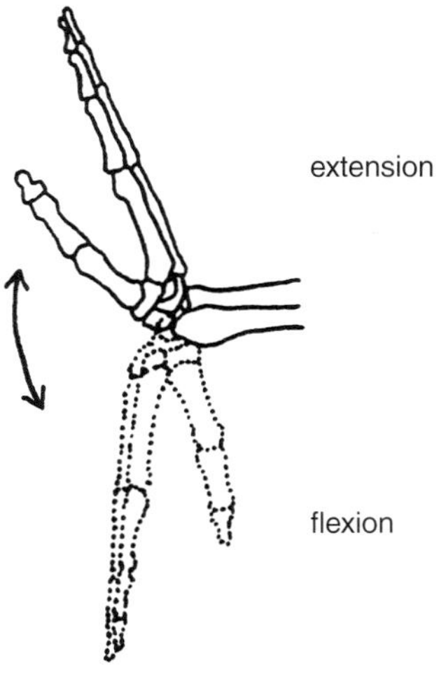

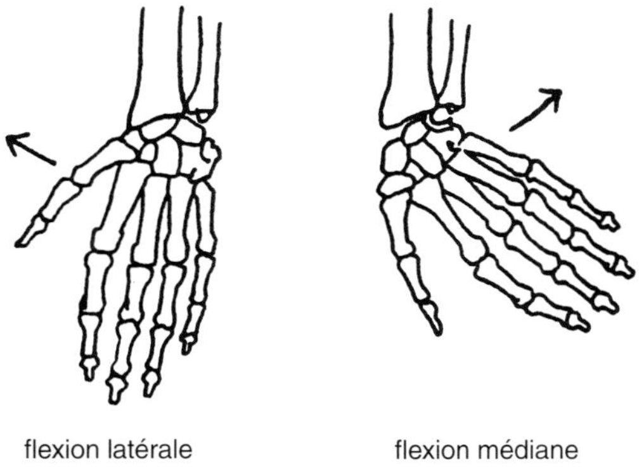

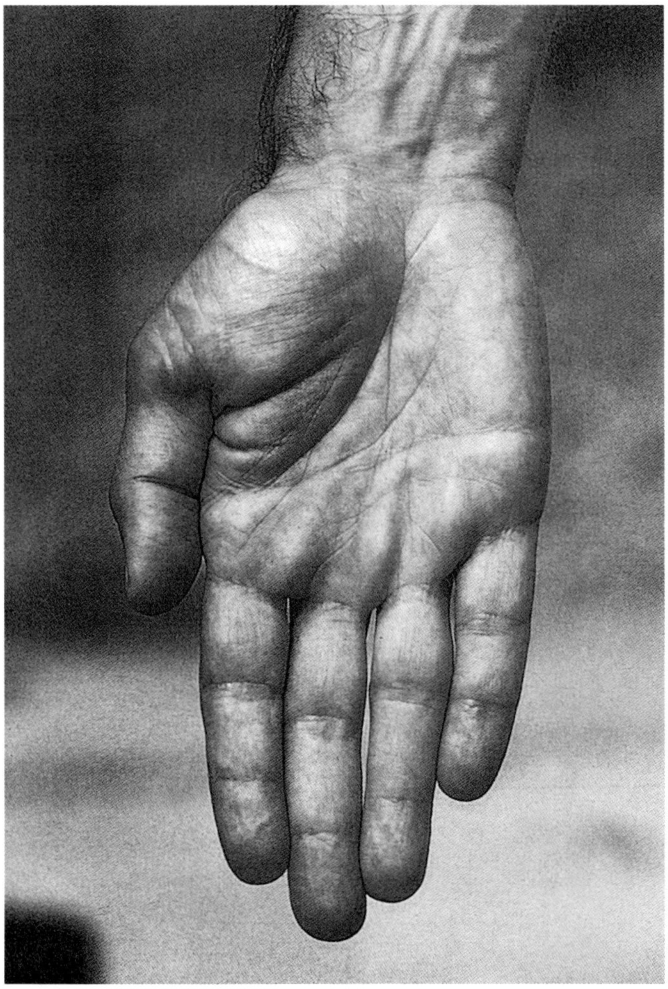

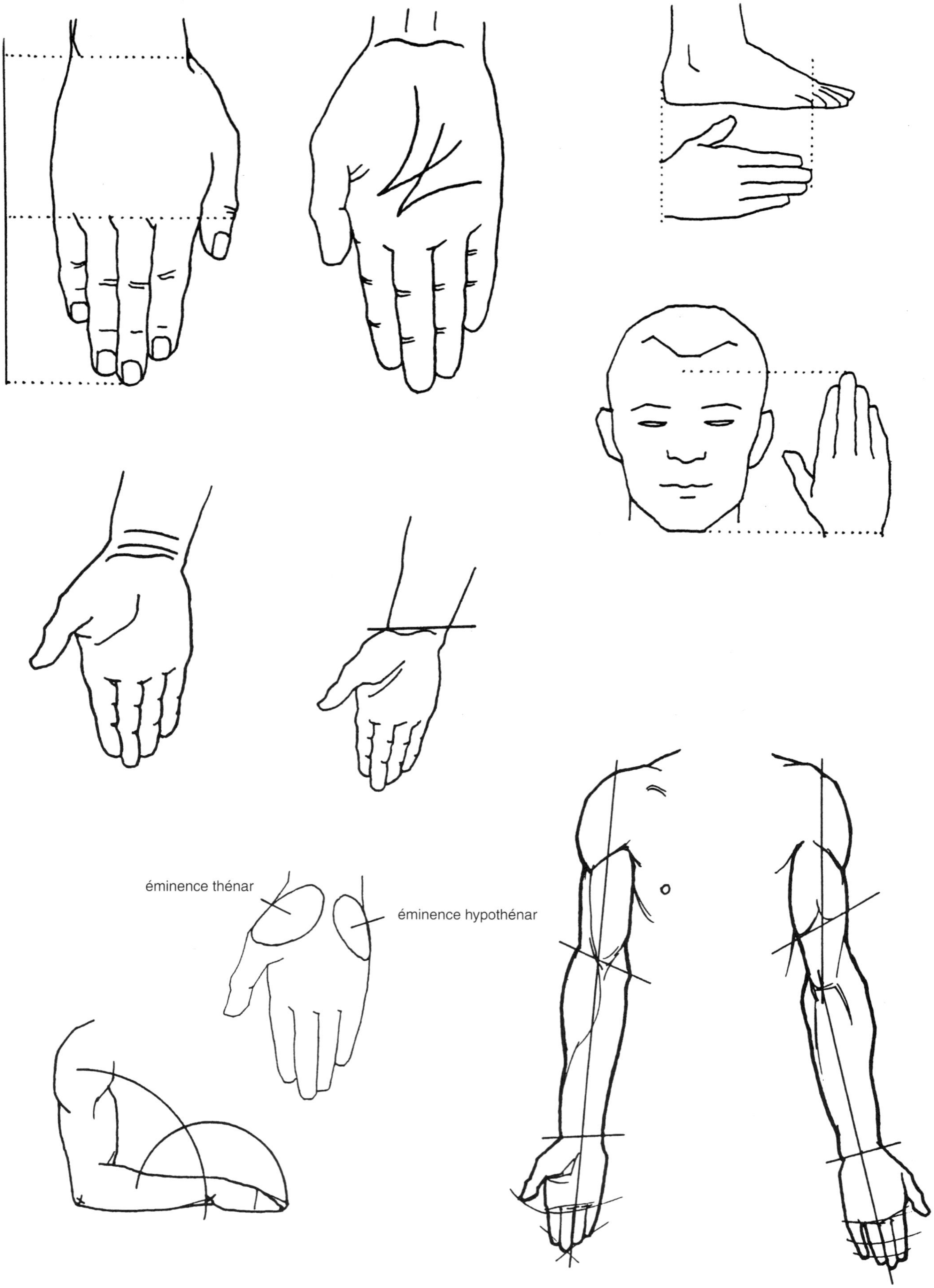

Dessins schématiques de la main

Le membre inférieur

RELEVÉ DE MORPHOLOGIE EXTERNE

Les membres inférieurs sont pairs, symétriques, rattachés à la partie inférieure du tronc. Chacun d'eux est constitué d'une partie libre (qui se distingue en : cuisse, jambe et pied) articulée avec la ceinture pelvienne, le bassin, au niveau de la hanche et de la région fessière, déjà décrite morphologiquement avec le tronc (*cf.* p. 133).
Le plan général de construction est semblable à celui du membre supérieur. On relève donc la présence de certains grands muscles, surtout les fessiers, qui sont orientés vers le premier segment de la partie libre, la cuisse, et qui contribuent à la formation de la fesse.

La cuisse a une forme tronquée-conique légèrement aplatie sur la face latérale. Elle est reliée en avant au tronc, formant le pli inguinal. Les muscles sont disposés autour du seul os, le fémur, et se répartissent en trois groupes : antérieur, postérieur et médian.
La jambe est reliée à la cuisse par l'intermédiaire de l'articulation du genou et a une forme conique avec sa partie resserrée vers le pied. Les muscles sont disposés autour de deux os parallèles, le tibia et le péroné, répartis en un groupe antéro-latéral et en un groupe postérieur.
Le pied est la partie terminale du membre inférieur et est en appui sur le sol. Contrairement à la main, le pied n'est pas dans le prolongement longitudinal du membre, mais il se raccorde à lui en formant un angle droit au niveau de la cheville. La forme du pied est arquée, convexe sur la face dorsale et concave sur le bord médian de la plante : ce secteur correspond aux os du tarse et du métatarse.
La portion distale du pied, constituée par les phalanges des orteils, est plutôt aplatie et élargie.

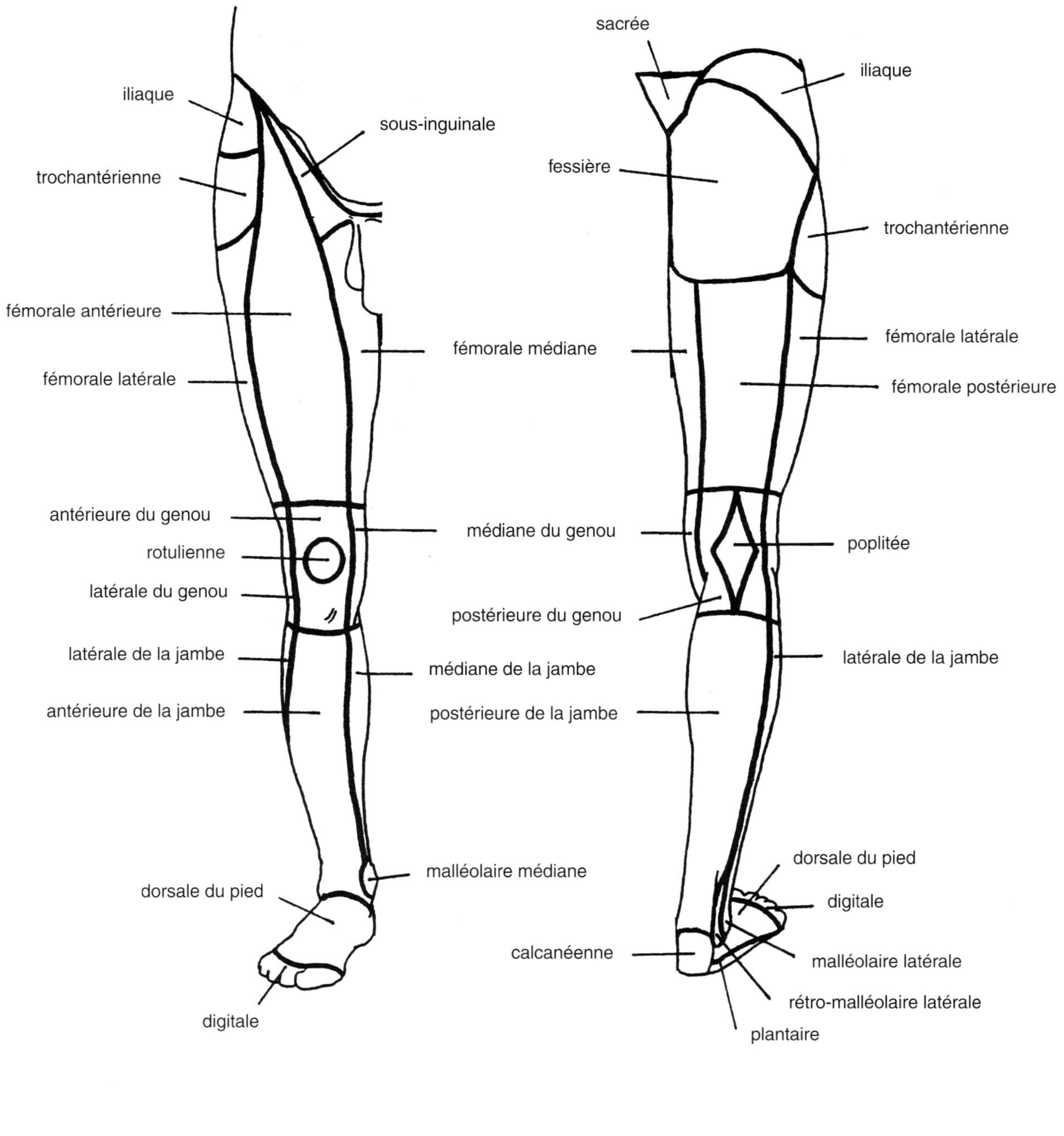

Limites des principales régions du membre inférieur

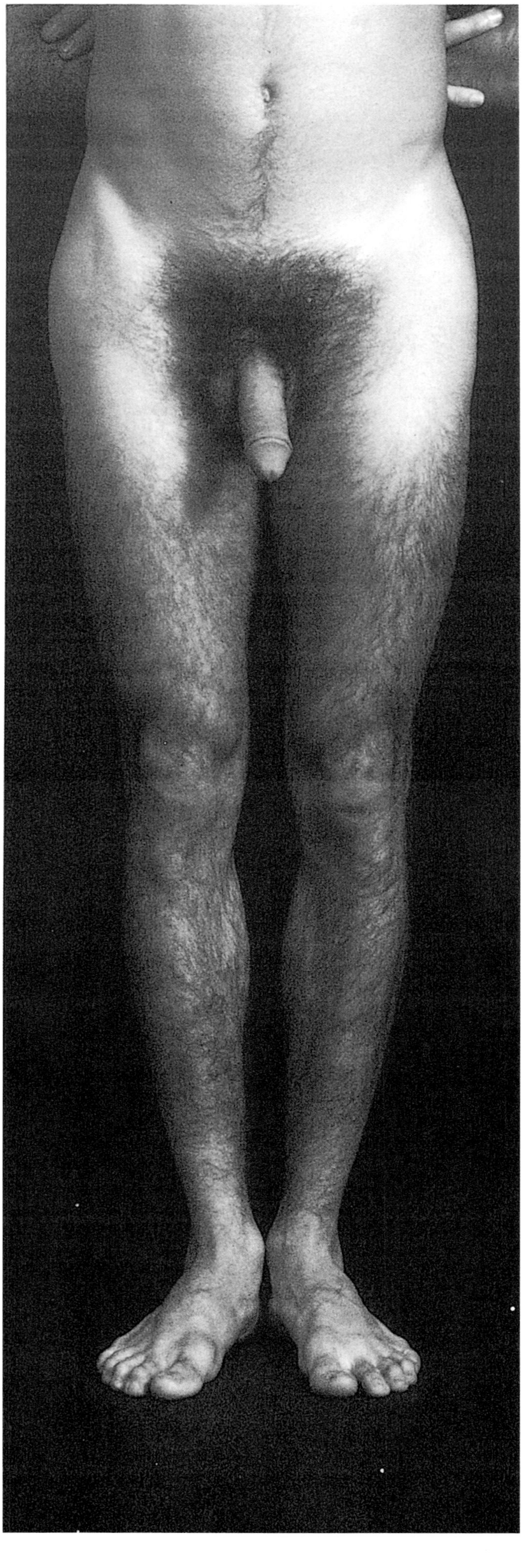

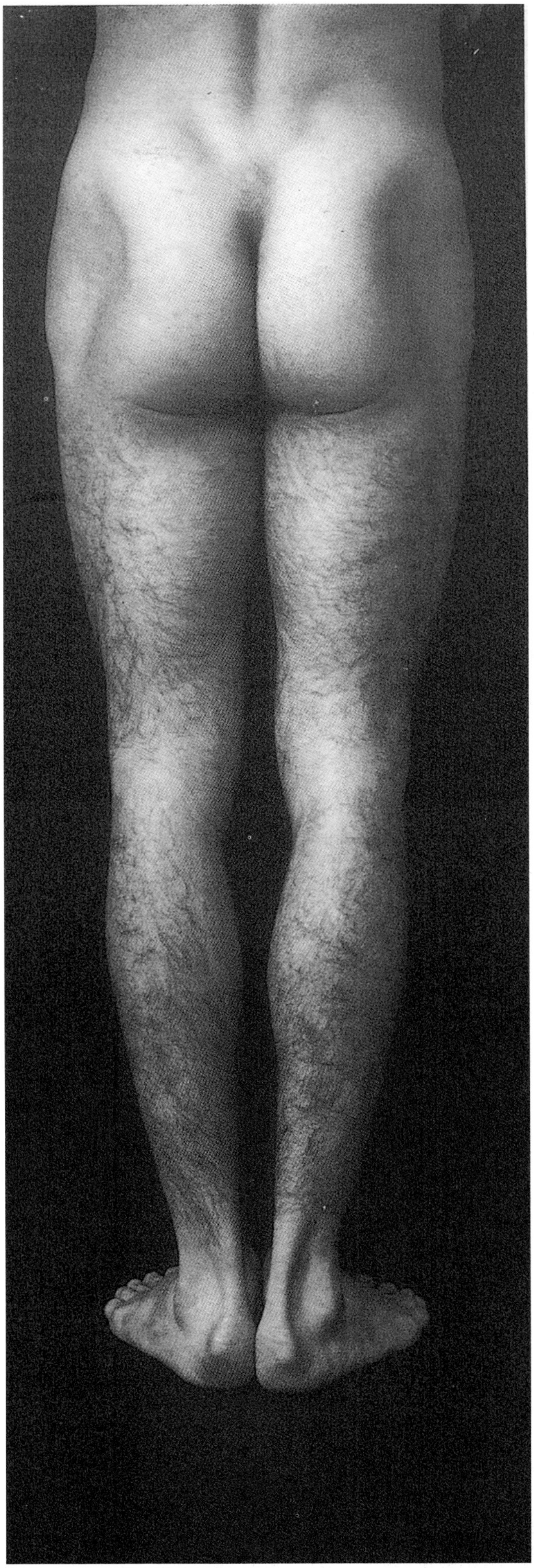

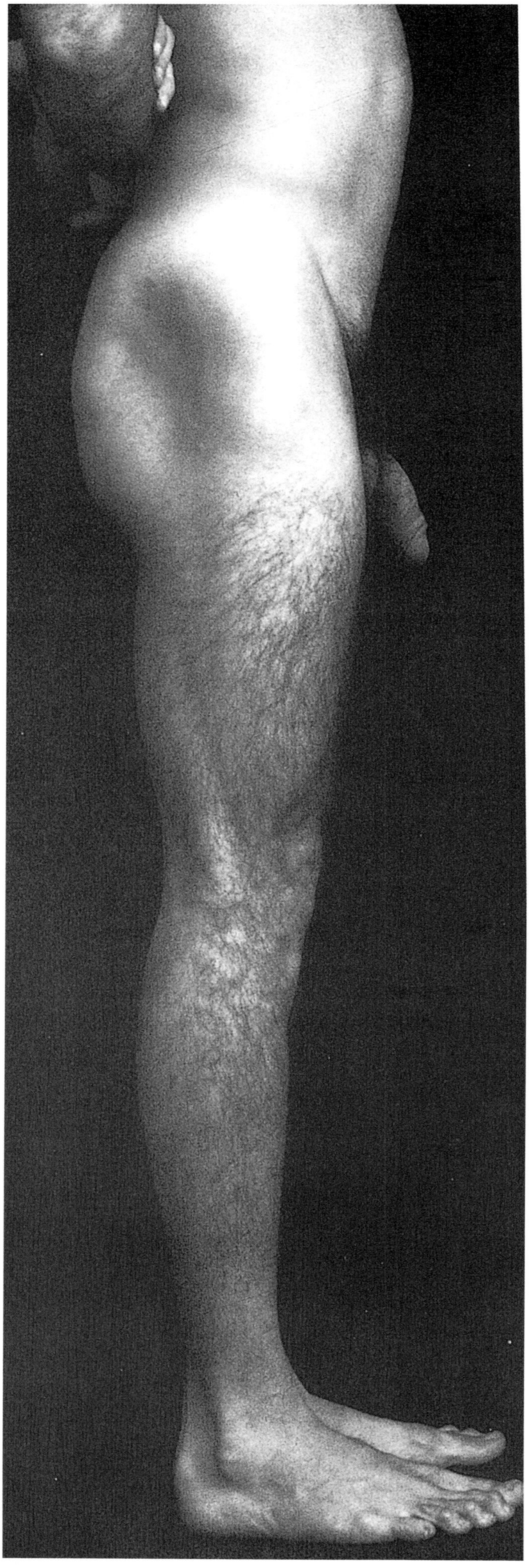

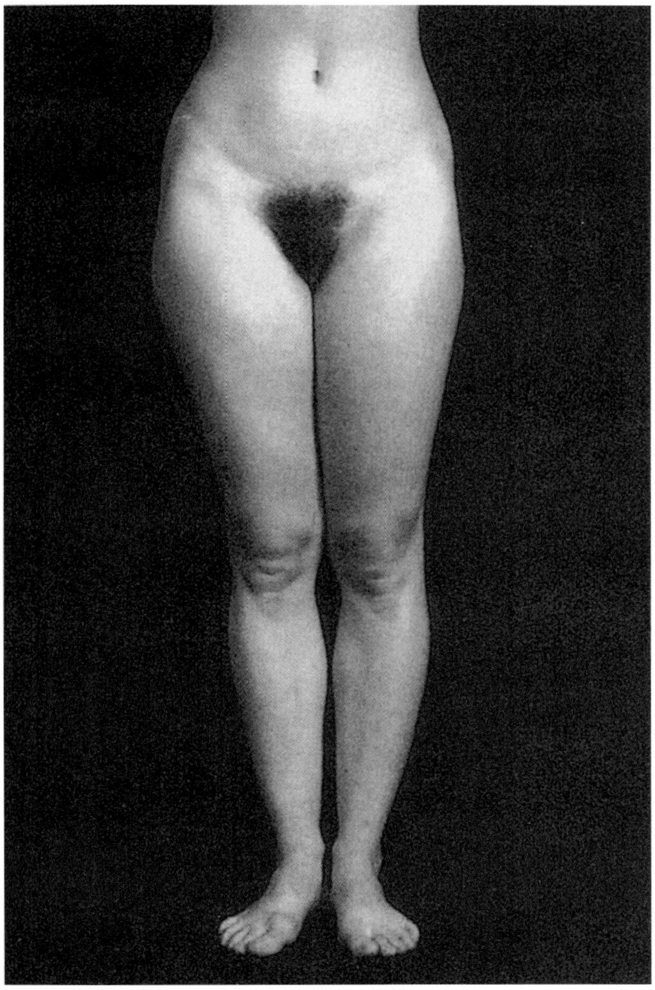
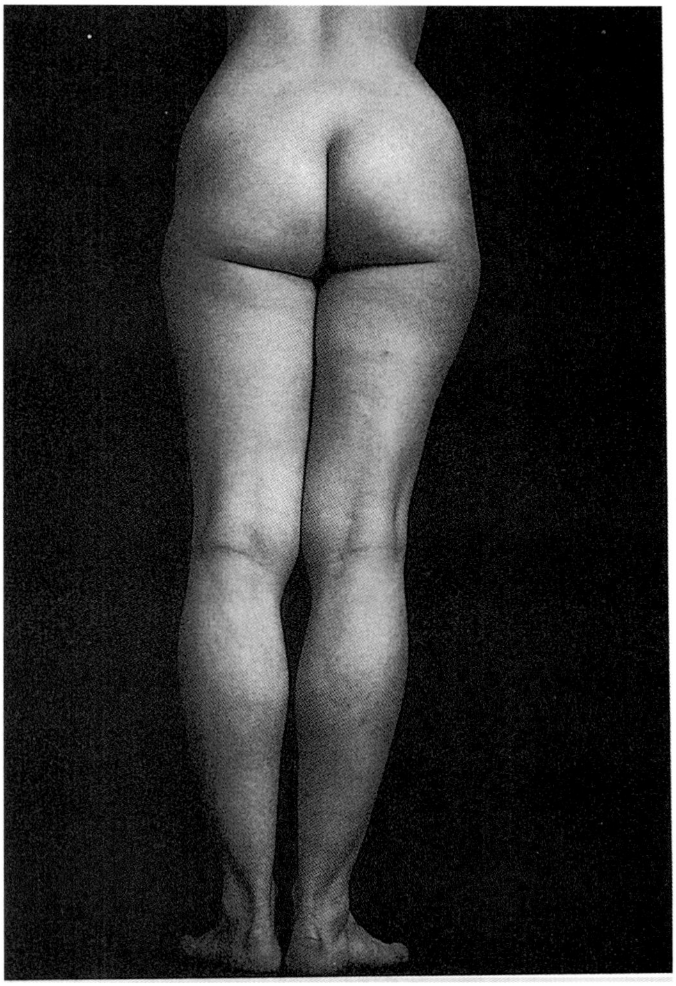
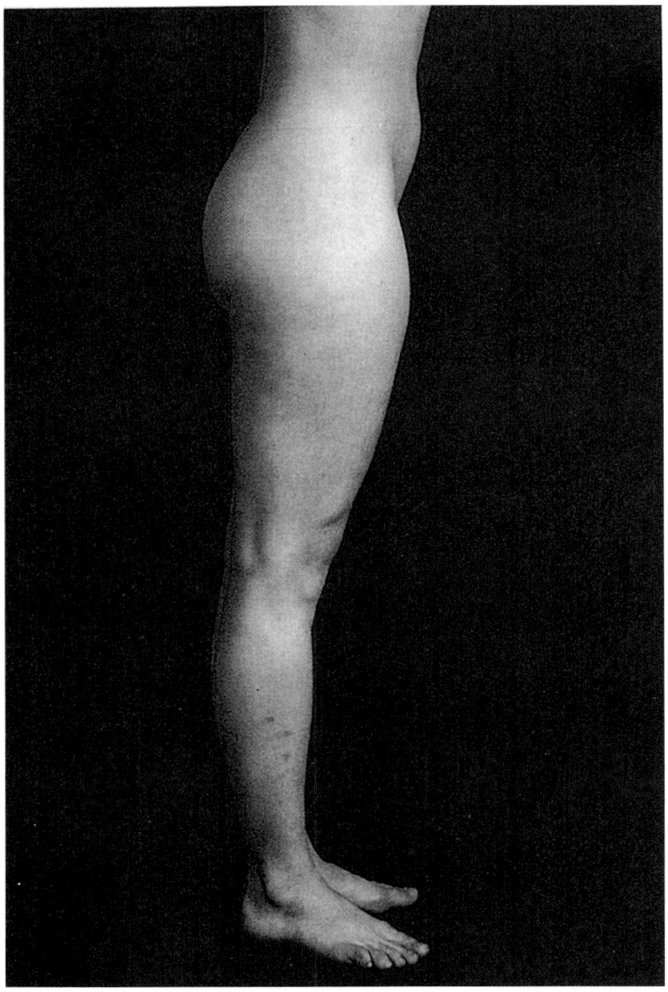
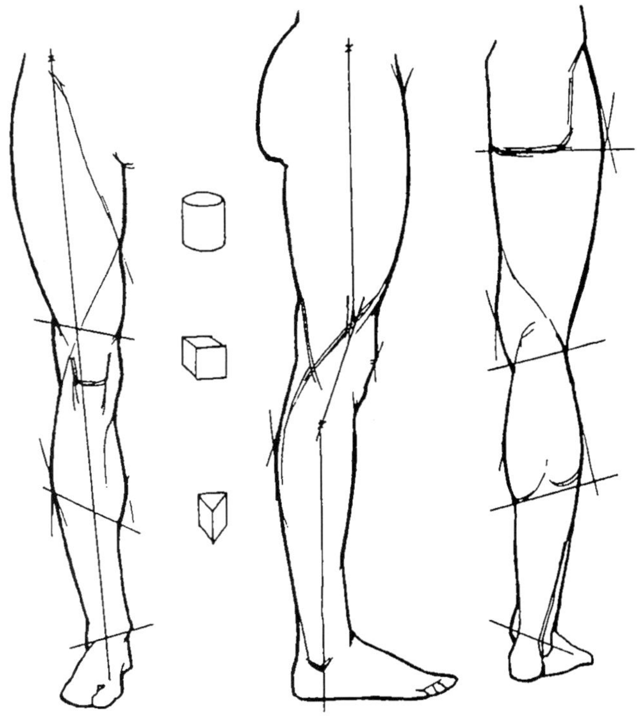

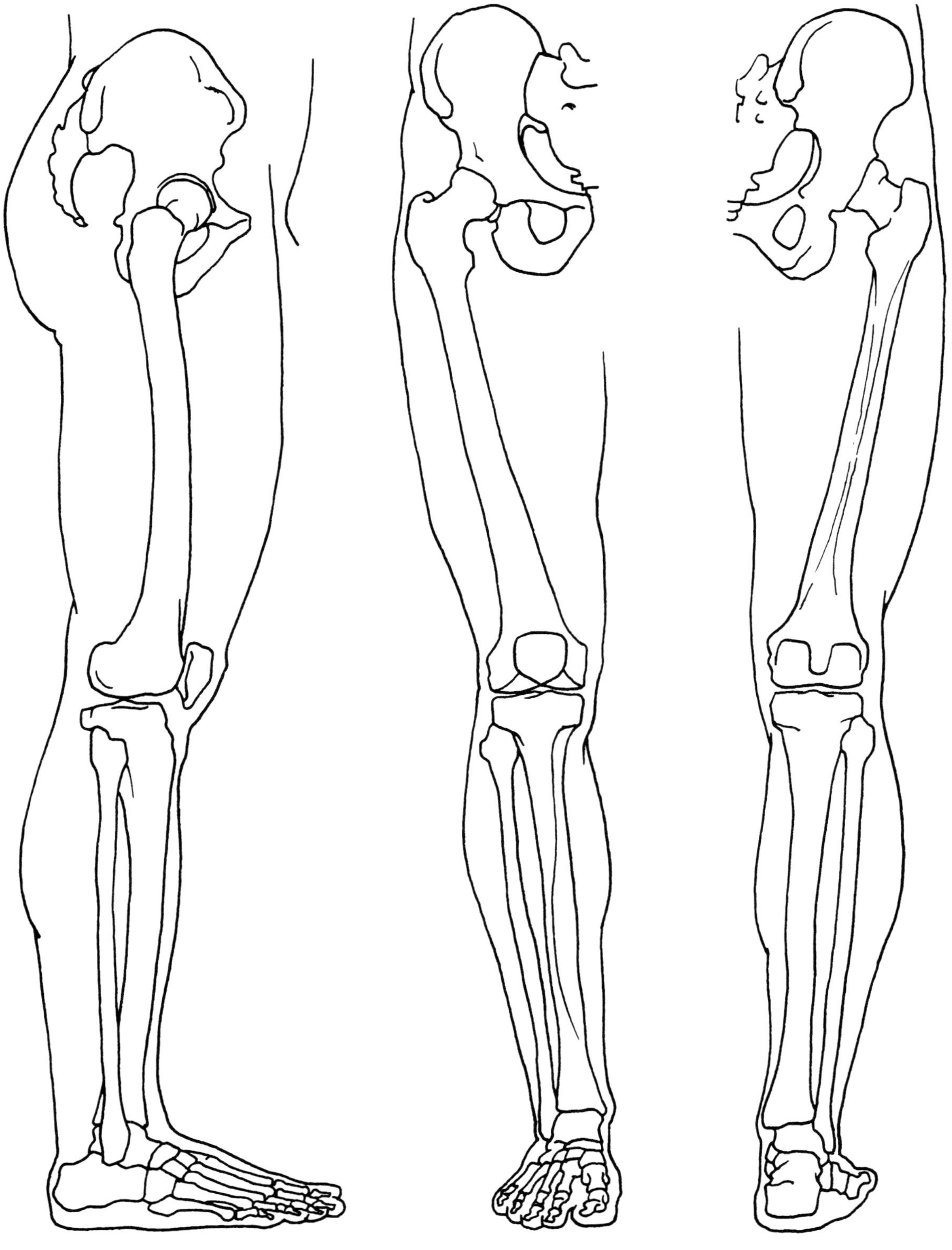

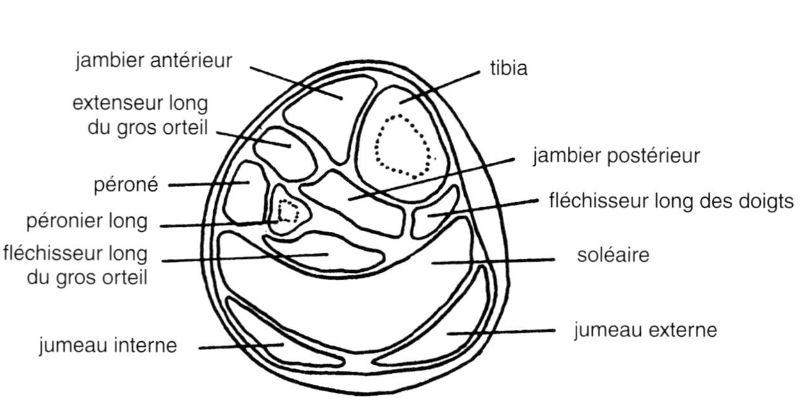
jambier antérieur
tibia
extenseur long
du gros orteil
jambier postérieur
péroné
fléchisseur long des doigts
péronier long
fléchisseur long
du gros orteil
soléaire
jumeau interne
jumeau externe

OSTÉOLOGIE

Le squelette du membre inférieur (ou membre pelvien), abdominal répète le même plan de disposition que celui du membre supérieur ; en effet, il est formé d'une ceinture qui sert d'attache au squelette axile (le bassin), dont nous avons déjà parlé, et des os qui composent la partie libre : le fémur, l'os correspondant à la cuisse et auquel est annexée la rotule ; le tibia et le péroné, qui correspondent à la jambe ; le tarse, le métatarse, les phalanges correspondants au pied. Les éléments osseux sont disposés les uns au-dessus des autres dans le sens vertical, les axes des deux premiers segments formant un petit angle, tandis que le pied présente l'axe le plus grand, disposé presque de façon orthogonale par rapport à l'axe de la jambe : étant donné sa fonction principale de soutien du corps et dans la déambulation, il se différencie en cela du plan de construction du membre supérieur.

Pour résumer, le squelette du membre inférieur comprend la ceinture d'attache, c'est-à-dire la ceinture pelvienne ou bassin, déjà décrite, et les os de la partie libre : fémur et rotule, tibia et péroné, tarse, métatarse et phalanges ; à ces os correspondent respectivement les régions de la cuisse, de la jambe et du pied.

Le fémur est l'os long le plus robuste et le plus volumineux du squelette humain. Sa diaphyse a une courbure modérée dans le sens antéro-postérieur ; il présente trois faces : l'antérieure curviligne, les latérales plus plates, qui convergent postérieurement en une crête longitudinale (ligne âpre). L'épiphyse inférieure est très grande, avec deux saillies latérales (condyle et épicondyle médian, condyle et épicondyle latéral) séparées par une profonde échancrure intercondylienne.

L'extrémité proximale est constituée de la tête du fémur (de forme hémisphérique), du col du fémur (qui forme, avec l'axe de la diaphyse fémorale, un angle obtus compris entre 120° et 130°) et de deux proéminences inégales : le grand trochanter, plus volumineux et tourné latéralement ; le petit trochanter, tourné aux niveaux des parties médiane et postérieure.

La rotule est un os court, généralement considéré comme l'os sésamoïde du quadriceps. Il a une forme de disque irrégulier d'une épaisseur variée, avec une surface externe rugueuse en raison des insertions tendineuses ; sa face interne, articulaire, est très lisse parce qu'elle est recouverte de cartilage.

Le tibia est situé au milieu de la jambe : c'est un os long, en forme de colonne avec une grande épiphyse supérieure et une épiphyse inférieure plus petite. La diaphyse apparaît formée de trois faces unies par des bords plutôt nets ; la face antéro-médiane est superficielle, sous-cutanée et lisse parce qu'elle n'est pas recouverte de muscles. L'épiphyse supérieure est la partie la plus volumineuse du tibia, avec une expansion importante aussi bien sur les côtés qu'à l'arrière et une évidente tubérosité sur le plan antérieur ; le plan supérieur, qui forme l'articulation avec le fémur, présente deux faces articulaires condyliennes séparées par une crête intercondylienne. L'épiphyse inférieure est conique, avec un processus placé au milieu (la malléole du tibia ou malléole médiane) bien évidente sur le modelé superficiel. La face articulaire avec l'astragale est très concave et élargie dans le sens transversal ; sur le côté, on remarque une échancrure d'appui pour le péroné.

Le péroné est un os long, tubulaire et très fin : la diaphyse présente des faces légèrement aplaties et tordues ; l'épiphyse supérieure (tête) est ovale avec une facette d'articulation avec le tibia ; l'épiphyse inférieure (malléole latérale) est légèrement épaissie par rapport au corps et allongée, avec un sommet pointu.

Le tarse est un ensemble osseux formé de sept os, dont deux sont très volumineux et donc déterminants dans la morphologie externe du pied : l'astragale, qui s'articule avec le tibia, et le calcanéum, d'une forme cubique très saillante dans la partie postérieure. Les cinq os restants sont constitués du scaphoïde, du cuboïde et des trois cunéiformes.

Le métatarse (os métatarsien) est un ensemble de cinq os longs constitués d'un corps légèrement en forme d'arc et d'une longueur décroissante en partant du Ier, qui est très volumineux, au Ve ; une épiphyse proximale (base) d'articulation avec les cunéiformes ; une épiphyse distale (tête) d'articulation avec les phalanges.

Les phalanges ont des caractères structuraux et morphologiques semblables à ceux de la main : elles ne sont que deux pour le Ier orteil et trois pour les quatre autres orteils, et se distinguent en phalanges proximales, médianes, distales. Deux os sésamoïdes se trouvent fréquemment en correspondance avec le bord plantaire de la tête du Ier métatarsien, à proximité de l'articulation avec la phalange.

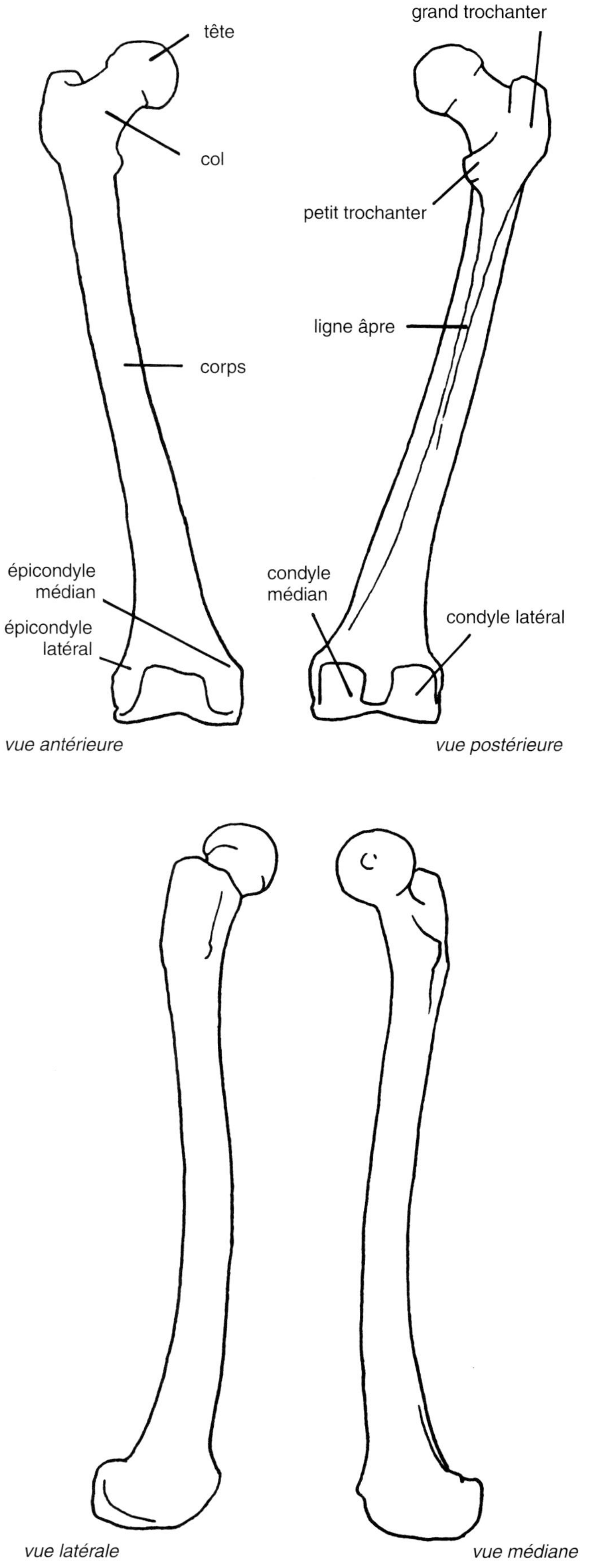

Dessins schématiques du fémur droit

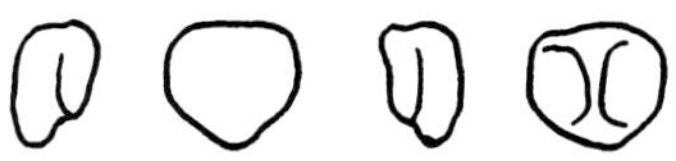

Rotule : profil médian, antérieur, latéral, postérieur

ARTHROLOGIE

Les articulations du membre inférieur présentent, comme les os, de grandes similitudes dans leur disposition avec celles du membre supérieur. On distingue donc trois groupes articulaires : les articulations de la ceinture pelvienne, essentiellement des articulations propres du bassin (sacro-iliaque et symphyse pubienne) dont nous avons déjà parlé en évoquant ces structures osseuses ; les articulations de la partie libre : l'articulation coxo-fémorale, l'articulation du genou, l'articulation tibio-tarsienne et péronéo-tibiale ; les articulations propres du pied.
L'articulation de la hanche (ou coxo-fémorale) est une énarthrose de grandes dimensions, la plus grande du corps humain, qui permet à la tête du fémur de rester en contact avec la surface concave de l'os iliaque (ou cavité cotyloïde) augmentée d'un anneau fibreux (la lèvre iliaque) disposé sur son périmètre.
Les deux surfaces articulaires sont en grande partie recouvertes de cartilage et réunies dans une capsule dont les contours entourent l'os iliaque en s'insérant sur le col du fémur. La capsule, déjà très robuste, est renforcée par quelques ligaments fibreux : le ligament ilio-fémoral (tendu entre l'épine iliaque antérieure inférieure et le fémur, près de la ligne intertrochantérienne) ; le ligament pubo-capsulaire (qui vient du pubis et du contour antéro-inférieur de l'os iliaque et qui va de l'ischion à la face postérieure du col du fémur) ; le ligament rond (une lame fibreuse intracapsulaire, très courte, qui sert de liaison entre la cavité de la tête fémorale et l'échancrure de l'os iliaque). Enfin, il faut observer que certains tendons musculaires (piriforme, obturateur interne, jumeaux) qui se chevauchent sur la capsule constituent d'excellents liens pour l'articulation.
C'est de l'articulation coxo-fémorale que dépendent les mouvements du membre inférieur sur le bassin : la flexion, l'extension, l'abduction, l'adduction, la rotation, la circumduction. Ces mouvements, qui peuvent se combiner de façon variée, atteignent une grande ampleur s'ils s'additionnent à ceux de la colonne vertébrale lombaire et à ceux du bassin : ils permettent d'effectuer des mécanismes dynamiques complexes de tout le corps lors de la déambulation, de la course ou même pendant la station debout quand l'équilibre ne repose que sur un seul membre.
L'articulation du genou s'effectue entre le fémur et le tibia et elle est complexe en raison des caractéristiques morphologiques des chefs articulaires en contact. Les parties osseuses qui interviennent pour former l'articulation sont : les condyles du fémur, l'extrémité supérieure du tibia, la face profonde de la rotule. Les condyles fémoraux, qui ont une surface ovale, s'appuient sur les cavités glénoïdes de la tête du tibia, donnant un caractère de type condyloïdien à l'articulation. Comme les surfaces articulaires ont des formes très variées, le rôle des cavités glénoïdes est facilité et leur profondeur accrue grâce à la présence des deux ménisques cartilagineux semi-lunaires, plus épais sur le bord externe : au centre de chacun d'eux, il y a un orifice à travers lequel passe le cartilage de la cavité glénoïde. Les trois os de l'ensemble articulaire sont entourés par la capsule, aux contours d'insertion plutôt irréguliers, sur laquelle s'appuient de nombreux ligaments : le ligament rotulien placé à l'avant, très superficiel et robuste, qui va du bord inférieur de la rotule à la tubérosité du tibia, dans le prolongement du tendon du fémur ; les ligaments collatéraux tendus entre les épicondyles et la tête du tibia, l'un sur la portion latérale (ligament du péroné) et l'autre sur la portion médiane (ligament du tibia) ; le ligament postérieur (ou poplité), formé par certains faisceaux croisés tendus entre le fémur et le tibia sur le fond du creux poplité ; les ligaments croisés, deux cordons fibreux, antérieur et postérieur, situés à l'intérieur de la capsule articulaire et très importants comme moyens de blocage de l'articulation au cours de l'extension.
L'ensemble des ligaments est ensuite renforcé par la stratification sur la capsule articulaire de certaines expansions aponévrotiques provenant des tendons des muscles de la cuisse et de la jambe, ainsi que du fascia de couverture (notamment du fascia lata).
Les mouvements de l'articulation du genou, que l'on peut réaliser entre la jambe et la cuisse, sont assez limités parce que la conformation des chefs articulaires ne permet que la flexion et l'extension de la jambe sur la cuisse (cette dernière action est comprise comme le retour du segment à la position anatomique). Au cours de la flexion, il peut aussi se produire quelques légers déplacements rotatoires de la jambe sur la cuisse.
L'articulation tibio-tarsienne raccorde la jambe et le pied. C'est un amas angulaire dans lequel entrent en contact la face de l'extrémité inférieure du tibia, la trochlée de l'astragale et la malléole du péroné. Une capsule plutôt lâche la recouvre et quelques ligaments la renforcent : le ligament deltoïde, les ligaments collatéraux et le ligament péronéo-calcanéen. L'articulation ne permet que des mouvements de flexion et d'extension (appelés flexion dorsale et flexion plantaire).

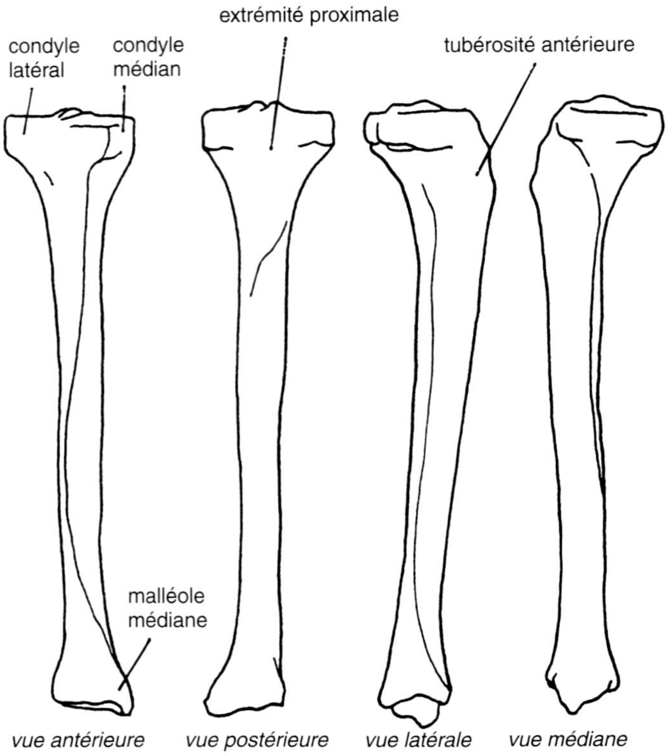

Dessins schématiques du tibia

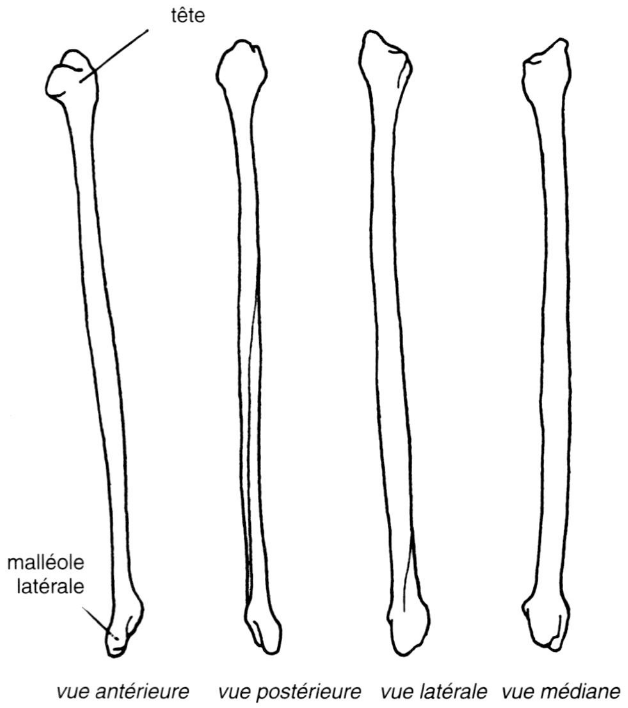

Dessins schématiques du péroné

Les articulations péronéo-tibiales sont au nombre de deux : une supérieure (ou proximale), indépendante de l'articulation du genou, située entre la tête du péroné et la surface tibiale correspondante ; une inférieure (ou distale), entre l'extrémité inférieure du péroné et la facette articulaire du tibia correspondante. Son seul mouvement est un léger déplacement. Il faut remarquer que dans la jambe, contrairement à l'avant-bras, il n'y a pas de mouvement de pronation ou de supination et que les deux os sont également unis par une membrane interosseuse, beaucoup plus robuste que celle de l'avant-bras, qui sépare le groupe des muscles fléchisseurs de celui des muscles extenseurs.
Les articulations propres du pied par rapport à celles de la main sont moins importantes du point de vue fonctionnel, étant donné les moindres prestations de l'organe d'appui, chargé surtout de soutenir le poids corporel et de maintenir l'équilibre. Les articulations sont les suivantes : l'articulation astragalo-calcanéenne, l'articulation calcanéo-cuboïde, les complexes articulaires tarso-métatarsien et intermétatarsien, les articulations métatarso-phalangiennes, les articulations interphalangiennes. Dans le pied, encore plus que dans la main, on trouve un dispositif étendu de ligaments ayant pour fonction de stabiliser le complexe osseux et de renforcer les lignes de traction qui s'exercent sur l'arc plantaire. L'ensemble de ces articulations permet au pied d'effectuer quelques mouvements de faible ampleur : flexion dorsale et plantaire, adduction et abduction.

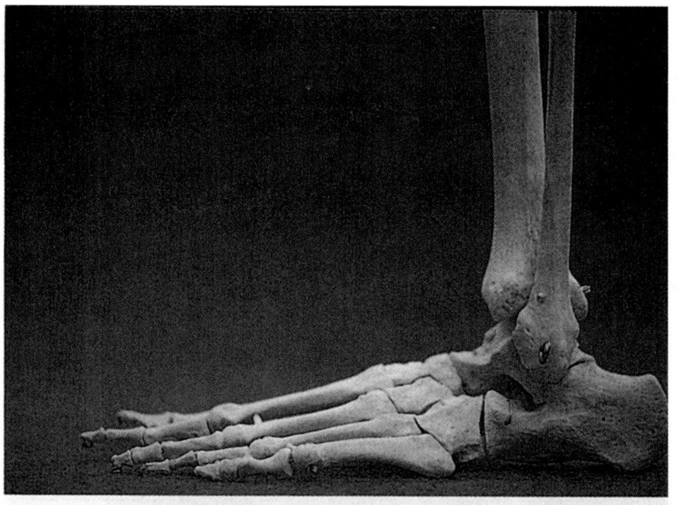

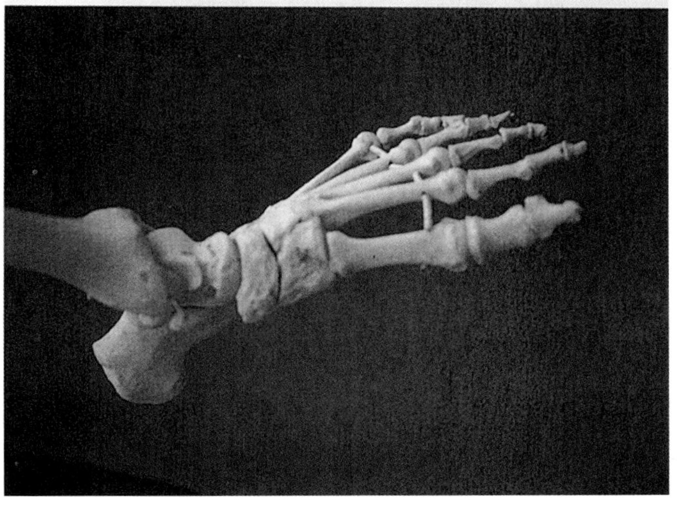

Caractères fonctionnels du membre inférieur

Chez l'homme en station debout, le membre inférieur remplit surtout deux fonctions : soutenir et faire porter le poids corporel sur la zone d'appui ; réaliser les déplacements du corps par la déambulation. Le membre inférieur se différencie du membre supérieur par ses caractères de stabilité et de robustesse. De plus, le membre supérieur est plus mobile et moins long. Les actions opposées des muscles fléchisseurs et des muscles extenseurs, ajoutées aux mécanismes des grandes articulations (de la hanche et du genou) et des faisceaux, rendent solidaires et stables les secteurs de la partie libre dans leur relation avec le bassin, notamment au cours d'activités dynamiques comme la course, le saut ou la marche. Il faut ajouter que la structure d'ensemble en arc des os du pied contribue à amortir les sollicitations liées à la pesanteur tandis que la musculature du membre collabore avec les autres secteurs corporels (bassin, colonne vertébrale, tête, etc.) pour maintenir l'équilibre.

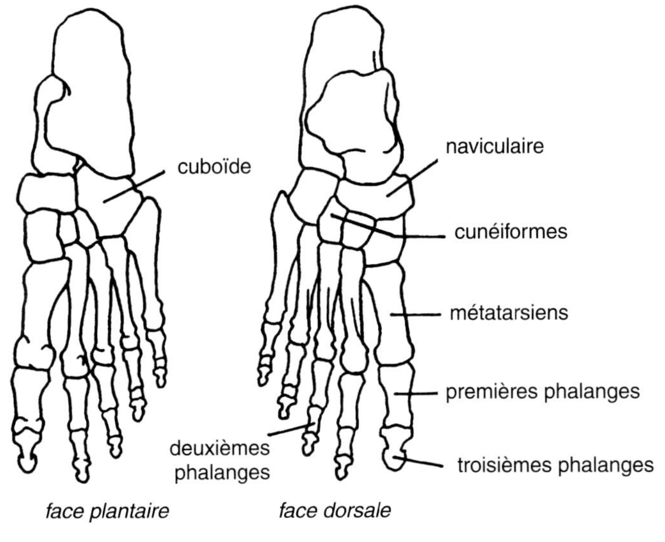

Dessins schématiques du squelette du pied droit

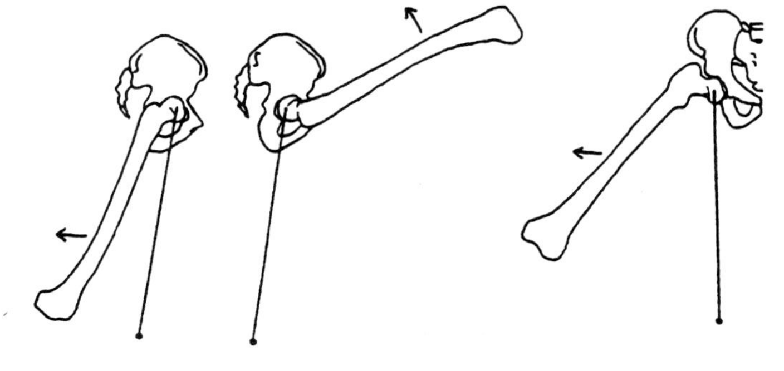

Schémas des mouvements des principales articulations du membre inférieur

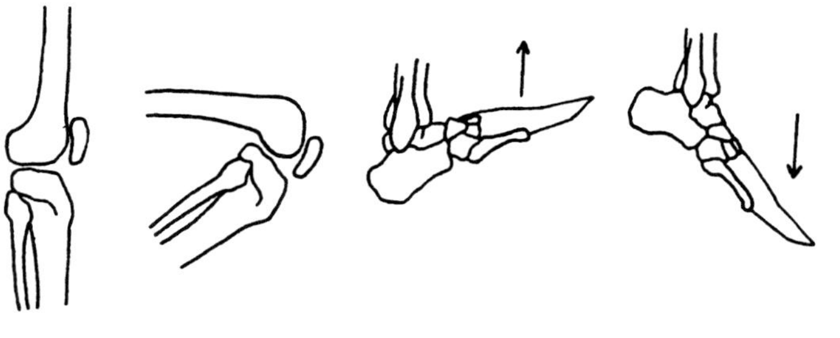

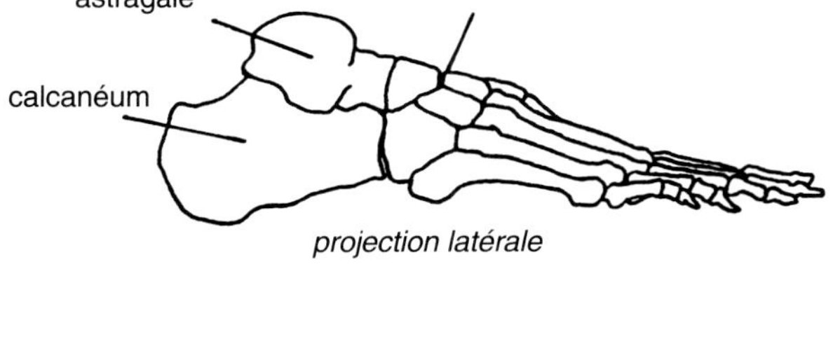

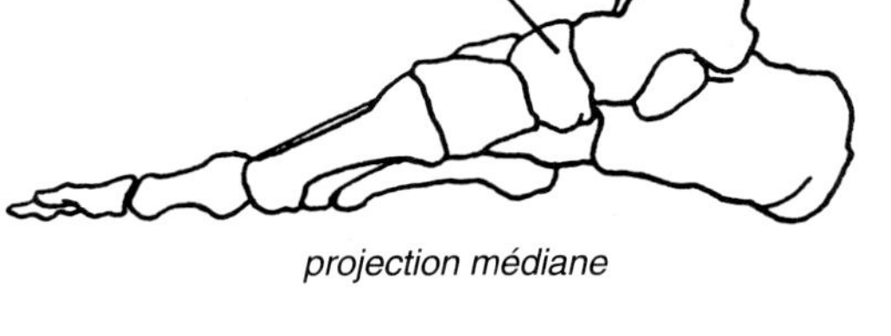

MYOLOGIE

Dans le membre inférieur, la musculature, très volumineuse, suit un plan de construction semblable à celui du membre supérieur. En effet, comme celui-ci, on distingue : les muscles spino-appendiculaires et les muscles de la fesse (ou de la région fessière), déjà décrits en traitant le tronc (*cf.* p. 124 et suiv.) ; les muscles de la cuisse ; les muscles de la jambe ; les muscles du pied.

Les muscles de la cuisse sont longs et robustes, disposés autour du fémur en trois groupes : un antérieur, exerçant une action d'extension sur la jambe (quadriceps, couturier) ; un postérieur, exerçant une action de flexion de la jambe (biceps fémoral, semi-tendineux, semi-membraneux) ; un médian, exerçant une action d'adduction sur la cuisse (pectiné, adducteurs long et court, adducteurs petit et grand, grêle, obturateur externe).

Les muscles de la jambe sont répartis en trois groupes : un groupe postérieur (triceps sural, plantaire, poplité, fléchisseur long des orteils, jambier postérieur, fléchisseur long du gros orteil), exerçant une flexion du pied et des orteils ; un groupe antérieur (jambier antérieur, extenseur long des orteils, extenseur long du gros orteil, péronier antérieur) exerçant surtout une extension du pied et des orteils ; un groupe latéral (péroniers) exerçant une abduction du pied. Les muscles courts du pied sont disposés aussi bien sur le dos (extenseur court des orteils) que sur la plante et ces derniers sont également répartis en trois groupes : un médian (abducteur du gros orteil, fléchisseur court du gros orteil, adducteur du gros orteil) ; un latéral (abducteur court du Ve orteil, fléchisseur court, opposant) ; un central (fléchisseur court des orteils, carré de la plante, lombricaux, interosseux).

Organes accessoires de la musculature du membre inférieur

Ce sont des formations laminaires qui recouvrent la musculature et favorisent leur fonction au niveau des tendons : faisceaux de couverture, cloisons intermusculaires, expansions ligamenteuses de contention, gaines tendineuses, bourses muqueuses.

Les faisceaux du membre inférieur sont des lames fibreuses étendues qui recouvrent superficiellement les muscles et à partir desquels ils s'enfoncent jusqu'au plan osseux des cloisons de séparation entre des parties distinctes. On reconnaît : le fascia de la hanche (ou fessier) (*cf.* p. 133) ; le fascia de la cuisse (ou fémoral) doté de nombreuses formations particulières et notamment l'épaississement latéral, appelé fascia lata ; le fascia poplité ; le fascia de la jambe ; le fascia du pied, avec l'épaississement de l'aponévrose plantaire.

Les dispositifs de contention des tendons sont des lames fibreuses disposées transversalement qui maintiennent en place les tendons des muscles de la jambe. Ils sont situés au niveau du cou-de-pied et des orteils. Les gaines tendineuses sont des canaux qui facilitent le passage des tendons vers les orteils.

Les bourses muqueuses sont des formations globulaires contenant de la synovie, placées dans des endroits particulièrement sujets à des frottements ou à des sollicitations mécaniques : on les trouve dans la région fessière et du trochanter, entre le muscle droit du fémur et l'acétabule, au niveau de la rotule, près de la terminaison du couturier, sous et derrière le calcanéum, près de l'insertion du tendon d'Achille.

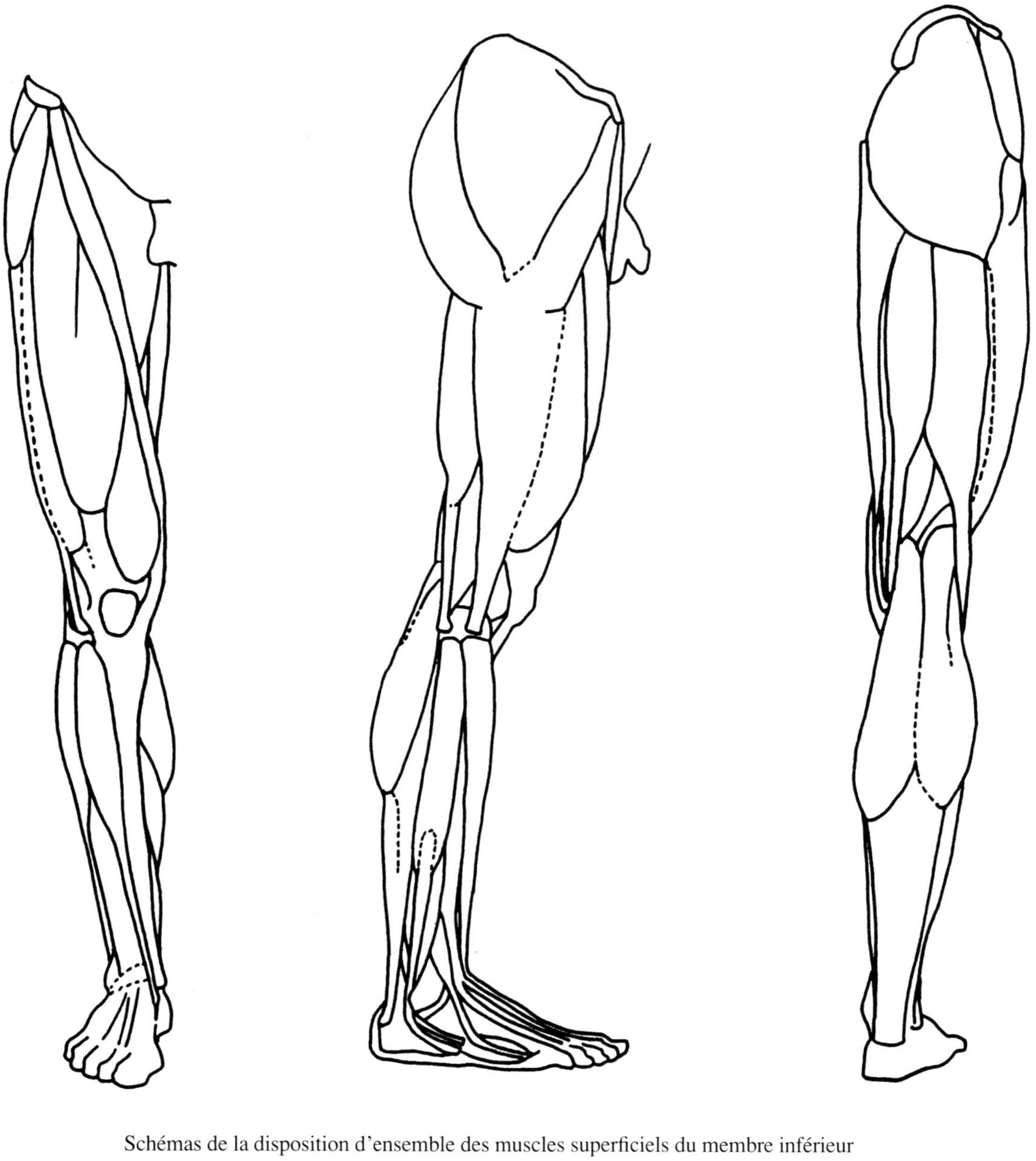

Schémas de la disposition d'ensemble des muscles superficiels du membre inférieur

MUSCLE TENSEUR DU FASCIA LATA (*Tensor fasciae latae*)

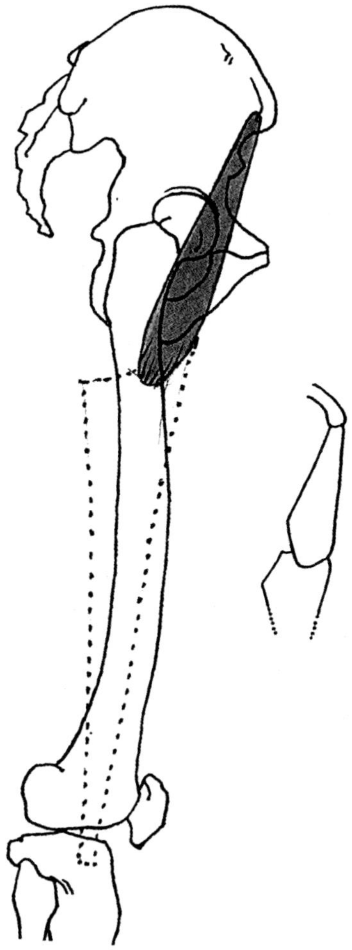

Forme, structure, relations Le muscle tenseur du fascia lata est épais, aplati, allongé et d'une forme presque triangulaire, situé superficiellement sur le bord antéro-latéral du bassin. Les fibres contractiles partent d'un tendon disposé sur une zone restreinte de l'ilion et sont orientées vers le bas, verticalement, s'élargissant dans une large portion d'insertion sur le fascia lata. Le muscle (qui peut être absent, avoir des connexions avec le grand fessier ou bien être divisé en deux faisceaux distincts) est recouvert par le fascia fémoral et par la peau ; il recouvre partiellement le petit fessier et le droit fémoral ; il est en contact, dans sa partie centrale, avec le couturier, et, sur le côté et postérieurement, avec le moyen fessier.

Origine Portion antérieure de la lèvre externe de la crête iliaque ; surface latérale de l'épine iliaque antérieure supérieure.

Insertion Portion ilio-tibiale du fascia lata, sous le grand trochanter (la portion ilio-tibiale est un épaississement en forme de ruban du fascia aponévrotique fémoral, ou fascia lata : elle est située sur la face latérale de la cuisse, disposée verticalement, et s'étend du bassin, près de la crête iliaque (où elle est large à l'origine en raison de la convergence de certains faisceaux qui recouvrent les muscles fessiers), au condyle latéral du fémur et au bord latéral de la tête du tibia.

Action Tension du fascia lata, avec extension de la jambe et légère abduction de la cuisse ; stabilisation de l'ensemble du membre dans la station debout.

Anatomie de surface Le muscle tenseur du fascia lata est sous-cutané et sa masse contractile apparaît, dans la station debout et dans l'abduction de la cuisse, comme un relief vertical et allongé modéré, disposé entre la portion antérieure de la crête iliaque et la zone antérieure et inférieure du grand trochanter. Le muscle passe entre le moyen fessier, situé à l'arrière, et le couturier, en position plus médiane. Quand la cuisse est fortement fléchie, il se forme un profond pli cutané qui passe transversalement sur le ventre musculaire du tenseur. La portion ilio-tibiale du fascia détermine un aplatissement du fascia latéral de la cuisse, particulièrement visible durant la station debout et la position sur un seul membre, tandis que la portion d'insertion sur le tibia apparaît comme un relief en forme de cordon, légèrement aplati, disposé verticalement juste au-dessus du condyle latéral du fémur.

MUSCLE COUTURIER (*Sartorius*)

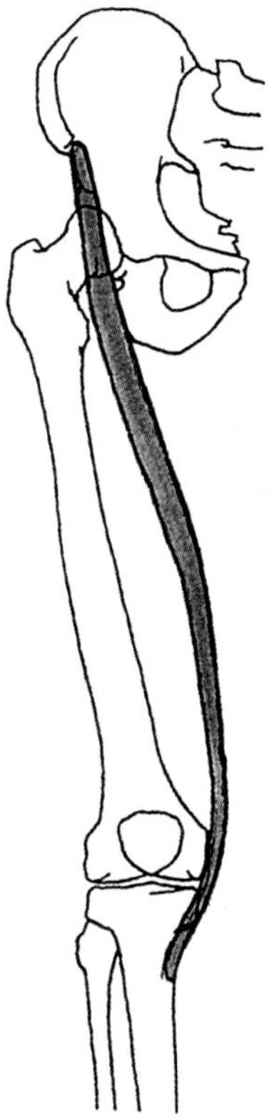

Forme, structure, relations Le muscle couturier est très long (environ 50 cm), fin, aplati et étroit (environ 4 cm), en forme de ruban, situé superficiellement sur les faces antérieure et médiane de la cuisse, qu'il parcourt en suivant une trajectoire presque en spirale. En effet, il est disposé en oblique, du haut vers le bas et de l'extérieur vers l'intérieur. Il va du bassin à l'insertion sur le tibia. Le muscle couturier, qui n'a pas d'insertions sur le fémur mais qui agit sur deux articulations (celle de la hanche et celle du genou) est recouvert par le fascia fémoral et par la peau. Il couvre, en les croisant en diagonale, le droit fémoral, le psoas iliaque, le vaste interne et les adducteurs long et court ; il est proche, du côté postérieur, du grêle.

Origine Épine iliaque antérieure supérieure et bord supérieur de l'échancrure située dessous.

Insertion Bord médian de la tubérosité tibiale. Le tendon d'insertion du muscle couturier s'étend sur une expansion tendineuse, appelée patte d'oie ou *pes auserinus*, vers laquelle convergent les tendons des autres muscles : celui du couturier est situé en avant, suivi du tendon du muscle grêle puis de celui du semi-tendineux. L'expansion s'irradie sur la face médiane de la tubérosité du tibia, en partie sur celle de la diaphyse et sur le fascia aponévrotique de la jambe.

Action Flexion de la cuisse sur le bassin, avec légère abduction ou rotation latérale ; flexion de la jambe sur la cuisse, avec adduction.

Anatomie de surface Le muscle couturier est sous-cutané. Dans la station debout, avec la musculature de la cuisse relâchée, le couturier passe par un vallonnement situé entre le quadriceps, sur le côté, et les adducteurs, au milieu. C'est pour cette raison qu'il est peu visible. Pendant la contraction, la cuisse et la jambe en flexion, et l'abduction, le couturier apparaît comme une bande relevée et, surtout dans sa portion initiale au-dessus de l'épine iliaque, très proéminent, qui passe en diagonale sur la face médiane de la cuisse. De plus, lors de la flexion de la cuisse sur le bassin, entre le couturier et le tenseur du fascia lata, il peut se former, latéralement, un creux juste au-dessous de l'épine iliaque, au fond de laquelle passe le tendon d'origine du droit fémoral.

MUSCLE QUADRICEPS FÉMORAL (*Quadriceps femoris*)

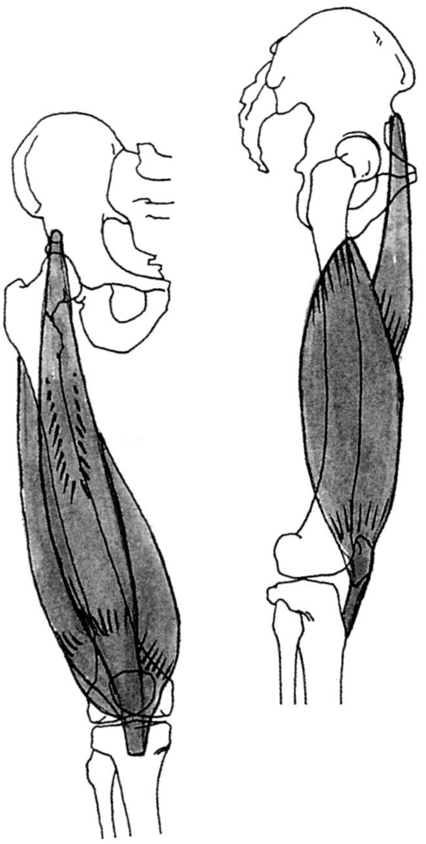

Forme, structure, relations Le quadriceps fémoral est placé dans la partie antérieure de la cuisse. Il a une fonction d'extenseur et représente un groupe musculaire constitué de quatre chefs (le droit fémoral, le vaste externe, le vaste interne et le droit antéro-intermédiaire) qui ont des origines différentes, soit sur le bassin, soit sur le fémur, mais avec une insertion commune sur le tibia. Parmi les quatre chefs, le droit fémoral est bi-articulaire, c'est-à-dire qu'il met en jeu deux articulations, la coxo-fémorale et celle du genou, alors que les autres agissent seulement sur l'articulation du genou.

Le droit fémoral (*rectus femoris*) est la portion médiane et la plus superficielle du quadriceps. C'est un muscle long, légèrement aplati, fusiforme, orienté vers le bas, presque verticalement en suivant l'axe du fémur. Il prend naissance dans le bassin avec un robuste tendon qui se prolonge à l'intérieur du ventre musculaire jusqu'à plus de la moitié de sa longueur et dont la présence est démontrée en surface par une légère dépression cutanée longitudinale. À partir du tendon, les fibres musculaires se dirigent vers le centre ou latéralement et forment donc l'aspect penné du muscle. L'insertion s'effectue sur le tibia par l'intermédiaire d'un long tendon aplati qui part à la hauteur du tiers inférieur du fémur. Le muscle est superficiel, recouvert par le fascia fémoral et par la peau (seule la portion d'origine est couverte par le psoas iliaque et par le couturier) ; il recouvre le droit antérieur et est en contact, latéralement, avec le tenseur du fascia lata et le vaste externe, au milieu avec le vaste interne.

Le vaste externe est la portion la plus volumineuse du quadriceps et occupe toute la partie latérale de la cuisse. C'est un muscle large et aplati, fin dans la portion supérieure et plus épais dans la partie inférieure. Les fibres musculaires sont orientées vers le bas, vers le milieu et vers l'avant et vont d'une zone étendue sur le fémur à l'expansion tendineuse d'insertion commune du quadriceps. La portion superficielle supérieure du muscle est couverte par le fascia fémoral et par la peau, tandis que la portion supérieure est recouverte latéralement par la portion ilio-tibiale du fascia lata et par son tenseur ; au milieu, il est en contact avec le droit antérieur, le vaste interne et le droit fémoral.

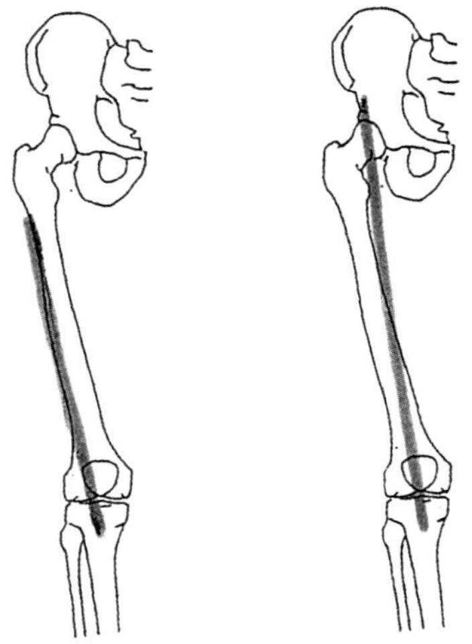

Le vaste interne est la portion du quadriceps qui occupe la partie médiane et inférieure de la cuisse. C'est un muscle fuselé, aplati et fin dans sa portion supérieure, plus épais dans sa partie inférieure. Les fibres musculaires sont orientées vers le bas, à l'avant et sur le côté. Elles vont du fémur à l'insertion sur le tendon commun du quadriceps. Le muscle est superficiel, recouvert par le fascia fémoral et par la peau ; il couvre les insertions des muscles adducteurs ; il est en contact, latéralement, avec le vaste externe et le droit fémoral, au milieu avec le couturier.

Le droit antérieur est la portion la plus profonde du quadriceps. C'est un muscle long et aplati dont les fibres contractiles, plutôt courtes, vont verticalement vers le bas. Elles partent du fémur et vont dans une lame tendineuse d'insertion sur le tendon commun du quadriceps. Le muscle adhère au fascia antérieur du fémur et est couvert par le droit fémoral, le vaste interne et le vaste externe. Certains faisceaux musculaires partent de la face ventrale de l'extrémité inférieure du fémur et s'insèrent sur la capsule articulaire du genou.

Origine Droit fémoral : surface antérieure de l'épine iliaque antérieure inférieure, avec une expansion tendineuse sur le contour supérieur de l'acétabule.

Vaste externe : bords antérieurs et inférieurs du grand trochanter fémoral ; moitié supérieure de la lèvre latérale de la ligne âpre.

Vaste interne : partie inférieure de la ligne intertrochantérienne et lèvre médiane de la ligne âpre.

Droit antérieur : deux tiers supérieurs des surfaces antérieure et latérale de la diaphyse du fémur.

Insertion Tubérosité du tibia (par un tendon commun vers lequel convergent, en se superposant, les tendons des quatre ventres musculaires et qui recouvre la rotule).

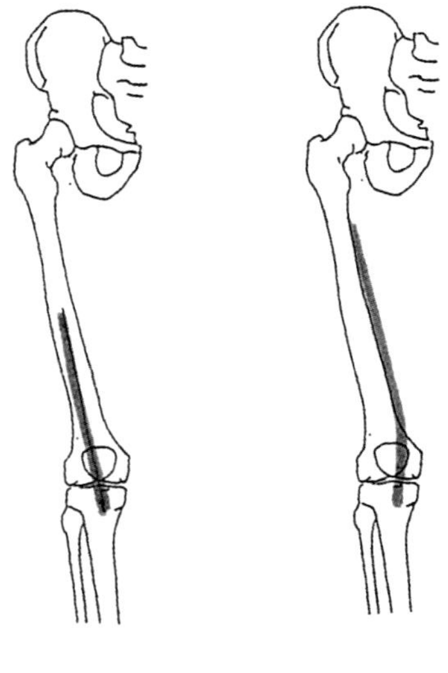

Action Extension de la jambe sur la cuisse ; collaboration dans la flexion de la cuisse sur le bassin et réciproquement (le muscle quadriceps, dans l'ensemble, stabilise le membre pendant la station debout).

Anatomie de surface Le quadriceps fémoral occupe toute la partie antérieure latérale de la cuisse et il est sous-cutané à l'exclusion de sa composante intermédiaire qui participe toutefois au volume d'ensemble du muscle. Le droit fémoral parcourt sur la ligne médiane la face antérieure de la cuisse : dans la portion supérieure, il apparaît sous l'épine iliaque antérieure inférieure. Dans la position debout, cette portion est visible mais, quand la cuisse est fléchie sur le bassin, elle apparaît comme une dépression proche de la plus grande saillie des deux muscles cités. Le vaste interne est visible au milieu du droit fémoral, uniquement dans la moitié inférieure de la cuisse, où il apparaît comme un relief qui atteint presque la rotule. Le vaste externe est visible sur la partie antéro-latérale de la cuisse, à côté du droit fémoral et devant la portion ilio-tibiale du fascia lata. Le ventre musculaire se termine plus loin de la rotule et du condyle fémoral que celui du vaste interne. La face antérieure du tiers inférieur de la cuisse, un peu au-dessus de la rotule, est coupée en diagonale par l'épaississement d'un faisceau aponévrotique qui dépend du fascia fémoral et qui forme, en surface, quand le quadriceps est relâché, un léger sillon transversal.

MUSCLE GRÊLE (*Gracilis*)

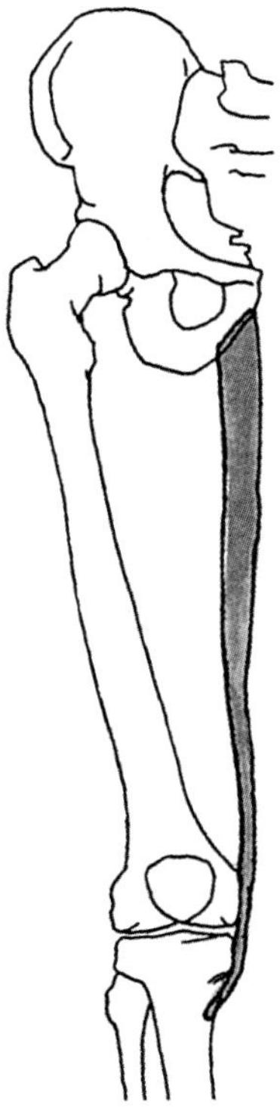

Forme, structure, relations Le muscle grêle (ou droit interne), situé sur la face médiane de la cuisse, est le plus médian et le plus superficiel du groupe des adducteurs. Le ventre est orienté verticalement vers le bas et il est fin, long, aplati et large dans sa portion d'origine sur le bassin, étroit et conique dans la portion suivante. Le tendon d'insertion est très long, mince, cylindrique et passe derrière le condyle médian du fémur. Juste après, il s'aplatit en s'étendant sur la patte d'oie. Le muscle est recouvert du fascia fémoral et de la peau ; il couvre en partie les adducteurs, long et grand ; il est en contact, à l'avant, avec le couturier, à l'arrière, avec le semi-membraneux et, près de la portion tendineuse, avec le semi-tendineux.

Origine Partie inférieure du pubis (le long du bord médian, dans la portion comprise entre la symphyse pubienne et la partie ascendante de l'ischion).

Insertion Surface médiane du tibia, sous la tubérosité. (Le tendon contribue à former la patte d'oie, en se plaçant entre le tendon du couturier, à l'avant, et celui du semi-tendineux, situé à l'arrière.)

Action Adduction de la cuisse : flexion de la jambe sur la cuisse, avec légère rotation médiane (en synergie avec le couturier pour la flexion ou l'adduction, mais en antagonisme pour la rotation).

Anatomie de surface Le muscle grêle est sous-cutané sur toute son extension sur la face médiane de la cuisse. Quand celle-ci est en abduction, il ressort nettement, en particulier sa portion supérieure, comme un relief fin qui prend naissance dans la tubérosité ischiatique et qui passe ensuite entre l'adducteur long, à l'avant, et le grand adducteur et le semi-membraneux, à l'arrière. Le tendon d'insertion n'est pas visible en surface si le membre est tendu, mais peut être facilement observé, avec celui du semi-tendineux et le long du bord médian du creux poplité du genou, quand la jambe est partiellement fléchie sur la cuisse.

MUSCLE ADDUCTEUR LONG (*Adductor longus*)

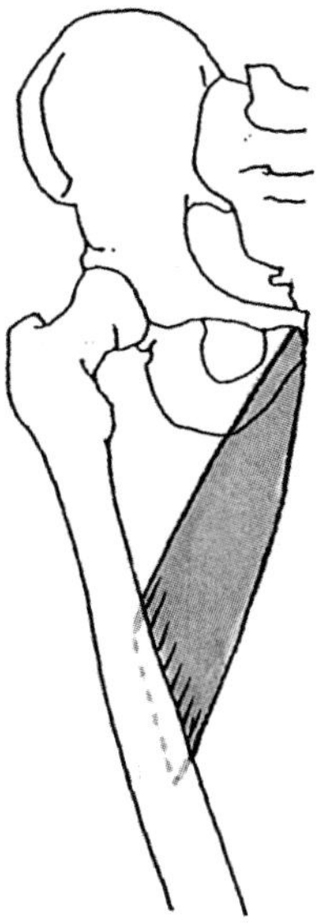

Forme, structure, relations Le muscle adducteur long est le plus antérieur du groupe des adducteurs et il a une forme triangulaire. Ses fibres sont orientées en oblique vers le bas, à l'arrière et latéralement, du bassin à l'insertion sur le fémur. La portion proximale de départ est étroite, aplatie, d'une grande épaisseur, tandis que la portion suivante s'élargit et devient presque laminaire, en s'étendant jusqu'à l'aponévrose d'insertion. Le muscle est superficiel dans sa portion initiale, recouvert par le fascia fémoral et par la peau mais dans sa portion inférieure, il reste en profondeur et est en contact avec le vaste interne et le couturier, qui le recouvrent en partie ; dans sa partie médiane, il est en contact avec le grêle et, latéralement, avec le pectiné ; il recouvre les adducteurs court et grand.

Origine Face antérieure du pubis (dans la portion située entre la crête et la symphyse, près de l'angle formé par la division supérieure et la division inférieure).

Insertion Bord médian du tiers médian de la ligne âpre du fémur.

Action Adduction de la cuisse, avec légère flexion et rotation latérale (en synergie avec les autres adducteurs).

Anatomie de surface Le muscle adducteur long est sous-cutané dans la portion supérieure, mais ne peut pas être distingué des autres adducteurs sur la face antéro-médiane de la cuisse parce qu'ils ont tendance à apparaître comme une masse unique. Pendant une forte contraction, on peut observer comme un léger relief vertical près de la racine de la cuisse : il est étroit sous le ligament inguinal et élargi vers le couturier.

MUSCLE PECTINÉ (*Pectineus*)

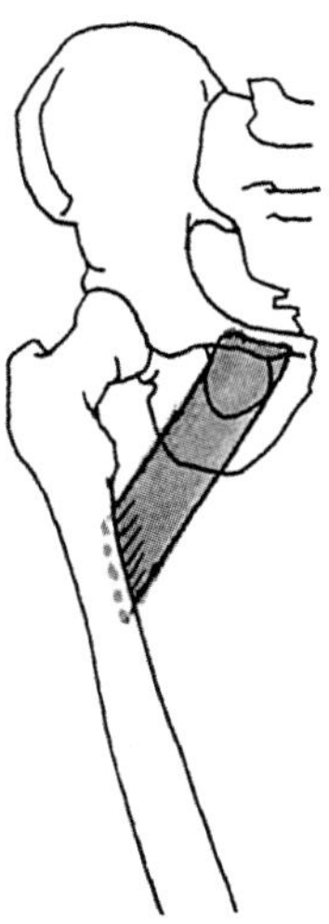

Forme, structure, relations Le muscle est aplati, plutôt épais, de forme quadrangulaire, situé dans la racine de la cuisse, orienté en oblique vers le bas, latéralement et à l'arrière. Il va du bassin à l'insertion sur le fémur. Le muscle, qui peut être dédoublé en deux lames séparées et superposées, est superficiel dans sa portion initiale, recouvert par les vaisseaux fémoraux, le fascia fémoral et par la peau ; il recouvre l'articulation coxo-fémorale et, dans sa partie médiane, l'adducteur court et l'obturateur externe ; le bord latéral est en rapport avec le grand psoas et le bord médian avec l'adducteur long. Le muscle pectiné forme, avec le psoas iliaque, la partie profonde de la fosse fémorale, qui est un espace pyramidal délimité latéralement par le couturier, au milieu par l'adducteur long et au-dessus par le ligament inguinal tendu entre l'épine iliaque antérieure supérieure et le tubercule pubien. L'artère fémorale, la veine fémorale et le nerf fémoral passent dans la fosse fémorale.

Origine Crête pectinée de la division horizontale du pubis ; tubercule pubien.

Insertion Ligne pectinée, située entre le petit trochanter et la ligne âpre du fémur.

Action Adduction de la cuisse, avec légère flexion et rotation latérale.

Anatomie de surface Le muscle pectiné est superficiel, mais comme il est en partie recouvert par les vaisseaux fémoraux et par le tissu adipeux, il n'est pas visible extérieurement et on le confond avec la saillie de l'adducteur long, situé plus au milieu, sous la branche ischio-pubienne.

MUSCLE GRAND ADDUCTEUR *(Adductor magnus)*

Forme, structure, relations Le grand adducteur est un muscle laminaire, large, robuste, très étendu et situé dans la portion médiane de la cuisse. Il a une forme triangulaire, presque conique ; ses fibres sont orientées vers le bas et latéralement, mais avec des inclinaisons différentes parce que les fibres supérieures sont presque horizontales, les médianes sont obliques et les inférieures presque verticales. Le muscle part du bassin et peut être divisé en deux portions en fonction de son insertion : la plus importante, constituée par les fibres médianes, s'insère sur la diaphyse du fémur avec un large tendon arqué, tandis que la plus fine s'insère, par l'intermédiaire d'un tendon séparé, cylindrique et fin, sur le condyle médian. Les fibres supérieures sont fréquemment distinctes du reste du muscle et sont donc identifiées comme le plus petit muscle adducteur. Le muscle n'est sous-cutané que dans la courte portion de départ, recouvert par le fascia fémoral et par la peau ; à l'avant, il est en contact avec le pectiné et les adducteurs court et long ; à l'arrière, il est en contact avec le grand fessier, le biceps fémoral, le semi-tendineux et le semi-membraneux ; au milieu, il est en contact avec le grêle et le couturier.

Origine Bord antérieur de la branche inférieure du pubis ; branche inférieure de l'ischion ; tubérosité ischiatique.

Insertion Tubérosité fessière du fémur ; bord médian de la ligne âpre ; tubercule du grand adducteur sur le condyle médian du fémur. (L'aponévrose tendineuse d'insertion sépare au milieu, dans la cuisse, le groupe des muscles fléchisseurs, postérieurs, de celui des muscles extenseurs placés à l'avant.)

Action Adduction de la cuisse, avec flexion et rotation latérale (cette dernière est entravée par les faisceaux qui s'insèrent sur le condyle et qui tendent à faire pivoter le fémur vers le centre). On peut remarquer que les muscles adducteurs ne sont pas actifs pendant l'adduction de la cuisse (qui est en abduction dans la station debout), parce que, dans ce cas, la force de gravité est suffisante pour réaliser le mouvement. Ils agissent, en revanche, et même énergiquement, dans toutes les autres positions, surtout pour réaliser le chevauchement des membres inférieurs.

Anatomie de surface Le muscle grand adducteur est, en grande partie, situé profondément, mais sa courte portion supérieure, sous-cutanée, est parfois visible pendant une forte contraction ; il apparaît en surface sur la face médiane de la cuisse comme un relief triangulaire proche de la tubérosité ischiatique et du grand fessier, derrière le grêle et devant le semi-tendineux.

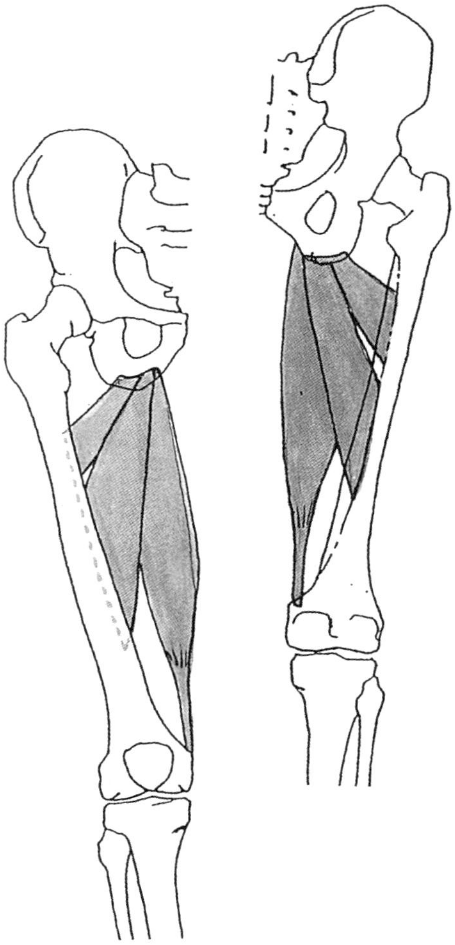

MUSCLE BICEPS FÉMORAL *(Biceps femoris)*

Forme, structure, relations Le muscle biceps fémoral est constitué de deux chefs, long et court, situés verticalement dans le secteur postérieur de la cuisse. Ils partent du bassin et du fémur et convergent, environ au niveau du tiers inférieur de la cuisse, en un seul tendon d'insertion sur le péroné. Le chef long est fusiforme et allongé, superficiel, orienté un peu vers l'arrière, vers le bas et sur le côté ; il va, légèrement en oblique, de l'ischion à l'insertion commune. Le chef court est aplati et court, recouvert en grande partie par le chef long, orienté verticalement vers le bas, du fémur jusqu'à l'insertion. Le muscle biceps fémoral, qui peut être dépourvu de chef court ou bien avoir des insertions anormales, est sous-cutané dans sa portion longue, recouvert du fascia fémoral et de la peau ; il recouvre en partie et s'approche dans sa partie médiane du semi-membraneux ; il est en contact, latéralement, avec le vaste externe et le grand adducteur.

Origine Chef long : face inféro-médiane de la surface supérieure de la tubérosité ischiatique ; partie inférieure du ligament sacro-tubéreux.
Chef court : tiers moyen de la lèvre latérale de la ligne âpre fémorale.

Insertion Tête du péroné, avec expansions sur le fascia de la jambe et sur la face latérale de la tubérosité du tibia.

Action Extension de la cuisse (en synergie avec les muscles semi-membraneux et semi-tendineux) ; flexion de la jambe sur la cuisse avec faible rotation latérale ; collaboration dans les mouvements de déambulation.

Anatomie de surface Le muscle biceps fémoral est surtout sous-cutané dans sa portion longue. Dans la position debout anatomique il apparaît comme un relief allongé qui parcourt verticalement toute la moitié latérale de la face postérieure de la cuisse, peu distinct du semi-membraneux, placé au milieu mais plus nettement séparé du vaste externe. Dans cette position, le tendon d'insertion qui forme le bord postéro-latéral du genou et constitue une paroi du creux poplité, n'est habituellement pas visible en surface. Le tendon apparaît en revanche très nettement quand la jambe est en forte extension et surtout quand elle est en flexion sur la cuisse : dans cette position, on peut même relever sur le côté une courte portion du chef court, près du tendon.

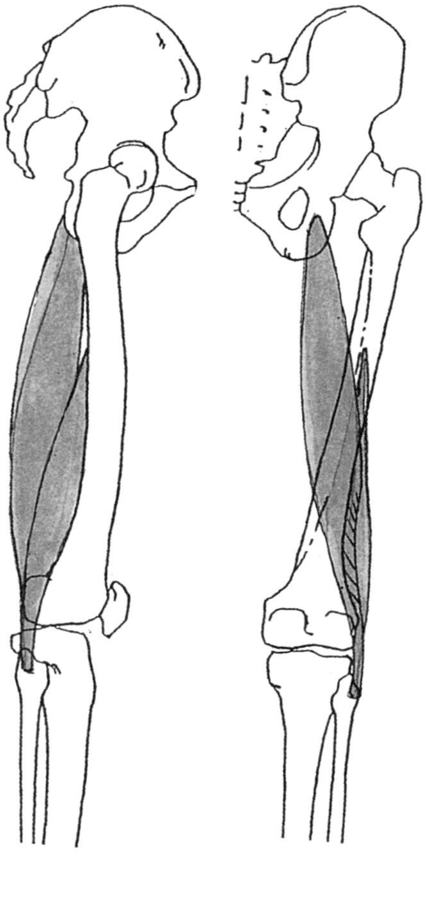

MUSCLE SEMI-TENDINEUX (*Semitendinosus*)

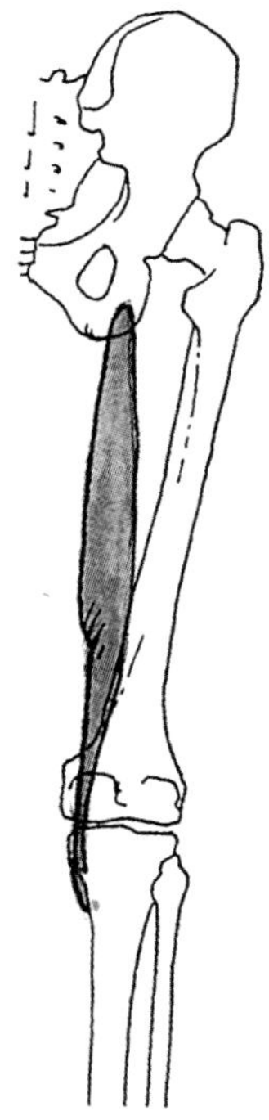

Forme, structure, relations Le muscle semi-tendineux est appelé ainsi en raison de la longueur importante du tendon d'insertion qui constitue environ la moitié de son extension complète. La partie contractile est fuselée, large (environ 5 cm) et épaisse (environ 3 cm). À environ la moitié de la cuisse, cette partie se prolonge en un tendon d'insertion cylindrique et fin. Le muscle est disposé verticalement dans la portion postéro-médiane de la cuisse, orienté vers le bas et légèrement vers l'arrière, du bassin jusqu'à l'insertion sur le tibia.
Il est superficiel, recouvert du fascia fémoral, de la peau et, sur une courte portion proximale, du grand fessier.

Origine Face inféro-médiane de la portion supérieure de la tubérosité ischiatique (avec un tendon commun avec celui du chef long du biceps fémoral).

Insertion Bord médian de la tubérosité du tibia. (Le tendon se place derrière le condyle médian du fémur et s'étend dans la patte d'oie.)

Action Extension de la cuisse sur le bassin ; flexion de la jambe sur la cuisse (en synergie avec le biceps fémoral) ; faible rotation médiane de la jambe (en antagonisme avec le biceps fémoral).

Anatomie de surface Le muscle semi-tendineux est sous-cutané sur presque toute son extension, à l'exclusion d'une courte portion située près de son point de départ et qui est recouverte par le grand fessier. Il est situé dans la portion supérieure de la moitié médiane de la face postérieure de la cuisse et apparaît comme un relief vertical allongé entre le chef long du biceps, sur le côté, et le semi-membraneux, au milieu. Quand la jambe est en position anatomique, le tendon est peu relevé et forme un sillon vertical qui limite au milieu la région poplitée ; en revanche, il émerge nettement, en forme de cordon, quand la jambe est fléchie sur la cuisse.

MUSCLE SEMI-MEMBRANEUX (*Semimembranosus*)

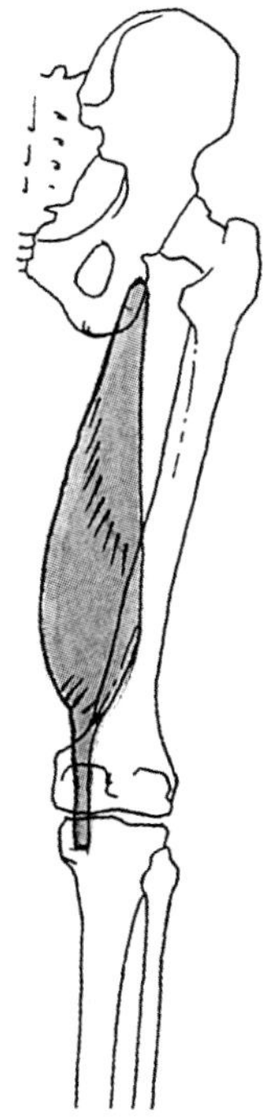

Forme, structure, relations Le semi-membraneux est un muscle grand, aplati, situé dans la portion postéro-médiane de la cuisse. Il est disposé verticalement, orienté vers le bas et légèrement en arrière, et il va du bassin à l'insertion sur le tibia. Il doit son nom au fait que le tendon d'origine s'étend en une large lame qui pénètre dans le ventre musculaire, jusqu'à environ la moitié de la cuisse ; à partir de là, les faisceaux contractiles convergent vers une autre expansion tendineuse qui précède le tendon d'insertion. Le muscle est superficiel dans sa portion inférieure, recouvert par le fascia fémoral et par la peau ; dans sa partie supérieure, il est recouvert par le grand fessier et par le semi-tendineux et recouvre le grand adducteur et le carré du fémur ; dans sa partie centrale, il est en contact avec le grêle.

Origine Surface supérieure et latérale de la tubérosité ischiatique.

Insertion Face postérieure du condyle médian du tibia. (Le tendon d'insertion, près du condyle fémoral, se divise en trois ramifications : tendon direct, sur la tubérosité médiane du tibia ; tendon récurrent, sur le bord postérieur du condyle médian du fémur avec une extension sur le fascia de la jambe ; tendon réfléchi, sur la partie antérieure de la tubérosité médiane du tibia.)

Action Flexion de la jambe sur la cuisse, avec légère rotation médiane ; collaboration dans l'extension de la cuisse sur le bassin.

Anatomie de surface Le muscle semi-membraneux a un ventre qui est recouvert, dans une large mesure, dans sa partie centrale, par l'adducteur long et par le chef long du biceps. De plus, il est en contact latéralement avec le semi-tendineux et est en partie recouvert par lui : à l'exclusion de sa portion inférieure, il n'est donc pas visible directement en surface, mais il contribue à déterminer la morphologie externe du bord médio-postérieur de la cuisse. Le tendon d'insertion passe le long du bord médian de la région poplitée, en coupant verticalement le condyle médian du fémur sur sa face postérieure. Il est situé profondément sur les côtés du grêle et du semi-tendineux. Quand le membre est en position anatomique, il n'est pas visible en surface, mais il apparaît, avec les autres tendons limitrophes, quand la jambe est en partie fléchie sur la cuisse.

MUSCLE POPLITÉ (*Popliteus*)

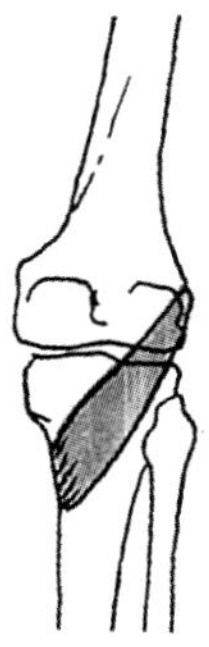

Forme, structure, relations Le muscle poplité est court, aplati, de forme triangulaire et il est situé sur la face postérieure de l'articulation du genou, au fond du creux poplité. Les fibres musculaires sont orientées en oblique vers le bas et le milieu. Elles partent du condyle latéral du fémur et s'élargissent vers l'insertion sur le tibia. Le muscle recouvre l'articulation du genou et est couvert par le plantaire et les deux jumeaux.

Origine Surfaces postérieure et latérale du condyle latéral du fémur ; capsule articulaire du genou.

Insertion Tiers supérieur de la face postérieure du tibia (zone triangulaire poplitée).

Action Flexion de la jambe sur le fémur ; rotation médiane de la jambe.

Anatomie de surface Le muscle poplité est situé en profondeur et n'a pas d'influence sur la morphologie externe.

MUSCLE ADDUCTEUR COURT (*Adductor brevis*)

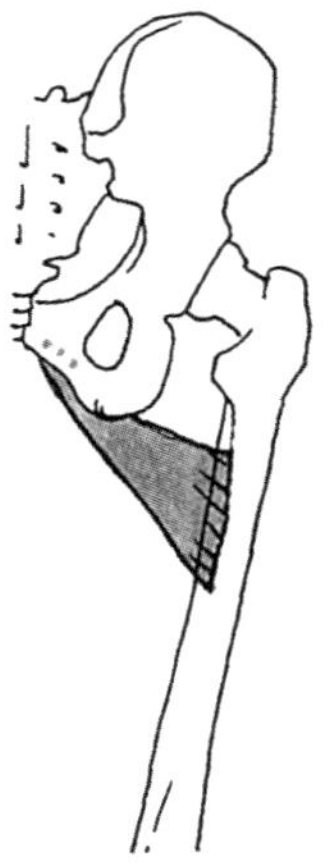

Forme, structure, relations Le muscle adducteur court est aplati, laminaire, de forme triangulaire. Ses fibres viennent d'une zone assez étroite sur le bassin et se dirigent légèrement en oblique vers le bas, latéralement et un peu vers l'arrière, en s'élargissant, vers l'aponévrose d'insertion sur le fémur. Le muscle, qui peut être divisé en deux ou trois parties séparées ou bien être fusionné avec le grand adducteur, est recouvert par le pectiné et par l'adducteur long ; son bord supérieur latéral est en contact avec l'obturateur long et le tendon du grand psoas ; le bord inférieur est en contact avec le grêle et également avec le grand adducteur, qu'il recouvre en partie.

Origine Surface latérale de l'embranchement inférieur du pubis.

Insertion Tiers supérieur de la lèvre médiane de la ligne âpre du fémur.

Action Adduction de la cuisse, avec faible flexion et rotation latérale (en synergie avec l'adducteur long).

Anatomie de surface Le muscle adducteur court est situé profondément dans la partie supérieure de la face médiane de la cuisse et il n'influence donc pas directement la morphologie externe.

MUSCLE JAMBIER ANTÉRIEUR (*Tibialis anterior*)

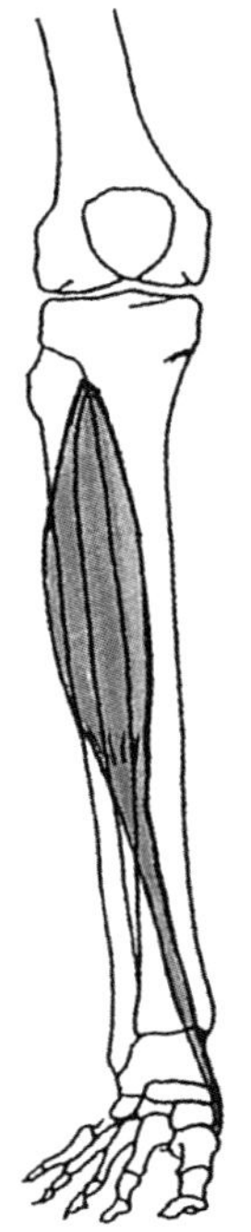

Forme, structure, relations Le muscle jambier antérieur parcourt superficiellement toute la longueur de la face antérieure de la jambe, sur le côté du tibia. Le ventre musculaire est volumineux, fuselé à peu près au milieu de la jambe ; il se rétrécit ensuite et devient un robuste et long tendon d'insertion. À son point de départ sur le condyle du tibia, le muscle est disposé verticalement, selon l'axe de la jambe, mais la portion tendineuse est orientée vers le milieu et croise, légèrement en oblique, le tiers distal du tibia, en s'insérant sur le tarse. Le jambier antérieur est sous-cutané sur tout son parcours, recouvert par le fascia superficiel de la jambe et par la peau. Près du cou-de-pied, le tendon est entouré d'une gaine synoviale et d'un épaississement du fascia, appelé ligament transverse du pied. Le muscle adhère au tibia et à la membrane interosseuse et a des contacts, au milieu, avec l'extenseur long des orteils et l'extenseur long du gros orteil.

Origine Condyle latéral du tibia ; moitié supérieure de la surface antéro-latérale de la diaphyse du tibia ; surface antérieure de la membrane interosseuse.

Insertion Surface médiane et inférieure du premier (ou médian) cunéiforme ; face médiane de la base du Ier métacarpien.

Action Flexion dorsale du pied sur la jambe, avec légère adduction et supination (c'est-à-dire soulèvement du bord médian du pied) ; collaboration dans les mouvements de déambulation.

Anatomie de surface Le muscle jambier antérieur est sous-cutané sur toute son extension ; le ventre forme un relief allongé dans la moitié supérieure de la jambe, sur le côté du bord antérieur du tibia, qu'il ne recouvre pas mais qu'il déborde légèrement. Le tendon croise en diagonale le cou-de-pied, en son centre, constituant le plus médian des tendons ; dans la station debout, il apparaît peu évident et délimite le profil concave de la cheville antérieure, mais il devient bien relevé, en forme de cordon, durant la flexion dorsale du pied.

MUSCLE EXTENSEUR LONG DU GROS ORTEIL (*Extensor hallucis longus*)

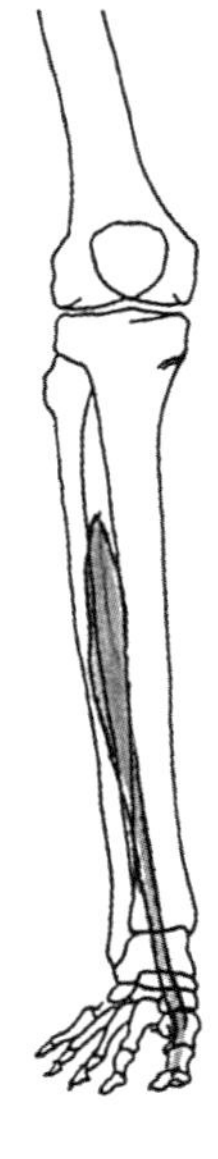

Forme, structure, relations L'extenseur long du gros orteil est un muscle fin et allongé, placé entre le tibia et le péroné dans le tiers médian de la partie antérieure de la jambe. Le ventre est orienté vers le bas, verticalement, et se prolonge sous forme de tendon aplati qui s'insère sur les phalanges du gros orteil. Dans la portion proche du point d'origine, il est situé en profondeur, recouvert par l'extenseur long des orteils et, au milieu, par le jambier antérieur, alors qu'il devient superficiel dans la portion suivante du ventre musculaire et tout au long du tendon.

Origine Portion médiane de la surface antérieure du péroné et de la membrane interosseuse.

Insertion Face dorsale de la base de la IIe phalange du gros orteil.

Action Extension du gros orteil ; flexion dorsale du pied (en synergie avec le jambier antérieur).

Anatomie de surface Le muscle extenseur long du gros orteil est situé profondément et seul le tendon, qui passe en diagonale sur le dos du pied, est visible en surface. Il apparaît comme un relief en forme de cordon, particulièrement évident le long du premier métatarsien quand le gros orteil est en extension.

MUSCLE EXTENSEUR LONG DES ORTEILS (*Extensor digitorum longus*)

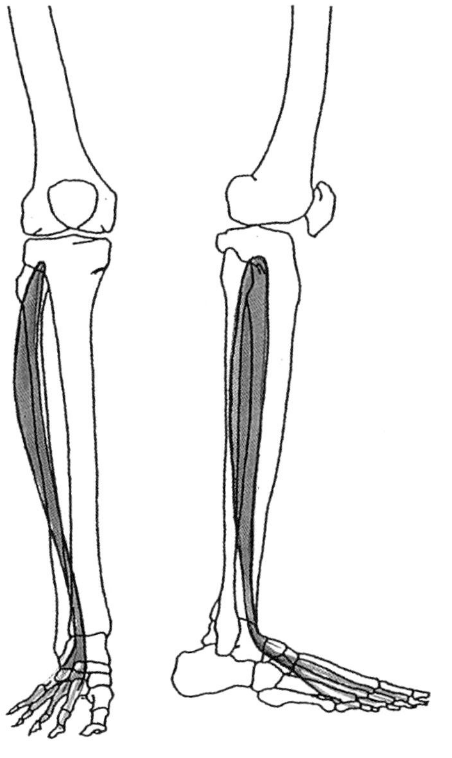

Forme, structure, relations L'extenseur long (ou commun) des orteils est un muscle long, aplati, presque cunéiforme, situé partiellement en surface sur la face antéro-latérale de la jambe, qui va du tibia à son insertion sur les phalanges. Le ventre musculaire est disposé verticalement et se prolonge, au niveau de la moitié de la jambe, par un robuste tendon d'insertion qui s'enfonce entre les fibres, donnant un aspect penné au muscle. Le tendon est unique sur une certaine portion (ou divisé en deux cordons entourés d'une même gaine), mais à la hauteur de l'articulation tibio-tarsienne, après avoir été recouvert par les ligaments transverse et croisé, il se sépare en quatre tendons orientés vers les quatre derniers orteils (à l'exclusion du gros orteil). Le muscle, dont les faisceaux de départ peuvent être indépendants ou qui peut présenter des connexions avec les muscles voisins, est en contact latéralement avec les muscles péroniers, au milieu avec le jambier antérieur et la portion terminale de l'extenseur propre du gros orteil, qu'il recouvre en partie.

Origine Condyle latéral du tibia ; moitié supérieure de la face médiane du péroné et surface contiguë de la membrane interosseuse.

Action Extension des quatre orteils latéraux ; flexion dorsale du pied (en synergie avec le jambier antérieur et avec l'extenseur long du gros orteil) ; légère torsion latérale et abduction du pied.

Anatomie de surface Le muscle extenseur long des orteils est situé sur la face latérale de la jambe, entre le jambier antérieur, au milieu, et le péronier long, latéralement. Il n'est donc sous-cutané qu'avec son bord latéral et peut apparaître comme un relief vertical fin entre les deux muscles cités. Le tendon unique passe à la hauteur du bord antéro-latéral du cou-de-pied et les quatre terminaisons qu'il forme apparaissent comme des reliefs en forme de cordon sur le dos du pied (surtout quand les orteils sont en extension), disposés latéralement par rapport au tendon de l'extenseur long du gros orteil. Ils sont orientés vers la surface dorsale des phalanges moyennes des quatre derniers orteils où ils apparaissent toutefois peu relevés parce qu'ils s'élargissent sous forme d'expansions tendineuses d'insertion.

MUSCLE PÉRONIER COURT (*Peroneus brevis*)

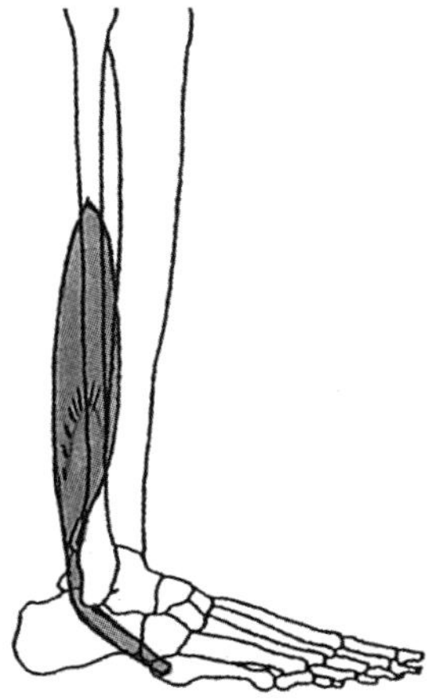

Forme, structure, relations Le muscle péronier court est robuste, aplati, en partie recouvert par le péronier long et en partie superficiel. Il est situé dans la moitié inférieure de la partie latérale de la jambe. Les fibres musculaires partent du péroné et se dirigent vers le bas en convergeant dans un tendon aplati qui, au départ, s'enfonce parmi elles (ce qui donne au muscle son aspect penné). Il continue ensuite, fin et cylindrique, jusqu'à l'insertion sur le Ve métatarsien, en passant derrière la malléole latérale et le péronier long. Le muscle est situé sous le péronier long et est en contact avec le soléaire, à l'arrière, et avec l'extenseur long des orteils et le péronier antérieur, à l'avant.

Origine Surface latérale de la moitié inférieure du péroné.

Insertion Surface latérale de la tubérosité de la base du Ve métatarsien.

Action Abduction du pied et légère flexion plantaire (en synergie avec le péronier long) ; faible pronation du pied (c'est-à-dire soulèvement du bord latéral).

Anatomie de surface Le muscle péronier court est sous-cutané dans sa portion inférieure et, durant la contraction, il apparaît comme un relief faible placé au-dessus de la malléole externe, sur les côtés du tendon du péronier long. Le tendon émerge en forme de cordon derrière la malléole et, sur la face latérale du pied, il continue derrière le tendon du péronier long.

MUSCLE PÉRONIER ANTÉRIEUR (*Peroneus tertius, fibularis tertius*)

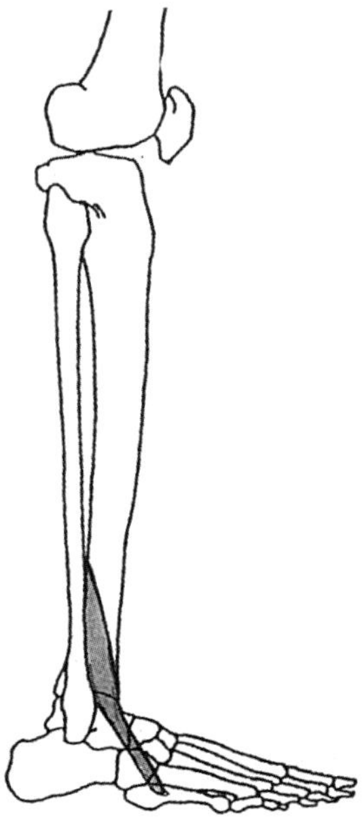

Forme, structure, relations Le muscle péronier antérieur est considéré comme une dépendance distale de l'extenseur commun des orteils, avec lequel il est fréquemment en partie fusionné. Quand il en est entièrement séparé, c'est un petit muscle superficiel, fin, conique, dont le ventre est orienté vers le bas et un peu en avant. Il vient du péroné et, au niveau de l'articulation tibio-tarsienne, il se prolonge dans le tendon d'insertion aplati et long sur le Ve métatarsien, en passant à côté du groupe de tendons de l'extenseur long des orteils. Le muscle est situé sur la face latérale de la jambe, dans le tiers distal et à proximité de la cheville ; il adhère au péroné et couvre le muscle extenseur court des orteils ; il est en contact avec la partie centrale de l'extenseur long des orteils et avec la partie latérale du péronier court, uniquement sur la portion proche de son point d'origine.

Origine Tiers inférieur de la surface médiane du péroné et zone contiguë de la membrane interosseuse.

Insertion Face dorsale de la base du Ve métatarsien, avec une petite expansion sur le IVe.

Action Flexion dorsale du pied (en synergie avec le jambier antérieur et avec l'extenseur long des orteils) ; légère abduction du pied.

Anatomie de surface Le muscle péronier antérieur est sous-cutané, mais son ventre n'est pas facile à distinguer de celui du péronier court, tandis que le tendon, durant la flexion dorsale du pied, apparaît comme un relief fin en forme de cordon qui passe devant la malléole latérale et à côté du tendon pour le Ve orteil de l'extenseur long.

MUSCLE PÉRONIER LONG (*Peroneus longus*)

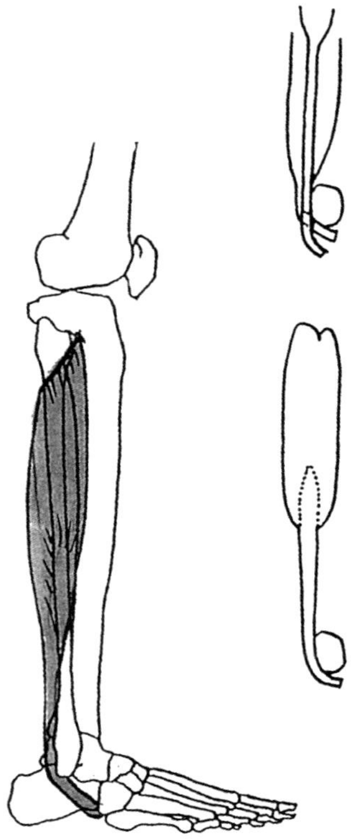

Forme, structure, relations Le péronier long est un muscle aplati, long, superficiel, qui recouvre une grande partie du péroné et est situé le long du côté externe de la jambe. Les fibres musculaires sont orientées verticalement vers le bas et convergent dans un tendon long et aplati qui s'enfonce dans le ventre musculaire, lui donnant ainsi son aspect penné. Le tendon continue, fin, le long de la moitié inférieure de la jambe, passe derrière la malléole latérale, croise le calcanéum et le cuboïde, et enfin, en traversant en oblique vers l'avant et le centre la plante du pied, il s'insère sur le Ier os métatarsien. Le muscle est superficiel, recouvert du fascia de la jambe et de la peau ; il couvre en partie le péronier court ; il est en contact antérieurement avec l'extenseur long et le péronier antérieur, postérieurement avec le soléaire et en profondeur avec le fléchisseur long du gros orteil. On rencontre fréquemment des insertions en surnombre ainsi qu'une fusion du péronier court et la présence d'un ou deux os sésamoïdes, recouverts par le tendon qui correspond à la malléole latérale et au sillon du cuboïde.

Origine Surface latérale de la tête et des deux tiers supérieurs du péroné ; condyle latéral du tibia.

Insertion Surface latérale de la base du Ier métatarsien et du cunéiforme latéral.

Action Extension (flexion plantaire) du pied ; abduction du pied, collaboration dans certains mouvements de la déambulation. Il opère en synergie avec le péronier court.

Anatomie de surface Le muscle péronier long est entièrement sous-cutané, situé sur la face latérale de la jambe, où il apparaît comme un faible relief allongé, orienté derrière la malléole externe et compris entre le soléaire, à l'arrière, l'extenseur long des orteils et le jambier antérieur, à l'avant. Durant la contraction, le ventre musculaire émerge nettement et la structure pennée du muscle détermine en surface, vers la moitié de la jambe, une dépression cutanée aplatie en face de la portion de tendon qui s'enfonce entre les fibres. Dans la portion suivante, le tendon devient proéminent, en forme de cordon, orienté vers le bas derrière la malléole latérale et près des bords du ventre du péronier court, plus profond. Le tendon de ce dernier muscle continue en s'unissant à celui du péronier long dans la portion postérieure à la malléole, mais aussitôt après, il se place antérieurement et devient plus évident sur la face latérale du pied.

MUSCLE PLANTAIRE (*Plantaris*)

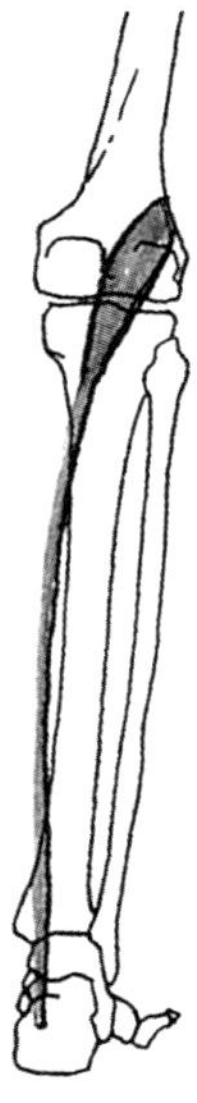

Forme, structure, relations Le plantaire (ou plantaire grêle) est un muscle situé derrière l'articulation du genou. Il est constitué d'un ventre petit, fusiforme, très court (environ 8-10 cm) et d'un tendon fin et très long, orienté en oblique vers le bas et le milieu entre les jumeaux et le soléaire pour s'insérer à côté du tendon d'Achille, après avoir côtoyé son bord médian. Le muscle, qui peut être absent ou bien double, est recouvert presque entièrement par les jumeaux, surtout par son chef latéral, et couvre le poplité et le soléaire.

Origine Face postérieure de l'épicondyle latéral du fémur ; capsule articulaire du genou.

Insertion Tubérosité du calcanéum (au milieu du tendon d'Achille).

Action Flexion plantaire du pied et flexion de la jambe sur le genou (en synergie avec les jumeaux et le soléaire).

Anatomie de surface Le muscle plantaire est situé profondément dans le creux poplité (dont il contribue à former le bord inféro-latéral), en grande partie recouvert par le chef latéral des jumeaux. La petite portion du ventre sous-cutanée n'est pas visible en surface, puisqu'elle est couverte par le tissu adipeux qui remplit le creux du poplité. Le tendon se poursuit le long du bord médian du tendon d'Achille et il est trop fin pour pouvoir être identifié en surface.

MUSCLES JUMEAUX (*Gastrocnemius*)

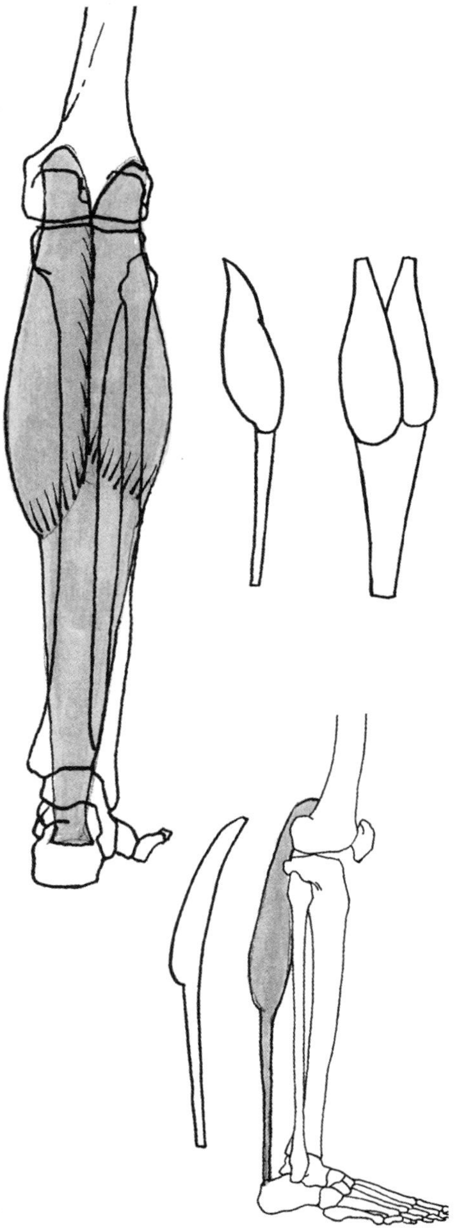

Forme, structure, relations Les muscles jumeaux sont une composante d'un complexe musculaire appelé triceps sural (*triceps surae*), qui occupe la portion postérieure de la jambe, formant le mollet. L'autre composante, située plus en profondeur, est le muscle soléaire. Ces deux muscles convergent en un seul tendon d'insertion sur le calcanéum (tendon calcanéen ou d'Achille). Les jumeaux sont constitués de deux chefs, externe et interne, séparés, superficiels et rapprochés. Leurs fibres musculaires sont orientées verticalement vers le bas et vont des condyles fémoraux à l'insertion, environ à la moitié de la jambe, sur le tendon commun, par l'intermédiaire d'une large aponévrose qui se trouve sur la face profonde du muscle. Le ventre du chef médian est plus volumineux, étendu et descend plus bas que celui du chef latéral. Il occupe le bord postérieur médian de la jambe jusqu'à environ la moitié de sa hauteur et se termine, avant de se prolonger dans le tendon, par un bord épais et arrondi. Le ventre du chef latéral est plus fin que celui du chef médian et il s'insère sur un tendon au niveau le plus haut et avec une marge plus aplatie. Les muscles jumeaux (qui peuvent être absents ou présenter deux chefs séparés jusqu'aux abords de l'insertion sur le calcanéum) sont superficiels, recouverts par le fascia de la jambe et par la peau, et ils couvrent le poplité, le plantaire et le soléaire. Les portions d'origine des deux ventres musculaires forment les bords inférieurs du creux poplité.

Origine Chef médian : surface postéro-supérieure du condyle médian du fémur (derrière le tubercule pour le grand adducteur), avec expansions sur le plan poplité fémoral. Chef latéral : face latérale et postérieure du condyle latéral du fémur.

Insertion Face supérieure de la tubérosité du calcanéum. (Le tendon d'insertion est commun aux jumeaux et au soléaire ; il est très robuste et très épais, d'une section ovale, légèrement élastique à cause d'une disposition particulière des faisceaux constitutifs. Il mesure environ 15 cm de long parce qu'il commence à la moitié de la jambe avec une forme élargie et laminaire, puis converge en un cordon cylindrique. Enfin, il s'étend et s'aplatit à proximité du calcanéum. Une bourse muqueuse s'interpose entre le calcanéum et le tendon.)

Flexion plantaire (extension) du pied, en synergie avec le soléaire ; faible flexion de la jambe sur la cuisse ; collaboration dans la déambulation ; légère abduction du pied (parce que la ligne de traction du tendon est déplacée vers le milieu par rapport à l'axe de rotation du pied).

Les muscles jumeaux sont entièrement sous-cutanés et forment la masse charnue du mollet. La ligne de séparation longitudinale entre les deux ventres musculaires n'est pas visible en surface, tandis qu'on observe (en position anatomique, mais encore plus durant la contraction) le relief long, élargi, nettement délimité en bas, du chef médian. Le relief du chef latéral est en revanche plus atténué, court et étroit. Le tendon d'Achille, aplati et large dans la moitié inférieure de la jambe recouvre le soléaire (qui déborde un peu sur les côtés) et devient cylindrique dans sa dernière portion, vers l'intersection. Il est ici voisin de deux légères dépressions cutanées, les fossettes rétro-malléolaires latérale et médiane, qui mettent en évidence son relief en forme de cordon.

MUSCLE SOLÉAIRE (*Soleus*)

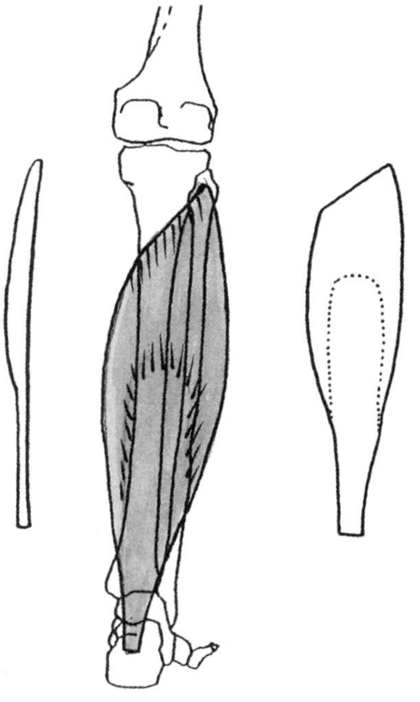

Le muscle soléaire est la composante profonde du triceps de la cuisse et il est couvert en grande partie par les jumeaux. C'est un muscle très large, aplati, dont les fibres sont orientées vers le bas selon des directions obliques variables et des longueurs différentes. Elles sont, en effet, disposées sur les côtés d'une lame tendineuse qui s'enfonce dans le ventre musculaire et lui donne son aspect penné. Le muscle est recouvert par le plantaire et par les jumeaux ; il est superficiel avec ses bords latéral et médian ; il couvre le fléchisseur long des orteils, le fléchisseur long du gros orteil et le jambier postérieur.

Surface postérieure de la tête et de la portion supérieure de la diaphyse du péroné : tiers médian du bord médian du tibia ; arcade fibreuse entre les deux zones osseuses d'origine.

Insertion Face supérieure de la tubérosité du calcanéum (par le tendon commun avec les jumeaux).

Action Flexion plantaire du pied (en synergie avec les jumeaux). Le soléaire ne participe pas à la flexion de la jambe sur la cuisse parce que ses insertions sont uni-articulaires.

Anatomie de surface Le muscle soléaire, recouvert par les jumeaux, ressort latéralement et au milieu de ce muscle avec ses bords sous-cutanés. Ils apparaissent comme des reliefs longitudinaux qui parcourent presque toute la longueur de la jambe, verticalement, et qui sont surtout évidents aussi bien lors d'une forte flexion dorsale que pendant une flexion plantaire. Le bord latéral du soléaire est compris entre le jumeau externe, situé à l'arrière, et le péronier long, situé à l'avant. Il est très étroit, visible en surface de son point d'origine sur le péroné jusqu'à son tendon commun. Le bord médian, en revanche, est plus large et plus saillant ; il approche de la face antéro-médiane du tibia, mais ne parcourt pas toute la jambe parce qu'il est recouvert par le jumeau interne dans sa moitié supérieure.

MUSCLE JAMBIER POSTÉRIEUR (*Tibialis posterior*)

Forme, structure, relations Le jambier postérieur est un muscle long et aplati, situé profondément dans le secteur postérieur de la jambe, incliné légèrement en oblique vers le côté médian. Les fibres musculaires sont orientées vers le bas et s'insèrent sur le tendon qui s'enfonce sous elles (donnant au muscle son aspect penné). Celui-ci passe derrière la malléole latérale et se dirige vers le point d'insertion sur le tarse. Le muscle adhère à une partie de la membrane interosseuse du tibia et du péroné ; il est recouvert par le soléaire et par le fléchisseur long du gros orteil ; au milieu, il est en contact avec le fléchisseur long des orteils.

Origine Deux tiers supérieurs de la face postérieure de la membrane interosseuse et des portions contiguës sur le tibia et le péroné.

Insertion Tubérosité de l'os naviculaire et surface plantaire de l'os cunéiforme médian (avec ramifications vers les autres cunéiformes et le cuboïde).

Action Adduction et rotation médiane du pied (en synergie avec le jambier antérieur) ; flexion plantaire du pied (en antagonisme avec le jambier antérieur) ; collaboration dans certains mouvements de déambulation.

Anatomie de surface Le muscle jambier postérieur est situé profondément et n'a pas d'influence directe sur la morphologie externe. Seul le tendon apparaît en surface comme une courte portion, en forme de cordon, située postérieurement et inférieurement à la malléole médiane.

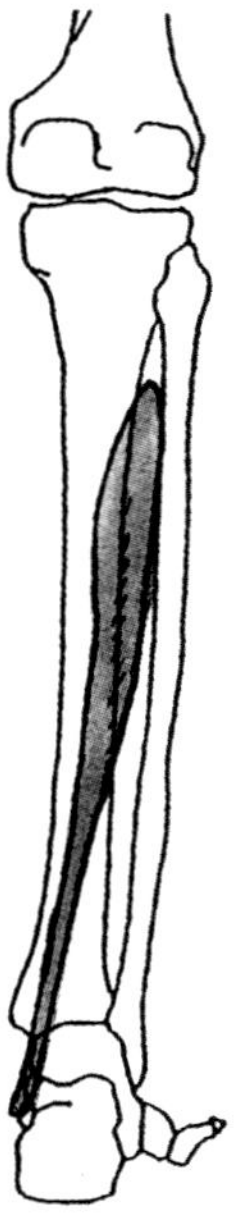

MUSCLE FLÉCHISSEUR LONG DES ORTEILS (*Flexor digitorum longus*)

Forme, structure, relations Le muscle fléchisseur long des orteils est aplati, fin, allongé et situé profondément dans la moitié inférieure de la portion postéro-médiane de la jambe. Le ventre musculaire est plutôt pointu dans sa portion d'origine sur le tibia et s'élargit transversalement un peu au-dessus de la malléole médiane, à proximité du passage dans le tendon d'insertion. Le tendon pénètre dans le ventre musculaire et lui donne un aspect semi-penné, puis il passe derrière la malléole médiane et au milieu du calcanéum avant de se terminer le long de la plante du pied, en se séparant en quatre tendons qui s'insèrent sur les phalanges des quatre derniers orteils. Le muscle couvre en partie le tibia et le jambier postérieur et est couvert par le soléaire. Au niveau de la malléole, le tendon est situé derrière celui du jambier postérieur tandis que, sur la plante du pied, il est en contact avec le fléchisseur long du gros orteil, l'abducteur du gros orteil, l'adducteur du gros orteil, les muscles lombricaux et le carré plantaire.

Origine Portion médiane de la face postérieure du tibia ; fascia de couverture du jambier postérieur.

Insertion Face plantaire de la base des phalangettes des quatre orteils latéraux, du IIe au Ve.

Action Flexion des quatre derniers orteils ; faible flexion plantaire du pied ; collaboration dans les mouvements de déambulation.

Anatomie de surface Le muscle fléchisseur long des orteils est en grande partie situé profondément. Seule la portion inférieure de son bord médian est sous-cutanée et forme un faible relief longitudinal situé au-dessus de la malléole interne, compris entre le soléaire et le tibia. Bien qu'il soit sous-cutané dans la portion qui passe sur la face médiane du pied, le tendon n'est pas visible parce qu'il est légèrement recouvert par celui du jambier postérieur, plus saillant.

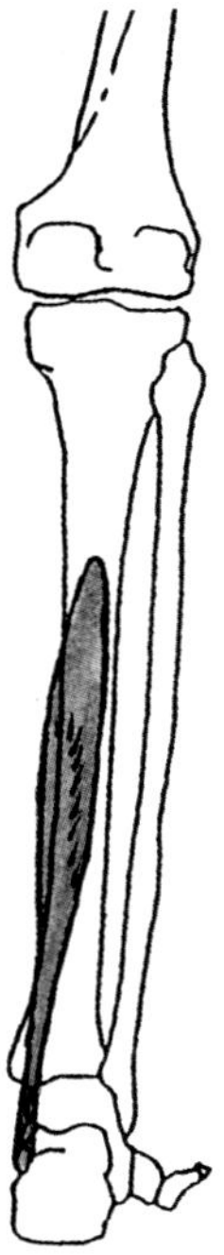

MUSCLE FLÉCHISSEUR LONG DU GROS ORTEIL (*Flexor hallucis longus*)

Forme, structure, relations Le muscle fléchisseur long du gros orteil est aplati et allongé, situé profondément dans la portion postéro-latérale de la jambe. Ses fibres sont orientées presque verticalement vers le bas, légèrement en oblique dans la partie centrale. Il va du péroné à l'insertion sur les phalanges du gros orteil. Le tendon se dirige vers le centre du calcanéum et continue sur la face plantaire du premier métatarsien et des phalanges du gros orteil. Le muscle recouvre le péroné et, plus au centre, le jambier postérieur ; il est recouvert par le soléaire et par le tendon du calcanéum ; il est en contact, latéralement, avec les muscles péroniers.

Origine Tiers médian de la face postérieure du péroné et portion contiguë de la membrane interosseuse.

Insertion Face plantaire de la base de la phalange distale du Ier orteil.

Action Flexion plantaire du gros orteil ; flexion modérée des autres orteils ; collaboration dans la flexion plantaire du pied (en synergie avec le fléchisseur long des orteils).

Anatomie de surface Le muscle fléchisseur long du gros orteil est situé profondément et n'est pas visible en surface. Il contribue toutefois à déterminer la morphologie externe de la zone rétro-malléolaire médiane.

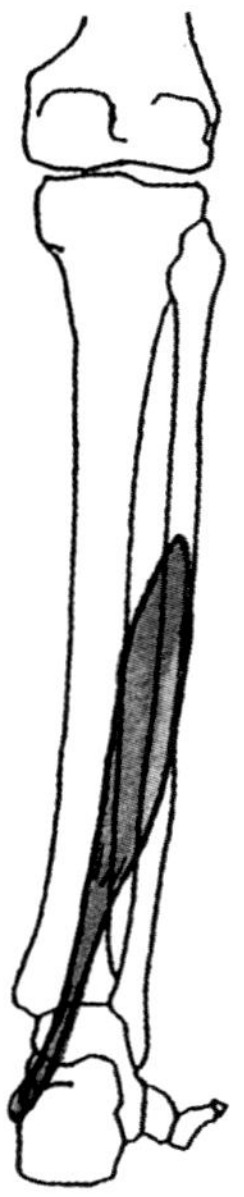

MUSCLE EXTENSEUR COURT DES ORTEILS (*Extensor digitorum brevis*)

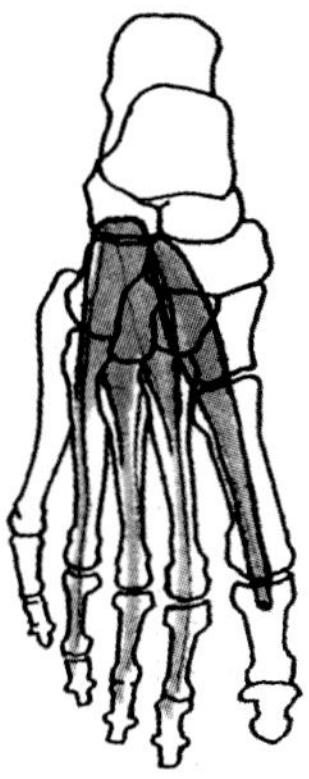

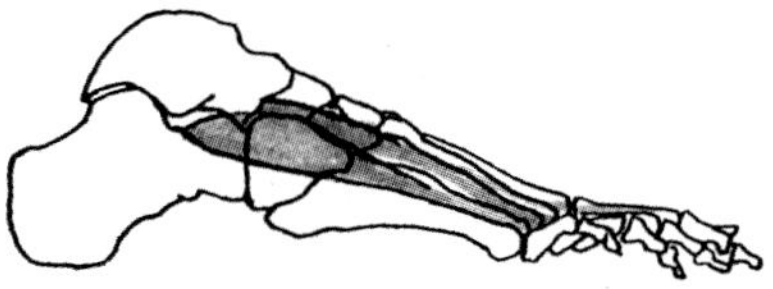

Forme, structure, relations L'extenseur court des orteils est un muscle superficiel, situé latéralement sur le dos du pied. Il a une forme triangulaire et est plutôt aplati dans sa portion d'origine. Il devient plus épais dans sa portion centrale et se divise ensuite en quatre ventres fins et plats dirigés vers les orteils centraux et le gros orteil. Les fibres musculaires sont orientées vers l'avant et légèrement en oblique vers la ligne médiane du pied. Le faisceau le plus médian est parfois distingué comme muscle extenseur court du gros orteil (*extensor hallucis brevis*) et son tendon est orienté vers cet orteil. Le muscle est recouvert par les tendons de l'extenseur commun long des orteils et du péronier antérieur, par le fascia du pied et par la peau ; il couvre les os du tarse et du métatarse et il est contigu latéralement, près de son point d'origine, avec le péronier court.

Origine Surfaces latérale et supérieure de la partie antérieure du calcanéum.

Insertion Elle s'effectue avec trois tendons : sur l'aponévrose dorsale des IIe, IIIe et IVe orteils (à l'exclusion du petit orteil) ; sur la face latérale des parties correspondantes de l'extenseur long des orteils ; sur la surface dorsale de la base de la première phalange du gros orteil.

Action Extension (flexion dorsale) des trois orteils centraux et du gros orteil (en synergie avec l'extenseur long des orteils et l'extenseur long du gros orteil) ; légère inclinaison latérale des orteils.

Anatomie de surface Le muscle extenseur court des orteils est sous-cutané et, durant la contraction, il apparaît comme un relief ovale sur la face latérale supérieure du dos du pied, avant la malléole. Les tendons dirigés vers les quatre orteils passent sous ceux des extenseurs longs et l'on peut parfois les voir en surface entre ces derniers.

MUSCLE ADDUCTEUR DU GROS ORTEIL (*Adductor hallucis*)

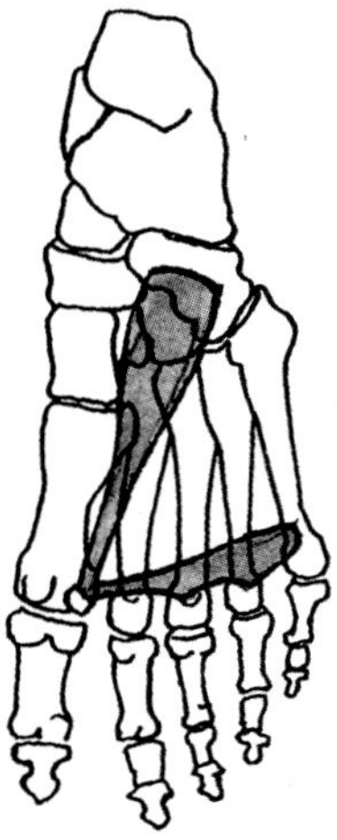

Forme, structure, relations Le muscle adducteur du gros orteil est situé profondément et est constitué par deux chefs, oblique et transverse, qui ont des origines et des directions différentes, mais une même insertion. Le chef oblique est plutôt consistant et est orienté en oblique vers l'avant et vers le centre ; il va du tarse et du métatarse jusqu'à son insertion sur le gros orteil. Le chef transverse est fin, orienté vers le centre et va des os métatarsiens à l'insertion sur le gros orteil. Le muscle repose sur la face plantaire des métatarsiens et sur les muscles interosseux ; il est recouvert par les lombricaux, par les tendons du fléchisseur long des orteils et par l'aponévrose plantaire ; il est proche, vers le centre, du fléchisseur court du gros orteil.

Chef oblique : bases des IIe, IIIe et IVe métatarsiens ; surface plantaire du cunéiforme latéral et du cuboïde ; ligament plantaire long.

Os sésamoïde latéral et base de la Ire phalange du gros orteil.

Adduction du gros orteil, avec faible flexion.

Le muscle adducteur du gros orteil est situé profondément et n'a pas d'influence sur la morphologie externe.

MUSCLE FLÉCHISSEUR COURT DU Ve ORTEIL (*Flexor digiti minimi brevis*)

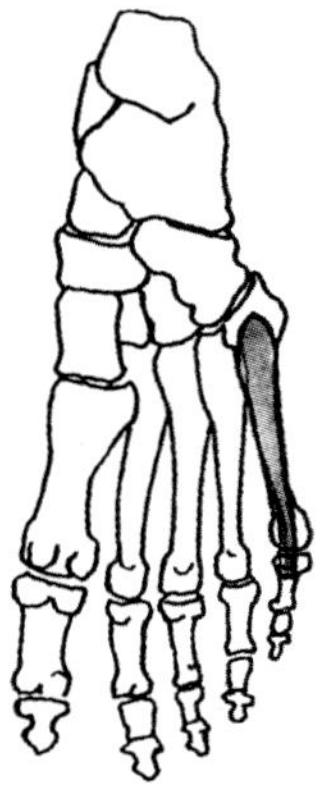

Le fléchisseur court du Ve orteil est un muscle fin, situé profondément le long du bord latéral du pied, orienté vers l'avant. Il prend naissance sur le Ve métatarse et s'insère sur le petit orteil grâce à un tendon aplati. Le muscle a, à ses côtés, l'abducteur du Ve orteil qui le couvre en partie.

Face plantaire-médiane de la base du Ve métatarse ; ligament plantaire long ; gaine du tendon du péronier long.

Partie latérale de la base de la première phalange du Ve orteil.

Faible flexion plantaire du petit orteil.

Le muscle fléchisseur court du Ve orteil est recouvert par l'aponévrose plantaire et par la peau et il n'influence donc par directement la morphologie externe.

MUSCLE ABDUCTEUR COURT DU GROS ORTEIL (*Abductor hallucis*)

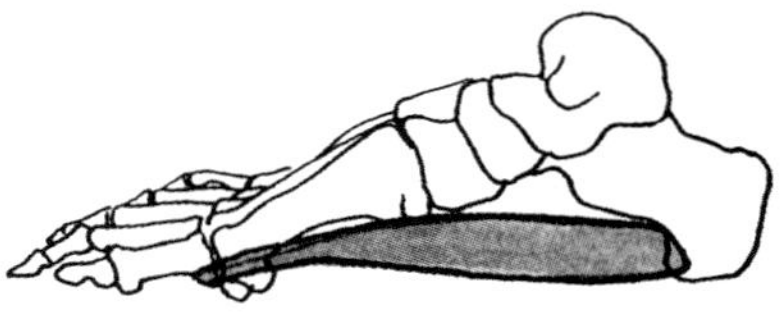

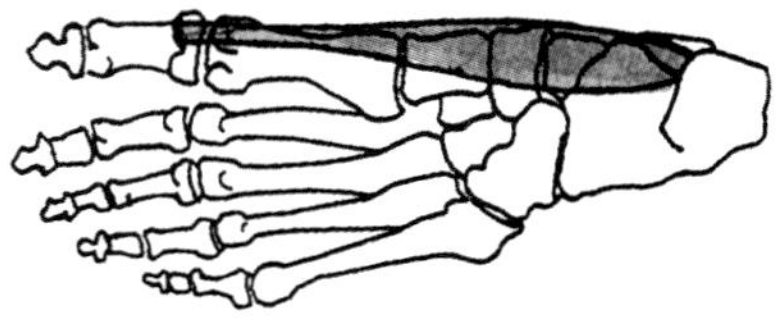

Forme, structure, relations L'abducteur court du gros orteil est un grand muscle fuselé, placé superficiellement le long du bord médian du pied. Les faisceaux musculaires partent du calcanéum et sont orientés vers l'avant, le long de l'axe du pied, et convergent sur les côtés du tendon d'insertion. Le muscle est recouvert partiellement par l'aponévrose plantaire puis par la peau ; il couvre le fléchisseur court du gros orteil ; il est en contact, au milieu, avec le fléchisseur court des orteils et avec le tendon du fléchisseur long du gros orteil.

Origine Processus médian de la tubérosité du calcanéum ; aponévrose plantaire.

Insertion Surface médiane de la base de la première phalange du gros orteil ; os sésamoïde médian du Ier métatarse.

Abduction du gros orteil (c'est-à-dire éloignement du premier orteil par rapport au second) ; faible flexion plantaire du gros orteil.

Le muscle abducteur du gros orteil est sous-cutané et est visible comme un relief allongé qui limite le bord médian du pied, en recouvrant l'arc longitudinal plantaire.

MUSCLE FLÉCHISSEUR COURT DU GROS ORTEIL (*Flexor hallucis brevis*)

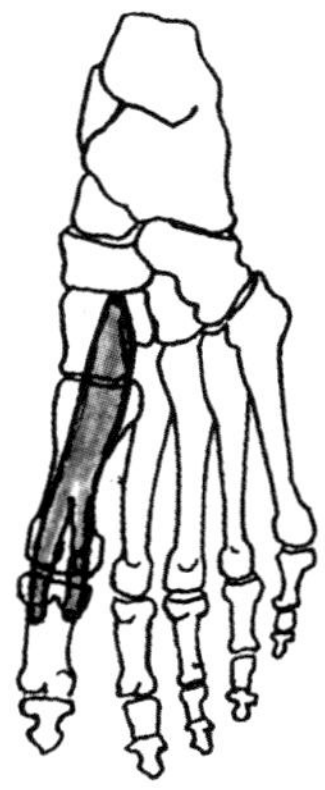

Forme, structure, relations Le muscle fléchisseur court du gros orteil se trouve le long du bord médian du pied, en grande partie couvert par l'abducteur du gros orteil. Après son départ du cuboïde, il se divise en deux ventres rapprochés, un médian et un latéral, dont les tendons s'insèrent sur les côtés de la première phalange du gros orteil, entre lesquels passe le tendon du fléchisseur long du gros orteil. Le muscle recouvre le Ier métatarsien et le tendon du péronier long.

Origine Partie médiane de la surface inférieure du cuboïde et du troisième cunéiforme.

Insertion Face médiane et face latérale de la base de la Ire phalange du gros orteil.

Action Flexion plantaire de la Ire phalange du gros orteil ; fixation des os sésamoïdes de la tête du Ier métatarsien.

Anatomie de surface Le muscle fléchisseur court du gros orteil est recouvert également par l'épaisse aponévrose plantaire et il n'a donc aucune influence directe sur la morphologie externe.

MUSCLE ABDUCTEUR DU Ve ORTEIL (*Abductor digiti minimi*)

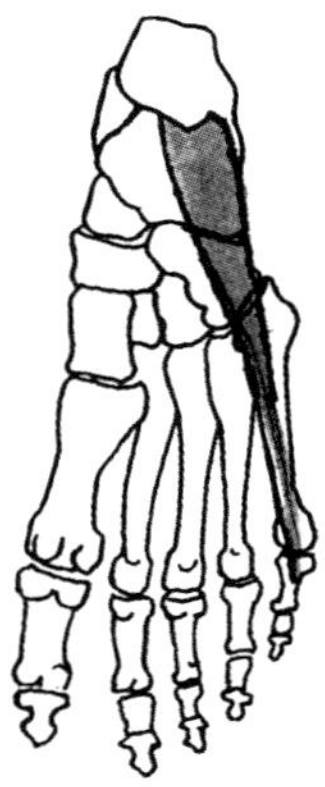

Forme, structure, relations Le muscle abducteur du Ve orteil est grand, allongé, situé superficiellement sur le bord latéral du pied. Le ventre musculaire part du calcanéum et se dirige vers l'avant en passant dans un long tendon d'insertion sur le Ve orteil. Il est recouvert par l'aponévrose plantaire et par la peau ; il couvre une partie du tendon du péronier long et le fléchisseur court du Ve orteil.

Origine Processus latéral, surface inférieure et processus médian de la tubérosité du calcanéum ; aponévrose plantaire.

Insertion Face latérale de la base de la première phalange du Ve orteil.

Action Abduction (éloignement) du Ve orteil par rapport au IVe, avec légère flexion.

Anatomie de surface Le muscle abducteur du Ve orteil est sous-cutané, mais comme il est couvert par l'expansion de l'aponévrose plantaire et par du tissu adipeux, il a une faible influence sur la morphologie externe.

MUSCLE FLÉCHISSEUR COURT DES ORTEILS (*Flexor digitorum brevis*)

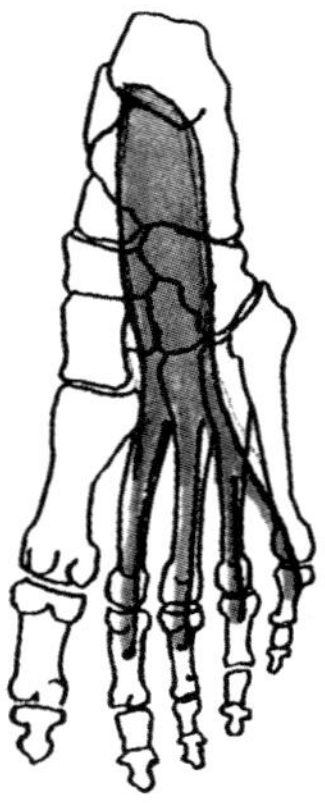

Forme, structure, relations Le fléchisseur court des orteils est un grand muscle situé superficiellement dans la portion centrale de la plante du pied, recouvert par l'aponévrose plantaire et par la peau. Il part du calcanéum et se dirige vers l'avant, devenant plus aplati et plus large et se sépare en quatre ventres fins dont les tendons s'insèrent sur les quatre derniers orteils. Le muscle est proche des abducteurs du gros orteil et du petit orteil et couvre les tendons du fléchisseur long des orteils, le carré plantaire, les lombricaux.

Origine Processus médian et face inférieure de la tubérosité du calcanéum ; aponévrose plantaire.

Insertion Surface médiane et latérale des secondes phalanges des quatre derniers orteils.

Action Flexion plantaire des quatre orteils latéraux ; collaboration au maintien de la courbure de la voûte plantaire.

Anatomie de surface Le muscle fléchisseur court des orteils est couvert par l'épaisse aponévrose plantaire et n'est donc pas directement visible sous la peau.

MUSCLE OPPOSANT DU Ve ORTEIL (*Opponens digiti minimi, adductor digiti minimi*)

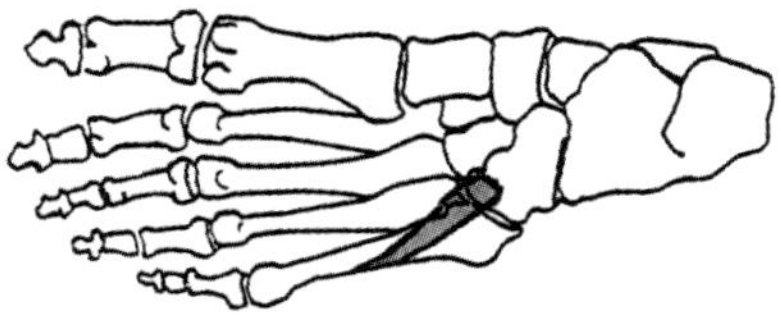

Forme, structure, relations L'opposant (ou adducteur) du Ve orteil est un petit muscle, d'une présence inconstante, placé sur les côtés du fléchisseur court du Ve orteil avec lequel il est fréquemment fusionné.

Origine Ligament plantaire long.

Insertion Bord latéral du Ve métatarsien.

Action Légère adduction (c'est-à-dire déplacement vers l'axe du pied) du Ve métatarsien.

Anatomie de surface Le muscle opposant du Ve orteil est couvert par l'aponévrose plantaire et n'a pas d'influence sur la morphologie externe.

MUSCLE CARRÉ DE LA PLANTE (*Quadratus plantae*)

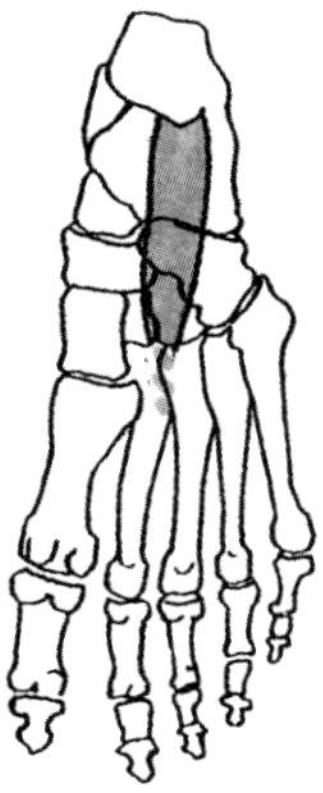

Forme, structure, relations Le muscle carré plantaire (ou accessoire du fléchisseur long des orteils) est situé profondément dans la portion médiane de la plante du pied, recouvert par le fléchisseur court des orteils. Il débute par deux chefs, médian et latéral, orientés vers l'avant qui convergent en une unique masse charnue aplatie qui s'insère sur le tendon du fléchisseur long des orteils (dans la portion qui précède immédiatement sa partition en quatre tendons secondaires).

Origine Surfaces médiane et inférieure du calcanéum.

Insertion Bord latéral du tendon du fléchisseur long des orteils.

Action Flexion plantaire des quatre derniers orteils (en synergie avec le fléchisseur long des orteils) ; conservation de la courbure de la voûte plantaire.

Anatomie de surface Le muscle carré est situé profondément et n'est donc pas visible de l'extérieur. Il contribue toutefois, avec les muscles limitrophes, à déterminer la morphologie de la région plantaire du pied.

MUSCLES LOMBRICAUX DU PIED (*Lumbricales pedis*)

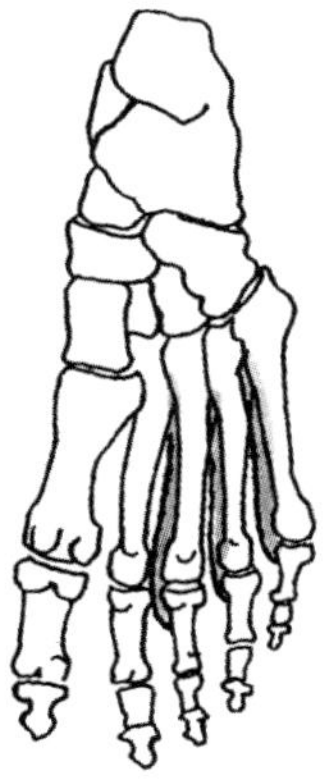

Forme, structure, relations Les lombricaux du pied sont quatre petits muscles disposés au milieu des tendons du fléchisseur long, en correspondance avec les quatre derniers orteils. Les muscles, qui peuvent être entièrement ou en partie absents, sont recouverts par le fléchisseur court des orteils et couvrent l'abducteur du gros orteil et les interosseux.

Origine Deux chefs partant des bords adjacents des tendons du fléchisseur long des orteils, à l'exception du Ier lombrical, qui débute par un seul chef à partir du bord médian du premier tendon (celui du IIe orteil).

Insertion Base des phalanges proximales des quatre orteils latéraux.

Action Faible flexion et adduction des quatre orteils latéraux.

Anatomie de surface Les muscles lombricaux sont situés profondément et ne sont pas visibles en surface.

MUSCLES INTEROSSEUX DU PIED (*Interossei pedis*)

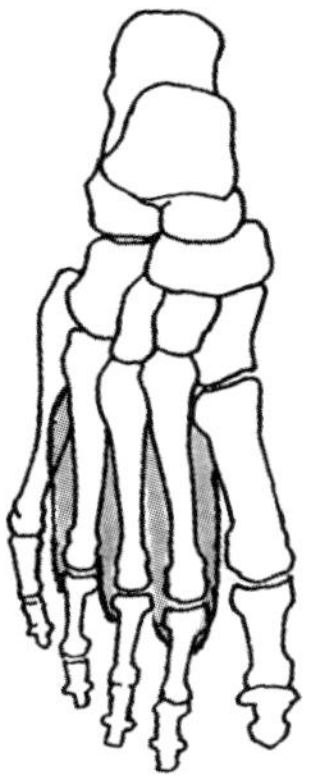

Forme, structure, relations Les muscles interosseux du pied sont situés dans les espaces entre les métatarsiens et se distinguent en deux groupes : les interosseux plantaires, qui sont trois et ont une structure semi-pennée ; les interosseux dorsaux, qui sont quatre et ont une structure pennée. Ils sont au contact, sur le dos, avec les tendons de l'extenseur court des orteils, de l'extenseur court du gros orteil et de l'extenseur long des orteils ; dans la partie inférieure, avec les tendons du fléchisseur long des orteils et du fléchisseur court du gros orteil.

Origine Interosseux plantaires : bases et surfaces médianes des IIIe, IVe et V^e métatarsiens. Interosseux dorsaux : côtés adjacents des métatarsiens.

Insertion Interosseux plantaires : côté médian des premières phalanges des IIIe, IVe et V^e orteils. Interosseux dorsaux : bases des premières phalanges des IIe, IIIe, IVe et V^e orteils.

Action Adduction des orteils, avec légère flexion (interosseux plantaires) ; abduction des orteils, avec légère extension (interosseux dorsaux).

Anatomie de surface Les muscles interosseux n'ont pas d'influence directe sur la morphologie externe.

LA CUISSE

La cuisse est la partie du membre supérieur comprise entre le bassin et le genou. Elle a une forme conique, élargie dans la portion supérieure en raison de la présence de grandes masses musculaires et rétrécie dans la portion inférieure, où le volume des muscles diminue.

L'axe longitudinal de la cuisse reproduit celui du fémur et il est donc incliné dans la direction latéro-médiane et, dans une moindre mesure, dans le sens antéro-postérieur : chez la femme, l'inclinaison est plus accentuée à cause d'une plus grande largeur du bassin. La morphologie externe est, dans l'ensemble, arrondie étant donné que les faces sont curvilignes et se fondent l'une dans l'autre sans limites nettes. Durant la forte contraction, au contraire, et surtout chez les individus athlétiques, les reliefs musculaires sont distincts et accentués.

La région antéro-latérale de la cuisse est occupée par le muscle quadriceps. La face latérale, qui s'étend de la portion sous-cutanée du grand trochanter au genou est en particulier constituée du vaste externe dont le bord postérieur délimite la légère dépression longitudinale du sillon latéral externe ; cette face latérale est assez aplatie en surface en raison de la présence de la portion ilio-tibiale du fascia lata (*cf.* muscle quadriceps fémoral, p. 176). Près de la racine de la cuisse, sur le devant du grand trochanter, il y a le relief allongé verticalement du muscle tenseur du fascia lata.

La face antérieure de la cuisse est, en grande partie, constituée des reliefs du droit fémoral et du vaste interne, délimités au milieu par le couturier. Juste au-dessous de l'épine iliaque antérieure supérieure, les deux muscles qui en partent (couturier et tenseur du fascia lata) entourent la dépression fémorale, une petite fossette triangulaire allongée vers le bas qui s'estompe sur la zone correspondant au tendon du droit fémoral. Le ventre de ce muscle, qui peut sembler dédoublé dans sa portion supérieure à cause de son long tendon et de sa structure pennée (*cf.* muscle quadriceps, p. 176), est situé sur la portion médiane de la face antérieure de la cuisse et suit la courbure antérieure du fémur, délimitant le profil convexe de la cuisse et s'estompant sur les faces latérales.

La portion inféro-médiane de la face antérieure est occupée par le vaste interne dont le relief ovale est proche, vers le haut, du droit fémoral et du couturier et qui, vers le bas, s'étend jusqu'au niveau de la rotule. On peut remarquer à ce propos que le vaste externe s'aplatit au contraire dans sa partie inférieure et se termine à quelques centimètres au-dessus du genou.

Le couturier est un muscle très long et en forme de ruban dont la contraction entraîne une légère dépression qui traverse en diagonale la face antérieure de la cuisse ; en descendant de l'épine iliaque antérieure supérieure, il parvient au milieu, au niveau du tiers inférieur de la cuisse, et contourne à l'arrière le vaste interne.

La portion supérieure de la face antéro-médiane de la cuisse est constituée par le relief du groupe des muscles adducteurs, saillants vers la ligne médiane et qui entrent même en contact avec le groupe controlatéral. En surface, les muscles adducteurs ne se distinguent pas individuellement, mais forment une masse compacte qui se prolonge progressivement sur la face postérieure de la cuisse. En effet, celle-ci, délimitée dans sa partie supérieure par le pli fessier, s'étend de la face médiane au sillon latéral et a une forme arrondie sur les côtés et un peu aplatie sur l'axe médian. Elle est constituée surtout par les deux ventres du biceps fémoral, dont le volume se réduit avant de se terminer sur les bords de la face postérieure du genou sous la forme de deux reliefs, légèrement divergents, qui délimitent le plan poplité. Le relief latéral est constitué de la portion terminale du biceps ; le relief médian des tendons des muscles grêle, semi-membraneux et semi-tendineux.

Le tissu adipeux sous-cutané rend la cuisse uniformément arrondie, surtout chez la femme, dont les dépôts caractéristiques sont localisés, latéralement, dans la partie supérieure, juste sous le grand trochanter et, au milieu, dans la portion inférieure. Chez l'homme, la cuisse est très fréquemment recouverte d'un système pileux plus ou moins fourni.

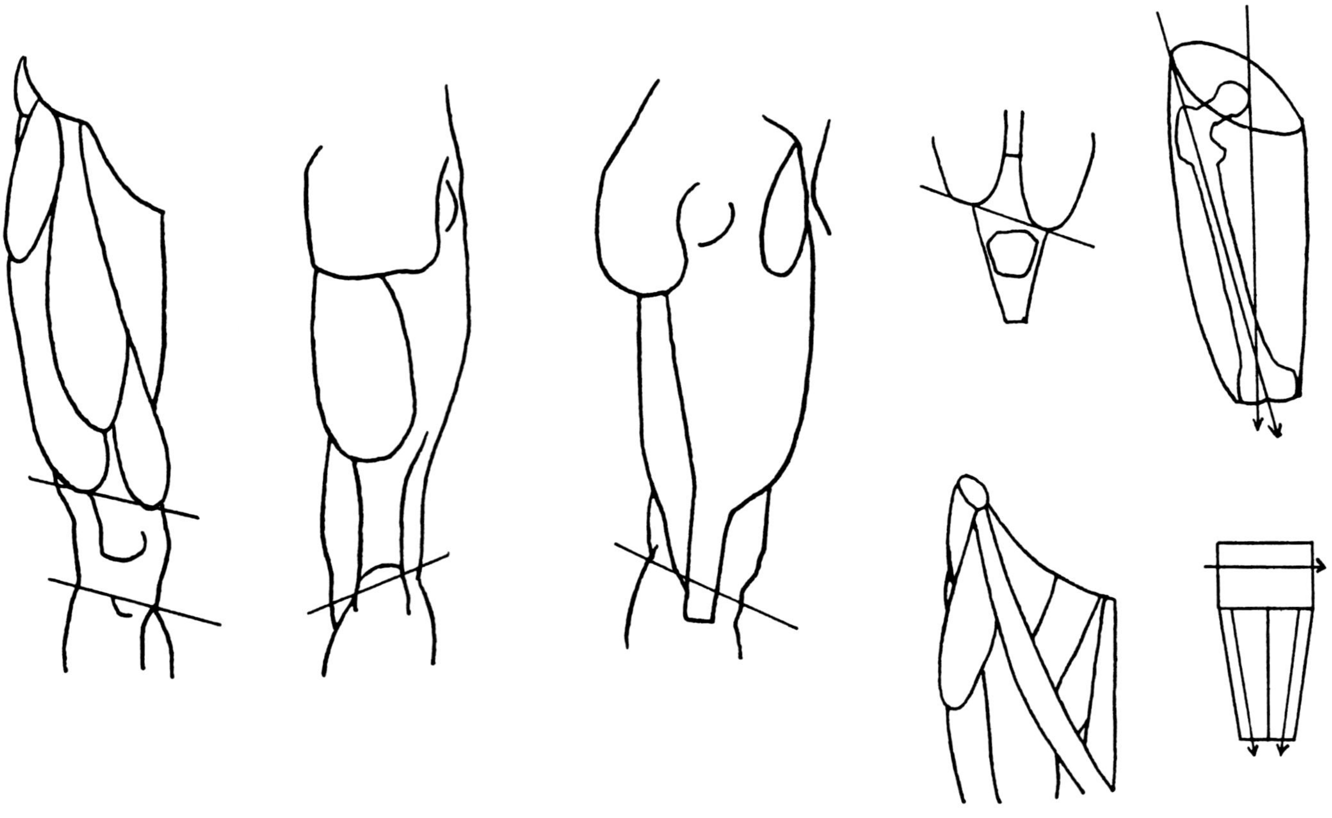

Dessins schématiques de la cuisse

LE GENOU

Le genou est la portion du membre inférieur qui relie, sans limites naturelles précises, la cuisse à la jambe. Il correspond à l'articulation homonyme entre le fémur et le tibia. Sa forme, approximativement cubique, est déterminée par la structure osseuse sous-jacente (les condyles du fémur, les têtes du tibia et du péroné, la rotule) sur laquelle s'amassent les tissus mous constitués par les tendons et les portions musculaires, les formations aponévrotiques, le tissu adipeux sous-cutané. La morphologie externe du genou subit d'importantes modifications en fonction des mouvements de flexion et présente un aspect très différent dans la partie antérieure (région rotulienne) et postérieure (région poplitée).
Dans la position anatomique du membre, la face antérieure du genou présente, au centre, la saillie de la rotule, délimitée sur les côtés par deux fossettes qui s'approchent en bas du grand tendon rotulien. Il s'agit du tendon d'insertion du quadriceps sur la tubérosité du tibia et il est très visible quand le muscle se contracte pendant la flexion modérée de la jambe. À l'état de repos, il est entouré de deux légères saillies dues à des petites masses adipeuses qui ressortent jusqu'à la rotule, et il peut être marqué par un pli oblique ou transversal d'abondance cutanée. Au-dessus de la rotule, s'étend une zone aplatie qui correspond au tendon du quadriceps, délimitée latéralement par le vaste externe et la portion ilio-tibiale du fascia lata, et au milieu par le vaste interne. Le volume et le niveau différents auxquels parviennent ces deux ventres du quadriceps sont à l'origine du profil asymétrique du genou : le bord latéral est peu convexe et constitué de la portion inférieure, amincie, du vaste externe et de son tendon ; le bord médian est plus largement convexe, constitué du vaste interne qui étend sa masse charnue presque au niveau de la rotule.
La surface externe correspondant au vaste interne est traversée, à l'état de repos musculaire, par une légère dépression oblique provoquée par la présence sous-cutanée du biceps fibreux provenant du fascia aponévrotique qui recouvre la cuisse.
La flexion de la jambe produit de grandes modifications de la morphologie externe de la face antérieure du genou, dues surtout au déplacement de la rotule entre les condyles fémoraux et à la saillie progressive de ceux-ci.
La région postérieure du genou, pendant la station debout, est un peu convexe et présente un faible relief longitudinal. Celui-ci correspond au losange poplité, une zone rhomboïdale délimitée en haut par les ventres du biceps et par le semi-membraneux, sur les côtés de leurs tendons respectifs, et en bas par les portions proximales des jumeaux et du plantaire. Dans l'espace ainsi délimité, passent les faisceaux neuro-vasculaires et les interstices sont colmatés par du tissu adipeux qui forme, précisément, la saillie externe de cette zone. Le relief est entouré de deux légers sillons longitudinaux : le sillon latéral est plus net, suit le tendon du biceps et atteint le sillon latéral de la cuisse ; le sillon médian est plus nuancé et suit la dépression du couturier en décrivant une ligne concave vers l'avant.
Un pli cutané de flexion, correspondant à l'interligne articulaire, traverse le relief poplité un peu en oblique vers le bas et vers le bord médian. Durant la flexion de la jambe, le plan poplité se transforme en un creux d'une profondeur variable et délimité par la saillie des tendons des muscles de la cuisse qui partent du fémur : il s'agit latéralement du tendon du biceps et au milieu des tendons du grêle, du semi-membraneux et du semi-tendineux.
La face latérale du genou, limitée en haut par les portions inférieures du vaste externe et du biceps, est modelée sur la structure osseuse du genou. On relève donc les saillies du condyle latéral du fémur et de la tête du péroné sur lesquelles passent le relief en forme de cordon de la portion ilio-tibiale du fascia lata et, plus en arrière, le tendon du biceps, séparé par la portion inférieure du sillon latéral de la cuisse.
La face médiane du genou est assez arrondie, convexe, formée par la portion inférieure du vaste interne, par la légère dépression du couturier, par le creux qui avoisine au milieu la rotule et par les groupes des tendons de la « patte d'oie » (grêle, semi-membraneux, semi-tendineux), tandis que dans la partie basse, elle s'estompe sur le plan du tibia.

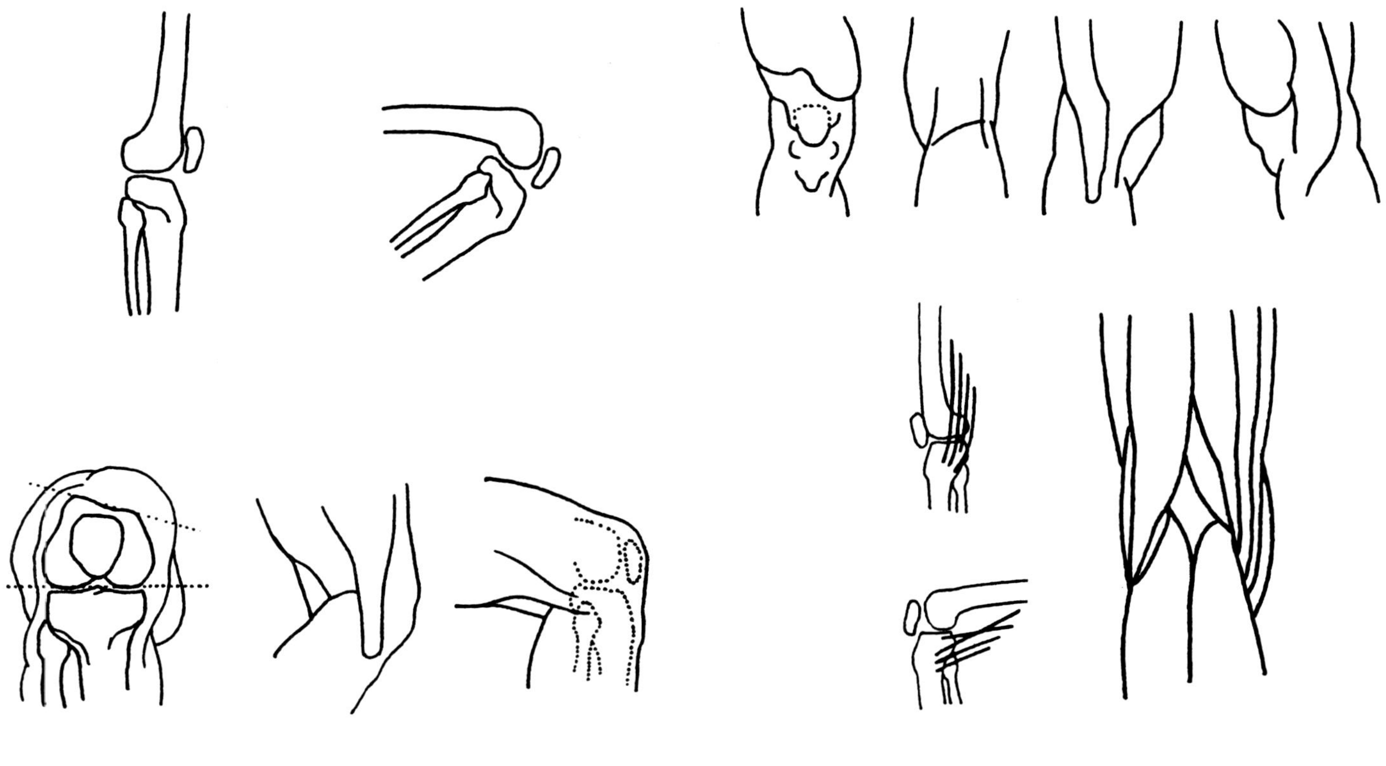

Dessins schématiques du genou

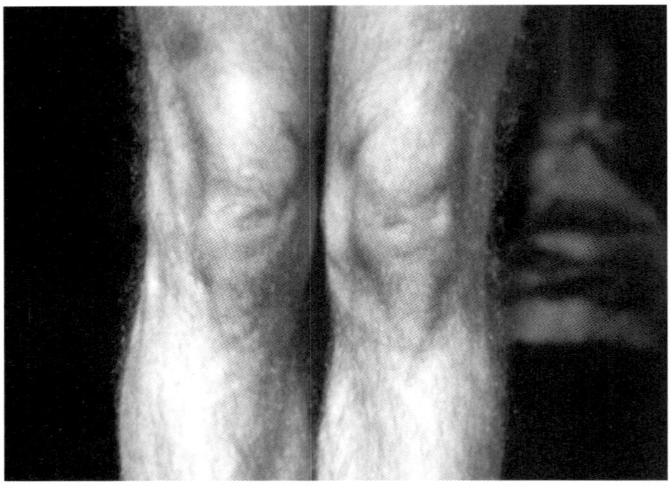

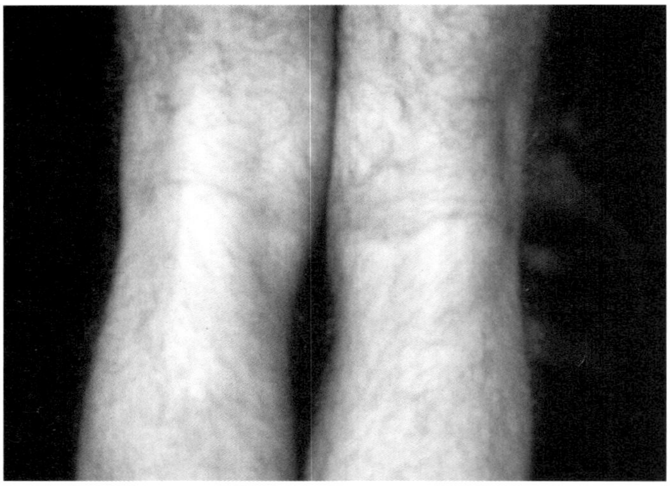

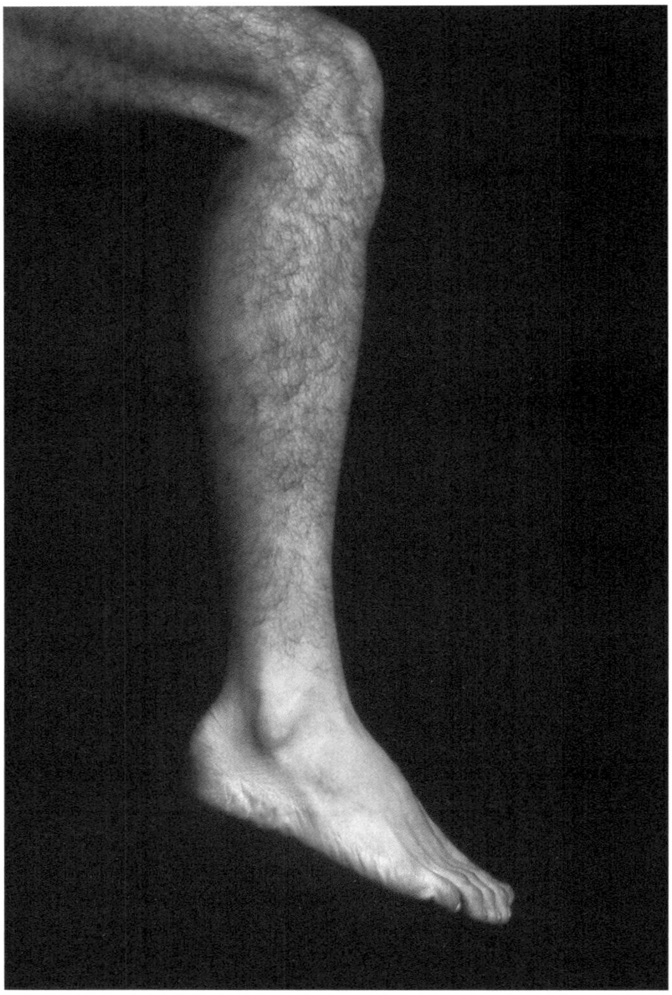

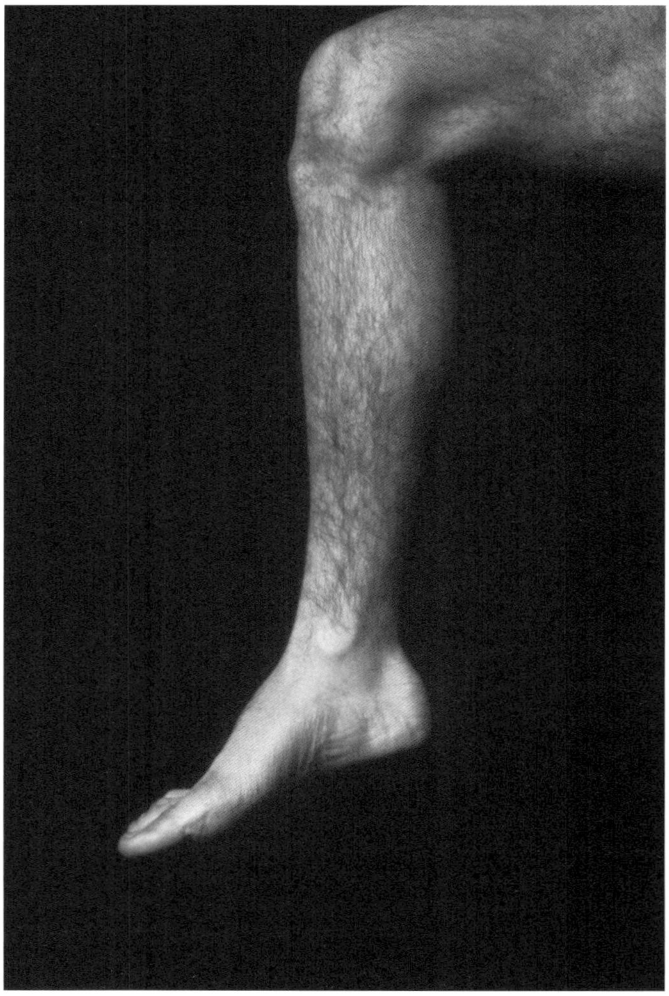

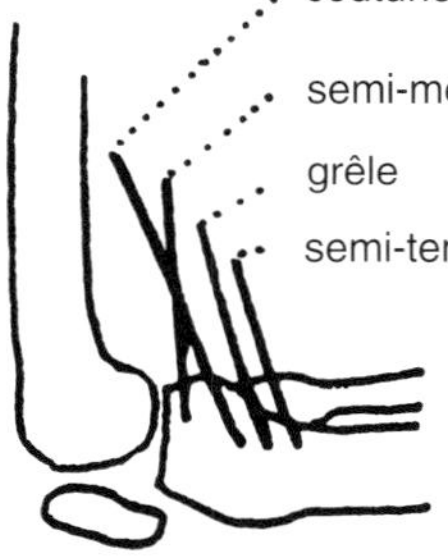

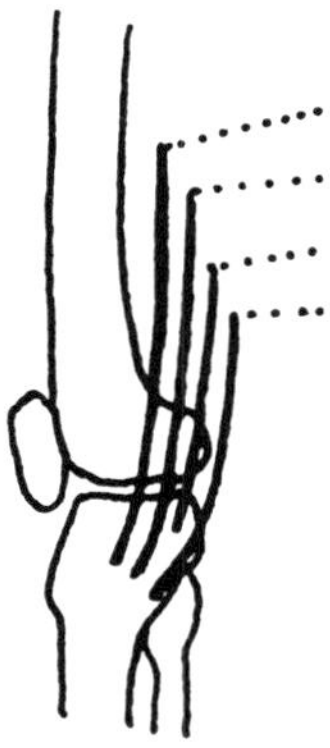

Disposition des tendons dans la « patte d'oie »
au cours de la flexion et de l'extension

LA JAMBE

La jambe, la partie du membre inférieur comprise entre le genou et la cheville, a une forme conique ou presque pyramidale, élargie dans sa portion supérieure, où sont situés les ventres musculaires ; elle est étroite dans sa portion inférieure, où sont en revanche surtout situés les tendons. Le squelette osseux qui la soutient, constitué du tibia et du péroné, n'est recouvert de muscles que sur trois côtés parce que la face médiane du tibia est sous-cutanée et sa forme constitue une dépression longitudinale qui rend très aplatie la face antéro-médiane de la jambe.
Le bord antérieur du tibia sert de point de départ, en direction latérale, à la face antéro-latérale, arrondie, très convexe, dont le relief global est donné par le groupe des muscles de la loge antérieure : vers l'avant il y a le jambier antérieur, dont le ventre fuselé déborde un peu du bord antérieur du tibia, surtout dans les deux tiers supérieurs de la jambe, tandis que son tendon passe légèrement au milieu sur le tiers inférieur ; il y a également les muscles extenseurs longs du gros orteil et des orteils (*cf.* p. 180) et enfin les muscles péroniers, dont les tendons contournent la malléole du péroné et, particulièrement durant la contraction, forment des reliefs variables ou des dépressions autour de cette malléole.
La ligne qui borde le côté latéral du soléaire et relie la tête à la malléole du péroné, indique la limite postérieure de la face latérale, qui va, selon une trajectoire curviligne, vers la région postérieure. Celle-ci est constituée entièrement du triceps sural, c'est-à-dire des deux jumeaux qui sont superposés au soléaire (formant le « mollet ») et qui se prolongent dans le tendon commun (d'Achille ou calcanéen) (*cf.* p. 183).
La face postérieure de la jambe est convexe et débute, en haut, par un léger aplatissement de la partie inférieure du losange poplité, délimité par les bords médians des deux jumeaux. On trouve ensuite le relief important du mollet : le jumeau interne est plus volumineux et descend plus bas que le jumeau externe. Au repos, leurs deux extrémités inférieures sont idéalement reliées par une ligne oblique orientée latéralement et vers le haut. En outre, on observe un profil différent des côtés de la jambe : le jumeau externe est régulièrement curviligne et plutôt convexe ; le jumeau interne apparaît convexe dans sa moitié supérieure, mais devient plus rectiligne, presque concave, dans sa moitié inférieure. On peut ajouter que beaucoup de populations à la peau noire présentent un rapport inversé des deux jumeaux : ils sont très fuselés et le jumeau externe est plus allongé que le jumeau interne.
Pendant la contraction musculaire, les bords du soléaire débordent des jumeaux et apparaissent sur les côtés de la jambe, tandis que les bords inférieurs d'insertion sur le tendon des deux jumeaux décrivent deux lignes arquées, concaves vers le haut qui, conjointes à l'origine, se séparent en oblique, sur le côté et vers le centre.
Sous les reliefs des deux jumeaux s'étend la zone triangulaire, étroite dans sa partie inférieure, peu convexe, du tendon calcanéen. Il est approché, dans sa partie haute, par les insertions musculaires du soléaire qui, selon les variations individuelles, peuvent se terminer à distance des malléoles, mettant ainsi en évidence les fossettes rétro-malléolaires et le relief en forme de cordon du tendon, ou bien descendre plus bas et réduire les fossettes et rendre le tendon moins saillant.
La face médiane de la jambe est constituée par le jumeau interne et par le bord médian du soléaire, tous deux assez relevés et qui, par l'intermédiaire d'une ligne convexe vers l'avant, se rapprochent du tibia et de la face antéro-médiane.
La peau de la jambe est couverte de poils, surtout chez l'homme, et est parcourue par les deux veines superficielles : la veine saphène interne passe sur la face médiane ; la veine saphène externe, plus courte, va de la malléole externe vers la face postérieure en s'insérant dans le soléaire entre les deux jumeaux (*cf.* p. 54).
Elles sont reliées par des subdivisions collatérales qui apparaissent, parfois de façon très évidente, dans la moitié inférieure de la jambe.

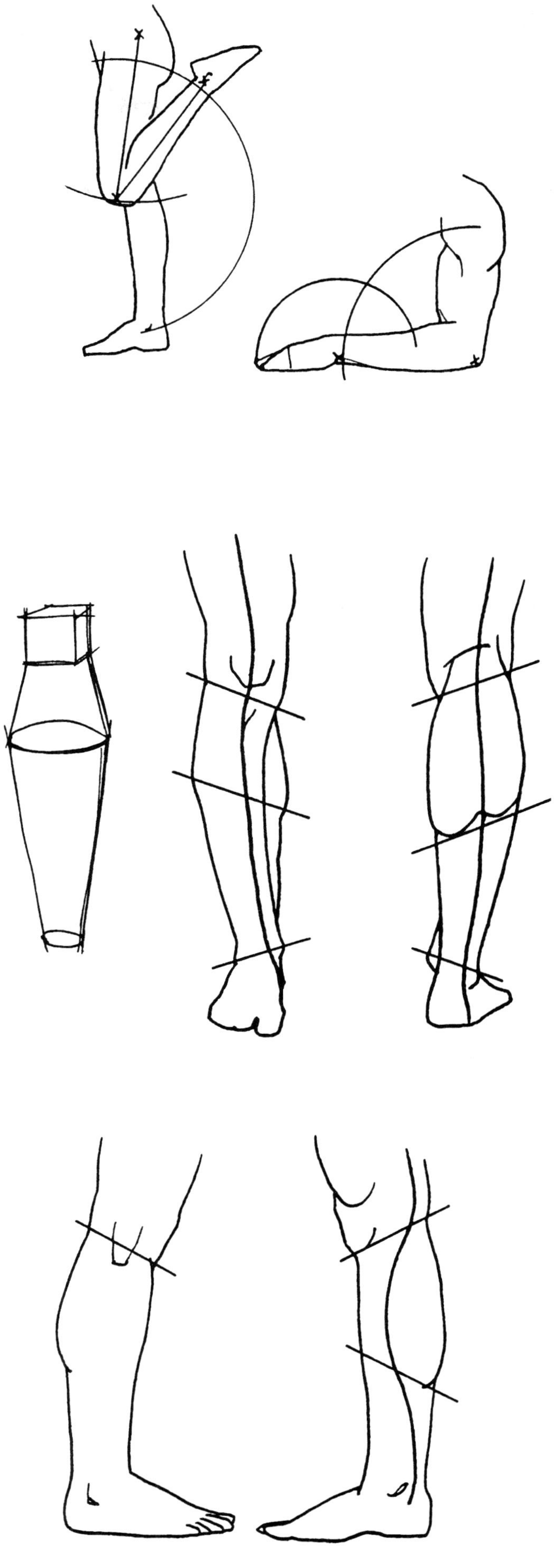

Dessins schématiques de la jambe

LA CHEVILLE

La cheville, ou cou-de-pied, est la partie inférieure qui relie la jambe au pied. Elle a une forme irrégulièrement cylindrique aplatie sur les côtés et correspond à l'articulation tibio-tarsienne. Sa morphologie externe est déterminée essentiellement par sa structure osseuse (extrémités inférieures du tibia et du péroné, astragale) et par les tendons qui passent dessus. Elle comprend donc un secteur antérieur curviligne, caractérisé par le relief des tendons des extenseurs ; deux secteurs, médian et latéral, constitués par les malléoles et par leurs fossettes ; un secteur postérieur, constitué du tendon calcanéen.

La face antérieure de la cheville a une surface convexe, arrondie transversalement : les tendons des muscles extenseurs passent sous la peau, mais ne sont en partie visibles comme reliefs en forme de cordons (surtout celui du jambier antérieur) que durant la contraction musculaire parce qu'ils sont recouverts et maintenus sur le plan osseux par les ligaments et les dispositifs des fascias de la jambe (*cf.* p. 174).

La région postérieure est constituée par le tendon d'Achille, qui s'insère sur le calcanéum et qui apparaît comme un fort relief en forme de cordon, à section elliptique, donc un peu aplati dans le sens antéro-postérieur, légèrement élargi à proximité de son insertion.

Son profil décrit une ligne présentant une légère concavité postérieure. La surface cutanée de la région postérieure est sillonnée par des rides transversales, certaines permanentes, d'autres occasionnelles, provoquées par la flexion plantaire du pied. La face latérale est dominée par la saillie de la malléole latérale (ou péronier) qui côtoie à l'arrière les tendons des péroniers long et court (*cf.* p. 181 et 182) et à l'avant par le tendon du péronier antérieur. De façon analogue, la face médiane présente le relief de la malléole médiane.

Dans le secteur postérieur des deux faces, on trouve les fossettes rétro-malléolaires, plus ou moins accentuées selon la conformation individuelle. Elles se prolongent au-dessus en deux gouttières de séparation entre les malléoles et le tendon calcanéen. Les deux malléoles ont des positions et des formes différentes : la malléole latérale est relevée et pointue, située au centre de la région et plutôt vers le bas ; la malléole médiane est moins saillante, plus arrondie, située légèrement vers le haut et vers l'avant.

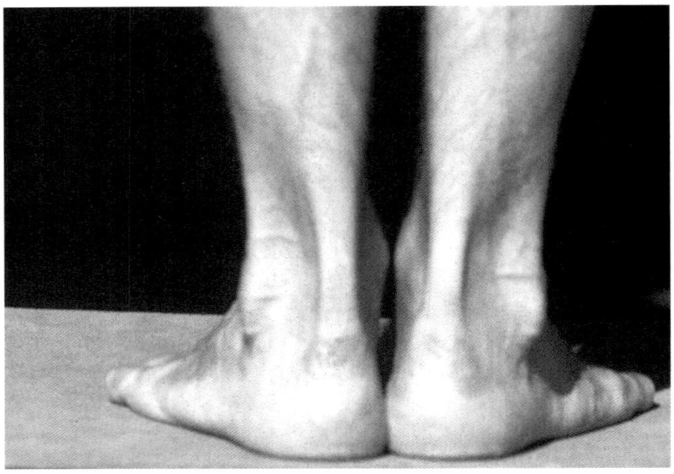

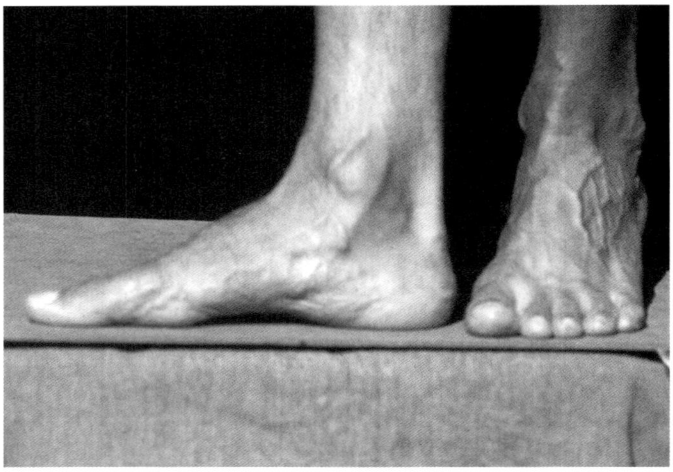

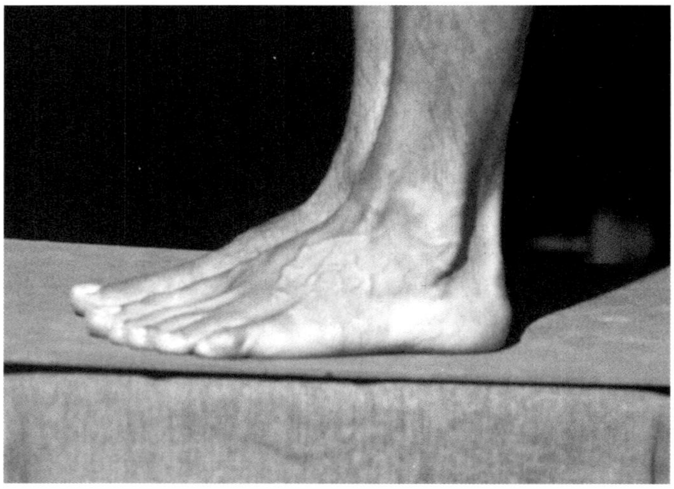

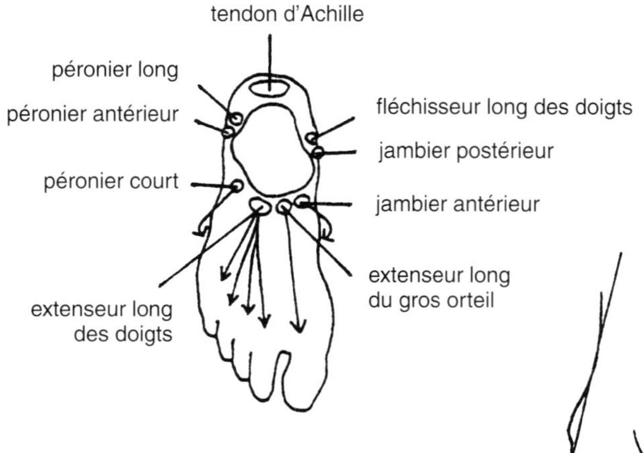

Schéma de la disposition des tendons au niveau de la cheville

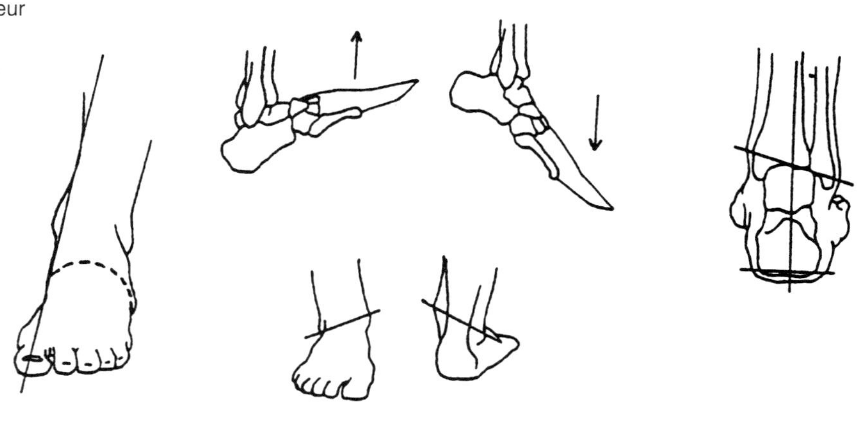

Dessins schématiques de la cheville

LE PIED

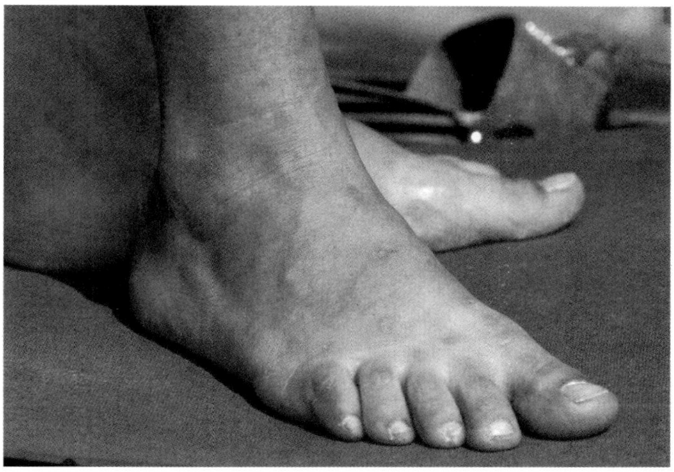

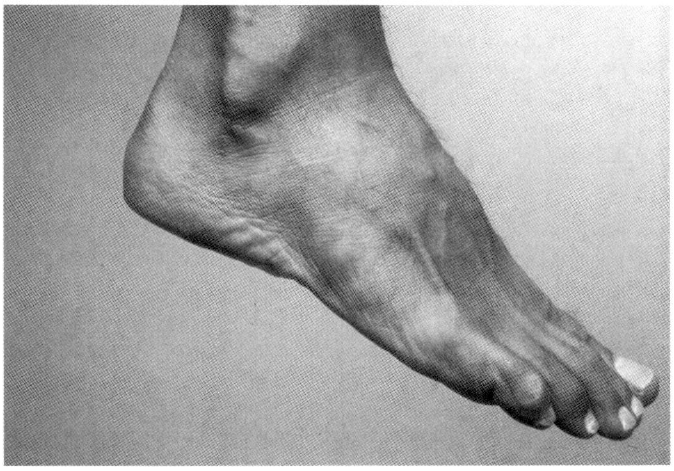

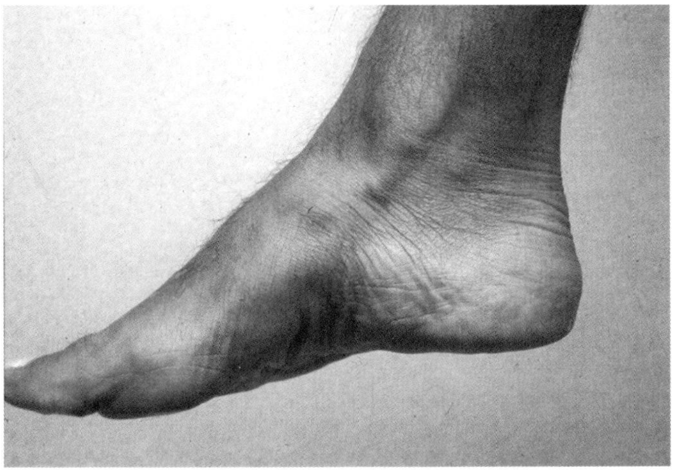

Le pied est l'extrémité libre du membre inférieur et il se lie à la jambe en formant un angle droit. On distingue deux parties : le pied proprement dit (ou voûte du pied) et les orteils ; la morphologie externe du pied reproduit la structure squelettique et présente une face dorsale, une médiane et une plantaire.

La face dorsale est convexe, curviligne. Sa plus grande hauteur est médiane (en correspondance avec l'astragale) puis elle décroît en s'inclinant en direction antérieure et latérale. Elle est parcourue par les tendons des muscles extenseurs, qui divergent de la cheville vers les orteils : on trouve au milieu le tendon du jambier antérieur puis, en direction latérale, le tendon du péronier antérieur. La peau fine de la face dorsale laisse transparaître les reliefs du réseau veineux superficiel qui forme une arcade caractéristique qui vient de la veine saphène interne.

La face médiane a une forme triangulaire : elle commence par le calcanéum, a sa plus grande extension en face de la malléole antérieure et se rétrécit en s'orientant vers l'avant. Le bord inférieur est un peu creusé parce qu'il suit la direction de l'arc plantaire et constitue le bord incliné de passage vers la plante du pied.

La face plantaire ne reproduit qu'en partie la forme osseuse parce que celle-ci est modifiée par la présence d'un pannicule adipeux abondant, de l'aponévrose plantaire et de la peau épaisse. La forme externe est aplatie dans la zone postérieure, correspondant au calcanéum, dans la zone antérieure, à proximité des orteils et sur le bord latéral. Elle est en revanche concave sur le bord de conjonction avec la face médiane.

Au niveau des têtes des métatarses, le bord transversal présente un coussinet adipeux relevé ; un pli profond le délimite à l'avant de la face plantaire des orteils, séparés par des espaces interdigitaux : les orteils apparaissent ainsi plus courts sur le côté plantaire que sur le côté dorsal.

Les doigts de pied n'ont pas de noms spécifiques, sauf le premier, le gros orteil. C'est l'orteil le plus grand, séparé des autres orteils par un profond sillon interdigital. Il est doté d'un ongle étendu et son axe est légèrement dévié sur le côté.

La longueur des orteils décroît régulièrement en allant du gros orteil au Ve orteil : l'orteil le plus long est parfois le deuxième, mais, en général, le bord antérieur du pied est régulièrement arqué.

La forme ovale des extrémités plantaires des orteils est due à la présence de coussinets adipeux qui entrent en contact (quand les orteils ne sont pas écartés) et forment le bord antérieur transversal du pied ; l'extrémité du gros orteil est aplatie, élargie et distincte du pied à cause d'un pli cutané très net.

Le dos des orteils, en revanche, montre des grossissements articulaires des phalanges, quelques sillons cutanés transversaux (surtout sur le gros orteil) et des petites lames unguéales.

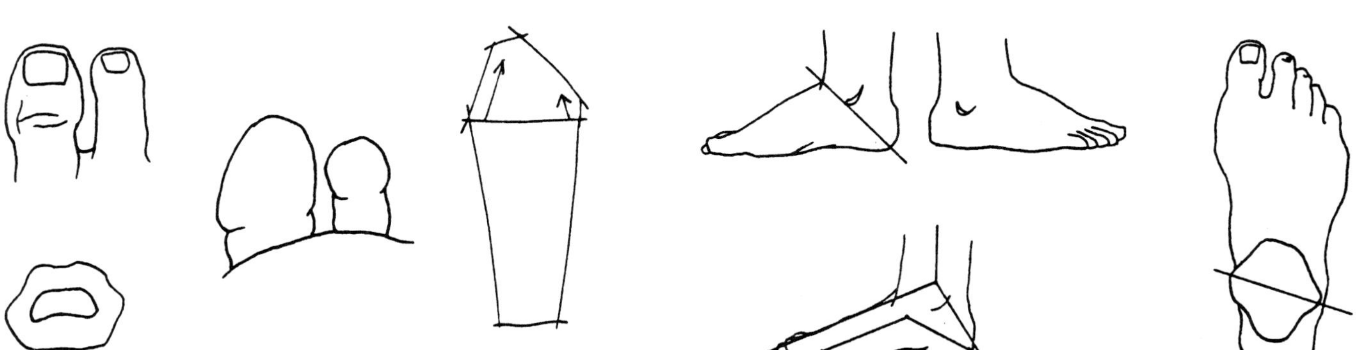

Dessins schématiques du pied

Répertoire iconographique

Les photos rassemblées dans cette deuxième partie du livre ont pour double objectif de constituer des petites archives de documentation et d'offrir des possibilités de vérification. La photographie devrait toutefois conduire à l'observation attentive directe d'un modèle vivant.

❑ Documentation. Nous avons choisi quelques attitudes du corps qui semblent utiles pour résumer et compléter l'examen de la morphologie externe et de ses relations avec la structure anatomique. Ces reproductions photographiques sont intentionnellement imprimées en noir et blanc (avec quelques exceptions et bien qu'elles aient été réalisées en couleur) parce que ce choix est plus adapté pour relever la modulation de la surface corporelle. L'éclairage du sujet uniquement, légèrement latéral, aplatit un peu les volumes, mais réduit le risque d'une émergence des formes musculaires aussi excessive qu'artificielle. Certains clichés concernent différents aspects d'une position du modèle (par exemple en projection frontale et en projection dorsale), d'autres reproduisent en même temps le modèle masculin et féminin dans la même position, afin de faciliter la comparaison entre les deux structures corporelles.

❑ Vérification. L'étudiant, pour évaluer le niveau de ses connaissances anatomiques et morphologiques, devrait s'exercer à reconnaître (d'abord sur photographie puis, surtout, sur le vif) la plupart des formations anatomiques utiles pour une correcte représentation artistique du corps. Il devrait être capable de reconnaître, non seulement au sein d'une « nomenclature », mais plutôt comme éléments de la forme, les portions osseuses sous-cutanées, les muscles en action, les muscles superficiels, les tendons près des articulations, les veines superficielles, etc., comme nous l'avons indiqué, par exemple, dans la photographie reproduite à la page 215.

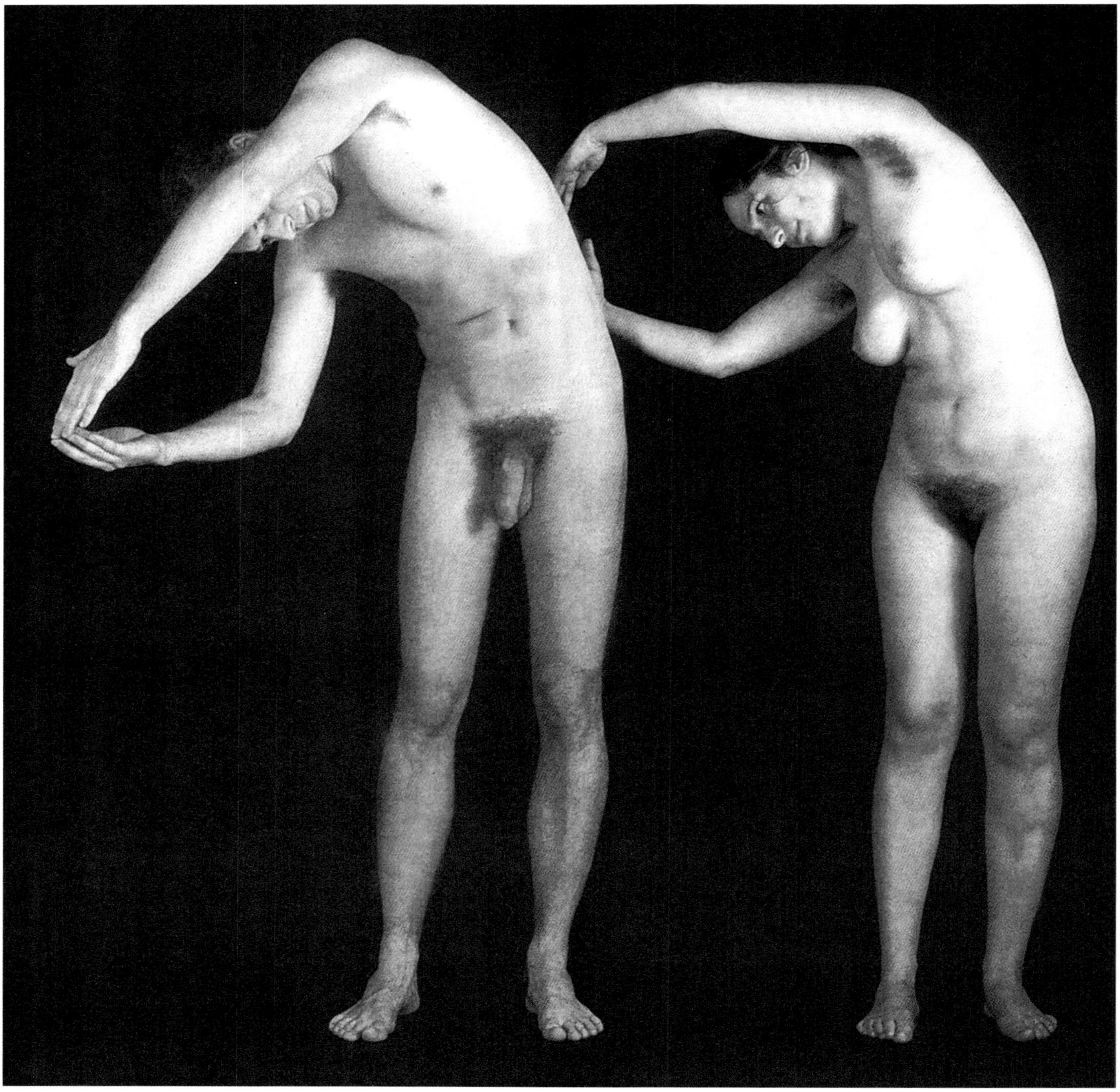

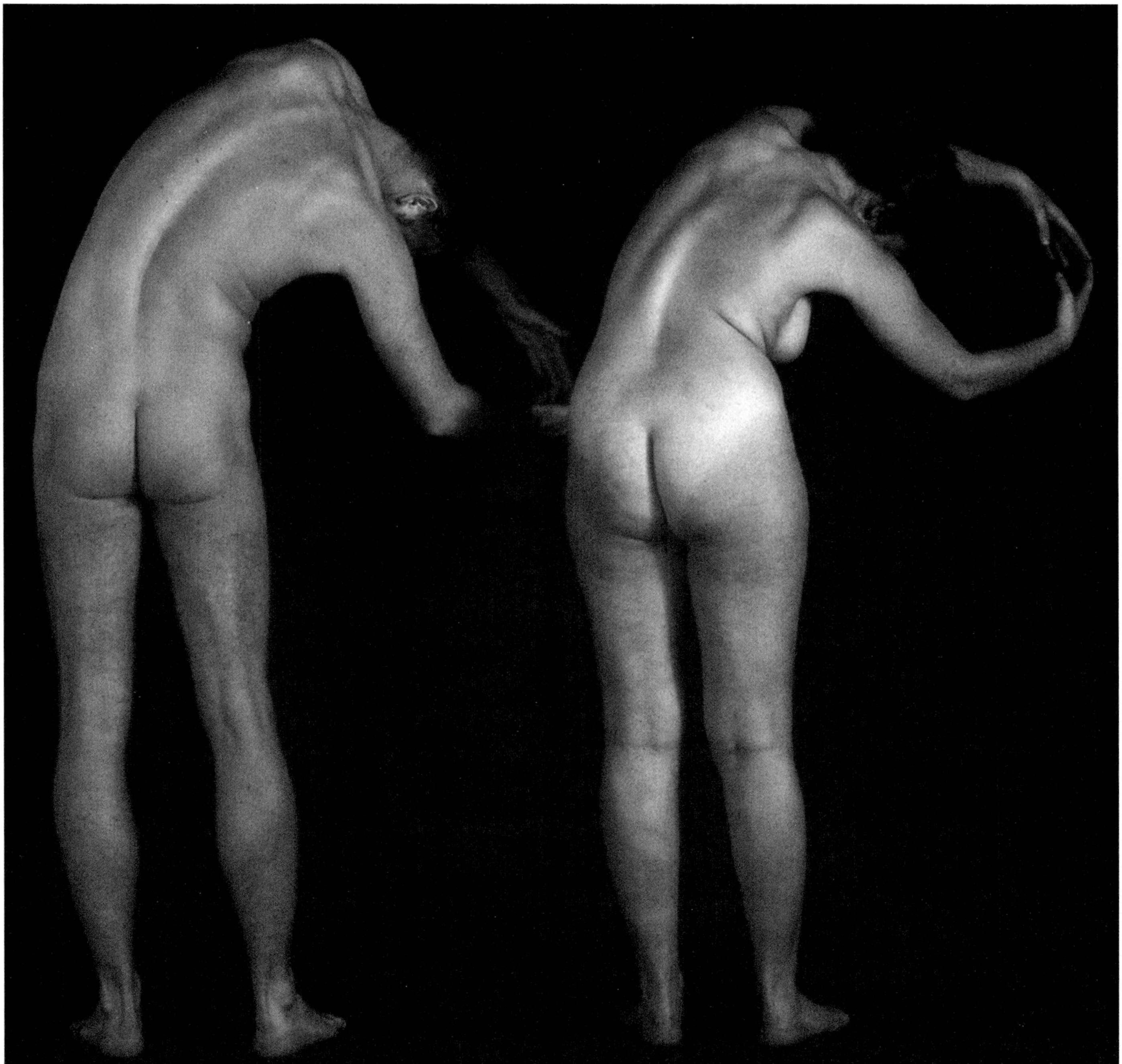

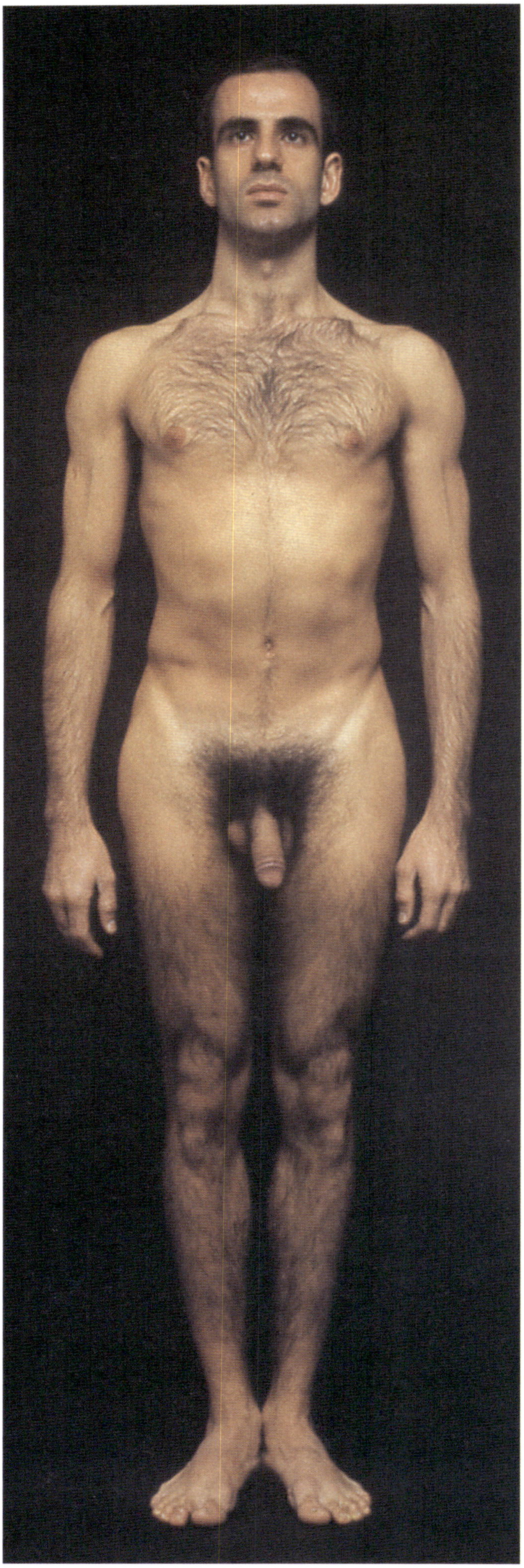

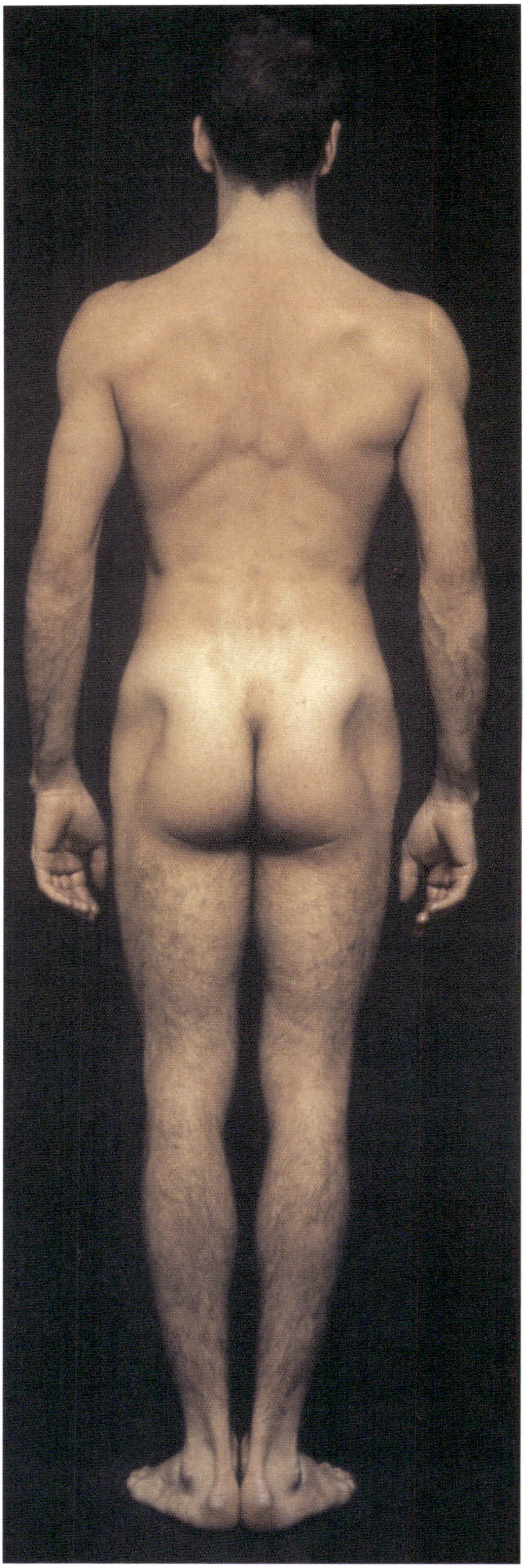

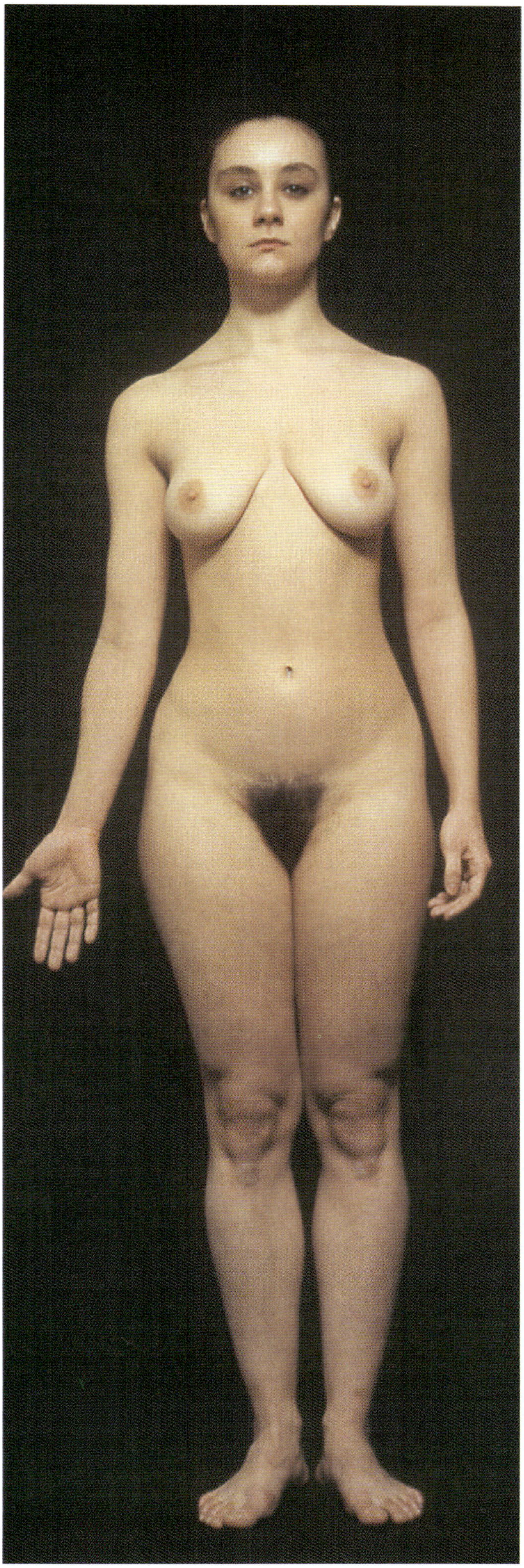

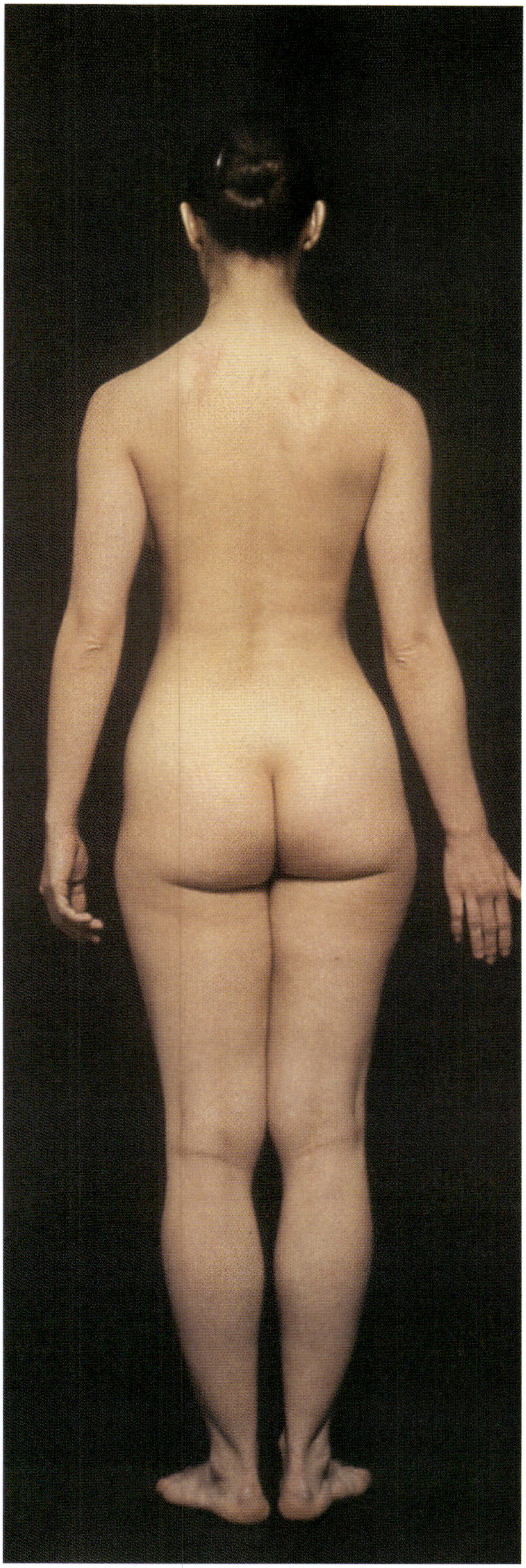

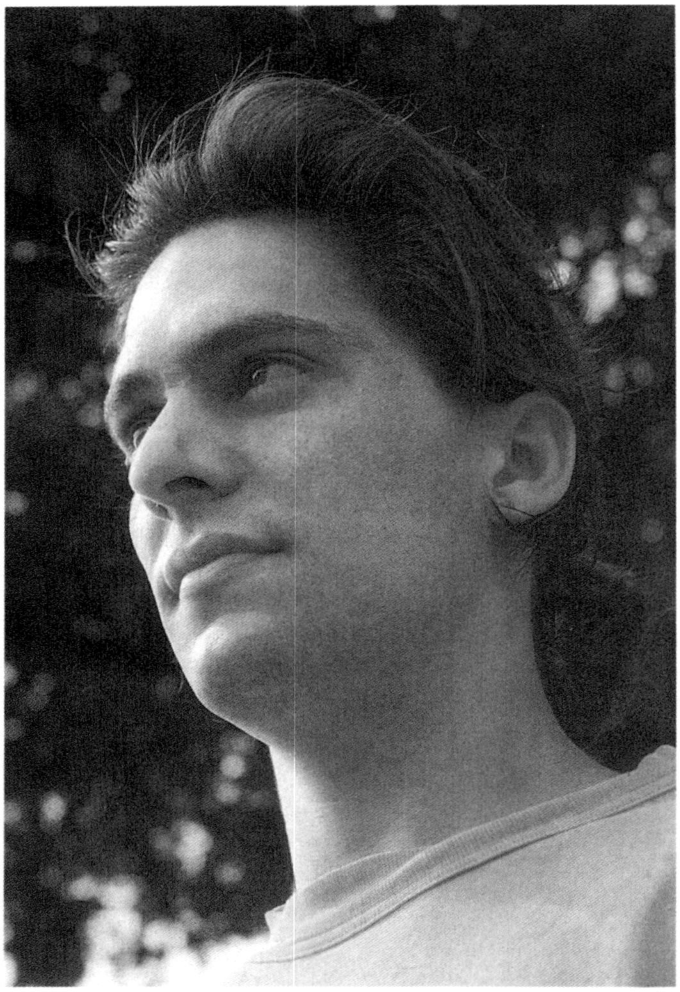
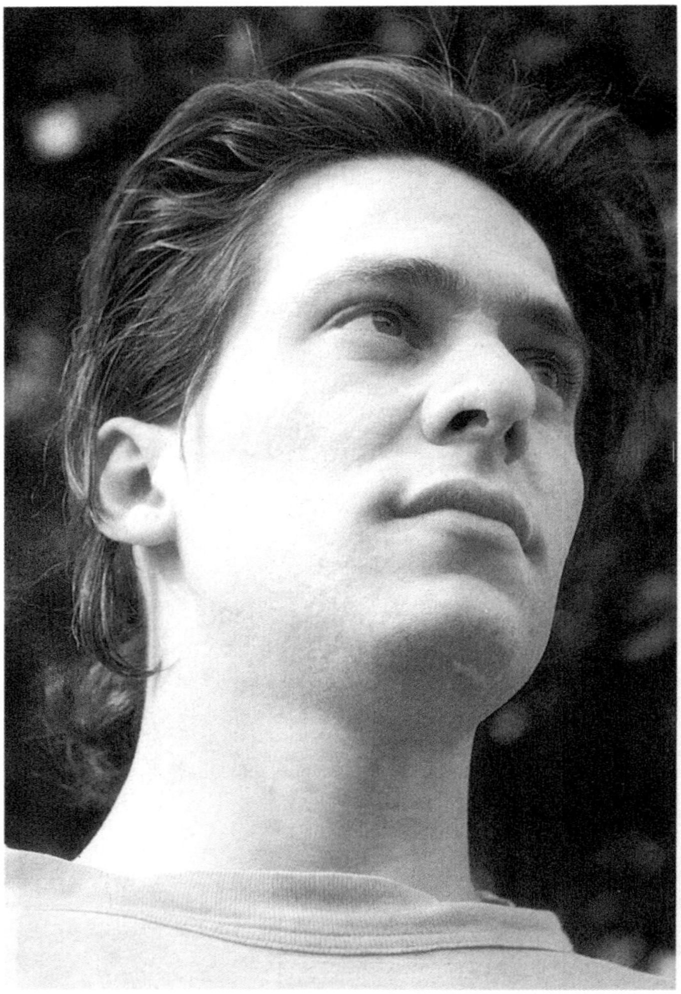
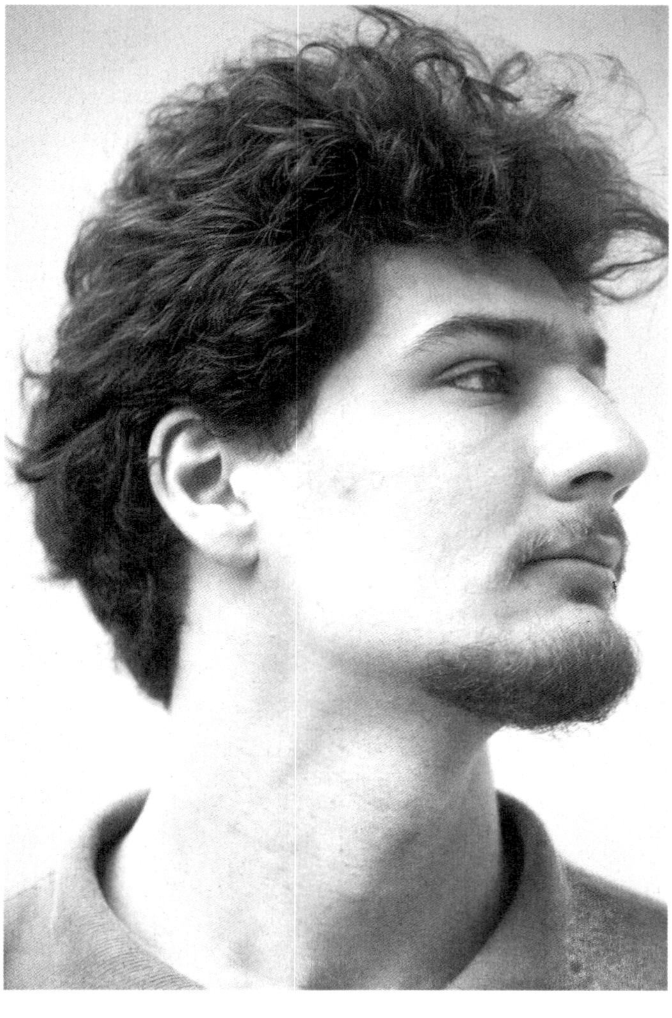
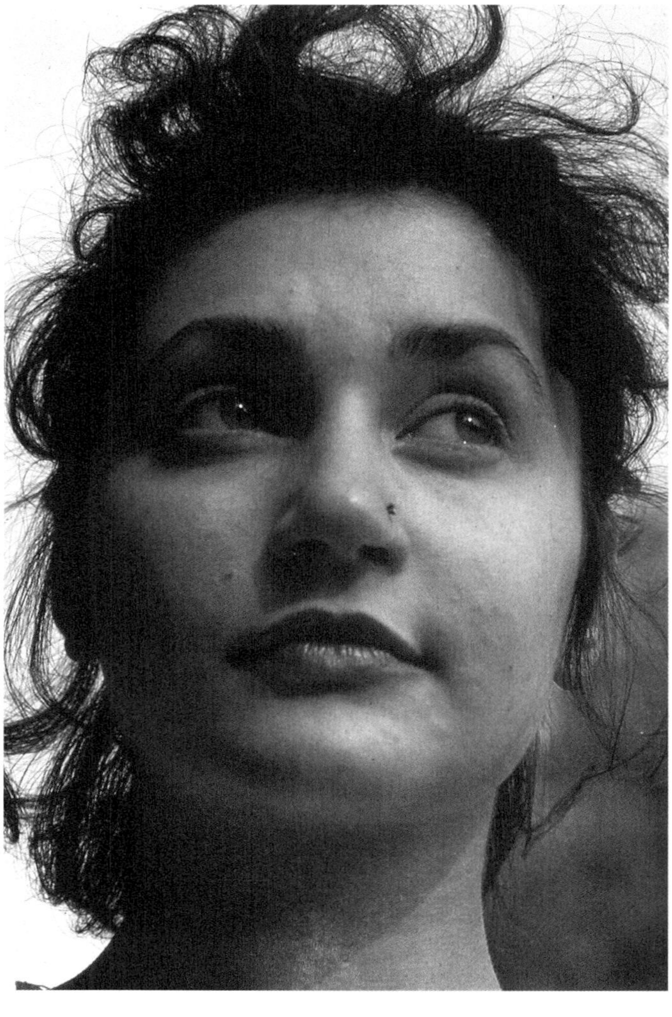

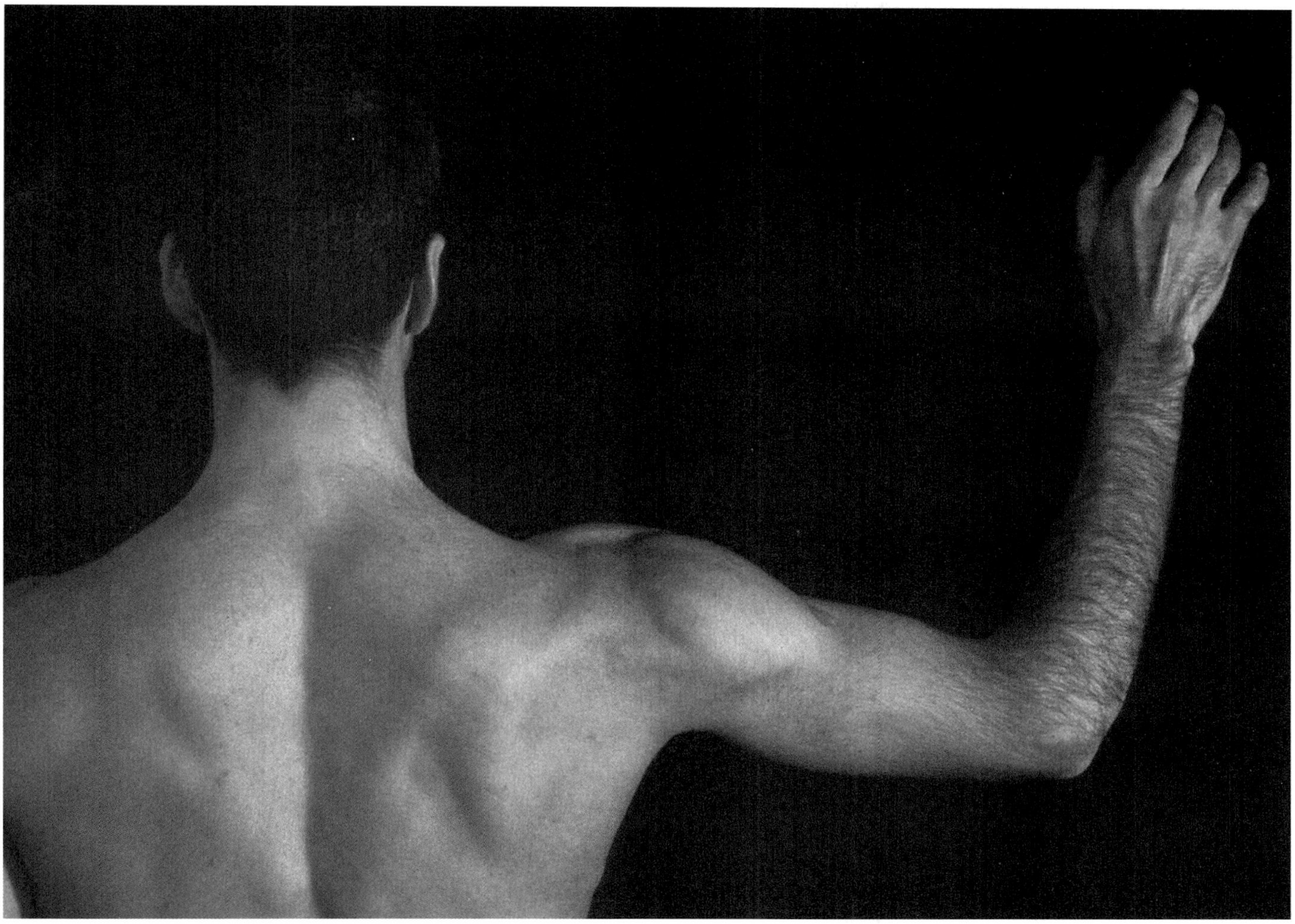

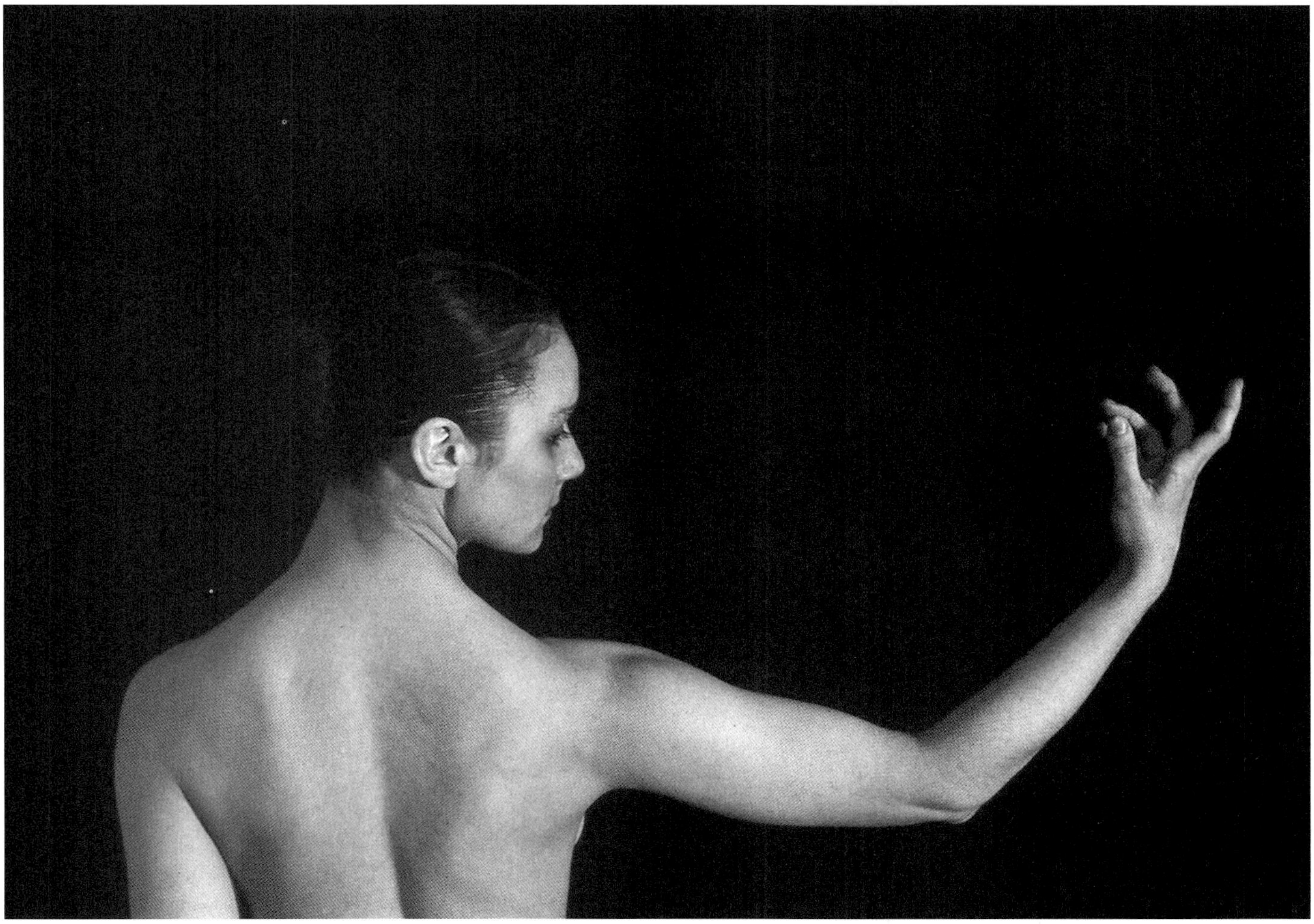

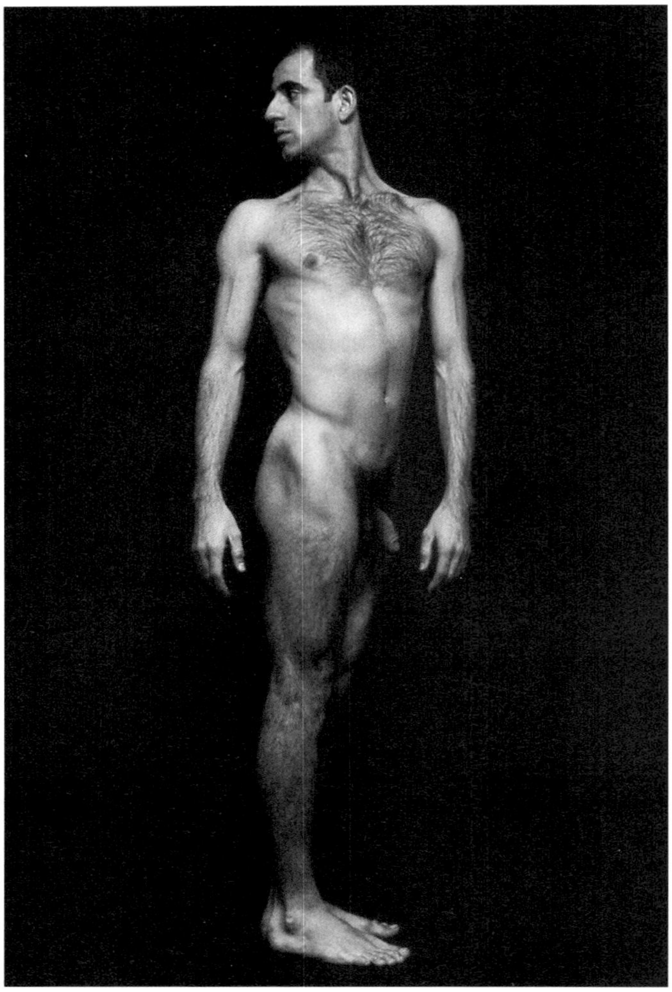

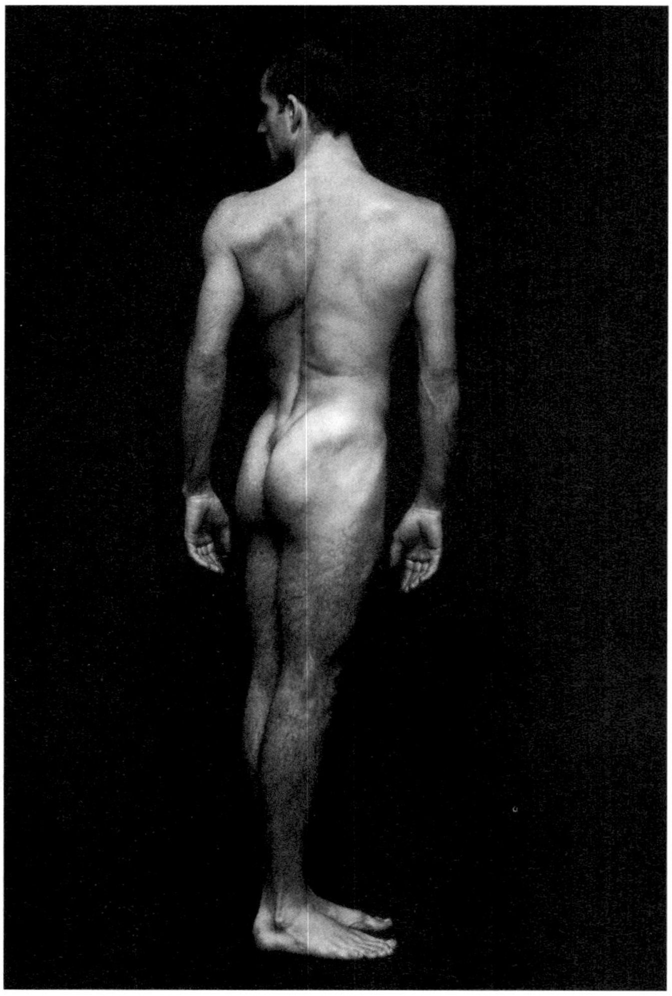

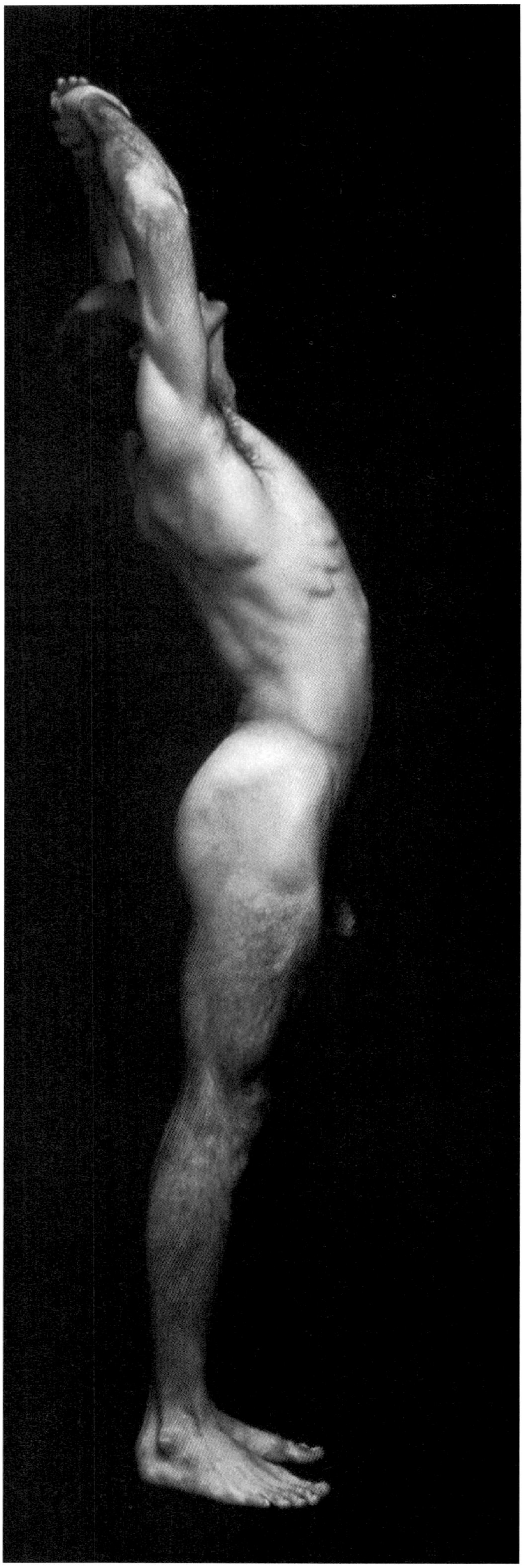

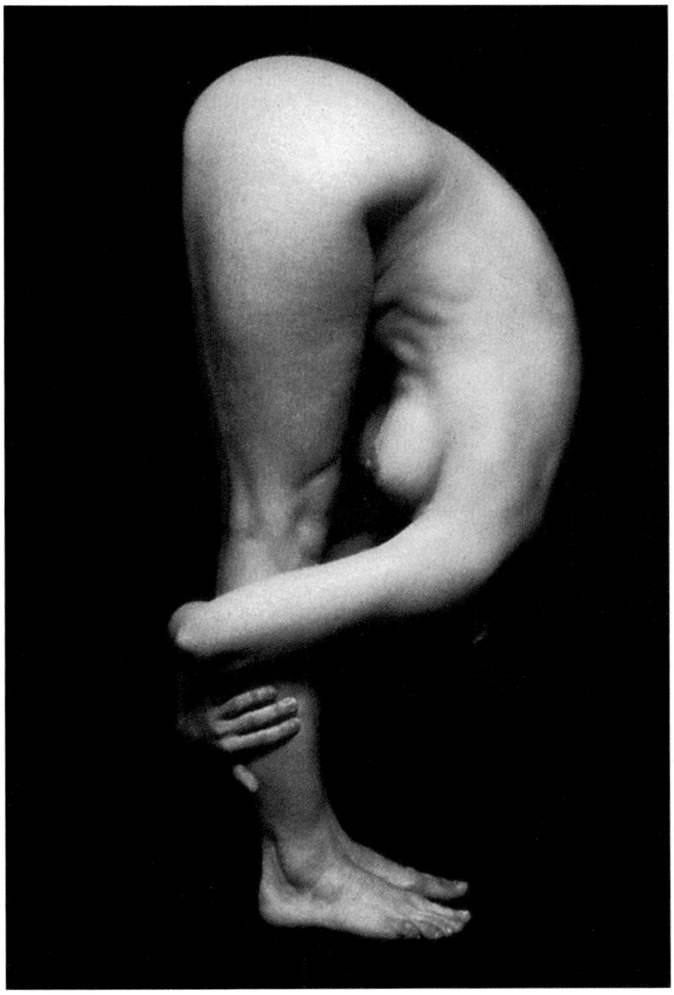

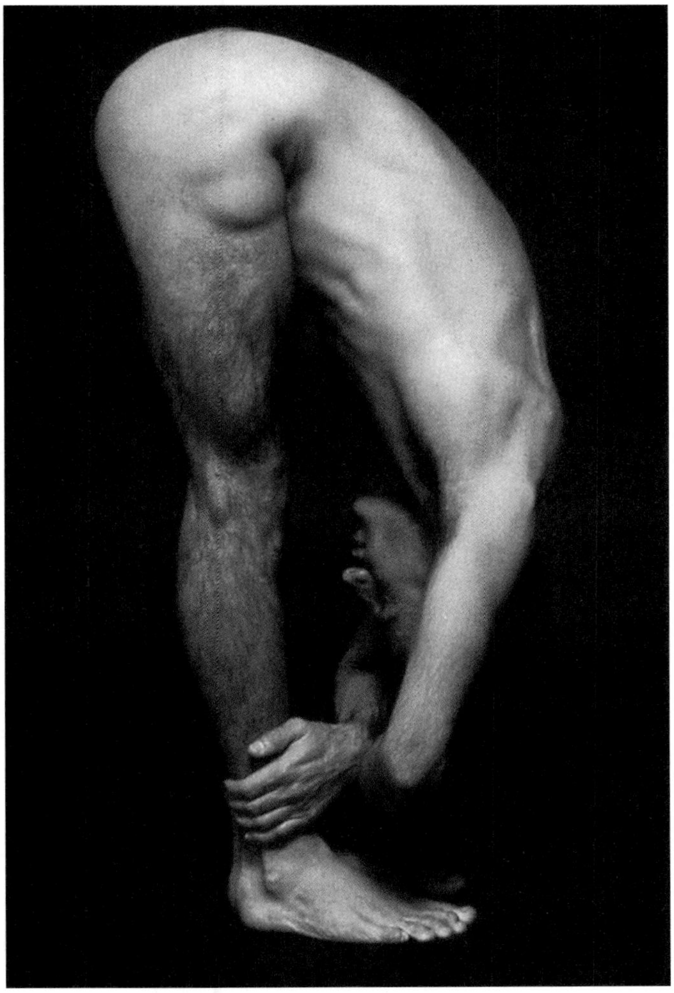

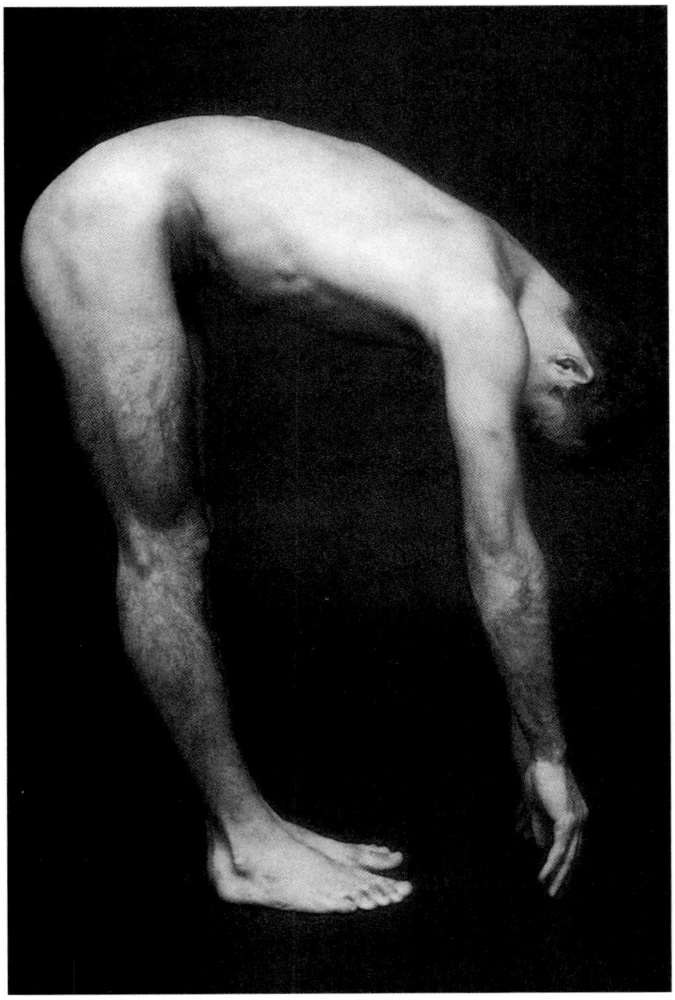

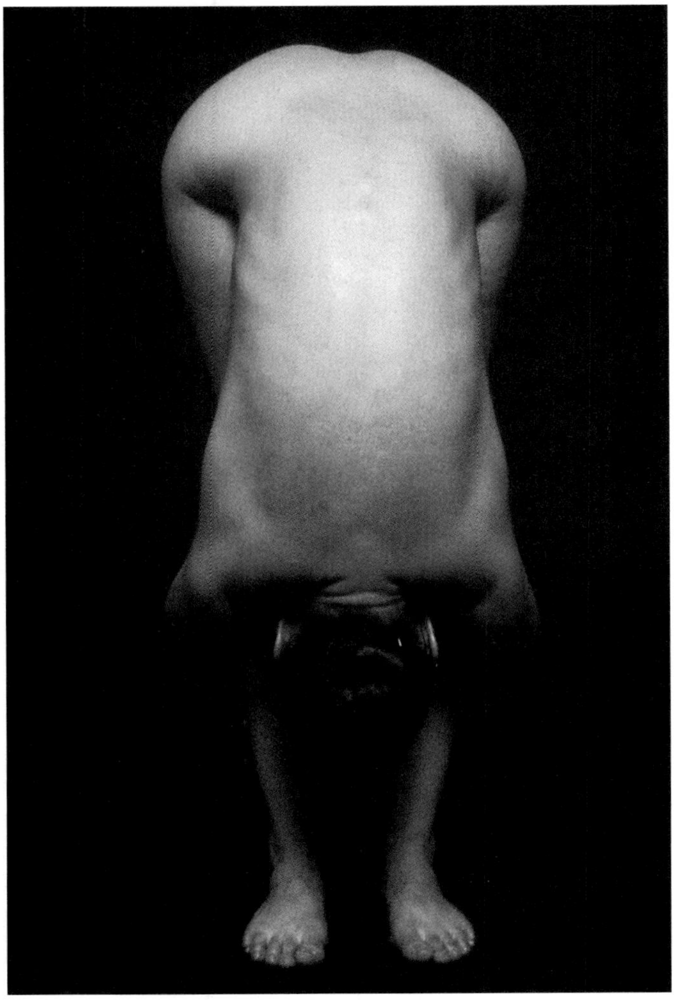

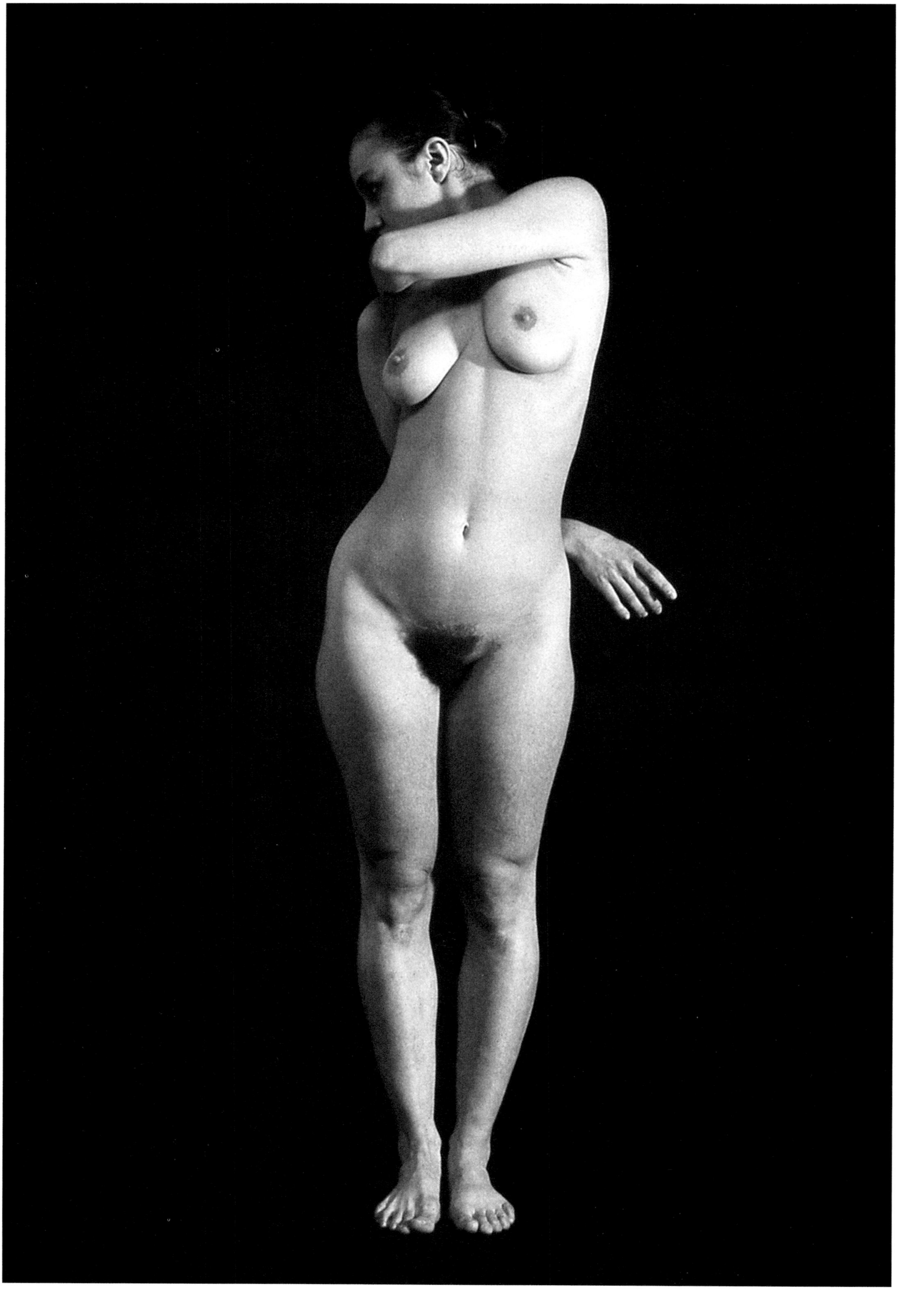

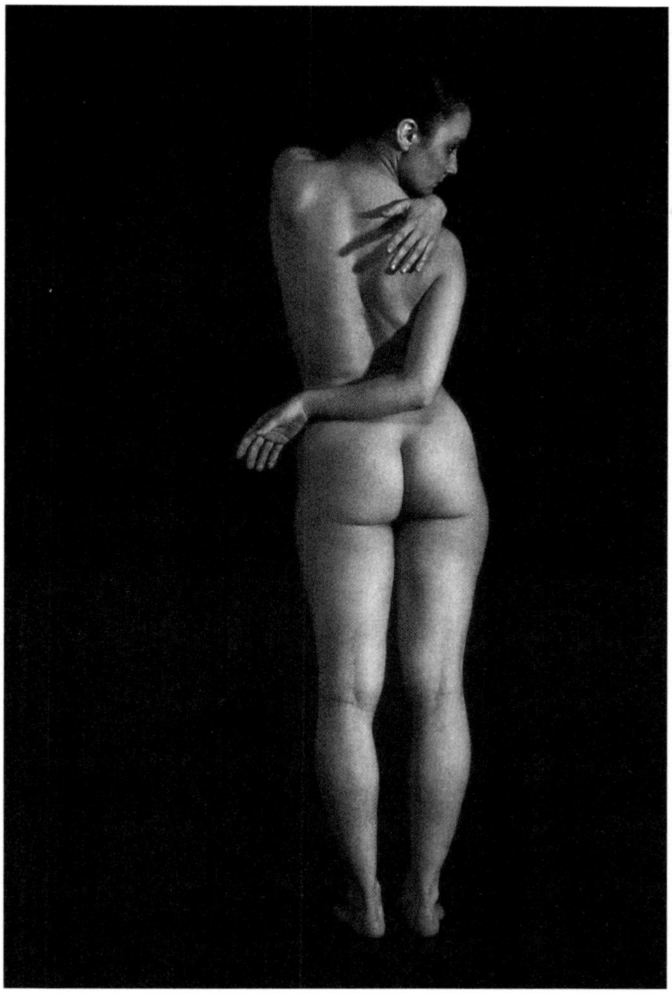
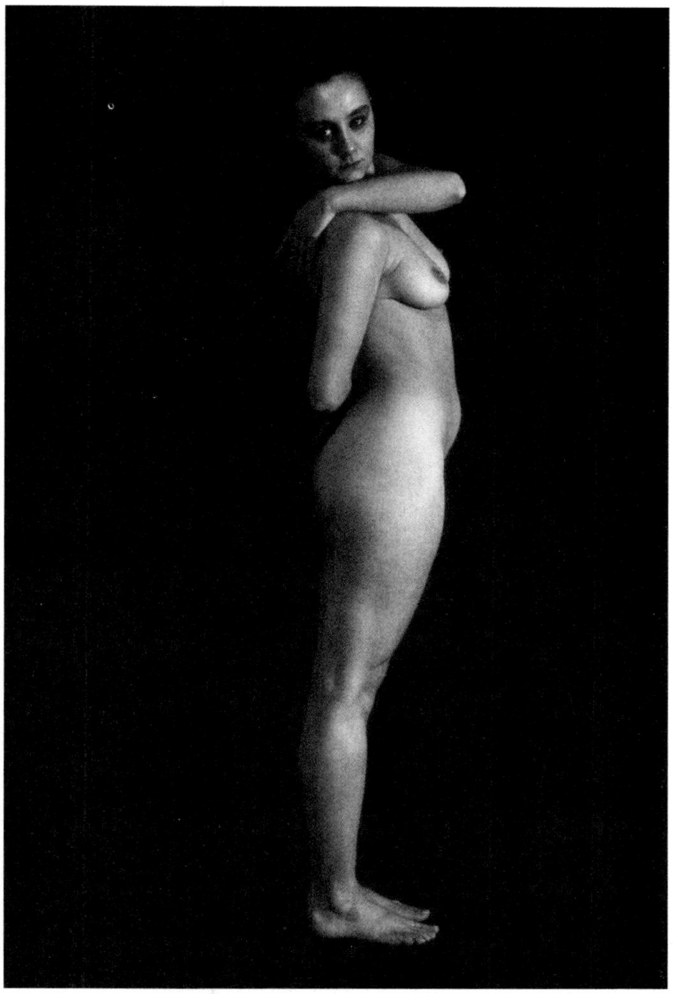
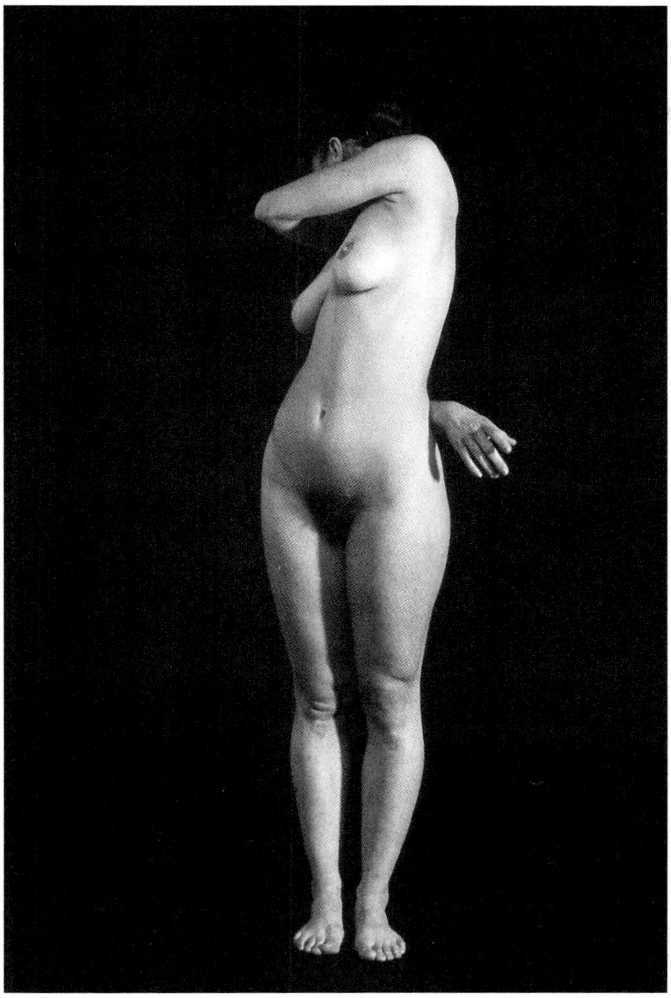
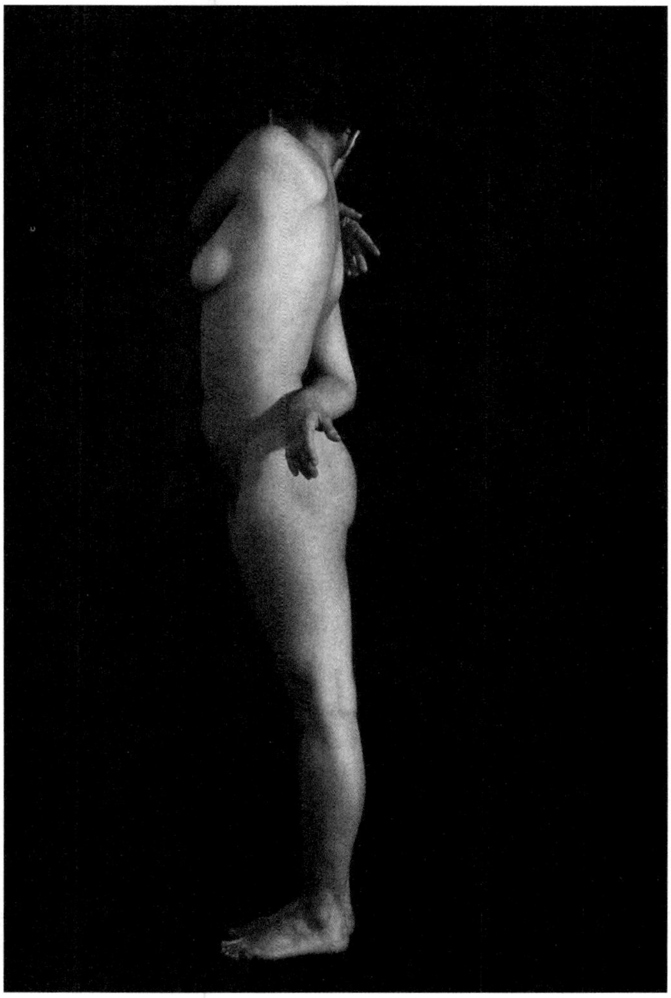

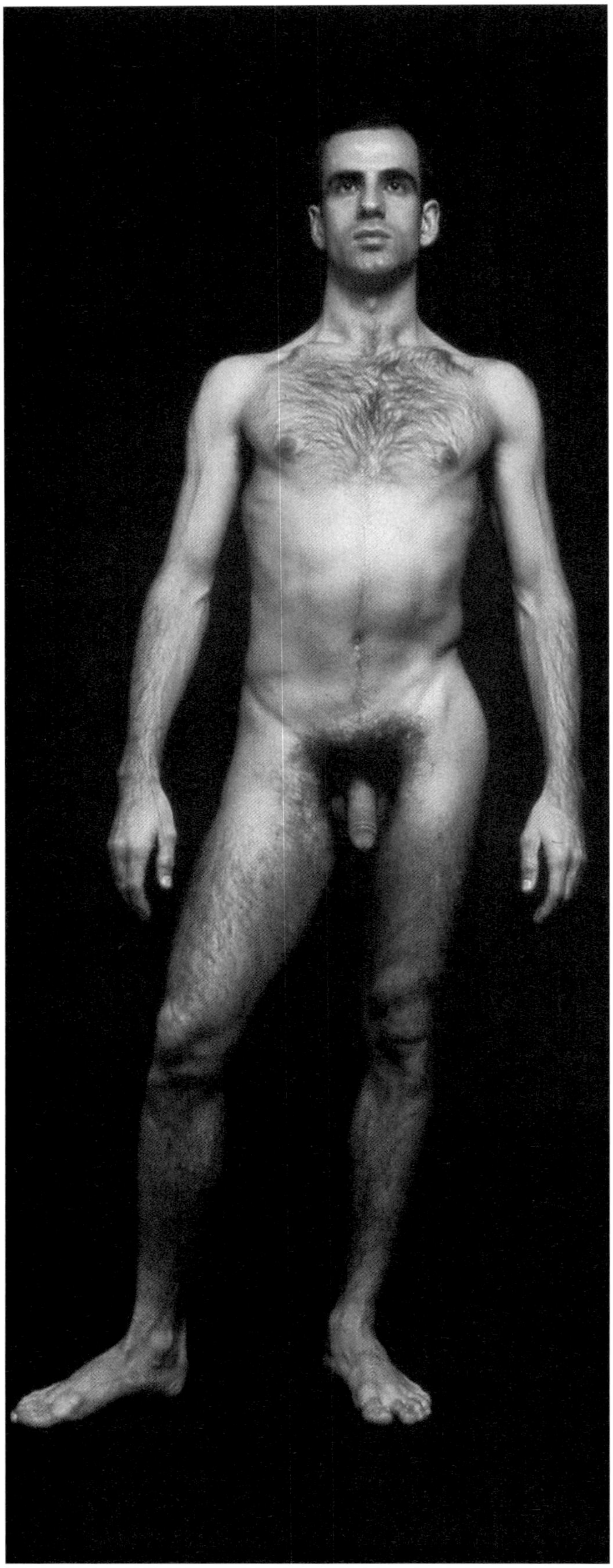

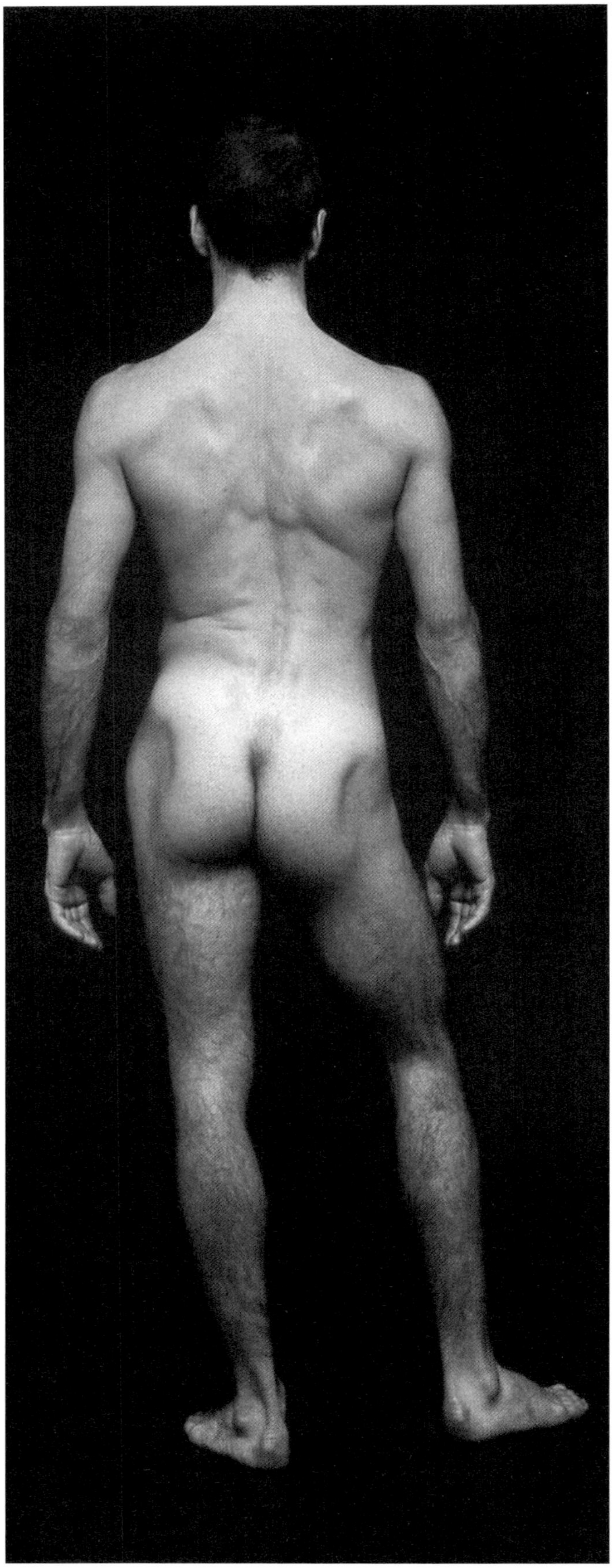

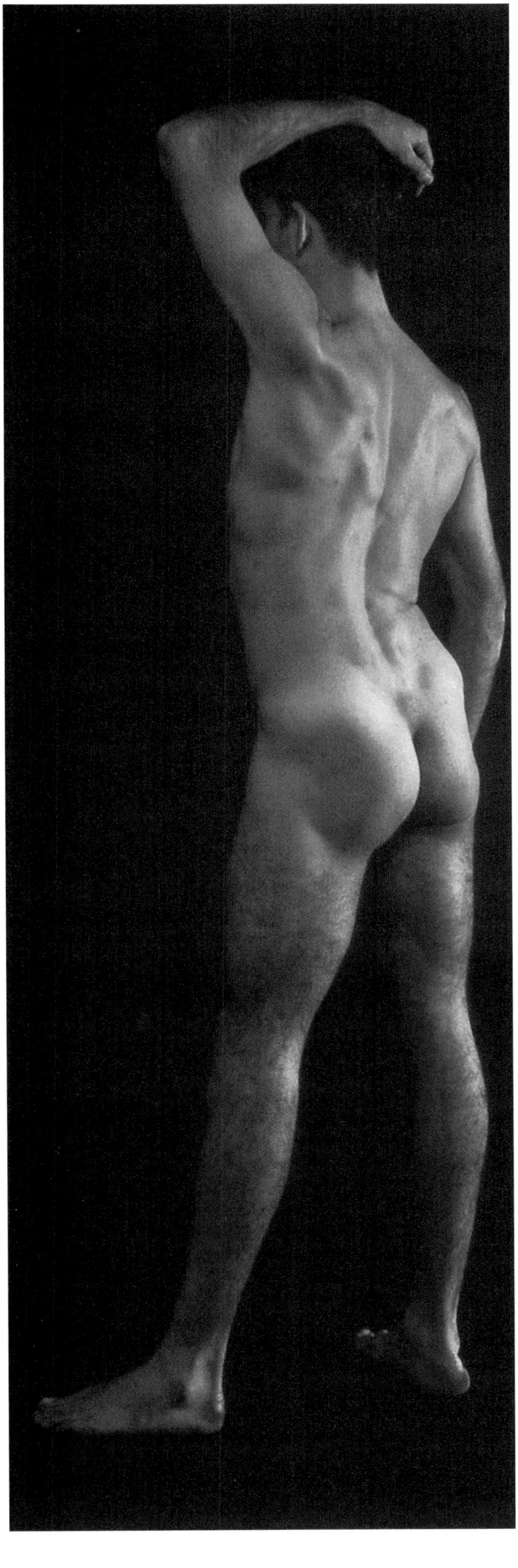
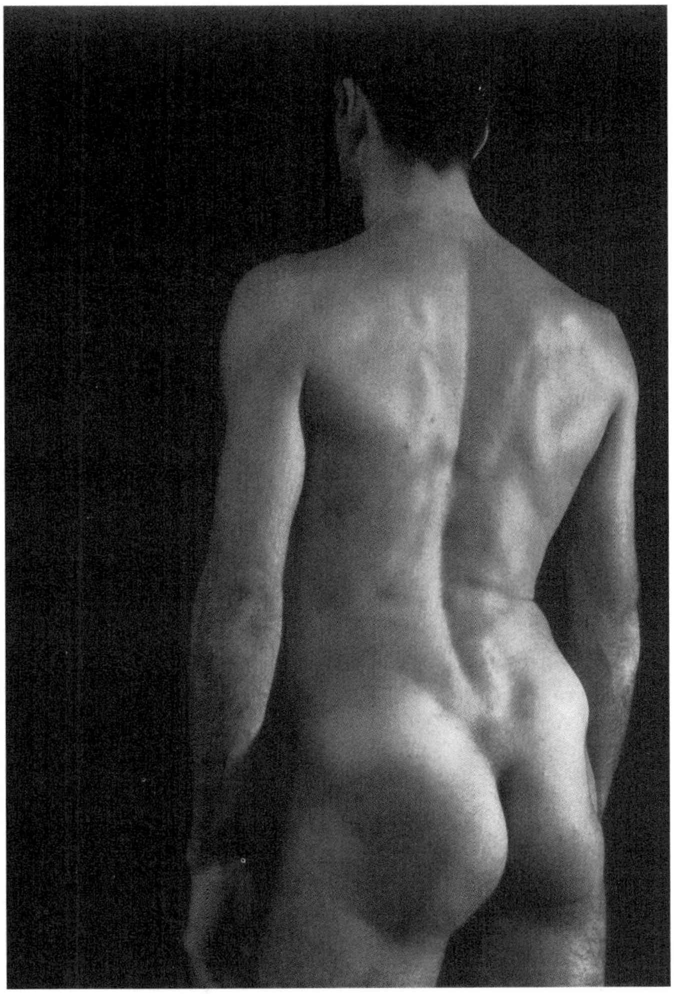
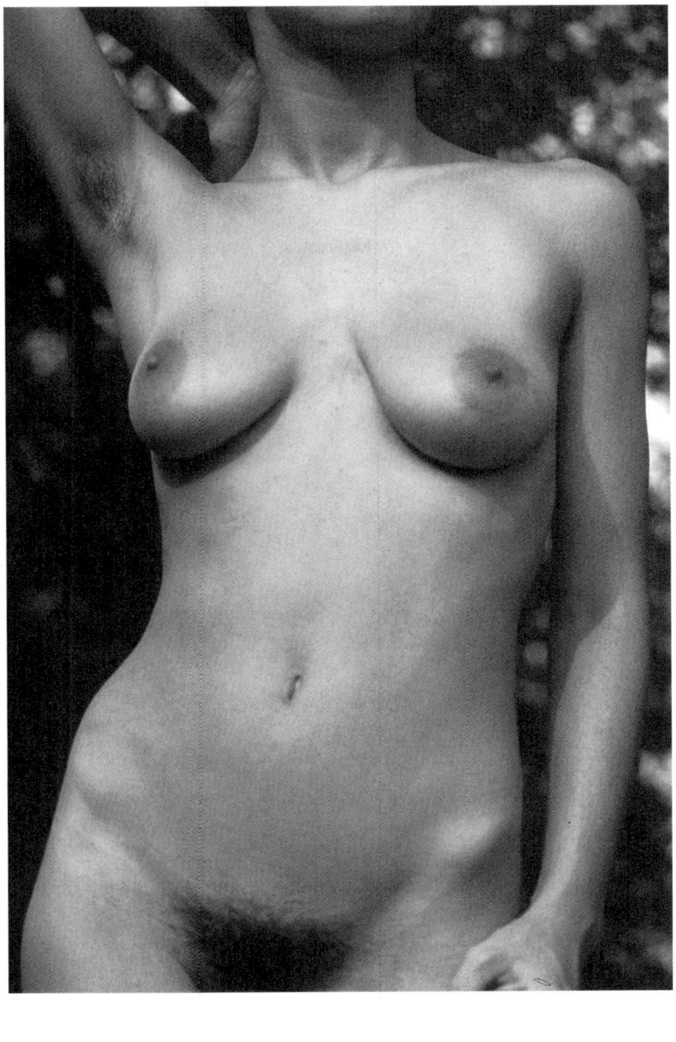

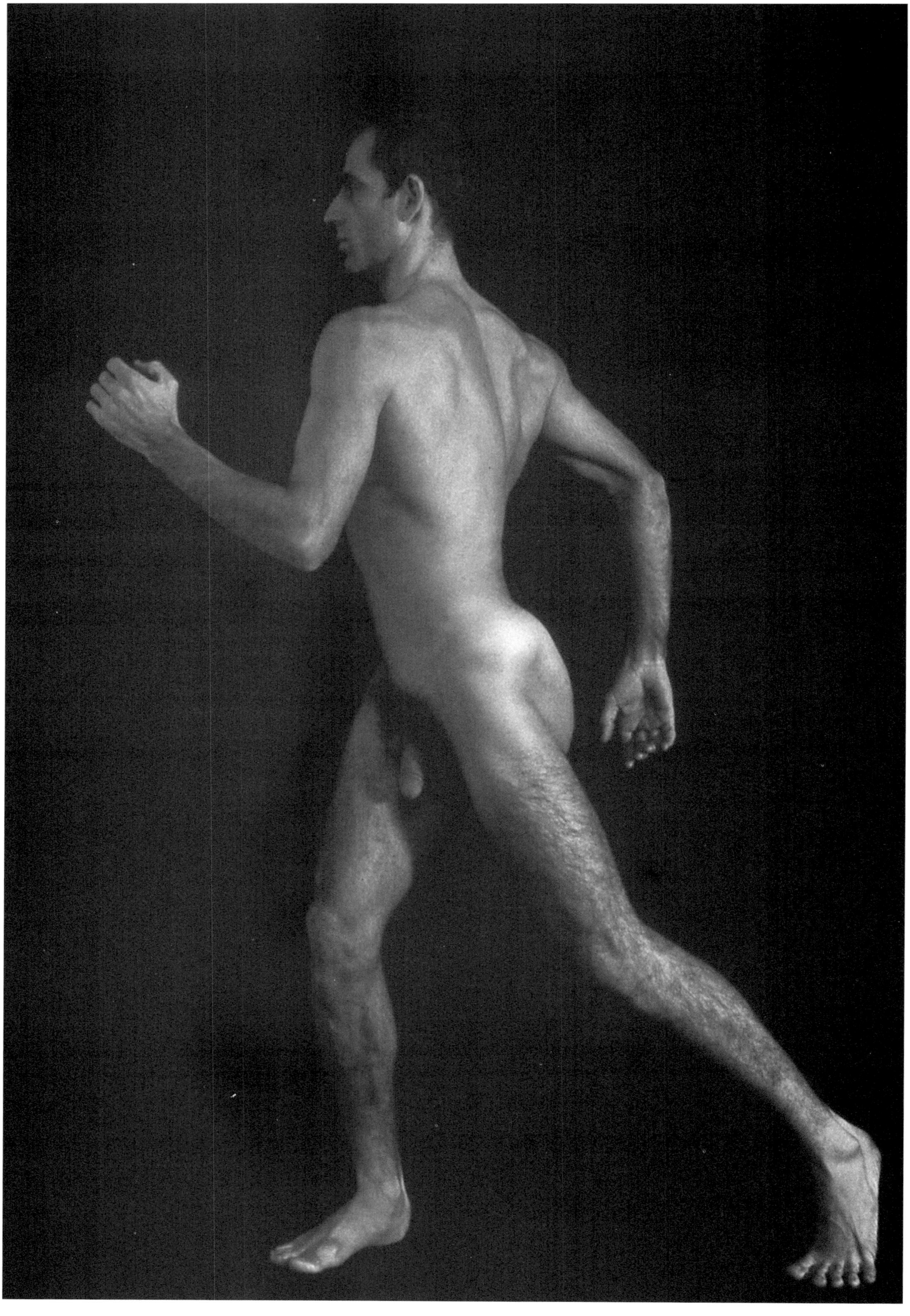

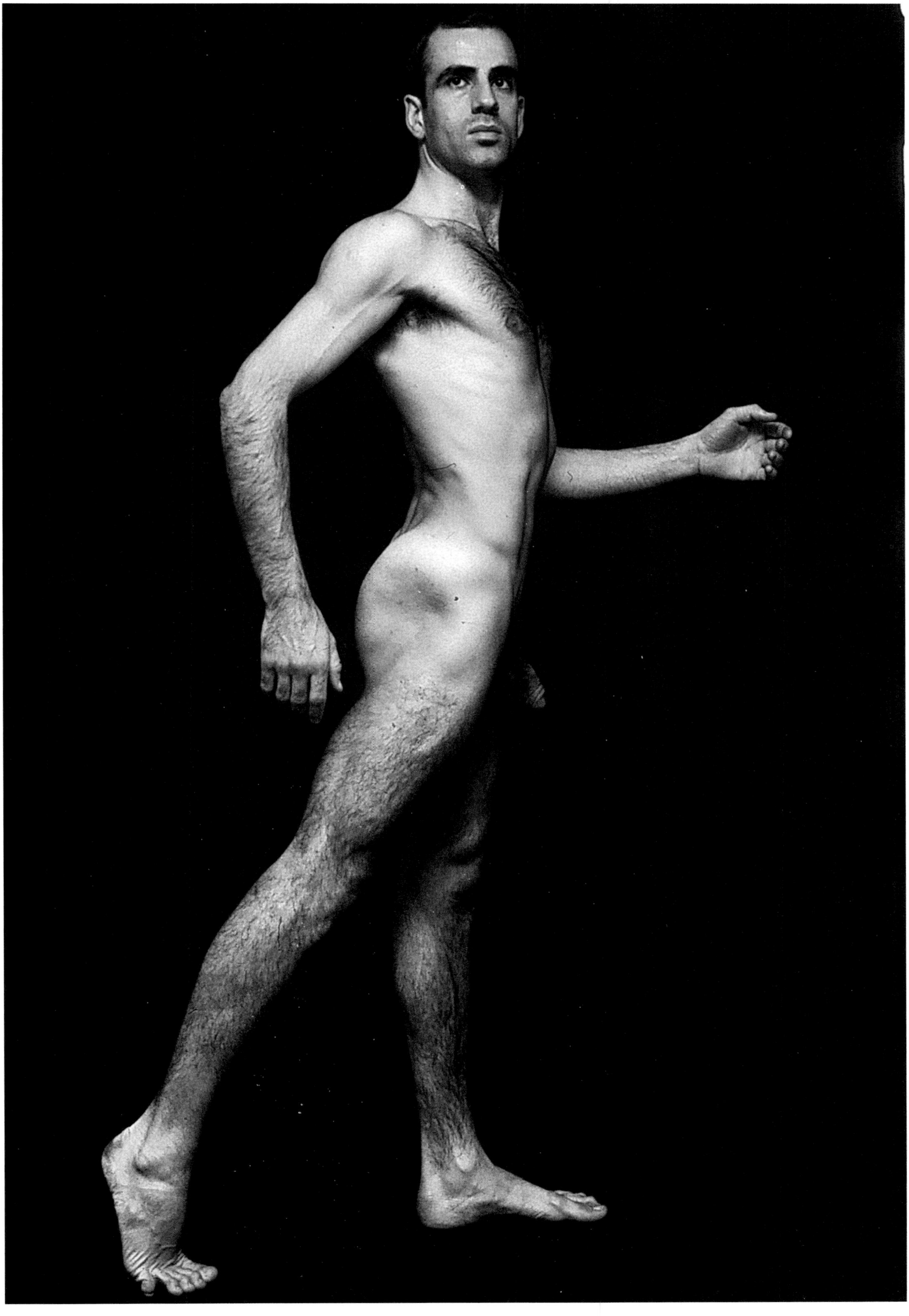

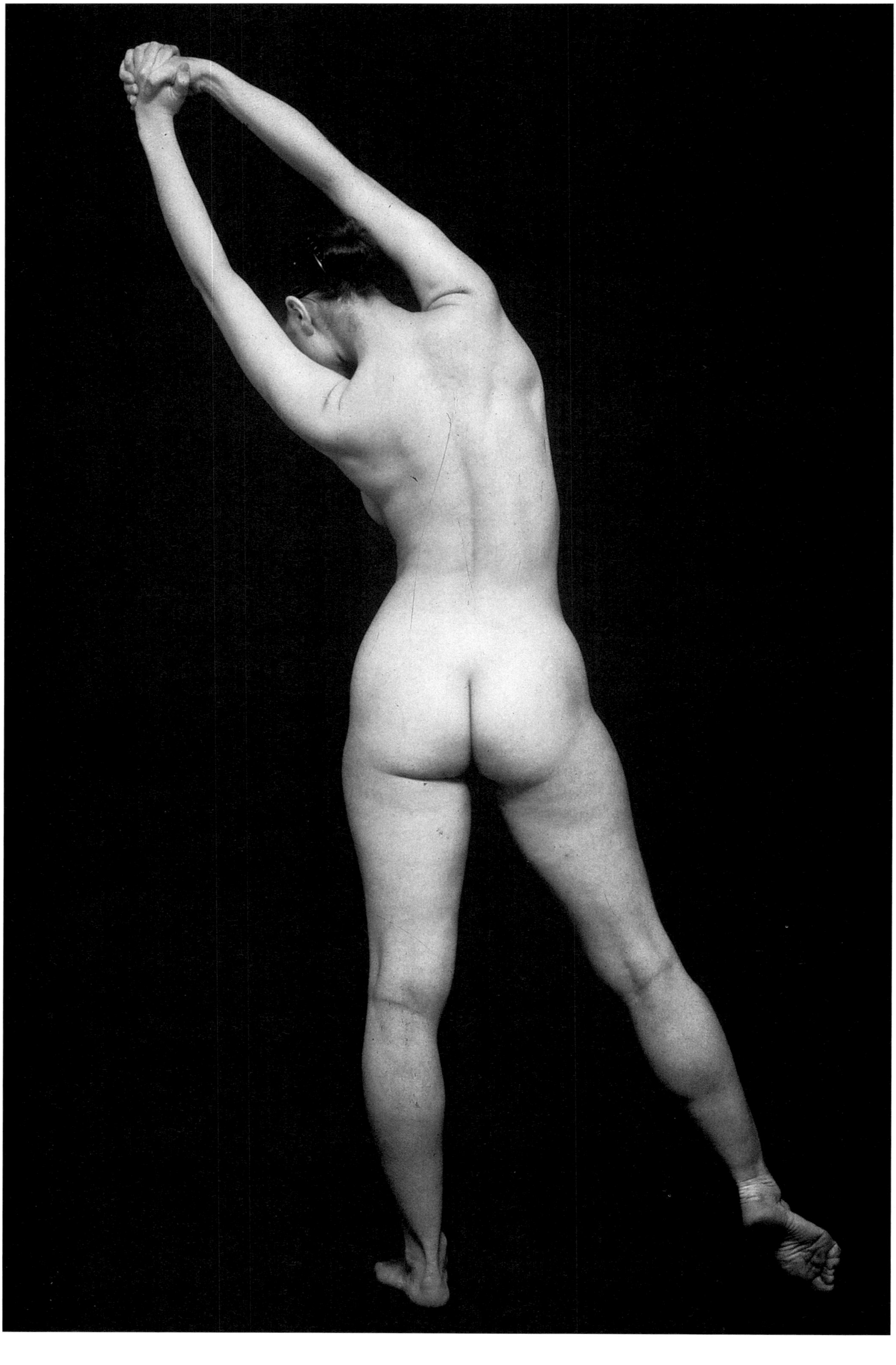

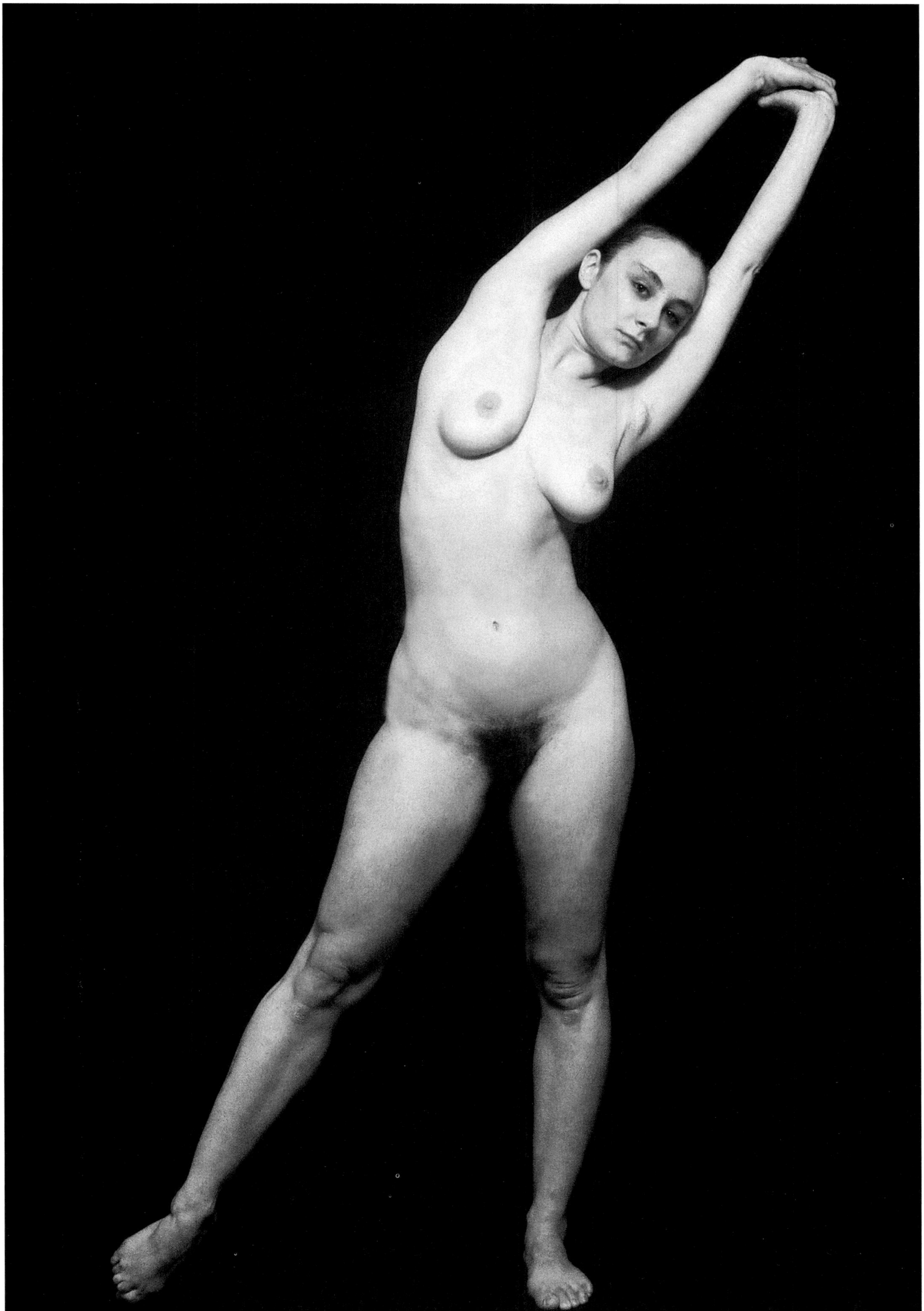

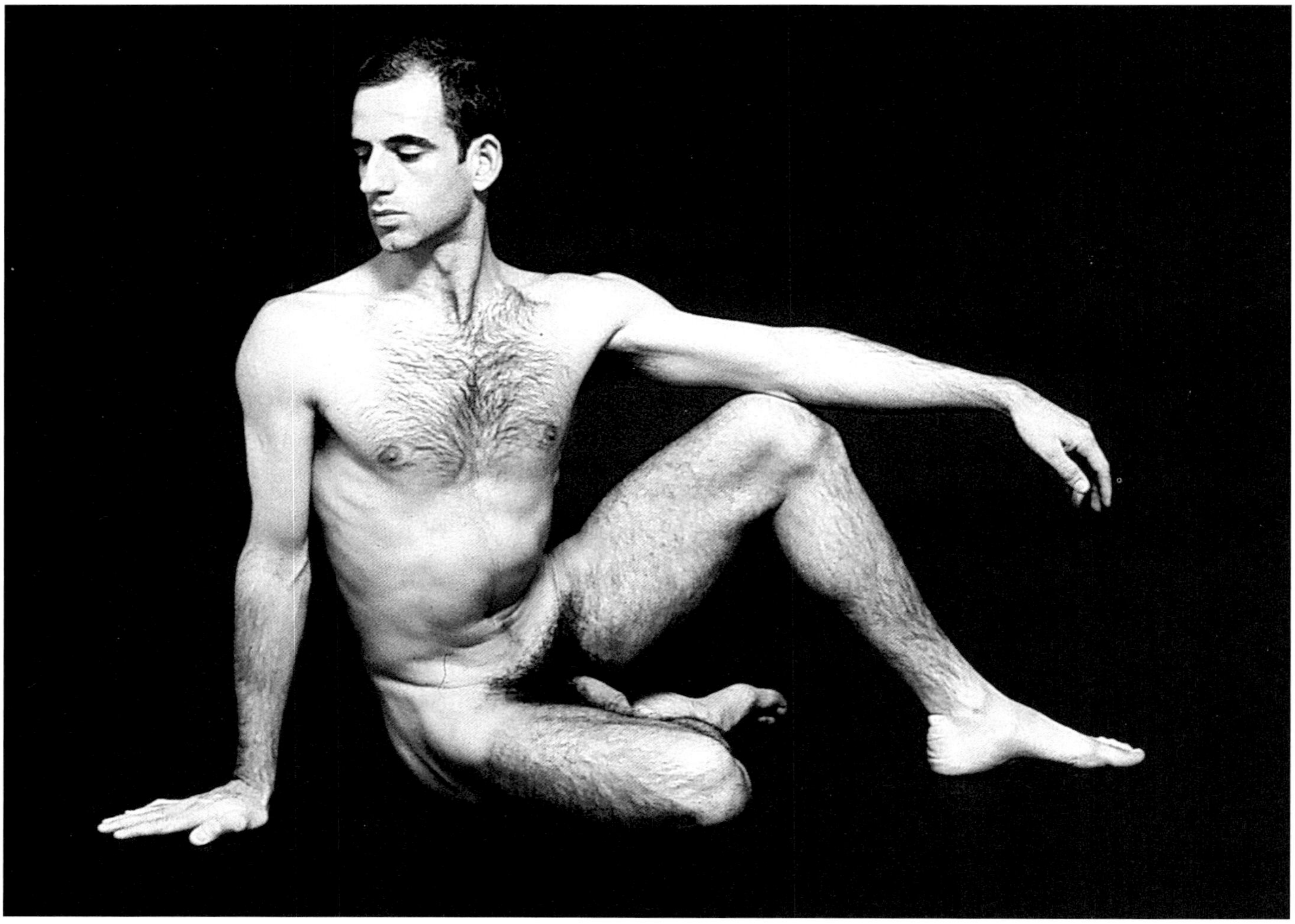

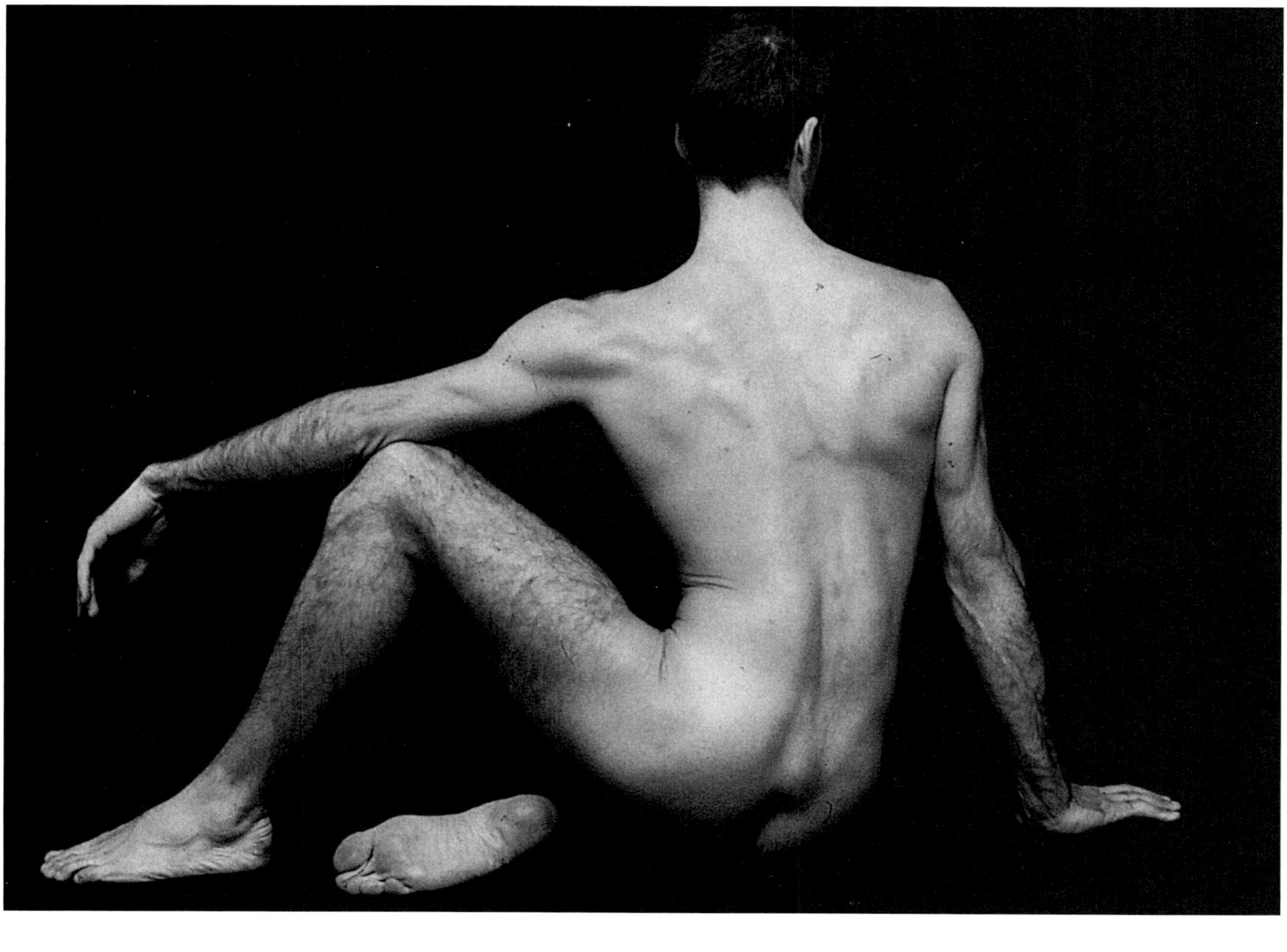

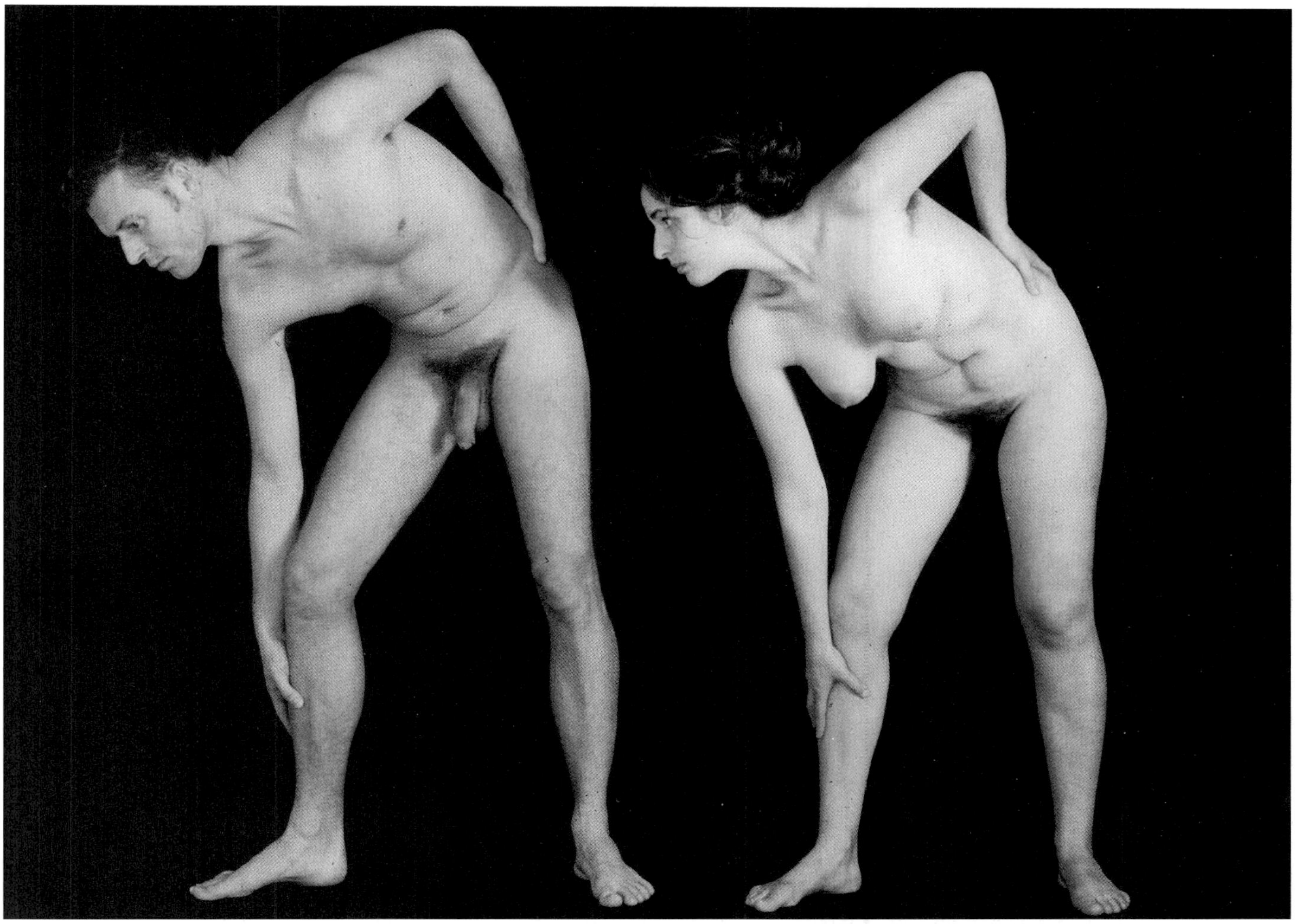

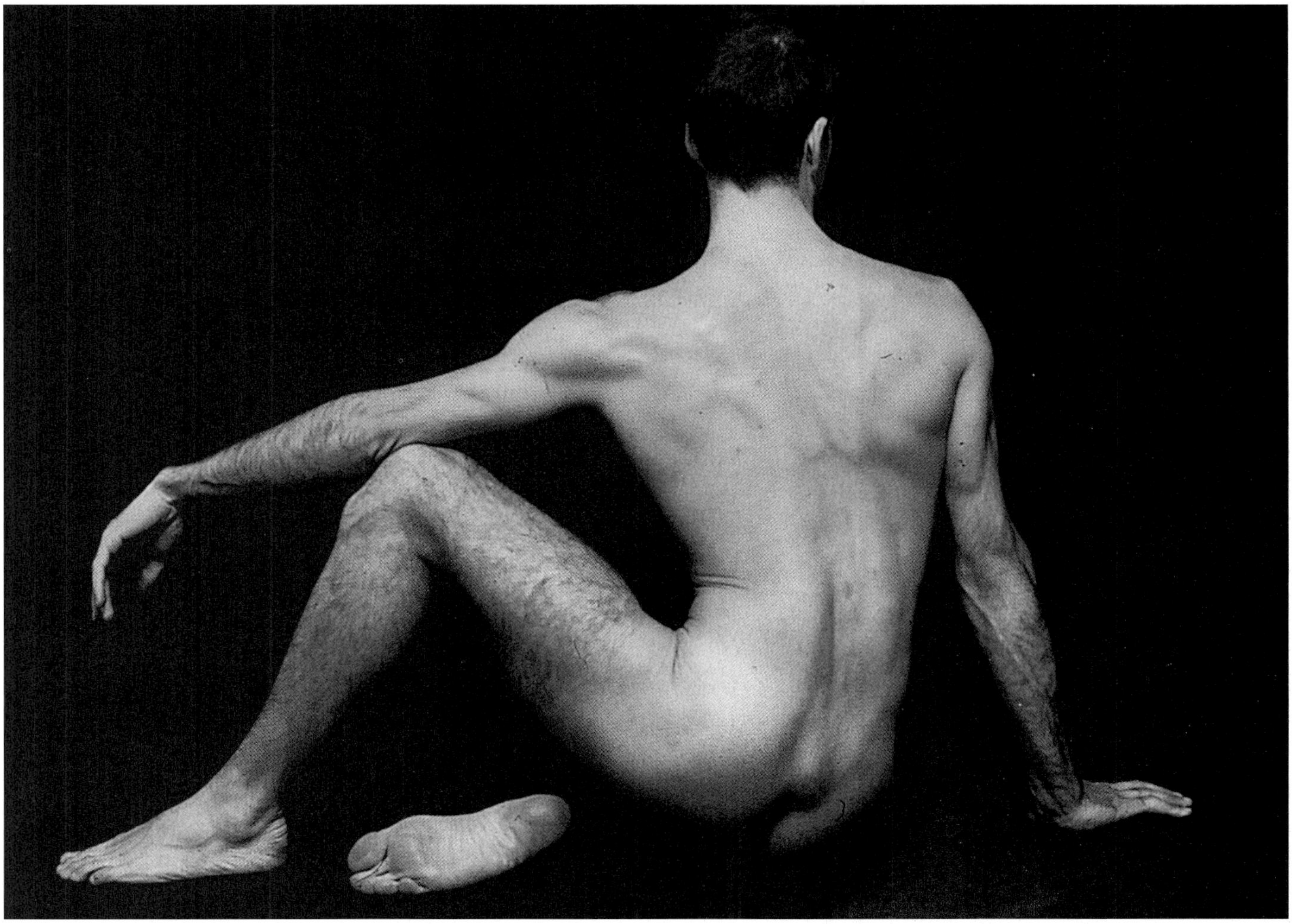

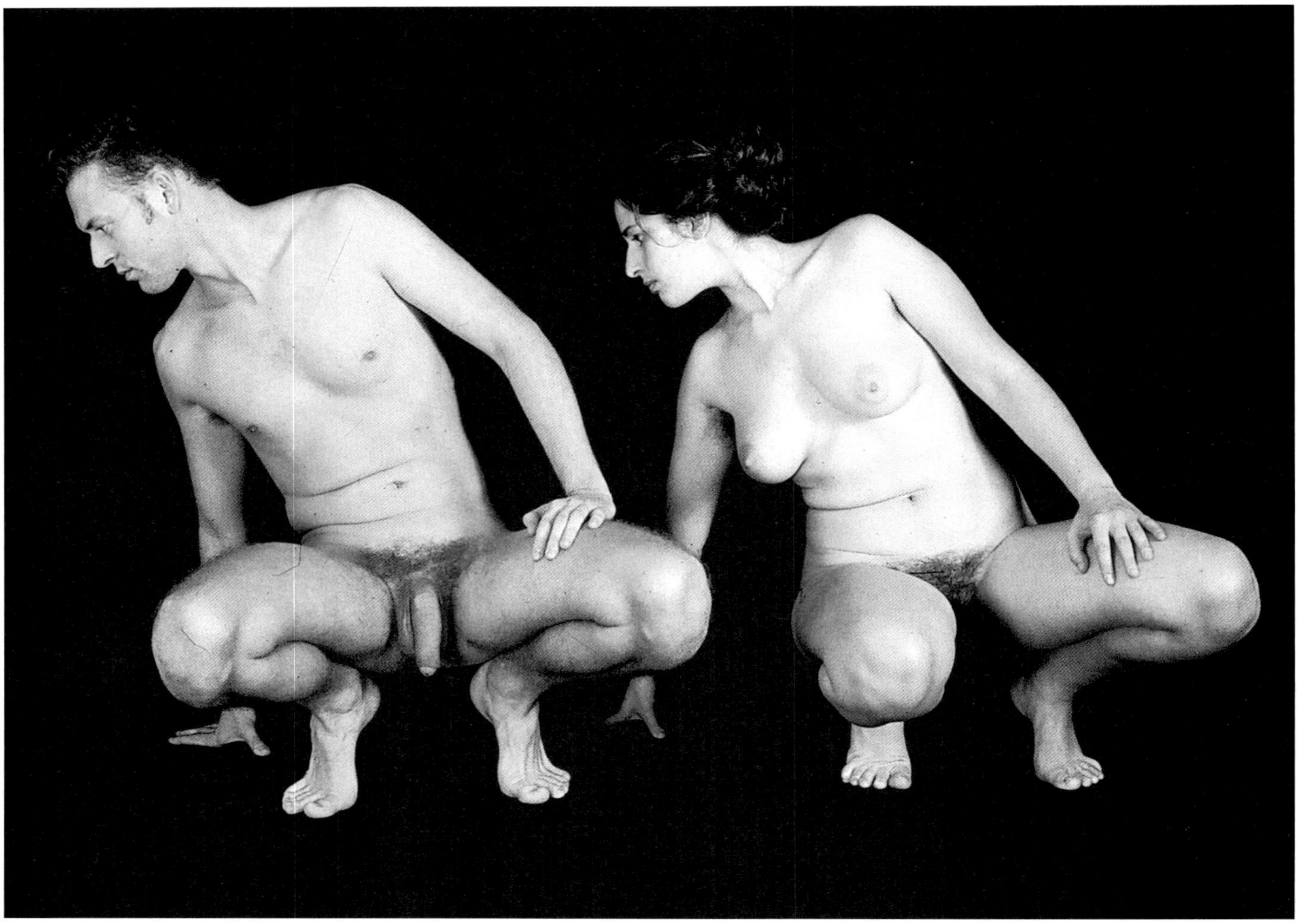

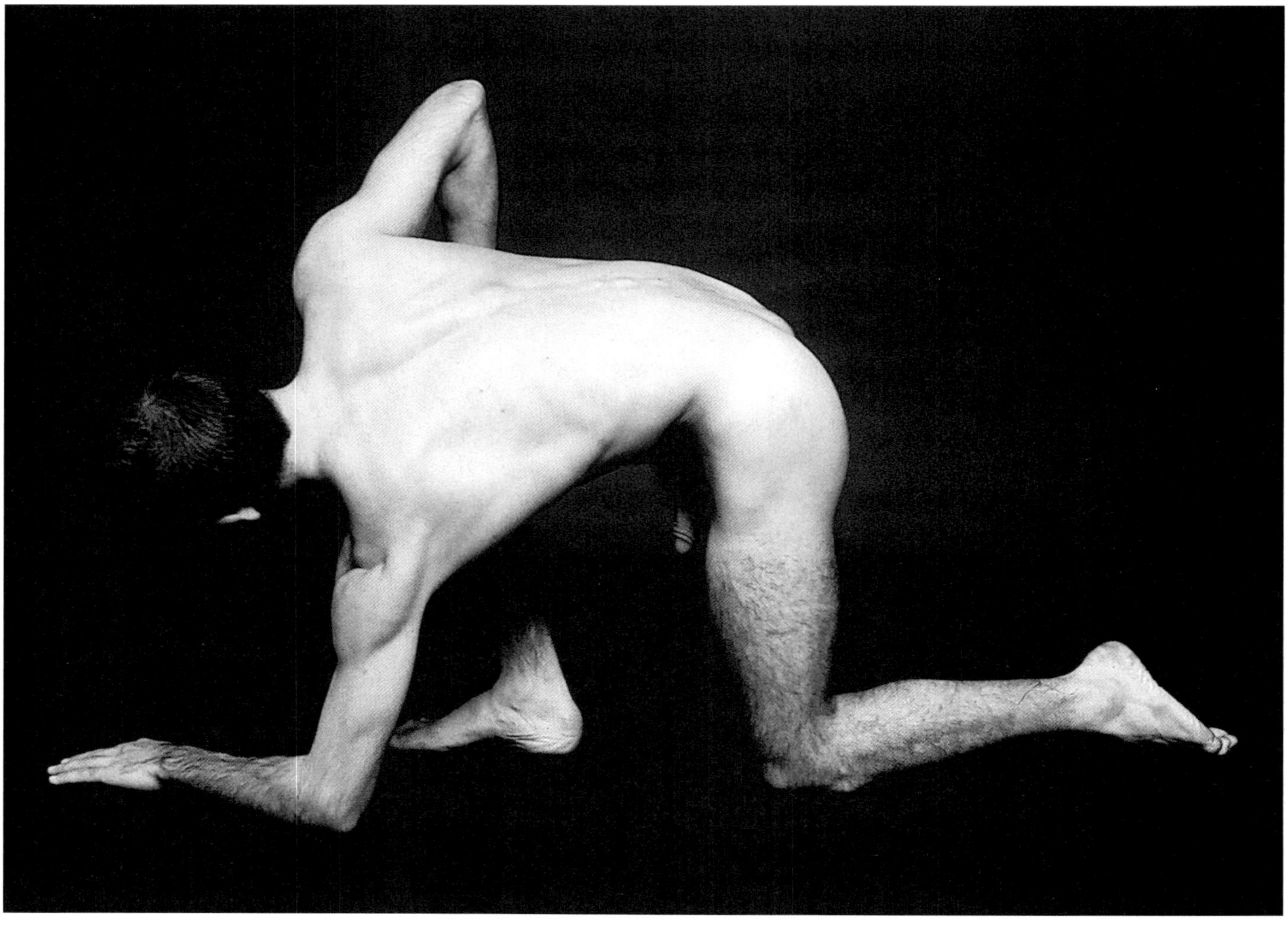

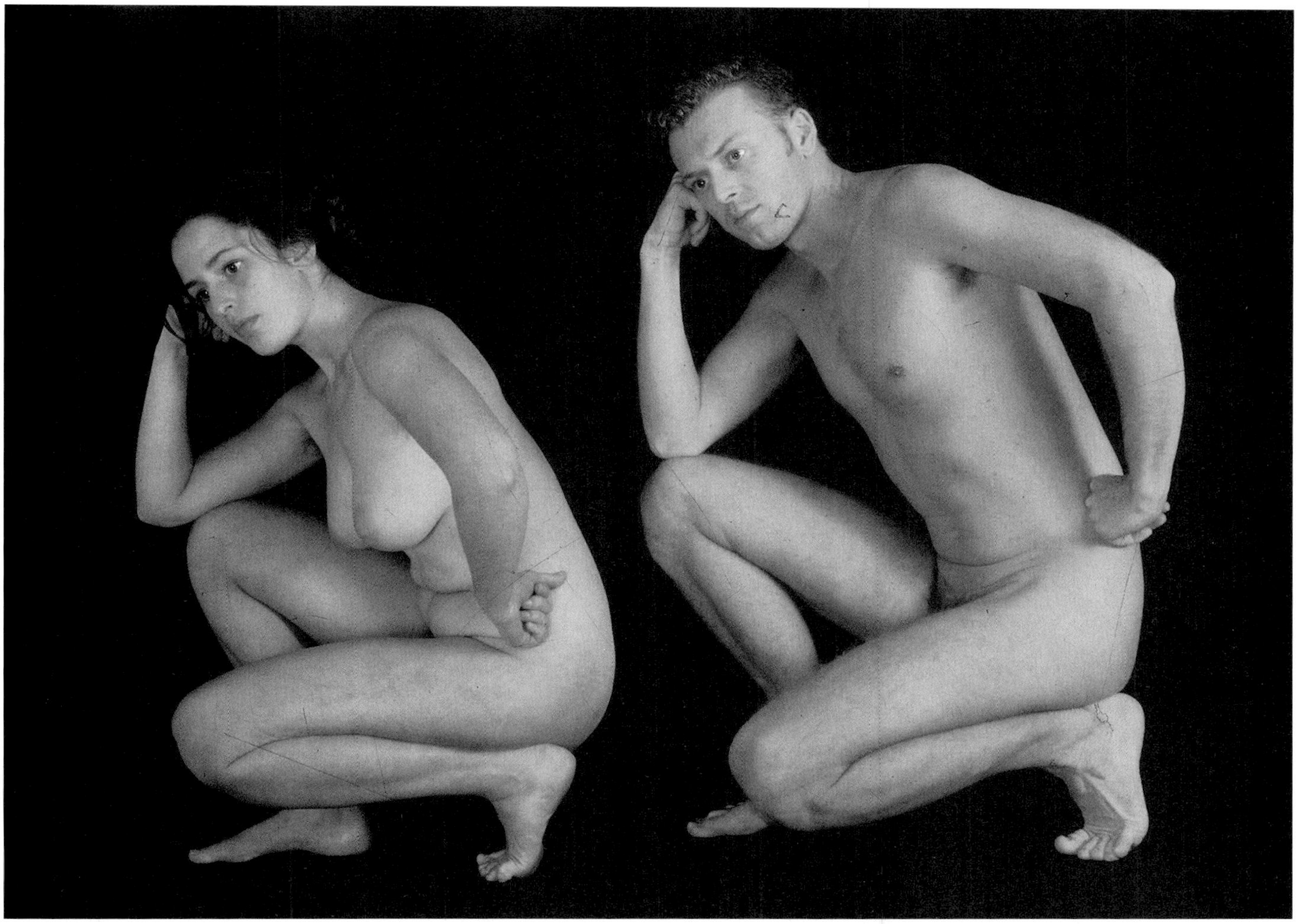

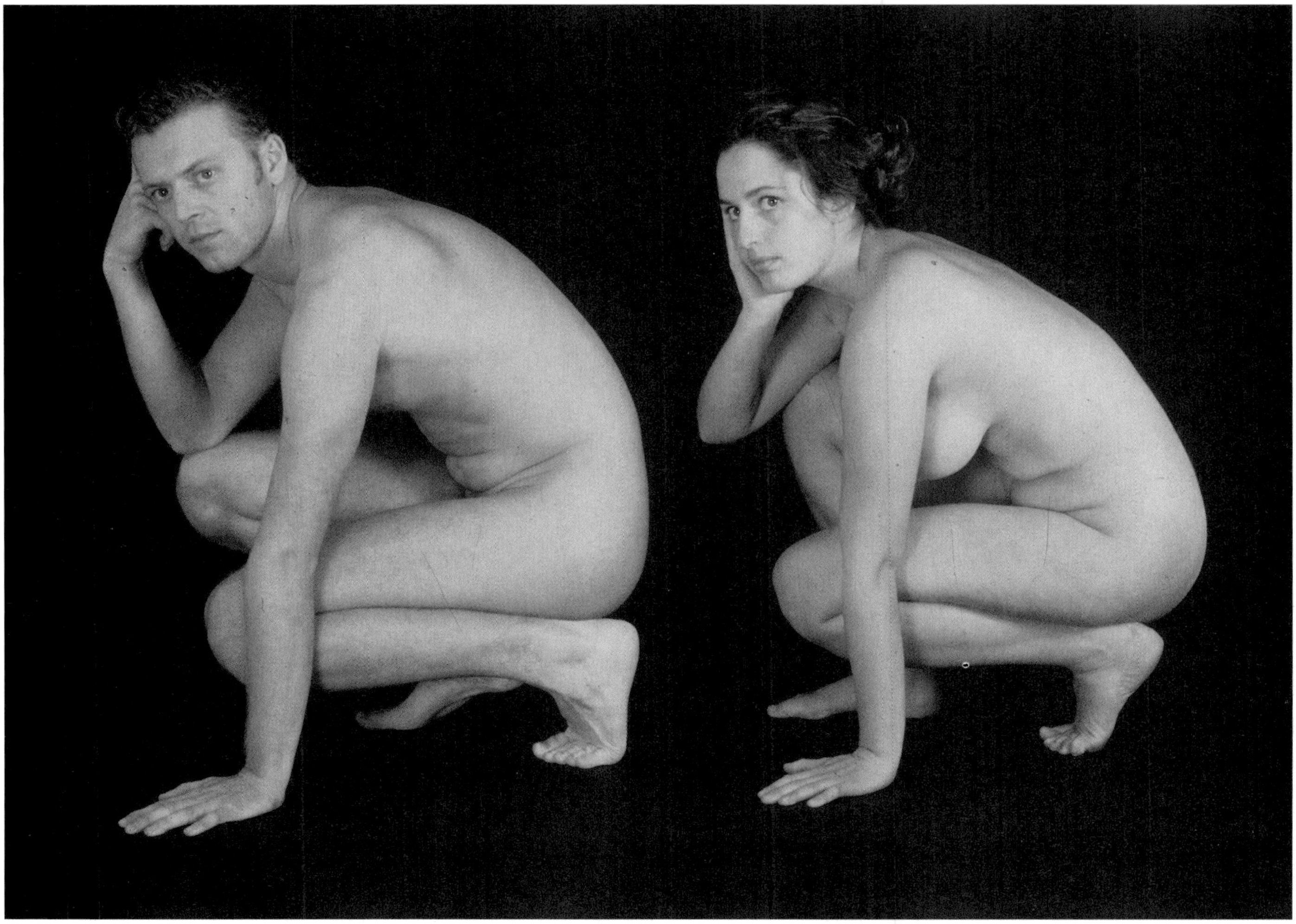

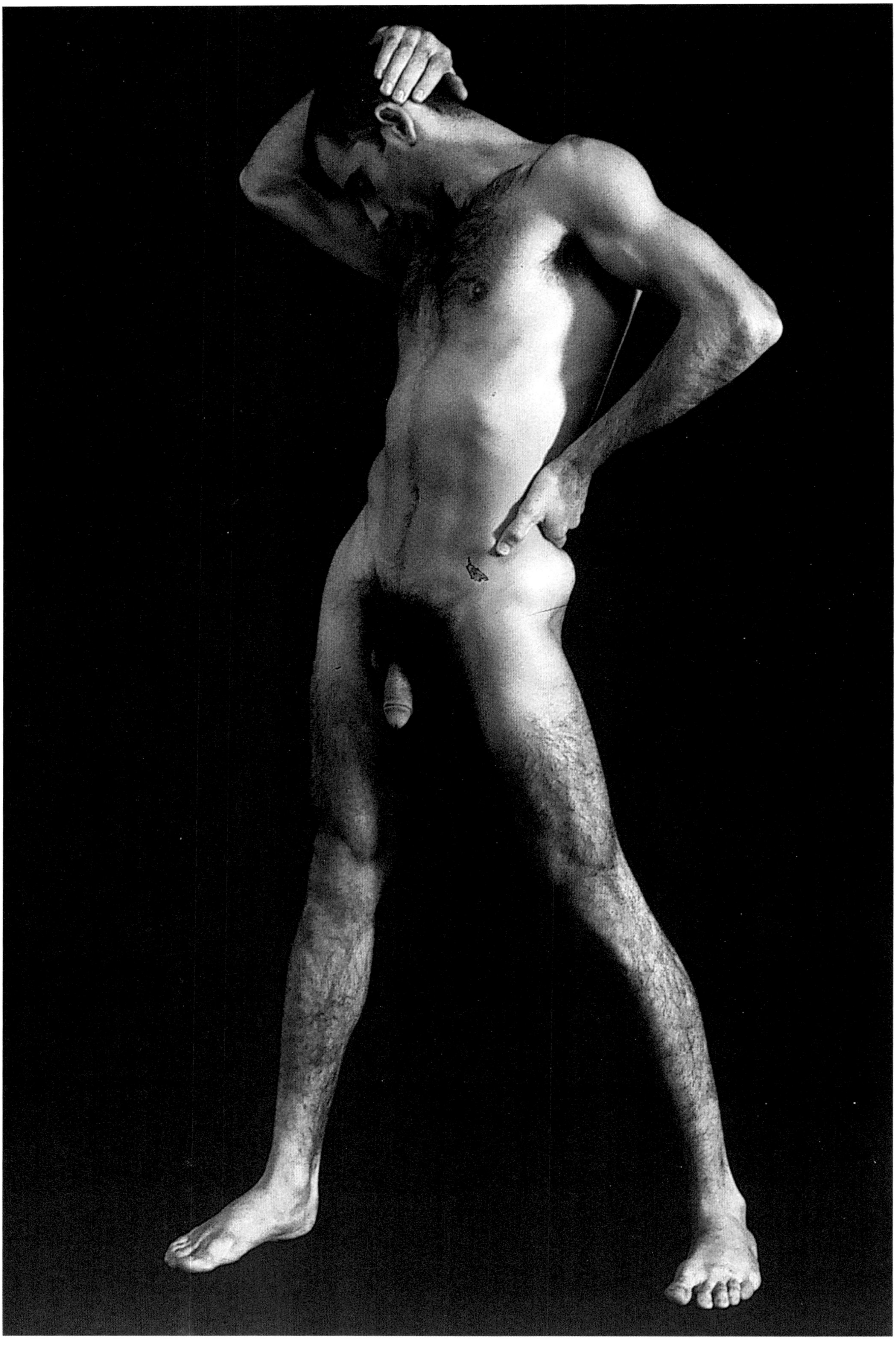

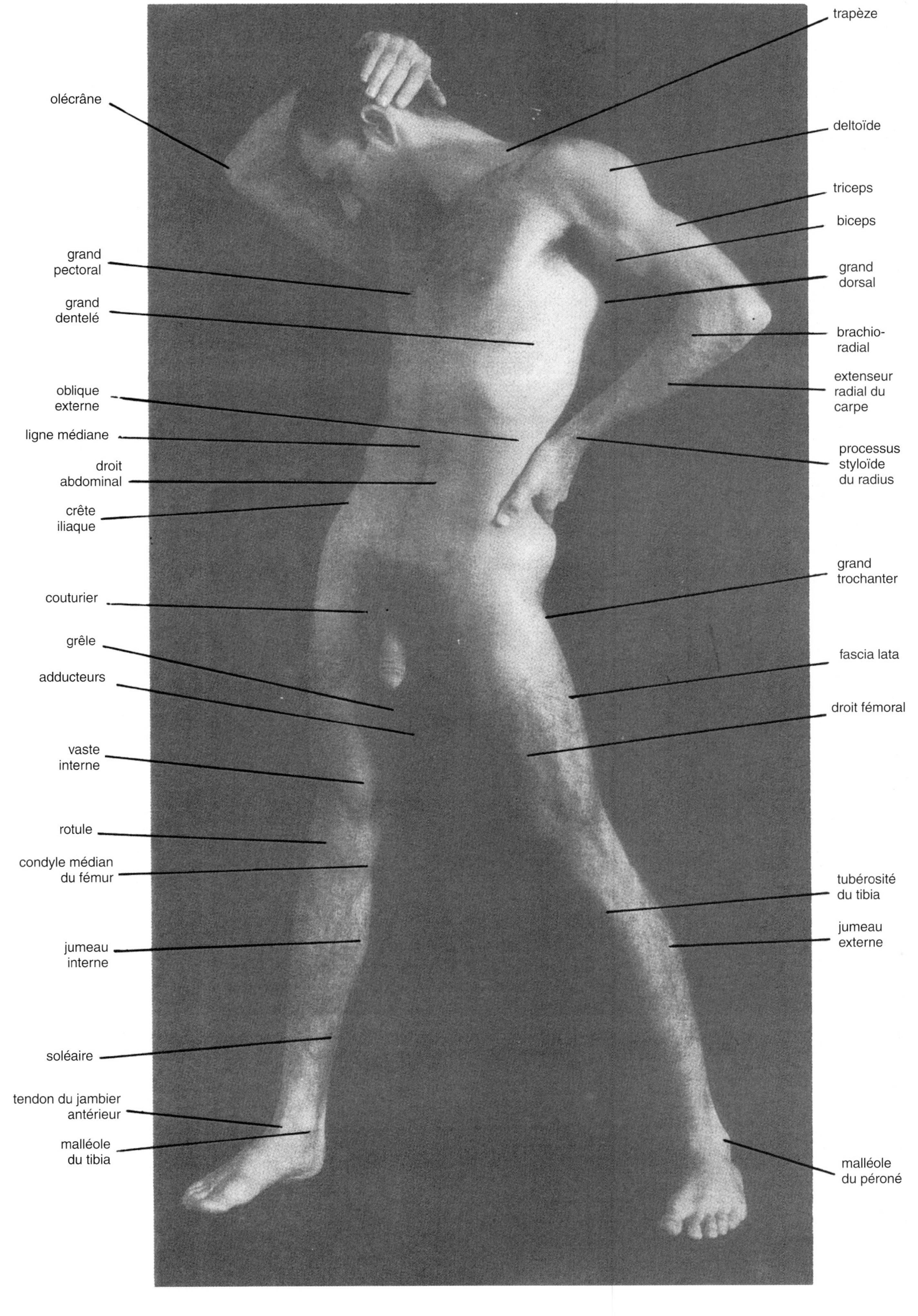
trapèze
olécrâne
deltoïde
triceps
biceps
grand pectoral
grand dorsal
grand dentelé
brachio-radial
extenseur radial du carpe
oblique externe
ligne médiane
processus styloïde du radius
droit abdominal
crête iliaque
grand trochanter
couturier
grêle
fascia lata
adducteurs
droit fémoral
vaste interne
rotule
condyle médian du fémur
tubérosité du tibia
jumeau externe
jumeau interne
soléaire
tendon du jambier antérieur
malléole du tibia
malléole du péroné

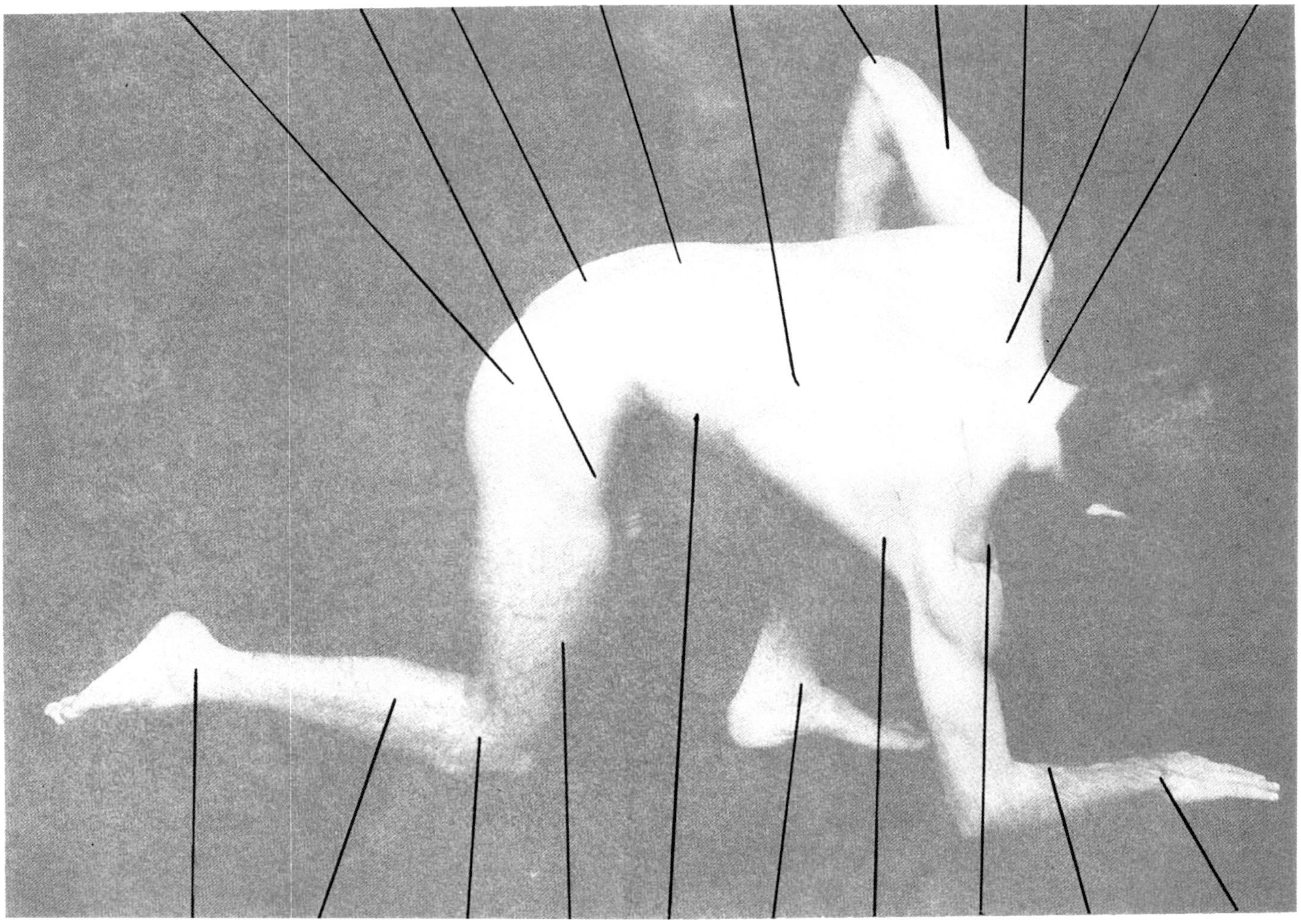
grand fessier
tenseur du fascia lata
sacrum
processus épineux vertébraux
grand dorsal
olécrâne
triceps
épine de l'omoplate
trapèze
VIIe C
malléole du péroné
jumeau externe
tête du péroné
vaste externe
oblique externe
malléole du tibia
grand rond
acromion
brachio-radial
processus styloïde du cubitus

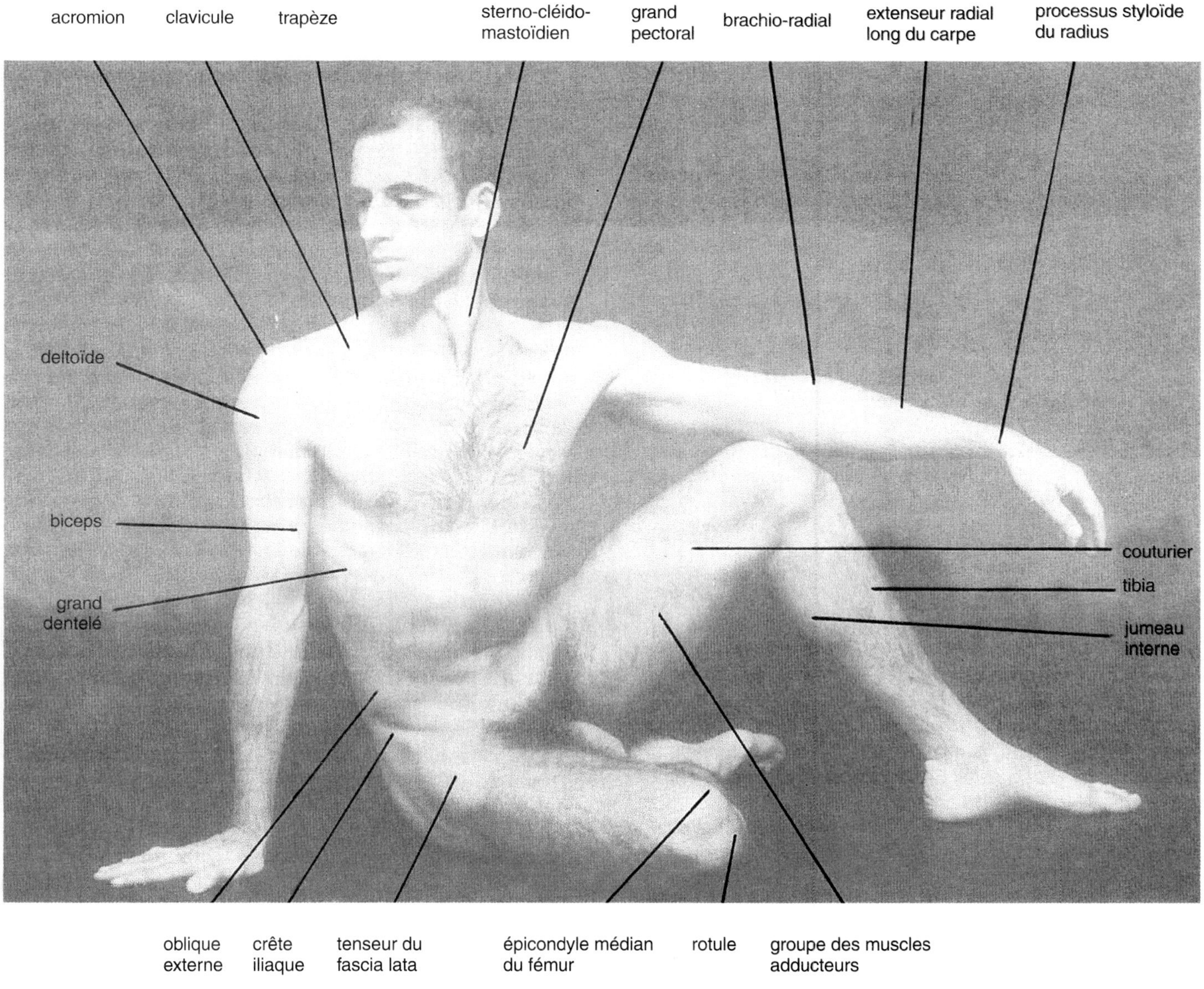
acromion
clavicule
trapèze
sterno-cléido-mastoïdien
grand pectoral
brachio-radial
extenseur radial long du carpe
processus styloïde du radius
deltoïde
biceps
grand dentelé
couturier
tibia
jumeau interne
oblique externe
crête iliaque
tenseur du fascia lata
épicondyle médian du fémur
rotule
groupe des muscles adducteurs

APPENDICE

L'artiste et l'enseignant vivent à des pôles opposés. Lorsque je peins, mon œuvre exprime l'inattendu. Lorsque j'enseigne, je fais exactement le contraire. Je dois justifier chaque ligne, forme, couleur et je suis obligé d'expliquer l'inexplicable ainsi que la diversité des styles adoptés par les élèves.

Fritz Brandtner, *Cahiers*

Je pense qu'il peut être utile de reproduire le programme du cours d'anatomie artistique que je donne depuis plusieurs années dans des écoles de dessin et des écoles d'art. Il a suscité l'intérêt des élèves en les amenant à approfondir leur préparation dans le dessin de la figure humaine, un aspect important pour leur formation artistique et indispensable pour tous ceux qui vont se consacrer professionnellement à l'illustration éditoriale, publicitaire ou scientifique.

COURS D'ANATOMIE ARTISTIQUE : MORPHOLOGIE

PARTIE I

Informations générales sur l'étude de l'anatomie humaine et de la morphologie

• Le sujet d'étude : observation sur le vif du modèle masculin et du modèle féminin.

• Définition d'anatomie – Anatomie médicale et anatomie artistique : rapports et aspects – Aperçus historiques – Méthode morphologique – Notion de normalité – Terminologie spatiale et plans de référence : position anatomique – Points et lignes de repère – Régions corporelles et limites topographiques : finalités médicales et finalités artistiques – Évolution, types constitutionnels – Anatomie comparée – Annotations de physiologie – Variations morphologiques en relation avec l'âge – Pathologie.

Anatomie et dessin

• La figure humaine dans la sculpture, la peinture, le dessin, etc.

• Signification de l'étude anatomique : simplification, construction, abstraction.

• Représentation et interprétation.

Sources d'étude ou matériaux de référence

• Figure sur le vif (modèle homme/femme) – Plâtre – Photographie – Œuvres d'art – Mémoire – Mannequin.

• Exercices.

Lumière, ombre, volume

• Lumière naturelle, lumière artificielle – Lumière directe, lumière diffuse.

• Les techniques du dessin : crayon, fusain, pinceau, plume, techniques mixtes.

• Modelage.

• Dessin au trait et dessin tonal – Dessin de masses et dessin structural.

• Exercices.

Schéma général de masses de la figure humaine

• Proportions fondamentales – Sphère, cube, cylindre, cône : simplifications structurales de la tête, du tronc, des membres – Construction de la figure entière simplifiée : mannequin.

• Schémas du mouvement et du raccourci.

• Exercices.

Procédés de dessin

• Définition des proportions, des lignes de direction, des détails – Du général au particulier, du particulier au général – Dessin « gestuel » – Voir, comprendre, interpréter, déformer – Quelques erreurs fréquentes – Dimension.

• Exercices.

PARTIE II

Anatomie de l'appareil locomoteur : généralités

• Composante squelettique : ostéologie – Caractères et fonctions – Architecture et structure des os – Caractéristiques mécaniques – Nomenclature – Morphologie des os et types osseux – Caractère organoleptique – Os vif et os macéré : remaniement osseux – Squelette axile et squelette appendiculaire.
• Exercices (à partir du vif, du squelette, de planches anatomiques).
• Composante articulaire : arthrologie – Types fondamentaux – Mécanique articulaire – Mouvements : ampleur et limites – Fonction statique et dynamique – Ligaments.
• Exercices.
• Composante musculaire : myologie – Fonction et contractilité – Tendons – Musculature lisse et striée – Mécanique musculaire : levier, synergie, antagonisme – Musculature profonde et musculature superficielle.
• Exercices.
• Appareil tégumentaire : tissu adipeux, peau, annexes – Sections transversales.
• Point d'intérêt important pour le dessinateur : formes osseuses sous-cutanées, proportions relatives, orientations d'axe et rapports osseux, amplitude articulaire, origine et insertion des muscles superficiels, etc.
• Exercices.

PARTIE III

Anatomie systématique de l'appareil locomoteur

• Rachis : Vertèbres – Colonne vertébrale – Caractères morphologiques et fonctionnels – Articulations et mouvements – Muscles du rachis.
• Cou : Muscles du cou – Caractères morphologiques et fonctionnels.
• Thorax : Cage thoracique : côtes, sternum, cartilages – Caractères morphologiques et fonctionnels – Muscles intrinsèques du thorax (respiratoires).
• Abdomen : Bassin – Caractères morphologiques et fonctionnels – Différences sexuelles – Articulations du bassin – Muscles abdominaux.
• Tête : Crâne : boîte crânienne et bloc facial – Articulation maxillaire – Muscles masticateurs et mimiques – Considérations anthropologiques.
• Membre supérieur : Ceinture scapulaire – Squelette du bras : humérus – Squelette de l'avant-bras : cubitus, radius – Squelette de la main : carpe, métacarpe, phalanges – Articulations : scapulo-humérale, coude, poignet, main – Muscles axo-appendiculaires, de l'épaule, du bras, de l'avant-bras, de la main – Considérations fonctionnelles et de morphologie générale – Veines superficielles.
• Membre inférieur : bassin – Squelette de la cuisse : fémur, rotule – Squelette de la jambe : tibia, péroné – Squelette du pied : tarse, métatarse, phalanges – Articulations : de la hanche, du genou, tibio-tarsien, du pied – Muscles spino-appendiculaires, de la fesse, de la cuisse, de la jambe, du pied – Considérations fonctionnelles et de morphologie générale.
• Exercices (sur modèle, à partir du squelette, de planches anatomiques, de sculptures myologiques).

PARTIE IV

Anatomie du vivant

• Le nu en figure entière : nu masculin, nu féminin – La morphologie externe et les raisons anatomiques de la forme.
• La tête : construction schématique générale – Caractères différentiels masculin/féminin – Structure osseuse – Proportions – Mouvements de la tête et du cou – La tête dans les différentes positions – Raccourci – Lumière et ombre : les plans volumétriques – L'œil – Le nez – La bouche – Le menton – L'oreille – Les expressions – Les types raciaux – Les différents âges – La caractérisation : les techniques stylistiques pour le portrait artistique, l'illustration, le lay-out, la bande dessinée, la caricature.
• La main et le membre supérieur : construction osseuse générale – Morphologie externe – Main masculine et main féminine – Attitudes – La main qui agit – Le geste – Les différents âges.
• Le pied et le membre inférieur : construction osseuse générale – Morphologie externe – Mouvements.
• Le tronc : construction osseuse – Morphologie externe – Différences sexuelles : tronc masculin et tronc féminin – Thorax – Abdomen – Dos – Seins – Organes génitaux.
• Exercices (d'après modèle vivant, masculin et féminin, photographies).

La figure statique

La figure assise, debout, à genoux, penchée, allongée – Raccourci – Équilibre – Composition.
Exercices (sur le vif, à partir de photographies, de mémoire ; comparaison entre mannequin et modèle vivant).

La figure dynamique

• Articulations et mouvement – Axe corporel, ligne de gravité – Mouvements de la colonne vertébrale – Mouvements des membres – Rotation, flexion, extension, torsion, abduction – Équilibre – Poids et compensation – Expressivité du mouvement – Le pas (marche), la course, le saut, autres attitudes gymniques.
• Exercices (sur le vif, d'après photographies, films, de mémoire).

La figure nue et la figure vêtue

• Comparaison dans la même attitude – Figure et milieu – Groupes de figures.
• Exercices (sur le vif).

PARTIE V

Anatomie de recherche et expérimentale

Le langage du corps – Forme ouverte, forme fermée, gravité – Fragments : enquête sur le corps – Végétaux, animaux, minéraux – *Pulvis est* – Au-delà du regard : le corps sous la peau – À la recherche de l'âme – Le corps absent, le corps imaginé, le corps nié – Les signes du temps, etc.

REMARQUE

Ce cours s'adresse à des élèves adultes (environ 15 par classe) ayant fait des études artistiques et souhaitant se spécialiser dans « l'illustration ». Il se déroule en six mois, à raison de deux leçons par semaine de deux heures chacune (pour un total de 50 leçons). Chaque leçon est précédée d'une introduction théorique, d'une durée variable selon le sujet et suivie par les travaux pratiques. Les sujets énoncés dans la **Partie I** sont évoqués rapidement, en 5 ou 6 leçons ; ceux de la **Partie II** en 4 leçons ; ceux des **Parties III** et **IV** occupent le reste des leçons, en alternance. Ainsi, une séance d'« Anatomie du vivant » est immédiatement suivie de la leçon correspondante en « Anatomie systématique », pour traiter le même sujet sous deux aspects. Il est préférable, d'un point de vue pédagogique, d'introduire les notions analytiques d'anatomie systématique après l'observation morphologique du modèle (selon la séquence : observer, comprendre, interpréter), mais il est nécessaire de décrire les structures générales de l'appareil locomoteur avant ces deux séances.
Dans la seconde moitié du cours, j'ai tendance à privilégier l'étude du nu, en le reliant à des notions strictement anatomiques et en tenant compte du degré de préparation des élèves et de leurs propres centres d'intérêt artistiques et culturels. Je propose enfin quelques-uns des sujets de la **Partie V** comme objet de recherche et d'élaboration graphiques ou plastiques, aussi bien individuels que collectifs, afin d'élargir la notion d'« anatomie ».

BIBLIOGRAPHIE

AA.VV., *Il corpo come misura*, Ed. D'ars, Milano, n. 134/1991-1992.

AA.VV., *Gray's Anatomy*, Churchill Livingstone, Edinburgh, 1980 (1858) ed. it. Zanichelli, Bologna, 1988.

ARAMBOURG Camille, *La Genèse de l'humanité*, Presses universitaires de France, Paris, 1969 (1943).

ASCOLI Ruggero, *Principi di chirurgia generale*, Ed. Minerva Medica, Torino, 1952.

AUBARET, *L'anatomie sur le vivant – L'anatomie de surface – Guide pratique des repères anatomiques*, Éd. Boilliere, Paris, 1919-1920 ; ed. it. Società Editrice Libraria, Milano, 1920

BACKHOUSE Kenneth M. - HUTCHINGS Ralph T., *A Colour Atlas of Surface Anatomy Clinical and Applied*, Wolfe Medical Pub. Ltd., London, 1986.

BAIRATI Angelo, *Crisi attuale della morfologia*, Rassegna Clinico-scientifica, Milano, XXXII, 5, 1956.

BAIRATI Angelo, *L'Anatomia umana di oggi*, Nuova Antologia, IX, Firenze, 1956.

BAIRATI Angelo, *Trattato di anatomia umana*, vol. 1 : *Morfologia generale* ; vol IV : *Apparato locomotore*, Ed. Minerva Medica, Torino, 1971-1977.

BALBONI Giuseppe et al., *Anatomia Umana*, (3 vol.) Edi-Ermes, Milano III Ed., 1990.

BAMMES Gottfried, *Die Gestalt des Menschen*, Ravensburger, Ravensburg, 1991 (1978).

BAMMES Gottfried, *Sehen und Werstehen*, Otto Maier Verlag, Ravensburg, 1992 (1985).

BARCSAY Jeno, *Anatomia per l'artista*, A. Vallardi Ed., Milano, 1965 (Ed. orig. Corvina, Budapest, 1953).

BELLUGUE Paul, *À propos d'art, de forme et de mouvement*, Maloine, Paris, 1967.

BERGMAN Ronald A. et al., *Atlas of Microscopic Anatomy*, W.B. Saunders Co. Philadelphia, 1974 (ed. it. Piccin, Padona, 1976).

BERGMAN Ronald A. et al., *Catalog of Human Variation*, Urban-Schwarzenberg, Baltimore-Munich, 1984.

BERRY William, *Drawing the Human Form*, Van Nostrand-Reinhold, New York, 1977.

BEVERLY HALE Robert, *Master Class in Figure Drawing*, Watson Gouptill Pub., New York, 1985.

BIAGGI Carlo Felice, *Lo studio dell'anatomia artistica ierie oggi*, Tipografia Figli della Provvidenza, Lucino, 1954.

BLOOM William, FAWCETT Don, *A Textbook of Histology*, Chapman and Hall, New York-London, 12 Ed'. 1994.

BOCCARDI Silvano et al., *I Muscoli*, Masson, Milano-Parigi, 1991 (3 vol.).

BRADBURY Charles, *Earl Anatomy and Construction of the Human Figure*, McGraw Hill, New York, 1949.

BRIDGMAN George B., *Constructive Anatomy*, Dover, New York 1973 (1920).

BUCCI Mario, *Anatomia come arte*, Ed. Il Fiorino, Firenze, 1969.

CAPPELLINI Osvaldo, *Cinesiologia Clinica*, Argalia Editore, Urbino, 1977.

CHUMBLEY C. C. - HUTCHINGS Ralph T., *A Colour Atlas of Human Dissection*, Wolfe Medical Pub. Ltd., London, 1988.

CIARDI Roberto, *L'anatomia e il corpo umano*, Mazzotta ed. Milano, 1981.

CIVARDI Giovanni, *Note di anatomia e raffigurazione*, Il Castello, Milano, 1990.

CIVARDI Giovanni, *Il nudo maschile*, Il Castello, Milano, 1991.

CIVARDI Giovanni, *Il nudo femminile*, Il Castello, Milano, 1992.

CLARKSON H. M. - GILEWICH G. B., *Musculoskeletal Assessment*, Williams & Williams, Baltimore, 1989 (ed. it. Edi-Ermes, 1991).

COLE J. H. et al., *Muscles in Action*, Churchill-Livingstone, London-New-York, 1988.

CUNNINGHAM D. J., *Cunningham's Manual of Pratical Anatomy*, Oxford University Press, London, 1893 (ed. it. Piccin, Padova, 1970).

DELMAS André, *L'Anatomie humaine*, Presses universitaires de France, Paris, 1986.

FARINA Angelo, *Atlante di anatomia umana descrittiva*, Recordati, Milano, 1957.

FARRIS Edmond J., *Art Student's Anatomy*, Dover, New York, 1961

FAWCETT Robert - MUNCE Howard, *Drawing the Nude*, Watson Guptill Pub., New York, 1980.

FAZZARI Ignazio - ALLARA Enrico, *Anatomia Umana Sistematica Uses*, Firenze, III Ed. 1980.

GHITESCU G.H., *Anatomie Artistica*, Editura Meridiane, Bucaresti, 1962.

GOLDFINGER Eliot, *Human Anatomy for Artists*, Oxford University Press, New York, 1991.

GOSLING J. A. et al., *Atlas of Human Anatomy*, Churchill-Livingstone, Edinburgh-London-New-York, 1985.

GORDON Louise, *The Figure in Action : Anatomy for the Artists*, Batsford Ltd., London, 1989.

GUYTON Arthur G., *Texbook of Medical Physiology* (IV Ed.) W.B. Saunders Co, Philadelphia, 1971 (Ed. it, Piccin Padova, 1978).

HATTON Richard G., *Figure Drawing*, Chapman and Hal Ltd., London, 1904.

LANTERI Edouard, *Modelling and Sculpture*, Vol. I, Chapman and Hall, New York, 1902.

LOCKHART R. D. et al., *Living Anatomy*, Faber & Faber, London, 1963.

LOOMIS Andrew, *Figure Drawing for all it's Worth*, The Viking Press, New York, 1946.

LUCCHESI Bruno, *Modeling the Figure in Clay : A Sculptor's Guide to Anatomy*, Waston-Guptill Pub., New York, 1980.

LUMLEY John S., *Surface Anatomy : The Anatomical Basis of Clinical Examination*, Churchill-Livingstone, London, 1990.

MAIMONE Giuseppe, *Anatomia artistica*, Edizioni Scientifiche Italiane, Napoli, 1970.

MARSHALL John, *Anatomy for Artists*, Smith, Elder and Co., London, 1890.

MATTHIESSEN Martin, HOLM J. V., *Overfladianatomi*, Fadl's Ferlag, Köbenhavn, 1975.

MESSERI Piero - LEONI Daniele, *Antropologia del vivente*, Edizioni V. Morelli, Firenze, 1990.

MEZZOGIORNO Vincenzo, *Guida pratica alla dissezione*, Editrice Medica Salernitana, Salerno, 1974.

MCMINN R. M. H. - HUTCHINGS R. T., *A Colour Atlas of Human Anatomy*, Wolfe Medical Pub. Ltd., London, 1988 (1977).

MONGUIDI C., *Anatomia plastica*, Casa ed. L'artista moderno, Tornino, 1911.

MOREAUX Arnould, *Anatomie artistique de l'homme*, Maloine, Paris, 1990 (1954).

MORELLI A. et G., *Anatomia per gli artisti*, Fratelli Lega Ed., Faenza, 1977 (1940).

MORRIS Desmond, *Body Watching ; a Field Guide to Human Species*, Compilation Ltd., London, 1985.

MOTTURA Giacomo, *Tecnica delle Autopsie* Utet, Torino, II Ed. 1978.

MUYBRIDGE Eadweard, *The Human Figure in Motion*, Dover, New York, (1887).

PERARD Victor, *Anatomy and Drawing*, Bonanza Books, New York, 1989 (1928).

PERNKOFF Eduard, *Atlas der Topographischen und Agewandten Anatomie des Menschen*, Urban, Schwarzenberg, Muenchen-Berlin, 1963-1964.

PREMUDA Loris, *Storia dell'iconografia anatomica*, Ciba-Geiger, Milano, 1993 (1957).

RAYNES John, *Human Anatomy for the Artist*, Crescent, New York, 1979.

REED Walt, *The Figure, An Approach to Drawing and Construction*, North Light Pub., Westsport, 1976.

RICHER Paul M., *Anatomie Artistique*, Plon, Paris, 1890.

ROBERTS K. B. - TOMLINSON J. D. W., *The Fabric of Body ; European Traditions of Anatomical Illustration*, Clarendon Press, Oxford (G.B.) 1992.

ROHEN J. W. - YOKOCHI C., *Anatomie des Menschen*, Schattauer Verlag, Gmbh, Stuttgart-New York, 1985 (Ed. it. EMSI, Roma), 1985).

RUBIN David, *The Human Figure. An Anatomy for Artists*, The Viking Press, New York, 1953.

SAUERLAND Eberhardt K., *Grant's Dissector*, Williams & Wilkins, Baltimore, 1991 (1940).

SEELEY Rod et Al., *Anatomy and Physiology*, Mosby Inc., St. Louis, II ed., 1992 (Ed. it. : Sorbona, Milano, 1993).

SHEPPARD Joseph, *Drawing the Living Figure*, Watson Guptill Pub, New York, 1984.

SHEPPARD Joseph, *Anatomy : A Complete Guide for Artists*, Watson-Guptill Pub., New York, 1975.

SOBOTTA Johannes, *Atlas der Anatomie des Menschen*, Urban-Schwarzenberg, Muenchen-Berlin, 1967 (1903) (Ed. it. USES, Firenze, 1972).

TAGLIASCO V. et al., *Computer Graphics e Medicina*, Gruppo Editoriale Jackson, Milano, 1986.

TANK Wilhelm, *Form und Funktion*, Verlag der Kunst, Dresden, 1953-1957.

THOMSON Arthur, *A Handbook of Anatomy for Art Students*, Oxford University Press, London, 1896.

TITTEL Kurt, *Beschreibende und Funktionelle Anatomie des Menschen*, Gustav Fischer Verlag, Jena, 1978 (Ed. it : Edi-Ermes, Milano, 1980).

TOMPSETT D. H., *Anatomical Techniques*, Livingstone Ltd., Edinburgh-London, 1956.

VALLOIS Henry, *Les Races humaines*, Presses universitaires de France, Paris, 1967 (1944).

VIDIC Branislav - SUAREZ F., *Photographic Atlas of the Human Body*, Mosby Co., St Louis, 1984 (ed. it. Piccin, Padova, 1985).

WELLS Katherine - LUTTGENS K., *Kinesiology. Scientific Basis of Human Motion*, W.B. Saunders Co., Philadelphia, 1982 (Ed. it. Verduci, Roma, 1990).

ZUCKERMANN Solly, *A New System of Anatomy*, Oxford University Press, London, 1961.

INDEX ANALYTIQUE

Abdomen, 26
Abducteur court du pouce, 155
Abducteur de l'auriculaire, 155
Abducteur du gros orteil, 186
Abducteur du Ve orteil, 186
Abducteur long du pouce, 154
Abduction, 20
Acétabule, 97
Acromio-claviculaire (articulation), 142
Adducteur court, 180
Adducteur du gros orteil, 185
Adducteur du pouce, 155
Adducteur long, 177
Adduction, 20
Agoniste (muscle), 42
Aisselle, 128
Anatomie (définition), 9
Anatomie (histoire), 9,
Anatomie artistique, 7,
Anatomie fonctionnelle, 9
Anatomie pathologique, 9
Anconé, 148
Angulaire de l'omoplate, 116
Anormalité, 12
Antagoniste (muscle), 42
Anthélix, 81
Antitragus, 81
Aponévrotique, 41
Apophyse, 32
Appareil locomoteur, 57
Appareils, 19
Arc vertébral, 90
Arcade zygomatique, 63
Arthrodies, 37
Arthrologie, 9
Auriculaires, 69
Avant-bras, 26

Basilique (veine), 158
Bassin, 96
Biceps brachial, 145
Biceps fémoral, 178
Bloc facial, 26
Boîte crânienne, 26
Bouche, 80
Brachial, 147
Brachio-radial, 145
Bras, 28
Buccinateur, 73
Bulbe oculaire, 77
Bulbo-caverneux, 122

Cage thoracique, 94
Canal, 32
Canons esthétiques, 10
Capsule articulaire, 37
Caractères héréditaires, 18
Caroncule lacrymale, 78
Carpe, 141
Carpiennes (articulations), 143
Carpo-métacarpiennes (articulations), 143
Carré crural, 124
Carré de la plante, 187
Carré des lombes, 119
Carré pronateur, 148
Cartilage, 31
Cartilage articulaire, 31
Cartilage nasal, 62
Cartilages costaux, 94
Ceinture pelvienne, 26
Ceinture scapulaire, 84
Cellule, 25
Centre de gravité corporel, 16
Céphalique (veine), 158
Cheveux, 77
Cheville, 192
Cils, 78
Circumduction, 20
Clavicule, 94
Colonne vertébrale, 16
Commissure labiale, 80
Complexes articulaires, 37
Condylarthroses, 37
Condyle, 32
Conque, 80
Constitution, 18
Coraco-brachial, 147
Cornée, 77
Corps humain, 26
Corps vertébral, 90
Cortical, 32
Costo-vertébrales (articulations), 95
Côtes, 94
Cotyle, 97
Cou, 93
Coude, 26
Courbes vertébrales, 17
Court (muscle), 42
Court (os), 32
Couturier, 175
Coxo-fémorale (articulations), 172
Crâne, 16
Crête, 32
Cristallin, 77
Croissance, 58
Cubitus, 141
Cuisse, 165
Cyphose, 91

Deltoïde, 115
Demi-épineux, 107
Dents, 17
Dépresseur de la lèvre inférieure, 70
Dépresseur du septum nasal, 72
Derme, 52
Diaphragme, 110
Diaphyse, 31
Diarthroses, 37
Différences sexuelles, 26
Digastrique, 102
Dissection, 7
Distal, 20
Doigts, 17
Droit latéral de la tête, 105
Écaille, 16
Éminence hypothénar, 28
Éminence thénar, 28
Énarthroses, 37
Endosquelette, 17
Épaule, 17
Épicondyle, 32
Épicrânien, 69
Épiderme, 52
Épigastrique superficielle (veine), 54
Épine, 32
Épineux (muscles), 107
Épiphyse, 32
Épitrochlée, 32
Espèce humaine, 16
Extenseur commun des doigts, 151
Extenseur court des orteils, 185
Extenseur court du pouce, 153
Extenseur cubital du carpe, 150
Extenseur long des orteils, 181
Extenseur long du gros orteil, 180
Extenseur long du pouce, 152
Extenseur propre de l'auriculaire, 152
Extenseur propre de l'index, 153
Extenseur radial court du carpe, 150
Extenseur radial long du carpe, 151
Extension, 20

Face, voir bloc facial
Facette, 32
Faisceaux musculaires, 41
Fascia de l'avant-bras, 144
Fascia de l'épaule, 144
Fascia du bras, 144
Fascia fémoral, 174
Fascia fessier, 133
Fascia lata, 172
Fascia poplité, 174
Fascia temporal, 76
Fémur, 171
Fente, 32
Fente labiale, 69
Fesse, 133
Fessiers (muscles), 124
Fibulaire, 20
Fléchisseur court de l'auriculaire, 156
Fléchisseur court des orteils, 186
Fléchisseur court du Ve orteil, 185
Fléchisseur court du gros orteil, 186
Fléchisseur court du pouce, 152
Fléchisseur cubital du carpe, 149
Fléchisseur long des orteils, 184
Fléchisseur long du gros orteil, 184
Fléchisseur long du pouce, 153
Fléchisseur profond des doigts, 154
Fléchisseur radial du carpe, 148
Fléchisseur superficiel des doigts, 149
Flexion, 20
Fosse, 32
Fossette jugulaire, 126
Frontal, 62

Génio-hyoïdien, 102
Génotype, 18
Genou, 172
Ginglymes, 37
Glabelle, 64
Gouttière, 32
Grand adducteur, 178
Grand dentelé, 117
Grand dorsal, 114
Grand droit antérieur de la tête, 104
Grand droit de l'abdomen, 118
Grand droit postérieur de la tête, 109
Grand fessier, 125
Grand oblique de l'abdomen, 120
Grand oblique de la tête, 109
Grand pectoral, 112
Grand rond, 115
Grande saphène (veine), 191
Grandes lèvres, 132
Grêle (muscle), 177
Gros orteil, 193

Hanche, 133
Hélix, 81
Histologie, 25
Humérus, 141
Hypoderme, 52

Iléon, 97
Ilio-costal, 106
Ilio-lombaire (ligament), 98
Incisif de la lèvre inférieure, 69
Incisif de la lèvre supérieure, 71
Intercostaux, 111
Interépineux, 108
Interosseux dorsaux, 157
Interosseux du pied, 187
Interosseux palmaires, 157
Intertransversaires, 108
Involontaires (muscles), 41
Iris, 77
Ischio-caverneux, 122
Ischio-coccygien, 121
Ischion, 97

Jambe, 165
Jambier antérieur, 180
Jambier postérieur, 184

Jumeaux, 183
Jumeaux supérieur et inférieur, 124
Lame, 32
Large (muscle), 42
Latéral, 20
Levier, 31
Lèvres, 80
Ligaments articulaires, 37
Ligne blanche, 118
Lignes de repère, 13
Lisse (muscle), 41
Lobe auriculaire, 81
Lobule nasal, 79
Locomoteur (système), 16
Lombricaux, 156
Long (muscle), 42
Long (os), 32
Long dorsal, 106
Long palmaire, 150
Lordose, 91
Losange poplité, 189

Main, 16
Malléole latérale, 192
Malléole médiane, 192
Mandibule, 63
Masséter, 75
Maxillaire, 62
Médial, 20
Mélanine, 52
Membre inférieur, 13
Membre inférieur (morphologie externe), 28
Membre supérieur, 13
Mentonnier, 74
Métacarpe, 141
Métatarse, 171
Mimiques, 67
Mixtes (os), 32
Moelle osseuse, 32
« Mont de Vénus », 132
Morphologie, 11
Morphologie externe, 19
Mouvements articulaires, 37
Moyen fessier, 125
Multifide, 107
Muscle, 41
Mylo-hyoïdien, 101
Myocarde, 41
Myologie, 9

Narines, 79
Nasal (muscle), 71
Nasal (os), 79
Neurocrâne, 61
Neutralisateur (muscle), 42
Nez, 79
Nombril, 131
Normal, 8
Normalité, 11
Nuque, 26

Obturateur externe, 123
Obturateur interne, 123
Occipital, 16
Œil, 77
Olécrâne, 141
Omo-hyoïdien, 103
Omoplate, 94
Ongle, 142
Opposant de l'auriculaire, 156
Opposant du Ve orteil, 187
Opposant du pouce, 154
Opposition du pouce, 17
Orbiculaire (muscle), 42
Orbiculaire des lèvres, 71
Orbiculaire des yeux, 73
Orbitaire (cavité), 77
Oreille, 81
Organes, 12
Organes génitaux externes, 132
Organismes, 16
Os, 31
Ostéologie, 9

Palmaire court, 156
Pariétal, 62
« Patte d'oie », 175
Paupières, 77
Peau, 52
Peaucier du cou, 99
Pectiné, 177
Pénis, 122
Pénniforme (muscle), 42
Périné, 121
Péroné, 171
Péronier antérieur, 181
Péronier court, 181
Péronier long, 182
Petit complexus, 106
Petit dentelé postérieur et inférieur, 110
Petit dentelé postérieur et supérieur, 110
Petit droit antérieur de la tête, 104
Petit droit postérieur de la tête, 109
Petit fessier, 124
Petit oblique de l'abdomen, 119
Petit oblique de la tête, 109
Petit pectoral, 110
Petit psoas, 122
Petit rond, 114
Petite saphène (veine), 191
Petites lèvres, 132
Phalanges, 28
Phénotype, 18
Pied, 16
Plan de Frankfurt, 61
Plantaire, 182
Plat (os), 32
Pli fessier, 84
Poignet, 26
Poils, 26
Points de repère, 13
Poplité, 179
Position anatomique, 13
Primates, 16
Procérus, 74
Processus, 32
Proportions, 29
Proximal, 20
Psoas iliaque, 123
Ptérygoïdiens, 74
Pubis (os), 97
Pupille, 78
Pyramidal de l'abdomen, 118
Pyramidal du bassin, 124

Quadriceps fémoral, 176

Race, 12
Rachis, 84
Radial, 20
Radio-carpienne (articulation), 142
Radio-cubitale (articulation), 142
Radius, 141
Rainure, 32
Rainure mento-labiale, 80
Rainure naso-frontale, 79
Rainure naso-labiale, 79
Régions, 13
Releveur de l'angle oral, 72
Releveur de l'anus, 121
Releveur de la lèvre inférieure, 70
Releveur de la lèvre supérieure, 70
Réseau veineux superficiel, 53
Rhomboïde, 113
Risorius, 72
Rond pronateur, 147
Rotateurs du cou (muscles), 108
Rotation, 20
Rotule, 171

Sacro-coccygiens, 106
Saphènes (veines), 191
Scapulo-humérale (articulation), 128
Sclérotique, 77
Scrotum, 132
Seins, 130
Semi-membraneux, 179
Semi-tendineux, 179
Sillon, 32
Singes anthropomorphes, 16
Soléaire, 183
Sous-clavier, 117
Sous-costaux, 111
Sous-épineux, 113
Sous-hyoïdiens, 101
Sous-occipitaux, 109
Sous-scapulaire, 112
Sphénoïde, 62
Sphincter anal, 122
Sphincter de l'urètre, 122
Spinaux (muscles), 106
Splénius de la tête, 105
Splénius du cou, 105
Spongieux, 32
Squame, 32
Squelette, 8
Squelette appendiculaire, 36
Squelette céphalique, 65
Squelettiques (muscles), 40
Stabilisateur (muscle), 42
Sterno-cléido-hyoïdien, 101
Sterno-cléido-mastoïdien, 99
Sterno-thyroïdien, 103
Sternum, 94
Strié (muscle), 41
Structure articulaire, 37
Structure macroscopique, 19
Structure microscopique, 25
Structure musculaire, 8
Structure osseuse, 8
Stylo-hyoïdien, 102
Supercilié corrugateur, 74
Supinateur, 146
Surcostaux et longs surcostaux, 111
Sus-épineux, 113
Sus-hyoïdiens, 102
Sutures, 37
Synarthroses, 37
Synchondroses, 37
Syndesmoses, 37
Synergique (muscle), 42

Tarse, 171
Téguments, 52
Temporal (muscle), 76
Temporal (os), 62
Temporo-mandibulaire (articulation), 66
Tendon, 41
Tendon d'Achille, 174
Tenseur du fascia lata, 175
Tête, 13
Tête de l'humérus, 32
Thoraco-appendiculaires (muscles), 111
Thoraco-épigastrique (veine), 54
Thorax, 26
Thyro-hyoïdien, 103
Thyroïde (cartilage), 126
Tibia, 171
Tibio-tarsienne (articulation), 172
Tissu, 25
Tissu conjonctif, 25
Tissu musculaire, 25
Tissu nerveux, 25
Tissus épithéliaux, 25
Transversaire du cou, 106
Transversaire épineux, 107
Transverse de l'abdomen, 119
Transverse profond du périnée, 121
Transverse superficiel du périnée, 121
Trapèze (muscle), 116
Triangulaire des lèvres, 70
Triangulaire du sternum, 111
Triceps brachial, 146
Triceps sural, 183
Trochlée, 32
Tronc, 13
Trou, 32
Trou occipital, 16
Tubercule, 32
Tubercule auriculaire, 81
Tubérosité, 32
Types morphologiques, 18

Ulnaire, 20

Variation, 12
Veines superficielles, 53
Ventrale, 20
Ventre du muscle, 41
Vertèbres, 90
Vieillissement, 26
Vulve, 132

Zygomatique (muscle), 72
Zygomatique (os), 63

«2e édition»

Achevé d'imprimer en Août 2006
à S. Martino Buon Albergo (Verona), Italie,
sur les presses de Grafiche AZ
Dépôt légal: Août 2006
Numéro d'éditeur: 9708